Regionale Strukturen
im Wandel

**Beiträge zu den Berichten der Kommission
für die Erforschung des sozialen und politischen Wandels
in den neuen Bundesländern e.V. (KSPW)**

Herausgegeben vom Vorstand der KSPW:
Hans Bertram, Hildegard Maria Nickel,
Oskar Niedermayer, Gisela Trommsdorff

Beiträge zum Bericht 5
„Städte und Regionen. Räumliche Folgen
des Transformationsprozesses"

Band 5.1

Die Veröffentlichungen der Kommission für die Erforschung des sozialen und politischen Wandels in den neuen Bundesländern (KSPW) umfassen folgende drei Reihen:

- Berichte zum sozialen und politischen Wandel
  in Ostdeutschland
- Beiträge zu den Berichten
- Reihe „Transformationsprozesse"

Annette Becker (Hrsg.)

Regionale Strukturen im Wandel

Leske + Budrich, Opladen 1997

Gedruckt auf säurefreiem und altersbeständigem Papier.

Die Deutsche Bibliothek – CIP-Einheitsaufnahme

Regionale Strukturen im Wandel / Becker, Annette Hrsg. – Opladen : Leske und Budrich, 1997
  (Beiträge zu den Berichten zum sozialen und politischen Wandel in Ostdeutschland ; Bd. 5.1)
  ISBN 3-8100-1732-9

NE: Becker, Annette [Hrsg.]

Das Werk einschließlich aller seiner Teile ist urheberrechtlich geschützt. Jede Verwertung außerhalb der engen Grenzen des Urheberrechtsgesetzes ist ohne Zustimmung des Verlages unzulässig und strafbar. Das gilt insbesondere für Vervielfältigungen, Übersetzungen, Mikroverfilmungen und die Einspeicherung und Verarbeitung in elektronischen Systemen.

Satz: Werkstatt für Typografie, Offenbach
Druck: Druck Partner Rübelmann, Hemsbach
Printed in Germany

Inhalt

Editorial 7
Vorwort 9

Gerold Kind
Territorialentwicklung und Territorialplanung in der DDR:
Ergebnisse und Auswirkungen auf die Raumstruktur
Deutschlands 17

Siegfried Grundmann
Territorialplanung in der DDR: Indikatoren zur Analyse
regionaler Disparitäten – Die sozial-räumliche Struktur der DDR
in den 80er Jahren 105

Antoni Kukliński, Agnieszka Mync, Roman Szul
Regional effects of the Transformation Processes
in the Czech Republic after 1989 147

Jiří Musil, Lubomír Kotačka, Zdeněk Ryšavý
The Regional Impact of the Transformation Processes in Poland
after 1989 against the background of the General Trends ... 251

*Konrad Hagedorn, Volker Beckmann, Bernd Klages,
Markus Rudolph*
Politische und ökonomische Rahmenbedingungen für die
Entwicklung ländlicher Räume in den neuen Bundesländern ... 355

Katja Zierold
Veränderungen von Lebenslagen in ländlichen Räumen der neuen
Bundesländer 501

Die Autorinnen und Autoren dieses Bandes 569

Editorial

Der vorliegende Band präsentiert Ergebnisse aus der *dritten Forschungs- und Förderphase* (1994-1996) der Kommission für die Erforschung des sozialen und politischen Wandels in den neuen Bundesländern e.V. (KSPW). Die KSPW, Ende 1991 auf Anregung des Wissenschaftsrates gegründet und aus Zuwendungen des Bundesministeriums für Bildung, Wissenschaft, Forschung und Technologie (BMBF) sowie des Bundesministeriums für Arbeit und Sozialordnung (BMA) finanziert, hat es sich zur Aufgabe gemacht,

- den sozialen und politischen Wandel in den neuen Bundesländern zu erforschen bzw. seine Erforschung zu fördern,
- damit auch die empirischen und theoretischen Grundlagen für politische Handlungsempfehlungen zu verbessern sowie
- angesichts des Umbruchs der Sozialwissenschaften in den neuen Bundesländern das sozialwissenschaftliche Wissenschaftler/innen-Potential und den Nachwuchs dort zu unterstützen.

In einer *ersten Forschungs- und Förderphase* (1992) wurden 176 sogenannte „Kurzstudien" vergeben (Antrags-Eingänge: rund 1.700), von denen rund 150 Forschungsberichte als Graue Reihe (alte Folge) der KSPW veröffentlicht wurden. Die Kurzstudien sollten sozialwissenschaftliche Analysen anregen, das im Umbruch befindliche sozialwissenschaftliche Potential in Ostdeutschland unterstützen sowie empirische Daten der ostdeutschen Sozialwissenschaft sichern helfen. Ausgewählte Forschungsergebnisse der ersten Phase wurden zudem in den Bänden 9-29 der Reihe „*KSPW: Transformationsprozesse*" im Verlag Leske + Budrich vom Vorstand der KSPW herausgegeben.

In der *zweiten Forschungs- und Förderphase* (1993-1994) förderte die KSPW vor allem 60 größere Projekte zum ostdeutschen Transformationprozeß (Antrags-Eingänge: rund 250), wovon ausgewählte in den Bänden der Reihe „*KSPW: Transformationsprozesse*" veröffentlicht wurden.

Die *dritte Forschungs- und Förderphase* macht – über die Arbeit von sechs Berichtsgruppen – die sozialwissenschaftliche Berichterstattung über den Transformationsprozeß zur zentralen Aufgabe der Kommissionstätigkeit.

Neben der laufenden Berichterstattung in Publikationen, Konferenzen und Beratungen wurden die Ergebnisse der gesamten Forschungsanstrengungen zu thematischen Berichten zusammengefaßt, deren Konzepte 1993 entwickelt wurde, deren Realisation ab Mitte 1994 begonnen hat und die in 6 *„Berichten zum sozialen und politischen Wandel in Ostdeutschland"* mit dazugehörigen 28 Bänden mit *„Beiträgen zu den Berichten"* Ende 1996 publiziert werden.

Der vorliegende Band mit *„Beiträgen zu den Berichten"* ordnet sich in die eingangs genannten Ziele der Kommission ein: Zum einen finden interessierte Leser aus der Wissenschaft, der politischen Administration sowie aus der sozialen und politischen Praxis Materialien, Analysen und anwendungsbezogene Konzeptionen, die für die tägliche Auseinandersetzung mit dem und im Transformationsprozeß genutzt werden können; zum anderen gibt er Sozialwissenschaftler/innen Gelegenheit, die Ergebnisse ihrer Forschung hier zu präsentieren.

Halle, im Juni 1996

Hans Bertram
Vorsitzender des Vorstandes

Kommission für die Erforschung des sozialen und politischen Wandels in den neuen Bundesländern e. V.

Vorwort

Der hier vorliegende Materialband ist der Bestandteil der Arbeitserträge der Berichtsgruppe der BG V „Die regionale Dimension des sozialen und politischen Wandels in den neuen Bundesländern".

Mit der Einrichtung der Berichtsgruppe V der Kommission für die Erforschung des sozialen und politischen Wandels in den neuen Bundesländer, KSPW, im März 1994 wurde die Untersuchung regionaler und lokaler Auswirkungen des Transformationsprozesses zu einem expliziten Bestandteil der Forschungs- und Förderaktivitäten der KSPW. Damit wurde der Situation Rechnung getragen, daß (empirische) Studien zur räumlichen Dimension des sozialen und politischen Wandels im Vergleich zu denen anderer Forschungsfelder weniger zahlreich sind.

Die Arbeit der Berichtsgruppe konzentrierte sich neben einer Untersuchung regionaler Disparitäten in den neuen Ländern auf Entwicklungsperspektiven und -probleme von Städten sowie auf die Entwicklung der Lebenslagen ausgewählter sozialer Gruppen im regionalen sowie im Stadt-Land-Vergleich.

Hierbei stützte sich die Berichtsgruppe schwerpunktmäßig auf zwei Vorgehensweisen:

1. Vergleichende regionale Analysen
   - zwischen der Situation vor 1989 und der derzeitigen Entwicklung in den neuen Bundesländern
   - zwischen der Entwicklung von Regionen der alten und neuen Länder sowie
   - zwischen der Entwicklung neuen Länder und der angrenzenden osteuropäischen Reformstaaten
2. Fallstudien
   Da sich einige Prozesse, wie z.B. Segregation oder die Entwicklung von Innenstädten in ihren Wirkungen auf die Raumstruktur nur bedingt flächendeckend darstellen lassen, wurde insbesondere im Bereich der Stadtentwicklung auf Fallstudien zurückgegriffen.

Grundlage für die Erarbeitung regionaler und lokaler Analysen waren die von der Berichtsgruppe in Auftrag gegebenen Expertisen sowie von ihr veranstaltete Workshops und Hearings mit Wissenschaftler/innen und Prakti-

ker/innen. Die wesentlichen Ergebnisse dieser Expertisen und Veranstaltungen fanden Eingang im Berichtsband der Berichtsgruppe[1]
Zusätzlich zum Berichtsband erscheinen als Teil der Berichtsgruppenarbeit die Dokumentation einer Tagung zu Transformationsprozessen in den neuen Ländern und in Osteuropa im Vergleich sowie zwei Materialbände, die sich mit regionalen bzw. städtischen Strukturen im Wandel beschäftigen. Die Materialbände beinhalten die von der Berichtsgruppe in Auftrag gegebenen Expertisen in ihrer vollen Länge.

Der hier vorliegende Materialband zur Regionalentwicklung umfaßt Expertisen zu drei Themenblöcken:

- Eine Expertise zur *Territorialplanung* in der DDR und eine zu ihren Ergebnissen auf die Raumstruktur der DDR legen den Schwerpunkt auf die historische Betrachtung der Territorialplanung und zeigen die regionalen Unterschiede in der DDR unmittelbar vor 1989 auf. Weitergehende Analysen regionaler Entwicklung in den neuen Ländern werden von Strubelt und Genosko unter Berücksichtigung weiterer Quellen durchgeführt (vgl. Berichtsband).
- Die zwei Expertisen zu den *regionalen Entwicklungen in den angrenzenden Reformstaaten Tschechien und Polen* bilden die Grundlage für eine vergleichende Betrachtung von Transformationsprozessen.
- Neben den genannten regional differenzierenden Expertisen beinhaltet der Materialband zwei Expertisen zur *speziellen Situation des ländlichen Raums*. Insbesondere die Expertise zu den politischen und ökonomischen Rahmenbedingungen behandelt Transformation unter vorwiegend sektoralen Gesichtspunkten, d.h im Mittelpunkt steht die Umstrukturierung des Sektors Landwirtschaft und seine Auswirkung auf den ländlichen Raum. Auf die regionale Differenzierung dieser Umstrukturierung wird mehr (Zierold) oder weniger (Hagedorn) Bezug genommen.

1. Territorialplanung in der DDR und ihre Ergebnisse auf die Raumstruktur der DDR (Kind; Grundmann)

Hintergrund für die Vergabe von zwei Expertisen zum Leitbild der Territorialplanung und und deren praktischer Umsetzung (Kind) sowie einer empirischen Studie zu regionalen Disparitäten am Beispiel ausgewählter Indikatoren (Grundmann) war die Annahme, daß sich die jetzigen regionalen Unter-

---

[1] vgl. Strubelt, W./Genosko, J./Bertram, H./Friedrichs, J./Gans, P./Häußermann, H./Herlyn, U./Sahner: Städte und Regionen: Räumliche Folgen des Transformationsprozesses. Opladen: Leske+Budrich

Vorwort

schiede in den neuen Ländern sowohl auf die räumliche Entwicklung vor dem Zweiten Weltkrieg (These von der Persistenz der Raumstruktur) als auch auf gezielte planerische Eingriffe der DDR zurückführen lassen.
Die Expertisen behandeln die Themen

- vor dem Hintergrund der Hinterlassenschaften des Zweiten Weltkrieges
- angesichts der Abschottung der DDR gegenüber dem Westen in ihrer Integration in den Ostblock
- vor dem Hintergrund des ideologischen Teils der Entwicklung einer sozialistischen Gesellschaft mit dem Ziel, das Stadt-Land Gefälle abzubauen und – ähnlich der Bundesrepublik – gleichwertige Lebensverhältnisse zu schaffen
- angesichts des Versuchs, mit einer Industrialisierung der Landwirtschaft einen hohen Grad an Selbstversorgung zu erreichen.

Es wird geschildert, wie – angefangen mit der Landes- und Regionalplanung der ersten Jahre – eine stufenweise Umwandlung zur Territorialplanung als einem Bestandteil eines zentralistischen Planungssystems stattfand, wobei beide Autoren die Wirksamkeit der Territorialplanung ausgesprochen kritisch beurteilen. So hatten Interessen bestimmter Industriezweige stets Vorrang vor denen der Region. Außerdem waren trotz eines scheinbar klaren Regelwerkes Kompetenzen mißverständlich festgelegt.

Daß regionale Disparitäten in der DDR existierten und als Problem wahrgenommen wurden, thematisieren beide Expertisen. So wurde bis in die 70er Jahre seitens der staatlichen Führung auch versucht, regionale Unterschiede zu mildern, indem Investitionsmittel aus den Industrie- und Ballungsbezirken in die ländlichen Regionen umverteilt wurden. Im Zuge dieser Politik wurden im großen Stil und mit bewußt monostruktureller Ausrichtung insbesondere in den Mittelbezirken Schlüsselindustrien angesiedelt. Diese Schwerpunktlegung ging einher mit einer Angleichungspolitik im Wohnungsbau in diesen ehemals vernachlässigten Regionen und führte dort zu einem beschleunigten Wachstum der Bevölkerung. Die Politik der Angleichung wich in den 70er Jahren einer Politik der Rationalisierung und Konzentration – zunächst auf die Nutzung von Agglomerationsvorteilen, später zunehmend auf wenige lebensnotwendige Bereiche der Volkswirtschaft.

Hinsichtlich des Abbaus oder der Nivellierung regionaler Disparitäten weisen sowohl Kind als auch Grundmann auf gewisse Erfolge hin. Relativ ausgeglichen zeigte sich, laut Kind, die Ausstattung mit Einrichtungen des Einzelhandels (Ausnahme Berlin Ost) sowie die Ausstattungen im Bereich der medizinischen Versorgung und der Wohnraumversorgung. Insgesamt sei eine Annäherung zwischen Land und Stadt zu erkennen, indem z.B. Arbeitsplätze außerhalb der Landwirtschaft geschaffen wurden.

Grundmann und Kind kommen hinsichtlich der Einschätzung der Regionen der DDR als Vorzugs- oder Problemgebiet bei unterschiedlichen Methoden zu ähnlichen Resultaten. Als Vorzugsregionen der späten DDR werden neben Berlin Ost, die Thüringer Bezirke genannt, da sie auf eine recht ausgeglichene Industrie- und Agrarstruktur zurückgreifen können. Die Situation von Rostock und Umland wurde ebenfalls positiv beurteilt: Mit dem Ausbau des Hafens und benachbarter Industrien wurde eine stabile Basis und eine diversifizierte Wirtschaftsstruktur geschaffen, während Vorpommern seinen ländlichen Charakter überwiegend beibehielt und als Problemregion galt. Andere Problemregionen waren monostrukturierte Regionen (Halle-Leipzig-Dessau; Lausitz) sowie einige südliche Ballungsgebiete, die unter konservierten Strukturen und ökologischer Zerstörung litten.

2. Entwicklungen in angrenzenden Reformstaaten Polen/ Tschechische Republik (Kukliński/Mync/Szul; Musil/ Kotačka/Ryšavý)

Betrachtungen zum Transformationsprozeß, so die Anregung der Berichtsgruppe, sollten sich nicht auf die neuen Länder beschränken, sondern auch auf die Analyse osteuropäischer Staaten ausgeweitet werden, in denen es zum Teil schon vor dem Zusammenbruch der DDR Reformbestrebungen gegeben hatte. Eine über die Grenzen hinausgehende Betrachtung ist sinnvoll, weil grundsätzliche Veränderungen in wichtigen Regionen Auswirkungen auf die Nachbarstaaten und Europa haben werden. So äußern sich in Grenzregionen, die ehemals polarisierte Staats–und Gesellschaftssysteme voneinander trennten, Transformationsprozesse besonders deutlich. Von europaweiter Bedeutung wird z.B. die Entwicklung der Region Oberschlesien sein.

Zwischenergebnisse der beiden Expertisen zu Polen und der Tschechischen Republik wurden während eines Workshops zu Transformationsprozessen in den neuen Ländern und Osteuropa unter Beteiligung von Wissenschaftlerinnen und Wissenschaftlern aus der Bundesrepublik, aus Polen, der Tschechischen Republik, Österreich und der Slowakei diskutiert.[2]

Im hier vorliegenden Materialband werden die regionalen Auswirkungen für Polen und die Tschechische Republik als unmittelbare Nachbarstaaten zur Bundesrepublik dargestellt.

---

2   Sämtliche Tagungsbeiträge sind in der Dokumentation von J. Musil und W. Strubelt 1996 (Räumliche Auswirkungen des Transformationsprozesses in Deutschland und bei den östlichen Nachbarn (= Transformationprozesse) Opladen: Leske+Budrich) dokumentiert

Vorwort

Die Experten gehen zunächst auf die generellen Trends im politischen, wirtschaftlichen und gesellschaftlichen System des jeweiligen Landes ein und zeigen dann, wie sich vor diesem Hintergrund seit 1989 regionale Strukturen geändert haben. Vergleiche werden sowohl mit historisch gewachsenen Strukturen der frühen Industrialisierung als auch mit denen sozialistischer Herkunft gezogen.

Beide Expertisen zeigen einige Unterschiede, in erster Linie jedoch Gemeinsamkeiten in der Art und Weise, wie Transformationsprozesse in den beiden untersuchten Ländern ablaufen.

Die Umorientierung des Wirtschaftssystems stand in beiden Ländern im Zeichen *neoliberaler Wirtschaftspolitik*. Einen besonders radikalen Weg in diese Richtung ging Polen mit der Schocktherapie im Jahre 1990, doch auch in der Tschechischen Republik wurde mit dem „Szenario für wirtschaftliche Reform" ein Plan vorgelegt, der, aufgehängt an den Schlüsselbegriffen Privatisierung und Liberalisierung, eine radikale Umstrukturierung zum Ziel hatte.

In beiden Ländern hat ein *radikaler Strukturwandel* stattgefunden. Die große Bedeutung des industriellen Sektors und der stark subventionierten Landwirtschaft ging zurück (Deindustrialisierung) und wurde von einem Wachstum im tertiären Sektor, der freigesetzte Arbeitskräfte aus anderen Bereichen mehr (Tschechien) oder weniger (Polen) aufnehmen konnte, abgelöst.

Weder in Polen noch in Tschechien spielte die *Regionalpolitik* eine nennenswerte Rolle im wirtschaftlichen Transformationsprozeß. In beiden Staaten stand die Regionalpolitik der neoliberalen Auffassung der Regierungen gegenüber, die jegliches Eingreifen in den freien Markt vermeiden wollten. Neben ideologischen Gründen gab es sehr praktische Gründe für die Abwesenheit einer Regionalpolitik, da, in Tschechien z.B., im Zuge der Dezentralisierung zwar die Kommunen gestärkt, Regionen dagegen abgeschafft wurden und sich folglich Gelder zur Regionalförderung nicht kanalisieren lassen.

In beiden Ländern bewirkte die Transformation eine *Stärkung der lokalen Ebene*. Im polnischen Fall gelten die Kommunen mit ihrer pragmatisch ausgerichteten Politik als stabile Gegenpole zur im Fluß befindlichen zentralen Politik.

Die *geopolitische Ausrichtung* beider Länder hat sich grundsätzlich geändert. Sowohl Polen als auch Tschechien sind näher an den Westen gerückt, womit in beiden Fällen auch Impulse für die zukünftige Entwicklung entlang der Achsen zwischen internationalen Polen wie Warschau und Prag angenommen werden. In der ehemaligen Tschechoslowakischen Republik ist diese Neuausrichtung durch die Trennung des Landes in ein nach Westen blickendes Tschechien und ein nach Osten blickendes Slowakien besonders deutlich.

Empirisch untermauert wird die Westorientierung Polens und Tschechiens mit Daten zum *Außenhandel*. Mit dem Zusammenbruch der Sowjetunion gingen Polen und Tschechien der wichtigste Handelspartner schlagartig verloren. Sie wurden von Handelspartner aus Westeuropa abgelöst, wobei die Bedeutung der direkt angrenzenden Bundesrepublik in beiden Expertisen als einer der wichtigsten hervorgehoben wird.

Beide Expertisen verstehen regionale Disparitäten hinsichtlich Siedlungsstruktur, demographischer Entwicklung, Landnutzung u.a. als eine Überlagerung von Raummustern sowohl aus der Zeit der frühen Industrialisierung als auch aus Zeiten des Sozialismus. Im tschechischen Fall äußern sich regionale Disparitäten nach 1989 zwischen den Wachstumszonen (überwiegend in Böhmen mit Inseln in Mähren) und den sog. inneren Peripherien. In Polen scheint sich das ausgeprägte West-Ost Gefälle der frühen 90er Jahre nunmehr etwas zu relativieren.

3. Ländlicher Raum (Zierold; Hagedorn u.a.)

Die Agrarstrukturen der ehemaligen DDR unterschieden sich erheblich von denen in der Bundesrepublik. Dies bezieht sich auf die Erwerbstätigenstruktur, die Größe, Organisationsform und Spezialisierung der landwirtschaftlichen Betriebe und die Funktion ländlicher Räume als Hauptarbeitgeber und Träger infrastruktureller Einrichtungen.

In den vorliegenden Analysen werden die wesentlichen agrarpolitischen Regelungen der letzten Jahre für die Entwicklung ländlicher Räume untersucht (Hagedorn/Beckmann/Klages/Rudolph) sowie deren Auswirkungen auf die Lebenslagen im ländlichen Raum erarbeitet (Zierold).

In der Annahme, daß ländliche Räume aufgrund ihrer Entwicklung vor 1989 strukturell besonders vom Transformationsprozessen betroffen sind, analysiert Zierold die Lebenslagen vor dem Hintergrund verschiedener Phasen staatlicher Politik für den ländlichen Raum. Der Abwanderung aus den Dörfern z.B. durch die Industrialisierung des strukturschwachen Nordens in den 50er Jahren folgte in den 70er und 80er Jahren die Bemühungen um einen Abbau des Stadt-Land Gegensatzes. Wesentliche Maßnahmen waren die Verstaatlichung vieler klein- und mittelständischen Betriebe und vor allem die Einsetzung, Zusammenlegung und Spezialisierung der Landwirtschaftlichen Produktionsgenossenschaften.

Veränderungen der Lebensbedingungen im ländlichen Raum nach 1989 äußern sich in einem einschneidenden Rückgang der Erwerbsbeteiligung durch Vorruhestand und Arbeitslosigkeit, einer zum Teil hieraus resultieren-

Vorwort

der Zunahme der Einkommensunterschiede, einer durch Migration und Geburtenentwicklung abnehmenden Bevölkerungszahl und einer Deindustrialisierung ländlicher Räume. Regionale Unterschiede in der Entwicklung lassen sich zum Teil zwischen dem großagrarisch geprägten Mecklenburg-Vorpommern und dem im vielfältiger strukturierten Südwesten, aber auch zwischen Haupt- und Nebenorten innerhalb ländlicher Regionen erkennen.

Hagedorn u.a. behandeln in ihrer Expertise ausführlich die politischen Instrumente und Maßnahmen zur Bewältigung der Transformationsprobleme sowie deren ökonomische Wirkungsweisen. Ausgehend von einer Beschreibung der Struktur der ostdeutschen Landwirtschaft zu Beginn der Transformation werden folgende vier Politikbereich schwerpunktmäßig behandelt:

- Die Umwandlung und Neustrukturierung der Landwirtschaftlichen Produktionsgenossenschaften, die, so die Autoren, zu einer nicht gekannten Vielfalt an Betriebsgrößen und Rechtsformen geführt hat.
- Die agrarstrukturelle Förderung in den neuen Bundesländern. Sie umfaßte z.B. Anpassungshilfen für landwirtschaftliche Haupt- und Nebenerwerbsbetriebe und die Gemeinschaftsaufgabe „Verbesserung der Agrarstruktur und des Küstenschutzes", die mit EU-Fördergrundsätzen abgestimmt wurde.
- Die Privatisierung der ehemals volkseigenen landwirtschaftlichen Flächen, über deren Art der Umsetzung sehr kontrovers diskutiert wurde.
- Wirkungen, Umsetzungen und künftige Weiterentwicklung der EU-Agrarreform in den neuen Bundesländern

Ganz herzlich möchte ich mich bei folgenden Personen für die Mitarbeit am Materialband bedanken: Alexandra Arfaoui (Bearbeitung von Karten und Diagrammen), Marion Kampler und Christian vom Hofe (Layout, Redigieren) und Robert Koch (englische Korrekturen).

Köln, im Januar 1997
Annette Becker

Territorialentwicklung und Territorialplanung in der DDR: Ergebnisse und Auswirkungen auf die Raumstruktur Deutschlands

Gerold Kind

0. Zusammenfassung
1. Zusammenfassende und wertende Darstellung der Entwicklung der Territorialplanung der DDR von 1945 bis 1990
   1.1 Vorbemerkung
   1.2 Die Entstehung der Raumstruktur Mitteldeutschlands im Rahmen der Industrialisierung in Deutschland
   1.3 Ausgangssituation nach Kriegsende sowie Deformation der Wirtschaftsstruktur durch die Teilung Deutschlands
   1.4 Landes- und Regionalplanung in der DDR und ihre Weiterwirkung bis zur Vereinigung Deutschlands
   1.5 Regionalpolitische Zielvorstellungen und Installation der Territorialplanung
   1.6 Die Entwicklung der Territorialstruktur der DDR zwischen 1955 und 1975
   1.7 Resultate der Landwirtschaft und Wirkungen auf die Territorialstruktur
   1.8 Der Paradigmenwechsel in den 70er Jahren und die Entwicklung der Raumstruktur bis 1990
   1.9 Aufbau des Planungssystems der DDR und die Konsequenzen für die Wirksamkeit der Territorial- und Stadtplanung
2. Ergebnisse und weiterwirkende Komponenten der Periode der DDR-Existenz für die Raumstruktur Deutschlands
   2.1 Problemlage
   2.2 Darstellung der territorialen Differenzierung wichtiger Komponenten der Lebensumstände der Bevölkerung
   2.3 Darstellung wichtiger wirtschaftlicher Strukturveränderungen in der DDR-Zeit

2.4 Veränderungen der infrastrukturellen Erschließung und des Verstädterungsgrades
2.5 Zusammenfassende Wertung der Veränderungsprozesse der Raumstruktur nach Bezirksgruppen
2.6 Vergleich der fachlichen Grundpositionen der Raumordnung der Bundesrepublik und der Territorialplanung der DDR und Bewertung der weiteren Wirkungsmöglichkeiten territorialplanerischer Prinzipien
2.7 Wandlungen der Raumstruktur und der Verhaltensmuster der Bevölkerung in den neuen Bundesländern nach der deutschen Vereinigung

Literatur
Anlagen
Tabellen und Abbildungen

0. Zusammenfassung

Im ersten Teil der Studie wird die Entwicklung der Territorialplanung der DDR von 1945-1950 dargestellt und der Versuch einer Wertung vorgenommen

Obwohl in der DDR ein grundsätzlich anderes Gesellschafts- und Wirtschaftsmodell bestand, das für die räumliche Planung ein völlig anderes Aufgabenfeld ergab, bestanden in den Grundpositionen und auch in den Methoden erstaunliche Übereinstimmungen. Es wird dargestellt, wie von der identischen Ausgangssituation der Landes- und Regionalplanung am Kriegsende eine stufenweise Umwandlung zur Territorialplanung als einem Bestandteil eines zentralistischen Planungssystems stattfand. Stufen dieses Transformationsprozesses waren

- der Aufbau einer gesamtstaatlichen Landesplanung und Einordnung in das Aufbauministerium bei Gründung der DDR
- die Auflösung der Landes- und Regionalplanung mit den Ländern in der Verwaltungsreform von 1952
- die Entstehung einer Wirtschaftsplanung nach sowjetischem Vorbild, im ersten Nachkriegsjahrzehnt deren territoriale Komponente sich zunächst nur auf die Standortwahl für volkswirtschaftlich strukturbestimmende Großinvestitionsvorhaben in Form der Inselplanung beschränkte

Territorialentwicklung und Territorialplanung in der DDR

- die parallele Entstehung einer technisch-gestalterischen Gebietsplanung als veränderte Weiterführung des Aufgabenbereiches der Landes- und Regionalplanung in den Bezirken und der komplex-territorialen Planung als Weiterentwicklung der territorialen Komponente der Wirtschaftsplanung zwischen 1955 und 1960.

  Für etwa ein Jahrzehnt bestanden die beiden Komponenten der technisch-gestalterischen Gebietsplanung und der ökonomischen Perspektivplanung nebeneinander und waren auch Anlaß für die Entstehung einer eigenständigen Theorie des notwendigen dualen Aufbaus der räumlichen Planung mit den Komponenten der „regionalen Ökonomik" und der „regionalen Urbanistik".

  Wegen der Betonung regionaler Erfordernisse wurde die Gebietsplanung um 1964 politisch negativ gewertet, in Form der Büros für Territorialplanung neu organisiert und direkt den Bezirksplankommissionen als den Trägern der regionalen Wirtschaftsplanung unterstellt.
- Im Zeitraum von 1964 bis 1990 bestand eine gleichartige Struktur der Territorialplanung und ihrer Einordnung in die Ausarbeitung der Fünfjahres- und Jahrespläne sowie der Investitionsvorbereitung.
- Mit der Schwerpunktverlagerung der Wirtschaftspolitik der DDR änderten sich auch die Aufgabenstrukturen der Territorialplanung:
  - Zunächst wurden der Wiederaufbau der kriegszerstörten Wirtschaft und die Komplettierung der Volkswirtschaft mit dem regionalpolitischen Ausgleichsziel gekoppelt.
  - In Auswertung der Erfahrungen dieser vorwiegend nach dem Prinzip der Inselplanung ablaufenden Territorialplanung entstand die Erkenntnis der Notwendigkeit der komplexen Betrachtung der Wirtschaftsgebiete, die in der Zeit des „Neuen Ökonomischen Systems der Leitung und Planung der Volkswirtschaft" zu einer intensiven theoretischen und praktischen Auseinandersetzung mit der Regionalentwicklung führte.
  - Die Fokussierung der Territorialentwicklung in den 70er Jahren auf dem Wohnungsbau führte zu einer starken Akzentuierung der Siedlungsstrukturplanung.
  - Die wirtschaftspolitische Orientierung auf ausgewählte Schwerpunktprogramme im letzten Jahrzehnt der DDR-Existenz verstärkte die Aufgabe der Territorialplanung zur territorialen Absicherung der damit zusammenhängenden Vorhaben. Die zunehmenden wirtschaftlichen Schwierigkeiten verstärkten den Druck zur Einsparung, der in einer wachsenden Rolle der territorialen Rationalisierung seinen Niederschlag fand.

Im zweiten Teil der Studie werden die Veränderungen der Raumstruktur in der Periode der DDR-Existenz systematisch untersucht und der Versuch unternommen, ihre weitere Wirkung auf die Raumstruktur Deutschlands zu bestimmen.

Nach der Ableitung von drei Etappen der Raumstrukturentwicklung zwischen 1945 und 1990 (Wiederherstellungs-, extensive und intensive Etappe) werden die Veränderungen der Territorialstruktur nach den drei Schwerpunkten Ausgleich der Lebensumstände der Bevölkerung, Veränderung der Branchenstruktur der Wirtschaft und der Qualifikationsstruktur der Bevölkerung sowie Veränderung der infrastrukturellen Erschließung und des Urbanisierungsgrades analysiert. Bezüglich der Lebensumstände der Bevölkerung.

Bezüglich der Lebensumstände der Bevölkerung wird anhand einer größeren Anzahl von Kennziffern in bezirklicher Differenzierung abgeleitet, daß zwar die deutlichen Unterschiede der Bevölkerungsdichte nur unwesentlich reduziert wurden, daß aber bei den wichtigsten Ausstattungskennziffern eine sehr weitgehende Nivellierung eingetreten ist.

In der Wirtschaftsstruktur haben wesentliche Veränderungen stattgefunden. Das betrifft besonders die Zunahme des Anteils der Nord- und Mittelbezirke an der Industrieproduktion, aber auch die regelhafte Verschiebung der Proportionen zwischen dem primären, sekundären und tertiären Bereich. Erstaunlich ist, daß die Zunahme der Beschäftigten im tertiären Sektor in den Ballungsgebieten unter dem DDR-Durchschnitt blieb. Bereits 1981 waren die Anteile der Hoch- und Fachhochschulabsolventen weitgehend ausgeglichen, nur Berlin-Ost hatte einen wesentlich höheren Anteil.

Wesentliche Veränderungen haben auch die Proportionen zwischen Stadt- und Landbevölkerung erfahren. Durch langdauernde Wanderungsströme haben die Groß- und Mittelstädte in den Mittel- und Nordbezirken eine deutliche Einwohnerzunahme erfahren.

Zusammenfassend wird dargestellt, daß die Nordbezirke der DDR eine wirtschaftliche und raumstrukturelle Aufwertung erfahren haben und durch Stabilität gekennzeichnet waren. In den Mittelbezirken fanden wegen der Massierung volkswirtschaftlich strukturbestimmender Investitionsvorhaben die intensivsten Veränderungen der Territorialstruktur statt, während die südlichen Ballungsgebiete in mehrfacher Hinsicht durch die Ausgleichspolitik benachteiligt waren und die Zuspitzung von Widersprüchen den Übergang zur Intensivierung in der Territorialstruktur deutlich beeinflußt haben.

Abschließend wird ein Vergleich der fachlichen Grundpositionen der Raumordnung der Bundesrepublik und der Territiorialplanung der DDR versucht und werden die raumstrukturellen Veränderungsprozesse nach der deutschen Vereinigung skizziert.

1. Zusammenfassende und wertende Darstellung der Entwicklung der Territorialplanung der DDR von 1945 bis 1990

1.1 Vorbemerkung

Mit der Vereinigung Deutschlands am 3.10.1990 ist die Bundesrepublik Deutschland auch Rechtsnachfolger der ehemaligen DDR geworden. Es ist seither die wichtigste Aufgabe in Ostdeutschland, den überkommenen desolaten Zustand von Wirtschaft und Infrastruktur möglichst kurzfristig zu überwinden und den wichtigsten Grundsatz der Raumordnung, die Schaffung gleichwertiger Lebensverhältnisse, praktisch umzusetzen. Es wird dies versucht durch die unveränderte Übertragung des Gesellschaftssystems der alten Bundesrepublik auf die ehemalige DDR. Wenn auch wichtige Erfolge dabei unübersehbar sind, hat sich doch gezeigt, daß in den 40 Jahren getrennter Entwicklung mehr an Unterschiedlichkeit entstanden ist, als zunächst angenommen wurde. Es ergibt sich auch daraus die Notwendigkeit, die Geschichte aufzubereiten, um eine richtige und gerechte Wertung zu erhalten.

Das gilt auch für den Bereich der Raumordnung. Es muß zunächst festgehalten werden, daß es unerwartet viele Übereinstimmungen zwischen der Raumordnung der Bundesrepublik und der Territorialplanung der DDR gibt. Das betrifft einmal die grundsätzliche Zielstellung, die im Raumordnungsgesetz als „Schaffung gleichwertiger Lebensverhältnisse" beschrieben wird und in der DDR bis etwa 1975 „Angleichung des wirtschaftlichen Entwicklungsniveaus und des Lebensstandards" hieß. Das betrifft auch wesentliche theoretisch-methodische Grundlagen, wie die Verwendung des Zentrale-Orte-Konzeptes, die Exportbasis-Theorie und die „social costs". Bei näherer Betrachtung erweist sich dieser Tatbestand als leicht erklärbar, da die sachlichen Probleme der Raumentwicklung aufgrund der gemeinsamen Vergangenheit sehr ähnlich und Lösungsansätze bereits vorher Gegenstand fachlicher Erörterungen waren. Die Übereinstimmungen resultieren aber auch aus personellen Gründen. Viele Raumplaner Ostdeutschlands mit Erfahrungen aus der Vorkriegszeit waren bis ca. 1970 entweder in der Planungspraxis oder in der universitären Lehre tätig und haben das Gedankengut an die jüngere Generation weitergegeben. Und in Ostdeutschland war die Fachliteratur der Bundesrepublik in wesentlichen Teilen verfügbar.

Dennoch gab es auch grundsätzliche Unterschiede. In der DDR wurde ein grundsätzlich anderes Gesellschafts- und Wirtschaftsmodell versucht, das zwar in seiner konkreten Ausprägung nahezu sklavisch dem asiatisch bestimmten Modell der Sowjetunion folgte, aber zu wesentlichen Teilen auf dem in Deutschland entstandenen Marxismus beruhte. Die darauf beruhende prinzipielle Gegnerschaft zum Gesellschafts- und Wirtschaftssystem der Bundesrepublik Deutschland hat auch über lange Zeit die Entwicklung der Territorialplanung in der DDR beeinträchtigt. Planungspraktiker und -wissenschaftler der 60er Jahre „... sahen in der territorialen Planung die Gefahr einer Art von Wiederbelebung der kapitalistischen sogenannten 'Landes- oder Raumplanung', die durch ihren nazistischen Mißbrauch noch besonders anrüchig geworden war" (Schmidt-Renner 1961: 269). Aufgrund der Erfahrungen des Zweiten Weltkrieges waren auch Teile der ostdeutschen Intelligenz bereit, ein grundsätzlich anderes Gesellschaftsmodell mit zu unterstützen oder gar zu tragen. Es gab bis zum Ende der DDR-Existenz einen recht großen Personenkreis, der sich intensiv und ohne materielle Vorteile für die Umsetzung der progressiven Elemente, die dem Gesellschaftssystem innewohnten, eingesetzt haben. Auch wenn diese Vision gescheitert ist, ist die gegenwärtige fast vorbehaltlose Verurteilung aller Elemente der DDR-Vergangenheit historisch unrichtig.

Eine reale Einschätzung auf dem Gebiet der Raumplanung ist erschwert, da die Quellenlage als kompliziert zu bewerten ist:

- Die DDR-Fachliteratur ist wegen der Geheimhaltungspflicht der Autoren sehr allgemein gehalten und ideologisch verbrämt. Auch heute ist es noch schwierig, die vielfach vertraulichen Unterlagen aufzufinden und auszuwerten.
- Im Zusammenhang mit der Vereinigung Deutschlands ist zwischen 1989 und 1991 bei der Auflösung der Verwaltungs- und Planungsdienststellen der größte Teil der Unterlagen verlorengegangen.
- Der Kenntnisstand der Fachleute der alten Bundesrepublik zur Raumplanung in Ostdeutschland ist wegen der restriktiven Veröffentlichungspolitik der DDR unzureichend. Selbst Autoren, die sich speziell mit dieser Problematik beschäftigt haben, klagten über den Informationsmangel und haben durch die Art der Darstellung erkennen lassen, daß sie das Planungsgeschehen nur teilweise verstanden haben.

In vorliegender Expertise wird versucht, auf der Grundlage der Veröffentlichungen, vorliegender unveröffentlichter Dokumente und persönlicher Erfahrungen von einem Beteiligten aus heutiger Sicht eine zusammenfassende Darstellung zu geben. Diese muß wegen des Standes der historischen Aufbereitung der DDR-Vergangenheit generell vorläufigen Charakter tragen.

1.2 Die Entstehung der Raumstruktur Mitteldeutschlands im Rahmen der Industrialisierung in Deutschland

Der Industrialisierungsprozeß in Deutschland, der zwischen 1870 und dem Ersten Weltkrieg mit rasantem Tempo ablief, führte zur Dominanz von drei Wirtschaftsregionen:
– dem Rheinisch-Westfälischen Industriegebiet als wichtigstem Gebiet mit Konzentration der Grundstoffindustrie
– dem Oberschlesischen Industriegebiet mit ähnlicher Struktur und
– dem Mitteldeutschen Industriegebiet mit dem Schwerpunkt in Sachsen, in dem besonders die Verarbeitungsindustrie konzentriert war.

Das letztere Industriegebiet, aufbauend auf den bergbaulichen Traditionen der Mittelgebirgsregion, hatte als wesentlichen Standortfaktor die nach der Errichtung des Eisenbahnnetzes gegebene Lagegunst zu den Standorten der eisenschaffenden Industrie und stand nach dem wirtschaftlichen Gewicht an zweiter Stelle in Deutschland. Außerhalb dieser dominanten Wirtschaftsgebiete bestanden mehrfach unterbrochene Industriegürtel und isolierte großstädtische Industriezentren, zu denen besonders die Reichshauptstadt Berlin, aber auch Magdeburg gehörten. Außerhalb dieser industriellen Konzentrationsräume fand eine Industrialisierung nur in geringem Umfang statt, die präexistente landwirtschaftliche Dominanz blieb erhalten.

Diese Grundstruktur der Wirtschaftsgebiete veränderte sich auch zwischen den Weltkriegen nicht grundsätzlich. Eine Aufwertung erfuhr besonders aus strategischen Gründen der Raum Halle – Leipzig durch den Aufbau wichtiger Unternehmen der chemischen Industrie (Leuna-Werke, Buna-Werke).

Im Ergebnis dieser Entwicklung bestand vor dem Zweiten Weltkrieg auf dem Gebiet der späteren DDR eine Wirtschaftsstruktur, die gekennzeichnet war durch

– einseitige Zweigstruktur (s. Tabelle 1)
Während der Anteil an der deutschen Industrieproduktion in wichtigen Zweigen des Bergbaus und der eisenschaffenden Industrie bei etwa 5% lag, dominierte Mitteldeutschland in Zweigen der chemischen Industrie (Anteil 20 – 30%), im Maschinenbau (20 – über 50%) sowie in der Konsumgüterindustrie (30 – 40%). Nach der Pro-Kopf-Leistung in der industriellen Nettoproduktion stand Mitteldeutschland deutlich an der Spitze Deutschlands: Bei einem Reichsmittel von ca. 600 RM/Kopf hatte Berlin einen Wert von 855, Mitteldeutschland von 725, Westdeutschland von 609 und Ostdeutschland von 249 RM/Kopf (Jochimsen 1966). Mitteldeutschland war darüber hinaus durch eine außerordentlich hohe wirt-

schaftliche Verflechtung charakterisiert: Der Anteil des überregionalen Exports und Imports betrug etwa 2/3 der produzierten Güter
- Polarisierung der Raumstruktur (s. Abb. 1)
Dem zweitwichtigsten Industriegebiet des Deutschen Reiches im Südteil Mitteldeutschlands und den großen Industriestädten Berlin und Magdeburg stand das agrarisch bestimmte und zurückgebliebene Mecklenburg-Vorpommern gegenüber. An keiner Stelle Deutschlands lagen die Extreme der raumstrukturellen Erschließung räumlich so nahe beieinander.

1.3 Ausgangssituation nach Kriegsende sowie Deformation der Wirtschaftsstruktur durch die Teilung Deutschlands

Die Ausgangssituation nach Kriegsende war bestimmt durch die Kriegszerstörungen und die Entnahmen durch die sowjetische Besatzungsmacht. Es ist wichtig zu bemerken, daß im Ergebnis der Verhandlungen der Siegermächte die Sowjetunion mit den bedeutendsten Kriegsschäden die Wiedergutmachung allein durch Leistungen aus ihrer Besatzungszone betrieb. Es wird angegeben, daß unmittelbar nach Kriegsende 1946 ein Produktionsrückgang von 75% gegenüber 1944 stattfand (90% der Investgüterindustrie, < 50% der Verbrauchsgüterindustrie), davon waren 25% auf Kriegsschäden, aber 50% auf Demontagen zurückzuführen. Es wird eingeschätzt, daß der Gesamtumfang der Entnahmen aus der Wirtschaft der SBZ bis 1953 66,4 Mrd. DM betrug und damit die Gesamtreparationsforderungen an Deutschland von 10 Mrd. Dollar weit überschritten wurden. Eine wesentliche Starthilfe für den Wiederaufbau hat die DDR nicht erhalten (Jochimsen 1966).

Nach der Teilung Deutschlands 1949 bestand die Notwendigkeit, aus einem zufälligen Ausschnitt der deutschen Wirtschaftslandschaft eine funktionierende Volkswirtschaft aufzubauen. Besonders nachteilig wirkten sich dabei aus:

- die einseitige Wirtschaftsstruktur mit dem Fehlen lebensnotwendiger Zweige der Grundstoffindustrie
- der Wegfall der wichtigsten Absatzgebiete für die Produkte der Konsumgüterindustrie und
- das Abschneiden des Zugangs zum Meer, der besonders über den Hamburger Hafen gelaufen war.

Der wirtschaftliche Aufbau in der DDR hatte deshalb in der ersten Phase bis 1958 mehrere Aufgaben gleichzeitig zu lösen: die Beseitigung der Kriegsschäden in der Wirtschaft und in den Städten sowie die Komplettierung der Volkswirtschaft durch den Aufbau nicht vorhandener bzw. unterentwickelter Zweige. Die letztere Aufgabe wurde insbesondere gelöst über industrielle

Großprojekte in vorher weniger industrialisierten Gebieten. Diese Betriebe werden heute als Trennungsindustrien bezeichnet. Sie haben nach der Vereinigung geringe Überlebenschancen, da sie der Konkurrenz der begünstigten älteren Standorträume nicht standhalten können. Solche Großprojekte waren: Das Eisenhüttenkombinat Ost, das Niederschachtofenwerk Calbe, das Gaskombinat Schwarze Pumpe, der Überseehafen Rostock. Die Erfolge dieser Projekte führten dazu, daß nach einem nahezu standardisierten Prozeßablauf bis zum Ende der DDR immer wieder Großprojekte aufgelegt wurden: Nach der Identifikation des Projektes erfolgte Standortauswahl unter mehreren Varianten, danach die propagandistische Vorbereitung der Anwerbung von Arbeitskräften im ganzen Lande (in vielen Fällen die Übergabe als Jugendobjekt an die FDJ), die Aufbautätigkeit mit den angeworbenen Arbeitskräften und die schrittweise Vorbereitung auf eine spätere Tätigkeit im Werk einschließlich der Wohnungsvergabe. Spätere Projekte dieser Art waren das Petrolchemische Kombinat Schwedt/Oder und in den 80er Jahren das Wartburgwerk in Eisenach.

In dieser Aufbauphase entstand und entwickelte sich auch die räumliche Planung in der DDR.

1.4 Landes- und Regionalplanung in der DDR und ihre Weiterwirkung bis zur Vereinigung Deutschlands

Aus der Tatsache heraus, daß die deutsche Landes- und Regionalplanung in den Industriegebieten mit besonderem Problemdruck entstand, ist es verständlich, daß wesentliche Wurzeln dieses Aufgabenbereiches in Ostdeutschland liegen. Wesentliche Marksteine dieser Entwicklung sind

- der 1910 gegründete „Zweckverband Groß-Berlin", der die Koordinierung der Flächennutzung und der stadttechnischen Erschließung zwischen Berlin und den Umlandgemeinden betrieb;
- die nach dem Ersten Weltkrieg gegründeten landesplanerischen Organisationsformen im engeren mitteldeutschen Industriebereich Merseburg, im Raum Leipzig und Dresden sowie in Ostthüringen.

Zu Beginn der eigenständigen politischen Entwicklung im ehemaligen Mitteldeutschland lagen deshalb Erfahrungen und Unterlagen der Landesplanung vor, und es wurden auch Erfahrungsträger in den Neuaufbau einbezogen. Für einige Jahre waren deshalb die Einrichtungen der Landes- und Regionalplanung in beiden Teilen Deutschlands weitgehend identisch.

Nach der Besetzung Deutschlands 1945 und der Gliederung in Besatzungszonen wurde auch die Raumordnung des faschistischen Staates aufgelöst. Der Wiederaufbau der kriegszerstörten Betriebe, der Strukturwandel der rüstungsorientierten Wirtschaft, die Eingliederung der Flüchtlinge, die Sicherung der Ernährungsgrundlage der Bevölkerung und die Wohnungsnot erforderten eine auch raumbezogene regelnde Einflußnahme. Sehr schnell wurden deshalb auch in der sowjetischen Besatzungszone Landesplanungsstellen eingerichtet, in der Landesverwaltung Sachsen bereits am 15.10.1945, und eingeordnet in die Abteilung „Neuaufbau im Bauwesen". Neben der vordringlichen regionalen Bestandsaufnahme der Nachkriegssituation bestand die Aufgabe vor allem in der Abstimmung der Fachplanungen untereinander und mit der übergeordneten Zonenplanung. Das generelle Arbeitsziel der Landesplanungsstellen war die „...Entwicklung von Raumordnungsplänen zusammenfassenden, übergeordneten Charakters, auf deren Grundlage dann in dezentralisierten Regionalplanungsstellen (Zusammenfassung mehrerer Kreise zu Planungsgebieten) konkrete Spezialplanungen, vor allem also Flächennutzungspläne von Gebieten und Einzelgemeinden, aufgestellt wurden" (Lehmann 1955). Obwohl dieses hohe Ziel in dem verfügbaren Zeitraum nicht erreichbar war, hat die Landesplanung erstaunliche Leistungen erbracht. So entstanden in den Jahren 1946 bis 1948 z.B. in Sachsen Erfassungen und Kartierungen von Kriegsschäden an Wohnungen und Betrieben, zu den Wirtschaftsstandorten u. a. (Richter 1994).

Trotz der noch bis 1952 weitgehend identischen Organisationsstrukturen der Landesplanung in Ost- und Westdeutschland begann schon 1947 eine zunehmend zentralistische Orientierung. In der in diesem Jahr gegründeten Deutschen Wirtschaftskommission entstand 1948 eine zentrale Abteilung Landesplanung. Die damit veränderte Planungsstruktur hat K. Wiedemann, sächsischer Landesplaner bis 1952, wie folgt beschrieben:

„Die Landesplanungsbehörde hat alle Planungen, die sich auf die Raumnutzung auswirken, länderweise übergemeindlich zusammenzufassen und in Gemeinschaftsarbeit mit den benachbarten Landesplanungen bzw. der Deutschen Wirtschaftskommission die Grundlagen für eine übergeordnete allgemeine zonale Planung zu schaffen. Sie hat sich über den Zustand ihres Planungsraumes durch Bestandsaufnahme laufend zu unterrichten und in Zusammenarbeit mit allen in Frage kommenden Stellen eine vorausschauende gestaltende Planung dieses Raumes im ganzen oder im einzelnen nach lokalen Gebieten herbeizuführen. Sie erreicht das durch die Aufstellung von Raumordnungsplänen. Die Landesplanungsbehörde stellt Raumordnungspläne auf lange Sicht auf, die jedoch laufend zu überprüfen und an veränderte Verhältnisse anzupassen sind. Die Raumordnungspläne und ihre Änderungen müssen vom Ministerpräsidenten gebilligt werden. Sie müssen übereinstimmen mit den zonalen Rahmen-Raumplanungen der Deutschen Wirtschaftskommission. Die Raumordnungspläne sind für alle regionalen und fachlichen Teilplanungen verbindlich."[1]

---

1 Wiedemann, K. 1948: Die zukünftige Entwicklung der Landesplanung Sachsens. Manuskript (unveröff.) Dresden

Territorialentwicklung und Territorialplanung in der DDR

Aus dem zeitlichen Abstand des Jahres 1955, d.h. nach den entscheidenden politischen Zäsuren der Gründung der DDR 1949 und der Auflösung der Länder 1952, hat Lehmann die Wertung gegeben, daß „... die Landesplanung in ihrer derzeitigen Zielsetzung und Organisation ein Kind der kapitalistischen Welt ist. Diese Feststellung ist deswegen von besonderer Bedeutung, weil ein erheblicher Teil der konkreten sachlichen Probleme – das entspricht der weitgehenden Übereinstimmung der gebietsstrukturellen Verhältnisse in den Industrieländern und ist nicht weiter überraschend – hier wie dort die gleichen sind. Daraus wird aber vielfach noch die Forderung nach einer Rekonstruktion der Landesplanung abgeleitet, ohne zu bedenken, daß unsere gesellschaftliche Entwicklung nicht nur dem Begriff der Planung einen grundsätzlich anderen Inhalt gegeben hat, sondern daß auch die staatsrechtlichen Verhältnisse andere organisatorische und verwaltungsmäßige Lösungen verlangen. Schließlich aber ist entscheidend, daß die Wege, die wir zur Lösung der bedeutenden und dringenden Probleme der regionalen Planung einschlagen müssen, die Methoden, die in einer geplanten Wirtschaft auch in der Gebietsplanung zur Anwendung kommen müssen, gänzlich andere sind, als sie der Landesplanung der kapitalistischen Länder offenstehen" (Lehmann 1955). Die inzwischen geschaffenen Realitäten in der DDR erzwangen eine Anpassung sowohl der Organisation als auch der Methodik der räumlichen Planung, um die Problemlösung betreiben zu können.

Bemerkenswert ist jedoch auch an dieser Wertung, daß die räumliche Planung als eigenständige Aufgabe, nicht als Teil der Volkswirtschaftsplanung verstanden wurde.

In der Zeit zwischen der Gründung der DDR 1949 und dem Jahre 1964 fand eine immerwährende Auseinandersetzung über die Weiterführung und organisatorische Zuordnung der räumlichen Planung statt:

- Mit der DDR-Gründung entstand ein Ministerium für Aufbau mit einer Hauptabteilung Landesplanung, damit übereinstimmend wurden in den Ländern die Landesplanungsabteilungen in die Hauptabteilungen Aufbau überführt. Entsprechend dem Aufbaugesetz von 1950 und den danach veröffentlichten „Grundsätzen des Städtebaus" bestand die Hauptaufgabe im planmäßigen Wiederaufbau der kriegszerstörten Städte.
- In der 1950 gegründeten Staatlichen Plankommission entstand eine Hauptabteilung Regionalplanung. Arbeitsschwerpunkt war die Mitwirkung bei der Standortauswahl großer Investitionsvorhaben.
- Die Verwaltungsreform von 1952 zerstörte die föderalistische Länderstruktur in der DDR und damit auch die Landesplanung, in der ein Element der Eigenständigkeit der Länder gesehen wurde.
- Bei den neugegründeten Räten der Bezirke gab es für wenige Jahre weder Aufgaben noch Institutionen der räumlichen Planung, bis sichtbar

wurde, daß sowohl die „vorhabenbezogene Inselplanung" für volkswirtschaftliche Schwerpunktaufgaben als auch die isolierte Aufbauplanung für Städte nachteilige Folgen hatte.
– Sowohl von den in das Bauwesen eingeordneten Vertretern der ehemaligen Landesplanung (Lehmann, Wiedemann, Küttner) als auch von auf räumliche Probleme orientierten Volkswirtschaftsplanern (Schmidt-Renner, Roos) wurde die Frage nach einer umfassenden räumlichen Planung aufgeworfen. Es entstand die Hypothese von der notwendigen Dualität der räumlichen Planung als einerseits technisch-gestalterische Gebietsplanung (regionale Urbanistik nach Wiedemann) und andererseits ökonomische Territorialplanung (regionale Ökonomik nach Wiedemann).
– Zunächst wurden beide Aufgabenbereiche installiert: Es entstanden bei den Räten der Bezirke Entwurfsbüros für Gebiets-, Stadt- und Dorfplanung, in denen die technisch-gestalterische Gebietsplanung wesentliche Traditionen der Landes- und Regionalplanung weiterführte, zugleich aber unter den veränderten gesellschaftlichen Bedingungen ein eigenständiges Profil entwickelte.

Der Gebietsplaner fühlte sich als Anwalt seiner Planungsregion[2]. Wissenschaftliche Grundlagenarbeit leistete das Institut für Gebiets-, Stadt- und Dorfplanung der Deutschen Bauakademie. Die Gebietsplanung verstand sich als Leitplanung für die langfristige Entwicklung der Wirtschaftsgebiete, die Gebietspläne sollten die Grundlage für die Ausarbeitung der Volkswirtschaftspläne sein. Sie sah ihre Aufgabe darin, durch komplexe technisch-gestalterische Strukturplanung von Gebieten langfristig die planmäßigproportionale Entwicklung der Gebiete, Städte und Dörfer zu garantieren. Anlage 1 enthält das Credo der Gebietsplanung kurz vor ihrer Auflösung. Sie ist geeignet, den Vergleich des Selbstverständnisses mit der Regionalplanung der Bundesrepublik Deutschland herbeizuführen.

Im Zeitraum zwischen 1954 und 1964 wurden durch die Institutionen der Gebietsplanung in zentraler und bezirklicher Ebene zahlreiche Planungen durchgeführt, in der Braunkohlenregion Cottbus, im Chemiebezirk Halle, im Erholungsgebiet Ostseeküste. Als Grundproblem stellte es sich immer wieder heraus, daß die praktische Wirksamkeit der Pläne gering war. Weder war die Volkswirtschaftsplanung bereit, die aus den inneren Entwicklungsnotwendigkeiten der Gebiete abgeleiteten Planvorschläge zu akzeptieren – diese wurden als unerfüllbare Wunschvorstellungen, Forderungsideologie und Lokalpatriotismus eingestuft – noch folgte die Stadtplanung den gebietsplanerischen Zielen (Gebietsplanung, Leitsätze und Erfahrungen 1963).

---

2 Kommentar der zeitgenössischen Wirtschaftsplaner dazu: Der Gebietsplaner fühlt sich als Anwalt der Region, es hat ihn nur niemand in diese Funktion berufen.

Es wurde deshalb 1963 eingeschätzt, daß „... die Gebiets-, Stadt- und Dorfplanung ungenügend in die Volkswirtschaftsplanung einbezogen wurde und der Nutzeffekt ihrer Arbeit relativ gering blieb" (Doehler 1964).

Im Rahmen des Neuen Ökonomischen Systems der Planung und Leitung der Volkswirtschaft wurde durch Ministerratsbeschluß vom 14. Juni 1963 der Gebiets- Stadt- und Dorfplanung die Aufgabe übertragen, auf der Grundlage von Plänen zur Entwicklung der Gebiete, Städte und Dörfer die Koordinierung der Standorte und der zeitlichen Durchführung der Investitionsvorhaben vorzunehmen. „Die Investitionskoordinierung stellt den wichtigsten Hebel der Gebiets-, Stadt- und Dorfplanung zur Realisierung der von ihr ausgearbeiteten Pläne dar. Durch diese Arbeit wird die Gebiets-, Stadt- und Dorfplanung unmittelbar in die Volkswirtschaftsplanung einbezogen" (Doehler 1964). Diese Entscheidung entsprach im vollen Umfang den Vorstellungen der Gebietsplaner.

Es ist bis heute nicht nachvollziehbar, auf welchem Wege dieser Minsterratsbeschluß vom 14. Juni 1963 in den Staatsratserlaß vom 2. Juli 1965 überführt wurde, der die Auflösung der Entwurfsbüros für Gebiets-, Stadt- und Dorfplanung und die Unterstellung neu gebildeter Büros für Territorialplanung unter die Bezirksplankommissionen staatsrechtlich fixierte. Damit war die Traditionslinie der Landes- und Regionalplanung in Ostdeutschland endgültig abgebrochen.

Die Gebietsplanung als staatliche Aufgabe zwischen 1954 und 1964 war der Versuch, praktisch und methodisch die regionale Wirtschaftsentwicklung und die Regionalplanung unter sozialistischen Bedingungen in einer Synthese zu vereinigen. Sie hat zu bemerkenswerten methodischen Ergebnissen geführt (s. auch Abschnitt 4) und wurde unterbrochen, weil sie den Erfordernissen der Regionalentwicklung den gleichen Rang einräumte wie der zentralisierten Volkswirtschaftsplanung.

1.5 Regionalpolitische Zielvorstellungen und Installation der Territorialplanung

Staatsaufbau wie Planungssystem in der DDR wurden von der Sowjetunion übernommen und basierten auf der marxistischen Gesellschaftstheorie. Wenn auch die allgemeinen Zielstellungen der Wirtschaft und Gesellschaft die regionale Komponente selbstverständlich einschlossen, so war es ein immerwährendes Handicap besonders der Territorialforschung, daß der Raum in der marxistischen Theorie kaum eine Rolle spielt. Es gibt nur zwei wesentliche Formulierungen, die zur Begründung der theoretischen Positionen der Territorialplanung dienten. Das ist einmal die Erwähnung der territorialen Arbeitsteilung im „Kapital" von Marx, wo gesprochen wird von der

„... territorialen Teilung der Arbeit, welche besondere Produktionszweige an besondere Distrikte eines Landes bannt" (Marx 1947: 371). Andererseits wurden die Erfordernisse der planmäßig-proportionalen Entwicklung auch aus der Wechselwirkung von Standort und Wirkungsraum nach Marx abgeleitet: „Im weiteren Sinne zählt der Arbeitsprozeß unter seine Mittel ... alle gegenständlichen Bedingungen, die überhaupt erheischt sind, damit der Prozeß stattfinde ... Das allgemeine Arbeitsmittel dieser Art ist wieder die Erde selbst, denn sie gibt dem Arbeiter den locus standi (den Platz wo er steht) und seinem Prozeß den Wirkungsraum (field of employment)" (Marx 1947: 188)

Zu den wichtigsten Grundsätzen der Territorialplanung in den ersten Jahren der DDR-Existenz wurden die von Lenin 1918 im „Entwurf des Planes für die technisch-wissenschaftlichen Arbeiten" mitgeteilten Prinzipien der regionalökonomischen Ziele eines sozialistischen Landes, die auf dem Gesetz der planmäßigen proportionalen Entwicklung der Volkswirtschaft beruhen:

1. Höchstmögliche Annäherung der Produktion an die Rohstoffquellen und an die Verbrauchergebiete der industriellen und landwirtschaftlichen Produktion
2. Beseitigung der faktischen wirtschaftlichen Ungleichheit zwischen den Völkern, schneller Aufschwung der Wirtschaft früher rückständiger Gebiete.
3. Planmäßige territoriale Arbeitsteilung zwischen den Wirtschaftsgebieten bei komplexer Entwicklung der Wirtschaft eines jeden Gebietes unter Berücksichtigung der natürlichen Bedingungen und der wirtschaftlichen Zweckmäßigkeit, bestimmte Industriewaren und landwirtschaftliche Erzeugnisse zu produzieren.
4. Planmäßige Standortverteilung der Industrie über das Territorium des Landes, so daß neue Städte und Industriezentren in den früher rückständigen Agrargebieten entstehen, Annäherung der Landwirtschaft an die Industrie.
5. Festigung der Verteidigungsfähigkeit des sozialistischen Landes. (Akademie der Wissenschaften der UdSSR, Politische Ökonomie, Lehrbuch, 1956: 442/443)

Es war das bevorzugte Arbeitsfeld der Wirtschaftsgeographen und Regionalökonomen in den ersten Jahren nach der DDR-Gründung, eine marxistische Wirtschaftsgeographie als Grundlage der ökonomischen Raumplanung zu erarbeiten. Als Ergebnis wurden folgende Prinzipien der Standortverteilung der Produktion vorgelegt (Sanke 1956: 557):

Territorialentwicklung und Territorialplanung in der DDR

„1. Heranbringen der Produktion an die Rohstoff- und Energiequellen und an die Verbrauchergebiete, bzw. – soweit Rohstoff- und Energiequellen nicht vorhanden sind – auch an die verkehrsbegünstigten Eisenbahn- und Straßenknotenpunkte, Flüsse, Kanäle und Seehäfen, Beseitigung der übermäßig weiten und sich vielfach überschneidenden Transporte.
2. Überwindung der als Erbe des Kapitalismus übernommenen räumlichen Disproportionen zwischen den früher einseitig industrie- oder agricolorientierten Bezirken, Nutzung aller vorhandenen Ressourcen.
3. Territoriale Spezialisierung und komplexe Entwicklung der Wirtschaft in den einzelnen Bezirken und sonstigen ökonomischen Rayons, entsprechende Rayonierung, Schaffung eines rationellen Systems der zwischen- und innerbezirklichen ökonomischen Beziehungen.
4. Errichtung neuer Industriebetriebe in den früher einseitig agricolorientierten Bezirken, Rekultivierungsarbeiten und Anlage neuer agricoler Kulturen in den früheren einseitig industrieorientierten Bezirken."

Die Realisierung dieser Grundsätze erfolgte über die ökonomische Rayonierung (Abgrenzung von Wirtschaftsgebieten) und die Anwendung der Theorie der gebietsbildenden, -bedienenden und -füllenden Faktoren.

Die Theorie der gebietsbildenden, -bedienenden und -füllenden Faktoren stimmt weitgehend überein mit dem sogenannten Exportbasiskonzept der regionalen Wirtschaftsforschung, das die Grundlage der regionalen Strukturpolitik in der Bundesrepublik Deutschland ist (Eckey 1995: 281).

Die Betriebe und Einrichtungen eines Gebietes werden nach Reichweite ihrer Absatzbeziehungen bzw. ihrer Dienstleistungen gruppiert. Betriebe und Einrichtungen, deren Produkte vorwiegend außerhalb des jeweiligen Wirtschaftsgebietes verkauft bzw. deren Leistungen vorwiegend von außerhalb des Gebietes wohnenden Personen in Anspruch genommen werden, werden als „gebietsbildend" bezeichnet. Sie bestimmen die Stellung eines Gebietes in der territorialen Arbeitsteilung und bewirken durch den Verkauf ihrer Produkte einen Finanzzufluß in das Gebiet, der die Basis für die Zuführung von im Gebiet benötigten, dort aber nicht erzeugten Gütern bzw. nicht angebotenen Leistungen ist. „Gebietsbedienend" sind Einrichtungen, die ausschließlich oder überwiegend der Versorgung der Bevölkerung oder der Wirtschaft eines Gebietes dienen; als „gebietsfüllend" wird schließlich der wirtschaftlich nicht aktive Teil der Bevölkerung (die „Mantelbevölkerung") bezeichnet. Das gleiche Prinzip wurde auch auf die abgrenzbaren räumlichen Einheiten der Siedlungen angewandt.

Die Theorie *der gebiets- und städtebildenden Faktoren* war bis zum Ende der DDR-Existenz eine methodische Grundlage der Territorialplanung. Auf der Basis zahlreicher wissenschaftlicher Studien und praktischer Planungsarbeiten entstand ein eigener Begriffsapparat:

Spezialproduktionen und -dienste bestimmen das ökonomische Profil eines Wirtschaftsgebietes und seine Stellung in der territorialen Arbeitsteilung. Sie sind aufgrund der optimalen Abstimmung von Standortanforderungen und Standortbedingungen in bestimmten Wirtschaftsgebieten konzentriert und durch Kooperationsbeziehungen in das Gebiet oder die Stadt eingebunden.

Ergänzungsproduktionen sind mit der Spezialproduktion verflochtene Wirtschaftszweige *im Gebiet* und *Versorgungsproduktionen und -dienste* dienen der unmittelbaren Versorgung aller Betriebe und der Bevölkerung eines Gebietes. Sie schließen die gesamte gebietsbedienende materielle Infrastruktur ein.

In Übereinstimmung mit den Gepflogenheiten der Planungsorgane – Staatliche Plankommission, Deutsche Bauakademie – wurden die siedlungsbildenden Faktoren weiter aufgegliedert:

1. siedlungsbildende Faktoren
1.1 gebietsbildende Faktoren (Träger singulärer Funktionen nach Neef)
1.1.1 profilbestimmend
1.1.2 nicht profilbestimmend, aber der Spezialisierung der Siedlung entsprechend
1.2.3 nicht profilbestimmend, nicht der Spezialisierung der Siedlung entsprechend
1.2 gebietsbedienende Faktoren (Träger zentraler Funktionen nach Christaller)
1.2.1 der Zentralität und Spezialisierung der Siedlung entsprechend
1.2.2 der Zentralität und Spezialisierung der Siedlung nicht entsprechend
2. siedlungsbedienende Faktoren
2.1 Funktionen mit Bedeutung für die gesamte Siedlung
2.2 Funktionen mit Bedeutung für Wohnkomplexe
2.3 Funktionen mit Bedeutung für Betriebe
(Albrecht 1965, 280)

Die Anwendung *der Theorie der gebiets- und städtebildenden Faktoren* in der ökonomischen Territorialplanung bestand

– in der Wertung aller Elemente der Wirtschaft eines Gebietes hinsichtlich der *Stellung in der territorialen Arbeitsteilung, der* Standortbindung bzw. -orientierung
– in der Wertung des Grades der Komplexität der Wirtschaftsstruktur („Reifegrad des Gebietes"), von Charakter und Gewicht der gebietsbedienenden Faktoren.

Damit war es möglich, Stand und Erfordernisse der harmonischen Entwicklung von Gebieten zu bestimmen.

Auf dieser Grundlage wurden Vorschläge zur Profilbereinigung (Verlagerung sog. nicht standortrichtiger Betriebe) und -ergänzung sowie zur Erhöhung der Komplexität (Ansiedlung fehlender Zulieferbetriebe für die Spezialproduzenten, Ergänzung fehlender Versorgungsproduktionen) ausgearbeitet.

Ziel war die planmäßige Entwicklung eines Systems standortrichtiger, eng verflochtener Betriebe von der Urproduktion bis zum Finalprodukt in einem Wirtschaftsgebiet bei Minimierung der Transportaufwendungen. Diese Theorie wurde später im sowjetischen Konzept des territorialen Produktionskomplexes weiterentwickelt, das auch Elemente des Wachstumspolkonzeptes einschließt und auch dem Beispiel der „Tennessee-Valley-Authority" in den USA sehr ähnlich ist (s. Anlage 3).

Bei strenger Anwendung dieses Konzeptes ergibt sich eine Tendenz zur wirtschaftlichen Monostruktur in den Regionen, die wegen der angenommenen Krisenfreiheit des Wirtschaftssystems bewußt angestrebt wurde.[3]

Die ökonomische Rayonierung war eine eng mit der Gebietsspezialisierung verbundene Aufgabe, da die Erfassung gebietsbildender Faktoren die Bestimmung und Abgrenzung von Wirtschaftsgebieten voraussetzte. Aspekte der Abgrenzung von Wirtschaftsgebieten spielten generell in der räumlichen Planung der DDR eine große Rolle, da jede Aufgabe in diesem Aufgabenbereich die Abgrenzung eines Planungsgebietes voraussetzte. Generell bestand die Auffassung, zur Wahrnehmung der wirtschaftsleitenden Aufgaben des Staates, eine Übereinstimmung der administrativen Gliederung mit den Wirtschaftsrayons herbeizuführen. Eine erste umfassende Anwendung erfuhr dieses Prinzip bei der Abgrenzung der Bezirke im Rahmen der Verwaltungsreform von 1952.

Der Bezirk Rostock beispielsweise entstand aus der Zusammenfassung aller Kreise mit meerorientierter Wirtschaft, im Bezirk Cottbus wurde der gesamte braunkohleführende Raum östlich der Elbe zusammengefaßt, in dem 1958 der Aufbau des Kohle- und Energiezentrums der DDR begann.

In der Praxis der Standortentwicklung der Industrie fanden diese *theoretisch-methodische Grundprinzipien* zunächst wenig Berücksichtigung. Bis in die 60er Jahre herrschte bei der Realisierung der Großinvestitionsvorhaben, die der Komplettierung der Volkswirtschaft nach der Teilung Deutschlands dienten, die „vorhabenbezogene selektive Planung" (Inselplanung) (Kalisch 1977) vor: Es entstanden das Eisenhüttenkombinat Ost und die erste neue (sozialistische) Stadt Stalinstadt (jetzt Eisenhüttenstadt), das Gaskombinat Schwarze Pumpe und die Wohnstadt Hoyneu (Hoyerswerda-Neustadt) als Teil des Kohle-Energieprogramms im Bezirk Cottbus, der Überseehafen Rostock sowie das Petrolchemische Kombinat Schwedt.

---

3 Die technisch-gestalterischen Gebietsplaner haben das Bemühen der ökonomischen Territorialplaner um Profilbereinigung als „Anpassung der Territorialstruktur an den Kenntnisstand der Ökonomen" gekennzeichnet.

Schmidt-Renner hat diese Situation wie folgt gewertet: „Es hat in unserer Republik verhältnismäßig lange gedauert, bis das Prinzip der territorialen Planung der Volkswirtschaft neben dem Prinzip der zweigmäßigen Planung seine volle Anwendung gefunden hat. Der planmäßige Neuaufbau einer sozialistischen Volkswirtschaft ... erfordert ... in erster Linie das sogenannte Zweigprinzip der Planung." Wesentlich war auch, daß „... die Akkumulativkraft unserer Volkswirtschaft nicht auch noch dafür ausreichte, um die zum Teil sehr aufwendigen Aufgaben in Angriff zu nehmen, wie sie zum Beispiel eine komplexe Perspektivplanung von Wirtschaftsgebieten stellt." Auch „... interessierten sich ... selbst namhafte und einflußreiche Wissenschaftler allenfalls noch für die Standortfragen von Investitionsobjekten, legten aber z.B. einer zusammenfassenden Planung von ganzen Gebieten unseres Wirtschaftsterritoriums noch keinerlei Bedeutung zu ..." (Schmidt-Renner 1961: 268 – 270)

Die auf die Komplettierung der Volkswirtschaft gerichteten Investitionsgroßvorhaben haben de facto die Entwicklung der industriellen Basis der Nordgebiete und damit den Ausgleich der Entwicklungsunterschiede unterstützt. Die Mitwirkung der Territorialökonomen und -planer an der Sicherung dieser volkswirtschaftlichen Schwerpunktvorhaben erbrachte zwei wesentliche Ergebnisse:

- die Erkenntnis von der Notwendigkeit der komplexen territorialen Planung aus den Ergebnissen der Inselplanung und
- die Herausarbeitung der ökonomischen Kategorie des gebietswirtschaftlichen Aufwandes.

Als Resultat dieser Erkenntnisse wurde 1957 im Gesetz über die örtlichen Organe der Staatsmacht festgelegt, daß „... die Planung der einzelnen Zweige und Bereiche der Volkswirtschaft komplex und territorial zu erfolgen hat". Damit wurde das Territorialprinzip der volkswirtschaftlichen Planung, die territoriale Koordinierung der Zweige und Bereiche auf eine gesetzliche Grundlage gestellt und entsprechend aufgewertet. Für die einzelnen Bezirke und Kreise wurden Perspektiv- und Jahrespläne zur Entwicklung der Volkswirtschaft vorgeschrieben. In den Wirtschaftsräten der Bezirke wurden Unterabteilungen zur Perspektivplanung eingerichtet. Als methodisches Instrumentarium entstand ein System der Bilanzierung und Koordinierung der Zweigaufgaben mit der Gesamtentwicklung der Gebiete.

Die auf diese Weise begründete *komplex-territoriale Planung* führte jedoch nur in wenigen Fällen zu komplexen Gebietsentwicklungskonzeptionen, wie beispielsweise für die Sicherung des Petrolchemischen Kombinates Schwedt/Oder (Kalisch 1977). Flächendeckend wurden jedoch *Bezirksökonomiken* erarbeitet. Deren Ziel bestand darin, eine genaue ökonomische Analyse des Bezirkes vorzunehmen und daraus eine Grundkonzeption für eine möglichst langfristige Entwicklung zu erarbeiten. „Die Bezirksökonomik fixiert den Entwicklungsstand aller Zweige der Volkswirtschaft, der Kultur, des Gesundheitswesens usw., setzt diesen ins Verhältnis zum durchschnittlichen Entwicklungsstand der DDR ... und zeigt Problematik und Grundlinien auf" (Rühle 1959: 228).

Damit entstanden erstmalig umfassende Dokumente über den Zustand und für die Entwicklung der Regionalstruktur, an denen auch die dem Bauwesen unterstellten Organe der technisch-gestalterischen Gebietsplanung mitwirkten. Dabei zeigten sich aber bald „... Tendenzen zu einem Gebietsegoismus oder Lokalpatriotismus, d.h. zu einer ausschließlich auf die Gebietsinteressen gerichteten Arbeit von Gebietsorganen" (Schmidt-Renner 1961: 276). Die Arbeiten an den Bezirksökonomiken wurden nach 1960 eingestellt und hatten auch keine nachhaltige Wirkung, da sie „... die volkswirtschaftlichen Möglichkeiten und Notwendigkeiten nicht berücksichtigt hatten" (Kalisch 1977).

In diese Phase waren auch die Bemühungen der technisch-gestalterischen Planung um Integration von Raum- und Wirtschaftsentwicklung eingeordnet. Die negative Wertung hat den oben beschriebenen Auflösungsvorgang deutlich befördert.

Im Zusammenhang mit dem Aufbau der volkswirtschaftlichen Territorialplanung und in Auswertung der Investitionsgroßvorhaben entstanden die Umrisse einer eigenständigen Gebietswirtschaftslehre im Ökonomischen Forschungsinstitut der Staatlichen Plankommission. Die wichtigsten Komponenten waren:

– die Herausarbeitung der ökonomischen Kategorie des „gebietswirtschaftlichen Aufwandes", der die Gesamtheit der volkswirtschaftlichen Aufwendungen erfaßt, die zur Einordnung einer Investitionsmaßnahme („Harmonisierung") in eine Region erforderlich ist. Abb. 3 zeigt Struktur und Komponenten des GWA.
– die Erfassung der volkswirtschaftlichen Führungsgröße Nationaleinkommen nach Bezirken, Kreisen und Wirtschaftsgebieten, getrennt nach Aufkommen und Verwendung. Abb. 4 zeigt die Ergebnisse nach Gebietstypen, die einen Zugang zum Problem der volkswirtschaftlichen Effektivität räumlicher Strukturen ermöglicht.

1.6 Die Entwicklung der Territorialstruktur der DDR zwischen 1955 und 1975

In den Phasen des Wiederaufbaus der Wirtschaft, des Versuchs zum Aufbau des Sozialismus und der Neuen Ökonomischen Politik von 1955 bis 1975 wurden die territorialpolitischen Grundsätze systematisch angewandt:

- Ausgangspunkt war die Bildung von Wirtschaftsbezirken, den „ökonomischen Rayons" nach sowjetischem Vorbild, und deren Einführung als die Verwaltungseinheiten der Bezirke. Die Zielstellung bestand darin, jedem Bezirk ein bestimmtes Wirtschaftsprofil („Spezialproduktionen") zuzumessen und auf eine komplexe Entwicklung, d.h. auf eine Anlagerung von Zulieferindustrie und anderer eng verflochtener Wirtschaftszweige zu orientieren.
- Die Ausprägung der Wirtschaftskomplexe sollte gleichzeitig dem Abbau der Entwicklungsunterschiede dienen. Die volkswirtschaftlich strukturbestimmenden Investitionen wurden bewußt in wenig entwickelte Regionen gelenkt, um dort den Industrialisierungsprozeß einzuleiten.
- Für Entwicklungsregionen und Notstandsgebiete wurden Entwicklungsprogramme ausgearbeitet und über Jahrzehnte umgesetzt. Beispiele dafür sind das Kohle- und Energieprogramm für den Bezirk Cottbus und das Eichsfeldprogramm für das kritischste Notstandsgebiet in Thüringen (s. Anlagen 2 und 3).
- Dieser Prozeß bedeutete auch eine jahrzehntelange Umverteilung von Investitionsmitteln aus den Industrie- und Ballungsbezirken in die Agrarbezirke. Die Berechnungen zu Aufkommen und Verwendung der volkswirtschaftlichen Führungsgröße Nationaleinkommen nach Kreisen und deren Zuordnung zu Kreistypen im Jahre 1968 belegen dies (s. Abb.4): Während in den Industrie- und Ballungsgebieten deutlich mehr NE produziert als verwendet wurde, lagen in den Agrargebieten die Verwendungswerte deutlich über dem Aufkommen. Diese Aussage betraf nicht nur die Investitionen, sondern auch die individuelle Konsumtion und drückt auch die starke Subventionierung der Landwirtschaft aus.

Nachweisbar ist diese bewußte Angleichungspolitik z.B. am Wohnungsbau (s. Abb. 6): Über mehrere Jahrzehnte erfolgte eine Konzentration auf die vorher am wenigsten entwickelten Bezirke und Ost-Berlin. Auch innerhalb dieser Gruppe von Bezirken gab es noch einmal wesentliche Differenzierungen: Besonders bevorzugt wurde der Bezirk Cottbus als Träger des Kohle- und Energieprogramms, betont auch die Bezirke Frankfurt/O. und Rostock wegen der volkswirtschaftlich strukturbestimmenden Vorhaben Eisenhüttenkombinat Ost, Petrolchemisches Kombinat Schwedt und Überseehafen Rostock. Auch die Entwicklung der Einwohnerzahl der Bezirksstädte kann als Nachweis der Angleichungspolitik gelten (s. Abb. 7) Eine weitere Differenzierung der Entwicklungsprozesse kann an der Entwicklung der Binnenwanderung abgelesen werden (s. Abb.8): Die intensivsten Wanderungsströme sind auf die Hauptstadt Berlin-Ost gerichtet, denn auch der größte Teil der Zuwanderung in den Bezirken Potsdam, aber teilweise auch Frankfurt/O. ist auf Berliner Arbeitsstätten orientiert. Die Zuwanderung nach den Bezirken Cottbus, Rostock und partiell auch Frankfurt ist das Ergebnis des industriellen Aufbaus. Abwanderungsgebiete sind besonders die Bezirke Schwerin und Neubrandenburg mit dem größten Geburtenüberschuß und vergleichsweise geringer Beteiligung an der Industrialisierung und in bedenklicher Form die industriellen Schwerpunktbezirke Karl-Marx-Stadt, Halle und Magdeburg.

Im Ergebnis dieser Angleichungspolitik bis etwa 1975 fand ein deutlicher Nivellierungsprozeß statt, auch wenn die Unterschiede nach wie vor beträchtlich blieben. (s. Tab. 2 u. 3): Der Anteil der drei Bezirke mit dem niedrigsten Anteil 1955 am industriellen Bruttoprodukt (Neubrandenburg, Schwerin und Frankfurt/O) erhöhte sich bis 1978 von 4% auf 9,2%, während der Anteil der drei stärksten Bezirke (Halle, Karl-Marx-Stadt, Dresden) von 46,1% auf 40,2% zurückging. Der Verstädterungsgrad (Anteil der Bevölkerung in Städten mit mehr als 20.000 Einwohnern) stieg zwischen 1955 und 1975 in der DDR insgesamt um 6,2%, in den 3 Bezirken Cottbus, Frankfurt/O. und Neubrandenburg jedoch um 19,3, 17,3 bzw. 10,9%.

Der Auf- und Ausbau der Städte erforderte auch die Errichtung technischer Erschließungssysteme, sowohl in den Städten selbst als auch in der Region, beispielsweise der Autobahn Berliner Ring – Rostock.

1.7 Resultate der Landwirtschaft und Wirkungen auf die Territorialstruktur

Ein spezifischer und für die Entwicklung sehr wichtiger Wirtschaftszweig war die Landwirtschaft. Ihre Aufgabe bestand darin, die stabile Versorgung der Bevölkerung mit Nahrungsmitteln aus eigenen Aufkommen zu sichern. Als Lösungsweg wurde der Aufbau landwirtschaftlicher Großbetriebe nach Zwangskollektivierung beschritten. Nach der Durchsetzung der Landwirtschaftlichen Produktionsgenossenschaften um 1960 fand eine stufenweise Erweiterung der Dimension derart statt, daß am Ende 2 bis 3 Betriebe ausreichten, um die landwirtschaftliche Nutzfläche eines ganzen Kreises zu bewirtschaften (s. Anlage 4). Die steigende Produktivität führte dazu, daß immer weniger Arbeitskräfte benötigt wurden. Die Konsequenzen für die Raumstruktur bestanden insbesondere darin, daß

- durch den Abzug des nicht mehr benötigten Nachwuchses vom Lande die Arbeitskräfte gewonnen wurden, die für die Erweiterung der Industrie erforderlich waren und
- die Bedeutung der Landwirtschaft für die Siedlungsstruktur in ländlichen Regionen zurückging. Das führte dazu, daß die Einwohnerzahl ländlicher Siedlungen zurückging, die Anzahl der Auspendler in benachbarte Städte anstieg und eine ganze Reihe sehr kleiner Siedlungen aufgegeben wurden.

Diese Entwicklung betraf insbesondere den Kernraum der mecklenburgischen Bezirke.

1.8 Der Paradigmenwechsel in den 70er Jahren und die Entwicklung der Raumstruktur bis 1990

Das raumpolitische Leitbild der Angleichung von Entwicklungsniveau und Lebensstandard wurde in den siebziger Jahren aufgegeben. Die Ursachen lagen in der Anhäufung von Widersprüchen:

- Der jahrzehntelange bevorzugte Ausbau der Infrastruktur in den weniger entwickelten Gebieten hatte zu einer wesentlich besseren und moderneren Ausstattung z.B. mit Wohnungen geführt. Viele junge Familien und vor allem Hochschulabsolventen wanderten deshalb in diese Regionen aus. Das führte zwar zum Anstieg des Ausbildungsniveaus in diesen Regionen, andererseits aber zur Reduzierung der Arbeitskräftezahl in den Ballungsgebieten. Es bestand folgender Widerspruch: In den Ballungsgebieten wurde nach wie vor der größte Anteil der Industrieproduktion erbracht und auch die Modernisierung des Maschinenparks betrieben, der eine mehrschichtige Auslastung notwendig machte, andererseits nahm die Anzahl der Arbeitskräfte durch Geburtendefizit und Abwanderung ständig ab. Die Konsequenz war die unzureichende Auslastung des Produktionspotentials.
- Die Verlagerung bzw. Neugründung von Unternehmen in wenig erschlossenen Gebieten erwies sich als volkswirtschaftlich ungünstig. Die infrastrukturellen Investitionsaufwendungen waren wesentlich höher, die fehlenden Traditionen einer industriellen Tätigkeit in den ländlichen Regionen ergaben Nachteile für die Produktivität, und die Transportkosten für den Austausch der Zulieferungen und der Endprodukte vorwiegend mit den südlichen Ballungsräumen waren vergleichsweise hoch.

Territorialentwicklung und Territorialplanung in der DDR

Das neue Leitbild der Raumentwicklung hieß: Nutzung der Vorzüge der Ballungsgebiete und aller geschaffenen Kapazitäten zur Intensivierung der Wirtschaft. Kernaufgabe der territorialen Planung der Industrie wurde die territoriale Rationalisierung, d.h. die Mobilisierung von Einsparpotentialen durch überbetriebliche und regionale Kooperation.

Die 1971 verkündete Grundformel „Einheit von Wirtschafts- und Sozialpolitik" hatte als Kernstück das Wohnungsbauprogramm, dessen Ziel in der Bereitstellung von ausreichendem Wohnraum bis 1990 bestand. Die Vorbereitung der Standorte für die Wohnungsneubaugebiete hatte einen Bedeutungsgewinn der Siedlungsstrukturplanung als Teil der Territorialplanung zur Folge.

Die Siedlungsstrukturplanung war das stabilste Element in *allen Phasen* der räumlichen Planung der DDR. Auf der Basis der Zentrale-Orte-Theorie wurden von den ersten Tagen der Nachkriegszeit an Analysen und Entwicklungsvorstellungen für Einzelsiedlungen und Siedlungssysteme erarbeitet, die in bestimmten Perioden besonders in den Vordergrund traten. Die wichtigste Phase begann in den siebziger Jahren, als in Zusammenhang mit dem Wohnungsbauprogramm der größte Teil der relevanten Forschungs- und Planungskapazitäten auf diese Aufgabe konzentriert wurde.

Es müssen zwei wichtige unterschiedliche Arbeitsrichtungen unterschieden werden:

- die Analyse des bestehenden Siedlungsnetzes und die Typisierung der Zentren, insbesondere durch das Institut für Geographie und Geoökologie, Leipzig, und
- die Ausarbeitung von Siedlungskategorien durch die Forschungsleitstelle für Territorialplanung der Staatlichen Plankommission und die Büros für Territorialplanung.

Die Siedlungskategorien, 1974 und 1977 in „Grundsätzen der staatlichen Siedlungspolitik der DDR" zusammengestellt und als Arbeitsgrundlage bestätigt, stellen eine Kombination von Bestands- und Entwicklungstypen dar, für die jeweils eine Charakterisierung und Ausstattungsnormen angegeben wurden. Da die für die Kategorisierung zusammengetragenen Informationen noch heute in die Ausweisung der Zentren in den Landesentwicklungs- und Regionalplänen Ostdeutschlands einfließen, werden alle Kategorien und Unterkategorien sowie die Bestandteile der Ausstattungsstufen angegeben:

Übersicht der Siedlungskategorien (s. auch Anlage 4)
Siedlungskategorie   1   Hauptstadt Berlin (komplette Ausstattung)
                     2   Großstädte (komplette Ausstattung)
                     3   Mittelstädte (komplexe Ausstattung)

	4	Kleinstädte und ausgewählte Dörfer (erweiterte Grundausstattung)
darunter	4a	Kleinstädte mit Zentrumsfunktion (erweiterte Grundausstattung)
	4b	Kleinstädte ohne Zentrumsfunktion (erweiterte Grundausstattung)
	4c	große Dörfer mit Zentrumsfunktion (erweiterte Grundausstattung)
Siedlungskategorie	5	große Dörfer (Grundausstattung b)
darunter	5a	große Dörfer mit ausgeprägter Umlandfunktion (z.T. erweiterte Grundausstattung)
	5b	große Dörfer ohne ausgeprägte Umlandfunktion (Grundausstattung b)
Siedlungskategorie	6	kleine Dörfer und Wohnplätze
darunter	6a	kleine Dörfer mit stabilen gesellschaftlichen Funktionen (z.T. Grundausstattung b)
	6b	kleine Dörfer mit rückläufigen gesellschaftlichen Funktionen (Grundausstattung a)
	6c	Kleinsiedlungen (Grundausstattung a)
Siedlungskategorie	7	Kleinsiedlungen mit unzureichenden Lebensbedingungen

Eine längere Diskussion gab es um die Dörfer der Siedlungskategorie 7, die zunächst „langfristig in Übereinstimmung mit den Wünschen der dort lebenden Bürger als Standorte des Wohnens aufgegeben" werden sollten, bis sich die Auffassung von der Siedlungsstruktur als nationales Kulturerbe durchsetzte, die die Erhaltung aller Siedlungen postulierte.

Die Siedlungskategorien waren ein wichtiges Hilfsmittel für die Fachargumentation der Planer und konnten von Fall zu Fall Entscheidungen beeinflussen, auch wenn sie keinen verbindlichen Charakter erhielten.

Mit den wachsenden wirtschaftlichen Schwierigkeiten der DDR seit der zweiten Hälfte der siebziger Jahre trat auch die Territorialplanung in eine neue Phase ein. Die Volkswirtschaftsplanung nahm immer mehr selektiven Charakter an, d.h. es wurden immer größere Bereiche weitgehend aus der Planung ausgeklammert (Umwelt, Stadtzentren, technische Infrastruktur) und die Investitionen auf wenige ausgewählte Programme konzentriert (Wohnungsbauprogramm, Kohle- und Energieprogramm, Mikroelektronikprogramm), die überlebensnotwendige Bereiche absichern bzw. Motoren zur Produktivitätssteigerung sein sollten. Die Territorialplanung, die inzwischen widerspruchsfrei in die Planungshierarchie eingeordnet war, hatte in diesem Rahmen zwei Aufgaben zu erfüllen:

- die Aufdeckung letzter Intensivierungsreserven, besonders in der Infrastruktur und
- die territoriale Absicherung der staatlichen Programme.

Wegen der zunehmenden Verknappung territorialer Ressourcen erhielt die Territorialplanung sogar ein zunehmendes Gewicht. Dies wird daran deutlich, daß nur in dieser Periode in Form der „Generalschemata für die Standortverteilung der Produktivkräfte" gesamtstaatliche, verbindliche und längerfristig angelegte Entwicklungsprogramme entstanden. Der eigens dafür geschaffene „Wissenschaftliche Rat für Fragen und Standortverteilung der Produktivkräfte" hat sich in Übernahme dieses sowjetischen Planungsinstruments bemüht, unter Mitwirkung aller wesentlichen fachlichen und zweiglichen Planungsinstitutionen ein konsistentes Leitbild zu entwerfen. Dabei sind durchaus eigene, der offiziellen Staatspolitik widersprechende Positionen vorgelegt worden (z.B. die Ablehnung der Konzentration der Investitionen auf Ostberlin wegen der Konsequenz der weiteren Arbeitskräfteabwanderung und des weiteren Verfalls der Infrastruktur in der Republik).

Es ist aber charakteristisch, daß die Bestätigung erst erfolgte, als auch die letzten abweichenden Aussagen beseitigt waren. Wesentliche Komponenten des Generalschemas sind nach der Wende unter Leitung von Ostwald als „Raumordnungsreport 1990" veröffentlicht worden.

Ein besonderer Schwerpunkt der praktischen Territorialplanung in dieser Periode war die territoriale Rationalisierung. Sie diente dem Ziel, durch das Zusammenwirken von Betrieben und Einrichtungen in Gebieten Einsparungen von Mitteln zu erreichen (gemeinsames Betreiben von Infrastruktureinrichtungen, Zentralisierung betrieblicher Abteilungen wie Reparaturstätten sowie von Hilfs- und Nebenproduktionen). Wichtigstes Instrument war die Bildung territorialer Investitionskomplexe, um beim Aufbau bzw. bei der Rekonstruktion städtischer Teilgebiete Einsparungen zu erzielen.

Wegen des Überwiegens diktatorischer Elemente wird diese letzte Phase der Territorialplanung auch als „militante Territorialplanung" bezeichnet. Das Schwergewicht der verantwortungsbewußten Arbeit lag in dieser Zeit bei den Büros für Territorialplanung, die nach wie vor die Entwicklungsprozesse analysierten sowie das Planungskataster als Dokumentation aller planungsrelevanten Tatbestände und Absichten analysierten, und bei einigen Forschungseinrichtungen, die an Reformvorschlägen des Planungssystems arbeiteten.

1.9 Aufbau des Planungssystems der DDR und die Konsequenzen für die Wirksamkeit der Territorial- und Stadtplanung

Das Planungssystem der DDR beruhte prinzipiell auf den zwei Säulen der Planung der Zweige und der Planung der Territorien, die auf mehreren Ebenen miteinander verbunden waren. Hauptebene der Abstimmung der Anforderungen der Zweige an das Territorium mit den Ressourcen der Bezirke waren die Kombinate und die Bezirksplankommissionen. Entscheidungen über die Bereitstellung knapper Ressourcen (Arbeitskräfte, Leistungen der technischen Infrastruktur) fanden vor der Beschlußfassung über den Plan in sogenannten „Komplexberatungen" statt, in denen bei Anwesenheit von Ministern und Kombinatsdirektoren unmittelbar über die Zuteilung territorialer Ressourcen entschieden wurde. Die Bezirksplankommissionen waren für die Entscheidungsvorbereitung zuständig und hatten damit wesentlichen Einfluß auf die Entwicklung der Kombinate in ihren Bezirken, was oftmals den Unmut der Kombinatsleitungen hervorrief.

Der Planungsablauf (s. Abb. 10 und 11) folgte einem gesetzlich vorgegebenen Schema: Auf der Grundlage von Vorgaben der Regierungspartei hatte die Staatliche Plankommission als „ökonomischer Generalstab" der Regierung die Aufgabe, den Plansatz auszuarbeiten und daraus „staatliche Aufgaben" für die Fachministerien einschließlich territorialer Orientierungen abzuleiten. Diese Aufgaben wurden stufenweise hierarchisch bis zu den Betrieben aufgegliedert und mehrfach in den hierarchischen Stufen der Territorialplanung im Prozeß einer „territorialen Koordinierung und Bilanzierung der Planentwürfe" abgestimmt. Die Planentwürfe wurden stufenweise über Verteidigungen aggregiert zu Planentwürfen der jeweiligen Verantwortungsbereiche und letztlich der Staatlichen Plankommission übergeben. Der auf dieser Grundlage überarbeitete Planentwurf wurde nach Bestätigung durch Parteiführung, Ministerrat und Beschluß durch die Volkskammer als Gesetz verbindlich für alle Wirtschaftseinheiten und Staatsorgane in Form staatlicher Planauflagen. Trotz der gesetzlichen Regelung des Gesamtprozesses der Planausarbeitung waren die Kompetenzen nicht klar festgelegt. Als oberste Entscheidungsgremien bei allen offenen Problemen fungierte die jeweilige Parteiführung, die auch eigenmächtig außerhalb des Planes und damit ungesetzlich in die Wirtschaft und andere gesellschaftliche Bereiche eingriff.

Der Handlungsspielraum der Territorialplanung war in diesem Rahmen begrenzt. Die Ausarbeitung einer eigenständigen Strategie mit Zielformulierungen hatte nur dann Aussicht auf Umsetzung, wenn sie von der Parteiführung zur Kenntnis genommen und akzeptiert wurde. Dafür bestanden formal gute Voraussetzungen, da die Vorsitzenden der Plankommissionen fast ausnahmslos Sekretariatsmitglieder der für das jeweilige Territorium zuständigen Parteileitung waren. Die bedingungslose Unterordnung unter die Zentrale ließ jedoch eigenständige Entwicklungen in den Bezirken nicht zu. Die Möglichkeiten wissenschaftlicher Einrichtungen waren weitaus größer: Im Vorfeld der Ausarbeitung der Planansätze und bei der Suche nach Lösungen schwerwiegender Probleme wurden Arbeitsgruppen gebildet, in denen in freier wissenschaftlicher Meinungsbildung Lösungsvarianten vorgeschlagen wurden. Es sind aber nicht wenige Fälle bekannt, in denen unerwünschte Vorschläge zu persönlichen Konsequenzen führten.

2. Ergebnisse und weiterwirkende Komponenten der Periode der DDR-Existenz für die Raumstruktur Deutschlands

2.1 Problemlage

Ausgehend von dem drastischen Unterschied in wirtschaftlichen und sozialen Ausgangsniveau zwischen dem Nordteil und dem Südteil der DDR nach dem Zweiten Weltkrieg wurde es zunächst als Grundaufgabe der Territorialpolitik angesehen, „die gesetzmäßige Annäherung von ländlich-agrarischen Gebieten mit niedrigerem wirtschaftlichen und sozialen Ausgangsniveau an urban-industrielle Gebiete mit bereits höherem Entwicklungsstand im makroräumlichen Gesamtrahmen des Landes ..." (Scherf 1989: 155) zu betreiben. Ziel war es, die Territorialstruktur so zu gestalten, daß „... räumliche Disparitäten, die sich als ungerechtfertigte Unterschiede im Leben und im Arbeiten manifestierten, im Zusammenhang mit den progressiven Veränderungen der zweiglichen Struktur der Volkswirtschaft und der allseitigen Nutzung demographischer und natürlicher Ressourcen eingeschränkt und schließlich beseitigt werden" (Scherf 1989: 155).

Die Wirtschaftsentwicklung der DDR vollzog sich in drei Etappen, die gleichzeitig Etappen der Veränderung der Territorialstruktur sind:

1. Die Etappe der Wiederherstellung der kriegszerstörten Wirtschaft von 1945 bis 1950
   Während 1946 die Industrie 42% des Produktionsvolumens von 1936 erreichte, waren es 1950 bereits 111% (Kehrer 1980). Diese Wiederherstellung der Industrie vollzog sich an den historisch entstandenen Industriestandorten.

2. Die Etappe der extensiven Wirtschaftsentwicklung zwischen 1951 und 1970
   Es entstanden neue Standorte und Standortkomplexe der Industrie, die die Wirtschaftsstruktur ganzer Gebiete veränderten und einen deutlichen Schritt in Richtung auf eine Angleichung des wirtschaftlichen Entwicklungsniveaus bewirkten.
3. Die Etappe der intensiven Wirtschaftsentwicklung zwischen 1971 und 1990
   Die Beendigung der extensiven Wirtschaftsentwicklung schloß auch die Phase wesentlicher Veränderungen der Territorialstruktur ab. Es galt die Aussage, daß die nunmehr bestehende Territorialstruktur die notwendigen Voraussetzungen für die volkswirtschaftliche Entwicklung besaß. Daraus wurden die Lehrsätze abgeleitet, daß „... sich Veränderungen einer entwickelten Territorialstruktur ... nur in begrenztem Umfange und nur über lange Zeiträume vollziehen. ... Die großräumige Differenzierung der Industrie – geprägt durch industrialisierte Ballungs- und Verdichtungsräume im Südteil der Republik und stärker agrarisch strukturierte Gebiete, durchsetzt mit neugeschaffenen Industriezentren im nördlichen Teil der DDR – wird auch künftig beibehalten werden" (Kehrer 1980: 108/109). Schwerpunkte der Territorialpolitik waren die Rationalisierung der Territorialstruktur, insbesondere die Leistungssteigerung des Arbeitsvermögens und der technischen Infrastruktur, aber auch die weitere Angleichung des Lebensniveaus: „Die Maßnahmen zur Rationalisierung der Territorialstruktur schließen in allen Gebieten die planmäßige Verbesserung des Lebensniveaus der Werktätigen ein" (Kehrer 1980: 109). Bezüglich der Umsetzung territorialpolitischer Zielstellungen haben wir deshalb zwei Abschnitte zu unterscheiden:
   a) Die Periode der Angleichung des wirtschaftlichen Entwicklungsniveaus der Territorien von 1950 bis 1970 durch Industrialisierung weniger entwickelter Gebiete (Entstehung neuer Industriestandorte und Einführung industriemäßiger Produktionsmethoden in der Landwirtschaft). Diese Periode führte partiell sogar zur Benachteiligung der industrialisierten Gebiete bezüglich des Lebensniveaus (z.B. Qualität der neuen Arbeitsplätze, Ausstattung mit Wohnungen).
   b) Die Periode der Rationalisierung der bestehenden Territorialstruktur mit geringen Tendenzen der wirtschaftlichen Angleichung, aber weitgehender Nivellierung der Lebensumstände der Bevölkerung.

Es müssen deshalb mehrere Komponenten der Veränderungen der Territorialstruktur getrennt betrachtet werden:

Territorialentwicklung und Territorialplanung in der DDR 45

- In welchem Maße sind die Lebensumstände der Bevölkerung ausgeglichen worden?
- Welche Veränderungen haben die Branchenstruktur der Wirtschaft und das Qualifikationsniveau der Bevölkerung erfahren?
- Wie sind die infrastrukturelle Erschließung und der Verstädterungsgrad verändert worden?

Erst nach dieser getrennten Bewertung ist es möglich, die weiterwirkenden Komponenten herauszuarbeiten.

2.2. Darstellung der territorialen Differenzierung wichtiger Komponenten der Lebensumstände der Bevölkerung

Betrachtet man zunächst die Bevölkerungsverteilung über das Land, so ist festzustellen, daß keine grundsätzliche Veränderung stattgefunden hat: Die Abnahme der Bevölkerungszahl zwischen 1950 und 1990 von 18,4 auf 16,6 Mio. Einwohner verteilt sich relativ gleichmäßig auf alle Bezirke und Bezirksgruppen. Mit Ausnahme von Berlin-Ost sowie der Bezirke Cottbus, Frankfurt und Rostock hat in allen Bezirken eine Bevölkerungsabnahme stattgefunden, die Relation der Bevölkerungsdichten zwischen Makroregionen (Bezirksgruppen) hat sich nur unwesentlich von 3,6 auf 3,3 reduziert (s. Tab. 4, Verhältnis der Bevölkerungsdichte der dichtestbesiedelten Makroregion zur dünnstbesiedelten Makroregion).

Auch die Anteile der Bezirke an der Wohnbevölkerung des Landes haben sich nicht wesentlich verändert (s. Tab. 5): Die größte positive Veränderung haben Berlin-Ost, Rostock, Cottbus und Frankfurt erfahren, mithin summarisch die Mittelbezirke, während die südlichen Ballungsbezirke die deutlichsten Reduzierungen zeigen. Die Veränderung ihres Anteils bleibt jedoch in jedem Fall unter 10% des Ausgangswertes.

Betrachtet man jedoch wesentliche Kennziffern der Lebensumstände, so ist zum Ende der DDR-Existenz eine sehr weitgehende Nivellierung eingetreten (s. Tab. 6).

Unterschiede im Arbeitseinkommen sind nur für die Industrie statistisch aufbereitet. Bei insgesamt geringen Unterschieden (maximale Differenz 13%, ohne die „Ausreißer" Cottbus und Halle 6%) besitzen nur der Kohle- und Energiebezirk Cottbus und der Chemiebezirk Halle deutlich überdurchschnittliche Werte.

Der Einzelhandelsumsatz als wichtigste Kennziffer des Verbrauchs materieller Güter durch die Bevölkerung war fast vollkommen ausgeglichen: Mit Ausnahme der Hauptstadt Berlin-Ost liegen die Abweichungen der Anteilswerte vom Bevölkerungsanteil unter 10%, noch ausgeglichener ist der

Anteil der Fernsehempfangsgenehmigungen. Die Verteilung der Straßenverkehrsunfälle zeigt deutlich Relationen zur Besiedlungsdichte, während die Sparguthaben höhere Werte in einigen Industriebezirken und niedrigere Werte in einigen Agrarbezirken besitzen, insgesamt aber ebenfalls weitgehend ausgeglichen sind.

Die Ausstattung mit Einrichtungen des Einzelhandels (Tab. 7) weist ebenfalls die erreichte Nivellierung nach: Mit Ausnahme des Einzelhandelsumsatzes von Berlin-Ost und von Größenunterschieden der Verkaufseinrichtungen (kleinere Einrichtungen in Suhl und Chemnitz, größere in Berlin, Rostock und Frankfurt) liegen die Unterschiede der Kennziffern unter 10%.

Bezüglich der gesundheitlichen Betreuung enthält Tab. 8 eine Kennziffernauswahl. Aus dieser läßt sich die Ausgeglichenheit der gesundheitlichen Betreuung in allen Bezirken erkennen. Eine überdurchschnittliche medizinische Versorgung (Abweichung vom Mittel über 10%) bestand lediglich in den beiden größten Städten Berlin-Ost und Leipzig (überregionale Gesundheitseinrichtungen) sowie im bedeutendsten Urlauberbezirk Rostock. Unterdurchschnittliche Versorgung bestand in ausgewählten Positionen im Bezirk Neubrandenburg und in den Ballungsbezirken Halle, Chemnitz und Dresden. Im Zeitraum seit 1970 ist ein leichter Ausgleich der Unterschiede erkennbar.

Auch bezüglich der Wohnraumversorgung ist bis 1990 ein weitgehender Ausgleich erreicht worden (s. Abb. 6). Der Bestand an Wohnungen je 1000 Einwohner liegt im Mittel bei 430, Abweichungen über 10% bestehen lediglich positiv für Berlin und negativ für die drei Nordbezirke Rostock, Schwerin und Neubrandenburg. Die qualitativen Ausstattungsmerkmale lassen in ihren territorialen Unterschieden eine Hierarchie erkennen: Sehr weitgehend ausgeglichen ist die Ausstattung mit Bad oder Dusche (Mittelwert 82%, nur Berlin besitzt deutlich höhere Ausstattungswerte). Eine deutlichere territoriale Differenzierung zeigt die Ausstattung mit Innenwassertoilette: Bei einem Mittelwert von 79% besitzt wiederum nur Berlin eine deutlich bessere Ausstattung, während Bezirke mit hohem Anteil von Altbausubstanz deutlich unterdurchschnittliche Ausstattungswerte besitzen. Die Versorgung mit Fernwärme zeigt eine ausgeprägte territoriale Differenzierung (Anteile zwischen 17 und 42%) Sie ist gebunden an Großwohngebiete und ist dort besonders hoch, wo deren Anteil am Wohnungsbestand überdurchschnittlich ist.

2.3 Darstellung wichtiger wirtschaftlicher Strukturveränderungen in der DDR-Zeit

Die Veränderung der Wirtschaftsstruktur betrifft quantitativ insbesondere den Anteil der Industrieproduktion. Die territoriale Verteilung der Industrie hat sich in der DDR-Zeit, besonders in der Phase der extensiven Wirtschaftsentwicklung, wesentlich verändert (s. Tab. 10). Der Anteil von ausgewählten Mittel- und Nordbezirken an der industriellen Bruttoproduktion des gesamten Landes hat im Zeitraum 1962 bis 1989 um mehr als 50% zugenommen (Bezirke Frankfurt/Oder, Cottbus, Neubrandenburg und Schwerin). Besonders gewichtig ist die Aufwertung der Mittelbezirke, deren Anteil (ohne Berlin-Ost) in diesem Zeitraum von 18,6% auf 25,1% um 6,5% gewachsen ist. Der mittlere Raum der DDR um Berlin hat damit den markantesten wirtschaftlichen Bedeutungszuwachs erfahren.

Andererseits ist der Anteil der südlichen Ballungsbezirke mit Ausnahme des Chemiebezirkes Halle deutlich zurückgegangen, während in den Südwestbezirken eine deutlich differenzierte Entwicklung mit Wachstum des Mikroelektronikzentrums Erfurt festzustellen ist.

Der Anteil der Industriebeschäftigten hat im Zeitraum 1955 – 85 (s. Tab. 11) nur in Berlin abgenommen. Deutlich unterdurchschnittliche Zuwachsraten bestanden in den Bezirken Chemnitz, Leipzig, Dresden und Gera, besonders hohe Werte in den Bezirken Neubrandenburg, Schwerin, Frankfurt und Cottbus. Die territoriale Differenzierung hat sich zwischen 1955 und 1985 deutlich verringert. Während 1955 der Unterschied zwischen dem kleinsten Wert (Neubrandenburg mit 7,9%) und dem größten Wert (Chemnitz mit 48,3%) 40,4% betrug, reduzierte er sich bis 1985 auf 28,8% (Neubrandenburg 20,6 und Suhl 49,4%). Die Maximalwerte lagen in den altindustrialisierten Bezirken (Berlin, Chemnitz, Leipzig, Dresden) vor 1980, in den industriellen Wachstumsbezirken (Cottbus, Frankfurt, Neubrandenburg, Rostock, Schwerin) fand eine nahezu kontinuierliche Zunahme über den gesamten Zeitraum statt.

Die Proportionen zwischen den Beschäftigten in den drei Wirtschaftssektoren (s. Tab. 12) haben sich zwischen 1955 und 1985 entsprechend den generellen Regeln verändert: Der sekundäre Sektor ist generell angewachsen, der regelhaft zu erwartende Rückgang hat erst bei der Hauptstadt Berlin-Ost und den südlichen Ballungsgebieten begonnen. Der primäre Sektor hatte in allen Bezirken etwa die Hälfte des Anteils der Beschäftigten verloren, dennoch lag der Anteil bei vielen Nord- und Mittelbezirken noch zwischen 14 und 27%.

Der Anteil der Beschäftigten im tertiären Sektor erreichte erstaunlicherweise sowohl die höchsten Anteile als auch die größten Zuwachswerte in den Nord- und Mittelbezirken, während andererseits sowohl die erreichten Werte als auch die Änderungsbeträge in den südlichen Ballungsgebieten mit Ausnahme Leipzig unter dem Durchschnitt blieben.

Die Begründung für diese erstaunlichen Tatbestände liegt einmal in der höheren Effektivität tertiärer Einrichtungen bei höherer Bevölkerungsdichte, andererseits im gravierenden Arbeitskräftemangel im Süden der DDR, der zu einer ständig wiederkehrenden Begrenzung der Arbeitskräftezuweisungen zu den „nichtproduktiven" Bereichen zwang. Insgesamt hatten sich die Unterschiede der Beschäftigtenanteile in den drei Wirtschaftssektoren zwischen den Bezirken wesentlich reduziert. Im primären Sektor verringerten sie sich von 43,3% (Neubrandenburg – Chemnitz) 1955 auf 21,0% (gleiche Bezirke) im Jahre 1985. Im sekundären Bereich betrugen die gleichen Kennziffern 43,7% bzw. 28,3% (jeweils gleiche Bezirke). Im tertiären Sektor jedoch ist die Differenz von 9,9 auf 16,6% (jeweils Rostock – Suhl) angewachsen.

Der Strukturwandel in allen Zweigen der Wirtschaft führte auch zu höheren Qualifikationsanforderungen an die Beschäftigten. Bewußt und planmäßig wurde deshalb der Anteil der Hoch- und Fachschulabsolventen in allen Bereichen ausgeweitet. Als Konsequenz war bereits 1981 der Anteil der Hoch- und Fachschulabsolventen an der wirtschaftlich tätigen Wohnbevölkerung weitgehend ausgeglichen, lediglich Berlin-Ost hatte einen wesentlich höheren Anteil (s. Tab. 13).

2.4 Veränderungen der infrastrukturellen Erschließung und des Verstädterungsgrades

Wenn auch die deutliche Zunahme des Industrialisierungsgrades der Nord- und Mittelbezirke keine wesentliche Veränderung der Bevölkerungsverteilung bewirkt hat, vielmehr durch Veränderung der Relation zwischen Landwirtschaft und Industrie getragen wurde, so hat sie doch eine deutliche Verschiebung der Proportionen zwischen Stadt- und Landbevölkerung nach sich gezogen. Während auf der Ebene wesentlicher makroräumlicher Strukturdaten keine grundsätzliche Veränderung der Raumstruktur eingetreten ist, haben sich doch der Urbanisierungsgrad und damit in der mesoräumlichen Dimension die Relationen zwischen Städten und ländlichen Gebieten wesentlich verändert. Diese Prozesse wurden getragen von umfangreichen und über lange Zeit andauernden Wanderungsströmen von kleinen Gemeinden nach den Städten. Abb. 12 weist diese Bevölkerungsumschichtung für die vier Jahre 1970, 1975, 1980 und 1986 nach: Während die starke Abwanderung aus den Gemeinden mit weniger als 5.000 Einwohnern über den gesamten Zeitraum anhielt, allerdings mit leicht rückläufiger Tendenz und die Großstädte insgesamt stets deutliche Zuwanderung erfuhren, überwiegt bei

Territorialentwicklung und Territorialplanung in der DDR 49

den Mittelstädten insgesamt zwar auch die Zuwanderung, aber mit deutlich rückläufiger Tendenz, die 1986 sogar zu einer Bevölkerungsabnahme führte. Im Ergebnis dieser Prozesse über den gesamten Zeitraum von 1950 bis 1989 (s. Tab. 14) hat sich eine deutliche Verschiebung der Bevölkerung in Groß- und Mittelstädten ergeben: Den größten quantitativen Zuwachs nach Bezirksgruppen haben die Mittelbezirke mit 463.000 Einwohnern erfahren mit Dominanz des Wachstums der Mittelstädte, es folgen die Nordbezirke mit 288.000 Einwohnern Zuwachs und Südwestbezirke mit 144.000 Personen Zuwachs, während die Großstädte der Südbezirke sogar 175.000 Einwohner verloren haben. Das anteilmäßige Wachstum war bei den Großstädten der Nordbezirke mit 168% am größten, gefolgt von den Mittelstädten der Nord- und Mittelbezirke (139 bzw. 138%). Anteilmäßigen Verlust hatten lediglich die Großstädte der Südbezirke, deren Bevölkerungszahl auf 91% zurückging.

Konkret auf Städte bezogen (Tab.15) hatten einen wesentlichen Einwohnerzuwachs im Küstenbezirk die Städte Rostock, Greifswald und Bergen, in den anderen Nordbezirken lediglich die Bezirksstadt Neubrandenburg. In den Mittelbezirken liegt die größte Anzahl von Städten mit wesentlichem Bevölkerungszuwachs. Es sind dies einmal die Städte, die aufgrund industrieller Großprojekte eine Aufwertung erfahren haben (Eisenhüttenstadt, Schwedt, Hoyerswerda, Cottbus, Senftenberg, Lübbenau), andererseits Städte im Umland von Berlin (Frankfurt, Eberswalde, Oranienburg, Strausberg, Hennigsdorf, Ludwigsfelde).

Wesentlich gewachsen sind in den Südbezirken nur einzelne Städte im Gefolge umfangreicher Industrieinvestitionen oder der Konzentration des Wohnungsbaus. Die gleiche Aussage gilt auch für die Südwestbezirke, in denen die Bezirksstadt Suhl die höchsten Wachstumswerte erreichte.

Zusammenfassend kann festgestellt werden, daß die umfangreichsten Veränderungen der Stadtbevölkerung die mittleren Bezirke um Berlin erfahren haben, gefolgt vom Küstenbezirk. Andererseits haben nur einzelne Städte in den Süd- und Südwestbezirken ihre Einwohnerzahl wesentlich erhöht.

2.5 Zusammenfassende Wertung der Veränderungsprozesse der Raumstruktur nach Bezirksgruppen

Unter den *Nordbezirken* hatte der Bezirk Rostock durch die Meerorientierung der gesamten Wirtschaft im Rahmen der DDR eine stabile Basis. Über die neu errichteten Häfen in Rostock und später Mukran bei Saßnitz sowie den Hafen Wismar wurde der schiffsgetragene Export und Import abgewickelt, auch Schiffbau und Fischfang waren in den durch umfangreiche Neubauwohngebiete erweiterten Groß- und Mittelstädten an der Küste konzentriert. Durch die größere Entfernung zu den Weltmeeren bestand jedoch im internationalen Vergleich eingeschränkte Konkurrenzfähigkeit. Die Bedeutung des Küstenbezirkes als wichtigstes Erholungsgebiet der DDR führte zu einer weiteren infrastrukturellen Aufwertung.

Auf der Grundlage der bevorzugten Zuweisung von Investitionsmitteln fand auch ein Ausbau der Verkehrswege (Autobahnverbindung Berliner Ring – Rostock bzw. Schwerin) statt. Dadurch wurde die verkehrsgeographische Lage wesentlich verbessert.

Die mecklenburg-vorpommerischen Binnenbezirke Schwerin und Neubrandenburg haben in wesentlichen Teilen die landwirtschaftliche Dominanz bewahrt. Nach der Kollektivierung der Landwirtschaft erfolgte die Einführung industriemäßiger Produktionsmethoden, verbunden mit deutlicher Produktivitätssteigerung und Freisetzung von Arbeitskräften. Die starke Subventionierung der Landwirtschaft führte zum Ausgleich des Einkommensniveaus, die in den ländlichen Gebieten weiter bestehende Nachwuchsstärke zur langdauernden Abwanderung junger Arbeitskräfte (s. Abb. 13). An wenigen Standorten, besonders den Bezirksstädten Schwerin und Neubrandenburg, entstanden größere Industriekonzentrationen, an denen durch die konzentrierte Bereitstellung der erforderlichen Infrastruktureinrichtungen der gebietswirtschaftliche Aufwand minimiert werden sollte. Der Bevölkerungszuwachs der Städte wurde gespeist insbesondere durch Zuzug aus den umliegenden ländlichen Gebieten.

Die intensivsten Veränderungen der Raumstruktur fanden in den *Mittelbezirken* statt. Der Grund liegt einmal in der Massierung volkswirtschaftlich strukturbestimmender Investitionsvorhaben:

– dem Aufbau des Eisenhüttenkombinates Ost an der östlichen Landesgrenze auf der Grundlage importierter polnischer Steinkohle und sowjetischer Eisenerze sowie der Entstehung der Wohnstadt Stalinstadt (heute Eisenhüttenstadt) als metallurgische Basis der DDR
– der Umgestaltung des Bezirkes Cottbus zum Kohle- und Energiezentrum der DDR, insbesondere die Erweiterung der Stadt Cottbus zum Bezirkszentrum und von Hoyerswerda-Neustadt als Wohnstandort für das Braunkohlenveredlungswerk Schwarze Pumpe
– der Errichtung des Petrolchemischen Kombinates Schwedt an der östlichen Landesgrenze auf der Grundlage importierten sowjetischen Erdöls.

Ein zweiter Grund ist die Konzentration von Entwicklungsimpulsen auf Berlin-Ost, die auch auf das Umland ausstrahlte.

Wenn man eine Wertung unter den heutigen Zielvorstellungen der Raumentwicklung im Umfeld von Berlin vornimmt, kommt man zu dem

Ergebnis, daß in der Stadtentwicklung ein deutlicher Schritt in Richtung der dezentralen Konzentration bereits in der DDR-Zeit gegangen wurde. Die südlichen Ballungsbezirke waren in mehrfacher Hinsicht benachteiligt: Als Zentren der Rüstungsproduktion hatten sie in besonders hohem Maße Kriegszerstörungen erlitten, als Zentren der Wirtschaft mit hohem Erschließungsgrad der technischen Infrastruktur unterlagen sie stärker den Demontagen und Reparationsleistungen. Die notwendige Komplettierung der Volkswirtschaft (Aufbau der Trennungsindustrien) reduzierte auch die verfügbaren Investitionsmittel. Der Wiederaufbau der Industrie und der Aufbau der Stadtzentren erforderte deshalb einen vergleichsweise langen Zeitraum. Die gewählte Methode zur Ermittlung des Wohnraumbedarfes – es wurden die vorhandenen Wohnungen unabhängig von ihrem Zustand der Anzahl der Haushalte gegenübergestellt – führte zu einer weiteren Benachteiligung der Ballungsgebiete. Es bildete sich in den 70er Jahren ein grundsätzlicher Widerspruch der Raumstruktur heraus. Der Schwerpunkt der Industriekapazitäten lag in den Ballungsgebieten, in denen vorwiegend in den alten Bauhüllen ein Austausch des Maschinenparks stattfand. Neue Kapazitäten wurden insbesondere in den 60er Jahren zwischen den Ballungsgebieten und in ihren Randzonen eingeordnet. Die neuen Ausrüstungen bedurften im Sinne einer effektiven Nutzung der mehrschichtigen Auslastung. Das dafür erforderliche Arbeitskräftepotential war jedoch nicht im ausreichendem Umfang vorhanden und reduzierte sich ständig weiter. Die Ursachen lagen einmal im Geburtendefizit der städtischen Bevölkerung, zum anderen fand auf Grund des Fehlens akzeptabler Wohnungen eine Abwanderung aus den sozial aktiven Bevölkerungsgruppen in die Entwicklungsgebiete statt.

Diese Zuspitzung von Widersprüchen hatte grundlegende Konsequenzen für Praxis wie für Theorie der Raumentwicklung: Es wurde erklärt, daß die wesentlichen Unterschiede im Entwicklungsniveau beseitigt seien und daß an die Stelle der extensiven Ausgleichspolitik eine intensive Nutzung der vorhandenen Potentiale, besonders in den Ballungsgebieten, treten muß. In der Folge fand im Rahmen des Wohnungsbauprogramms, seit 1971 Kernstück der Sozialpolitik, ein massiver Aufbau großer Plattensiedlungen an den Rändern der Großstädte statt.

In den *Südwestbezirken*, in denen eine relativ ausgeglichene Industrie- und Agrarstruktur bestand, blieb die Zuordnung der Produktionskapazitäten zu den Groß- und Mittelstädten bestehen, die sich im Zusammenhang mit Umprofilierung und Ausweitung der Produktion zu städtischen Industrieknoten der Verarbeitungsindustrie entwickelten. Die Großstadt Erfurt wuchs in den 80er Jahren zu einem Zentrum der Mikroelektronik, Jena zum Zentrum des optischen und feinmechanischen Gerätebaus und zur Großstadt heran. Die Neulokalisation von Produktionskapazitäten führte in ehemals rückständigen Teilgebieten, wie dem Eichsfeld und Teilen des Thüringer

Waldes, zu einer bewußt herbeigeführten Entwicklung, beispielsweise entstanden im Raum Ilmenau Großbetriebe der elektrotechnischen und Glasindustrie als Ersatzinvestitionen für unrationelle Kleinbetriebe.

Wertet man die Veränderungen der Raumstruktur Ostdeutschlands in den 40 Jahren der DDR-Existenz, so ist festzustellen, daß

- eine deutliche Reduzierung der Unterschiede im Entwicklungsniveau der Teilgebiete stattgefunden hat,
- aufgrund der ca. 25 Jahre betriebenen Ausgleichspolitik in den ehemals zurückgebliebenen Gebieten im Vergleich zu den Ballungsgebieten eine neuere, modernere und damit leistungsfähigere Raumstruktur vorhanden war. Damit bestehen dort nach wie vor relativ günstige Voraussetzungen für die wirtschaftliche Neustrukturierung.
- In den Ballungsräumen haben sich innere Widersprüche angehäuft: An die wiederaufgebauten Stadtzentren schließen sich die vorwiegend gründerzeitlichen Wohngebiete an, in denen seit Beginn unseres Jahrhunderts kaum Werterhaltungen und Modernisierungen stattfanden und die sich deshalb in einem desolaten Zustand befanden. Nach außen wird die Struktur der großen Städte durch die Großwohngebiete der 70er und 80er Jahre abgeschlossen.

Es muß jedoch auch festgehalten werden, daß der Zustand der Infrastruktur insgesamt unbefriedigend war. Zwar waren im Zusammenhang mit den Industrieneugründungen und Stadterweiterungen neue und auch leistungsfähige Infrastruktureinrichtungen geschaffen worden, die sich auch im statistischen Bild des gesamten Landes widerspiegeln, es überwiegen jedoch überalterte Systeme (vgl. Tab. 16-18).

Die Weiterentwicklung der Raumstruktur nach der Vereinigung zeigt eine zunächst erstaunliche Tendenz: In den Gebieten, die in der DDR bevorzugt entwickelt wurden, sind die Rezessionserscheinungen besonders ausgeprägt und es gibt nur wenige Ansätze einer Sanierung. Es gibt dafür zwei Gründe:

- Ein wesentlicher Teil der Industriebetriebe, die diese Entwicklung verursachten, gehören zur Trennungsindustrie, d.h. zu den Zweigen, die nach der Teilung Deutschlands trotz ungünstiger Standortbedingungen aufgebaut werden mußten. Diese sind der Konkurrenz nach der Vereinigung nicht gewachsen. Ihr fehlende Konkurrenzfähigkeit bewirkte die regionale Strukturkrise. Das betrifft die eisenschaffende Industrie, den Braunkohlebergbau und die Seeverkehrswirtschaft. Wegen ihrer Bedeutung für die Raumstruktur und die Bindung von Arbeitskräften sind die Länder Brandenburg und Mecklenburg-Vorpommern um die Erhaltung dieser Standorte bemüht.

Territorialentwicklung und Territorialplanung in der DDR 53

- Andere Wirtschaftszweige gehören zu den in ganz Europa schrumpfenden Bereichen und werden in die europaweite Rezession einbezogen. Das betrifft besonders die Landwirtschaft, den Schiffbau und andere Zweige des Maschinenbaus.

Es wird heute viel zu schnell aus der Tiefe der Strukturkrise auf unzureichende endogene Potentiale geschlossen. Andererseits zeigen sich die deutlichsten Anzeichen einer Überwindung der einigungsbedingten Strukturkrise trotz der vielfach schlechteren Infrastruktursituation in den Gewerbegebieten in der Nachbarschaft zu den Ballungsgebieten.

2.6 Vergleich der fachlichen Grundpositionen der Raumordnung der Bundesrepublik und der Territorialplanung der DDR und Bewertung der weiteren Wirkungsmöglichkeiten territorialplanerischer Prinzipien

Bekanntlich besteht die bedeutsamste Leitvorstellung der Raumordnung der Bundesrepublik in der Schaffung gleichwertiger Lebensbedingungen der Menschen in allen Teilräumen. Vor dem Hintergrund der Entwicklung der Raumstruktur ist das eine wesentliche, aber nicht die einzige Zielkategorie einer Regionalpolitik. Für den Vergleich mit der Territorialplanung der DDR, die sich bewußt als Teil einer gesamtstaatlichen Planung der Volkswirtschaft verstand, ist die Betrachtung aller Zielkategorien der Regionalpolitik notwendig. Regionalpolitik kann wachstumsorientiert, stabilitätsorientiert, versorgungsorientiert oder auf die Sicherung der natürlichen Ressourcen (=ökologisch nachhaltig) orientiert sein.[4] Gemessen an diesen Zielkategorien war die Regionalpolitik der DDR bis nach 1970 vorwiegend versorgungsorientiert, um über eine kurze Phase der Stabilitätsorientierung in die Wachstumsorientierung überzugehen.

„Eine versorgungsorientierte Regionalpolitik strebt unter dem Oberziel 'Herstellung sozialer Gerechtigkeit' eine möglichst gleichwertige Versorgung der einzelnen Teilräume mit privater und öffentlicher Infrastruktur an... Das Raster, nach dem diese Infrastruktur lokalisiert werden soll, ist durch das System der zentralen Orte vorgegeben" (ARL 1982: 232)

Wenn auch in der ersten Phase der DDR-Entwicklung das Wirtschaftswachstum die wichtigste Aufgabe der Volkswirtschaftsplanung war, gab es mit der Territorialplanung und den aus der Landesplanung hervorgegangenen Übergangsformen einer räumlichen Planung eine Teilaufgabe, die auf die Einhaltung wesentlicher Komponenten der Vorsorgungsorientierung

---

4   Akademie für Raumforschung und Landesplanung 1982: Grundriß der Raumordnung. Hannover: Vincents Verlag, S. 232

ausgerichtet war. In den Grundsätzen der Gebietsplanung von 1962 sind wesentliche Komponenten dieser Richtung festgehalten (s. Anlage 1). „Stabilitätsorientierte Regionalpolitik ist auf die Beseitigung und Verhinderung von strukturellen und konjunktionellen Störungen gerichtet" (ARL 1982: 232).

Die Hauptursache für den Abbruch der Angleichungspolitik um 1970 war die in deren Folge entstandene Anhäufung von Widersprüchen, die im Arbeitskräftemangel in den Schwerpunktgebieten der industriellen Produktion ihren Ausdruck fand und die wirtschaftliche Leistungskraft deutlich negativ beeinflußte. Die darauf folgende Konzentration des Wohnungsbaus auf die wirtschaftlichen Schwerpunkte diente der Wiederherstellung der wirtschaftlichen Stabilität, insbesondere der Ballungsgebiete.

Die in der Phase des NÖS[5] herausgearbeiteten Ansätze einer Gebietswirtschaftslehre sind vorrangig in eine wachstumsorientierte Regionalpolitik eingeordnet. „Eine wachstumsorientierte Regionalpolitik mißt ihren Erfolg am Wachstum der Gesamtwirtschaft, sie ist bestrebt, eine optimale räumliche Faktorallokation herbeizuführen. Dabei werden die Teilräume einer Volkswirtschaft in dem Maße als individuelle Räume gesehen und entsprechend unterschiedlich gefördert, in dem sie zum Wachstum des Gesamtraumes beizutragen vermögen"(ARL 1982: 232).

Die Maximierung des wirtschaftlichen Ertrages auch als regionalpolitisches Ziel fand ihre Widerspiegelung in der Akzentuierung der Ballungsgebiete als der effektivsten territorialen Organisationsformen der industriellen Produktion. In der Theorie der Gebietswirtschaftslehre fand diese Zielrichtung ihren Niederschlag auch in der Auffassung von der territorialen Differenzierung als eines Aspektes des volkswirtschaftlichen Optimums. Wichtigstes Leistungsmaß der Territorien war die Globalkennziffer Nationaleinkommen.

Die ganzheitliche Betrachtung ökonomischer Wechselwirkungen fand ihren Niederschlag auch bei gebietswirtschaftlichen Aufwandsberechnungen. Im Ergebnis der Auswertung der industriellen Großinvestitionen der 60er und 70er Jahre wurden die standortabhängigen Aufwendungen für die Harmonisierung der Raumstruktur erfaßt und als die ökonomische Kategorie gebietswirtschaftlicher Aufwand definiert (Lindenau 1965). Die Nichtlinearität der Aufwandsgrößen bei steigendem Leistungsumfang in der Infrastruktur führte in Polen zur Entstehung der Schwellentheorie (Kozlowski 1979), deren Übernahme in die Gebietswirtschaftslehre der DDR zu einer Vertiefung des theoretischen Niveaus in der Praxis der Territorialplanung beitrug und auch heute noch geeignet ist, als Beitrag zur komplexen Bewertung ökonomischer Entwicklungsprozesse in Regionen zu dienen.

---

5 Neues Ökonomisches System der Planung und Leitung der Volkswirtschaft

2.7 Wandlungen der Raumstruktur und der Verhaltensmuster der Bevölkerung in den neuen Bundesländern nach der deutschen Vereinigung

Es gibt inzwischen zahlreiche Studien über die wirtschaftlichen und raumstrukturellen Prozesse, die nach der Vereinigung mit vehementer Gewalt die ostdeutsche Situation dramatisch verändert haben. Die wichtigsten sollen nur kurz genannt werden:

- Zusammenbruch der genossenschaftlichen Landwirtschaft unter der Konkurrenz der Nahrungsgüterimporte und durch die Umorientierung der Bevölkerung auf Westprodukte
- Zusammenbruch der volkseigenen Industrie durch qualitative und kostenmäßige Überlegenheit der Westprodukte, Abbruch des Handels mit Osteuropa, aber auch eine teilweise falsche Privatisierungspolitik der Treuhandanstalt
- Drastischer Anstieg der Arbeitslosigkeit in allen Regionen
- Entstehung umfangreicher Binnenwanderungsströme aus den neuen in die alten Bundesländer im Gefolge der Unsicherheit des Arbeitsplatzes
- Drastische Reduzierung der Geburtenzahlen in Ostdeutschland
- Dennoch: Anstieg des Einkommens fast aller Haushalte im Gefolge der umfangreichen Transferzahlungen

Speziell über die Raumstruktur verliefen als zeitlich begrenzte oder zu einem bestimmten Zeitpunkt einsetzende Wellen, die inzwischen deutliche Veränderungen bewirkt haben:

- die Entstehung von Einzelhandelsgroßprojekten am Rande der Groß- und Mittelstädte bzw. in verkehrsgünstiger Lage zwischen diesen
- die Begründung von Gewerbegebieten in einer sehr großen Anzahl von Siedlungen insbesondere in Abhängigkeit von den Initiativen der Bürgermeister
- die Vorbereitung und der Bau von Eigenheimsiedlungen im Umland der großen Städte
- die Aufschließung umfangreicher Abbaustätten oberflächennaher mineralischer Rohstoffe.

Es ist bemerkenswert, daß sich im Rahmen dieser tiefgreifenden Transformationsprozesse die Verhaltensmuster der ostdeutschen Bevölkerung deutlich modifiziert haben. Ihre Beschreibung als Abschluß dieser Studie ist notwendig, weil diese sog. „ostdeutsche Mentalität" deutlich von der ehemaligen DDR-Situation beeinflußt ist und sich noch auf lange Zeit von der westdeutschen unterscheiden wird. Dabei ist allerdings festzustellen, daß diese Tatbestände vor dem Hintergrund eines sozialen Ausdifferenzierungsprozesses zu sehen sind: Diejenigen Personengruppen, die den Übergang in die Marktwirtschaft gut bewältigt haben und deren Einkommensverhältnisse sich westdeutschem Niveau angleichen, werden zuerst ihre „Ost-Mentalität" ablegen, während die weniger Erfolgreichen noch längere Zeit an alten Traditionen und Auffassungen festhalten werden.

Obwohl der Begriff „ostdeutsche Mentalität" schon zu einem Reizwort in der Politik geworden ist, muß festgestellt werden, daß die in den 40 Jahren getrennter Entwicklung gewachsenen Unterschiede in den Lebensansprüchen und Verhaltensweisen in der Bevölkerung in Ost- und Westdeutschland wohl noch auf Generationen wirksam sein werden. Die Ursachen liegen darin begründet, daß der Angleichungsprozeß der Lebensverhältnisse Jahrzehnte dauern wird und daß es durchaus Elemente der DDR-Vergangenheit gibt, die von einem großen Teil der Bevölkerung als besser und gerechter empfunden werden.

Es sind das insbesondere:

a) die Garantie eines Mindestmaßes an Lebensstandard und sozialer Sicherheit, d.h. billige Wohnungen, billige Grundnahrungsmittel, billige Verkehrstarife, billiger Inlandurlaub, unabhängig von der Leistung, sowie die Garantie eines Arbeitsplatzes.

Diese sog. „Errungenschaften" wurden im Gefolge zunehmender wirtschaftlicher Schwierigkeiten in den letzten Jahren der DDR-Existenz immer mehr in den Mittelpunkt der Politik gestellt. Die Bevölkerung hatte sich in den langen DDR-Jahren an diese selbstverständlichen Grundleistungen gewöhnt und hat diese Agitation mit Ablehnung quittiert. Erst als nach der Vereinigung für große Teile der Bevölkerung diese leistungsunabhängig garantierten staatlichen Leistungen wegfielen, wurde man sich der Vorzüge bewußt. Auf diese Weise entstand ein wesentlicher Teil der DDR-Nostalgie, die auf Beibehaltung oder Wiedereinführung weitgehender sozialer Grundrechte orientiert ist.

b) der weitgehende Ausgleich der Einkommensverhältnisse und die Solidarität innerhalb der Bevölkerung

Der bewußte Abbau der Einkommensunterschiede, die Zahlung des Lohnes weitgehend unabhängig von Qualifikation und Leistung hat die Ausprägung sozialer Gruppen und Schichten in der DDR weitgehend reduziert. Andererseits erzwang die Mangelwirtschaft gegenseitige Hilfe und Unterstützung in der Bevölkerung. Es entstanden unabhängig von der staatlichen Organisation soziale Netzwerke und Gemeinschaften, in denen das Konkurrenzprinzip nicht galt. Die Konfrontation mit den rauhen Sitten der Marktwirtschaft, in der jeder Einzelne ständig auf der Hut vor betrügerischen Manipulationen

Territorialentwicklung und Territorialplanung in der DDR 57

sein muß, hat die Vorzüge gegenseitiger Hilfe sichtbar gemacht. Gerade in Zeiten hoher Arbeitslosigkeit und darauf beruhender materieller Schwierigkeiten erhält das Solidaritätsprinzip erneut größeres Gewicht und hat sich gefestigt.

c) Neben der ideologischen und sachlichen Fehlorientierung enthielt das Bildungssystem der DDR durchaus Ansätze für die Vermittlung eines breit-interdisziplinären und gesellschaftlich verantwortlichen Wissens. Zumindest aber erzwangen die Widersprüche zwischen theoretischen Lehrsätzen und praktischer Realität bei großen Teilen der Bevölkerung eine ständige Auseinandersetzung mit gesellschaftlichen Prozessen. Nach der Befreiung von den ideologischen Zwängen steht deshalb heute die ostdeutsche Bevölkerung gesellschaftlichen Prozessen aufgeschlossener, sachkundiger und damit kritischer gegenüber.

Unabhängig von diesen heute hervortretenden Verhaltensmustern, die in der DDR-Zeit in den Hintergrund verdrängt waren, war die Orientierung auf Freizügigkeit und Wohlstand der Bundesrepublik dominant. Die noch heute in der Fernsehwerbung propagierten Statussymbole Auto, Eigenheim und Ferienreisen bestimmten die Wünsche der DDR-Bürger. Es ist deshalb verständlich, daß nach der deutschen Vereinigung der Wunsch dominierte, möglichst schnell diese Statussymbole zu erwerben. Die günstigen Bedingungen der Währungsunion führten sehr schnell dazu, daß beim Autokauf und den Ferienreisen eine deutliche Entwicklung in Richtung der Angleichung an westdeutsche Verhältnisse erfolgte. Wegen fehlender finanzieller Rücklagen und langsamerer Angleichung der Einkommensverhältnisse, aber auch der längeren Vorbereitungszeiten für Bauvorhaben verzögert sich die Erfüllung des Eigenheimwunsches.

Die ostdeutsche Mentalität ist somit durch eine widersprüchliche Dualität gekennzeichnet: Einmal besteht der Wunsch, möglichst schnell die Statussymbole westdeutschen Wohlstandes zu erreichen – bis hin zu Überspitzungen –, andererseits sollen wesentliche Komponenten der sehr weitgehenden sozialen Sicherheit der DDR bewahrt bleiben. Es ist bedauerlich, daß der Anlaß der deutschen Vereinigung nicht genutzt wurde und wird, gesellschaftliche Grundpositionen zu diskutieren und auch für diesen Widerspruch befriedigende Lösungen zu suchen.

Diese spezifische Mentalität hat auch Konsequenzen für das Verhalten der Bevölkerung gegenüber den neuen Raumentwicklungen, beispielsweise gegenüber den Einzelhandelsgroßprojekten „auf der grünen Wiese". Diese boten zunächst in Provisorien ein breites und billiges Warensortiment an. Die Standortwahl war zunächst zufällig: Fabrikhallen aufgegebener Unternehmen in den Städten, LPG-Einrichtungen und Gasthöfe auf dem Lande. Den größten Umsatz erreichten aber bald neue Behelfskonzentrationen in verkehrsgünstiger Lage an den Stadträndern oder entlang der Autobahnen. Zunehmend wurden an diesen Standorten große Einkaufsparks mit großstädtischen Gebäudeensembles errichtet, die zunehmend auch Unterhaltungs- und kulturelle Angebote bereithalten. Während in den alten Bundesländern in der vergleichbaren Situation in den Innenstädten durch Verbesserung des Angebots und der Einkaufsbedingungen ein Gleichgewicht erreicht werden konnte (Anteil der Ladenfläche in Stadtlagen von heute 80%), droht in Ostdeutschland die Verödung der Innenstädte (heute noch ein Verkaufsflächenanteil von ca. 30%) (vgl. Tab. 19).

Man kann diese ostdeutsche Enwicklung als gesetzmäßig und Neufassung der Zentralität auffassen: Bekanntlich ist die Standortwahl zentraler Einrichtungen als Träger der Zentralität das Ergebnis der Wechselwirkung von zahlungsfähiger Nachfrage und Nutzungsgewohnheiten der Bevölkerung einerseits sowie betriebswirtschaftlicher Bedingungen dieser Einrichtungen andererseits. Bei großen Teilen der Bevölkerung Ostdeutschlands hat sich der PKW als dominantes Transportmittel beim Einkauf bewährt. Noch mehr als in den alten Bundesländern hat sich das Leben mit dem und im Auto durchgesetzt und ist der Shopping-Tourismus auch Ausdruck eines neuen Lebensgefühls geworden. Diese Tendenz wird unterstützt durch den raschen Ausbau der Straßenverbindungen sowie den drastischen Anstieg der Preise der öffentlichen Verkehrsmittel.

Die Konsequenz für die Raumstruktur sind weitreichende PKW-Verkehrsströme, die die an den Stadträndern und an den Autobahnen aufgereihten Einkaufskomplexe in großen Regionen überstreichen und völlig neue, sich weit überlappende Einzugsbereiche von Einkaufseinrichtungen schaffen. Diese Entwicklung wird sowohl von der Regional- und Landschaftsplanung wegen der Schwächung der Zentralortfunktionen und der Zersiedlung der Landschaft als auch von der Stadtplanung wegen der Konsequenz der Verödung der Stadtzentren negativ bewertet. Es wird aber bedeutender gesellschaftlicher Anstrengungen bedürfen, diese von der Bevölkerung vorwiegend positiv eingeschätzte Entwicklung im Sinne der stadt- und raumplanerischen Leitbilder umzuorientieren.

Literatur

Akademie der Wissenschaften der UdSSR, Institut für Ökonomie 1955: Politische Ökonomie. Lehrbuch. Berlin: Dietz Verlag

Akademie für Raumforschung und Landesplanung 1982: Grundriß der Raumordnung. Hannover: Vincents Verlag

Territorialentwicklung und Territorialplanung in der DDR

Albrecht, W. 1965: Überlegungen zur Entwicklung der Städte im Bezirk Neubrandenburg. In: Geographische Berichte 4, S. 276-296
Autorenkollektiv 1982: Territorialplanung. Berlin: Verlag Die Wirtschaft
Autorenkollektiv 1984: Intensivierung der Landwirtschaft der DDR. Berlin: Dietz Verlag
Autorenkollektiv 1988: Sozialstruktur der DDR, Berlin: Dietz Verlag
Autorenkollektiv 1990: DDR – Ökonomische und soziale Geographie. Gotha: VEB Hermann Haack
Autorenkollektiv 1990: Wirtschaftsreport DDR. Daten und Fakten zur wirtschaftlichen Lage Ostdeutschlands. Berlin: Verlag Die Wirtschaft
Bose, G. 1972: Entwicklungstendenzen der Binnenwanderung in der DDR im Zeitraum 1953-1970. In: Geographische Berichte 3/4, S. 187-204
Bundesforschungsanstalt für Landeskunde und Raumordnung (Hrsg.) 1993: Regionalbarometer neue Länder. Erster zusammenfassender Bericht. (Materialien zur Raumentwicklung 50) Bonn-Bad Godesberg
Bundesforschungsanstalt für Landeskunde und Raumordnung (Hrsg.) 1995: Regionalbarometer neue Länder. Zweiter zusammenfassender Bericht. (Materialien zur Raumentwicklung 69) Bonn-Bad Godesberg
Bundesministerium für Raumordnung, Bauwesen und Städtebau (Hrsg.) 1991: Raumordnungsbericht 1991. Bonn
Deutsche Bauakademie 1962: Gebietsplanung, Leitsätze und Erfahrungen. (Schriftenreihe Gebiets-, Stadt- und Dorfplanung) Berlin: VEB Verlag für Bauwesen
Doehler, P. 1964: Aufgaben und Organisation der staatlichen Leitung in der Gebiets- Stadt- und Dorfplanung. In: Deutsche Bauakademie 9. Plenartagung. Berlin: VEB Verlag für Bauwesen
Eckart, K. 1989: DDR. Stuttgart: Klett Verlag
Eckey, H.-F. 1995: Exportbasistheorie. In: Handwörterbuch der Raumordnung. Hannover: Akademie für Raumforschung und Landesplanung, S. 281/282
Jochimsen, R. 1966: Die gesamtwirtschaftliche Entwicklung in der DDR. In: Geschichte in Wirtschaft und Unterricht 12
Jürgens, U. 1995: Großflächiger Einzelhandel in den neuen Bundesländern und seine Auswirkungen auf die Lebensfähigkeit der Innenstädte. In: Petermanns Geographische Mitteilungen 3, Gotha, S. 131-142
Harke, H. 1967: Theorie und Praxis der territorialen Rationalisierung. In: Geographische Berichte 2, S. 154-156
Hein. P.G. 1976: Die Territorialplanung der DDR. Anspruch, Entwicklung und Grundprobleme. Dissertation. Freiburg i. Br.
Heunemann, G. 1976: Erfolge sozialistischer Entwicklung in den Eichsfeldkreisen Heiligenstadt und Worbis. In: Zeitschrift für den Erdkundeunterricht 2/3, S. 56-68
Kalisch, K.-H. 1977: Grundzüge der sozialistischen Territorialplanung in der DDR und der kapitalistischen Raumordnung in der BRD. Dissertation B. Berlin
Kalisch, K.-H. 1979: Entwicklungslinien der territorialen Planung in der Deutschen Demokratischen Republik . In: Geographische Berichte 3, S. 145-154

Kehrer, G. 1980: Entwicklungstendenzen der Standortverteilung der Industrie in der DDR. In: Petermanns Geographische Mitteilungen 2, Gotha, S. 105-109
Kind, G. 1989: Technischer Wandel und die Territorialstruktur in der Deutschen Demokratischen Republik. In: Informationen zur Raumentwicklung 4, S. 227-236
Kind, G. 1993: Zur Problematik des ländlichen Raumes in Ostdeutschland. In: Schaffer, F. (Hrsg.): Innovative Regionalentwicklung. Augsburg: Selbstverlag der Universität, S. 153-155
Kind, G. 1995: Raumplanung in der DDR. In: Handwörterbuch der Raumordnung. Hannover: Akademie für Raumforschung und Landesplanung, S. 776-782
Kozlowski, J. 1979: Schwellenanalyse im Planungsprozeß. Akademie für Raumforschung und Landesplanung (Arbeitsmaterial Nr. 20) Hannover
Küttner, L. 1958: Zur Gebiets-, Stadt- und Dorfplanung, Berlin: VEB Verlag Technik
Lehmann, H. 1955: Städtebau und Gebietsplanung. Berlin: VEB Verlag Technik
Lindenau, G. 1968: Der gebietswirtschaftliche Aufwand. (Schriftenreihe Planung und Leitung der Volkswirtschaft 22) Berlin: Verlag Die Wirtschaft
Marx, Karl: Das Kapital, Band I. Berlin: Dietz Verlag 1947
Neumann, H. 1988: Territoriale Konzentrations- und Dekonzentrationsprozesse der Beschäftigten der DDR im Zeitraum 1971 bis 1981. In: Petermanns Geographische Mitteilungen 2, S. 81-91
Ostwald, W. 1986: Territorialstruktur und Intensivierung in der DDR. Ergebnisse und Schlußfolgerungen aus dem Generalschema für die Standortverteilung der Produktionskräfte. Geographische Berichte 4, S. 229-244
Ostwald, W. (Hrsg.): Raumordnungsreport 1990. Berlin: Verlag Die Wirtschaft
Pruskil, W. 1989: Die DDR – ein leistungsfähiger sozialistischer Industriestaat. In: Zeitschrift für den Erdkundeunterricht 10, Berlin, S. 338-345
Richter, D. 1989: Phasen der industrieräumlichen Entwicklung in der DDR als Ergebnis der Wirtschaftspolitik seit 1945. In: Materialien zur Didaktik der Geographie 10, Trier, S. 61-88
Richter, G. 1994: Entwicklung der Landesplanung und Raumordnung in Sachsen. Institut für Ökologische Raumentwicklung Dresden (Schriften 7)
Roos, H. u.a. 1979: Umweltgestaltung und Ökonomie der Naturressourcen. Berlin: Verlag die Wirtschaft
Roscher, H. 1993: Herstellungs- und Erneuerungsbedarf kommunaler technischer Infrastruktur. In: Akademie für Raumforschung und Landesplanung (Forschungs- und Sitzungsberichte 193) Hannover
Rühle, O. 1959: Grundlagen der Bezirksökonomik Neubrandenburgs. In: Probleme der politischen Ökonomie, Berlin: VEB Verlag Die Wirtschaft, S. 228
Sanke, H. 1956: Politische und Ökonomische Geographie. Berlin: VEB Deutscher Verlag der Wissenschaften
Scherf, K. 1984: Aufgaben und Ergebnisse ökonomisch-geographischer Forschung als wissenschaftlicher Beitrag zur Analyse, Prognose und Planung der Standortverteilung der Produktionskräfte in der Deutschen Demokratischen Republik. In: Petermanns Geographische Mitteilungen 4, Gotha, S. 89-98
Scherf, K. 1986: Zur Stellung und Entwicklung der Groß- und Mittelstädte in der Siedlungsstruktur der Deutschen Demokratischen Republik beim Übergang zur

umfassenden Intensivierung der Volkswirtschaft. In: Petermanns Geographische Mitteilungen 4, S. 217-232
Scherf, K. 1989: Ökonomische- und sozialgeographische Strukturwandlungen in der DDR gesetzmäßige Tendenzen und Faktoren. In: Petermanns Geographische Mitteilungen 3, S. 153-166
Schmidt-Renner, G. 1959: Wirtschaftsterritorium Deutsche Demokratische Republik. Berlin: Verlag Die Wirtschaft
Schmidt-Renner, G. 1961: Probleme der territorialen und regionalen Perspektivplanung und die Verbindung zur Ökonomischen Geographie. In: Geographische Berichte 3/4, S. 268-283
Werner, F. 1985: Die Raumordnungspolitik der DDR. Akademie für Raumforschung und Landesplanung (Beiträge 82) Hannover: Vincentz Verlag
Wiedemann, K. 1948: Die zukünftige Entwicklung der Landesplanung Sachsens. Manuskript (unveröff.) Dresden
Winkler, G. (Hrsg.) 1990: Sozialreport 90, Daten und Fakten zur sozialen Lage in der DDR, Berlin: Verlag Die Wirtschaft
Wurms, C. 1976: Raumordnung und Territorialplanung in der DDR. (Dortmunder Beiträge zur Raumplanung 2) Dortmund
Zimm, A. und K. Scherf 1985: Territoriale Strategien im realen Sozialismus. (Sitzungsberichte der Akademie der Wissenschaften der DDR) Berlin: Akademie Verlag

Anlagen

Anlage 1: Allgemeine Leitsätze der Gebietsplanung

Aus: Deutsche Bauakademie, Gebietsplanung, Leitsätze und Erfahrungen 1962; (Hervorhebungen durch Kind)

1. *Die Arbeitsziele und Aufgabenstellung der Gebietsplanung* werden von den gesellschaftlichen, insbesondere den volkswirtschaftlichen Zielsetzungen unseres Arbeiter- und Bauernstaates bestimmt. Der Beitrag der Gebietsplanung zum Aufbau des Sozialismus wie zur sozialistischen Umgestaltung in der DDR ist auf eine dem politischen, ökonomischen, wissenschaftlichen, technischen und kulturellen Fortschritt entsprechende räumliche Organisation und kulturvolle Gestaltung des gesamten Staatsterritoriums gerichtet.

2. *Gegenstand der Planung* ist das jeweils weiter oder enger begrenzte Gebiet, das mit seinem geographischen Milieu, seiner ökonomischen Struktur und seiner Siedlungsstruktur eine jeweils durch bestimmte Wechselbeziehungen gebundene Einheit darstellt.

3. Größe und Abgrenzung der *Planungsgebiete* stehen im allgemeinen in unmittelbarer Wechselbeziehung zu der zu bearbeitenden Planungsstufe und der konkreten Planungsaufgabe.
4. Der Charakter der Gebietspläne als vorausschauende und richtungweisende Leitpläne der Entwicklung der Wirtschafts- und Siedlungsstruktur und als Grundlage für die Stadt- und Dorfplanung, die Planung des Verkehrswesens, der Wasserwirtschaft und anderer technisch-gestalterischer Fachgebiete erfordert *langbefristete Planungzeiträume*.
5. Die auf weite Sicht *zu planende räumliche Entwicklung und Organisation aller Bereiche und Zweige der Volkswirtschaft* muß unter Ausnutzung und gegebenenfalls unter Umgestaltung der Naturfaktoren, der wirtschaftsräumlichen und der siedlungsstrukturellen Gegebenheiten zur Überwindung noch bestehender räumlich-struktureller Disproportionen und der wesentlichsten Unterschiede zwischen Stadt und Land beitragen und die günstigsten Voraussetzungen für die Entfaltung der Produktivkräfte und die Entwicklung sozialistischer Lebensbedingungen schaffen.
6. Die *Industrie* ist gebiets- und stadtbildender Faktor höchster Ordnung. Daher sind die sozialistische Rekonstruktion der Industrie und die Planung ihrer Standorte zur Überwindung wirtschaftsräumlicher und siedlungsstruktureller Disproportionen – insbesondere zur Entwicklung von Förderungsgebieten, aber auch zur Auflockerung von Agglomerationen – konsequent zu nutzen.
7. Mit der sozialistischen Umgestaltung in der *Landwirtschaft* sind grundlegende Bedingungen und Voraussetzungen für die rationelle Organisation der Siedlungsstruktur und damit zur Überwindung der wesentlichen Unterschiede zwischen Stadt und Land gegeben.
8. Im Rahmen der Flächennutzungsplanung sind die Maßnahmen der *Forstwirtschaft* zur Sicherstellung des Holzaufkommens aus der eigenen Produktion zu unterstützen und die Bedeutung des Waldes für die Wasserspeicherung, für die Verbesserung der bioklimatischen Verhältnisse und für den Schutz des Bodens vor Abschwemmung und Erosion auszunutzen. Daher sind alle Möglichkeiten zur Aufforstung verödeter Flächen, insbesondere in Kammlagen und Bergbaugebieten, ferner in Quellgebieten und Erholungslandschaften wahrzunehmen.
9. Die *Ordnung und sozialistische Umgestaltung des Siedlungssystems* trägt maßgeblich zur regionalen und lokalen Organisation und Rationalisierung der gesellschaftlichen Produktion und des Gemeinschaftslebens bei. Die Planung des Siedlungssystems und des Siedlungsnetzes bildet die Grundlage für die Stadt- und Dorfplanung.

10. Das *Verkehrswesen* ist in seiner Bedeutung als materielle Produktion und als dienstleistendes Element maßgeblicher Faktor der ökonomischen Entwicklung und der strukturellen Ordnung der Gebiete. Es umfaßt den Eisenbahn-, Straßen-, Wasserstraßen-, See- und Luftverkehr und ist als einheitliches System zu betrachten.
11. Die *ingenieurtechnischen Anlagen,* die der Versorgung der Produktion und der Bevölkerung mit Elektroenergie, Gas, Erdöl und Wasser sowie der Abwasserbeseitigung dienen, haben mit den Kabel- und Rohrleitungsnetzen, Verbundnetzen und Ringleitungssystemen, den Kanal- und Grabenführungen ähnlich wie das Verkehrssystem wesentlichen Anteil an der regionalen Entwicklung und Strukturbildung der Gebiete.
12. Die vielfältigen Bedürfnisse der Bevölkerung nach aktiver und passiver Tages-, Wochenend- und Ferienerholung erfordern eine *systematische Planung von Erholungsgebieten* in ausreichender Variation und Größe.
13. Die *Pflege und Gestaltung der Landschaft* und die Wahrung der landschaftsökologischen Gesetzmäßigkeiten als gebietsplanerische Maßnahme liegt im Interesse der Produktionssteigerung in der Land- und Forstwirtschaft, der Sicherung des Wasserbedarfs und der Befriedigung der Erholungsansprüche der Bevölkerung.
14. Den Erfordernissen der *Landesverteidigung* und des zivilen Luftschutzes ist bei der Ausarbeitung der Gebietspläne voll Rechnung zu tragen.

Anlage 2: Der Eichsfeldplan (nach: Heunemann 1976 und Kind 1993)

Das Eichsfeld in Nordwestthüringen, bis 1802 zum katholischen Erzbistum Mainz gehörig, war immer ein peripheres Gebiet und gekennzeichnet durch hohes Bevölkerungswachstum. Als mit dem Beginn der Industrialisierung die handwerkliche Heimarbeit niederging, wurde die Region zum Notstandsgebiet mit hoher Abwanderung und einer ausgeprägten Saison- und Wanderarbeiterschaft. Ansätze einer eigenständigen Industrialisierung, die insbesondere die Holz- und die Kleinmetallwarenindustrie sowie die Zigarrenherstellung umfaßten, konnten die Situation zwar mildern, aber nicht beseitigen. Die gleiche Aussage ist bezüglich der in der südöstlichen Nachbarschaft nach 1900 entstehenden Kaliindustrie zu treffen, die vielen Auspendlern aus dem Eichsfeld Lohn und Brot gab. So war die Region nach dem Zweiten Weltkrieg als Notstandsgebiet einzustufen, charakterisiert besonders durch einen niedrigen Beschäftigungsgrad der Frauen. Der sozialistische Staat erklärte es deshalb in einer frühen Phase der DDR-Entwicklung zu einer gesellschaftlichen Aufgabe, das Eichsfeld aus der Rückständigkeit herauszuführen. Nach Ausarbeitung eines entsprechenden Plandokumentes erfolgte 1959 die Bestätigung des „Eichsfeldplanes". Er enthielt als wesentliche Komponenten

- die Errichtung eines Großbetriebes der Baumwollindustrie,
- die Modernisierung und Erweiterung der bestehenden Betriebe der Zigarrenherstellung, Kleinmetallwaren- und Spielzeugindustrie sowie der Kaliindustrie,
- den Ausbau der sozialen und technischen Infrastruktur insbesondere am Standort Leinefelde.

In Verwirklichung dieses Plandokumentes wurde im Zeitraum von 1961 bis 1963 der VEB Baumwollspinnerei und Zwirnerei Leinefelde mit 2.500 Beschäftigten (70% Frauenanteil) errichtet. Das Werk hatte nach voller Inbetriebnahme einen Anteil von 14% an der Produktion von Baumwollgarnen der DDR, hergestellt aus importierter sowjetischer Baumwolle. Als Folgemaßnahmen der 1. Ausbaustufe entstanden in der Nähe des Werksstandortes 1.000 Wohnungseinheiten, Kinderbetreuungseinrichtungen, Berufsschulen sowie Verkaufs-, Gaststätten- und Gesundheitseinrichtungen. Für die auch aus entfernt gelegenen Dörfern mit Bussen ankommenden Pendler errichtete man einen eigenen Busbahnhof. Nach dem Abschluß von zwei weiteren Ausbaustufen des Werkes im Zeitraum 1967 bis 1976 war der Betrieb mit 4.000 Beschäftigten größter Hersteller texturierter Textilien in der DDR.

Im Gefolge des stufenweisen Aufbaus dieses Textilbetriebes, der vorwiegend die weiblichen Berufstätigen band, entstand ein ausgeprägter Mangel an Arbeitsplätzen für Männer. Man unterbreitete deshalb im Sinne einer aktiven territorialen Strukturpolitik das Angebot, auf der Grundlage der im Eichsfelder Kessel verfügbaren Rohstoffe Kalk, Sand und Ton in den Sedimenten der geologischen Formationen Buntsandstein und Muschelkalk ein Zementwerk in Deuna aufzubauen. Nach dem Durchmessen der Planungsschritte Standortplanung, Investitionsdurchführung erfolgte im Jahre 1977 die Inbetriebnahme des Werkes mit einer Beschäftigtenzahl von 1.100 Personen. Nach Vollausbau erzeugte das Werk 20% der Zementproduktion der DDR.

Die mit diesem industriellen Großvorhaben verbundenen und vorwiegend auf die Siedlung Leinefelde konzentrierten Infrastrukturinvestitionen bewirkten ein rasches Wachstum des 1960 2.500 Einwohner umfassenden Haufendorfes auf mehr als 11.000 Einwohner im Jahre 1976. 1969 erfolgte die Verleihung des Stadtrechtes.

Der hier kurz skizzierte Weg der Überwindung der Rückständigkeit des Eichsfeldes war einfach und wirkungsvoll. Er kann nur deshalb nicht als Vorbild für die Lösung vergleichbarer Probleme gelten, da er in ein Wirtschaftssystem eingeordnet war, das nicht überleben konnte. Nach der Wende

Territorialentwicklung und Territorialplanung in der DDR

sind auch die Eichsfeldkreise Heiligenstadt und Worbis vom Niedergang der Industrie betroffen.

Anlage 3: Das Kohle- und Energieprogramm im Bezirk Cottbus (nach Unterlagen des ehemaligen Büros für Territorialplanung Cottbus)

1. Entwicklung der Wirtschaftsstruktur des Niederlausitzer Industriegebietes

Im Unterschied zur südlichen Oberlausitz gehörte das Lausitzer Tiefland bis in das letzte Drittel des 19.Jh. zu den wirtschaftlich rückständigsten Gebieten des ehemaligen Deutschen Reiches. Es war ein siedlungsfeindliches Sumpf- und Heideland, dessen vorwiegend leichte und wenig fruchtbare Sandböden nur eine wenig ergiebige Landwirtschaft ermöglichten. Ein großer Teil des Landes wurde nur durch Schafe beweidet. Mit der Schafhaltung verknüpft sind auch die ersten Anfänge einer Industrieentwicklung, die Produktion von Tuchen und Hüten. Bis in die Mitte des 19.Jh. erfolgte diese vorwiegend handwerksmäßig und als Heimarbeit, dann lösten Maschinen die Handarbeit ab. Den größten Aufschwung erlebte die Textilindustrie nach 1857, im Zuge der Ablösung des Energieträgers Holz durch die Braunkohle. Er führte zur Entstehung der ehemals wichtigen Standorte der Niederlausitzer Textilindustrie Forst, Cottbus, Guben, Finsterwalde, Spremberg und Vetschau. Die Niederlausitz wurde im Verlaufe der industriellen Entwicklung zum bedeutendsten Zentrum der deutschen Tuchindustrie.

Eine andere wichtige bodenbeständige Industrie ist die Glaswarenerzeugung, die auf den reinen Quarzsanden der Braunkohlenformation und dem Waldreichtum der Niederlausitz aufbaute. Neben der Steigerung des Bedarfs an Glaswaren bewirkte auch hier die Entdeckung und Nutzung der Braunkohlenfelder einen raschen Anstieg der Produktion und die Begründung neuer Glashütten in der Nähe der Kohlegruben (Döbern, Senftenberg, Weißwasser), deren Produkte ebenfalls bald exportiert wurden.

Seit der Mitte des 19.Jh. setzte mit der Erschließung der Braunkohlenvorkommen eine grundlegende Wandlung des Wirtschaftsprofils der Niederlausitz ein. Diese bestand nicht nur im Aufschwung der vorher entstandenen Zweige der Leichtindustrie, sondern vor allem in der raschen Entwicklung der Grundstoffindustrie selbst. Der intensivere Abbau der Braunkohle begann nach 1850 mit der Nutzung des oberflächennahen Oberflözes im Kernrevier (Raum Senftenberg-Großräschen), zunächst im Tiefbau, nach 1885 im rationelleren Tagebau. Die Brikettierung der Braunkohle, als erste

Stufe der Veredlung, ermöglichte nach 1870 die Erschließung eines ausgedehnten Absatzgebietes, das bis in die nordischen Länder, nach Österreich und dem damaligen Rußland reichte. Die Braunkohlenindustrie blieb aber räumlich begrenzt. Noch 1905 hatte der Raum Großräschen-Senftenberg-Lauchhammer einen Anteil von 75% der Braunkohlenförderung und 80% der Briketterzeugung der Niederlausitz. Obwohl das bis zu 22m mächtige Oberflöz noch bis zum Zweiten Weltkrieg abgebaut wurde, begann man bereits um 1900 in der südlichen Niederungszone der Schwarzen Elster mit dem Abbau des etwa 12m starken Unterflözes. Damit griff der Bergbau auf den Raum Laubusch-Burghammer-Knappenrode über, verbunden mit einer raschen Steigerung der Gesamtfördermenge. Im Ersten Weltkrieg setzte die zweite Entwicklungsphase der Grundstoffindustrie der Niederlausitz ein, die Nutzung der Kohle zur Erzeugung von Elektroenergie und der Aufbau energieintensiver Folgeindustrien. Sie begann 1915 mit der Errichtung der „Niederlausitzer Kraftwerke" (später Kraftwerke Trattendorf) in günstiger Lage zur Kohle und wurde fortgesetzt mit der Errichtung der Lonzawerke 1916 (Spremberg-Trattendorf, Karbidproduktion). Nach dem Ersten Weltkrieg kam die wirtschaftliche Entwicklung zum Stillstand, Absatzschwierigkeiten und Arbeitslosigkeit herrschten vor, bis die Kriegsvorbereitungen des nationalsozialistischen Staates zu einem erneuten Erstarken der Braunkohlenindustrie führte. 1936 betrug der Anteil der Niederlausitz, bezogen auf das spätere Territorium der DDR, etwa 35% der Braunkohlenförderung, 40% der Briketterzeugung und 15% der Elektroenergieerzeugung.

Die Wirtschaftsstruktur, von der die Entwicklung nach dem Zweiten Weltkrieg ausgehen mußte, war gekennzeichnet durch Einseitigkeit und ungleichmäßige territoriale Entwicklung. Vorrangig war der Braunkohlebergbau entwickelt. Wichtige Zweige für die Versorgung des Bergbaus mit Ausrüstungen fehlten völlig. Die Veredlungsindustrie, besonders die Braunkohlenchemie, war wenig entwickelt. Außerhalb des industriellen Konzentrationsgebietes der Industrie im Raum Lauchhammer-Klettwitz-Senftenberg-Laubusch, in dem am Ende des Zweiten Weltkrieges 70% der Niederlausitzer Braunkohle gefördert und 80% der Briketts produziert wurden, gab es nur einzelne Standorte der Kohleindustrie (Welzow, Knappenrode, Greifenhain) und Standorte der Tuch- und Glasindustrie in den Städten der östlichen Niederlausitz. Da lange Zeit keine verbindlichen gesetzlichen Regelungen zur Rekultivierung der bergbaulich genutzten Flächen bestanden, bestimmten Bruchfelder, Halden und Kippen immer stärker das Landschaftsbild. Große Teile der Niederlausitz verharrten im Zustand der Zurückgebliebenheit.

Territorialentwicklung und Territorialplanung in der DDR

2. Entwicklung zum Kohle- und Energiezentrum der DDR

Nach dem Zweiten Weltkrieg wurde das Niederlausitzer Industriegebiet im Bezirk Cottbus planmäßig zum Kohle- und Energiezentrum der DDR entwickelt. Am Beispiel des Bezirkes Cottbus können wohl am besten von allen ehemaligen Bezirken der DDR die Wirkungen der sozialistischen Planwirtschaft bei der ökonomischen und sozialen Entwicklung eines Territoriums nachgewiesen werden.

Der wirtschaftliche Aufschwung des „Landes der rauchenden Schlote und blühenden Felder" wurde durch den Zusammenschluß der ostelbischen kohleführenden Gebiete im Rahmen der Verwaltungsreform der DDR 1952 zum Bezirk Cottbus vorbereitet und im Rahmen des 1957 vom Ministerrat der DDR beschlossenen Kohle- und Energieprogramms festgelegt. Mit 200.000 ha nahmen die Braunkohlenlagerstätten etwa ein Viertel der Fläche des Bezirkes ein und enthielten mit 15 Mrd.t etwa 60% der industriell verwertbaren Braunkohlevorräte der DDR, darunter 100% der Kokskohlen und 66% der Brikettier- und Kesselkohlenvorräte. Die Ergebnisse der planmäßigen Entwicklung sind klar nachzuweisen. Die Braunkohleproduktion war in der DDR-Zeit auf mehr als 160 Mio t jährlich angestiegen. Damit wurde hier in 12 Großtagebauen mehr als die Hälfte der DDR-Produktion und mehr als 1/6 der Weltförderung realisiert. Auf der Basis der Braunkohleförderung wurden immer neue industrielle Großinvestitionsvorhaben begonnen, fertiggestellt und in Betrieb genommen:

1952 begann im VEB Großkokerei Lauchhammer die Produktion von Braunkohlenhochtemperaturkoks.

1956 erfolgte die Grundsteinlegung für das Gaskombinat Schwarze Pumpe,

1957 für das damals größte Wärmekraftwerk der DDR in Lübbenau (1.300 MW)

1968 Baubeginn des Großkraftwerkes Boxberg (3.500 MW).

Das größte Großkraftwerk bei Jänschwalde (Baubeginn 1980, geplante Kapazität 4.000 MW) östlich von Cottbus sollte das letzte sein und bis zum Auslaufen des Braunkohlenbergbaus in der Niederlausitz (etwa im Zeitraum 2030 bis 2050) produktionswirksam sein. Durch diese Großvorhaben der Energiewirtschaft erhöhte sich die installierte Kapazität in den Kraftwerken von 250 MW im Jahre 1952 auf 1.300 MW im Jahre 1961 durch Kapazitätszugänge in Trattendorf und im Kombinat Schwarze Pumpe, auf 6.900 im Jahre 1975 durch neue Kapazitäten in Lübbenau, Vetschau, Schwarze Pumpe und Boxberg. Nach Vollausbau von Boxberg und Jänschwalde sollte sich die Kraftwerkskapazität der Niederlausitz auf etwa 13.000 MW erhöhen. – Diese Zahlen weisen die Planmäßigkeit der Steigerung des Wirtschaftspotentials der Niederlausitz nach. Am Ende der DDR-Zeit entsprach der Bezirk Cottbus fast vollständig dem theoretischen Leitbild der territorialen Wirtschaftsentwicklung, das in der Theorie der territorialen Produktionskomplexe fixiert war (s. Abb. 14).

Genauso bedeutsam jedoch ist, daß ausgehend von der Industrieentwicklung eine systematische Umgestaltung der gesamten Territorialstruktur der Niederlausitz vor sich ging. Diese soll an den Beispielen der Landschaftsgestaltung und der Siedlungsstrukturentwicklung demonstriert werden. Der Braunkohlenbergbau ist notwendigerweise mit einer tiefgreifenden Umgestaltung der natürlichen Umwelt verbunden. Die Territorialplanung ging davon aus, daß der Bergbau eine Episode in der Landschaftsentwicklung ist. Die abbauenden Betriebe waren verpflichtet, mit Unterstützung der Staatsorgane die Bergbaufolgelandschaft so zu gestalten, daß eine intensive Folgenutzung durch Land-, Forst- und Wasserwirtschaft sowie das Erholungswesen möglich ist. Bereits während des Fortschreitens der Tagebaue wurden deshalb Pläne für die Folgelandschaft erarbeitet und mit den Bergbaubetrieben Vereinbarungen getroffen, wie beim Auslaufen der Kohlenförderung die Ufer der künftigen Tagebaue neu gestaltet werden. Diese Prinzipien wurden im ehemaligen Kernrevier um Senftenberg, das weitgehend ausgekohlt ist, bereits realisiert. Nach der Verkündung des Landeskulturgesetzes 1969 wurden für eine ganze Reihe von Jahren mehr Flächen rekultiviert als devastiert. Mit Zunahme der wirtschaftlichen Schwierigkeiten kehrte sich dieses Verhältnis wieder um, so daß die rekultivierungsnotwendigen Flächen nach der Vereinigung zu einem Problem bei der Privatisierung der Braunkohlenunternehmen wurden.

Ein Kernproblem der Umweltsituation war darüberhinaus die Luftverunreinigung durch die Abgase der Kraftwerke, die großflächig und über die Ostgrenze des Landes hinaus alle Grenzwerte überschritt.

Auch die Siedlungsstrukturentwicklung wurde durch den Bergbau nachhaltig beeinflußt. 1924 mußte als erste Siedlung Neu-Laubusch südlich von Senftenberg dem Bergbau weichen. Bis 1975 folgten weitere 47 Siedlungen mit einer Gesamteinwohnerzahl von 11.300, und auch danach mußten Siedlungen devastiert werden. Die Umsiedlung der Einwohner wurde langfristig vorbereitet und unter Beachtung der Wünsche der Bevölkerung vorwiegend in die Entwicklungszentren des Industriegebietes gelenkt. Diese Entwicklungszentren erfuhren ein rasches Wachstum, vor allem durch Zuwanderung aus anderen Bezirken, die den Hauptanteil am Anwachsen der Bezirksbevölkerung von 799.000 auf 882.000 im Zeitraum 1955 bis 1979 hatte. Die folgende Übersicht zeigt die Veränderung der Einwohnerzahl der wichtigsten Städte zwischen 1950 und 1989.

Territorialentwicklung und Territorialplanung in der DDR

Übersicht: Veränderung der Einwohnerzahl der wichtigsten Städte im Bezirk Cottbus 1950-89 – Einwohnerzahl in 1.000 Personen

	1950	1981	1989
Cottbus	61	115	129
Hoyerswerda	7	71	68
Weißwasser	14	33	37
Senftenberg	18	32	32
Lübbenau	6	22	21

Durch diese Entwicklung stieg der Anteil der Einwohner in den Städten über 20.000 Einwohner von 19,8% 1950 auf 43,2% im Jahre 1975 an. Diese Zunahme des Verstädterungsgrades fand seinen Ausdruck auch in der Umgestaltung der bedeutendsten Städte Cottbus und Hoyerswerda zu Zentren des gesellschaftlichen Lebens.

Anlage 4: Leitbild eines landwirtschaftlichen Großbetriebes der 80er Jahre in der DDR (nach: Autorenkollektiv: Intensivierung der Landwirtschaft, Berlin 1984)

Kernstück
Stallanlage mit 2.000 Milchkühen (jährliche Mindestlieferung je Kuh 5.000 l)

Zugeordnete landwirtschaftliche Nutzfläche
Ackerfutterfläche für 400.000 t Grüngut	= 1.200 ha
Getreidefläche für 28.000 t Futtergetreide	= 700 ha
Hackfruchtfläche für 100.000 t Rübenblatt	= 250 ha
Wiesenfläche	= 3.850 ha
	Σ 6.000 ha

Benötigte Arbeitskräftezahl
13 Produktionsgrundarbeiter je Schicht,
70 Arbeitskräfte insgesamt,
wirtschaftliche Grundlage einer Siedlung mit 200 Einwohnern

Erforderliche Leistungen der Infrastruktur
Energie	60 kW
Frischwasser Stallanlage	180 m^3/d
Siedlung	40 m^3/d
Abwasser Stallanlage	150 m^3/d
Siedlung	40 m^3/d
Wärmeversorgung	

Landwirtschaftliche Nebenanlagen
Trockenwerk, Futterzentrale

Kooperationspartner
Molkerei (100.000 Hektoliter/a)
Schlachthof (400 Altrinder, Kälber)
Zuckerfabrik

Regionalplanerische Wertung
– bis 3 Anlagen können die LN eines Kreises nutzen.
– Die Siedlung wird zum Anhängsel der landwirtschaftlichen Produktionsanlage.

Anlage 5: Ausstattungsstufen der Siedlungskategorien

Die Ausstattungsstufen schließen jeweils die Einrichtungen der vorhergehenden, unteren Ausstattungsstufen mit ein.
Die in der Übersicht in Kapitel 1.8 angegebenen Ausstattungsstufen waren wie folgt definiert:

Stufe 1 – Grundausstattung
- Kinderkrippe
- Kindergarten
- Oberschule (POS)
- Klubhaus bzw. Klubraum und Möglichkeit der Filmbespielung
- Mehrraumjugendklub bzw. Jugendzimmer
- Einrichtungsarten Staatlicher Allgemeinbibliotheken
- Kaufhalle bzw. Landhandelsverkaufsstelle
- Speisegaststätte mit allgemeinem Angebot, Klubgaststätte
- Schülerspeiseeinrichtung
- Arzt- und Zahnarztpraxis, bei Bedarf mit Gemeindeschwesternstation
- Arzneimittelausgabestelle
- Sportplatzanlage
- Sporthalle ohne Zuschauereinrichtung
- komplexe Annahmestelle
- Wäschesammelpunkt
- Poststelle
- Toto-Lotto-Annahmestelle
- öffentliche Fernsprechstelle

Stufe 2 – Erweiterte Grundausstattung
- Kulturhaus
- Fachverkaufsstelle für Nahrungs- und Genußmittel
- Fachverkaufsstelle für Industriewaren
- Volksbuchhandlung
- Getränkegaststätte/Unterhaltungsgaststätte
- Ambulatorium
- Apotheke
- Freibad
- vorzugsweise zu kombinierende Sporteinrichtungen
- Friseur-Kosmetik-Salon
- Selbstbedienungs- oder Sofortwäscherei
- Dienstleistungswerkstätten
- Altstoffannahmestelle
- Postamt

- Zeitungsverkaufseinrichtung
- Sparkassenzweigstelle

Stufe 3 – Komplexe Ausstattung
- Erweiterte Oberschule (EOS)
- Berufsberatungszentrum
- Einrichtungen der Berufsausbildung
- Sonderschule
- Volkshochschule
- Heim für Jugendhilfe
- Jugendklubhaus
- Pionierhaus und andere außerschulischen Einrichtungen
- allgemeines Filmtheater
- Platz für Zirkusgastspiele und weitere Mehrzwecknutzung
- Museen und Ausstellungsgebäude
- Spielstelle für Abstechertheater
- Gedenkstätte
- Kaufhaus bzw. Fachverkaufsstellen mit vergleichbarem Angebot
- Speisegaststätte mit spezifischem Angebot
- allgemeines Krankenhaus (Kreiskrankenhaus)
- Poliklinik
- Einrichtungen der Hygiene-, Blutspende- und Impfzentralen
- Augenoptiker
- Orthopädietechnik
- Feierabendheim mit Pflegestation
- Klub der Volkssolidarität
- Tagesstätte für ältere Bürger
- Sporthalle mit Zuschauereinrichtung
- Hallenbad
- Hotel bzw. Gaststätte mit Übernachtung
- Reisebürozweigstelle
- Haus der Dienste
- Reparaturwerkstätten
- industrielle Wäschereien und chemische Reinigungsbetriebe
- Sofort- und Selbstbedienungsreinigung
- stadtwirtschaftliche Dienstleistungen
- Saunaanlage
- Annahmestelle für Sterbefälle
- öffentliche Toiletten

Stufe 4 – Komplette Ausstattung
- Theater
- Studiofilmtheater

- Jugend- und Kinderfilmtheater
- Galerie
- Konzerthalle
- Stadt- bzw. Kongreßhalle
- Warenhaus
- Bezirkskrankenhaus, Spezialkrankenhäuser
- Pharmazeutisches Zentrum
- Sport und Veranstaltungshalle

Tabellen und Abbildungen

Tabelle 1: Anteil des DDR-Territoriums an der Grundstoff- und Energieerzeugung sowie an der verarbeitenden Industrie Deutschlands 1936[1] (ausgwählte Zweige bzw. Produkte)

Eisenerzbergbau	5,1%
Kupfererzbergbau	92,8%
Blei-Zink-Erzbergbau	3,9%
Stein- und Kalisalzbergbau	59,7%
Steinkohlenbergbau	2,3%
Braunkohlenbergbau	64,1%
Erdölgewinnung	0,02%
Eisenschaffende Industrie	6,6%
Nichteisenmetallindustrie	31,5%
Gießerei-Industrie	21,6%
Kraftstoffindustrie	40,1%
Düngemittelindustrie (incl. Karbid, Stickstoff-Phosphor-Verbindungen)	32,9%
Kunststoffindustrie	35,9%
Chemisch-technische Industrie[2]	24,0%
Kautschuk- und Asbestindustrie	17,1%
Steine und Erden	26,2%
Elektroenergie	33,8%
Eisen- und Stahlwaren-Industrie	23,4%
Maschinenbau	31,1%
davon: Werkzeugmaschinen[3]	37,9%
Textilmaschinen[4]	54,3%
Landwirtschaftsmaschinen[5]	22,2%
Fahrzeugbau	27,5%
Elektroindustrie	25,4%
Feinmechanik und optische Industrie	33,1%
Keramische und Glasindustrie	38,1%
Druck- und Papierverarbeitung	37,1%
Lederindustrie	24,5%
Textilindustrie	37,2%
Bekleidungsindustrie	44,9%
Nahrungs- und Genußmittelindustrie	31,9%

1 Bezogen auf den Gebietsstand 1957 (einschließlich Saargebiet). Die Erzeugung Berlins ist nach Sektoren aufgeteilt.
2 Ohne Berücksichtigung Berlins
3 1939, ohne Berlin
4 Einschließlich Fahrzeugbau, Schiffsbau und Flugzeugindustrie
5 Ohne Berlin

Quelle: Schmidt-Renner, G., 1959: 19

Territorialentwicklung und Territorialplanung in der DDR

Tabelle 2: Anzahl der Städte (20.000 Eiwohner) und Anteil ihrer Bevölkerung an der Gesamtbevölkerung der Bezirke (ohne Hauptstadt Berlin)

Bezirk	1955		1965		1975		Zunahme 1955-75 in %
	Anzahl der Städte	Anteil der Bevölkerung an der Bezirksbevölkerung in %	Anzahl der Städte	Anteil der Bevölkerung an der Bezirksbevölkerung in %	Anzahl der Städte	Anteil der Bevölkerung an der Bezirksbevölkerung in %	
Leipzig	6	48,2	8	51,8	9	53,9	5,7
Dresden	9	45,8	10	48.4	11	51,8	6,0
Halle	14	41,1	15	45,0	17	49,5	8,4
Rostock	4	37,4	4	41,9	4	45,8	8,4
Erfurt	18	318,9	9	42,4	10	45,6	6,7
Cottbus	6	23,9	8	32,0	10	43,2	19,3
Gera	6	40,0	5	39,7	5	43,1	3,1
Magdeburg	9	36,5	8	37,8	8	40,4	4,9
Karl-Marx-Stadt	17	40,1	14	39,4	13	40,2	0,1
Frankfurt/Oder	3	18,3	4	24,2	5	35,6	17,3
Schwerin	3	25,0	3	27,2	4	33,9	18,9
Potsdam	7	28,1	8	31,2	8	33,3	5,2
Neubrandenburg	3	10,9	3	15,8	4	21,8	10,9
Suhl	3	14,2	3	15,1	4	21,1	6,9
DDR	99	40,2	103	42,6	113	46,4	6,2

Quelle: Statistische Jahrbücher der Deutschen Demokratischen Republik 1956, 1965 und 1976.
Aus: Autorenkollektiv: Tenitorialplanung, 1982: 45

Tabelle 3: Territoriale Differenzierung der industriellen Entwicklung
(Anteil der Bezirke an der industriellen Bruttoprodukuon der
DDR – in %)

Bezirk	1955	1978
Halle	17,8	14,8
Karl-Marx-Stadt	14,7	13.4
Dresden	13,6	12,0
Leipzig	10,7	8,2
Erfurt	5,9	7,7
Magdeburg	7,0	5,5
Potsdam	4,0	5,1
Cottbus	4,0	5,6
Berlin	7,0	5,5
Frankfurt	1,9	4,6
Gera	5,6	4,6
Rostock	3,3	9,4
Suhl	2,4	3,0
Schwerin	1,5	2,6
Neubrandenburg	0,6	2,0

Quelle: Statistisches Jahrbuch der DDR 1978 und 1979.
Aus: Autorenkollektiv: Territorialplanung, 1982, S. 41

Territorialentwicklung und Territorialplanung in der DDR

Tabelle 4: Bevölkerungszahl und -dichte in den heutigen Bezirken der DDR 1950 und 1985 (zusammengestellt und berechnet nach: Bevölkerungsstatistisches Jahrbuch der DDR 1971 und Statistisches Jahrbuch 1986 der DDR

	Bevölkerungszahl		Bevölkerungsdichte		Veränderung	
	31.8.'50	31.12.'85	31.8.'50 Einw./km²	31.12.'85 Einw./km²	absolut (Stand 1985 – Stand 1950) Einw./km²	relativ %
Hauptstadt Berlin	1.189.074	1.215.586	2.951	3.016.	+65	+2,2
Nördliche Bezirke	2.253.239	2.113.576	84	79	-5	-6,0
Rostock	846.299	901.722	120	127	+7	+5,8
Schwerin	691.986	592.231	80	68	-12	-15,0
Neubrandenburg	715.854	619.623	66	57	-9	-13,6
Mittlere Bezirke	4.187.786	3.963.650	106	100	-6	-5,7
Frankfurt	643.595	707.100	90	98	+8	+8,9
Potsdam	1.221.698	1.121.099	97	89	-8	-8,2
Cottbus	803.973	883.308	97	107	+10	+19,3
Magdeburg	1.518.595	1.252.143	132	109	-23	-17,4
Südwestl. Bezirke	2.694.583	2.526.464	177	166	-11	-6,2
Erfurt	1.368.963	1.235.546	186	168	-18	-9,7
Gera	756.945	741.320	189	185	-4	-2,1
Suhl	568.675	549.598	147	143	-4	-2,7
Südl. Bezirke mit Ballungsgebieten	8.063.490	6.820.783	304	258	-46	-15,1
Halle	2.118.874	1.790.835	242	204	-38	-15,7
Leipzig	1.630.395	1.378.456	328	278	-50	-15,2
Karl-Marx-Stadt	2.332.988	1.875.918	388	312	-76	-19,6
Dresden	1.981.133	1.775.574	294	264	-30	-10,2
DDR	18.388.172	16.640.059	170	154	-16	-9,4

Quelle: Autorenkollektiv: DDR, Ökonomische und soziale Geographie, Gotha, 1990

Tabelle 5: Anteil der Bezirke an der Wohnbevölkerung der DDR 1962 und 1989

	1962	1989	Veränderung in %
Nordbezirke	12,3	12,8	+0,5
Rostock	4,9	5,5	+0,6
Schwerin	3,6	3,6	0,0
Neubrandenburg	3,8	3,7	-0,1
Mittelbezirke	29,6	31,7	+2,1
Berlin-Ost	6,2	7,8	+1,6
Frankfurt/Oder	3,9	4,3	+0,4
Potsdam	6,7	6,8	+0,1
Cottbus	4,8	5,3	+0,5
Magdeburg	8,0	7,5	-0,5
Südbezirke	43,4	40,2	-3,2
Dresden	11,0	10,4	-0,6
Leipzig	8,8	8,1	-0,7
Chemnitz	12,2	11,1	-1,1
Halle	11,4	10,6	-0,8
Südwestbezirke	14,7	15,1	+0,4
Erfurt	7,3	7,4	+0,1
Gera	4,2	4,4	+0,2
Suhl	3,2	3,3	+0,1

Quelle: Statistische Jahrbücher der DDR 1962 und 1990

Territorialentwicklung und Territorialplanung in der DDR

Tabelle 6: Regionalstruktur der DDR 1989 – Anteil am DDR-Ergebnis ausgewählter Kennziffern

Bezirke	Wohnbevölkerung	Industrielle Bruttoproduktion	Straßenverkehrsunfälle	Fernsehempfangsgenehmigungen	Einzelhandelsumsatz	Arbeitseinkommen in der Industrie[1]	Sparguthaben der Bevölkerung
Nordbezirke							
Rostock	5,5	3,2-	3,9-	5,2	5,8	100	4,8-
Schwerin	3,6	2,5-	3,8	3,4	3,5	98	3,3
Neubranden-burg	3,7	1,9-	2,9-	3,4	3,6	97	3,2-
Mittelbezirke							
Berlin-Ost	7,8	5,5-	9,6+	7,9	10,9+	103	7,2
Frankfurt/O.	4,3	6,9+	3,3-	4,2	4,0	102	3,7-
Potsdam	6,8	5,6+	7,6+	6,8	6,6	102	6,5
Cottbus	5,3	6,1+	4,3-	5,2	5,1	110	5,4
Magdeburg	7,5	6,5-	5,0-	7,5	7,4	100	7,3
Südbezirke							
Dresden	10,4	10,7	13,3+	10,4	10,2	99	11,8+
Leipzig	8,1	7,8	12,7+	8,6	8,1	100	8,4
Chemnitz	11,1	12,5+	11,8	11,7	10,4	97	12,9+
Halle	10,6	15,9+	8,5-	11,0	9,7	105	9,5-
Südwestbezirke							
Erfurt	7,4	7,2	5,9-	7,3	7,1	99	7,3
Gera	4,4	4,7	4,1	4,3	4,3	98	4,9+
Suhl	3,3	2,9	3,3	3,2	3,3	99	3,7+

(Kennzeichnung mit + oder – erfolgte dann, wenn die Abweichung vom Bevölkerungsanteil 10% überschreitet)
1) Niveauunterschiede im Arbeitseinkommen in der Industrie 1984 (DDR-Mittel = 100%).
Nach: Autorenkollektiv: DDR, Ökonomische und soziale Geographie, Gotha 1990
Quelle: Statistisches Jahrbuch der DDR 1990

Tabelle 7: Kenngrößen zur Regionalstruktur und zum Einzelhandel der DDR nach Bezirken Mitte der 80er Jahre

	Anteile (%)				Bevölke-rungs-dichte Einwoh-ner/km^2	Ver-städte-rungs-grad %	VRF relativ m^2/1000 Einwohner
	Einwohner	VKE	VRF	Umsatz			
Hauptstadt Berlin	7,0	4,9-	7,0	9,5+	2911	2)	296
Nördliche Bezirke							
Rostock	5,3	4,5	5,3	5,4	126	76,7	296
Schwerin	3,5	3,7	3,6	3,4	68	66,6	300
Neubrandenburg	3,7	3,9	3,8	3,5	57	63,7	308
Mittlere Bezirke							
Frankfurt	4,2	3,7-	3,9	3,8	98	75,3	276
Potsdam	6,7	6,8	6,7	6,3	89	72,6	298
Cottbus	5,3	5,2	5,5	5,2	107	74,0	306
Magdeburg	7,6	7,6	8,0	7,4	109	72,9	309
Südwestliche Bezirke							
Erfurt	7,4	7,2	7,3	7,1	168	7,7	288
Gera	4,4	4,6	4,4	4,2	185	72,9	294
Suhl	3,3	3,7+	3,4	3,3	143	75,9	320
Südliche Bezirke mit Ballungsgebieten							
Halle	10,9	10,2	10,6	10,3	207	75,9	287
Leipzig	8,5	8,7	7,9	8,5	281	81,2	285
Chemnitz	11,5	13,6+	12,2	11,5	318	81,3	327
Dresden	10,8	11,7	10,4	10,6	267	79,3	286
DDR insgesamt	100,0	100,0	100,0	100,0	154	69,4	298

2) ohne Hauptstadt Berlin
Kennzeichnung mit + oder − erfolgt dann, wenn die Abweichung
VKE − Verkaufseinrichtungen,
VRF − Verkaufsraumfläche
vom Anteil der Einwohner 10% überschreitet
nach Autorenkollektiv, DDR 1990

Territorialentwicklung und Territorialplanung in der DDR

Tabelle 8: Entwicklung ausgewählter Kennziffern des staatlichen Gesundheits- und Sozialwesens der DDR nach Bezirken von 1970 bis 1984

Bezirk	ambulante medizinische Betreuung, (Einwohner/ Arzt)		ambulante stomatolog. Betreuung (Einwohner/ Stomatologe)		Polikliniken und Ambulatorien 100.000 Einwohner		Krankenhausbetten / 10.000 Einwohner		Berufstätige im örtlich geleiteten Gesundheitswesen 1.000 Einwohner	
	1970	1984	1970	1984	1970	1984	1970	1984	1970	1984
Hauptstadt Berlin	864 +	609 +	2058+	1314+	8,3+	9,7	154,6+	127,6+	15,0+	21,8+
Nördliche Bezirke										
Rostock	1022+	752+	2771-	1629	8,6+	10,3+	125,2+	106,4	13,3	18,8
Schwerin	1376	983	2150+	1551	7,0	8,9	105,0	102,3	13,6+	20,3
Neubrandenburg	1637-	1112-	2765-	1767-	7,0	7,1+	97,9+	95,3	12,8	20,5+
Mittlere Bezirke										
Frankfurt	1505-	1023-	2397	1599	8,1	10,0	91,7-	85,1	12,6	19,1
Potsdam	1459	1020	2378	1607	8,8+	9,3	136,7+	118,1+	13,7+	20,5+
Cottbus	1505-	975	2483	1560	7,0	8,0-	90,7-	78,7	11,8	18,9
Magdeburg	1490	929	2839-	1706	7,9	10,2	120,2	107,5	11,6	19,6
Südwestliche Bezirke										
Erfurt	1526-	965	2518	1563	6,3-	8,9	112,9	105,1	10,9	16,3-
Gera	1121+	874	2414	1652	9,2+	12,9+	115,4	104,5	11,7	16,9
Suhl	1469	980	2608	1531	6,9	8,2-	86,9-	98,5	13,0	20,1
Südliche Bezirke mit Ballungsgebieten										
Halle	1509-	975	2965-	1801-	7,7	9,9	98,7-	96,2	11,6	17,8
Leipzig	1203+	806+	2296	1575	8,4+	11,1	134,9+	123,2+	11,9	17,6
Chemnitz	1627-	958	2701	1689	7,1	8,7	90,0-	86,9	11,2	17,5
Dresden	1400	939	2266	1555	6,2-	7,2-	104,1	97,3	11,1	16,2-
DDR insgesamt	1357	901	2471	1605	7,5	9,3	111,4	102,2	12,1	18,5

(Kennzeichnung mit + oder – erfolgt dann, wenn die Abweichung vom Mittelwert 10% überschreitet)
Quelle: Autorenkollektiv, DDR 1990

Tabelle 9: Ausgewählte Kennziffern des Wohnniveaus in den Bezirken der DDR, 1989/1990

Bezirk	Wohnungen je 1.000 Einwohner	mit Bad/Dusche	mit IWC	mit Fernwärme	Anschluß an Kanalisation
Berlin	484+	97+	95+	42+	97+
Cottbus	396	85	78	41+	58-
Dresden	432	78	64-	24	71
Erfurt	394	82	73	26	76
Frankfurt/O.	399	83	82	38+	54-
Gera	414	81	67-	30+	87+
Halle	417	81	75	29+	70
Karl-Marx-Stadt	452	81	69-	21-	84+
Leipzig	437	82	73	25	83+
Magdeburg	413	83	82	29	70
Neubrandenburg	375-	82	82	21-	60-
Potsdam	402	81	81	23	54-
Rostock	377-	82	82	40-	75
Schwerin	385	80	77	25	57
Suhl	394	84	63-	17-	90+
DDR gesamt	430	82	79	25	74

(Kennzeichnung mit + oder – erfolgt dann, wenn die Abweichung vom Mittelwert 10% überschreitet)
Nach Hochrechnungen der Institute für Wohnungs- und Gesellschaftsbau, für Ökonomie und für Ingenieur- und Tiefbau, Bauakademie der DDR, 1989
Quelle: Winkler 1990

Tabelle 10: Anteil der Bezirke an der industriellen Bruttoproduktion 1962 und 1989

	1955	1962 (1)	1989 (2)	Veränderung (3)	in %
Nordbezirke	4,5	5,4	7,6	+2,2	+
Rostock		2,9	3,2	+0,3	+
Schwerin		1,6	2,5	+0,9	++
Neubrandenburg		0,9	1,9	+1,9	++
Mittelbezirke	22,5	25,4	30,6	+5,2	+
Berlin-Ost	6,6	6,8	5,5	-1,3	-
Frankfurt/Oder		2,5	6,9	+4,4	++
Potsdam		4,9	5,6	+0,7	+
Cottbus		4,0	6,1	+2,1	++
Magdeburg		7,2	6,5	-0,7	
Südbezirke	56,5	54,3	46,9	-7,4	-
Dresden		13,2	10,7	-2,5	-
Leipzig		10,2	7,8	-2,4	-
Chemnitz		15,7	12,5	-3,2	-
Halle		15,2	15,9	+0,7	
Südwestbezirke	16,5	15,0	14,8	-0,2	
Erfurt		6,5	7,2	+0,7	+
Gera		5,2	4,7	-0,5	
Suhl		3,3	2,9	-0,4	-
		100,1	99,9		

+ bzw. – Zunahme bzw. Abnahme des Anteils um mehr als 10% (Spalte 3 in % von Spalte 1)
++ bzw. – – Zunahme bzw. Abnahme des Anteils um mehr als 50% (Spalte 3 in % von Spalte 1)
Quelle: Statistische Jahrbücher der DDR 1962 und 1990

Tabelle 11: Anteil der Berufstätigen in der Industrie an der Gesamtzahl der Berufstätigen (ohne Lehrlinge) in Prozent

Bezirk	1955	1960	1965	1970	1975	1980	1985	Verhältnis 1985 : 1955	
Hauptstadt Berlin	29,8	<u>30,2</u>	28,6	26,5	26,4	25,0	25,3	84,9	-
Cottbus	31,6	35,3	36,1	37,3	41,2	42,0	<u>42,9</u>	135,8	+
Dresden	40,0	43,6	43,5	<u>44,7</u>	43,8	43,5	43,8	109,5	
Erfurt	31,3	35,1	35,5	37,3	41,4	<u>41,5</u>	41,4	132,3	+
Frankfurt	17,2	20,4	21,0	24,4	27,8	29,3	<u>29,4</u>	170,9	++
Gera	40,9	43,5	43,0	43,4	<u>44,8</u>	43,1	42,9	104,9	
Halle	39,5	42,8	42,9	42,3	44,7	<u>45,3</u>	44,8	113,4	
Chemnitz	48,3	<u>51,9</u>	50,2	50,2	50,4	49,0	48,5	100,4	-
Leipzig	40,1	<u>41,6</u>	39,3	38,3	39,4	39,6	40,4	100,7	-
Magdeburg	25,0	29,1	27,2	30,4	32,3	<u>33,0</u>	32,3	129,2	+
Neubrandenburg	7,9	9,6	19,4	14,5	18,2	20,6	<u>20,6</u>	260,8	++
Potsdam	21,3	25,0	26,5	27,8	29,8	30,9	<u>31,1</u>	146,0	+
Rostock	19,7	20,1	20,5	23,6	23,7	24,3	<u>25,1</u>	127,4	
Schwerin	12,0	15,1	15,4	17,9	22,1	24,0	<u>24,3</u>	202,5	++
Suhl	38,5	41,8	41,6	43,3	<u>50,6</u>	49,4	49,4	128,3	+
DDR insgesamt	32,9	36,0	36,4	36,8	38,8	38,0	37,9	115,2	

(Mit + und – bzw. ++ und -- wurden die Werte gekennzeichnet, die mehr als 10% bzw. 50% vom DDR-Mittel abweichen. Die unterstrichenen Werte geben den Maximalwert jedes Bezirkes wieder.)
Quelle: Autorenkollektiv: Sozialstruktur der DDR, Berlin 1988

Territorialentwicklung und Territorialplanung in der DDR

Tabelle 12: Anteil der Berufstätigen der DDR nach Sektoren an der Gesamtzahl der Berufstätigen Mitte der 50er und 80er Jahre und seine Veränderung, differenziert nach Bezirken

	Industrie, produzierendes Handwerk, Bauwirtschaft			Land- und Forstwirtschaft			übrige Bereiche		
	Anteil %		Veränderung (%-Punkte)	Anteil %		Veränderung (%-Punkte)	Anteil %		Veränderung (%-Punkte)
	1955	1985		1955	1985		1955	1985	
DDR	45,1	47,8	2,7	22,3	10,8	-11,5	32,6	41,4	8,8
Nördliche Bezirke									
Rostock	31,3 -	34,8	3,5 +	33,4 +	14,6 +	-18,8 +	35,3	50,6+	15,3 +
Schwerin	20,7 -	34,3	13,6 +	46,4 +	21,8 +	-24,6 +	32,9	43,9	11,0 +
Neubrandenburg	16,9 -	30,7 -	13,8 +	54,7 +	26,9 +	-27,8 +	28,4 -	42,4	14,0 +
Mittlere Bezirke									
Frankfurt	29,5 -	40,2 -	10,7 -	36,9 +	16,1 +	-20,8 +	33,6	43,7	10,1 +
Potsdam	34,3 -	41,9 -	7,6 +	31,7 +	16,3 +	-15,4 +	34,0	41,8	7,8 -
Cottbus	42,9	52,2	9,3 +	29,7 +	11,0	-18,7 +	27,4 -	36,8 -	9,4
Magdeburg	35,6 -	42,5 -	6,9 +	31,4 +	15,4 +	-16,0 +	33,0	42,1	9,1
Südwestliche Bezirke									
Erfurt	43,0	51,1	8,1 +	27,1 +	11,4	-15,7 +	29,7	37,5	7,6 -
Gera	51,3 +	51,6	0,3	20,4	9,7 -	-10,7	28,3 -	38,7	10,4 +
Suhl	51,7 +	58,1 +	6,4 +	22,9	7,9 -	-14,0 +	25,4 -	34,0 -	8,6
Südliche Bezirke mit Ballungsgebieten									
Halle	50,9 +	53,1 +	2,2 -	19,3 -	9,7 -	-9,6 +	29,8	37,2 -	7,4 -
Leipzig	52,9 +	50,6	-2,3 -	14,9 -	8,3 -	-6,6 +	32,2	41,1	8,9
Chemnitz	60,6 +	59,0 +	-1,6 -	11,4 -	5,9 -	-5,5 +	28,0 -	35,1 -	7,1 -
Dresden	53,0 +	53,6 +	-0,6 -	15,9 -	7,9 -	-8,0 +	31,1	38,5	7,4 -
Hauptstadt Berlin	45,8	35,9 -	-9,9 -	1,5 -	1,0 -	-0,5 -	52,7 +	63,1 +	10,4 +

(Mit + bzw. – wurden die Werte gekennzeichnet, die mehr als 10 % vom DDR-Mittel abweichen)
zusammengestellt und errechnet nach Statistisches Jahrbuch der DDR 1986

Tabelle 13: Wirtschaftlich tätige Wohnbevölkerung ab 14 Jahren nach höchsten Qualifikationsabschluß und Bezirken (in Prozent), 1981

Bezirk	Hoch- und Fachschulabschluß	Meister- und Facharbeiter-abschluß	ohne genannte Abschlüsse
DDR	20,1	63,0	16,9
Rostock	21,9	61,2	16,9
Schwerin	18,8	63,0	17,8
Neubrandenburg	18,0 -	62,9	19,1 +
Potsdam	19,7	62,2	18,1
Frankfurt	20,3	62,0	17,7
Cottbus	18,0 -	65,4	16,7
Magdeburg	18,3	63,7	18,0
Halle	18,2	63,8	17,9
Erfurt	18,9	64,3	16,9
Gera	20,4	65,3	14,3 -
Suhl	17,9 -	63,7	18,3
Dresden	20,6	62,6	16,9
Leipzig	20,7	62,6	16,7
Karl-Marx-Stadt	17,0 -	67,0	16,0
Berlin	33,0 +	53,2 -	13,9 -

Mit + bzw. – wurden die Werte gekennzeichnet, die mehr als 10% vom DDR-Mittel abweichen
Quelle: Winkler, 1990

Territorialentwicklung und Territorialplanung in der DDR 87

Tabelle 14: Stadtbevölkerung nach Bezirksgruppen 1950 und 1989

		Insgesamt	Nord	Mitte (ohne Berlin-Ost)	Berlin-Ost	Süd	Südwest
Einwohner in Großstädten[1]	1950	4.48	227	531	1.189	1.933	368
(in 1.000 Personen)	1989	4.33	382	659	1.279	1.758	455
Veränderung 1950 zu 1989 in %		107	168	124	108	91	124
Einwohner in Mittelstädten[2]	1950	3.289	345	890	-	1474	580
(in 1.000 Personen)	1989	3.831	478	1.225	-	1491	637
Veränderung 1950 zu 1989 in %		116	139	138	-	101	110
Einwohner in Mittel- und Großstädten	1950	7.537	572	1.421	1.189	3.407	948
(in 1.000 Personen)	1989	8.364	860	1.884	1279	3.249	1.092
Veränderung 1950 zu 1989 in %		111	150	133	108	95	115
Anteil der Städte mit mehr als 20.000 Einwohnern an der Bevölkerung 1964 in %)		44,2	30,8	34,1	100,0	47,5	37,1

1) Städte, die an einem der beiden Zeitpunkten mehr als 100 000 Einwohner hatten
2) Städte, die an einem der beiden Zeitpunkten mehr als 20 000 Einwohner hatten und keine Großstädte waren
berechnet auf der Grundlage des Statistischen Jahrbuches der DDR 1990

Tabelle 15: Städte, deren Einwohnerzahl zwischen dem 31.08.50 und dem 31.12.89 auf mehr als 150% angewachsen ist (in 1.000 Einwohner)

	31.08.50	31.12.89	Veränderung in %
Nordbezirke			
Rostock	133	253	190
Neubrandenburg	22	91	414
Greifswald	44	68	155
Bergen/Rügen	9	20	222
Mittelbezirke			
Cottbus	61	129	211
Frankfurt/Oder	53	87	164
Hoyerswerda	7	68	971
Eberswalde	31	54	174
Schwedt/Oder	7	53	757
Eisenhüttenstadt	7	52	742
Senftenberg	18	32	178
Oranienburg	19	29	153
Strausberg	11	29	264
Hennigsdorf	16	25	156
Ludwigsfelde	6	23	383
Lübbenau	6	21	350
Südbezirke			
Halle-Neustadt	-	91	-
Wolfen	12	46	383
Sangerhausen	17	34	200
Coswig bei Dresden	17	27	159
Südwestbezirke			
Suhl	24	56	233
Ilmenau	19	29	153
Sömmerda	14	29	207
Bad Salzungen	10	22	220

Quelle: Statistisches Jahrbuch der DDR 1990

Tabelle 16: Altersstruktur der Kanalnetze in den alten und neuen Bundesländern 1990

alte Bundesländer		neue Bundesländer	
0-25 Jahre	53%	bis 10 Jahre	9,8%
25-50 Jahre	28%	10-30 Jahre	24,9%
50-75 Jahre	12%	30-60 Jahre	22,4%
75-100 Jahre	6%	60-80 Jahre	26,0%
> 100 Jahre		> 100 Jahre	2,9%

Quelle: Roscher 1993

Territorialentwicklung und Territorialplanung in der DDR 89

Tabelle 17: Straßennetz- und Brückenqualität in den Ländern

Land	Straßenlänge			Bauzustandsstufen (1985) 3 und 4 an		Brücken			
	F-Str. %	B-Str. %	K-Str. %	F-Str. Anzahl	F-Str. %	B-Str. Anzahl	B-Str. %	K-Str. Anzahl	K-Str. %
Mecklenburg-Vorpommern	21	36	63	49	18	122	32	587	40
Brandenburg	19	28	64	136	26	252	29	737	39
Sachsen-Anhalt	18	50	32	64	11	116	9	1.280	40
Sachsen	18	35	66	166	20	818	28	3.309	48
Thüringen	17	44	71	167	27	545	40	3.276	66
DDR	19	38	66	582	21	1.853	27	9.189	50

F-Str. – Fernverkehrsstraße, B-Str. – Bezirksstraße, K-Str. – Kreisstraße
Quelle: Autorenkollektiv, Wirtschaftsreport DDR 1990

Tabelle 18: Altersstruktur der Mehrfamilienhäuser im Jahr 1990 (in Prozent)

Baujahr	bis 1918	1919-45	1946-60	1961-70	1971-80	1981-90	gesamt
Mecklenburg-Vorp.	22,5 -	10,6 -	7,5	17,3 +	23,3 +	18,8	100,0
Brandenburg	16,7 -	12,6	9,5 +	19,0 +	22,1 +	20,2 +	100,0
Sachsen-Anhalt	25,5 -	15,3 +	8,3	12,4	19,1	19,4	100,0
Sachsen	37,8 +	15,7 +	7,5	9,1 -	13,7 -	16,2 -	100,0
Thüringen	29,5	12,4	7,1 -	11,5	20,0 +	19,5	100,0
Berlin (Ost)	27,4	12,0 -	9,2 +	8,4 -	13,7 -	29,3 +	100,0
Insgesamt	28,9	13,7	8,0	12,1	17,6	19,7	100,0

(mit + bzw. – wurden Werte gekennzeichnet, die mehr als 10% vom DDR-Mittel abweichen. Die Maximalanteile jedes Landes sind unterstrichen)
Quelle: Ostwald, Raumordnungsreport 1990

Tabelle 19: Großflächiger Einzelhandel in den neuen Bundesländern

Stadt	VRF[1] Ende der 80er Jahre (m²)	VRF/Einw.	VRF Anfang der 90er Jahre (m²)	VRF/Einw.
Rostock	64.914	0,26 (1988)	117.000	0,49 (1993)
Dresden	130.000	0,26 (1989)	308.000	0,62 (1992)
Brandenburg	26.000	0,28 (1988)	61.000	0,67 (1992)
Potsdam	41.000	0,29 (1989)	59.000	0,50 (1993)
Leipzig	159.400	0,30 (1988)	310.000	0,63 (1992)
DDR	5.288.300	0,32 (1988)		
BRD	63.250.000	1,04 (1985)		

1) VRF = Verkaufsraumfläche
Quelle: Nach Angaben des Hauptverbandes des Deutschen Einzelhandels in Köln von 1996, Jürgens 1995

Abbildung 1: Räumliche Verteilung der Industrie 19939 auf dem Gebiet der heutigen DDR

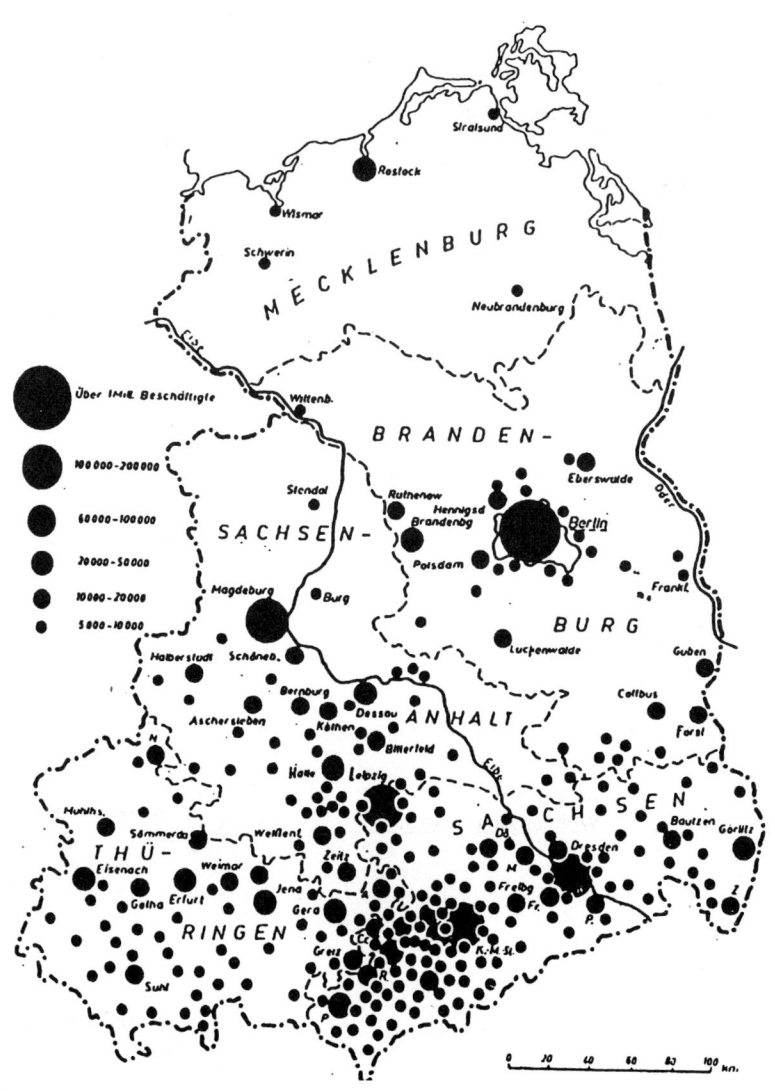

Quelle: Schmidt-Renner 19959, S.63

Abbildung 2: Etappen der räumlichen Planung in der DDR

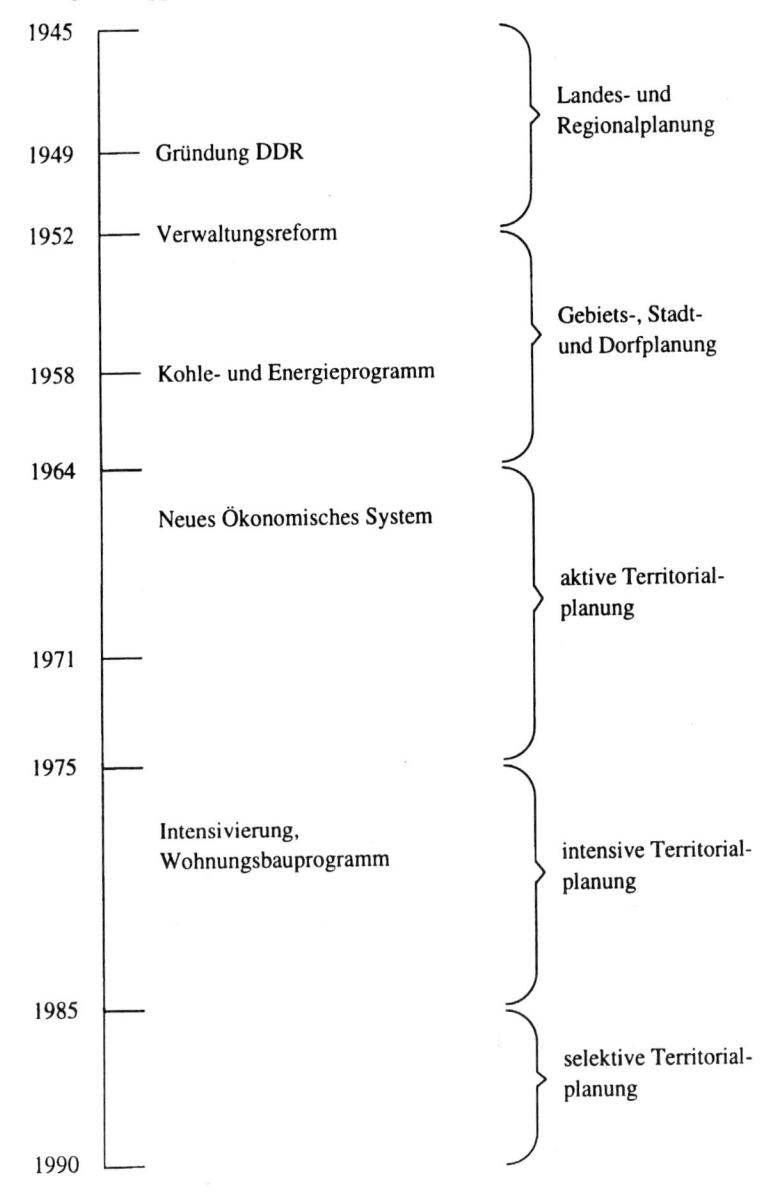

Jahr	Ereignis	Planungsetappe
1945		Landes- und Regionalplanung
1949	Gründung DDR	
1952	Verwaltungsreform	
1958	Kohle- und Energieprogramm	Gebiets-, Stadt- und Dorfplanung
1964	Neues Ökonomisches System	
1971		aktive Territorialplanung
1975	Intensivierung, Wohnungsbauprogramm	intensive Territorialplanung
1985		selektive Territorialplanung
1990		

Abbildung 3: Der gebietswirtschaftliche Investitionsaufwand

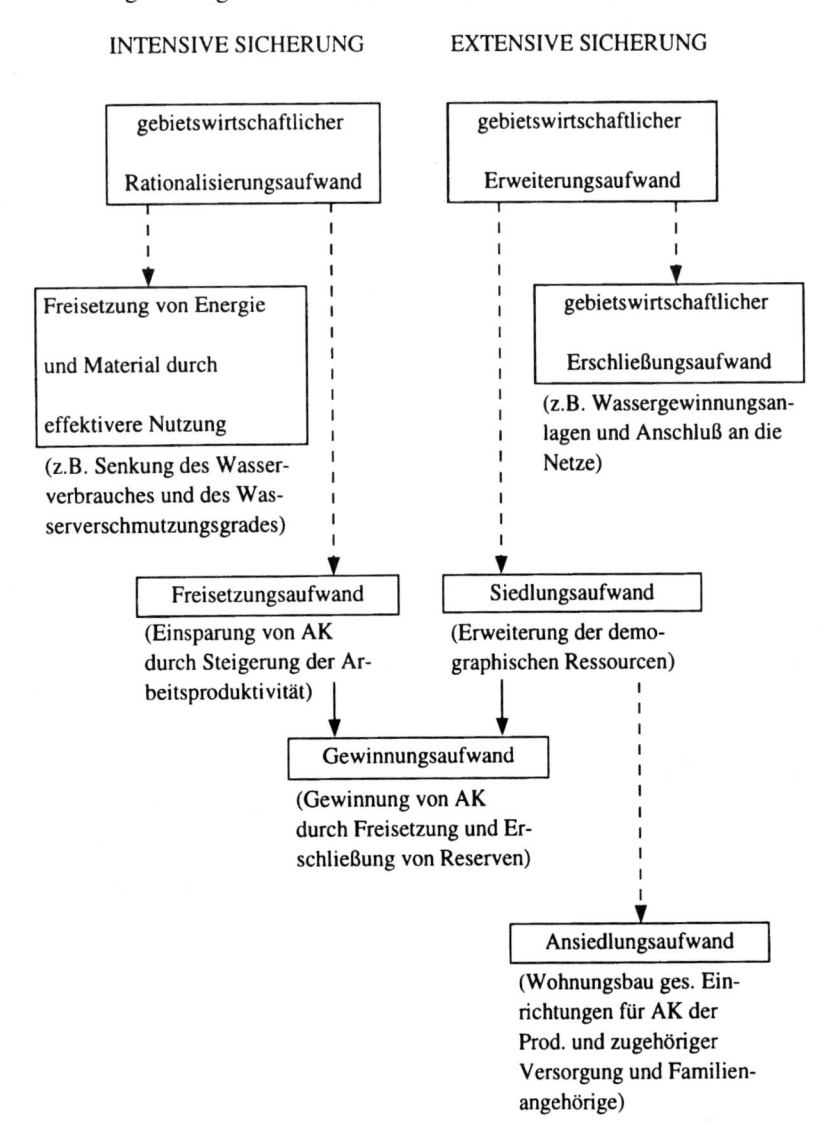

INTENSIVE SICHERUNG   EXTENSIVE SICHERUNG

```
┌─────────────────────────┐   ┌─────────────────────────┐
│ gebietswirtschaftlicher │   │ gebietswirtschaftlicher │
│ Rationalisierungsaufwand│   │ Erweiterungsaufwand     │
└─────────────────────────┘   └─────────────────────────┘
           │                              │
           ▼                              ▼
┌─────────────────────────┐   ┌─────────────────────────┐
│ Freisetzung von Energie │   │ gebietswirtschaftlicher │
│ und Material durch      │   │ Erschließungsaufwand    │
│ effektivere Nutzung     │   │ (z.B. Wassergewinnungs- │
│ (z.B. Senkung des Was-  │   │ anlagen und Anschluß an │
│ serverbrauches und des  │   │ die Netze)              │
│ Wasserverschmutzungs-   │   │                         │
│ grades)                 │   │                         │
└─────────────────────────┘   └─────────────────────────┘
           │                              │
           ▼                              ▼
┌─────────────────────────┐   ┌─────────────────────────┐
│ Freisetzungsaufwand     │   │ Siedlungsaufwand        │
│ (Einsparung von AK      │   │ (Erweiterung der demo-  │
│ durch Steigerung der    │   │ graphischen Ressourcen) │
│ Arbeitsproduktivität)   │   │                         │
└─────────────────────────┘   └─────────────────────────┘
           │                              │
           ▼                              │
┌─────────────────────────┐               │
│ Gewinnungsaufwand       │               │
│ (Gewinnung von AK       │               │
│ durch Freisetzung und   │               │
│ Erschließung von        │               │
│ Reserven)               │               │
└─────────────────────────┘               │
                                          ▼
                              ┌─────────────────────────┐
                              │ Ansiedlungsaufwand      │
                              │ (Wohnungsbau ges. Ein-  │
                              │ richtungen für AK der   │
                              │ Prod. und zugehöriger   │
                              │ Versorgung und Familien-│
                              │ angehörige)             │
                              └─────────────────────────┘
```

Territorialentwicklung und Territorialplanung in der DDR 93

Abbildung 4: Aufkommen und Verwendung des Nationaleinkommens nach Gebietstypen, DDR 1968 (Prinzipskizze)

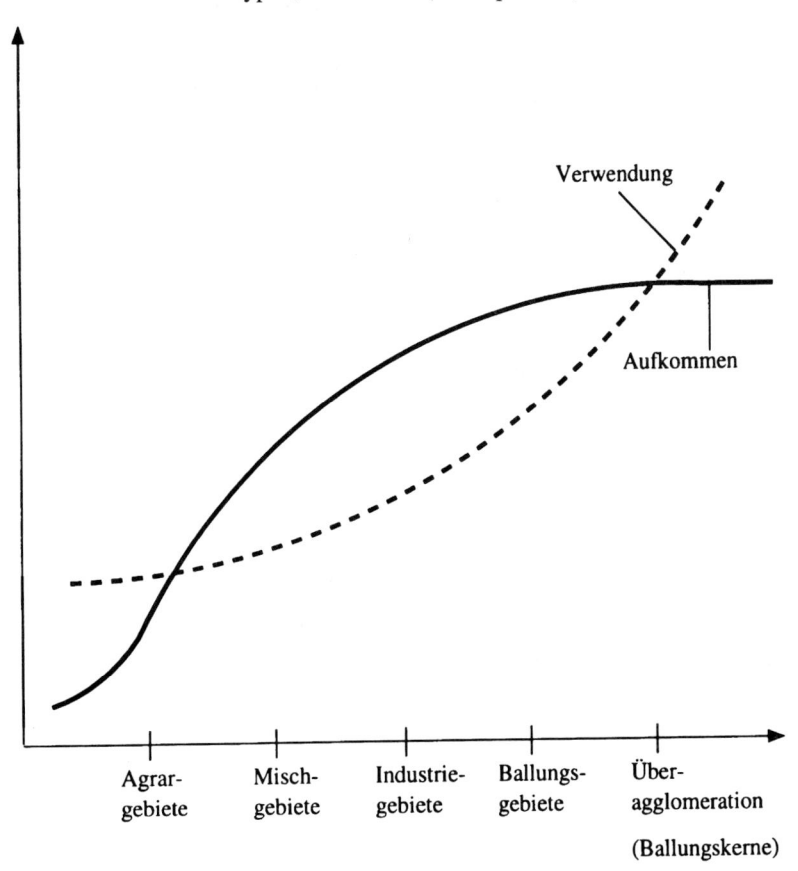

Verwendung

Aufkommen

Agrar-   Misch-   Industrie-   Ballungs-   Über-
gebiete   gebiete   gebiete   gebiete   agglomeration

(Ballungskerne)

Abbildung 5: Gebietsstrukturen der DDR

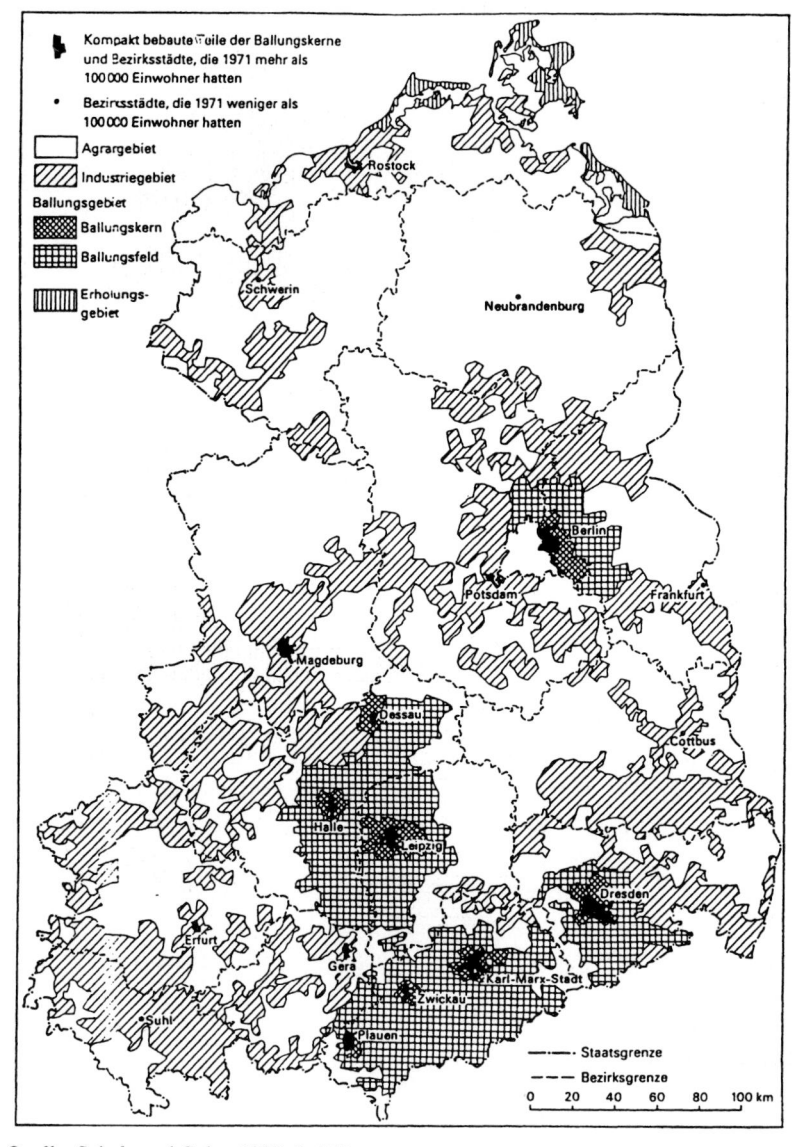

Quelle: Scholz und Guhra 1985, S. 178

Territorialentwicklung und Territorialplanung in der DDR 95

Abbildung 6: Mittlere Intensität des Wohnungsbaus in den Bezirken der DDR im Zeitraum 1956-1970

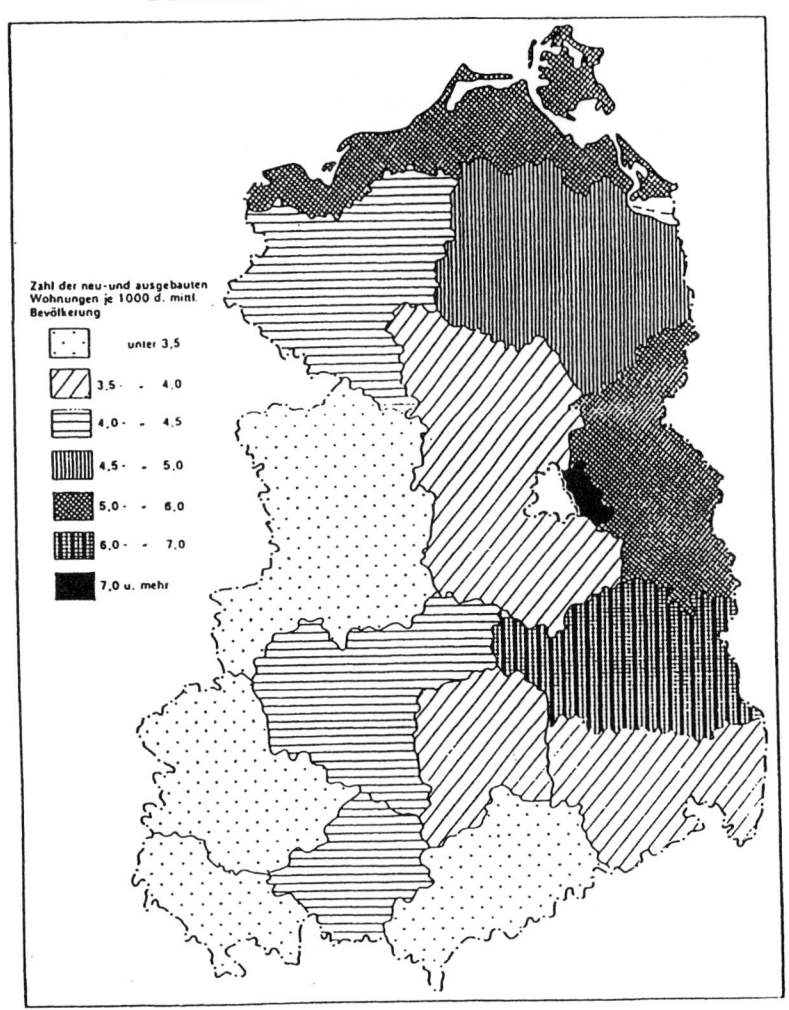

Zahl der neu- und ausgebauten Wohnungen je 1000 d. mittl. Bevölkerung

- unter 3,5
- 3,5 - 4,0
- 4,0 - 4,5
- 4,5 - 5,0
- 5,0 - 6,0
- 6,0 - 7,0
- 7,0 u. mehr

Quelle: Bose 1972, S. 195

Abbildung 7: Angleichung des Entwicklungsniveaus am Beispiel der Bezirksstädte der DDR, Veränderung der Einwohnerzahl 1990-1987

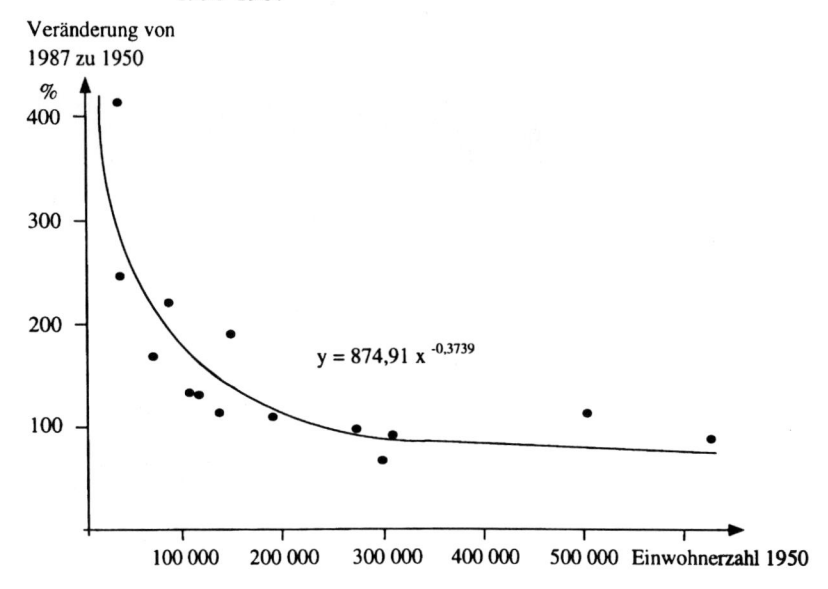

Veränderung von 1987 zu 1950

$y = 874{,}91 \; x^{-0{,}3739}$

Territorialentwicklung und Territorialplanung in der DDR 97

Abbildung 8: Entwicklung des Binnenwanderungsbilanz der Bezirke der DDR

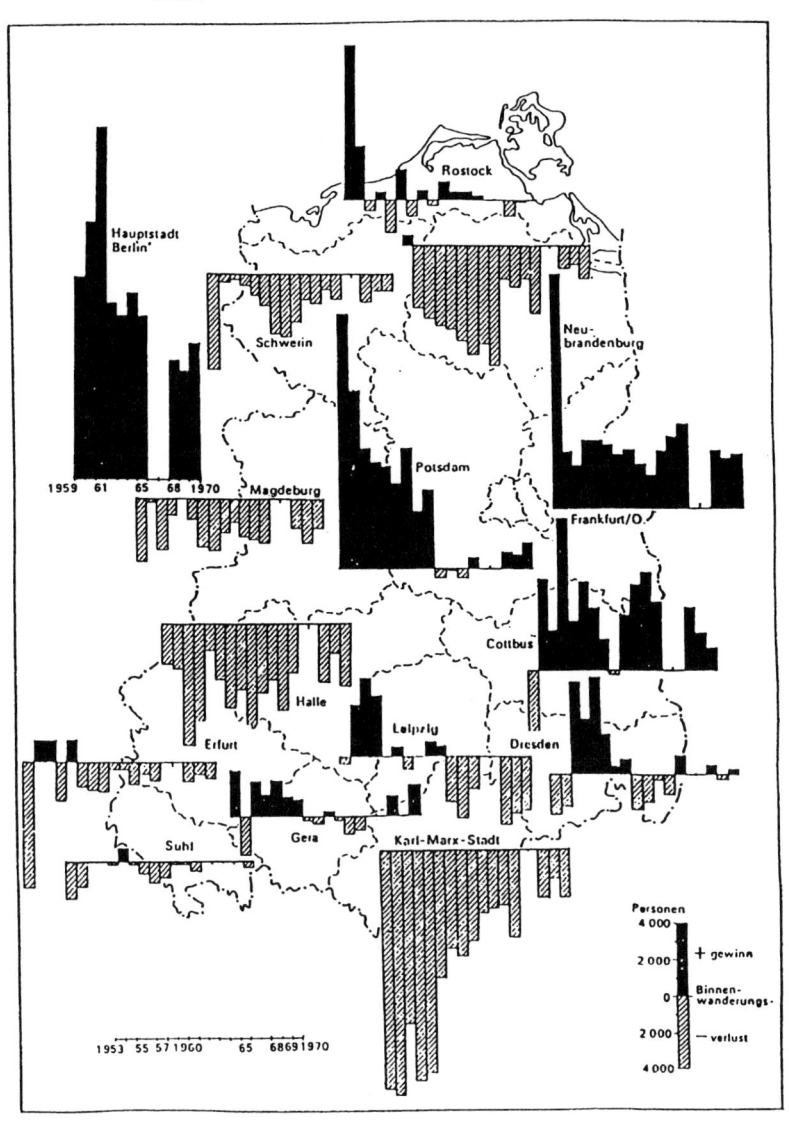

Quelle: Bose 1972, S. 195

98   Gerold Kind

Abbildung 9: Wanderungssalden von 1986 bis 1988 zwischen den Bezirken (>1000)

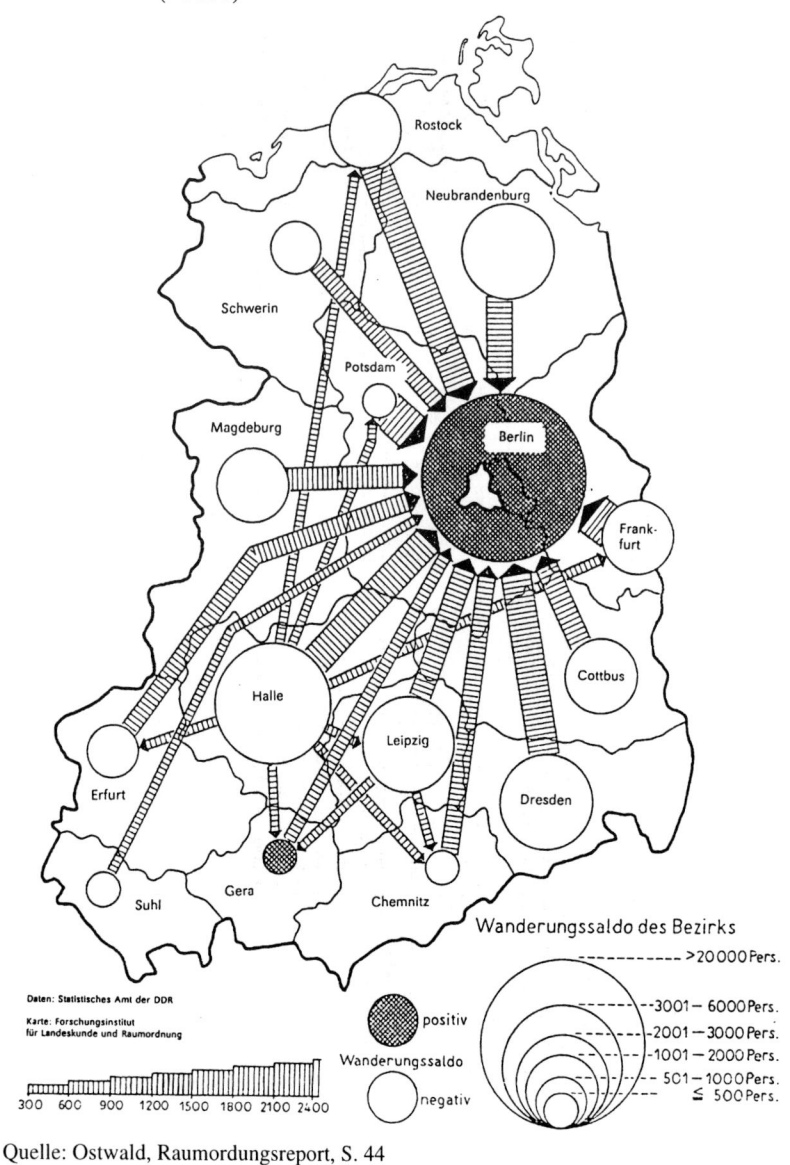

Quelle: Ostwald, Raumordungsreport, S. 44

Territorialentwicklung und Territorialplanung in der DDR 99

Abbildung 10: Grobschema wichtiger Planungsbeziehungen des Rates des Bezirkes

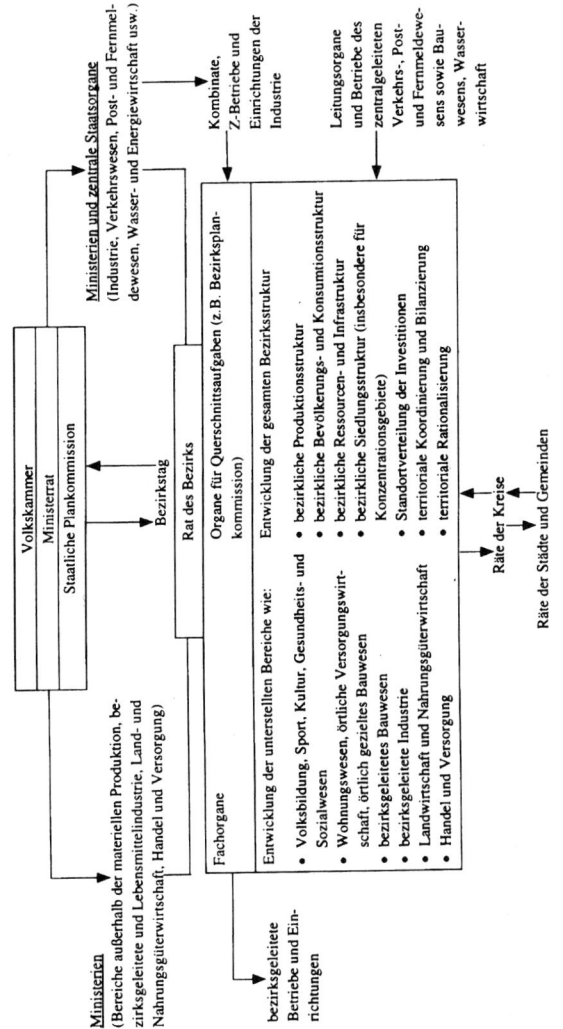

Quelle: Territorialplanung, 1982, S. 112

100   Gerold Kind

Abbildung 11: Grundsätzlicher Ablauf der Ausarbeitung des Fünfjahresplanes und der Jahrespläne in den örtlichen Staatsorganen (am Beispiel der Wirtschaft)

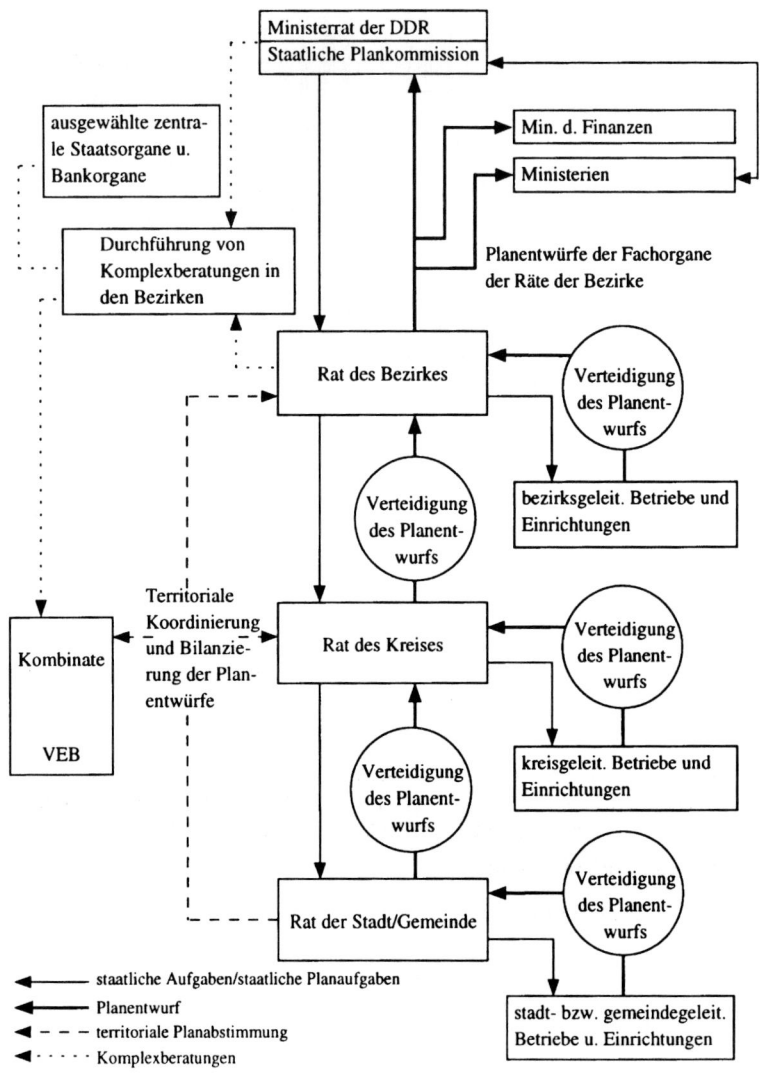

```
                          ┌─────────────────────────┐
                          │ Ministerrat der DDR     │
                          │ Staatliche Plankommission│◄──────────┐
                          └─────────────────────────┘            │
  ┌──────────────────┐                 │                         │
  │ ausgewählte zentra-│                │      ┌──────────────────┐
  │ le Staatsorgane u. │                ├─────►│ Min. d. Finanzen │
  │ Bankorgane        │                │      ├──────────────────┤
  └──────────────────┘                 │      │ Ministerien      │◄─┐
                                       │      └──────────────────┘  │
  ┌──────────────────┐                 │                            │
  │ Durchführung von │                 │   Planentwürfe der Fachorgane
  │ Komplexberatungen in│              │   der Räte der Bezirke
  │ den Bezirken     │                 │
  └──────────────────┘                 │
                                       ▼
                          ┌─────────────────┐   ┌──────────┐
                          │ Rat des Bezirkes│◄──│Verteidigung│
                          └─────────────────┘   │des Planent-│
                                  ▲             │wurfs      │
                                  │             └──────────┘
                          ┌──────────┐          ┌─────────────────────┐
                          │Verteidigung│        │bezirksgeleit. Betriebe und│
                          │des Planent-│        │Einrichtungen        │
                          │wurfs     │          └─────────────────────┘
                          └──────────┘
        Territoriale              
        Koordinierung    ┌─────────────────┐   ┌──────────┐
  Kombinate und Bilanzie-│ Rat des Kreises │◄──│Verteidigung│
        rung der Plan-   └─────────────────┘   │des Planent-│
        entwürfe                               │wurfs      │
                                               └──────────┘
   VEB                   ┌──────────┐          ┌─────────────────────┐
                         │Verteidigung│        │kreisgeleit. Betriebe und│
                         │des Planent-│        │Einrichtungen        │
                         │wurfs     │          └─────────────────────┘
                         └──────────┘
                                               ┌──────────┐
                         ┌──────────────────┐  │Verteidigung│
                         │Rat der Stadt/Gemeinde│◄│des Planent-│
                         └──────────────────┘  │wurfs      │
                                               └──────────┘
                                               ┌──────────────────────┐
                                               │stadt- bzw. gemeindegeleit.│
                                               │Betriebe u. Einrichtungen │
                                               └──────────────────────┘
```

◄─── staatliche Aufgaben/staatliche Planaufgaben
◄─── Planentwurf
◄ ─ ─ territoriale Planabstimmung
◄ · · · · Komplexberatungen

Quelle: Volkswirtschaftsplanung - Lehrbuch, 1978, S. 143.

Territorialentwicklung und Territorialplanung in der DDR 101

Abbildung 12: Wanderungssalden der Gemeinden der DDR nach Gemeindegrößenklassen 1970, 1975, 1980 und 1985

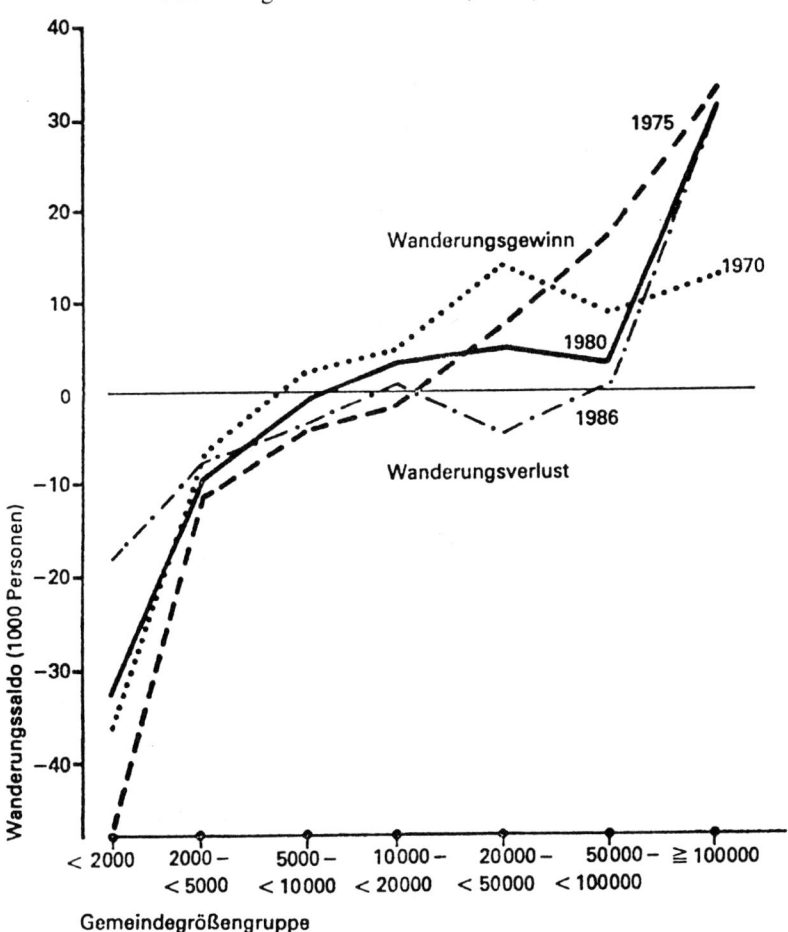

Quelle: Autorenkollektiv 1990, DDR 1990, S. 101

Abbildung 13: Wanderungsgewinne bzw. -verluste der Hauptstadt und der Bezirke der DDR 1966-1986

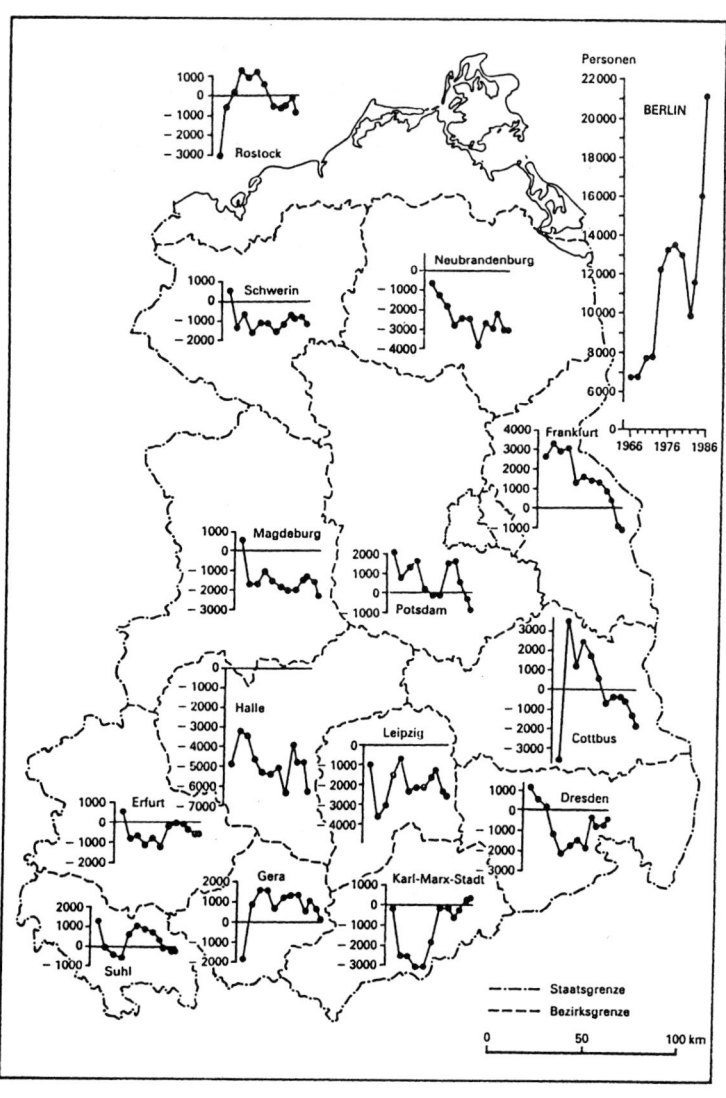

Quelle: Autorenkollektiv 1990, DDR 1990, S. 96

Territorialentwicklung und Territorialplanung in der DDR

Abbildung 14: Der Bezirk Cottbus als Territorialer Produktionskomplex auf der Basis der Braunkohleproduktion

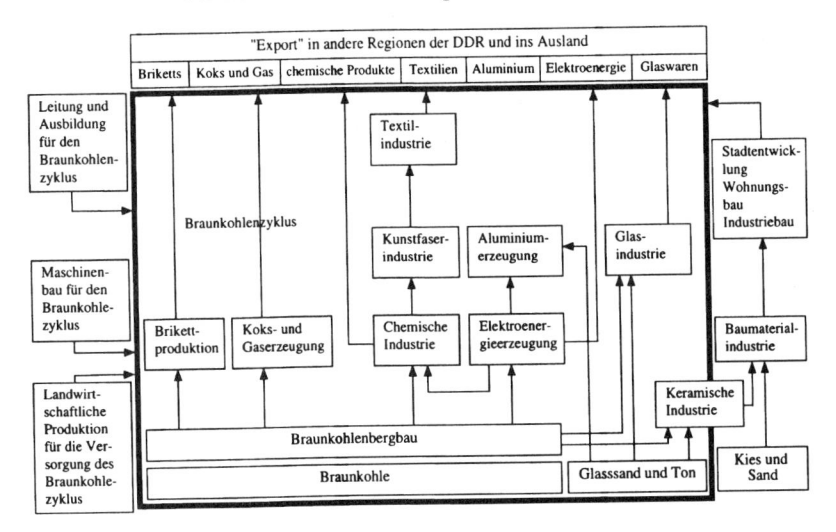

```
┌─────────────────────────────────────────────────────────────────┐
│           "Export" in andere Regionen der DDR und ins Ausland   │
│  Briketts │ Koks und Gas │ chemische Produkte │ Textilien │ Aluminium │ Elektroenergie │ Glaswaren │
└─────────────────────────────────────────────────────────────────┘
```

Leitung und Ausbildung für den Braunkohlenzyklus	Braunkohlenzyklus					Stadtentwicklung Wohnungsbau Industriebau
			Textilindustrie			
			Kunstfaserindustrie	Aluminiumerzeugung	Glasindustrie	
Maschinenbau für den Braunkohlezyklus	Brikettproduktion	Koks- und Gaserzeugung	Chemische Industrie	Elektroenergieerzeugung		Baumaterialindustrie
					Keramische Industrie	
Landwirtschaftliche Produktion für die Versorgung des Braunkohlezyklus	Braunkohlenbergbau					
	Braunkohle			Glassand und Ton		Kies und Sand

Territorialplanung in der DDR: Indikatoren zur Analyse regionaler Disparitäten – Die sozialräumliche Struktur der DDR in den 80er Jahren

Siegfried Grundmann

1. Territorialplanung in der DDR?
2. Indikatoren zur Analyse regionaler Disparitäten
3. Die sozial-räumliche Struktur der DDR in den 80er Jahren
   3.1 Regional differenzierte Bevölkerungsentwicklung
   3.2 Politisch verursachte Veränerungen der Regionalstruktur
   3.3 Monostruktur der Wirtschaft – Ausdruck und Generator von regionalen Disparitäten
   3.4 Regionale Disparitäten in bezug auf die Wohnbedingungen und den Zustand der Bausubstanz
   3.5 Komplexe Analyse regionaler Disparitäten in der DDR
4. Gesamtbilanz
5. Ausblick
Literatur

1. Territorialplanung in der DDR?

Territorialplanung in der DDR – gab es das? Eine positive Antwort würde voraussetzen, *daß es eine Planung gab.*
  Im eigenen Verständnis der „Partei- und Staatsführung" und im Verständnis des Westens war die Wirtschaft der DDR eine Planwirtschaft. Es wurde der Anspruch erhoben bzw. der Vorwurf formuliert, daß alle gesellschaftlichen Prozesse geplant werden können bzw. geplant werden. Zwischen der Theorie und der Wirklichkeit klafft jedoch ein Widerspruch.
  Ressourcenmangel und die Unfähigkeit, auf unvorhergesehene Ereignisse – selbst auf ungewöhnliche Wetterverhältnisse – flexibel reagieren zu können, haben Pläne permanent zerstört. Weil der Plan keine nicht verplanten

Ressourcen übrigließ, wurden immer wieder „Löcher gestopft" und gleichzeitig andere aufgerissen. Was vom Plan geblieben ist, war die Farce eines Plans. In einem Material der Prognoseabteilung der Bauakademie der DDR aus dem Jahre 1988 wurde eingeschätzt:

„Von den in der laufenden statistischen Berichterstattung ausgewiesenen Entwicklung sind 44 Prozent des Zuwachses der Produktion des Bauwesens im Zeitraum 1980 bis 1987 auf eine nachträgliche Planpräzisierung zurückzuführen. Durch ständige Bilanzeingriffe werden teilweise bis zu 70 Prozent der Produktionsvorbereitung unwirksam"[1].

Plankorrekturen waren der Regelfall. Im übrigen wurden die Pläne erst dann zur Beschlußfassung vorgelegt, als das Planjahr längst begonnen hatte. Zur Unsicherheit trug bei, daß die „Abteilung Bauwesen" im Zentralkomitee der SED faktisch ein zweites Bauministerium gewesen und dem eigentlichen Ministerium gegenüber weisungsbefugt gewesen ist. „Wichtige Beschlüsse, z.B. das PKW-Programm, waren nie der Regierung vorgelegt worden. Mitarbeiter im Apparat des ZK, der Bezirks- und der Kreisleitungen (-der SED, S.G.) (also noch nicht einmal die gewählten Leitungen) bestimmten oft selbstherrlich und arrogant gegenüber Ministerien, Ratsvorsitzenden, General- und Betriebsdirektoren und griffen massiv in deren Verantwortung ein"[2]. Daraus folgt, daß nur bedingt von „Plan" und „Planerfüllung" die Rede sein kann. Entsprechendes gilt für die *„Territorialplanung"* – falls es eine solche Planung gab.

Von „Territorialplanung" war in der DDR oft die Rede, der Name findet sich im Titel von Büchern[3], der Bezeichnung von Institutionen[4] und Kommissionen[5]. Es gab zahlreiche, in der Mehrzahl interne, Untersuchungen zur Territorialstruktur der DDR[6].

Tatsache aber ist, daß im Konfliktfall das „Territorium" hinter dem „Zweig" zurückstehen mußte. Vorrang hatte die Planung nach Industrie-

---

1 Bauakademie der DDR – Prognoseabteilung. 1988. Hintergrundmaterial zur komplexen Entscheidungsgrundlage für die langfristige Entwicklung des Bauwesens im Zeitraum nach 1990. Berlin, S. 43, 47.
2 Die Abteilungsleiter im Zentralkomitee der SED hatten den inoffiziellen Status eines Ministers, „konnten ihn so zu sich bestellen, Aufträge erteilen und Rechenschaft von ihm verlangen." (Frank Friedemann 1990: Zur Ministerialverwaltung der DDR. unveröff. Manuskript. S. 24.)
Dr. Friedemann war bis 1990 im Sekretariat des Ministerrates tätig.
3 Bönisch, Rolf/Mohs, Gerhard/Ostwald, Werner 1982: Territorialplanung. 3. Auflage. Berlin: Verlag Die Wirtschaft.
4 Forschungsleitstelle für Territorialplanung der Staatlichen Plankommission; Büros für Territorialplanung der Bezirksplankommission Cottbus (Dresden, Erfurt ....)
5 Wissenschaftlicher Rat für Fragen der Standortverteilung der Produktivkräfte
6 Vgl. Literaturanhang zu: Grundmann, Siegfried 1994: Expertise zu datenmäßigen und analytischen Grundlagen zur Darstellung der räumlichen Disparitäten der früheren DDR und der fünf neuen Bundesländer. KSPW-Expertise (unveröf.).

zweigen und Kombinaten, *nicht* die Planung der territorialen Entwicklung. Positive Effekte der territorialen Entwicklung waren meistens nur Mitnahmeeffekte bzw. ein Abfallprodukt der Entwicklung von Industriezweigen und anderen Wirtschaftsbereichen. Es wurde zwar konstatiert, daß die Bezirke, Kreise und die „örtlichen Organe der Volksmacht" mitbestimmen, in der Praxis jedoch verkam der „demokratische Zentralismus" zum Diktat der Staatlichen Plankommission bzw. des Zentralkomitees der SED. Im Gesetz wurde zwar fixiert: die „gewählten Organe der sozialistischen Staatsmacht in der Hauptstadt, den Bezirken, Kreisen, Städten und Gemeinden... entscheiden... über alle (!! S.G.) Angelegenheiten, die ihr Territorium und seine Bürger betreffen"[7]. Eben diese Bestimmung wird im selben Gesetz faktisch aufgehoben, indem festgelegt wird, daß die örtlichen Volksvertretungen zu sichern haben, daß die ihnen unterstellten Bereiche ihre volkswirtschaftlichen Verpflichtungen erfüllen; die Erschließung „territorialer Reserven" war der „Leistungs- und Effektivitätsentwicklung der Volkswirtschaft" rigoros untergeordnet[8]. Und mehr noch als im Gesetz wurden die „örtlichen Organe" in der Praxis zum Handlanger der Kombinate degradiert. Die „bezirksgeleitete Wirtschaft" (in der Regel Kleinbetriebe der Leichtindustrie) war gerade jener Bereich der Wirtschaft, der in der DDR nur eine marginale Rolle spielte. Wo nicht die Interessen von Kombinaten tangiert wurden, stagnierte auch die territoriale Entwicklung.

Insofern kann auch von einer „*Territorialplanung*" in der DDR nur sehr bedingt die Rede sein.

Nichtsdestoweniger wurde die Forderung danach in wissenschaftlichen Untersuchungen und verbal auch in der Öffentlichkeit deutlich formuliert, zumal das unterschiedliche Entwicklungsniveau von Regionen nicht zu leugnen war. Mit den damals zugänglichen Daten wurden regionale Disparitäten untersucht. Der Gang der Geschichte aber ist derart, daß eine *komplexe* Untersuchung erst nach dem Ende der DDR und auf Grund der erst 1990 freigegebenen Daten möglich ist.

2. Indikatoren zur Analyse regionaler Disparitäten

Regionale Disparitäten sind *Niveau*unterschiede der sozialen und ökonomischen Entwicklung von Regionen; nicht das bloße *Anderssein* der Bedingungen für die Befriedigung materieller und geistig-kultureller Bedürfnisse

---

7 Gesetz über die örtlichen Volksvertretungen in der DDR v. 4. Juli 1985. In: Gesetzblatt der Deutschen Demokratischen Republik. 1985 Teil I Nr.18, § 1
8 Ebenda, § 2

steht hier zur Diskussion, sondern ein Niveauunterschied im Sinne von „besser" und „schlechter".

Als Indikatoren kommen jene Aspekte der sozialen und ökonomischen Entwicklung in Frage, die für die Bürger eines Landes *verhaltensbestimmend* sind. Indikatoren zur Analyse regionaler Disparitäten sind insofern identisch mit den Indikatoren *sozialer Unterschiede*. In Übereinstimmung mit der soziologischen Forschung sind dabei Indikatoren (Indikatorenbündel) zu unterscheiden in bezug auf

1. die Arbeitsbedingungen (ökonomische Entwicklungsniveaus, Arbeitsinhalte, Arbeitseinkommen etc.),
2. Umweltbedingungen (Schadstoffbelastungen der Luft und der Gewässer, die Qualität der Landschaft etc.),
3. Dienstleistungsangebote (Gesundheitswesen, Kindereinrichtungen, soziale Einrichtungen für Rentner etc.),
4. Wohnbedingungen (Wohnungsgröße, sanitärtechnische Ausstattung der Wohnungen, Bauzustand etc.),
5. die demographische Struktur[9] (einschließlich Dichtemaße[10]).

Regional äußert sich die Verhaltenswirksamkeit der genannten Indikatoren vor allem in der *Verbundenheit der Bevölkerung mit der jeweiligen Region* bzw. im *Saldo der Migration*. Indem sich die Menschen ihrer Region verbunden fühlen oder nicht, indem sie bleiben oder wegziehen, fällen sie ein *komplexes Urteil* über die Lebensqualität in der Region. Insofern kann – zunächst hypothetisch – die migrationsbedingte Bevölkerungsentwicklung als *synthetischer Indikator* regionaler Unterschiede angesehen werden. Ob diese Hypothese verifiziert werden kann, wird eine detaillierte und zugleich komplexe regionale Analyse an Hand der oben genannten Indikatoren zeigen müssen.

Das praktische Problem der retrospektiven Analyse von regionalen Disparitäten in der DDR ist, daß von einer Wunschliste sinnvoller Indikatoren zwar ausgegangen werden kann, konkret aber nur eine Teilmenge dieser Daten zur Verfügung steht und die zusätzlich gewünschten Daten nachträg-

---

9 Einerseits Folge der regionalen Entwicklung, ist die demographische Struktur eines Territoriums auch ein Aspekt der Lebensqualität. Eine überdurchschnittliche Alterung der Bevölkerung ist gleichbedeutend mit eine Alterung endogener Potentiale und dem diesbezüglichen Fehlen von Nachwuchs. Hohe Wanderungsverluste haben eine negative Wirkung auf die Moral der zurückbleibenden Bevölkerung.
10 Dabei wird davon ausgegangen, daß eine hohe Bevölkerungsdichte (Einwohner je qkm) bzw. Berufstätigendichte ein sozialer Vorteil ist, weil dies unter den gegebenen Bedingungen der DDR (wo das private Auto immer noch ein Statussymbol gewesen ist) auch bedeutet hat: günstige zeitliche Bedingungen für die Inanspruchnahme von Dienstleistungen, darunter von Einkäufen, für Arztbesuche, Telefongespräche (zumal auch das Telefon in der Wohnung selten und darum ebenfalls ein Statussymbol gewesen ist).

Territorialplanung in der DDR 109

lich nicht zu beschaffen sind. Die statistische Analyse muß sich auf jene Datensätze beschränken, die *lückenlos* für *alle* Kreise der DDR vorhanden sind[11].

Sehr umfangreich und einer Wunschliste durchaus entsprechend sind die relevanten Daten zu den *Bezirken* im Jahre 1989. Auf Bezirksdaten allein oder vor allem kann sich die Analyse regionaler Disparitäten aber nicht beschränken. Das würde bedeuten, daß Regionen mit Bezirken identisch sind und die Grenzen von Regionen mit den Grenzen von Bezirken übereinstimmen. Daß die Grenzen von Problemgebieten und die administrativen (Bezirks-) Grenzen aber *nicht* übereinstimmen, ist hinreichend bekannt. Es genügt der Hinweis auf das Ballungsgebiet Halle-Leipzig-Dessau, das sowohl zum Bezirk Leipzig als auch zum Bezirk Halle gehörte. Ebenso offenkundig ist die Differenziertheit innerhalb der Bezirke. Der Bezirk Halle hatte insgesamt eine hohe Schadstoffbelastung der Luft; nichtsdestoweniger gehörten zum Bezirk große Gebiete mit einer näherungsweise noch intakten Natur (Harzvorland). Die innerbezirkliche Differenzierung wird vollends sichtbar, wenn wir systematisch die *Kreise* miteinander vergleichen. Das „Bezirksergebnis" ist oftmals eine rein fiktive Größe; in zahlreichen Fällen wird das Bezirksergebnis in entscheidender Weise von der *Bezirksstadt* bestimmt (oder, wie im Falle der Schadstoffemissionen, von *wenigen* Kreisen) (Diagramm 1).

Diagramm 1: Emissionsdichte Tonnen Schwefeldioxid je Quadratkilometer in den Kreisen der DDR im Jahre 1989 geordnet nach Bezirken

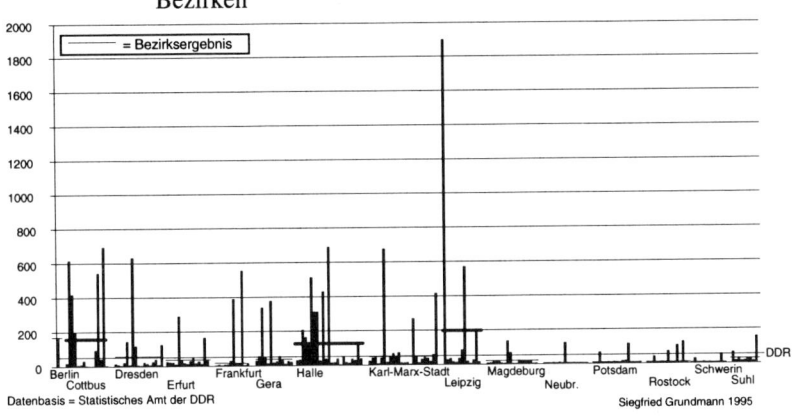

---

11 Aus technischen Gründen wird der Kreis Halle-Neustadt in den angefertigten Karten nicht gesondert ausgewiesen; darum wurde dieser Kreis auch nicht in die statistische Analyse einbezogen. Das Gesamtergebnis wird dadurch aber nicht beeinflußt.

Aus diesem Grunde ergibt die Analyse regionaler Disparitäten auf der Basis von *Kreisdaten* ein *kleinteiligeres und aussagefähigeres räumliches Raster,* zumal die Kreise in der DDR mehrheitlich eine viel kleinere Fläche hatten als die Kreise in der Bundesrepublik Deutschland. Soziale und administrative Grenzen stimmen dann zwar immer noch nicht überein, es handelt sich dabei aber nicht um Bezirks-, sondern um Kreisgrenzen; und weil pragmatisch angenommen werden kann, daß die Größe einer Region in der DDR mit der Größe von Bezirken übereinstimmt, wird auf diese Weise die Grenze der sozial und ökonomisch unterscheidbaren Regionen deutlich sichtbar.

In die statistische Analyse regionaler Disparitäten wurden die in Tabelle 1 genannten Indikatoren aufgenommen. Die spätere Einbeziehung von Bezirksdaten – von Bezirksvergleichen – in die regionale Analyse dient der Verifizierung bzw. Falsifizierung des Ergebnisses der Analyse von Kreisdaten.

Im Anschluß an die Analyse einzelner Aspekte regionaler Disparitäten wird eine *komplexe Analyse* regionaler Disparitäten in der DDR versucht. Mit dieser Zielsetzung wurde zunächst eine Rangfolge der 216 DDR- Kreise (ohne Halle-Neustadt und mit Interpretation von Berlin-Ost als *ein* Kreis) in bezug auf einzelne Indikatoren sozialer Unterschiede ermittelt, wobei Platz 1 das jeweils „beste Niveau" und Platz 216 das jeweils „schlechteste Niveau" bedeutet. Eine Gewichtung der Indikatoren untereinander erfolgt nicht, weil nicht mit Bestimmtheit gesagt werden kann, ob und in welchem Maße z.B. die Emission Schwefeldioxid je qkm für die Menschen wichtiger ist als z.B. das Fehlen von Bad/Dusche in der Wohnung. Daran anschließend wurden die Rangplätze addiert und die Kreise in *fünf Gruppen* unterteilt. Der „*beste*" und der „*schlechteste*" Kreis wird aus prinzipiellen Gründen nicht genannt. Erstens darum, weil die Analyse von Kreisdaten nicht Selbstzweck, sondern nur ein Mittel zur Analyse von *regionalen* Disparitäten ist. Zweitens darum, weil sich gezeigt hat, daß die Hinzufügung eines weiteren Indikators oder Weglassung eines anderen die Rangfolge der Kreise sehr schnell verändern kann (ohne dadurch eine grundsätzlich andere zu werden). Für die Analyse regionaler Disparitäten ist entscheidend, ob es *großräumig geschlossene Gebiete* mit gleichen Niveaus gibt und wo sich diese befinden.

Territorialplanung in der DDR

Tabelle 1: In die komplexe statistische Analyse regionaler Disparitäten auf der Basis von Kreisdaten aufgenommene Indikatoren und die Richtung ihrer Ausprägung

Bevölkerungsdichte (Einwohner je qkm) (max. = Rangplatz 1)
Berufstätige je qkm (max. =1)
Vielseitigkeit des Arbeitsplatzangebotes (berechnet nur auf Basis der Wirtschaftsbereiche) (min. = 1. Rangplatz)
für F&E Beschäftigte je 10.000 Berufstätige (max.= 1)
Anteil ohne abgeschlossene Ausbildung (min = 1)
Emission Tonnen Staub je qkm (min = 1)
Emission Tonnen Schwefeldioxid je qkm (min = 1)
Wohnfläche je Einwohner (max. = 1)
Anteil Bad/Dusche an allen Wohnungen (max. = 1)
Anteil Innen-WC an allen Wohnungen (max. =1)
Einwohner je Arzt (min. = 1)
Einwohner je Zahnarzt (min. = 1)
Binnenwanderungssaldo je 1000 Einwohner (max. Wanderungsgewinn = 1)
Bevölkerung im Rentenalter (min. = 1)
Anteil der Beschäftigten in sonstigen produzierenden Bereichen (max. = 1)
Anteil Arbeiter und Angestellte mit Hochschulausbildung an allen (max. =1)

3. Die sozial-räumliche Struktur der DDR in den 80er Jahren

1988 meinte Klaus von Beyme, die DDR sei „verglichen mit anderen sozialistischen Ländern, sozial relativ homogen", ihre Politik sei „weniger durch regionale Disparitäten belastet als die der Nachbarländer"[12].

Unbestreitbar richtig ist daran, daß regionale Disparitäten in *anderen* Ländern, wenn nicht unbedingt in der Politik, so doch in der gesellschaftlichen Wirklichkeit, eine viel größere Rolle gespielt haben. Mit einer Fläche von nur 108.333 qkm und einer Bevölkerung von 16.674.632 Personen (= 31.12.1988[13]) war die DDR ein nur sehr kleines, aber mit 154 Einwohnern je qkm ein relativ dicht besiedeltes Land. Die 189 Landkreise (neben 28 Stadtkreisen[14]) waren relativ klein, entsprechend gering war die mittlere Distanz

---

12 Beyme, Klaus von 1988.: Regionalpolitik in der DDR. In: Die DDR in der Ära Honecker. Politik – Kultur – Gesellschaft. Opladen: Westdeutscher Verlag, S. 434
13 Insofern nicht anders vermerkt, beziehen sich die in der vorliegenden Arbeit verwendeten Daten auf den 31.12.1989. Nur die Bevölkerungsdaten beziehen sich grundsätzlich auf den 31.12.1988, um so die Effekte der umfangreichen Ost-West-Wanderung 1989 auszuklammern.
14 – mit Berlin (Ost), aber ohne die Stadtbezirke von Berlin (Ost) – die in der amtlichen Statistik wie „Stadtkreise" behandelt wurden.

von Bewohnern zur Kreisstadt mit ihrem vergleichsweise großen Angebot von Dienstleistungen und Arbeitsplätzen. Hoch war außerdem die Gemeinde-, Siedlungs- und Städtedichte; die DDR hatte 7.563 Gemeinden, darunter 643 Städte[15]. Mit 14.024 km Eisenbahnstrecken (d.h. 13 km je 100 qkm), 47.203 km Staats- und Bezirksstraßen (44 km je 100 qkm) und 2.319 km Binnenwasserstraßen (2 km je 100 qkm) war auch das Verkehrsnetz dicht geknüpft.[16]

Tatsache ist aber auch, daß regionale Disparitäten im Bewußtsein und Verhalten der Bevölkerung eine beträchtliche Rolle gespielt haben. Maßstab des Urteils waren die *eigenen Bedürfnisse und Erwartungen* der Bevölkerung und nicht die Lage in der Sowjetunion oder in einem anderen „sozialistischen Land", und wenn man internationale Vergleiche angestellt hat, dann am ehesten mit der Bundesrepublik Deutschland. Infolgedessen hatten die *Problemgebiete* in der DDR – auch wenn dieser Begriff in der offiziellen Politik nicht verwendet wurde und überhaupt wenig Neigung bestand, Probleme offen anzuerkennen – migrationsbedingte Einwohnerverluste[17]. Die langfristige Bevölkerungsentwicklung kann als synthetischer Indikator von regionalen Unterschieden im *Niveau* der materiellen und kulturellen Angebote angesehen werden, zumal – wie sich im folgenden zeigen wird – eine enge Korrelation zwischen der regionalen Bevölkerungsentwicklung und anderen Indikatoren des Niveaus der Lebensbedingungen nachgewiesen werden kann.

3.1 Regional differenzierte Bevölkerungsentwicklung

Von 31.12.1950 bis zum 31.12.1988 – also bei Ausklammerung der Wanderungseffekte 1989 – hatten die *Gemeinden* der DDR im Mittel Bevölkerungsverluste von 30% [18]. Da die Bevölkerungsverluste der DDR nur 9% betragen haben, folgt daraus, daß innergebietlich eine Umverteilung der Be-

---

15 D.h.: Gemeinden mit dem Status einer „Stadt". Daraus ergaben sich zwar keine besonderen Rechte, die Zahl und Dichte der „Städte" ist jedoch ein Indiz für die historische Tradition nichtlandwirtschaftlicher Produktion in einer Region sowie für die Zahl und Dichte von baulich kompakten Siedlungen mit historisch wertvoller Bausubstanz.
16 Datenbasis = Statistisches Jahrbuch 1989 der DDR Berlin.
17 Es kann sich dabei sowohl um direkte als auch indirekte Folgen der Migration handeln: Wegzug von Personen (räumliche Bevölkerungsbewegung) oder Geburtenrückgang infolge von Migrationsverlusten (migrationsbedingte Veränderung der natürlichen Bevölkerungsbewegung). Letzteres war eine wesentliche Ursache des überproportionalen Bevölkerungsrückganges im westlichen Erzgebirge in den 70er und 80er Jahren. Die Hauptströme der Wanderung waren früher geflossen.
18 Soweit keine anderen Quelle angegeben werden, stammen die in diesem Bericht verwendeten Daten aus dem Statistischen Amt der DDR.

Territorialplanung in der DDR

völkerung zugunsten großer Gemeinden (insbesondere von Bezirksstädten und anderen Stadtkreisen sowie der Kreisstädte) stattgefunden haben muß. Im Mittel hatten die *Gemeinden* des Bezirkes Neubrandenburg die höchsten Verluste (40%), während die Bevölkerung *im Bezirk* Karl-Marx-Stadt insgesamt am stärksten geschrumpft ist (um 20%) (Tabelle 2 und Karte 1). Die Gemeinden des Bezirkes Neubrandenburg hatten *allein in den Jahren 1971 bis 1981* Verluste von durchschnittlich 19%!

Bei Verwendung eines kleinteiligeren räumlichen Rasters wird abermals erkennbar, daß der Bezirksvergleich durch einen Vergleich zwischen *Kreisen* ergänzt werden muß und zwar darum, weil die Bezirkswerte die Differenziertheit innerhalb der Bezirke verdecken und zuweilen die Gesamtsituation nur in einer stark verzerrten Weise widerspiegeln. In der Regel ist die demographische (auch soziale und ökonomische) Lage der Bezirksstadt und der übrigen Stadtkreise eine völlig andere als die des übrigen Bezirksgebietes.

Vorausgesetzt, daß die These, wonach die Bevölkerungsentwicklung ein synthetischer Indikator regionaler Disparitäten ist, richtig ist, liefert die Karte 1 ein adäquates Abbild regionaler Disparitäten am Ende der 80er Jahre. Demnach liegen die Problemregionen der DDR auf drei Achsen und zwar erstens auf der Achse Kreis Salzwedel – Kreis Aue, zweitens auf der Achse Kreis Plauen – Kreis Görlitz, drittens auf der Achse Kreis Angermünde – Kreis Stralsund. Die auf diesen Achsen befindlichen Problem*ballungen* sind das Gebiet Merseburg – Borna – Bitterfeld (in der Agglomeration Halle-Leipzig-Dessau), das Vogtland (in der Agglomeration Karl-Marx-Stadt-Zwickau-Plauen), das Gebiet Görlitz-Zittau (Oberlausitz) und Vorpommern mit der Ballung sozialer Probleme im Gebiet von Anklam. Regionen mit Vorzugsbedingungen waren demgegenüber Thüringen (die Bezirke Erfurt, Gera und Suhl), der Raum Berlin (Ostberlin und die Umlandkreise von Berlin) und – gewissermaßen eine Insel im sächsischen Krisengebiet – das Ballungsgebiet Oberes Elbtal.

Bedingt durch die selektive Wirkung von Wanderungsprozessen kam es zu schwerwiegenden Verwerfungen der demographischen Struktur, wodurch das endogene Potential von Krisengebieten zusätzlich geschwächt wurde. Am geringsten war der Kinderanteil 1989 in Gebieten auf den Achsen Salzwedel-Aue sowie Plauen-Görlitz (allerdings auch entlang der Grenze zwischen den Bezirken Suhl und Erfurt bzw. Suhl und Gera). Die höhere Fertilität in agrarisch strukturierten Gebieten des Nordens der DDR hat dazu geführt, daß der Kinderanteil dort trotz großer Wanderungsverluste höher war als in den meisten anderen Gebieten der DDR. Als Pendant zum geringen Kinderanteil war der Rentneranteil auf den Achsen Salzwedel-Aue sowie Plauen – Görlitz sehr hoch und im südwestsächsischen Gebiet extrem hoch. Infolge der höheren Lebenserwartung von Frauen (1989: Männer =

70,13 Jahre, Frauen = 76,38 Jahre[19]) hatten die Gebiete mit hohem Rentneranteil in der Regel auch einen überdurchschnitttlich hohen Frauenanteil.

Tabelle 2: Statistik der Bevölkerungsentwicklung der Gemeinden der DDR in ausgewählten Zeiträumen

Bezirk	1989 zu 1988 1988=100		1988 zu 1981 1981=100		1981 zu 1971 1971=100		1971 zu 1950 1950=100		1988 zu 1950 950=100	
	Bevölkerung des Bezirks insg.	Mittelwert für Gemeinden	Bevölkerung des Bezirks insg.	Mittelwert für Gemeinden	Bevölkerung des Bezirks insg.	Mittelwert für Gemeinden	Bevölkerung des Bezirks insg.	Mittelwert für Gemeinden	Bevölkerung des Bezirks insg.	Mittelwert für Gemeinden
Rostock	99,27	99,14	103,08	98,25	103,46	85,98	101,59	80,60	108,34	71,76
Schwerin	99,16	99,41	100,85	96,76	98,66	85,05	86,67	74,74	86,24	63,40
Neubrandenb.	99,24	98,97	99,95	94,56	97,24	80,48	89,10	75,56	86,60	59,98
Potsdam	98,88	98,85	100,48	97,33	98,68	87,84	92,77	78,82	91,98	68,36
Frankfurt	98,93	98,80	101,27	95,28	103,43	85,94	105,78	83,64	110,80	71,16
Cottbus	98,96	98,66	100,01	95,51	102,57	89,52	106,86	85,18	109,61	73,87
Magdeburg	99,07	98,82	98,99	94,33	95,62	85,53	86,93	74,76	82,28	61,15
Halle	98,40	98,71	97,52	94,77	94,62	87,77	90,88	79,63	83,86	66,64
Erfurt	98,59	98,98	100,30	97,56	98,48	91,71	91,74	80,04	90,61	72,87
Gera	98,12	98,56	100,16	98,39	100,20	91,32	97,76	81,50	98,11	73,53
Suhl	99,24	99,10	100,07	97,96	99,31	92,67	97,20	90,42	96,59	82,65
Dresden	97,48	98,28	97,20	95,64	96,08	89,95	94,64	85,95	88,39	74,69
Leipzig	97,96	98,84	97,06	95,11	94,02	89,11	91,39	82,17	83,40	70,47
Karl-Marx-St.	97,74	98,35	96,94	94,61	93,69	89,25	87,74	81,21	79,70	68,92
Berlin	99,59		110,52		106,99		91,36		108,03	
DDR	98,55	98,78	99,78	96,07	97,85	88,14	92,81	80,80	90,61	69,72

Datenbasis = Statistisches Amt der DDR, 1990. Gebietsstand = 31.12.1986

---

19 Statistisches Jahrbuch 1990 der DDR, S. 428

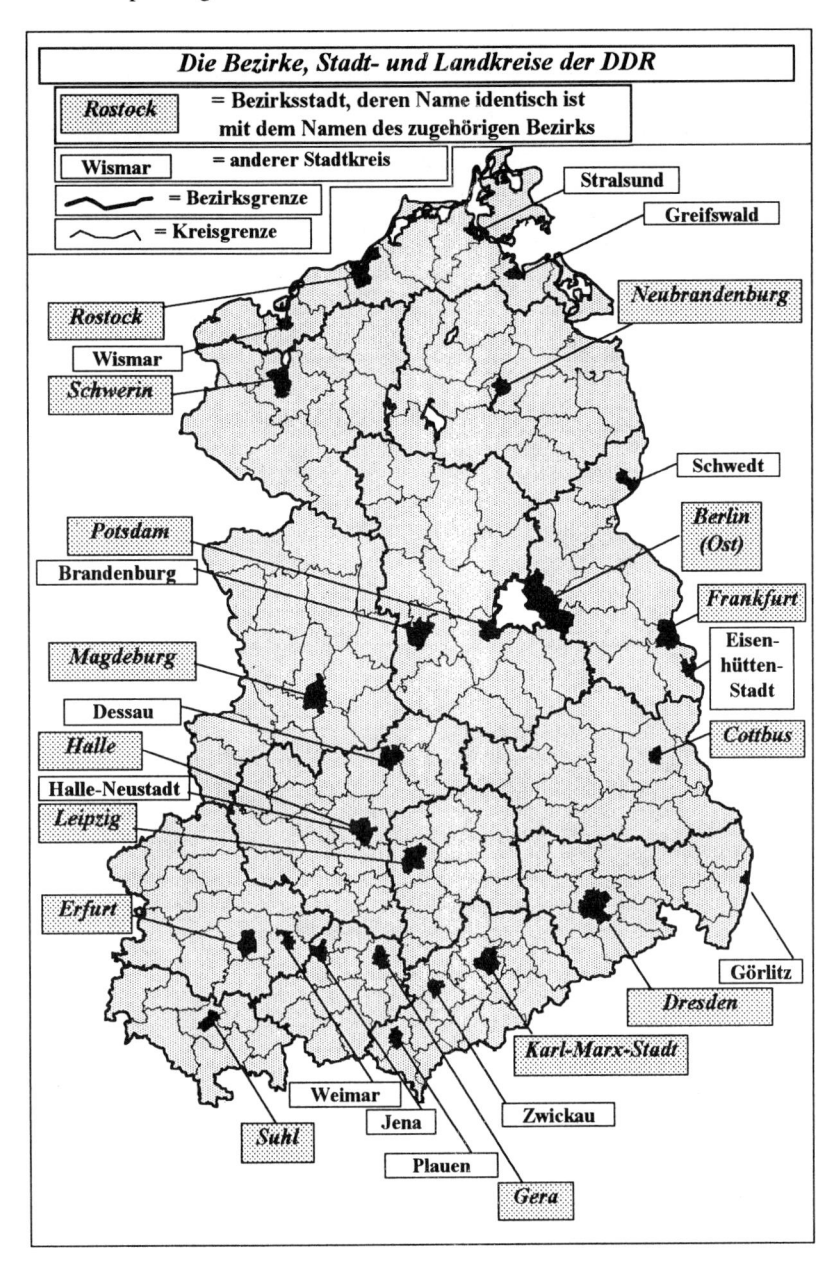

Territorialplanung in der DDR 115

Die Bezirke, Stadt- und Landkreise der DDR

Rostock = Bezirksstadt, deren Name identisch ist mit dem Namen des zugehörigen Bezirks

Wismar = anderer Stadtkreis

= Bezirksgrenze

= Kreisgrenze

Rostock
Wismar
Schwerin
Stralsund
Greifswald
Neubrandenburg
Schwedt
Potsdam
Brandenburg
Berlin (Ost)
Frankfurt
Eisenhüttenstadt
Magdeburg
Dessau
Halle
Halle-Neustadt
Leipzig
Cottbus
Erfurt
Görlitz
Dresden
Karl-Marx-Stadt
Weimar
Jena
Zwickau
Suhl
Plauen
Gera

Karte 1

**Bevölkerungsentwicklung in den Gemeinden der DDR
1989 in Prozent zu 1981**

für Gemeinden in Landkreisen:
Mittelwert der Veränderungen
in Prozent zum Vergleichsjahr

für Stadtkreise: Veränderungen in Prozent
zum Vergleichsjahr

Anzahl der Gebiete (Kreise)
/1989 in % zu 1981

8		87,52 bis < 90
30		90 bis < 92,5
68		92,5 bis < 95
65		95 bis < 97,5
26		97,5 bis < 100
19		100 bis 113,96
216 Gebiete		

Datenbasis =
Statistisches Amt der DDR 1990

Siegfried Grundmann 1995

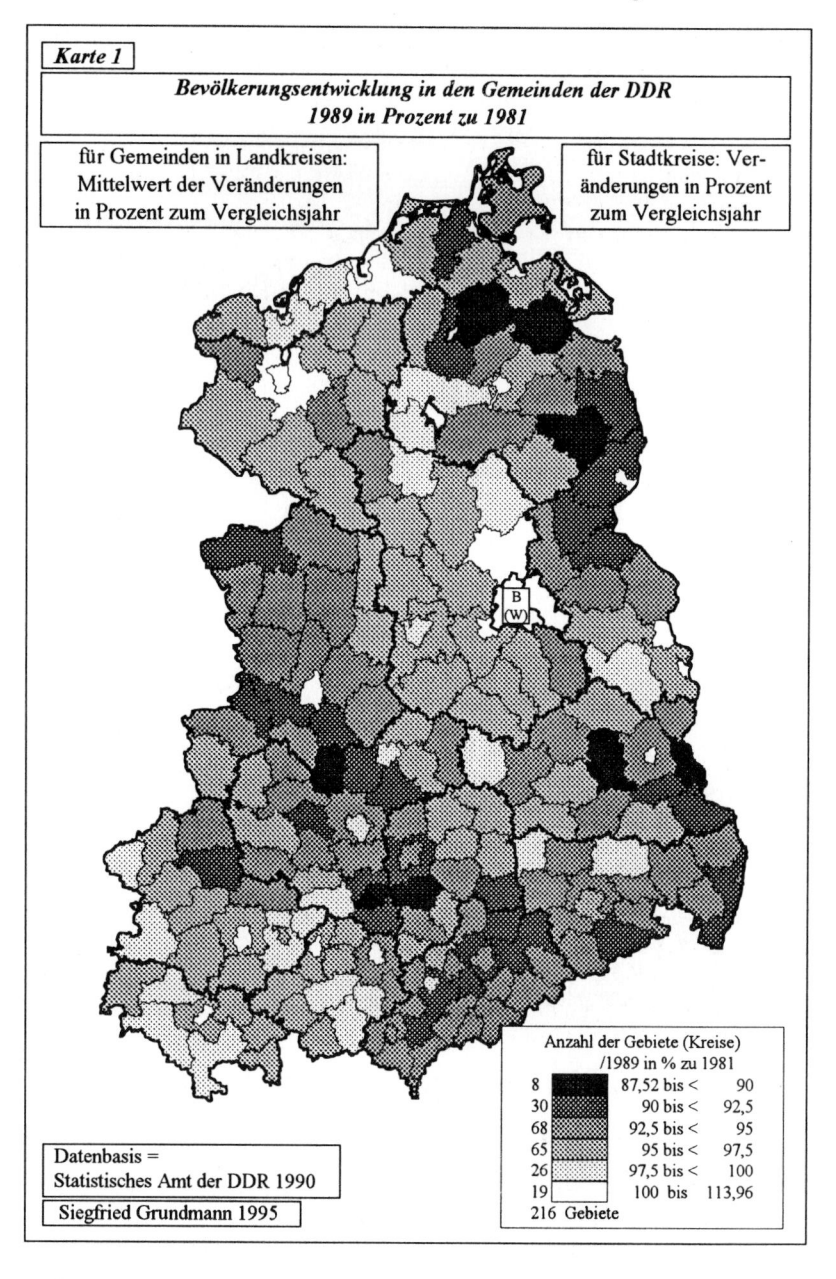

Territorialplanung in der DDR

Die entscheidenden Ursachen für die migrationsbedingte Bevölkerungsverschiebung auf dem Territorium der SBZ bzw. der DDR seit dem Ende des Krieges waren

1. „Korrekturwanderungen" aus jenen Gebieten (Mecklenburg und Sachsen-Anhalt), wo nach dem Kriege die Übersiedler aus den früheren Ostgebieten vorwiegend angesiedelt wurden,
2. die Akzentsetzungen der ökonomischen Entwicklung in der DDR, welche vor allem zurückzuführen sind auf die Spaltung Deutschlands, das politische System der DDR und die Integration der DDR in das von der Sowjetunion politisch und wirtschaftlich beherrschte Osteuropa, und
3. das Wohnungsbauprogramm der DDR in den 70er und 80er Jahren.

Während die „Korrekturwanderungen" weitgehend schon in den 50er Jahren ihren Anschluß fanden und das Wohnungsbauprogramm als (und insofern) *unabhängige Variable* der räumlichen Bevölkerungsverschiebung meistens nur eine *kleinräumige* Umverteilung der *Wohnbevölkerung* (nicht direkt der berufstätigen Bevölkerung), d.h. eine Umverteilung im Gebiet der Pendlerströme, bewirkte, sind die langfristigen und regionalen Verschiebungen der Bevölkerung vor allem auf die unter Punkt 3.2 genannten Faktoren zurückzuführen.

3.2 Politisch verursachte Veränderungen der Regionalstruktur

Die wesentlichen Veränderungen in der räumlichen Struktur der DDR sind nicht primär ökonomisch, am wenigsten betriebswirtschaftlich, sondern vielmehr politisch bedingt und zwar vor allem durch

1. die gesamteuropäische politische Entwicklung und
2. die neue politisch administrative Struktur der DDR.

Die Schaffung der Sowjetischen Besatzungszone und Spaltung Deutschlands (mit dem Ergebnis der Bildung von zwei deutschen Staaten) hatte für das Gebiet der 1949 gegründeten Deutschen Demokratischen Republik (DDR) zur Folge, daß es abgeschnitten war von den Hochseehäfen Stettin und Hamburg. Die nächstliegende Antwort hierauf war

a) der Ausbau des Hafens Rostock zu einem leistungsfähigen Überseehafen,
b) die Entwicklung des Schiffbaus.

Beides wäre mit den in diesen Bereichen bereits tätigen Arbeitskräften nicht zu bewältigen gewesen. Ein erheblicher Teil der bisher in der Landwirtschaft tätigen bzw. heranwachsenden Bevölkerung aus Mecklenburg bzw. aus den später daraus hervorgegangenen Bezirken fand einen Arbeitsplatz in der Seeverkehrs- und Hafenwirtschaft. Vor allem dadurch, aber auch durch die Entwicklung der Nahrungsgüterindustrie bedingt, wuchs der Anteil der Industrie-Beschäftigten, so daß es zuletzt (1989) zwar agrarisch strukturierte Kreise und Gebiete, aber keine eindeutig agrarisch strukturierten *Bezirke* in der DDR gegeben hat – trotz des hohen Anteils der Landwirtschaft in den drei Nordbezirken Rostock, Schwerin und Neubrandenburg. Der Bezirk Neubrandenburg hatte 1955 einen Anteil von 55% der Berufstätigen in der Land- und Forstwirtschaft (8% in der Industrie), 1989 nur noch von 27% (20%in der Industrie).

Eine Folge der Spaltung Deutschlands und Einbindung der DDR in die „sozialistische Staatengemeinschaft" (Warschauer Pakt und RGW – Rat für Gegenseitige Wirtschaftshilfe), aber auch der ideologisch motivierten Bevorzugung der Schwer- und Großindustrie („Kern der Arbeiterklasse") war der *Ausbau der Groß-Industrie an der Ost-Grenze der DDR*. Als Standort der Gewinnung von Eisen auf der Grundlage von sowjetischem Eisenerz und polnischer Kohle entstand des „Eisenhüttenkombinat Ost (EKO)". Das „Petrolchemische Kombinat Schwedt" wurde zu einem entscheidenden Standort der Verarbeitung von Erdöl aus der Sowjetunion (sowie von wenig, aber hochwertigem Erdöl aus der DDR). Abgesehen von Bemühungen um eine Senkung des Transportaufkommens spielten ursprünglich auch militärische Gesichtspunkte bei der Entscheidung für Produktionsstandorte weit entfernt von der deutsch-deutschen Grenze eine ausschlaggebende Rolle.

Indirekt war selbst der Ausbau der Energie- und Brennstoffwirtschaft auf der Basis von einheimischer *Braunkohle* ein Produkt der Politik. Die „Verbündeten" der DDR waren teils nicht in der Lage, die benötigten Rohstoffe zu liefern, andererseits konnte die DDR auf Grund mangelnder Flexibilität und Innovationskraft der Wirtschaft den Bedarf der osteuropäischen Wirtschaftspartner an hochwertigen Industrieprodukten nicht befriedigen. Die permanente Devisenknappheit limitierte die Möglichkeiten eines Bezugs von Rohstoffen aus dem „Nichtsozialistischen Wirtschaftsgebiet" (NSW). Die extensive Nutzung der „eigenen" Rohstoffe, insbesondere der Braunkohle, war zwar wirtschaftlich verlustreich, schien den Wirtschaftsplanern der DDR aber der einzig gehbare Ausweg zu sein. Die Braunkohle war und blieb weitgehend auch die Rohstoffbasis für die chemische Industrie der DDR.

Die Konsequenz dieser Schwerpunktsetzung war – vor allem in den 50er und 60er Jahren und jedesmal verbunden mit der massenhaften Schaffung von Arbeitsplätzen –

a) die Schaffung von Großbetrieben der Seeverkehrs- und Hafenwirtschaft im Norden der DDR (1957-1960 Bau des neuen Überseehafens Rostock),

Territorialplanung in der DDR

b) die Schaffung von Großbetrieben der Metallurgie und Erdölverarbeitung im Osten der DDR (1950 Baubeginn des EKO, 1960-1964 Errichtung des Petrolchemischen Kombinats Schwedt),
c) die Schaffung von Großbetrieben der Energie- und Brennstoffwirtschaft sowie der Chemischen Industrie in räumlicher Nachbarschaft zu den Braunkohlenlagerstätten in den Bezirken Cottbus, Halle und Leipzig.

Zwangsläufige demographische Folgen dieser Entwicklung waren adäquate Wanderungsprozesse und das beschleunigte Wachstum der Bevölkerung in unmittelbarer Nähe zu diesen Großbetrieben der Industrie (Rostock, Schwedt, Eisenhüttenstadt, Hoyerswerda, Halle-Neustadt, Riesa, Brandenburg).

In der Bevölkerungsentwicklung der Städte spiegelt sich, wie aus Tabelle 3 entnommen werden kann, die Schwerpunktsetzung der Wirtschaftspolitik in der DDR wider.

- Von jenen 25 Städten[20] und den Stadtgemeinden mit über 5.000 Einwohnern[21], deren Wohnbevölkerung in den Jahren 1946 bis 1950 am stärksten wuchs, befinden sich 18 im Westerzgebirge (auf dem Territorium des späteren Bezirks Karl-Marx-Stadt); die materielle Basis hierfür war der Uranbergbau (SDAG „Wismut") zum Zwecke der Gewinnung von Uran zur Herstellung von Atomwaffen in der Sowjetunion.
- In den 50er Jahren (1950 bis 1964) hatte die Stadt Hoyerswerda als die „Wohnstadt" der Beschäftigten des Kombinats „Schwarze Pumpe" mit einem Wachstum auf 464% das stärkste Wachstum aller Städte in der DDR, gefolgt von anderen „Wohnstädten" der Beschäftigten von Kombinaten der Metallurgie (Eisenhüttenstadt, Gröditz, Wildau, Blankenburg), der Chemie (Schwedt, Wolfen, Merseburg, Premnitz), der Energiewirtschaft (Lübbenau, Vetschau).
- In etwas abgeschwächter Form setzte sich das Wachstum dieser Städte in den 70er Jahren fort, wobei der Maschinen- und Fahrzeugbau (Ludwigsfelde, Hennigsdorf) und die Textilindustrie an neuen Standorten (Leinefelde) eine wichtigere Rolle als bisher spielten.
- In den 70er Jahren wurde das 1967 zur selbständige Stadt erklärte Halle-Neustadt zum wichtigsten Wachstumspool unter den Städten der DDR – erbaut als Wohngebiet vor allem für die Beschäftigten der Leunawerke.[22]

---

20 Gemeinden mit dem Status einer Stadt, worunter sich auch viele im Sinne der Statistik „Landgemeinden" befinden
21 1986 hatte die DDR insgesamt 687 Städte sowie Stadtgemeinden mit über 5.000 Einwohnern
22 Halle-Neustadt blieb bis zum Ende der DDR der einzige Kreis, der nicht zugleich ein Produktionsstandort der Industrie gewesen ist.

Tabelle 3
Entwicklung der Wohnbevölkerung von Städten bzw. den Stadtgemeinden über 5000 Ew. auf dem Gebiet der DDR in ausgewählten Zeiträumen (jeweils 31. Dezember, Gebietsstand = 1986)

Rang	1950 in Prozent zu 1946		1964 in Prozent zu 1950		1970 in Prozent zu 1964		1981 in Prozent zu 1970		1986 in Prozent zu 1950	
1	483,6	JOHANNGEORGENST.	464,3	HOYERSWERDA	176,2	SCHWEDT/ ODER	260,2	HALLE-NEUSTADT	810,5	HOYERSWERDA
2	254,7	LIEBENSTEIN/ BAD	365,9	EISENHÜTTENSTADT	172,4	HERMSDORF	206,2	LEINEFELDE	693,6	SCHWEDT/ ODER
3	239,7	SCHLEMA	266,1	SCHWEDT/ ODER	158,5	NÜNCHRITZ	173,2	NEUBRANDENBURG	536,3	LEINEFELDE
4	168,7	EIBENSTOCK	232,7	LÜBBENAU	154,3	LEINEFELDE	170,0	WEIßWASSER	516,9	EISENHÜTTENSTADT
5	167,3	SCHWARZENBERG	213,4	JÖHSTADT	150,6	SANDERSDORF	155,9	WOLMIRSTEDT	382,5	NEUBRANDENBURG
6	156,4	OBERWIESENTHAL	196,9	LUDWIGSFELDE	149,4	HOYERSWERDA	150,3	KÖNIGS WUSTERH.	358,5	LUDWIGSFELDE
7	153,2	BERNSTADT	174,7	LUCKA	138,3	WERBEN/ ELBE	149,4	SCHWEDT/ ODER	295,8	WOLFEN
8	149,3	LAUTER/ SA.	167,6	SANGERHAUSEN	137,1	LUDWIGSFELDE	146,7	ERKNER	280,7	LÜBBENAU
9	144,8	GRÜNHAIN	167,3	SAßNITZ	133,1	KITZSCHER	145,3	PEITZ	259,6	STRAUSBERG
10	142,5	BRAUNSBEDRA	166,8	STRAUSBERG	131,1	BAD SALZUNGEN	145,2	WOLFEN	257,6	WEIßWASSER
11	140,8	BREITUNGEN/ WERRA	166,3	NEUBRANDENBURG	129,8	OBERHOF	142,0	COSWIG	240,9	KÖNIGS WUSTERH.
12	140,0	AUE	165,7	PREMNITZ	128,7	STAVENHAGEN	141,8	OBERHOF	208,0	COTTBUS
13	139,8	ELTERLEIN	158,6	WOLFEN	128,0	LÜBBENAU	141,7	SUHL	198,3	SUHL
14	136,4	RASCHAU	152,6	WILDAU	126,3	NEUSTADT IN SA.	138,2	COTTBUS	197,4	SANGERHAUSEN
15	136,1	ZWÖNITZ	150,7	BLANKENBURG	125,8	GRIMMEN	137,6	ILMENAU	192,3	PREMNITZ
16	136,0	SCHNEEBERG	149,3	FREDERSDORF	124,0	EISENHÜTTENSTADT	133,1	OBERWIESENTHAL	191,4	ERKNER
17	136,0	SCHEIBENBERG	148,9	VETSCHAU	123,2	VETSCHAU	131,8	NEUSTADT IN SA.	189,8	HERMSDORF
18	136,0	ROTHENBURG	148,6	BINZ/ OSTSEEBAD	122,3	WEIßWASSER	131,0	BERNAU	187,2	VETSCHAU
19	133,5	WILDENFELS	147,4	LEINEFELDE	122,2	DREBKAU	129,7	GREIFSWALD	186,7	ROSTOCK
20	133,0	SCHÖNHEIDE	145,6	EGGESIN	121,5	NEUBRANDENBURG	129,6	NEUHAUS A. RENNW.	186,1	NEUSTADT IN SA.
21	132,6	ANNABERG-BUCHH.	141,7	MERSEBURG	121,2	RIESA	127,7	LOBENSTEIN	183,1	GRÖDITZ
22	130,9	ELSTRA	138,4	SEELOW	120,6	ROßLEBEN	126,6	BERGEN/ RÜGEN	181,2	SAßNITZ
681	84,6	ZARRENTIN	68,3	WERBEN/ ELBE	86,9	FALKENSEE	76,9	RONNEBURG	49,4	SCHLEMA
682	83,8	DASSOW	65,7	PENKUN	85,8	RADEGAST	76,8	TEUCHERN	47,8	LIEBENSTEIN/ BAD
683	79,3	LINDOW	65,5	EIBENSTOCK	85,7	WURZEN	76,5	STEINBACH-HALLENB.	47,7	EIBENSTOCK
684	71,8	JEßNITZ	55,4	OBERWIESENTHAL	80,6	SCHEIBENBERG	76,1	JEßNITZ	47,4	GREIFENBERG
685	61,4	RERIK/ OSTSEEBAD	53,4	ALTLANDSBERG	79,4	MÜCHELN	75,9	BITTERFELD	45,2	ALTLANDSBERG
686	43,3	JÖHSTADT	33,0	JOHANNGEORGENST.	45,2	LIEBENSTEIN/ BAD	72,9	GREIFENBERG	27,6	JOHANNGEORGENST.
	101,4	alle St.+Gem. über 5000	98,4	alle St.+Gem. über 5000	102,1	alle St.+Gem. über 5000	102,6	alle St.+Gem. über 5000	103,9	alle St.+Gem. über 5000

Die Tendenz zur Zentralisation von politischer Macht, Wirtschaft und Bevölkerung fand den DDR-adäquaten administrativen Rahmen in der 1952 durchgeführten *Gebietsreform*[23]. Die bisher auf dem Boden der DDR bestehenden, z.T. (Sachsen-Anhalt und Brandenburg nach Abschaffung des preußischen Staates) durch die Sowjetische Militäradministration geschaffenen Länder, wurden abgeschafft und durch 15 Bezirke ersetzt (darunter Berlin-Ost als Hauptstadt der DDR); gleichzeitig wurde eine neue Kreiseinteilung des Gebiets der DDR vorgenommen. Diese primär politisch motivierte Entscheidung wurde zur Grundlage einer Umorganisation des gesellschaftlichen Lebens in den Grenzen der neugeschaffenen Bezirke und Kreise. „Gewinner" dieser Veränderung waren vor allem Städte, die ohne vorherige Landeshauptstadtfunktion nun zur „Bezirksstadt" wurden, insbesondere die Städte Neubrandenburg, Rostock, Gera, Cottbus und Suhl. Eine Folge der Bildung von Bezirken war die Konzentration der politischen Institutionen, die Errichtung von Großbetrieben und der Massenwohnungsbau vor allem in diesen Städten. Entsprechend schnell wuchs die Wohnbevölkerung (z.B. Wachstum der Wohnbevölkerung von Neubrandenburg auf über 380% in den Jahren 1950 bis 1986).

3.3 Monostruktur der Wirtschaft – Ausdruck und Generator von regionalen Disparitäten

Einerseits wurde durch die Schwerpunktsetzung der Industriepolitik in der DDR die monostrukturelle Prägung von Regionen reduziert, andererseits verstärkt.

Im Norden wurde das Angebot an Arbeitsplätzen vielfältiger, die dichotome Trennung von Industrie und Landwirtschaft partiell abgebaut. Außer den bereits genannten neuen Lagebedingungen und der auf Osteuropa orientierten Wirtschaftspolitik hat dabei eine wesentliche Rolle gespielt, daß Arbeitsplätze für die nach dem Kriege im Norden angesiedelten Umsiedler, Flüchtlinge und Vertriebenen geschaffen werden mußten – was massenhaft nur *außerhalb* der Landwirtschaft geschehen konnte. Insofern hat die wirtschaftliche Entwicklung der DDR in der Tat zum *Abbau der Disparitäten zwischen Industrie und Landwirtschaft* sowie von Stadt und Land beigetragen. Daß der Anteil der in der Landwirtschaft Beschäftigten in den Nordbezirken hoch geblieben ist und in einigen Kreisen sogar noch in den 80er Jahren über 50% betragen hat, ist für sich genommen kein Makel der DDR.

---

23 Gesetz über die weitere Demokratisierung des Aufbaus und der Arbeitsweise der staatlichen Organe in den Ländern der Deutschen Demokratischen Republik vom 23.7.1952. In: Gesetzblatt der DDR, Nr. 99/1952, S. 613 ff

Eine effiziente Nutzung der landwirtschaftlichen Nutzfläche vorausgesetzt, wird der Anteil der in der Landwirtschaft Beschäftigten im dünn besiedelten Gebiet immer größer sein als im dichtbesiedelten Gebiet[24]. Das Problem der DDR war jedoch, daß ein hoher Anteil der Landwirtschaft in der Regel gleichbedeutend war mit einem hohen Anteil von geistig monotoner und körperlich schwerer Arbeit, vor allem aber mit schwerwiegenden Mängeln der Infrastruktur im jeweiligen Gebiet, darunter einer qualitativ schlechten Verkehrsanbindung an die Städte. Hinsichtlich der Vielseitigkeit des Angebots an Arbeitskräften rangierte der Bezirk Neubrandenburg unter den 15 Bezirken der DDR an letzter Stelle[25]. Folgerichtig hatten die Kreise mit dem höchsten Anteil der Landwirtschaft und der geringsten Bevölkerungsdichte – die Kreise im Osten des Bezirkes Neubrandenburg (das Gebiet Vorpommerns) – die je 1.000 Einwohner höchsten Binnenwanderungs- und Bevölkerungsverluste (vgl. auch Karte 1). Eine kurz vor dem Ende der DDR durchgeführte große soziologische Untersuchung bestätigt das negative Urteil der Bevölkerung über die soziale Qualität dieser Gebiete[26].

Im Gegensatz dazu wurden der Bezirk Cottbus zu dem „*Energiebezirk*" und der Bezirk Halle zu dem „*Chemiebezirk*" der DDR und damit zu einer massiven räumlichen Ballung der Probleme dieser Industriebereiche (vgl. Diagramme 2 und 3): konservierte Strukturen, Vernachlässigung ökologischer Erfordernisse, Schadstoffemissionen. Die ohnehin brennenden Probleme dieser Industriebereiche und Regionen fanden eine zusätzliche Verschärfung, als die DDR sich in den 80er Jahren auf die Produktion von „Schlüsseltechnologien" konzentrierte und dann um so weniger Mittel zum Strukturwandel und zur Modernisierung der traditionellen Industrie bereitstellen konnte. Die alten Anlagen der chemischen Industrie in Böhlen, Deuben, Espenhain, Leuna und Buna sollten schon Anfang der 70er Jahre abgerissen werden, sie waren 1989 aber immer noch in Betrieb[27]. Die genannten zwei Bezirke (insbesondere die dortigen Kreise Bitterfeld, Merseburg, Senftenberg, Spremberg und Weißwasser und der im Bezirk Leipzig gelegene Kreis Borna) wurden nicht nur zum Synonym für „Chemische Industrie" und „Energiewirtschaft", sondern auch für „Schadstoffemissionen", „Natur-

---

24 Eine formale Anwendung der inzwischen ohnehin veralteten Drei-Sektoren-Theorie von Fourastié hätte höchst fatale Konsequenzen. Diese Theorie ist kein geeigneter Wegweiser einer effizienten Regionalpolitik, weil sie eine ineffiziente Nutzung der landwirtschaftlichen Nutzfläche begünstigt.
25 Grundmann, Siegfried 1995: Statistische Analyse regionaler Disparitäten in der DDR auf der Basis von Bezirks-, Kreis- und Gemeindedaten. KSPW-Expertise (unveröff.), S. 27.
26 Autorenkollektiv 1989: Forschungsbericht zur Sozialstruktur und Lebensweise in Städten und Dörfern. Teil 1-5. Akademie für Gesellschaftswissenschaften beim Zentralkomitee der SED, Institut für Marxistisch-Leninistische Soziologie, Berlin (Hrsg.). Berlin.
27 „Die chemische Industrie in der DDR – Wachstum in konservierten Strukturen" = DIW-Wochenbericht Heft 41/1989, S. 498-504.

zerstörung" und „Arbeit unter erschwerten hygienischen Bedingungen". *Insofern* war die regionale Disparität in der DDR eindeutig eine Disparität zuungunsten von *Industrie*gebieten. Die erhöhte Wegzugsbereitsschaft von Jugendlichen und qualifizierten Arbeitskräften war eine adäquate Antwort darauf[28].

Abgesehen von dem ökonomisch unsinnigen und zum Scheitern verurteilten Versuch, im Alleingang Schlüsseltechnologien zu produzieren und damit auf dem Weltmarkt bestehen zu wollen, war die *Standortwahl* dafür eine durchaus sinnvolle Entscheidung. Es wurden keine grundsätzlich neue Standorte gewählt, sondern die bereits vorhandenen ausgebaut. Berlin, Dresden, Jena und Erfurt waren und blieben die wichtigsten Standorte von Elektronik, Optik und Gerätebau. In Jahrzehnten war dort eine relevante Infrastruktur entstanden, eine räumlich vorteilhafte Kooperation von Forschung und Produktion. Die Schwerindustrie spielte in diesen Gebieten (z.T. – im Falle von Dresden – bis auf die Politik des sächsischen Königshauses zurückgehend) eine nur geringe Rolle.

Der Anteil der Hochschulabsolventen an der Gesamtzahl der Berufstätigen war traditionell sehr hoch. Die Gratisgaben der Natur – eine attraktive Landschaft – taten ein übriges, um die Ansiedlung von hochqualifizierten Arbeitsplätzen zu begünstigen. Kurz, die „weichen Standortfaktoren"[29] waren eben dort vorhanden, wo die Produktion von „Schlüsseltechnologien" lokalisiert war.

Die Kehrseite dieser Entwicklung bestand darin, daß sich an der disproportionalen Verteilung des Forschungspotentials der DDR nur wenig geändert hat. Auf der Landkarte der räumlichen Verteilung des Forschungspotentials blieb der Bezirk Neubrandenburg ein „weißer Fleck" und insofern eindeutig auf der Negativ-Seite regionaler Disparitäten (vgl. Tabelle 4). Weil die Ressorcen der DDR nicht reichten, um eine international wettbewerbsfähige *Industrie* aufzubauen und wenigstens den Verfall der Vorzugsindustrien aus den 50er und 60er Jahren aufzuhalten, weil zudem eine aufwendige Sozialpolitik finanziell defizitäre Folgen hatte, bestand keine Aussicht, daß sich daran etwas ändern wird.

---

28 Holzweißig, Werner 1986: Jugend und Migration. Forschungsbericht. Zentralinstitut für Jugendforschung. Leipzig.
29 gl. dazu: Gatzweiler, Hans-Peter/Irmen, Eleonore/Janich, Helmut 1991: Regionale Infrastrukturausstattung. (Forschungen zur Raumentwicklung 20) Bonn Bad-Godesberg: Bundesforschungsanstalt für Landeskunde und Raumentwicklung.

Diagramm 2: Anteil der Arbeiter und Angestellten im Industriebereich Chemische Industrie an allen Arbeitern und Angestellten in der Industrie des Bezirkes (31.12.1989)

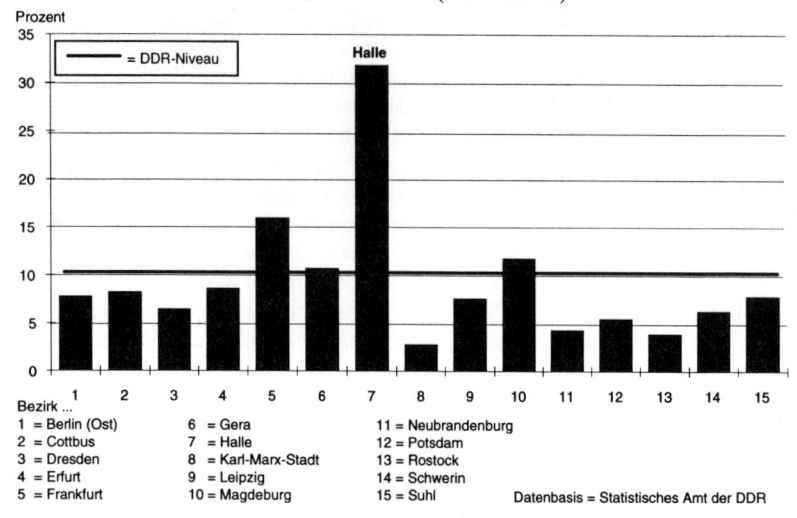

1 = Berlin (Ost)
2 = Cottbus
3 = Dresden
4 = Erfurt
5 = Frankfurt
6 = Gera
7 = Halle
8 = Karl-Marx-Stadt
9 = Leipzig
10 = Magdeburg
11 = Neubrandenburg
12 = Potsdam
13 = Rostock
14 = Schwerin
15 = Suhl

Datenbasis = Statistisches Amt der DDR

Diagramm 3: Anteil der Arbeiter und Angestellten im Industriebereich Energie- und Brennstoffindustrie an allen Arbeitern und Angestellten in der Industrie des Bezirkes (31.12.1989)

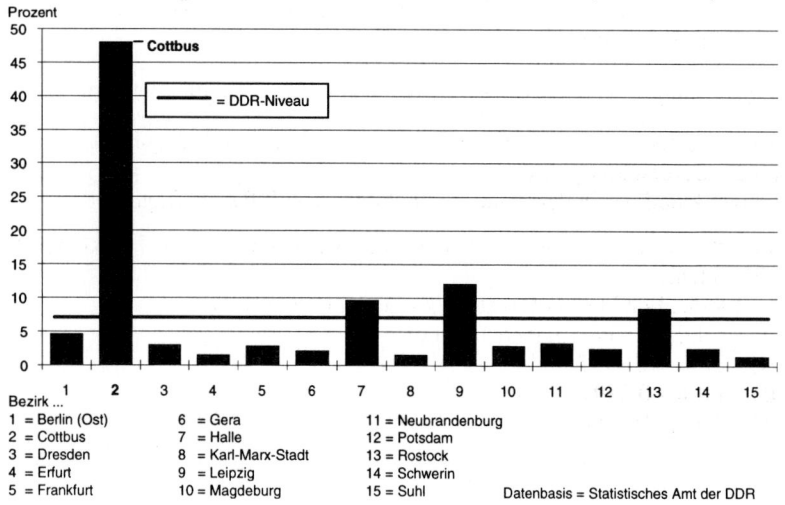

1 = Berlin (Ost)
2 = Cottbus
3 = Dresden
4 = Erfurt
5 = Frankfurt
6 = Gera
7 = Halle
8 = Karl-Marx-Stadt
9 = Leipzig
10 = Magdeburg
11 = Neubrandenburg
12 = Potsdam
13 = Rostock
14 = Schwerin
15 = Suhl

Datenbasis = Statistisches Amt der DDR

Territorialplanung in der DDR

Tabelle 4: F/E-Beschäftigte der Z-Industrie nach Bezirken (1987)
(Beschäftigte in Forschung & Entwicklung in der
zentralgeleiteten Industrie der DDR)

Bezirk	Beschäftigte für F/E (in VbE = „Vollbeschäftigteneinheiten")	Anteil am DDR-Ergebnis	Anteil am DDR-Ergebnis Wohnbevölkerung	Anteil am DDR-Ergebnis Berufstätige	Quotient Spalten (c)/(e)
(a)	(b)	(c)	(d)	(e)	(f)
Berlin (Ost)	15.109	12,7	7,6	8,0	1,6
Cottbus	4.637	3,9	5,3	5,4	0,7
Dresden	21.167	17,8	10,6	10,6	1,7
Erfurt	8.424	7,1	7,4	7,5	0,9
Frankfurt	2.968	2,5	4,3	3,8	0,7
Gera	9.070	7,6	4,4	4,4	1,7
Halle	14.280	12,0	10,7	10,8	1,1
Karl-Marx-Stadt	14.867	12,5	11,2	11,2	1,1
Leipzig	8.698	7,3	8,2	8,2	0,9
Magdeburg	5.592	4,7	7,5	7,6	0,6
Neubrandenburg	605	0,5	3,7	3,6	0,1
Potsdam	5.089	4,3	6,7	6,4	0,7
Rostock	3.534	3,0	5,5	5,5	0,5
Schwerin	1.098	0,9	3,6	3,4	0,3
Suhl	3.424	3,0	3,3	3,5	0,9
DDR	118.662	100	100	100	1,0

Quelle: Spalten (b) + (c) = Forschungsleitstelle für Territorialplanung – Sektor Industrie: Analyse der territorialen Verteilung des Forschungs- und Entwicklungspotentials sowie Konsequenzen für eine langfristige Reproduktion. 1.8.1988; Spalten (d) + (e) = Statistisches Jahrbuch der DDR 1988, S. 65

Im Diagramm 4 werden auf Kreisebene gegenübergestellt:

(A) der Anteil der für Forschung und Entwicklung Beschäftigten,
(B) die Berufstätige je qkm,
(C) der Anteil der in der Land- und Forstwirtschaft Beschäftigten.

Sortiert wurde nach dem Anteil der für Forschung und Entwicklung Beschäftigten.
Tatsächlich korrelieren diese Variablen miteinander.
Die Korrelationskoeffizienten r lauten
(A) : (B) = + 0,3997
(B) : (C) = – 0,5191
(A) : (C) = – 0,3356.

Trotzdem ist das Maß der Korrelation über Erwarten nicht sehr hoch. Nur für ein Drittel der Kreise gilt, daß

- der Anteil der für Forschung und Entwicklung Beschäftigten extrem niedrig,
- der Zahl der Berufstätigen je qkm extrem niedrig,
- der Anteil der in der Land- und Forstwirtschaft Beschäftigten sehr groß gewesen ist.

Es handelt sich dabei vorwiegend um Kreise der *Bezirke Neubrandenburg und Schwerin*.

Offenbar ist der Anteil der für Forschung und Entwicklung Beschäftigten weniger eine Funktion der Berufstätigendichte und des Anteils der in der Landwirtschaft Beschäftigten, sondern vielmehr des *Gebietes*. Die Bezirke Neubrandenburg und Schwerin boten *insgesamt* keine guten Voraussetzungen für die Tätigkeit und Ansiedlung von Beschäftigten für Forschung und Entwicklung. Wenn man bedenkt, daß die Standorte der Forschung und Entwicklung zugleich Konzentrationsräume von Hoch- und Fachschulen, kulturellen Institutionen, von intelligenzintensiven Produktionen sind, folgt daraus, daß ein großräumig geringer Anteil der für Forschung und Entwicklung Beschäftigten ein *Standortnachteil* ist.

Während die Großindustrie grundsätzlich, anfangs die Metallurgie, die Energie- und Brennstoffindustrie, dann die Chemische Industrie und schließlich Elektrotechnik/Elektronik/Gerätebau, im Zentrum der staatlichen Planung gestanden hat – verbunden mit Vorteilen für die Standorte dieser Industrien –, spielten die *Kleinbetriebe* sowie die Leichtindustrie und die *Textilindustrie* (vgl. Diagramm 5) in der staatlichen Planung *zu jeder Zeit* nur eine marginale Rolle. Der geistige Hintergrund dafür war die Bewertung des Kleinbetriebes als Relikt der Vergangenheit in den Theorien von Marx[30] und Lenin[31]. „Rückständig" waren diese Betriebe auch insofern als diese bis 1972 die letzten Refugien des Privateigentums in der Industrie der DDR gewesen sind. Zumal es sich auch um Betriebe handelte, deren Frauenanteil sehr hoch und „produktionsvorbereitender Bereich" sehr klein gewesen ist, hatten sie keine Lobby in der Staatlichen Plankommission; vielmehr gehörten diese Betriebe in der Regel ausdrücklich zur „bezirksgeleiteten Industrie", die Staatliche Plankommission hatte sich damit auch formal der direkten Verantwortung entledigt. Die in den 70er und 80er Jahren erfolgte Eingliederung vieler Kleinbetriebe in die „Industrie-Kombinate" änderte

---

30 „... der Kleinbetrieb... muß vernichtet werden... wird vernichtet" (Marx/Engels. Werke Bd. 23, Berlin 1962, S. 789)

31 Die „Elementargewalt des Kleineigentums" war für Lenin „gefährlicher als viele offene Konterrevolutionäre ..., ein Todfeind der sozialistischen Revolution und der Sowjetmacht" (Lenin. Werke. Bd. 27, Berlin 1960 , S. 222)

Territorialplanung in der DDR

kaum etwas an ihrer desolaten Situation. Sie blieben ein Randproblem der Planung. Folglich waren auch jene Regionen der DDR, wo die Zahl und der Anteil solcher Betriebe hoch gewesen ist (Erzgebirge bzw. Westsachsen), marginale Gebiete der Territorialplanung. Ende der 40er Jahre war der Höhepunkt des Uranbergbaus im mittleren Erzgebirge überschritten; 1967 wurde der Steinkohlenbergbau im Revier Lugau-Oelsnitz eingestellt. Danach wurde das Gebiet zu einer terra incognita der Territorialplanung. Es flossen gemessen an den Erfordernissen nur noch wenig Investitionen in dieses Gebiet. Obwohl die Heimatverbundenheit der Bevölkerung traditionell sehr hoch gewesen ist, hatten die zunächst großen, dann zwar geringen, aber beständigen Wanderungsverluste (Abwanderung der Jugend bei nahezu ausbleibendem Zuzug) verheerende demographische und soziale Konsequenzen. Südwestsachsen (insbesondere das Gebiet Karl-Marx-Stadt – Plauen) wurde zu einer wachsenden Ballung sozialer Probleme. Die Alterung der Bevölkerung hat diesen Prozeß verstärkt, aber die Aufmerksamkeit der Öffentlichkeit zugleich behindert. Vor allem in der DDR waren die Rentner eine geduldige und genügsame Bevölkerungsgruppe.

Diagramm 4: Beschäftigte für Forschung je 10.000 Berufstätige, Berufstätige je Quadratkilometer sowie Berufstätige in der Landwirtschaft je 1.000 Berufstätige in den Kreisen der DDR 1989 – sortiert nach „Beschäftigte für F&E je 10.000 Berufstätige"

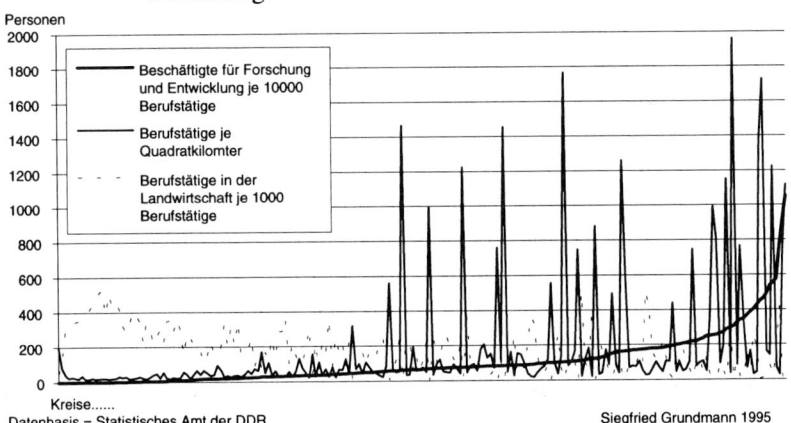

Diagramm 5 : Anteil der Arbeiter und Angestellten im Industriebereich Textilindustrie an allen Arbeitern und Angestellten in der Industrie des Bezirkes (31.12.1989)

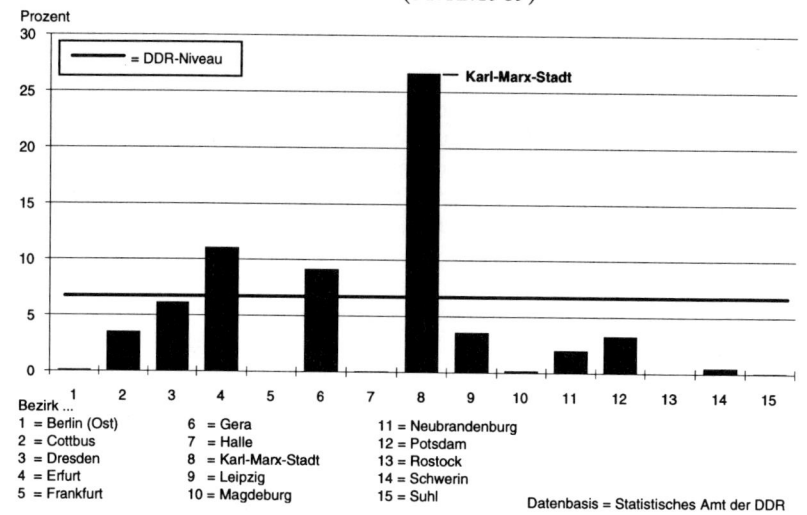

Prozent

= DDR-Niveau
Karl-Marx-Stadt

Bezirk ...
1 = Berlin (Ost)
2 = Cottbus
3 = Dresden
4 = Erfurt
5 = Frankfurt
6 = Gera
7 = Halle
8 = Karl-Marx-Stadt
9 = Leipzig
10 = Magdeburg
11 = Neubrandenburg
12 = Potsdam
13 = Rostock
14 = Schwerin
15 = Suhl

Datenbasis = Statistisches Amt der DDR

3.4 Regionale Disparitäten in bezug auf die Wohnbedingungen und den Zustand der Bausubstanz

Der Bezirk Karl-Marx-Stadt war aber nicht nur die – bezogen auf die Fläche – größte räumliche Ballung von Kleinbetrieben der Industrie, sondern auch von Kleinstädten in der DDR. Und Kleinstädte standen ebensowenig wie Kleinbetriebe im Zentrum der Aufmerksamkeit. Die realsozialistische Gesellschaft war politisch, ökonomisch und geistig auf den Großbetrieb und die Großstadt ausgerichtet, klein war alles andere als „beautiful". Trotz vieler Erklärungen und Forderungen stand noch am Ende der DDR nicht die intensive, sondern die extensive Entwicklung im Zentrum der Wirtschaftspolitik. Je knapper die Ressourcen wurden, um so größer wurde die Verschwendung. Entsprechend stieg der Verschleißgrad der Bausubstanz.

Ende der 80er Jahre galten landesweit als „uneingeschränkt befahrbar" nur 79% der Fernstraßen, 72% der Bezirksstraßen und 63% der Kommunalstraßen. Etwa 700 km Abwasserleitungen waren im Jahre 1989 so weit verschlissen, daß sie hätten vollständig erneuert werden müssen. Im Jahre 1989 wurde eingeschätzt, daß am Ende des Jahres 1990 voraussichtlich erst 86,2% der Städte an zentrale Abwässer-Kläranlagen angeschlossen sein werden.

Infolge von Leitungsschäden erreichten in den Städten der DDR nur etwa zwei Drittel des aufbereiteten Trinkwassers den Verbraucher. Die finanziellen Mittel für die Erhaltung der Kulturbausubstanz sicherten bis 1990 die einfache Reproduktion nur zu 25%. Lediglich 15% der Kinos galten als voll funktions- und nutzungsfähig[32].

„Das strukturell gut ausgebaute Wassernetz der DDR verliert infolge Überalterung permanent 30% des Wassers. Hinzu kommt, daß nicht nur 12% des Abwassernetzes abgeschrieben sind und von 7.565 Gemeinden nur 1.065 Kläranlagen besitzen, auch ein Drittel der Kläranlagen ist erheblich geschädigt und verursacht bedeutende Umweltbelastungen. Dazu kommt, daß 45% des Abwassers, ohne hierbei die Industrie mit einzubeziehen, ungeklärt abgeleitet werden. Trennsysteme fehlen in Größenordnungen. Das Abwassernetz bedarf deshalb de facto einer Verdoppelung seiner jetzigen Netzlänge. Im relativ dichten Straßennetz der DDR liegen die Anteile an den Bauzustandsstufen III und IV bei Autobahnen und kommunalen Straßen über 50%. Die Fortsetzung der Instandsetzungspraxis der 80er Jahre würde zwei Drittel des gesamten Straßennetzes bis zum Jahre 2000 in die Bauzustandsstufe IV, also fast unbrauchbar, versetzen."[33]

Zum Bezirk mit dem Höchstmaß des Verschleißes der Bausubstanz wurde folgerichtig der Bezirk mit dem höchsten Anteil von Kleinstädten, Kleinbetrieben (Karte 2) und alter Bausubstanz – der *Bezirk Karl-Marx-Stadt*. Bemerkenswert ist dabei auch die auffallend enge *Korrelation* zwischen dem Verschleiß der Bausubstanz (Karte 3) und den längerfristigen Bevölkerungsverlusten der Kreise (Karte 1) in der DDR.

Entsprechend negativ war das Urteil der Wohnbevölkerung über die Lebensqualität in den Kleinstädten der DDR (Diagramm 6). Die Kleinstädte im Süden und Ortsteile im Norden waren die Stiefkinder der Siedlungsplanung. Sie wurden gerade dann zum Verlierer, als Anfang der 70er Jahre ein umfangreiches Wohnungsbauprogramm der DDR begann. Das proklamierte Ziel hieß „Lösung der Wohnungsfrage als soziales Problem"; 1990 sollte diese Aufgabe bewältigt sein.

---

32 ausführlicher dazu: Grundmann, Siegfried. 1991. Soziale Probleme der Stadtentwicklung in der DDR. In: Glaeßner, Gert-Joachim (Hrsg.): Eine deutsche Revolution. Der Umbruch in der DDR, seine Ursachen und Folgen. Frankfurt am Main, Bern, New York, Paris: Verlag Peter Lang, S. 168.
Zum Zustand der Bausubstanz und der Infrastruktur vgl. auch die ausführlicheren Angaben in: Deutscher Bundestag, 13. Wahlperiode. Drucksache 13/2280 08.09.95 Unterrichtung durch die Bundesregierung: Materialien zur Deutschen Einheit und zum Aufbau in den neuen Bundesländern, S. 94 f.

33 Grönwald, Bernd 1992: Gesellschaftskonzeption und Stadtentwicklung sind nur über praktisches Bauen realisierbar. Einführungsreferat zum wissenschaftlichen Symposium „Gesellschaftskonzeption und Stadtentwicklung" der Bauakademie der DDR am 17. Januar 1990 in Berlin. In: Helms, Hans G. (Hrsg.): Die Stadt als Gabentisch. Leipzig, S. 316.
Prof. Dr. Bernd Grönwald war zum Zeitpunkt dieses Symposiums Direktor des Instituts für Städtebau und Architektur an der Bauakademie der DDR.

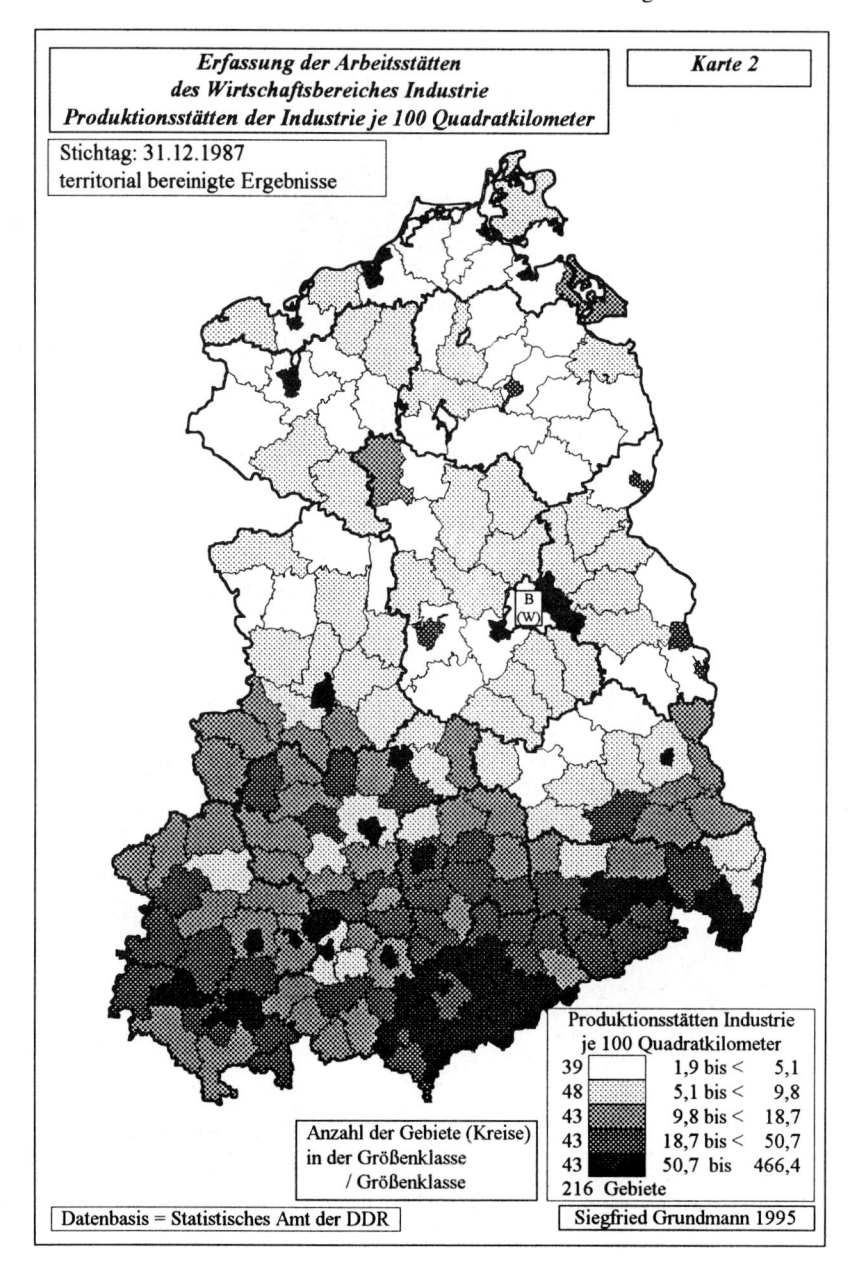

Siegfried Grundmann

Erfassung der Arbeitsstätten des Wirtschaftsbereiches Industrie
Produktionsstätten der Industrie je 100 Quadratkilometer

Karte 2

Stichtag: 31.12.1987
territorial bereinigte Ergebnisse

Anzahl der Gebiete (Kreise) in der Größenklasse / Größenklasse

Produktionsstätten Industrie je 100 Quadratkilometer
Anzahl	Bereich
39	1,9 bis < 5,1
48	5,1 bis < 9,8
43	9,8 bis < 18,7
43	18,7 bis < 50,7
43	50,7 bis 466,4
216 Gebiete	

Datenbasis = Statistisches Amt der DDR

Siegfried Grundmann 1995

Territorialplanung in der DDR 131

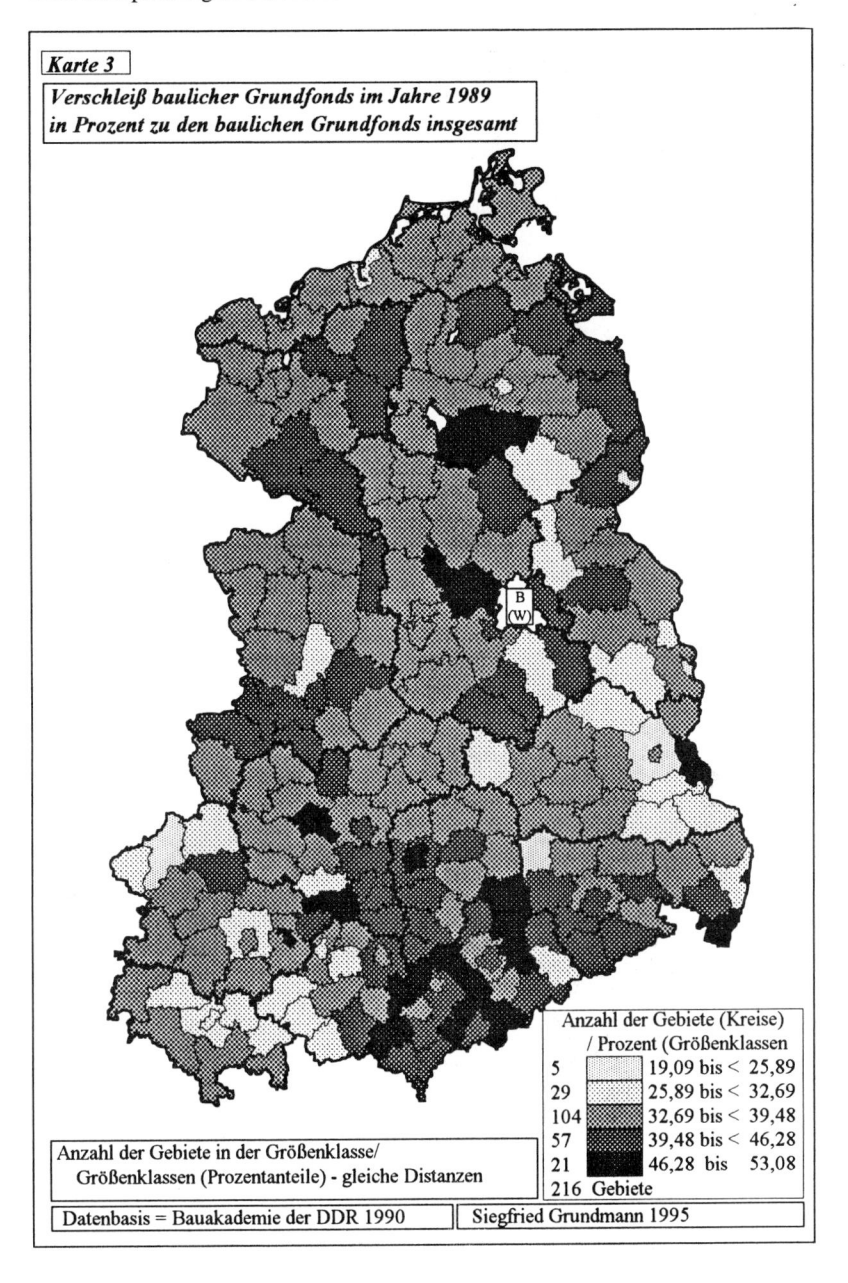

Karte 3
Verschleiß baulicher Grundfonds im Jahre 1989 in Prozent zu den baulichen Grundfonds insgesamt

Anzahl der Gebiete (Kreise) / Prozent (Größenklassen)	
5	19,09 bis < 25,89
29	25,89 bis < 32,69
104	32,69 bis < 39,48
57	39,48 bis < 46,28
21	46,28 bis 53,08
216 Gebiete	

Anzahl der Gebiete in der Größenklasse/ Größenklassen (Prozentanteile) - gleiche Distanzen

Datenbasis = Bauakademie der DDR 1990 | Siegfried Grundmann 1995

Diese Anfang der 70er Jahre formulierte Zielsetzung hatte vor allem zwei Gründe:

1. Ende der 60er Jahre war der Wohnungsbau in der DDR auf ein lange nicht gekanntes Maß geschrumpft. Mit 53.366 Neubauwohnungen war 1966 das seit 1958 tiefste Niveau erreicht[34] (Tabelle 5 und Diagramm 7a)[35]. Die Unzufriedenheit der Bevölkerung mit den Wohnverhältnissen war auf ein bedrohliches Ausmaß angewachsen
2. 1971 endete die Ära Ulbricht; Erich Honecker wurde Generalsekretär der SED und Vorsitzender des Staatsrates der DDR. Die Hervorhebung sozialpolitischer Ziele, darunter der verstärkte Wohnungsbau, sollte den Beginn einer neuen Ära markieren.

Diagramm 6: Bewohnerurteile über die Beschaffenheit ihres Wohnortes im Jahre 1987 laut einer 1987 in der DDR durchgeführten soziologischen Untersuchung („SD-87")

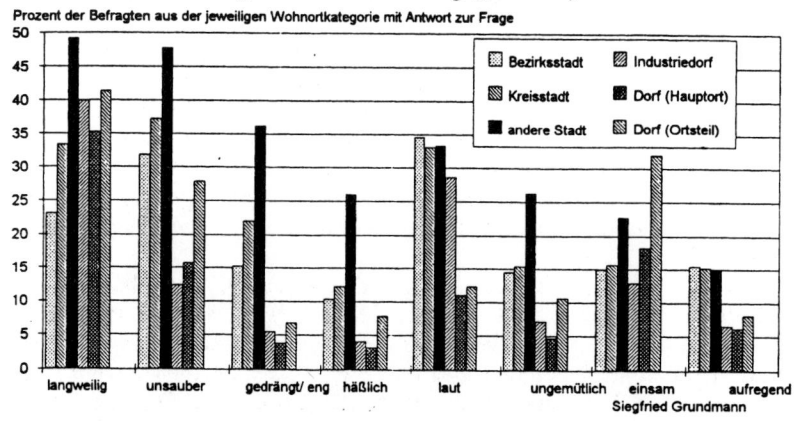

Zum vorrangigen Kriterium der Standortwahl des Wohnungsbaus wurde die Senkung des „einmaligen Aufwandes", d.h. die massenhafte Produktion von Wohnungen mit geringstem Bauaufwand; die Frage des „laufenden Auf-

---

34 Statistisches Bundesamt 1993: Sonderreihe mit Beiträgen für das Gebiet der ehemaligen DDR. Heft 2. Wohnungsbau und Wohnungsbestand 1970 bis 1990. Wiesbaden, S. 11
35 Das Jahr 1966 kann aber noch in anderer Beziehung als Zäsur gelten. Damals war der Wohnungsneubau in den Zentren der kriegszerstörten Städte faktisch abgeschlossen. Nach langer Diskussion und Vorbereitungszeit war damals auch der Übergang zum industriemäßig betriebenen Wohnungsbau (in der DDR ein Synonym dafür: „die Platte") vollzogen (Liebknecht, Kurt: Mein bewegtes Leben. Aufgeschrieben von Steffi Knop. Berlin: VEB Verlag für Bauwesen. 1986, S. 161 – 190).

wandes" (z.B. Energieverbrauch der Wohnungen) spielte dabei nur eine sekundäre Rolle (wobei Wasser- und Stromkosten sowie der Preis des Bodens ohnehin minimal gewesen sind). Die Konsequenz daraus lautete:

- Wohnungsbau auf wenigen, aber großen Standorten,
- Wohnungsbau „auf der grünen Wiese" – am Rande der Großstädte,
- Bau von relativ kleinen Neubauwohnungen[36],
- Bau von Neubauwohnungen mit voraussehbar kurzer Lebensdauer bzw. bald sehr hohem Reparaturaufwand[37],
- Vernachlässigung von Baureparaturen.

Die direkte demographische Konsequenz dieser Standortwahl war eine innerkreisliche bzw. innerbezirkliche Umverteilung der Wohnbevölkerung; die Wohnbevölkerung der Hauptstadt Berlin (Ost), der meisten Bezirksstädte und übrigen Stadtkreise sowie der Kreisstädte wuchs, in den übrigen Gemeinden schrumpfte die Wohnbevölkerung in raschem Tempo. Eine indirekte Konsequenz waren hohe Geborenenziffern gerade in den großen Neubauwohngebieten und schließlich auch die Produktion von zusätzlichem Bedarf gerade dort, wo der meiste Wohnungsbau stattgefunden hatte. Um das ehrgeizige Ziel der Vollbeschäftigung weiterhin zu verwirklichen, mußten massenhaft Arbeitsplätze an neuem Standort geschaffen werden, während die andernorts schon vorhandenen nicht besetzt werden konnten.

Das Wohnungsbauprogramm der DDR hatte aber nicht nur intraregionale, sondern auch *interregionale Konsequenzen*, weil Regionen mit einem hohen Anteil von Altbauwohnsubstanz und Kleinstädten zu den Verlierern dieser Politik gehörten.

Wo es wenig *Neubau* von Betrieben und Wohnungen gegeben hat, war schließlich abgesehen vom Zustand der Substanz auch die sanitärtechnische Ausstattung der Wohnungen sehr schlecht. Die *Bezirke Karl-Marx-Stadt und Dresden* waren 1989 eine Aneinanderreihung von Landkreisen mit niedrigem Anteil von Wohnungen mit Bad/Dusche sowie Innen-WC und moderner Heizung (Vgl. auch Tabelle 6). Der forcierte Wohnungsbau seit Beginn

---

36 Während sich die Zahl und der Anteil der 1-Raum Wohnungen in den 70er Jahren erheblich verringerte, wuchs die Zahl von 525.754 am 31.12.1981 auf 555.415 am 31.12.1984; der Prozent-Anteil an der Gesamtzahl der Wohnungen erhöhte sich von 8,0 auf 8,1 Prozent.

37 Im Zeitraum 1980 bis 1987 wurde der „spezifische "Einsatz von Walzstahl auf 56,2 Prozent gesenkt, von Zement auf 67,6 Prozent. Dabei ist auch zu berücksichtigen, daß beim Transport von Zement Verluste von bis zu 10 Prozent auftraten. Es wurden „technischökonomische Grenzwerte im Materialeinsatz... erreicht, deren weitere Unterschreitung zu nicht vertretbaren Auswirkungen auf die Funktionssicherheit, Zuverlässigkeit und Dauerbeständigkeit führen würde." (Bauakademie der DDR- Prognoseabteilung. 1988, a.a.O., S. 60, 63)

der 70er Jahre hat dazu geführt, daß sich zwar die Unterschiede zwischen den *Bezirken* verringerten, aber nicht zwischen den *Kreisen*.

Anfang der 80er Jahre wurden zwar andere Akzentsetzungen des Wohnungsbaus verkündet: Vorrang der Modernisierung von Wohnungen, Wohnungsbau verstärkt auch in Kleinstädten und Landgemeinden. Zu einer Trendwende war das technologisch auf den industriemäßigen Massenwohnungsbau fixierte Bauwesen der DDR aber schon nicht mehr in der Lage, zumal die für die neuen Bauaufgaben erforderlichen Investitionen nicht getätigt wurden. Die Versorgung des Bauwesens mit leistungsfähiger Technik war stark zurückgegangen und hatte selbst den Bedarf für die einfache Reproduktion längst nicht mehr gedeckt. „Die Bereitstellung von Maschinen und Ausrüstungen für das Bauwesen erreichte 1987 lediglich noch 35% des Volumens des Jahres 1975."[38]

Wie die Konzentration des Wohnungsbaus auf Berlin (Ost) Mitte der 80er Jahre zeigt, fehlte neben den nötigen Ressourcen auch der nötige Wille zu einer entschiedenen Trendwende im Wohnungsbau. Der Anteil des Wohnungsbaus in Berlin (Ost) wurde Mitte der 80er Jahre verdoppelt. Berlin (Ost) wurde zu einer Stadt mit sehr hohem Wachstum der Wohnbevölkerung – auf Kosten anderer Bezirke (Diagramm 7c). Die interbezirkliche Migration war Ende der 80er Jahre nahezu vollständig eine Migration zugunsten der DDR-Hauptstadt. Wohnungsbau und andere Aufwendungen für Berlin (Ost) haben dazu geführt, daß sich die Kluft zwischen Zentrum und Peripherie, Hauptstadt und Provinz, vertiefte. Von den Bezirken der DDR bot Ostberlin die bei weitem günstigsten Lebensbedingungen.

Trotz der Priorität von Wohnungsneubau und marginaler Rolle des Baus von Ein- und Zweifamilienhäusern (Tabelle 5) konnten insbesondere in Thüringen die Wohnbedingungen auf Grund von Eigeninitiative der Bevölkerung erheblich verbessert werden. Der entscheidende Grund dafür war der für DDR-Verhältnisse ungewöhnlich hohe Anteil von privatem Eigentum (Maximum = Bezirk Suhl = 65% aller Wohnungen). Der hohe Anteil von privatem Wohnungs- und Hauseigentum im Thüringer Raum erklärt wesentlich auch die hohe Stabilität der Siedlungsstruktur und den relativ geringen Bevölkerungsverlust der meisten Gemeinden. Dafür spricht auch, daß der Anteil des privaten Eigentums (abgesehen von Berlin) gerade in jenem Bezirk am niedrigsten gewesen ist, der im Mittel der Gemeinden und insgesamt die höchsten Wanderungsverluste hatte: im Bezirk Neubrandenburg (34% aller Wohnungen). Damit erweist sich der *Anteil des privaten Hauseigentums* gerade für die DDR (41% aller Wohnungen) als wichtiger Indikator regionaler Disparitäten.

---

38 ebenda, S. 53

Territorialplanung in der DDR

Tabelle 5
Wohnungsbau im Gebiet der ehemaligen DDR
Fertiggestellte Wohnungen in Wohn- und Nichtwohngebäuden

Jahr	Insg.	Neubau	Prozent Neubau	Insg. minus Neubau
1950	30992			
1960	80489	71857	89,3	8632
1961	92009	85580	93,0	6429
1962	87249	80139	91,9	7110
1963	75968	69321	91,3	6647
1964	76615	69345	90,5	7270
1965	68162	58303	85,5	9859
1966	65278	53366	81,8	11912
1967	76318	59107	77,4	17211
1968	75987	61863	81,4	14124
1969	70311	56547	80,4	13764
1970	76088	65786	86,5	10302
1971	76020	64911	85,4	11109
1972	85901	69552	81,0	16349
1973	96218	80725	83,9	15493
1974	102468	87530	85,4	14938
1975	107347	95133	88,6	12214
1976	111158	99558	89,6	11600
1977	113846	103278	90,7	10568
1978	114173	104641	91,7	9532
1979	110446	101188	91,6	9258
1980	111933	102209	91,3	9724
1981	120545	110916	92,0	9629
1982	117375	110823	94,4	6552
1983	118592	107258	90,4	11334
1984	117470	103655	88,2	13815
1985	115722	99129	85,7	16593
1986	116545	100067	85,9	16478
1987	109754	91896	83,7	17858
1988	104666	93472	89,3	11194
1989	92347	83361	90,3	8986
1990	62468	60055	96,1	2413

Datenbasis: Statistisches Bundesamt. Schriftenreihe für das Gebiet der ehemaligen DDR Heft 2. Wohnungsbau und Wohnungsbestand 1970 bis 1990. Wiesbaden 1993, S. 12

Diagramm 7 a
Wohnungsbau im Gebiet der DDR - Wohnungsbau insgesamt
Fertiggestellte Wohnungen

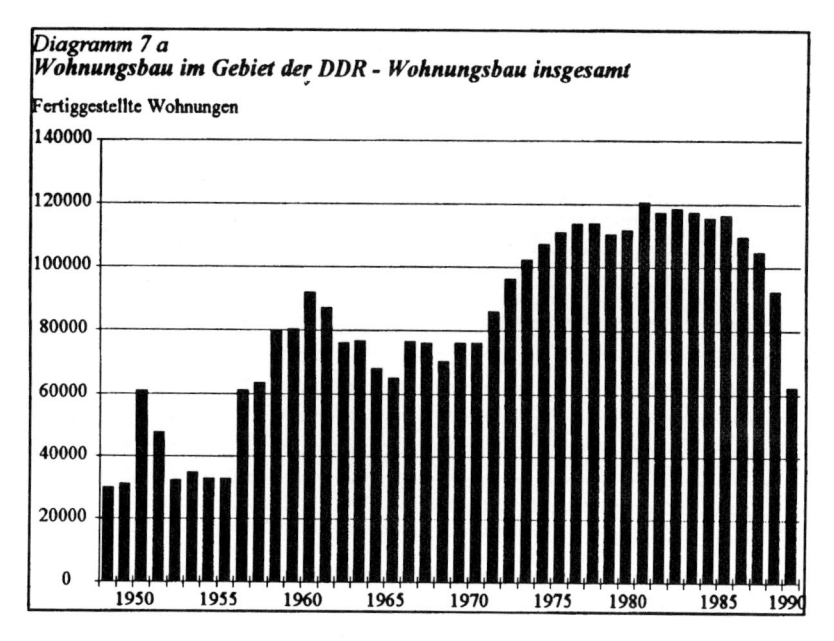

Diagramm 7b
Wohnungsbau im Gebiet der DDR - Wohnungsbau insgesamt minus Neubau
Anzahl der fertiggestellten Wohnungen (ohne Neubau)

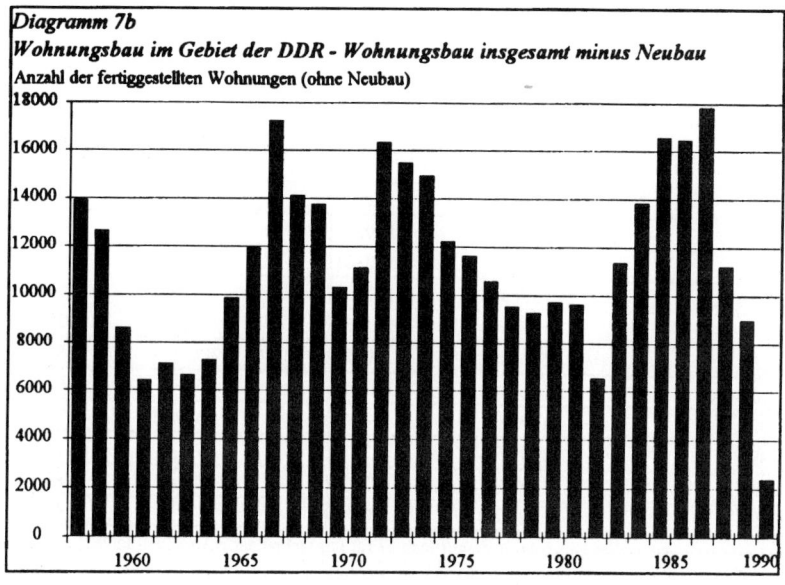

Territorialplanung in der DDR 137

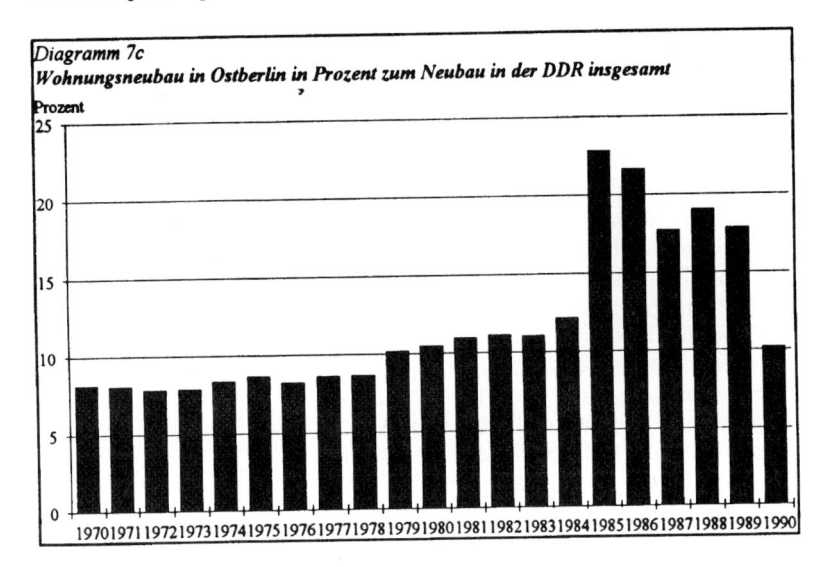

Diagramm 7c
Wohnungsneubau in Ostberlin in Prozent zum Neubau in der DDR insgesamt

Tabelle 6: Wohnbedingungen 1989 in den Bezirken der DDR

Bezirk	Wohnungsbestand nach Eigentumsformen			Wohnfläche je Einwohner (qm)	Von 100 Wohnungen sind ausgestattet mit	
	Volkseigen	Genossen-schaftlich	Privat und Sonstiges		Bad/Dusche	Innen-WC
		Prozent von allen Wohnungen			Prozent von allen Wohnungen	
Berlin (Ost)	59,4	16,8	23,8	30,4	89	95
Cottbus	41,0	17,9	41,2	26,5	90	85
Dresden	**38,4**	**18,9**	**42,7**	**28,2**	**73**	**59**
Erfurt	32,0	17,5	50,5	27,9	83	77
Frankfurt	44,6	16,9	38,5	26,7	85	85
Gera	37,2	15,2	47,7	28,0	85	75
Halle	39,3	17,7	43,0	27,4	84	80
Chemnitz	**38,6**	**16,0**	**45,4**	**27,5**	**75**	**54**
Leipzig	45,0	17,7	37,3	28,9	78	69
Magdeburg	37,1	21,3	41,6	27,5	83	83
Neubrandenb.	49,7	16,1	34,3	25,3	84	84
Potsdam	38,0	16,3	45,7	27,5	82	82
Rostock	47,1	23,4	29,5	23,9	85	86
Schwerin	43,1	17,1	39,8	25,9	82	81
Suhl	24,1	10,9	65,0	28,2	84	69
DDR	41,3	17,6	41,2	27,6	82	76

Quelle: Statistisches Jahrbuch 1990 der DDR, S. 200 – 202

3.5 Komplexe Analyse regionaler Disparitäten in der DDR

Die Verwendung einzelner Indikatoren hat gezeigt, daß die Dimension regionaler Unterschiede durchaus nicht immer dieselbe ist. Regionen, die in bezug auf einen bestimmten Indikator Vorzugsbedingungen haben, können in bezug auf einen anderen durchaus zu den schlechtesten gehören. So ist z.B. die Korrelation zwischen der Vielseitigkeit des Arbeitsplatzangebotes und der Schadstoffbelastung der Luft nicht sehr eng – jedenfalls nicht in der Weise, daß Regionen mit vielseitigem Arbeitsplatzangebot zugleich solche mit einer geringen Schadstoffbelastung wären. Andererseits hat sich gezeigt, daß bestimmte Regionen häufig als Regionen mit Vorzugsbedingungen genannt werden, andere dagegen als Krisengebiete. Allein durch eine komplexe Beurteilung der Lage, bei Einbeziehung sowohl von positiven als auch von negativen sozialen und ökonomischen Niveaus, sind die regionalen Disparitäten in der DDR umfassend zu bewerten.

Karte 4 ist das schematisierte Ergebnis des Versuches der Einbeziehung aller verfügbaren Datensätze (Kreisdaten) in die Analyse regionaler Disparitäten[39]. Danach zu urteilen, liegen die Krisengebiete der DDR auf den Achsen Salzwedel – Aue, Plauen- Görlitz und Angermünde – Stralsund. Die eigentlichen Ballungen auf diesen Achsen sind:

1. das Gebiet Bitterfeld – Mersburg – Borna (in der Agglomeration Halle- Leipzig- Dessau),
2. das Vogtland (einschließlich der gesamten Agglomeration Karl-Marx-Stadt- Zwickau- Plauen),
3. die Lausitz mit Görlitz im Zentrum und
4. Vorpommern.

Die Regionen mit Vorzugsbedingungen waren demgegenüber:

1. Berlin (Ost) und Umland,
2. die drei Thüringer Bezirke,
3. (nur bedingt als „Region" interpretierbar) das Ballungsgebiet „Oberes Elbtal" mit der Stadt Dresden als Ballungskern.
4. die Stadt Rostock und das Umland der Stadt

Vorzugsregionen und Krisenregionen sind somit in hohem Maße deckungsgleich mit jenen Gebieten, wo die Gemeinden in den 80er Jahren entweder hohe oder nur geringe Bevölkerungsverluste hatten. Daraus folgt, daß die langfristige Bevölkerungsentwicklung bzw. die Wanderungsbilanz von Gebieten in der Tat als synthetische Kennziffer regionaler Disparitäten verwendet werden kann.

---

39 Zur Verfahrensweise vgl. Abschnitt 2 der vorliegenden Arbeit.

Territorialplanung in der DDR

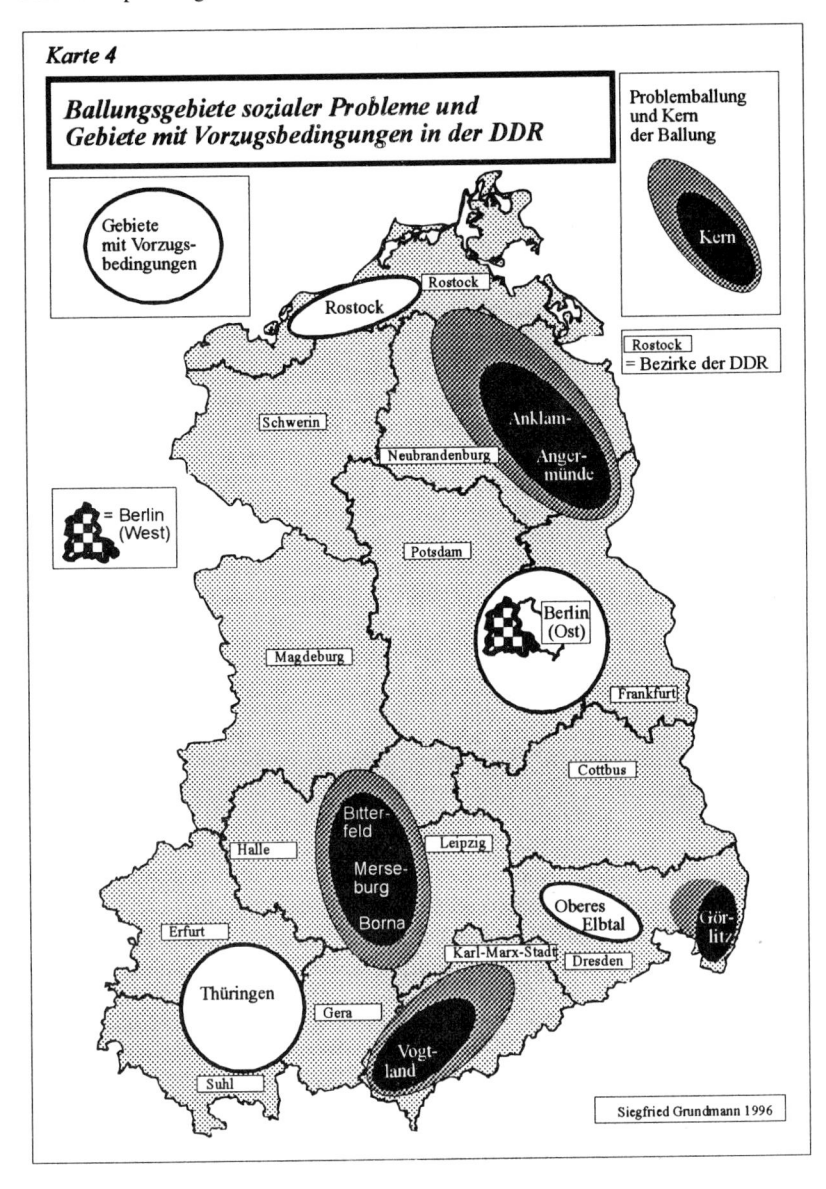

Karte 4

Ballungsgebiete sozialer Probleme und Gebiete mit Vorzugsbedingungen in der DDR

Problemballung und Kern der Ballung

Gebiete mit Vorzugsbedingungen

Kern

Rostock
Rostock
Schwerin
Anklam-Angermünde
Neubrandenburg

Rostock = Bezirke der DDR

= Berlin (West)

Potsdam
Magdeburg
Berlin (Ost)
Frankfurt
Cottbus
Halle
Bitterfeld
Leipzig
Merseburg
Borna
Oberes Elbtal
Görlitz
Erfurt
Karl-Marx-Stadt
Dresden
Thüringen
Gera
Vogtland
Suhl

Siegfried Grundmann 1996

Wenn wir die für Bezirke erhältlichen sozial relevanten Daten zugrundelegen und von der Kreisebene abstrahieren, waren nicht nur Berlin (Ost), die Thüringer Bezirke und der Bezirk Rostock, sondern auch der Bezirk Dresden eine „Vorzugsregion", während sich die sozialen Probleme der DDR in den Bezirken Halle, Cottbus und Neubrandenburg ballen. Dabei ist allerdings zu berücksichtigen, daß das Bezirksstadt-Ergebnis oftmals entscheidend den Bezirksdurchschnittt prägt. An der auf Basis von Kreisdaten ermittelten Disparität ändert sich dadurch jedoch nichts Grundsätzliches.

4. Gesamtbilanz

Die räumlichen Disparitäten des Jahres 1989 sind nicht allein ein Produkt der DDR. Zahlreiche räumliche Differenzierungen sind in Jahrhunderten entstanden – z.B. das Siedlungsnetz der DDR[40]. Die DDR hat regionale Disparitäten übernommen; diese wurden in 40 Jahren DDR-Geschichte teilweise reduziert, wobei „Reduktion" nicht generell eine Verbesserung der Lebensbedingungen bedeuten muß, sondern sehr wohl auch zu einer Angleichung auf niedrigem Niveau führen kann. Andere Disparitäten wurden auf annähernd gleichem Niveau reproduziert, neue wurden geschaffen.

Die Veränderungen der regionalen Struktur und der regionalen Disparitäten in der DDR waren in letzter Instanz ein Produkt der *Politik* und zwar vor allem

- der radikalen Änderung der Macht- und Eigentumsverhältnisse in Ostdeutschland in Verbindung mit der Schaffung eines zentralistisch strukturierten Systems von Wirtschaft und Gesellschaft im Gegensatz zum Aufbau einer parlamentarischen Demokratie und sozialen Marktwirtschaft in Westdeutschland,
- der Spaltung Deutschlands und Einbindung der 1949 gegründeten DDR in das von der Sowjetunion beherrschte Osteuropa, damit auch der festen Bindung an Länder mit einem viel niedrigeren Niveau der Arbeitsproduktivität,
- der 1952 durchgeführten Gebiets- und Verwaltungsreform in der DDR, darunter der Abschaffung der vorher bestehenden Länder und Bildung von Bezirken als wesentliche räumlich-administrative Rahmenbedingungen für die Verwirklichung des Machtmonopols der Partei- und Staatsführung in der DDR und der von ihr proklamierten Planwirtschaft.

---

40 79 Prozent der auf dem Territorium der DDR befindlichen Städte wurden vor dem Jahre 1450 gegründet. (Eichler, Ernst/Walther, Hans 1986: Städtenamenbuch der DDR. Leipzig, S. 10)

Territorialplanung in der DDR

Aus der Arbeiterbewegung entnommene räumlich strukturierte Zielsetzungen wie die „Überwindung des Gegensatzes zwischen Stadt und Land" hatten dabei eine begründende Funktion; sie haben in der praktischen Politik trotzdem nur eine marginale Rolle gespielt, zumal bis zum Ende der DDR kein Konsens darin bestand, was unter der „Überwindung des Gegensatzes zwischen Stadt und Land" eigentlich zu verstehen sei – ganz zu schweigen von einem Konsens in bezug auf jene regionalen Disparitäten, die außerdem bestehen bzw. den Gegensatz von „Stadt und Land" überformt hatten. Die Interessen des „Zweiges" waren immer viel wichtiger als die Interessen des „Territoriums", die Befugnisse der „örtlichen Organe der Staatsmacht" – selbst der Räte der Bezirke – waren gering und im Konfliktfall bedeutungslos. Die Mißachtung der Regional- und Kommunalpolitik in der DDR wie auch in den anderen sozialistischen Ländern ist historisch in einer entsprechenden Haltung der kommunistischen Parteien und dem uneingeschränkten Führungsanspruch ihrer „Parteiführungen" noch lange vor deren Machtergreifung verwurzelt (so in einer Unterbewertung der Kommunalpolitik durch die KPD in den 20er Jahren).

Die politischen Rahmenbedingungen der Wirtschaftspolitik wurden räumlich relevant

- im Ersatz der früheren West- durch eine Ostorientierung der Wirtschaft, verbunden damit einem Auf- und Ausbau der Industrie (vornehmlich in Gestalt von Großbetrieben) sowie der erforderlichen Infrastruktur an der Ostseeküste und der Ostgrenze der DDR,
- in der verstärkten Nutzung autochthoner Rohstoffe, Schaffung einer auf einheimischer Braunkohle beruhenden Energie- und Rohstoffwirtschaft trotz der damit verbundenen volkswirtschaftlichen Verluste und ökologischen Katastrophe,
- in der Orientierung auf eine „Eigenversorgung der DDR mit landwirtschaftlichen Produkten" und der damit verbundenen Subventionierung der Landwirtschaft bzw. von agrarisch strukturierten Gebieten,
- in der Vernachlässigung von Kleinbetrieben sowie von Regionen mit einem hohen Konzentrationsgrad solcher als „historisch überholt" angesehenen Betriebe.

Sozialpolitische Ziele, die in der Raumordnung relevant geworden sind, waren (trotz der oben vorgenommenen Relativierung)

- die „Überwindung des Gegensatzes von Stadt und Land",
- die „Vollbeschäftigung",
- die „Gleichberechtigung von Mann und Frau",
- die „Lösung der Wohnungsfrage".

Aus diesem Grund wurden permanent und in massenhaftem Umfang Arbeitsplätze dort geschaffen, wo das „gesellschaftliche Arbeitsvermögen" heranwuchs – mit dem Preis einer ineffizienten Nutzung und des Verschleißes der anderswo schon vorhandenen Maschinen und Anlagen. Arbeitsplätze wurden in der Textil- und Leichtindustrie vor allem darum geschaffen, um die allenthalben auch zum Bedürfnis gewordene Berufstätigkeit von Frauen zu sichern. Darüberhinaus wurde der Dienstleistungssektor zu einer Domäne von Frauen. Eine geringe Produktivität der Arbeit war oftmals das notwendige Pendant zur Vollbeschäftigung. Intraregional hat sich die räumliche Struktur der DDR durch das Wohnungsbauprogramm radikal und in einer teilweise irreparablen Weise verändert. Die letztlich ineffiziente Sozialpolitik hat wesentlich zur Vertiefung regionaler Disparitäten und zum wirtschaftlichen Ruin der DDR beigetragen.

Die vorgenommene Analyse räumlicher Disparitäten hatte auch Ergebnisse, die Anregungen für die künftige Regionalforschung geben können – unabhängig vom konkreten Objekt der Forschung (wie z.B. im vorliegenden Falle der DDR).

Die regionalen Disparitäten in der DDR sind *nicht* gleichzusetzen mit einer Disparität

- zwischen Bezirken bzw. administrativen Gebietseinteilungen (auch wenn einzelne Bezirke insgesamt zu den „Vorzugsregionen" gezählt werden können)[41],
- zwischen Industriegebieten und agrarisch strukturierten Gebieten[42],
- zwischen „Stadt" und „Land",
- zwischen dem Süden und dem Norden der DDR.

Die Disparität zwischen Industriegebieten ist mindestens ebenso groß wie die Disparität zwischen den industriellen Vorzugsgebieten einerseits und den

---

41 Das steht nicht im Widerspruch dazu daß regionale Disparitäten *flächendeckend* und bei Verwendung von *Zeitreihen* nur auf der Basis der amtlichen Statistik analysiert werden können. Wenn das räumliche Raster dieser Daten hinreichend kleinteilig ist (also wenigstens Kreise erfaßt), lassen sich – wie hier gezeigt – die faktischen Grenzen von Regionen mit einem hohen und solchen mit einem niedrigen Niveau der sozialen und ökonomischen Entwicklung adäquat erfassen. Flächendeckende und jährlich wiederkehrende *soziologische* Befragungen in *allen* Kreisen der Bundesrepublik sind zwar *theoretisch* möglich, aber derart kostenintensiv, daß soziologische Untersuchungen als Basis einer flächendeckenden statistischen Analyse nicht in Frage kommen. Nichtsdestoweniger bleiben soziologische Untersuchungen ein unverzichtbares Instrument für die Bewertung regionaler Disparitäten und die Erfassung von räumlich relevanten Verhaltensweisen der Menschen.
42 Falsch wäre eben darum pauschale Formulierung, daß die DDR geprägt gewesen sei durch „Disparitäten zwischen industrialisierten und wirtschaftlich wenig entwickelten Gebieten" (Raumordnungspolitik in der DDR: Planung, Produktionsstruktur, Wohlstandsverteilung = Deutsches Institut für Wirtschaftsforschung. Wochenbericht 25/78, S. 245).

stärker agrarisch strukturierten Gebieten im Norden der DDR andererseits. Zum Süden gehören bevorzugte Regionen *und* Krisengebiete der DDR. Von einer Polarität „Süd-Nord" kann auch darum nicht die Rede sein, weil der Raum Berlin-Umland auf der positiven Seite regionaler Disparitäten liegt. Die Lebensbedingungen und die ökonomische Situation waren in keiner Region der DDR entweder ausnahmslos positiv oder ausnahmslos negativ.

Obwohl räumliche Disparitäten teilweise und manchmal sogar in hohem Maße als Disparitäten zwischen Wirtschafts- und Industriebereichen oder auch Siedlungsformen dargestellt und erklärt werden können, sind räumliche Disparitäten mehr als das. Eine jede Region ist zwar einerseits die Addition von unterschiedlich vielen Betrieben unterschiedlichen Profils, von Institutionen, Siedlungen usw., sie ist aber andererseits viel mehr als das. Wie insbesondere am Beispiel der räumlichen Verteilung des Forschungspotentials in der DDR gezeigt werden konnte[43], sind *Gebiets*eigenschaften viel mehr als ein Resultat der unterschiedlichen räumlichen Verteilung von Wirtschafts- und Industriebereichen.

5. Ausblick

Aus der Situation und Entwicklung der ostdeutschen Regionen seit der Einführung der Währungsunion am 1. Juli 1990 und dem Beitritt der DDR zur Bundesrepublik Deutschland am 3. Oktober 1990[44] folgt, daß die vorgenommene Analyse regionaler Disparitäten mit großer Wahrscheinlichkeit richtig ist. Es gilt zwar grundsätzlich, daß keine einzige Region in Ostdeutschland die plötzliche Konfrontation mit der Marktwirtschaft schadlos überstanden hat, trotzdem ist erkennbar, daß die Krisenregionen der DDR die neuen Aufgaben am schwersten bewältigen und die Vorzugsregionen der DDR erneut ihre Standortvorteile nutzen können. Und nicht nur das: Es ist damit zu rechnen, daß manche regionale Disparitäten aus der DDR nicht einfach reproduziert werden, sondern sich verschärfen. Berlin, das zur Hauptstadt des vereinigten Deutschland geworden ist, hat gute Chancen, sehr bald das Niveau der alten Bundesländer zu erreichen (zumal der größere Teil Berlins – Westberlin – ohnehin kein Teil der DDR gewesen ist). Das entspricht dem gesamtdeutschen Interesse, in ganz besonderem Maße aber

---

43 Grundmann, Siegfried 1995 a.a.O., S. 33ff
44 Vgl. die hier erfolgte Darstellung räumlicher Disparitäten in der DDR mit der Darstellung der jetzigen regionalen Situation in den neuen Bundesländern in: Bundesforschungsanstalt für Landeskunde und Raumordnung (Hrsg.) 1995: Regionalbarometer neue Länder. Erster zusammenfassender Bericht. (Materialien zur Raumentwicklung 50) Bonn-Bad Godesberg

auch ostdeutschen Interessen, weil die Entwicklung Berlins positive Wirkungen auch im weiten Umland der Stadt induziert. Ähnliches gilt für die sächsische Landeshauptstadt Dresden und das Ballungsgebiet Oberes Elbtal. Auch wenn der Aufschwung Ost in Thüringen noch keine klaren Konturen erkennen läßt, kann kein Zweifel daran bestehen, daß die dort reichlich vorhandenen „weichen Standortfaktoren" sich bald als entscheidende Standortvorteile erweisen werden. Demgegenüber besteht die Gefahr, daß Vorpommern langfristig zum eigentlichen Krisengebiet Deutschlands verkommt. Eine Trendwende ist hier nur unter der Voraussetzung von andauernd umfangreichen Subventionen möglich. Überdurchschnittlich große Probleme sind jedoch auch in den anderen Krisengebieten aus der DDR zu bewältigen. Im Gebiet Halle-Leipzig-Dessau besteht aber wenigstens die Chance, das historisch entstandene ökonomische Profil bei bestimmender Rolle der Chemieindustrie zu reproduzieren; im Gebiet des früheren Bezirks Karl-Marx-Stadt jedoch steht nach dem Zusammenbruch der Textilindustrie (aber auch anderer Produktionszweige wie z.B. des Musikinstrumentenbaus im Vogtland) die Aufgabe eines radikalen Strukturwandels und somit des Neubeginns.

So schwer Voraussagen zum Tempo des „Aufschwungs Ost" auch sind, in hohem Maße wahrscheinlich, geradezu sicher ist, daß die regionale Differenziertheit im Osten Deutschlands nach der egalisierenden Wirkung des wirtschaftlichen Zusammenbruchs zunimmt und für lange Zeit von „gleichwertigen Lebensbedingungen" in den ostdeutschen Regionen keine Rede sein kann. Es werden frühere Disparitäten reproduziert, aber auch ab- und neue aufgebaut. Das ostdeutsche Territorium wird räumlich neu organisiert. Die wesentlichen Determinanten hierfür sind:

- die Integration Ostdeutschlands in das vereinigte Deutschland und in die Europäische Gemeinschaft, damit ein Ersatz der jahrzehntelang dominierenden Ost- durch eine dominierende West-Orientierung von Wirtschaft und Gesellschaft,
- die Lösung der ostdeutschen Wirtschaft von der engen Bindung an autochtone Rohstoffe (insbesondere die Braunkohle),
- die Bildung förderativer Länder in Ostdeutschland und damit auch eine entsprechende Profilierung der Landeshauptstädte,
- der Hauptstadtbeschluß des Deutschen Bundestages; die Eigenschaft, Standort der deutschen Hauptstadt zu sein, ist zum *wichtigsten Standortvorteil Ostdeutschlands* geworden.

Literatur

Autorenkollektiv 1989: Forschungsbericht zur Sozialstruktur und Lebensweise in Städten und Dörfern. Teil 1-5. Akademie für Gesellschaftswissenschaften beim Zentralkomitee der SED, Institut für Marxistisch-Leninistische Soziologie, Berlin (Hrsg.). Berlin

Bauakademie der DDR – Prognoseabteilung. 1988. Hintergrundmaterial zur komplexen Entscheidungsgrundlage für die langfristige Entwicklung des Bauwesens im Zeitraum nach 1990. Berlin

Beyme, Klaus von 1988: Regionalpolitik in der DDR. In: Glaeßner, Gert-Joachim (Hrsg.): Die DDR in der Ära Honecker. Politik – Kultur – Gesellschaft. Opladen: Westdeutscher Verlag, S. 434-449

Bönisch, Rolf/Mohs, Gerhard/Ostwald, Werner 1982: Territorialplanung. 3. Auflage. Berlin: Verlag Die Wirtschaft

Bundesforschungsanstalt für Landeskunde und Raumordnung (Hrsg.) 1992: Regionalbarometer neue Länder. Erster zusammenfassender Bericht (Materialien zur Raumentwicklung 50) Bonn – Bad Godesberg

Deutscher Bundestag, 13. Wahlperiode. Drucksache 13/2280 08.09.95 Unterrichtung durch die Bundesregierung: Materialien zur Deutschen Einheit und zum Aufbau in den neuen Bundesländern

Die chemische Industrie in der DDR – Wachstum in konservierten Strukturen. DIW-Wochenbericht Heft 41/1989, S.498-504

Eichler, Ernst/Walther, Hans 1986: Städtenamenbuch der DDR. Leipzig

Friedemann, Frank 1990: Zur Ministerialverwaltung der DDR. Unveröffentlichtes Manuskript

Gatzweiler, Hans-Peter/Irmen, Eleonore/Janich, Helmut 1991: Regionale Infrastrukturausstattung. (Forschungen zur Raumentwicklung 20) Bonn Bad-Godesberg: Bundesforschungsanstalt für Landeskunde und Raumentwicklung.

Gesetz über die örtlichen Volksvertretungen in der DDR v. 4. Juli 1985. In: Gesetzblatt der Deutschen Demokratischen Republik. 1985 Teil I Nr.18, § 1

Gesetz über die weitere Demokratisierung des Aufbaus und der Arbeitsweise der staatlichen Organe in den Ländern der Deutschen Demokratischen Republik vom 23.7.1952. In: Gesetzblatt der DDR, Nr. 99/1952, S. 613ff

Grönwald, Bernd 1992: Gesellschaftskonzeption und Stadtentwicklung sind nur über praktisches Bauen realisierbar. Einführungsreferat zum wissenschaftlichen Symposium „Gesellschaftskonzeption und Stadtentwicklung" der Bauakademie der DDR am 17. Januar 1990 in Berlin. In: Helms, Hans G. (Hrsg.): Die Stadt als Gabentisch. Leipzig. S. 309-324

Grundmann, Siegfried 1991: Soziale Probleme der Stadtentwicklung in der DDR. In: Glaeßner, Gert-Joachim (Hrsg.): Eine deutsche Revolution. Der Umbruch in der DDR, seine Ursachen und Folgen. Frankfurt am Main, Bern, New York, Paris: Verlag Peter Lang, S. 168. S. 165-177

Grundmann, Siegfried 1994: Expertise zu datenmäßigen und analytischen Grundlagen zur Darstellung der räumlichen Disparitäten der früheren DDR und der fünf neuen Bundesländer KSPW-Expertise (unveröff.)

Grundmann, Siegfried 1995: Statistische Analyse regionaler Disparitäten in der DDR auf der Basis von Bezirks-, Kreis- und Gemeindedaten. KSPW-Expertise (unveröff.)
Holzweißig, Werner 1986: Jugend und Migration. Forschungsbericht. Zentralinstitut für Jugendforschung. Leipzig
Lenin. W.I.: Rede im Moskauer Sowjet 23.04.1918 in ders.: Werke Bd. 27, Berlin: Dietz Verlag. Berlin 1960 , S. 219-224
Liebknecht, Kurt: Mein bewegtes Lebens. Aufgeschrieben von Steffi Knop. Berlin: VEB Verlag für Bauwesen, 1986
Marx, Karl: Das Kapital Bd. 1 in : Marx, Karl/Engels, Friedrich: Werke Bd. 23, Berlin 1962
Raumordnungspolitik in der DDR: Planung, Produktionsstruktur, Wohlstandsverteilung. Deutsches Institut für Wirtschaftsforschung. Wochenbericht 25/78, S. 245-251
Statistisches Bundesamt. Sonderreihe mit Beiträgen für das Gebiet der ehemaligen DDR. Heft 2. Wohnungsbau und Wohnungsbestand 1970 bis 1990. Wiesbaden 1993
Statistisches Jahrbuch 1989 der DDR. Staatliche Zentralverwaltung für Statistik (Hrsg.) Berlin
Statistisches Jahrbuch 1990 der DDR. Statistisches Amt der DDR (Hrsg.). Berlin: Rudolph Hauser Verlag

The Regional Impact of the Transformation Processes in Poland after 1989 against the background of the General Trends

Antoni Kukliński, Agnieszka Mync, Roman Szul

1. General Trends of the Socio-Economic Transformation Processes
   1.1 Transformation Mechanisms of the Polish Economy and their Effects
   1.2 Economic Recovery after 1992
   1.3 The Main Elements of the Transformation Processes
      1.3.1 Privatization
      1.3.2 Foreign Investment
      1.3.3 Changes in the Polish Industry
   1.4 Political Transformation
   1.5 Social Transformation
2. Regional Impacts of the Transformation Processes
   2.1 Historical Reasons of the Present Regional Differentiation
   2.2 Mechanisms of Change in the Regional Structure of Poland after 1989
   2.3 Regional and Industrial Policy
   2.4 Selected Regions against the background of the National Economy
3. Challenges of the Future
4. Final Remarks

References

Annex I: Discussion papers
   Discussion Paper I: „Efficiency versus Equality – The Grand Dilemma of the Polish Space at the turn of the XX and XXI century"
   Discussion Paper II: The Regional Dimension of the Transformation Processes in Poland-Research Priorities
Annex II: Graphical Materials

1. General Trends of the Socio-Economic Transformation Processes

The aim of this part of the study is to present the main characteristics of the economic transformation in Poland after the change of the political and economic system in 1989.[1] The analysis will focus on macro-economic performance and policy.

1.1 Transformation Mechanisms of the Polish Economy and their Effects

It is generally assumed that the fundamental transformation of Poland's economy started at the beginning of the year 1990, together with the famous „shock therapy" (or „big bang"), although it is worth noting that some important steps in this direction, such as the radical liberalization of laws on undertaking economic activity by private and public sectors, liquidation of the state monopoly in foreign trade, liberalization of food prices and relaxation of price control on other goods, were taken earlier by the „old regime". The shock therapy consisted, first of all, in price liberalization (more than 90% prices became free), though the monetary policy aimed at reducing excessive demand in order to achieve market equilibrium and curb inflation; moreover, the new currency policy introduced one exchange rate of the zloty (the Polish currency) and made the zloty „internally convertible" by pegging it to the dollar at a constant exchange rate.

In its original version the shock therapy policy was pursued until autumn of 1991. It brought radical changes in the economic and social life of Poland.

The first and perhaps the most important result of this policy was the achievement of market equilibrium. This meant a radical break with the old tradition of the socialist economy.

The situation did not only change in the commodity market, but also in the labour market: the previous shortages of the working force were rapidly replaced by unemployment which started to grow at a rather high and steady pace affecting almost 3 million persons or 16.4% of the working force by

---

1 These problems were discussed in a comparative perspective in: Szul, R. 1995: Główne tendencje transformacji w Europie Wschodniej (The Main Transformation Tendencies in Eastern Europe). In: Jałowiecki, B. (ed.): Współczesne problemy rozwoju regionalnego (Actual Problems of Regional Development), La Chaire UNESCO du Developpement Durable, Universite de Varsovie, Warszawa, p. 37-62.

the end of 1993.² Only in 1993 did the pace of growth of unemployment start to decelerate, and in 1994 the absolute number and the unemployment rate decreased slightly.

The immediate result of the general price liberalization was an outbreak of inflation (80% monthly inflation in January, 25% in February, 5% in March 1990), which, later on, slowed down considerably amounting to about 600% yearly in 1990, 70% in 1991, 43% in 1992, 35% in 1993 and 30% in 1994.³ The struggle against inflation was one of the major concerns during that period, and, undoubtedly, the major concern in the first two years of the shock therapy. The main instrument in this policy was, especially until mid-1991, a tight monetary policy resulting in reduced demand.

One of the most important results of the shock therapy policy was a considerable decrease in the Gross Domestic Product (GDP) and industrial output. The GDP fell down by about 10-15% in 1990 and another 10% in 1991, stabilized in 1992, grew by some 4% in 1993, 5% in 1994 and 6.5% in 1995

---

2   The total number of the population working in the national economy decreased successively in the period 1989-1993 and in 1994 increased slightly as a result of economic recovery, as presented in the following table:
The number of the population working in the national economy of Poland (yearly averages, in thousands)

1989	17,002	1992	14,677
1990	16,280	1993	14,330
1991	15,326	1994	14,591

Data presented on full-time basis, excluding employees in the units of the Ministry of National Defence and the Ministry of the Interior.
The number of the (registered) unemployment which accounted to nil before 1990, reached in consecutive periods: (in thousand)

June 1990	568.2	June 1992	2,296.7
December 1990	1,126.1	December 1992	2,509.3
June 1991	1,574.1	December 1993	2,889.6
December 1991	2,155.6	December 1994	2,838.0

The unemployment rate in consecutive years amounted to
(year end):
1990 – 6.3%   1992 – 13.6%   1994 – 16.0%
1991 – 11.8%   1993 – 16.4%
Source: GUS (Central Statistical Office, Warsaw) statistics.

3   The general increase in prices of goods and services amounted to:
244% in 1989   618% in 1990   71% in 1991
42% in 1992   35% in 1993   31% in 1994
The increase in prices of consumption goods and services amounted to 251% (264 for goods and 171 for services) in 1989, 586% (560; 781) in 1990, 70% (60; 132) in 1991, 43% (37; 68) in 1992, 35.3% (34.2; 38.1) in 1993 and 32,2% (32.1; 32.5) in 1994. (In 1995 after 9 months the yearly rate was assessed at 25%). The faster growth in prices of consumption services than consumption goods, especially in the first years, was a result, first of all, of a rapid growth of rents, costs of delivery of water and other communal services. Prices of housing-related services were extremely low and were kept artificially stable under the old system; therefore the price adjustment in this sector had to be more radical than in the case of consumption goods.

(according to assessments made after 9 months of this year), and was followed mostly by a quite rapid growth in industrial output.[4] It should be underlined here that the GDP reduction was not as harmful for the economy and painful for the society as it may seem and as it could be in established market economies. A large proportion of this reduction, especially in the first year, was due to the shrinking of wasteful production (of the so-called „production for production", typical of the socialist economy), improved efficiency and effectiveness of input use, elimination and exploitation of stores accumulated both by producers and consumers during the years of the socialist „economy of shortages", etc.

Nevertheless, the shrinking of economic activity started to be felt and adversely affected living standards of the population and economic conditions of the enterprises. In 1990 the situation was partially alleviated by the rapid growth of exports to hard currency markets[5] – this growth being mostly a result of the massive devaluation of the zloty at the beginning of the shock therapy – and by making use of the earlier accumulated stores. The situation became worse in 1991 when exports to the USSR virtually collapsed. The loss amounted to more than 50% of exports to the USSR during one year as a result of the change in the regime of trade with the USSR and of internal problems of the Soviet Union. Despite the dramatic drop in both internal and external demand, fighting inflation by reducing demand remained the main goal of economic policy in 1991. The situation changed in autumn that year as a result of the election campaign which forced the government to loosen its monetary policy, to supply the economy with considerable amounts of fresh money, and to increase the budget defi-

---

4   According to official statistics, the GDP index fell by 11.4% in 1990 (22% in industry, 14.5% in construction, 0.3% in agriculture), by 7.6% in 1991 (17.1% in industry, increase of 6.7% in construction and increase of 6.8% in agriculture), increased by 1% 1992 (increase of 2% in industry, increase of 6% in construction, decrease of 11% in agriculture – largely attributable to weather conditions) and increased by 4.5% in 1993 (by 8% in industry), grew by 3.6% in 1993 (industry +6.4%, agriculture +8.9%), and grew by about 5% in 1994 (growth of 11.9% in industry and decline of 10.9% in agriculture, again due to bad weather conditions). In 9 months of 1995 the GDP grew by 6.5% and industrial output by 10.8% compared to the same period of the previous year.
5   Dynamics of exports and imports over last years is as follows (changes in % to the previous year):

Year	Imports	Exports	Year	Imports	Exports
1989	1.5	0.2	1992	13.9	-2.6
1990	-17.9	13.7	1993	18.5	-1.1
1991	37.8	-2.4	1994	13.4	18.3

Balance of trade amounted to (in billions US$):

1990	+ 4.8 bln	1992	- 2.7 bln	1994	- 4.3bln
1991	– 0.6 bln	1993	- 4.7 bln		

cit. The latter was, by the way, disapproved by the International Monetary Fund (IMF) which suspended its collaboration with Poland until the spring of 1993. It should be stressed, however, that the change in the monetary policy, although sensible, was not radical one – i.e. the budget deficit never exceeded 5.5% of GDP and in last two years was below 3%.

The above-mentioned decline in trade, especially of exports, with the Soviet Union and other Eastern European countries and the increase in trade with the European Community resulted in a radical change of Poland's foreign economic relations. Germany became Poland's first partner, both as the biggest exporter and as the most important importer of Polish goods and services, and the role of Germany has been growing steadily. The role of the European Community as Poland's trading partner grew as well, while the role of the former Soviet Union and other Eastern European countries diminished, especially as importers.[6] This tendency was only partially reversed in 1994 when the trade with some Central and Eastern European countries grew faster than Polish foreign trade in general. This is especially true for the trade with Russia and Czechia.

---

6   Polish imports from Germany accounted for 20.1% of Polish imports in 1990, 23.9% in 1992 and 27.4% in 1994; Polish exports to Germany accounted, respectively, for 25.1%, 31.4% and 35.7% of Polish exports. In fact, the share of Germany in Polish exports was greater, because the above data do not include the quite important „shopping tourism" from Germany to Poland. The EC's share in Polish imports in 1992 was 53.2% and 56.5% in 1994, and that of exports 58.0% and 62.7% respectively, while the share of Central and Eastern European countries (including the former USSR) was, respectively, 16.3% and 14.3% in imports and 15.4% and 14.5% in exports, the share of Russia was 8.5% and 6.8% in imports and 5.5% and 5.4% in exports. (The high difference in the importance of Russia as importer and as exporter results from the fact that Russia's oil and natural gas exports to Poland were less affected by the general decline in the Polish-Russian trade than the other goods. This tendency resulted also in a high proportion of energy and fuel in Polish imports from Russia – it accounted for 76% in 1992 and 72% in 1994).

Table 1: Poland's main trading partners, with their share in Polish exports and imports (in %) in 1992 and 1994:

1992 Imports		1992 Exports		1994 Imports		1994 Exports	
1. Germany	23.9	1. Germany	31.4	1. Germany	27.4	1. Germany	35.7
2. Russia	8.5	2. Netherl.	6.0	2. Italy	8.4	2. Netherl.	5.9
3. Italy	6.9	3. Italy	5.6	3. Russia	6.8	3. Russia	5.4
4. U.K.	6.7	4. Russia	5.5	4. U.K.	5.7	4. Italy	5.0
5. Netherl.	4.7	5. U.K.	4.3	5. Netherl.	4.6	5. U.K.	4.5
6. Austria	4.5	6. Czecho-Slovakia	3.8	6. France	4.5	6. France	4.0
7. France	4.5	7. France	3.6	7. USA	3.9	7. USA	3.4
8. USA	3.4	8. Austria	3.2	8. Sweden	2.8	8. Denmark	3.2
9. Czecho-Slovakia	3.2	9. Belgium	2.6	9. Austria	2.6	9. Czechia	2.7
10. Iran	2.5	10. Denmark	2.5	10. Belgium	2.5	10. Sweden	2.6
.....		.....		.....		.....	
Hungary	0.9	Hungary	1.3	Hungary	1.0	Austria	2.1
				Slovakia	0.9	Hungary	1.1
						Slovakia	1.1

Source: GUS (Central Statistical Office) Statistical Yearbook

Changes in the geographical structure of Poland's foreign trade were accompanied by changes in its material (branch) composition. In the first stage of the transformation (until 1992) the share of fuel and energy declined both in exports and imports (Poland exports coal and electricity and imports oil and natural gas); this is probably the most significant result of the systemic transformation of Poland's economy. A considerable decrease of the share of the metallurgical industry in imports and a similar increase of this branch in exports could be observed, while a divergent trend (increase in imports and decrease in exports) took place in electrical and machinery industry. The share of chemical industry, of food industry, of agricultural products and of pulp and paper industry rose both in exports and in imports. All these changes reflect substantial aspects of transformation of the economic system of Poland, its material restructuring, its new position in the world economy and the resulting changes in the demand and supply structures of Poland's economy. During the second stage of the transformation or the period of recovery (after 1992) the most significant developments in the composition of Polish foreign trade were, first of all, a further rise in the share of pulp and paper and light industries in exports, and a recovery in the share of electrical and machinery in exports. The former tendency is a result of two independent occurrences:

The Regional Impact of the Transformation Processes in Poland ... 153

1. growing exports to the EU[7], mainly to Germany, due to low labour and other costs of labour- and material-consuming goods, like wood products and textiles,
2. growing exports to the former Soviet Union due to underdevelopment of consumer goods-producing industries in those countries (high demand for Polish furniture, textiles, etc.). The increase of the share of electrical and machinery industry, in turn, reflects the technological and institutional restructuring of Polish industry during the transformation period (due to foreign investments).

Table 2: Structure of Poland's imports and exports 1985- 1994, by branches, per cent (constant prices of 1990)

Branch	Imports					
	1985	1989	1990	1991	1992	1994
Fuel and energy	15.4	14.8	20.7	11.8	10.8	10.5
Metallurgy	11.2	8.8	6.9	3.9	4.6	4.9
Elec. & machinery	32.8	34.5	39.8	43.5	38.3	33.8
Chemical industry	15.6	14.9	11.6	12.3	17.6	19.2
Mineral industry	1.6	1.2	1.3	1.8	2.4	.
Pulp & paper	2.4	2.1	1.6	2.4	3.6	3.9
Light industry	5.6	6.8	6.1	6.1	5.3	10.6
Food industry	8.6	9.8	7.8	11.8	10.2	7.8
Other industrial br.	1.8	2.2	2.1	2.8	2.0	.
Construction	0.0	0.0	0.0	0.0	-	-
Agricultural prod.	4.5	4.6	2.0	3.5	5.1	3.4
Forestry products	0.1	0.1	0.0	0.0	0.0	.
Others	0.4	0.2	0.1	0.1	0.1	.

---

7   See also: Lista 100 największych polskich eksporterów do Unii Europejskiej (The List of Top Hundred Polish Exporters to EU Countries) In: Gazeta Bankowa,,, No. 44/366, October 29, 1995, Special Issue.

Branch	Exports					
	1985	1989	1990	1991	1992	1994
Fuel and energy	14.4	10.9	10.1	9.6	10.1	8.9
Metallurgy	12.9	11.7	14.6	17.7	19.9	13.8
Elec. & machinery	32.6	34.3	29.3	22.2	21.1	25.8
Chemical industry	8.9	9.9	12.0	10.5	13.4	10.0
Mineral industry	1.6	1.5	1.7	3.4	2.8	.
Pulp & paper	3.6	4.0	4.1	7.0	9.0	9.9
Light industry	8.3	7.2	6.4	5.9	6.8	14.8
Food industry	9.2	9.8	10.0	10.0	9.5	9.7
Other industrial br.	0.3	0.4	0.6	1.3	0.5	.
Construction	4.4	5.4	4.8	4.8	-	.
Agricultural prod.	3.3	3.9	5.4	6.9	6.0	2.5
Forestry products	0.8	0.3	0.4	0.5	0.5	.
Others	0.6	0.8	0.6	0.2	0.4	.

Source: GUS (Central Statistical Office)

The decline in economic activity in the first stage of the transformation, especially the poor economic situation of enterprises and their need to reduce expenditures and costs, resulted, among other things, in a deep decrease in enterprise expenditures on Research and Development (R&D).[8] Enterprises became more interested in minor undertakings resulting in an immediate competitive advantage on the market – like improvements in quality and design, adaptation of imported innovations etc., rather than in taking up large-scale projects which might bear fruits in the long run only. The ability of both, enterprises and research institutes, for technological innovation was also affected by the outflow of scientists and researchers (mostly younger ones). It is interesting to note that this outflow started, on a significant scale, already at the beginning of the 1980s. In the 1990s an important change in the direction of this outflow took place: while in the 1980s researchers headed abroad to the Western countries – USA, West Germany, Canada, etc. – the main destination of the „brain migrations" of the 1990s are domestic non-scientific occupations, mostly in various kinds of businesses (banks, consulting firms, foreign firms, self-employed).[9] Recently, in

---

8 See for more details: Kacprzynski, B. 1991: The Transformation Process of "Science and Technology„ in Poland. In: Kukliński, A. (ed.): Transformation of Science in Poland (Science and Government Series 1) Warsaw: State Committee for Scientific Research, p. 298-319; Sadowski, Z.L. 1993: Education, Science and Technology in Poland. An Assessment. Summary Report on the Research Project within the Subject: "Eastern and Central Europe 2000„ sponsored by European Communities (DG XII) via the Institute for Human Sciences in Vienna and the European Institute for Regional and Local Development in Warsaw, Polish Economic Society, Warsaw.

9 A study done by the European Institute for Regional and Local Development of the University of Warsaw (lead by J. Hryniewicz, B. Jalowiecki, A. Mync) revealed that in the years 1980-1992 Polish universities and research institutes lost 25% of their scientific

the period of recovery, one can observe some increase in interest for R&D in enterprises, but, still, their technological innovations and restructuring rely predominantly on inflows of foreign technologies rather than on their own research.

The economic situation of the country has been highly influenced by the currency developments in Poland and its neighbours.[10] The exchange rate of the zloty against the dollar remained stable during the entire year of 1990 and the five months of 1991 despite the above-mentioned high inflation rate.[11] This meant a dramatic real appreciation of the zloty and rise in domestic incomes and prices in dollar terms (i.e. average wages in 1991 were about tenfold higher in dollars than in 1989, respectively: 20 and 200 US$ per month) and a substantial loss of the purchasing power of the dollar. The greater convertibility of the zloty and the growing purchasing power of incomes and the growing prices (always in dollar terms) made the Polish market more and more attractive for foreign exporters, both western and eastern, legal and illegal. It led to the pushing out of Polish products by imported, mostly western, goods as well as to a regular invasion of Poland by „trading tourists" from the Soviet Union which became a permanent element of the landscape of every Polish town. At the same time, Polish trading tourism went down dramatically as the differences in levels of prices between Poland and Western Europe diminished substantially. On the contrary, a new phenomenon appeared – „shopping tourism" from Germany which has become a significant economic factor, especially in the Polish border areas. The situation changed significantly again in 1993 due to economic reforms in the countries of the former Soviet Union, first of all Russia. Due to these reforms the real exchange rate of the dollar against local currencies fell dramatically, increasing local prices in dollar or DM terms, on many goods, especially on consumer goods, higher than in Poland. This resulted in a reverse flow of money and goods in the „shopping tourism" between Poland

---

personnel – 15% of which migrated abroad and 10% went to other activities. Hryniewicz, J./Jalowiecki, B./Mync, A. 1994: The Brain Drain from Science and Universities in Poland, 1992-1993. In: Regional and Local Studies 11.

10 Cf.: Gotz-Kozierkiewicz, D. 1991: Polityka walutowa w programie stabilizacji (Exchange Rate Policy in the Program of Stabilization). In: Ekonomista 1.

11 The exchange rate was 9500 zlotys for 1 US dollar; to compare, at the beginning of September 1995 the exchange rate was 24700 old zlotys (or 2.47 new zlotys) for one US dollar.
In May 1991 the constant exchange rate was abandoned and a "creeping„ exchange rate regime was introduced, which meant a regular, day by day devaluation of the zloty by a certain percentage, regardless of the actual inflation rate. The pace of "creeping„ was, however, lower than the inflation rate which resulted in a continuous, though rather slow, real appreciation of the zloty. (Since May 1991 the zloty was not pegged to the dollar, by to the basket of currencies formed by the USD, the Deutsche Mark, the pound and the French and Swiss Francs). In spring 1995 the exchange rate of the zloty was allowed to float (within some bands), which, otherwise, resulted in real as well as nominal appreciation of the zloty.

and its eastern neighbours. Now the inhabitants of the former SU pay in dollars (or DM) to buy Polish products; very few come to sell their products in Poland.

1.2 Economic Recovery after 1992

The downward tendency in the Polish economy stopped in 1992 when the GDP (Gross Domestic Product) stabilized and the industrial output grew by a few percentage points.[12] Results would have been even better if the hard drought had not severely affected agriculture. The growth accelerated in 1993 and 1994 and is continuing (in 1995). The sources of this improvement are not clear. According to one interpretation, expressed by the adherents of the orthodox monetarist policy, this improvement was the fruit of the two years of sacrifice and cleaning out the economy from the remains of the old, socialist system. It is interesting to note that this interpretation seems to be supported also by the IMF, which suspended its collaboration with Poland a few months before the first signs of growth appeared in protest against the Polish government's non-respect for the IMF's monetarist prescriptions. This tendency was also strengthened by positive tendencies in the economies of the main trading partners of Poland resulting in growing exports. The opposite interpretation understands the growth as a result of the abandoning of the orthodox monetarist policy. From this point of view, it was due to the increased money supply as well as to a better protection of the internal market by tariff and other barriers and a stronger promotion of exports.

It is highly probable that both interpretations are to some degree correct. It is true that the inflow of money helped the economy to generate more demand, but it is also true that the fierce competition Polish firms were exposed to in 1990 and 1991 had made them more competitive so that they could successfully overcome foreign competition and meet the growing demand by increasing output (and not by putting up the inflation rate as done before the shock therapy).

It should be noted, however, that despite the growth in the GDP and industrial output, real wages continued to fall as the nominal increase in wages was slightly lower than the inflation rate. This tendency was reversed only in 1994. The growth of output and productivity combined with the decline, or

---

12 See also: Centralny Urząd Planowania, Departament Informacji i Prognoz (Central Planning Office, Department of Information and Prognosises) 1995: Sytuacja gospodarcza Polski w I półroczu 1995 r. na tle krajów Europy Środkowej i Wschodniej wraz z elementami krótkoterminowej prognozy (Economic Situation in Poland in the first half of 1995 against the Background of the Central and Eastern European Countries with Elements of Short-Term Prognosis), Warszawa.

only slight increase, in real wages resulted in a continous improvement of the financial position of enterprises. The average decline in real wages in the conditions of rapidly growing wages, salaries and incomes of some parts of the population meant that the economic situation of many people deteriorated considerably. One should also remember the continually growing unemployment and job insecurity of many employees.[13] This situation is the reason why in the parliamentary election of 1993 those parties won which promised changes in the economic policy so that general economic growth would bring about a general improvement of the living conditions of the population. Nevertheless, the government formed by those parties, which took office in autumn 1993, has by and large continued the previous course of economic policy. The only difference is a slightly greater emphasis on the protection of the poorest sectors of the society and on the promotion of domestic production activity.

1.3 The Main Elements of the Transformation Processes

1.3.1 Privatization

One of the main elements of the transformation process in Poland, alongside with the shock therapy and its consequences, has been the process of privatization of the economy and an „explosion" of entrepreneurship.[14] Privatization has two forms: first, transferring of property from the public to the private sector, and second, a rapid emergence and growth of grass-root private firms. The latter form of privatization is interlinked with the activation of entrepreneurship. The process of transferring public property to the private sector is to some extent under the control of the central authorities, but to a large degree in the hands of local authorities and subject to spontaneous market processes.

---

13 The development of human resources and their full and productive employment as the strategic factors of economic development policy in Poland are presented in: Kabaj, M. 1995: Unemployment and Expansion of Employment in the Perspective of Global Change (1993-2000). Case of Poland in Transition in the Context of Other European Countries. In: Kukliński, A. (ed.). Baltic Europe in the Perspective of Global Change. Warsaw: European Institute for Regional and Local Development, University of Warsaw, Oficyna Naukowa, p. 255-270.
14 This problem was comprehensively discussed in: Mync, A./Jalowiecki, B. (ed.) 1994: Przedsiębiorczość i prywatyzacja (Entrepreneurship and Privatization) (Biuletyn 168) Waszawa: Committee for Space Economy and Regional Planning, Polish Academy of Sciences.

There are three institutional (legal) forms of transforming public firms into private ones[15]:

a) capital privatization – i.e. transforming a public (state-owned) firm into a private company and selling its shares to investors. The first step in this procedure is to transform a „classical" state-owned firm into a „state treasury-owned joint-stock company", this step being called „commercialization" of state-firms. A „state treasury-owned joint-stock company" may be transformed into a limited liability company (equivalent to the German „GmbH") or joint-stock company („AG", in German). A few joint-stock companies are quoted on the Warsaw Stock Exchange (WSE; currently the number of companies on the WSE is about 50). This form of privatization has several modalities differing in forms of selling shares, in the share of shares reserved for the state treasury, in the share and price of shares reserved for company's management and employees, etc. This form of privatization is usually applied to big firms.

b) privatization by liquidation – it consists in the liquidation of a firm as a legal unit (while leaving it as a technological and physical unit) and selling, renting or leasing its property (as a whole, not in parts) to external (from outside the liquidated firm) or internal investors. The investor taking over the liquidated firm may be, and quite often is, a company established by managers or employees (or both) of the liquidated firm. This form of privatization is usually applied to small and medium-sized enterprises in good financial condition.

c) privatization by bankruptcy – it consists in the liquidation of a firm both as a legal and technological unit and selling the bankrupt's assets (mostly in pieces) to investors. This form is applied to small and medium-sized enterprises in bad financial condition.

Capital privatization is made by central (Ministry of Privatization in cooperation with the Ministry of Finance) authorities or by regional authorities, while the privatization by liquidation or by bankruptcy is mostly a responsibility of local and regional authorities.[16]

From 1990, when laws on privatization were adopted, until mid-1995, privatization procedures encompassed 3,269 state-owned firms (beside state agricultural farms), or 39% of their total number in 1990. Not in all cases

---

15 See for more details: Najszybsza i najskuteczniejsza prywatyzacja bezpośrednia (Direct Privatization) In: Życie Gospodarcze 42. October 15, 1995.

16 A "mass privatization scheme,, which is to be in fact a fourth form of privatization is under preparation. Description of details of this scheme exceeds the scope of this study.

has the privatization procedure been completed. 834 state firms (or 25.5% of the privatized firms) were or are being privatized by capital privatization.

When talking about privatization and the growth of the private sector in Poland, one must remember that, in contrast to other socialist countries, a strong private sector existed before the transformation.[17] In agriculture it was a dominant sector (75% of arable land); even outside agriculture privatization, though rather small in scope, had been increasing since the beginning of the 1980s. Thus, what distinguishes the transformation period from the earlier one is not the existence or growth of the private sector as such, but privatization understood as an organized transfer and transformation of state property into private property.

As mentioned earlier, the transformation process was characterized, besides privatization, by an „explosion" of entrepreneurship expressed in a mushrooming of new enterprises which by far exceeded the pace of disappearing firms due to liquidation or bankruptcy. The total number of firms in the years 1990-1992 increased by 43% and amounted to 1.7 million at the end of 1992 (this does not include the 2.1 million private farms). This process continued, at a lower pace, also after 1992. The highest increase took place in the number of companies (limited liability or joint-stock companies) – by 93%. At the same time the number of state firms fell from 8,500 to 7,200. It should be remembered that state firms are, on average, much bigger than private ones, especially the grass-root private firms.

As a result of the privatization of state firms and the emergence of new private firms, the share of the private sector in the national economy has been growing, both in terms of employment and GDP: the share of the private sector in employment rose from 44% in 1989 and 48% in 1990 to 56% in 1992, and 61% in 1994. Its share in the generation of the GDP went up from about 30% in 1990 to about 50% in 1993. This rather modest growth of the role of the private sector is largely due to a considerable decline of agriculture, which forms a substantial part of the private sector.

---

17 Cf.: European Commission, European Institute for Regional and Local Development, Institute for Human Sciences. 1994: Eastern and Central Europe 2000. Final Report (by Gorzelak G./Jalowiecki, B./Kukliński, A./Zienkowski). (Studies 2). Luxembourg.

Table 3: Employment in the private and in the public sectors in 1,000 and %

Year	Total Employment in 1,000	Public Sector in 1,000	in %	Private Sector in 1,000	in %
1989	17,129.8	9,546.1	55.7	7,583.7	44.3
1990	16,145.4	8,243.4	51.1	7,902.0	48.9
1991	15,442.6	7,052.1	45.7	8,390.5	54.3
1992	15,010.9	6,606.4	44.0	8,404.5	56.0
1993	14,761.2	6,060.3	41.1	8,700.9	58.9
1994	14,922.5	5,821.8	39.0	9,100.7	61.0

Source: GUS Statistics

The private sector is now dominating trade (about 90% of employment), construction and transportation; it is still less prominent in industry and almost absent in telecommunications (except for radio and TV where the number and significance of private radio- and TV-stations is rapidly growing).

1.3.2 Foreign Investment

Another important element of the transformation in Poland are capital links with foreign countries, consisting mainly in inflow of foreign capital to Poland[18], although Polish investments abroad are also worth noting. Compared with the factors described above (the shock therapy with its market equilibrium, convertibility of the zloty, privatization, etc.) foreign investments play a rather modest role in the economic transformation of Poland. Nevertheless, in some areas their role is quite important, being another source of and vehicle for innovations, offering new or better goods on the domestic market and/or access to foreign markets.

When analyzing foreign investments in Poland, it should be mentioned that foreign investments were already possible in the 1970s, although under very restricted conditions and on a modest scale. During the whole decade of the 1980s those conditions were being gradually liberalized and the scope of foreign investment activity was growing, though remaining insignificant for the national economy.[19]

---

[18] The presence of foreign capital in Poland is regulated by the Law on Companies with Foreign Participation of the 14th of June, 1991(Dz. U. Nr 60, poz. 253).

[19] A very good analysis of small foreign business and their operations in the first ten years is provided in: Skalmowski, W. 1988: Rozprzestrzenianie się przedsięborstw zagranicznych w Polsce w latach 1977-1986 (Spread of Foreign-owned small businesses in Poland in 1977-1986). In: Jalowiecki, B. (ed.): Percepcja, scenariusze i przedsiębiorczość (Perception, scenarios, and entrepreneurship) (Studia z gospodarki przestrzennej) Warsaw: Wydawnictwa Uniwersytetu Warszawskiego, p. 217-263.

Table 4: Foreign investment in Poland by selected branches (second quarter 1995) is as follows (in US$ million)

Sector/branch	Equity & loans	Commitments
industry global	3,198.3	4,121.7
of this:		
- fuel and energy industry	119.9	314.1
- electrical machinery industry	921.8	2,024.0
- chemical industry	273.2	70.3
- mineral industry	318.9	246.5
- pulp and paper industry	402.6	142.5
- food processing industry	899.1	900.2
construction	463.4	181.3
telecommunication	240.4	413.0
trade	342.3	191.5
finances	1,073.7	176.0
total	5,389.5	5,089.0

Source: List of Major Foreign Investors in Poland, Second quarter 1995, Polish Agency for Foreign Investment, Warszawa.

After 1989 the inflow of foreign capital due to foreign investments accelerated so that it may be said that almost all of the foreign capital invested in Poland up to now has been invested after 1989.[20] According to official data, the cumulative amount of capital invested was $ 4.4 billion at the beginning of 1995 (in June 1995 – 5.4 billion). The total number of registered joint ventures increased from 429 in 1989 to 15,000 at the end of 1994.

As regards the branch composition of joint ventures, most of them operating in trade and industry: in 1993, out of about 12,000 joint ventures, 5,000 were in trading and 4,000 in industry. A significant number was in construction (about 1,000), transport (about 500) and sports, tourism and recreation (250). They were located mostly in big urban-industrial centres, 1/3 of them being registered in Warsaw and the Warsaw province.

As for the origin of the foreign capital, 1/3 of the capital has come from the USA, followed by international firms (e.g. European Bank for Reconstruction and Development, EBRD, World Bank's IFC, etc.), the remaining largest investors being German (see table 5), Italian and French firms. It should be stressed that from the point of view of the number of firms the first place with 1/3 of firms belongs to Germany. German firms are, however, usually very small. Large German enterprises started to invest in Poland only recently, with some delay in comparison with Italian or American

---

20 See also: Mync, A. 1992: Foreign Capital in Poland. In: Gorzelak, G./Kukliński, A. (eds.): Dilemmas of Regional Policies in Eastern and Central Europe (Regional and Local Studies 8) Warsaw: European Institute for Regional and Local Development, University of Warsaw, p. 134-152.

firms, but the share of Germany in foreign capital in Poland is steadily growing.

Table 5: The major German investors in Poland – second quarter 1995 (in mln US$)

	Investor	Equity & loans	Commitments	Branch
1.	Continental Can Europe (Schmalbach-Lübeck)	47	20	beverage packing
2.	Schoeller	43	6.4	food processing
3.	BTS Baukeramik	38.7	56.2	brick factory
4.	Siemens	38.5	57	telecommunications
5.	Henkel KGaA	36.5	0	washing powders, cosmetics, construction materials
6.	Commerzbank AG	35	0	banking
7.	Tchibo	24	25	food processing
8.	Linde AG	23	32.2	technical gas output
9.	Bahlsen	16.8	11	food processing
10.	Lentjes	13.5	0	protection of natural environment

Source: List of Major Foreign Investors in Poland – Second Quarter 1995, Polish Agency for Foreign Investment, Warszawa.

The largest individual foreign investor is (data for February 1995) Italian FIAT with 260 mln US$, followed by Coca-Cola (235 mln), EBRD (222 mln), IFC (218 mln), Polish-American Enterprise Fund (207 mln), International Paper Corporation from the USA (193 mln), ABB (150 mln), Thomson from France (147 mln), Procter & Gamble (113.4 mln), Curtis International (an American company 49%-owned by a Polish national) (100 mln). The other investors had invested less than 100 mln US$.[21]

Foreign investments are not a one-way street. Outside Poland there are several thousands of firms financed with Polish capital – the most, more than 2,000, in the former Soviet Union (in Ukraine, Byelorussia and Lithuania more than 500 in each of those countries, in Russia – more than 400, mainly in the Kaliningrad district and in St. Petersburg).[22] In some of these countries or regions Poland occupies first place in terms of the number of firms. It is also one of the main investors in terms of the capital invested. However, Polish firms or Polish-foreign joint ventures are usually very small and, with only few exceptions, engage in trading (quite often in barter

---

[21] The List of Major Foreign Investors in Poland is prepared regularly by the Research Department of the Polish Agency for Foreign Investment.
[22] See for financial details: Chojnacki, I. 1995: Granice kapitału (Borders for Capital). In: Gazeta Bankowa", 42/364, October 15.

trade) so that they do not create strong production or establish technological networks between Polish and foreign firms.

1.3.3 Changes in Polish Industry

As discussed in the previous chapters, Polish industry is undergoing a process of fundamental transformation. This transformation consists in changes affecting practically all aspects of industry in Poland:

- the scope of output (first a steep decline, then, since 1992 a significant recovery, but still too small to offset the previous decrease),
- the development of employment (a steady reduction),
- the role of individual sectors within industry (i.e. declining share of mining industries and some manufacturing industries like those related to military, including some high-tech industries; growing role of manufacturing industries in general, and of some its parts, like food processing, pulp and paper, light industry etc., in particular),
- behaviour and management of enterprises (towards more a market-oriented and more efficiency-oriented, but also a more short-term-oriented approach, implying less spending on R&D (Research & Development) and less outlays on capital formation),
- international trading links (weakening of ties with Russia and other Eastern European countries, strengthening of ties with Western Europe, especially with Germany),
- ownership structure (declining share of the public sector, growing share of the private sector as a result of privatization of state firms and rapid growth of grass-root private firms; growing share of foreign-owned and joint ventures),
- technology (modernization of equipment and production processes, changes in technological and design characteristics of products in various sectors of industry, although this process is very uneven from branch to branch and from enterprise to enterprise).

Some general data concerning the developments in Polish industry over the last few years are presented in the following table.

Table 6: Some data on development of industry in Poland in 1985-1993, constant prices, 1985=100

Specification	1985	1988	1989	1990	1991	1992	1993
Gross Value Added	100.0	112.5	110.1	85.8	71.1	73.0	77.5
Sales	100.0	113.6	113.0	85.8	75.5	78.4	84.1
Outlays on capital formation	100.0	117.0	127.5	118.2	109.7	104.4	106.8

Source: GUS (Central Statistical Office) Yearbook of Industry, 1994

As can be seen from the above table, the level of activity of Polish industry as measured by gross value added and sales was 25 to 30% lower in 1991 than in 1985. This shrinkage would be even higher if the level of 1988 (the year of the highest output and sales) would be taken as the reference point. Despite some increase in 1992 and 1993 (the increase in output in 1993 was about 8%), the output in 1993 was still far below the level of 1985 and, of course, the level of 1988 – the year of the highest output in the 1980s and at the same time the last year before the shock therapy and acceleration of transformation.

It should be underlined, however, that the reduction in industrial output in 1989, 1990 and 1991 did not mean a proportional loss for the national economy. Doubtless, this drop was, to a large extent, beneficial for the national economy as it reduced energy consumption, transport intensity and, last but not least, it considerably reduced the pollution of the natural environment (the improvement of water-quality in some rivers was quite remarkable). The reduction of energy and transport intensity of the economy led to a smooth functioning of these two networks, which used to be bottlenecks of the national economy in previous decades.

The above table also illustrates declining investment activity (outlays on capital formation) since 1990. Unlike the decline in output, the decline in investment was not diverted in 1992, but only in 1993. Estimates for 1994 confirm the increasing tendency.

The Regional Impact of the Transformation Processes in Poland ...

Table 7: Some data on dynamics of industry and national economy in Poland

a) 1985=100

Specification	1990	1991	1992	1993
Working in the economy, of which	95.0	89.4	85.6	83.6
- in industry	94.7	87.2	79.6	74.4
GDP (constant prices)	98.0	90.6	92.0	95.5
Gross Value Added in industry	85.8	71.1	73.0	77.5
Average month wage (nominal wages)				
- in the national economy	5,179	8,835	12,272	16,027
- in industry	4,823	7,910	11,027	14,920
Exports (constant prices)				
- total	136.6	133.3	129.8	126.7
- of industrial goods and services	133.5	128.3	126.8	127.8
Imports (constant prices)				
- total	99.9	137.7	156.8	188.2
- of industrial goods and services	102.5	139.2	156.0	184.2

Source: GUS Statistical Yearbook of Industry, 1994

b) previous year = 100

Specification	1988	1989	1990	1991	1992	1993
Working in the economy, of which	99.3	99.9	95.8	94.1	95.8	97.6
- in industry	99.6	100.0	94.4	92.0	91.3	93.5
GDP (constant prices)	104.1	100.2	88.4	92.4	101.5	103.8
Gross Value Added in industry	104.6	97.9	78.0	82.9	102.6	106.1
Average month wage (nominal wages)						
- in the national economy	181.9	389.4	498.0	170.6	138.9	130.6
- in industry	183.9	383.2	465.7	164.0	139.4	135.3
Exports (constant prices)						
- total	109.1	100.2	113.7	97.6	97.4	97.6
- of industrial goods and services	109.1	98.8	112.0	96.1	98.8	100.8
Imports (constant prices)						
- total	109.4	101.5	82.1	137.8	113.9	120.0
- of industrial goods and services	109.2	101.6	84.4	135.8	112.1	118.1

Source: GUS Statistical Yearbook of Industry, 1994

The transformation of the economy did not only change industry as a branch, it also had some influence on the position of the industrial sector as a whole. Some elements of this change are visible in the above tables which present dynamics of industry as compared with dynamics of the whole national economy.

As the table demonstrates, industry was, in contrast to the overall economy, much more affected by the decline in the initial phase of the transformation (1989-1991); at the same time the recovery in 1992 and 1993 was much more robust in industry than in the economy on average. The reduction of the working force in industry was also slightly larger than elsewhere, suggesting a relative shift of the working force towards tertiary sectors. Industry also lost its traditionally privileged position in the dynamics of wages and salaries: in 1989-1991 the dynamics of monthly wages in industry was slightly behind the average national dynamics of wages. The data for 1992 and particularly for 1993 might, however, suggest that this was not a long-lasting tendency.

As mentioned earlier, changes occurred also within the industrial sector. Some branches and sub-branches recorded better performances than the others. Differences among industrial branches in dynamics of sales in 1988-1993 are shown in the below table.

Table 8: Dynamics of sales of industry and of its sectors, branches and sub-branches, constant prices

Specification	1988	1989	1990	1991	1992	1993	
			previous year = 100				1990=100
Industry	105.3	99.5	75.8	88.1	103.9	107.3	98.2
Extraction industries	99.4	101.5	74.0	95.2	96.6	91.5	84.2
Manufacturing industries	105.7	99.4	75.9	87.7	104.6	108.4	99.4
Fuels and power	100.1	97.6	77.9	91.8	100.8	101.1	93.5
- coal mining	98.9	101.0	68.2	101.1	92.2	97.5	90.9
- fuels	101.3	91.7	79.9	85.0	111.4	104.7	99.2
- power	100.1	102.7	90.3	93.6	94.7	98.9	87.6
Metallurgical industry	101.9	95.2	80.3	77.2	96.1	98.5	73.1
- iron metallurgy	99.4	92.6	82.5	76.1	96.8	99.7	73.5
- non-iron metallurgy	105.8	99.0	76.7	78.8	94.6	95.6	71.2
Electrical engineering industry	108.5	100.7	78.0	80.2	108.4	113.4	98.5
- metal industry	106.3	105.8	74.4	87.7	108.5	110.7	105.4
- engineering industry	108.0	110.6	80.4	80.6	93.3	105.8	79.6
- precision industry	114.9	101.9	83.9	86.9	120.1	118.8	124.0
- transport means	106.5	94.6	74.8	68.3	121.7	117.9	98.0
- electro-technical and electronic industry	112.1	104.7	79.8	86.8	109.9	118.0	112.6
Chemical industry	106.8	102.6	75.4	87.3	106.7	111.3	103.6
Mineral industry	106.6	105.5	78.5	96.8	98.0	110.0	104.4
Pulp and paper	108.4	106.9	75.1	98.4	111.6	109.5	120.2
Light industry	109.1	103.3	66.2	88.1	106.3	108.7	101.9
Food industry	102.0	94.1	76.3	98.2	100.8	104.9	103.9
Other branches	107.8	105.2	66.4	93.6	125.4	114.2	134.1
- fodder and utilization	101.3	90.2	75.5	106.9	135.6	115.6	167.6

Source: GUS Statistical Yearbook of Industry, 1993

It should be stressed, however, that the most important changes in Polish industry do not concern the changes in the relative share of individual industrial branches, but consist in processes of deep transformation within each branch.[23] These processes entail technological and organizational restructuring, growing productivity, searching for new markets and supplies, and better care for environment protection.

1.4 Political Transformation

The political transformation – an indispensable component of the general transformation – consists in transforming the political system of Poland from a „bureaucratic centralistic dictatorship" into a parliamentary democracy. This process is accompanied by the formation of political parties, the formation of a differentiated electorate and the accelerated education of both the political elite and the public. In sum, after six years of transformation, the political system of Poland now resembles, on general lines, the political system of established Western democracies (e.g. in Germany).

The starting point of the political transformation was the Round Table compromise of early 1989 between the then ruling forces and the „Solidarity" opposition movement. The compromise was possible due to external and internal circumstances. The main external circumstance was the loss of influence of the Soviet Union over political events in its central European former zone of influence. The main internal reason was the pragmatic attitude of the political leaders of both government and opposition due to the lack of an „ideological element" in the motivation of behaviour of the authorities. (The communist ideology had long since been abandoned).

The Round Table compromise paved the way for partially free elections in June 1989. The election of the Senate was free and the election of the Seym (the lower chamber) was free for 35% of the seats. The other seats were reserved for the ruling party – the Polish United Workers' Party, and its concession allies – among them the United People's Party (in English often translated as „The Peasant Party") as the biggest. The elections were a spectacular victory for „Solidarity" which took 99 of 100 seats in the Senate (one seat was taken by an independent businessman) and all the free seats in the Seym. The elections revealed a rejection of the old regime by the society, although the design of the new system remained rather vague. Results of the elections triggered off processes which led to the establishing of the first „non-communist" government in Eastern Europe, headed by Tadeusz Mazowiecki, in September 1989. This government coexisted and cooperated with the „old" president – Jaruzelski. This power-sharing ended the year

---

23 One example of the transformation processes in Polish industry is presented in Bojarska-Dahlig, H. 1984: The Case of Polish Pharmaceutical Industry. In: Kukliński, A. (ed.): Science-Technology-Economy. (Science and Government Series 3) Warsaw: State Committee for Scientific Research, p. 389-397.

after, when, after the victory of „Solidarity's" leader Lech Wałensa in the presidential election, the „Solidarity" movement took over all of the power. At that point, the „Solidarity" movement had already begun dissolve into parties and groups based on political and personal criteria.

The first entirely free parliamentary election took place in 1991. The then divided „Solidarity" movement won, but the „non-Solidarity" opposition turned out to be quite strong in the parliament.

Hardships of the economic situation at the beginning of the transformation and, quite often, evident incompetence of the new ruling elite as well as, by many considered as superfluous, the political influence of the Catholic Church (which was affiliated with „Solidarity"), contributed to a significant decrease of the popularity of „Solidarity" and a parallel increase of the popularity of successors to the „old regime" parties: the Left Democratic Alliance (SLD) and the Polish People's Party (PSL), representing the interests of farmers. In the parliamentary election of 1993 these two parties won 35% of the votes which gave them 60% of the seats in Seym. The difference in percentage is due to the entrance threshold of 5% for parties and 8% for coalitions which eliminated a large number of small „post-Solidarity" parties supported by 35% of voters.

The government set up by the two winning parties continued, with some corrections, the course of political and economic reform (market economy, privatization, democracy, integration of Poland into the EU and NATO, etc.). With regard to economic policy, the political system and the international position of Poland, there is, as a matter of fact, no difference in opinions between the so-called „post-communist" and „post-Solidarity" parties. The main dividing lines are „biographies" and the resulting „personal networking" and „political rhetoric": while the SLD and PSL prefer to talk about the present and the future – they like to limit their opinion on the past to the statement: „not everything was bad" – and are reluctant to use patriotic and religious symbols, many post-Solidarity parties prefer to talk about the past (about the „sins and crimes" of communism, Soviet Union, etc.), to use national and religious symbols and the like.

The November 1995 presidential election which gave a slight victory (51.7% in the second round) to SLD leader Aleksander Kwasniewski over Lech Wałesa confirmed the shift of the electorate towards that political formation which presents itself as more pragmatic, modern and independent of the Church. It should be noted, however, that personal characteristics of the candidates also played a significant role (in favour of Kwasniewski).

The election also confirmed a greater „maturity" of the electorate: unlike the 1990 presidential election (when „man from nowhere" Stan Tyminski thanks to his ultra-populist slogans took second place with 25% support in the second round), the 1995 electorate rejected all „miracle makers" and granted them a negligible percentage of the votes.

In sum, in December 1995 the Polish political scene is occupied by a few big political formations and streams:

1. the SLD, representing classical social-democratic option in the Western European style
2. the PSL, a kind of farmers' lobby present only in the countryside, able to form coalition with any party
3. a group of liberal parties, the biggest being the Freedom Union Party – the main opposition party in Parliament
4. a large group of usually small right-wing parties and organizations which represent traditional social values (pro-Church, anti-abortion) and social-democratic or even socialist economic views.

A political (election) geography is also taking shape.

The building of a democratic state is, of course, not limited to general elections at the national level. An important element in this process is local democracy, or local self-government. The system of local authorities was, according to rules of local democracy, reorganized in 1990 followed by local elections in May 1990. Local authorities turned out to be very stable, softening the instability on the national level and thus contributing to the stabilization of the whole political situation. They were also very effective in running every-day work and spending public money. Now, five years after the introduction of local self-government, local democracy in Poland is almost unanimously regarded as a strong element of the democratic system in this country.

All the facts mentioned above make it clear that the political scene in Poland is becoming more and more stable and predictable, and that democracy is strong and resilient enough so that Poland may be treated as a stable democratic country.

1.5 Social Transformation

The transformation meant changing the life conditions of practically all inhabitants. The main characteristic of this change was the extent to which transformation influenced people's lives: their economic situation, their professional or political career. In other words, the lower limit of living conditions went down, and the upper limit went up enormously. The immediate result of this situation was the growing socio-economic differentiation of the population: the emergence of a stratum of very rich people, composed mostly of entrepreneurs and managers (very often related to the foreign capital) and the emergence of a layer of very poor people, composed first of all of various disadvantaged people (the so-called „social margin"), Gypsy immigrants from the Balkans, but also by some jobless. The former group also entails a substantial share of dubious fortunes.

This differentiation was accompanied by growing personal activity and diminishing security (both economic and personal). For those who are getting richer the decrease of security is more than offset by the growing scope for activity and by their success. For the other social extreme, economic deterioration is accompanied by growing insecurity. For the group in the middle, the balance is not clear. This is probably the reason why some evidence of general economic improvement (as measured, for instance, by the number of cars, videos, etc, owned by households, growth in real wages and incomes and so on) are not proportionally reflected in people's evaluation of the present situation.

The growing scope for activity and choice appears in many fields. One of them, of possible extraordinary importance, is the education system. Apart from the still dominant public education, private and social (non-profit non-public) schools at all levels of education have emerged. So far, it is impossible to say that the standards in non-public schools are higher than in public schools, but the situation may change in the future, which would mean different access to education according the family's affluence. It should be stressed that the process of differentiation regarding the access to education is to a large extent independent of the phenomenon of emergence of non-public schools: costs of education, especially of university-level education (particularly living costs in students' hostels or rented flats) are so high that they have become a serious obstacle for less wealthy families and families living outside the university towns.

The greater scope for activity and choice also affects health service. Unlike non-public education whose service is not necessarily better than that of public schools (sending children to private schools is often a matter of snobbishness and not a desire for better education), private medical centres are definitely better than public ones, so that the quality of health service differentiates the population according to its economic status. It should be mentioned, however, that this process is not a recent development: private medical practice and the resulting socio-economic consequences existed already before the transformation although it was limited as compared to the present situation.

A very significant characteristic of the new living conditions is the „depersonalisation" and growing „commercialisation" of human relations. In the previous system, characterized by administrative decisions and permanent market shortages, people's lives depended to a large extent on someone else's decision. The activity was then concentrated on identifying, finding and influencing the decision maker. Now the situation is much more differentiated: in many areas the decision maker is hardly identifiable, in other areas the whole procedure has become useless (for instance in buying „shortage" goods when there are no shortages). Many kinds of former activities have been replaced by just one – earning money. (You don't need to become a friend of the salesman to buy a good, you need only to have money).

The above analysis suggests that the processes within Polish society are making it more and more similar to the „capitalist" societies in the Western world, although in many respects the situation in Poland still differs from that in those societies. The main difference concerns the scale of „depersonalization" and „commercialization" of the society and the extent of socio-economic stratification.

2. Regional Impacts of the Transformation Processes

The aim of this part of the study is to present the regional impact of the processes of transformation of the economic system and its consequences in the form of the decline and recovery in economic activity, changing the branch composition of the national economy and changing the international linkages of Poland's economy. The study consists of an analysis of general tendencies and ways in which the economic transformation influences the regional dimension of the economy of Poland, followed by a more detailed presentation of four selected regions. These are: Warsaw (with its region), the Poznań region, the Gdańsk region and Upper Silesia. They are in many respects the most important Polish regions and regions with very strong, for Polish standards, international links.

2.1 Historical Reasons for the Present Regional Differentiation

Many regional differences in Poland have historical roots, especially in the 19th and the first half of the 20th century. These include some characteristics of the agriculture (land use, size structure of farms, the share of private and state-owned farms, etc.), demography (age structure of the population, internal and external migrations), settlement structure as well as sociocultural and political characteristics.

From the historical point of view, the present territory of Poland can be divided into four large areas: three „old territories" and one „new territory".

The „new territory" (western and northern regions) is the territory granted to Poland after World War II according to the decision of the victors (USA, USSR, UK) as a compensation for the „lost territory" included to the Soviet Union. The vast majority of the population are migrants from the other parts of Poland and from the former Polish territories included to the USSR. For many of the inhabitants migration was compulsory, as was emigration for the previous German population. These circumstances are responsible for the land use and ownership structure of the agriculture and for demographic and sociological characteristics of the population. In this territory a large part of agricultural land (about 50%) was given to state farms. The individual farmers received relatively large farms, so that the average size of farms is much greater here than in other parts of Poland. The population was initally much younger than in other regions, which resulted in higher birth rate and high natural increase. This characteristic, even though not so striking, has remained until now. Another characteristic of the region is still a sense of instability, temporariness, and the general „rootlessness" felt by the population which discouraged the inhabitants from long-term investments. This is especially visible in the low building activity, the neglect of housing stock, and the devastated infrastructure.

The other three parts of Poland are those territories which belonged to Poland in the inter-war period and before 1914 belonged respectively to Russia (the biggest part, in the centre and east of Poland), Prussia/Germany (the central-western part and central-northern part) and to Austria (the southeastern part).

For historical reasons the central-western and central-northern parts of Poland (the regions of Poznań and Gdańsk) are characterized by a relatively high share of agriculture, large individual farms with a significant participation of state-owned farms. The settlement network is characterized by a large number of small towns servicing the surrounding rural areas. This region is considered the richest in Poland.

The main characteristic of southeastern Poland (the belt from Kraków to the Polish-Ukrainian border) is a high rural density of population, which means small private farms (very low share of land in state farms) and a very high share of bi-professionals (farm labourers) and commuters in the rural population. The latter feature is possible due to the dense net of small and medium-sized towns. This regions is also characterized by a high activity in private housing construction in the countryside, by the large size of the villages and by the relatively well developed rural infrastructure. These characteristics caused a relatively small outflow from the countryside into towns, as the people leaving the agricultural sector usually do not leave their villages: they build new houses without moving to towns. Therefore the nominal percentage of rural population is here very high.

Central and eastern regions are characterized by medium-sized private farms, low share of land in state farms, relatively low productivity of agriculture, poor rural infrastructure, poorly developed urban network (a few big towns like Warsaw, Łódź, Lublin and Bialystok and the lack of a network of small and medium-sized towns) and, until recently, intense migration from the countryside into towns. This migration was selective as regards age and sex structure of the migrants (high share of young people and women) resulting in some negative demographic phenomena. The regional structure is very differentiated: the characteristics described above are typical for distant rural areas, while the suburban areas, especially around Warsaw, reveal quite different features, such as high productivity and wealth, and positive migration.

The inter-war industrialization, first of all the building of the so-called „Central Industrial District" in the then central Poland – now southeastern and central-eastern Poland, left significant traces on the spatial structure of Poland. The main industrial branches of this district were the armament industry, the metal and engineering industry, and the chemical industry. Factories built during that time were usually located in small towns or villages. They were rebuilt and developed in the post-war period, so that each town (with its surrounding rural area) became dependent on few but big enterprises and on a specific industry.

When analyzing the regional differentiation of Poland, it should be kept in mind that the above picture refers only to the most general characteristics. On the local level there are many exceptions. It is also worth mentioning that urban areas (towns) are much less differentiated among themselves than the rural areas as the process of homogenization in the socialist period was stronger in towns than in the countryside.

2.2 Mechanisms of Change in the Regional Structure of Poland after 1989

The economic performance of individual places (towns, areas, regions) during the transformation process depended, first of all, on their economic characteristics. In a most synthetic way, those characteristics can be reduced to two general characteristics:

1. the share of demand-related activities versus supply-related activities in the economic structure of a place,
2. the strength of East-oriented and West-oriented international economic links of a place.

Generally speaking, the places with domination of (final) demand-related activities did better than those with domination of supply-related activities, and places with strong links with the West did better than those with strong relations with the East (i.e. the Soviet Union). It was especially true for the first stage of the transformation, characterized by the downward tendency in GDP and output and elimination of market shortages via the correction of prices up to market equilibrium levels. During the next stage, characterized by the upward tendency in GDP and output, the above correlation between economic characteristics of places and performances (prosperity) of those places ceased to be as clear, since some prosperous supply-related activities and places emerged, as well as some prosperous places with strong eastern links. The general picture of places (regions) during the period of recovery changed, however, very little.[24]

According to the above correlation, the situation of those places (towns) which were centres of servicing final (private consumption) demand of broader areas – in short trading centers – and which at the same time had strong connections with the West, was the best, particularly in the first stage of the transformation. In other words, these were trading centres. The gain of those centres was manifold:

Firstly, the demand presented in those centres exceeded the demand created by those centres (the difference was created by the demand attracted from the hinterland) which resulted in the territorial concentration of financial resources.

Secondly, the centres presenting high concentrated demand and offering a basis for expansion to larger regions attracted demand-related foreign (i.e. Western) investments and outlays (building or renting rooms for shops, banks and offices; expenditures on advertisement, market research, consulting, etc.).

Thirdly, the trading sector was more flexible and reacted more quickly to inflation than the production sector did, so that the former gained substantial margins between selling prices and buying prices.

Fourthly, the trading sector, being composed of mostly small private firms, was more effective than the other sectors in avoiding the paying of taxes, duties, etc., which became a form of territorial redistribution of resources in favour of trading and private business centres.

In the worst situation were the production areas which used to export their products to the Soviet Union. Quite suddenly, they were deprived of

---

24 See also: Korcelli, P. 1995: Regional Patterns on Poland's Transformation: The First Five Years. Vol. 34 Warsawa: Institute of Geography and Spatial Organization, Polish Academy of Sciences.

their markets and faced dramatically falling incomes of the population, firms, and local authorities and rising unemployment.

The effects of the above economic factors were corrected by some non-economic ones, such as demographic, cultural and geographical (e.g. geographical dimension of a given area) factors. The areas of low birthrate and consequently low increase in population and weaker pressure on the labour market were, from the point of view of unemployment, in a better situation than areas of high natural increase in population. Areas with some traditions in trade and private business were in a better position to take advantage of profits resulting from the commercialization and privatization of the economy. Larger areas, for instance bigger towns, were in a better situation than small areas (small towns) faced with similar problems. The former were less dependent on one single factory and offered more job opportunities for their inhabitants.

Table 9: Ten voivodships in Poland with the lowest unemployment rate, 1990-1994

No.	Voivodship	Unemployment rate in % 1990	Voivodship	Unemployment rate in % 1994
	Poland	6.1	Poland	16.0
1.	Warsaw	2.1	Warsaw	7.5
2.	Katowice	3.4	Kraków	8.5
3.	Kraków	3.4	Poznań	8.8
4.	Poznań	3.5	Katowice	10.1
5.	Opole	3.9	Bielsko-Biała	11.5
6.	Bielsko-Biała	4.1	Wrocław	13.1
7.	Wrocław	4.4	Tarnów	13.8
8.	Szczecin	4.6	Nowy Sącz	14.1
9.	Gdańsk	5.0	Szczecin	14.2
10.	Siedlce	5.0	Zamość	14.3

Source: Statistical Yearbook of Voivodships 1991, Concise Statistical Yearbook 1995, GUS, Warszawa.

In accordance with the factors mentioned above, big urban centres, particularly Warsaw and Poznań were in the best situation followed by three Cities (Gdańsk-Gdynia-Sopot), Szczecin, Wrocław and Kraków (see also: fig. 1 in the Annex II). These areas were characterized by low unemployment rates and relatively good job opportunities, high average incomes of the population, high inflow of foreign capital, etc. These favourable economic characteristics were due to the high share of demand-related activities and diversity of economies of those cities, and good institutional and infrastructural connections to the West. (The latter is especially true for Warsaw[25] which is connected to the West by the Warsaw international airport and a network of railway lines including the InterCity line Warsaw-Poznań-Berlin; also, Warsaw is on the railway line Paris-Berlin-Warsaw-Moscow and is located not far from Berlin). Moreover, certain sociological and demographic characteristics, such as the „spirit of entrepreneurship" (which is probably the strongest in Poznań[26], followed by Warsaw), the presence of large numbers of highly educated (young) people and the low natural increase in population, were responsible for the favourable development of these regions.

Table 10: Passenger transport in 1989-1993 by Polish selected airports, in thousands

Airports	1989	1990	1991	1992	1993	1989	1990	1991	1992	1993
		from foreign airports					to foreign airports			
Total	1,384	1,194	938	966	1,061	1,499	1,260	966	977	1,070
Gdańsk	36.6	23.7	17.6	25.5	28.9	38.7	22.2	15.5	24.7	27.6
Katowice	1.7	0.1	0.6	3.1	7.8	2.4	0.1	0.5	2.9	7.0
Kraków	31.9	22.2	22.8	32.6	37.1	34.7	23.6	23.2	33.6	36.6
Poznań	12.0	0.9	0.6	4.4	6.7	10.8	0.8	0.7	4.2	6.0
Szczecin	-	0.3	0.4	1.1	0.5	0.1	0.3	0.3	1.5	0.6
Warszawa[1]	1,302	1,146	896	898	973	1,412	1,213	926	908	985
Wrocław	0.1	0.2	0.0	1.7	6.7	-	0.2	0.0	1.9	6.9

1 In 1994 the number of passengers of the Warsaw airport amounted to 2,138 thousand.
Source: Statistical Yearbook 1994, GUS, Warszawa 1994.

The good economic performance of large cities had also its disadvantages, e.g. high rents and real estate prices, caused, among other things, by the inflow of foreign capital and by turning flats and houses into shops and offices.[27]

---

25 Cf.: Kukliński, A./Mync, A./Szul, R. 1990: Warschau als eine Globalstadt: Entwicklungsperspektiven. In: Stadtforschung in Ost und West. Perspektiven und Mżglichkeiten der Kooperation der groben Zentren in Europa (Beitrłge 116). Hannover: Akademie für Raumforschung und Landesplanung, p. 35-56.
26 Cf.: Kokocińska, M. 1994: The Application of the Business Survey Method in Regional Studies in the Transformation Period. In: Domański, R./Judge, E. (eds.): .): Changes in the Regional Economy in the Period of System Transformation. Warsaw: Committee for Space Economy and Regional Planning, Polish Academy of Sciences, p. 223-242
27 The average cost of office space in Warsaw in comparison with other European cities in 1995 is as follows (in USD/qm): Vienna – 316, Brussels – 318, Budapest – 426, Düsseldorf – 426, Luxemburg – 487, Prague – 505, Berlin – 547, Frankfurt – 622, *Warsaw – 780*, Paris – 811, Moscow – 1,000, London – 1,236. Source: Widerska, W. 1995: Warszawa wciąń drońsza od Paryńa (Warsaw is still more expensive than Paris). In: Życie Gospodarcze 47. November 19.

A reverse development was to be observed in vast rural areas, including small towns, the service centres for those areas, as well as small or medium-sized towns depending on a single factory, especially if the factory used to produce goods for export to the USSR.

The crisis-affected rural areas were distributed practically all over Poland, but the crisis was especially visible in the northern and eastern parts of the country. These areas were characterized by high unemployment rates (in many small towns exceeding 1/3 and more of the workforce), very few job opportunities (including the „shadow economy"), very low wages and other incomes of the population, as well as by a general mood of defeat and hopelessness.

Table 11: Ten voivodships in Poland with the highest unemployment rate, 1990-1994

No.	Voivodship	Unemployment rate in % 1990	Voivodship	Unemployment rate in % 1994
	Poland	6.1	Poland	16.0
1.	Suwałki	11.5	Slupsk	30.5
2.	Olsztyn	10.2	Suwałki	29.1
3.	Jelenia Góra	9.9	Olsztyn	28.2
4.	Ciechanów	9.8	Koszalin	28.0
5.	Koszalin	9.5	Wałbrzych	27.1
6.	Lomża	9.4	Elbląg	26.7
7.	Toruń	9.3	Pila	24.2
8.	Gorzów	9.2	Toruń	22.7
9.	Konin	9.2	Gorzów	22.0
10.	Slupsk	9.0	Wloclawek	21.7

Source: Statistical Yearbook of Voivodships 1991, Concise Statistical Yearbook 1995, GUS, Warszawa.

The meagre incomes of private farmers usually forced them to reduce their spending to a survival minimum by giving up investments and reducing economic activity (production) to their own needs, which led to the dramatic fall in demand for agricultural machines, fertilizers, etc. and for services of the agricultural service centres which, one by one, went bankrupt. In many villages and small towns these centres used to be the most important employers and sources of incomes. Those few agricultural service centres which have survived managed to switch to other activities, mostly producing goods or construction services for export to the West.

The poor situation in the north of the country was aggravated by the high share of state farms particularly strongly affected by the crisis in agriculture. Unlike private farms, state farms were not able (for economic and psychological and sociological reasons) to adopt the „survival strategy".[28] The north is also characterized by high birth-rates and a natural increase in population which worsened the labour market situation. Before the crisis, released workers used to migrate to urban centres; now they were restained by the unemployment in cities and the housing problem there.[29]

Table 12: Demographic characteristics of the northern and eastern voivodships in Poland, 1989-1993/1994

Voivodships in northern Poland	Natural increase per 1,000 population		Voivodships in Eastern Poland	Population in after-productive age[1], in %	
	1989	1994		1989	1993
Poland	4.8	2.5	Poland	12.6	13.3
Szczecin	5.4	3.4	Bialystok	14.4	15.2
Koszalin	7.5	5.3	Lomża	14.4	14.8
Slupsk	9.3	6.1	Ostrolęka	12.9	13.4
Gdańsk	6.0	3.7	Biała Podlaska	15.4	15.9
Elbląg	7.9	5.8	Siedlce	15.1	15.6
Olsztyn	8.4	5.5	Chelm	14.6	15.1
Suwałki	9.9	6.3	Zamość	16.0	16.6

1 Population in non-working age (overaged) – men over 64 years old and women over 59 years old.
Source: Concise Statistical Yearbook 1995; Statistical Yearbook of Voivodships 1990, 1994, GUS, Warszawa.

The poor situation in the rural areas in the east of the country was aggravated by its demographical and socio-cultural characteristics (high share of elderly people in farming, inability to undertake active strategies) and by the previous strong links with the Soviet Union (exporting agricultural products, mostly potatoes).

The small or medium-sized „one-factory towns" affected by the crisis are spread throughout the country, but their main concentrations are in the southeast. Two of them became especially famous for their economic troubles – Mielec[30] (the centre of the Polish military aviation industry) and Sta-

---

28 See for example Hopfer, A./Suchta, J. 1995: Olsztyn Region. Its Restructuring Problems and Proposals. In: Kukliński, A. (ed.): Baltic Europe in the Perspective of Global Change (Europe 2010 Series 1) Warsaw: European Institute for Regional and Local Development, University of Warsaw, Oficyna Naukowa, p. 304-311.
29 See: Kulesza, H. 1994: The Housing Situation at a Regional Scale. In: Domański, R./ Judge, E. (eds.): Changes in the Regional Economy in the Period of System Transformation. Warsaw: Committee for Space Economy and Regional Planning, Polish Academy of Sciences, p.187-201
30 The main characteristics of labour market in Mielec and in neighbouring communes (as of June 1994): population in productive age – 51,400, number of unemployed – 11,500 (in town only – 6,600), unemployment rate (in relation to population in productive age) –

rachowice[31] (a big track-producing-factory). The crises of the factories did not only cause problems in their respective towns but also in their surrounding rural areas, as those factories used to be big employers of „farm labourers" who were the first to be fired and whose farms are too small to provide sufficient means for survival.

The prosperous urban trading centres, on the one hand, and the crisis-affected rural areas and „one-factory towns" on the other, represent two extreme situations of the transformation process, especially in its first stage. In between, there were various regions or local communities of mixed economic performance resulting from the coincidence of both positive and negative characteristics of the region or community. These performances quite often differed from the usual performance of a given type of area due to interference of some extraordinary factors, like political considerations (and the related political influence of a given region) and international economic connections.

One such „regions of mixed performances" is Łódź. Łódź – the second largest town in Poland (almost 1 million inhabitants), like other big urban centres, profits from its advantages as a centre for demand-oriented activities. In this respect, Łódź is, however, to some extent handicapped by its proximity to Warsaw. For instance, Łódź, although being a large city, has no airport – it relies on the Warsaw airport, and has no good international railway connections – in most cases travellers from abroad must change train in Warsaw to get to Łódź. This situation affects, among other things, investments in high standard hotels and other services, which are to be found in above all Warsaw, because rich visitors doing business in Łódź prefer to stay there over night. At the same time Łódź was affected by its adverse economic structure – a high share of textile industry, which underwent a sharp decline in the first stage of transformation due to the shrinking of domestic demand and the virtual disappearing of the former principal importers in the former USSR. The industrial decline of Łódź resulted in high unemployment rates, the highest among all urban centres in Poland.

    22.3%, unemployment rate (in relation to the population working outside private agriculture) – 40.6%. Source: Central Planning Office, Office for Regional Planning in Cracow, November 1994.

31 The unemployment rate in Starachowice was in June 1994 higher than in Mielec: in relation to the population in productive age – 29.2%, in relation to the population working outside private agriculture – 59.1%. Source: Ibid.

Table 13: Dynamics of sales of industry and its branches in the Łódź voivodship, constant prices

Specification	1990	1991	1992	1993
		previous year = 100		
Industry total	-34.8	-19.8	-0.6	10.2
of which:				
- light industry	-44.3	-24.8	11.8	8.0
- electrical engineering industry	-32.8	-23.3	-12.8	6.2
- chemical industry	-37.7	-4.3	-2.7	13.4
- food industry	-23.6	-8.9	6.9	8.2

Note: The above numbers refer only to registered economy. It should be remembered that there is a sizable non-registered sector, especially in light (textile) industry, which started to grow particularly in 1992.
Source: Central Planning Office, Office for Regional Planning in Łódź, October 1994.

As mentioned in the previous parts of the study, the second stage of the transformation brought about a recovery of the textile industry which managed to regain ground on the domestic market and to raise exports, both to Western and Eastern (ex-USSR) markets. This recovery was accompanied by a fundamental organizational and technological restructuring of the industry. The main engines of the recovery were usually small, extremely flexible establishments and shops, quite often acting on the edge, or beyond the edge, of legality (tax and other fiscal evasion, non-observance of labour safety measures, etc.). Of course, not all firms and not all people were able to take advantage of the new „prosperity" of the Łódź textile industry. As a result, the situation of one sector of the Łódź industry and population remains critical, while the other is doing quite well. (Prosperity of the latter is, naturally, hardly detectable by using official statistics).

Other „regions of mixed performances" are the two coal basins in Lower Silesia (a smaller one) and in Upper Silesia (a bigger one). On the one hand, those areas were affected by the sharp decline in demand for coal which resulted in reduction in output and permanent exploitation excesses – a phenomenon which was inconceivable under „real socialism", and consequently caused a relative decline in wages and earnings (relative to wages and earnings in the other sectors of the national economy) and in the loss of various privileges of coal miners and the whole region.[32] Moreover, the new economic situation raised the question of the economic the rationality and efficiency of coal production – especially in the Lower Silesian basin, whose

---

[32] For instance, under the old system shops in the whole region, and particularly special factory shops, used to be much better supplied than the rest of the country; once the market equilibrium had been achieved all over the country, the good supply in Silesian shops was no longer an advantage.

The Regional Impact of the Transformation Processes in Poland ... 181

coal deposits are almost exhausted, and in Upper Silesia, whose pits are characterized by unfavourable natural conditions and high exploitation costs. The question of rationality and efficiency of coal production was a new and rather unusual question, after times of permanent shortage of coal when the main question was how to produce as much coal as (technically) possible. The need for rationalizing and restructuring the coal production, and the hesitant attempts to do so, are considered another disadvantage and negative consequence of the transformation.

Table 14: Production of hard coal and coke in Poland, and in Katowice and Wałbrzych voivodships in 1989-1993

Specification	1988	1989	1990	1991	1992	1993	
			in mln t				in % of Poland
			Poland				
Hard coal	193	178	148	140	132	130	100.0
Coke of hard coal (excl. formed)	17.1	16.5	13.7	11.4	11.1	10.3	100.0
			Katowice				
Hard coal	189.3	173.4	144.1	136.4	127.8	126.9	97.2
Coke of hard coal (excl. formed)	6.1	6.3	5.4	4.9	4.6	4.3	41.6
			Wałbrzych				
Hard coal	2.7	2.3	1.8	1.6	1.5	1.3	1.0
Coke of hard coal (excl. formed)	1.5	1.4	1.1	0.9	0.8	1.0	9.3

Source: Statistical Yearbook of Industry 1994; Statistical Yearbooks of the Voivodships 1990-1994, GUS, Warszawa

It should be stressed, however, that due to the political power of the region (especially of Upper Silesia), particularly of coal miners and steel workers, the decline in incomes and in living standards, and the intensity of transformation (i.e. dealing with loss-making enterprises) has been much milder than it normally could and should have been (e.g. the unemployment rate is among the lowest in the country). Many industrial „dinosaur"-enterprises of the coal and metallurgical industry are still producing losses, avoiding paying insurances as well as taxes, and offering high wages and job security for their employees. They are generously tolerated by the authorities, who are afraid of workers revolts.[33]

---

33 Cf.: Szczepański, M. 1995: Upper Silesia – Social Preparedness for the Restructuring Processes. In: Kukliński, A. (ed.). Baltic Europe in the Perspective of Global Change. Warsaw: European Institute for Regional and Local Development, University of Warsaw, Oficyna Naukowa, p. 237-247.

Besides the region of Łódź and the coal basins, another type of intermediary area is represented by prosperous towns or communes located in depressed areas. These towns owe their prosperity to special circumstances, like their location along main roads or/and good natural conditions allowing them to profit from delivering services to transit travellers or week-end tourists.

In this respect, border areas deserve special attention. First of all this is true for the Polish-German border area.[34] In this area, due to price differences between Poland and Germany, a regular „international trading zone" has emerged specializing in servicing individual German customers. This activity has a considerable, positive impact on the local economy, and to some extent even on the economy of more distant places as suppliers of products earmarked for German shoppers in the Polish border zone.

Table 15: Transborder movement along Polish borders and border infrastructure in the years 1980 and 1993

Border with	number of persons			border crossing points[1]		
	1980	1993	1980=100	1980	1993	1980=100
Russia	5,072	1,124,808	22,176.8	0	3	x
Lithuania	4,575	3,548,930	77,572.2	0	2	x
Byelorussia	1,714,992	8,926,227	520.5	3	5	166.7
Ukraine	998,556	5,563,168	557.1	2	6	300.0
Slovakia	2.763,904	8,055,846	291.5	6	8	133.3
Czechia	8,180,763	33,909,521	414.5	12	16	133.3
Germany[2]	15,787,943	118,951,270	753.4	15	70	162.8
Poland total	38,336,867	185,551,514	484.0	43	70	162.8

1 Border-crossing points open for all; 2 In 1993 including „small" transborder movement.
Source: Komornicki, T. 1995: Transgraniczna infrastruktura transportowa Polski (Transborder Transport Infrastructure in Poland). In: Stasiak, A./Miros, K. (eds.): Polen und seine grenzüberschreitende Zusammenarbeit mit den Nachbarländern. (Forschungsprojekt „Entwicklungsgrundlagen der westlichen und östlichen Grenzgebiete Polens". Bulletin 10) Warszawa, September, p. 161-174.

In this context, one may also mention the economic impact of the other borders of Poland: the southern (the Polish-Czech and the Polish-Slovak) and the eastern borders. The impact of the southern border is very limited: as the

---

34 See Stasiak, A./Miros, K. (eds.) 1995: Polen und seine grenzüberschreitende Zusammenarbeit mit den Nachbarländern (Forschungsprojekt „Entwicklungsgrundlagen der westlichen und östlichen Grenzgebiete Polens" Bulletin 10 und 11) Warszawa: Institut für Geographie und Raumordnung, Polnische Akademie der Wissenschaften. September; Irmen, E./Schmidt, V./Hillesheim, D./Meyhżfer, A. 1992: Die deutschen und polnischen Regionen im Vergleich – unter besonderer Berücksichtigung der Grenzräume. In: Strukturwandel in Osteuropa. (Materialien zur Raumentwicklung 49). Bonn-Bad Godesberg: Bundesforschungsanstalt für Landeskunde und Raumordnung, p. 97-107.

The Regional Impact of the Transformation Processes in Poland ...   183

levels of economic development, and especially levels of prices, are generally equal, there is no substantial movement of people (customers and traders), goods and money: only with some specific goods are the price differences between Poland and the Czech and Slowak Republics significant enough to make local transfrontier movements of shoppers and money worthwhile and thus create some border trading centres. The most intense trading takes place in Cieszyn/Tesin – a town divided by the Polish-Czech frontier.

Table 16: Structure of exports and imports of Jelenia Góra voivodship in comparison with overall Polish exports and imports by the main foreign partners, per cent, 1993

Country	Exports		Imports	
	Voivodship	Poland	Voivodship	Poland
Total	100,0	100,0	100,0	100,0
of which:				
Germany	65.2	36.3	51.4	28.0
USA	7.3	2.9	1.5	5.1
Great Britain	4.1	4.3	2.9	5.8
France	3.9	4.2	3.4	4.2
Netherlands	3.9	5.9	3.8	4.7
Denmark	2.2	3.0	1.4	2.4
Belgium	2.1	2.6	2.7	2.3
Czechia	2.1	2.4	5.4	.
Italy	1.7	5.2	3.8	7.8

Notes:
1) Total export of Jelenia góra voivodship – 130,246 thousand US$; total import – 118,299 thousand US$.
2) The data do not include bazaar and „tourist trade".
Source: Jeżowski, A. 1994: Ekonomiczne rezultaty funkcjonowania samorządu terytorialnego I kadencji w województwie jeleniogórskim (Economic Results of the Self-government in Jelenia Góra voivodship). In: Samorząd Terytorialny 10, p. 26-40

As regards the impact of the eastern neighbours, it should be noted that until recently (since 1990) the level of prices and wages (calculated in hard currencies) was considerably higher in Poland than in the USSR (or ex-USSR) which was causing a very significant inflow of trading-tourists and jobseekers, but this inflow was distributed almost evenly all over the country with only insignificant concentrations in the border areas. This inflow had both positive and negative impacts on the local economies: on the one hand, the trading tourists represented considerable competition for some local producers and traders thus undermining economic conditions for the latter. The negative impact of „gastarbeiters" on the local labour market can be assessed as insignificant since they usually took jobs rejected by local unemployed. On the other hand, the trading tourists and „gastarbeiters" represented a significant demand potential helping many firms to survive or grow, e.g. cheap hotels, bars and restaurants, transport enterprises (a regular boom of bus lines connecting towns on both sides of the border), and even trading firms (those both offering goods for trading tourists and purchasing their goods and reselling them in Poland or Western Europe).

The situation changed quite dramatically in 1993. Due to economic reforms and other factors in the former USSR resulting in a considerable decrease in the exchange rate of the hard currencies ($, DM) and the consequent rise in prices in those countries, the price relations between Poland and those countries almost reversed the direction of the flow of goods and money. As a result, „trading tourists" from the East started to come to Poland with „hard currencies" to buy goods in Polish shops and bazaars, such as textile, furniture, consumer electronics, second-hand cars, etc. Consequently, some places at the eastern border started to present the same characteristics as those at the Polish-German border, and the overall economic impact of ex-Soviet trading tourists on the Polish economy is comparable to that of German tourists.

Table 17: Number of shops and bazaars in the border zones, 1986 and 1992/1993

Specification	Western zone		Eastern zone	
	1986	1992/1993	1986	1992/1993
Number of shops	4,058	10,039	3,202	4,385
Handicraft units	3,828	18,374	3,563	3,897
Number of bazaars[1]	-	10	-	47

1 The numbers of bazaars are not fully comparable because they differ enormously in size. For example, ten bazaars on the western border had 6,677 stalls, of which 2,189 are bazaars with more than 1,000 stalls, 2,899 are bazaars with 500-1,000 stalls.

Source: Werwicki, A. 1995: Aktualne kierunki rozwoju dzialalności uslugowej w polskich strefach przygranicznych (Gegenwärtige Entwicklungsrichtungen der Dienstleistungstätigkeit in den polnischen Grenzgebieten). In: Stasiak A./ Miros. K. (eds.): Polen und seine grenzüberschreitende Zusammenarbeit mit den Nachbarländern, op. cit., p. 117.

A special type of region is represented by those areas whose inhabitants or/and institutions receive incomes from abroad directly (e.g. from the West), for instance in the form of incomes from short-term work, remittance, financial or material support by foreign private or public institutions and the like. In this situation, the economic situation of the inhabitants of a given area is, to a large extent, independent from the performance of the local economy; it is, as a matter of fact, the other way round: it is the local economy, mainly trade and services, construction, transportation, etc., which depends on incomes of the population and institutions coming from abroad.

The Regional Impact of the Transformation Processes in Poland ... 185

This phenomenon – receiving incomes from abroad – is especially important for areas with a large percentage of persons considered by German law as (potential) German citizens and who declare themenselves to be ethnic Germans (regardless if such declarations are sincere or are only a means of gaining money from Germany intended for the support of the German minority in Poland). Such individuals (usually possessing two passports) have easy access to the German labour market and have strong personal ties with Germany, which helps them to gain employment in Germany. This factor was particularly important a few years ago when the purchasing power of the DM was tenfold higher than it is now, but even now it is still significant. But it is not only individuals who profit from German ethnicity; also the communes, where such persons make up a considerable percentage of the population, receive support from various German institutions, mainly for developing public infrastructure. The biggest concentration of such areas is the Opole region (especially east to Opole).

Table 18: The main migration directions from Poland in 1992 and 1993

Country	1992	1993
	Number of persons	
Germany	12,851	15,333
USA	1,960	2,592
Canada	1,232	1,873
Sweden	283	280
France	265	212
Austria	252	323
Italy	88	141

Source: Brach, B. 1995: Wędrówka ludów (Migrations). In: Życie Gospodarcze (42) October 15.

Although outside the Opole region the direct inflow of incomes from abroad does not play such an important role, in some special cases it is quite significant. It is usually related to short or medium-term (from a few months to one year) work in Western Europe or America, quite often in the informal sector.[35] Apart from Germany, the most popular countries of origin of inflow of

---

35 Sometimes connections of towns or communes with some foreign countries are surprisingly strong. For instance a small town Siemiatycze (a few kilometres from the Polish-Byelorussian border) has very strong links with Belgium, so that the local bus transportation enterprise established a regular line Siemiatycze – Brussels (at the beginning running once a week, and now two or three times a week). According to inhabitants of Siemiatycze, the population of this town consists of three groups: those who worked in Belgium, those who are working in Belgium and those who will work in Belgium. Naturally, those who worked, especially before the prominent depreciation of hard currencies in the early 1990s, are the richest, and those who will work are the poorest inhabitants of the town.

incomes are the USA, Italy and Benelux, followed by Sweden, Austria, France, Greece, etc. Areas profiting from inflow of incomes from abroad are spread, more or less evenly, all over the country. Except for some exceptions, this inflow has only minor significance in alleviating economic conditions of crisis-affected areas.

Since the beginning of the recovery (in 1992), the above division into winning demand-related urban areas and losing supply-related rural areas and small towns, has started slightly to change. The change was due to the recovery of some agricultural and industrial activities which differentiated the economic situation within and among rural areas or small towns.

Profitability of agricultural production stopped deteriorating. Due to a significant improvement in the quality of food products (e.g. a remarkable improvement in the quality of milk and milk products) offered by home farmers and the food processing industry, and due to some macro-economic developments (e.g. halting of the real appreciation of the zloty), Polish food products regained a substantial share in the Polish food market, lost during the first stage of the transformation. The previous tendency of declining relative prices of farming products was replaced by a period of instable relative prices (only partially lessened by government policy). This instability meant that some producers in some areas and times were winning, while others, or the same producers in other periods, were losing out. This tendency, in comparison with the previous period when everybody was losing, can be considered as an improvement of the relative situation of farming and, thus, of rural areas.

The recovery or expansion of such industries as textiles, pulp and paper (including the rapidly developing furniture industry) and some others which were to a large extent located in rural areas, also meant an improvement of the situation of some towns or communes. Foreign investments, which gained momentum in recent years and consisted to a large degree in investments in production (in contrast to the previous tendency to invest almost exclusively in trading and services) also contributed to a recovery of some local communities.

Finally, the recovery of „large industries" like the shipbuilding and the tractor and car industries, contributed to an improvement of the economic situation as did further expansion of large urban-industrial centres like Warsaw, Upper Silesia, Gdańsk, and Szczecin.

It should be stressed, however, that despite the recent tendencies of recovery of the rural areas and small industrial towns, the general economic division of Poland into winning urban centres and losing rural areas is still valid. To this division one may add a geographical dimension dividing the country into a „winning West" and a „losing East".

2.3 Regional and Industrial Policy

During the transformation process in Poland, regional policy and industrial policy have played but an insignificant role in determining economic performance and shaping social or technological reality.[36] This was due to two reasons: ideological and practical.

The ideological reason for the absence or weakness of the regional and industrial policy of the central government was the fact that the group in power after 1989, and especially in 1990 and 1991, was particularly influenced by liberal economic ideology, strengthened and backed by foreign (Western) institutions (e.g. International Monetary Fund, World Bank) and the then influential foreign experts. According to this ideology, which was in part an import from abroad (cf. Thatcherism, Reaganomics, etc.) and in part a reaction to the failures of the socialist economy and central planning, any direct intervention of the state into the economy is harmful for the economy. The main (if not the only) task of the government in the economy is to assure „strong money", which implies low inflation, full convertibility of the national currency, free prices and free trade as well as privatization of the economy because under domination of the private ownership – by definition better than state ownership – the market can function properly. So, „strong money" and the domination of private ownership are indispensable and sufficient preconditions for economic prosperity and growth. According to this ideology the economic policy of the central government should treat the national economy as a whole, without specific measures addressed towards individual branches or territories. Representatives of this ideology perceived such ideas as „industrial policy" (very popular among economists and opposition politicians) or „regional policy" as harmful for two reasons:

1. they imply an active role of the state – i.e. the state bureaucracy – in the economy which is harmful by definition as it hinders the smooth functioning of market forces, and thus causes sub-optimal distribution of resources,
2. the demand for „industrial policy", as well as for „regional policy", is in fact, according to the liberals, a demand for subsidies. (Subsidies, as we know, should be eliminated in order to achieve „strong money").

Not surprisingly, industrial and regional policy were given no place in the economic policy of the government. This approach can be illustrated by the

---

36 Cf.: Gorzelak, G. 1995: Transformacja systemowa a restrukturyzacja regionalna (System Transformation and Regional Restructuring). La Chaire UNESCO du Developpement Durable, Universite de Varsovie. Warszawa.

famous and frequently cited statement of the Minister of Industry in 1990, Tadeusz Syryjczyk: „the best industrial policy is no industrial policy".

There have also been several practical reasons for the absence or weakness of an industrial or regional policy. First of all, there was the instability of the central government: since September 1989 there have been several (exactly six) governments (although only two presidents of the Republic), none of which was in office for more than a year and a half. This instability discouraged any government to plan, prepare and undertake long-term activities. Besides, the current economic policy had already taken too much time for the government to postpone more ambitious prospective activities to „better times". The importance of those practical reasons was relevant especially after 1992 when the governments in principle admitted the need for some kind of industrial and regional policy and even tried to present some programmes of such policies.

It should be stressed, however, that despite the verbal ideological rejection of industrial policy and formal adherence to the idea of a free market and a non-discriminatory industrial policy, the liberal-monetarist economic policy was applied with different strength and enthusiasm in different sectors of the economy: the politically weaker the sector, the stronger its exposure to the free market and monetarist policy. Consequently, those most exposed to market forces were private farmers (until the moment when they formed an influential political force), small private and cooperative firms, state farms and agricultural service centres. Slightly less exposed were medium-sized state-owned firms from processing industries, while large state-owned factories of heavy industries, especially mining, remained practically outside the reach of the market. The heavy industry remained heavily subsidized regardless of the declarations of the consecutive governments and their ideological convictions. The differentiated exposure of individual sectors of the economy (and consequently of individual regions of the country) to the rules of the market economy and the substantial and differentiated inflow of subsidies meant that an implicit industrial and regional policy was still pursued, but that this policy was not determined by explicit goals and values of the policy-makers but by the political strength of workers (and managers) of individual sectors of the economy and regions of the country.

Despite ideological reservations and practical obstacles a specific kind of explicit regional economic policy was introduced. It was the labour market policy, or more exactly, a policy tackling unemployment.

The high, growing and spatially very differentiated unemployment forced the government to undertake measures alleviating this problem and to differentiate spatially its labour market policy.

There are three elements of the labour market policy:

1. paying unemployment benefits (financed by the state budget and distributed by territorial – „raion" – agencies of the Ministry of Labour). Of the three elements of the market policy, this is by far the most important;
2. re-skilling and upgrading of professional qualifications of the unemployed (entirely financed or co-financed by the Ministry of Labour);
3. incentives for job creation.

The labour market policy has a territorial dimension. Some territories, considered as „affected by high structural unemployment", have special privileges in this respect. As regards the most important instrument (i.e. paying of unemployment benefits), it consists in the prolonged time period of paying the benefit (one and a half years, normally one year). With respect to the „active forms of labour market policy" (reskilling and upgrading), the areas of „high structural unemployment" receive proportionally more financing from the central budget than other areas. There are also some incentives for job creation in the high unemployment areas, primarily tax exemptions for investment outlays resulting in the creation of new jobs.[37]

The list of communes with „high structural unemployment" is composed every year. The main criterion is the registered unemployment rate in a given commune, which has to exceed the average national unemployment rate by a determined percentage. The exact criteria and the final list is established by a commission composed by representatives of several governmental agencies as well as representatives of trade unions. In 1994 the number of communes listed as affected by high structural unemployment is 412, out of the total number of slightly more than 2,000. Three voivodships (out of 49) are entirely included in the list: these are the Łódź voivodship, the Wałbrzych voivodship and the Slupsk voivodship. Most communes are located in the rural areas in the north of the country (see: fig. 11.1, 11.2, 11.3 and 12).

According to both experts and politicans, three regions require economic (industrial) restructuring: the Lower Silesian coal basin (in the Wałbrzych voivodship), the Upper Silesian coal basin (mainly in the Katowice voivodship) and the Łódź region.

---

[37] Under certain conditions, the income tax payer may reduce his/her tax basis by up to 50% of his/her investment outlays that create new jobs. Central government regulations determine in detail the conditions and size of such benefits. See Rozporządzenie Rady Ministrów z dnia 22 czerwca 1993 r. w sprawie odliczeń od dochodu wydatków inwestycyjnych na terenie gmin o szczególnym zagrożeniu wysokim bezrobociem strukturalnym, Monitor Rzeczypospolitej Polskiej, Warszawa, dnia 3 lipca 1993.

a) Lower Silesia

The restructuring of the Lower Silesian basin is to embrace the closing down of the coal mines and create or develop new activities and reskill the released working force. Restructuring of Upper Silesia, the other coal basin, should also aim at improving the efficiency of coal production by closing down the most inefficient mines (up to 1/4 of the present number), by reorganizing and modernizing the remaining mines (implying a considerable reduction of the number of employees in the coal mining industry), by modernizing steel works (also implying reductions in employment and capacities) and by taking up measures aiming at alleviating pollution. Restructuring of Upper Silesia, without any doubt, is the major challenge for Poland in the years to come. As regards the restructuring of the Łódź region, it is primarily aimed at reducing the dependence of this region on the textile industry and the modernization of this branch of industry. Out of these three regions, the most urgent need for restructuring is in the Lower Silesian Basin because of the exhaustion of the coal deposits.

Until now, restructuring programmes for these three regions are rather cautious and vague and their practical results even more modest. Despite many documents, commissions, and conferences and the general publicity about the restructuring of the Wałbrzych region, practical results are far from satisfactory; the main instrument addressing the structural problems of this region is the labour market policy, and unemployment benefits.

b) Upper Silesia

In Upper Silesia the only detectable programme that, until recently, was carried out according to the government's declaration was the programme encompassing the closing of the most heavily subsidized mines and the reduction of the employment in the coal mining industry. The reduction of employment consisted not in laying workers off, but in not hiring new workers, and in shifting workers from the closed mines to those still in operation. Therefore, the programmes required several years to be fully implemented. Until now, some organizational measures have been taken; however, they did not have any serious impact: so far no pit has been closed down. The programme, despite its „softness", encountered resistance on the part of miners and their powerful trade unions and, if nothing changes, one may doubt if it will bring about meaningful results at all.

The need for restructuring the Upper Silesian industrial area is, however, realized by all actors involved – both central Polish authorities and regional Silesian actors (trade unions, local organizations and authorities, etc.). As a result, a „Contract for Katowice Province" was adopted a few months ago jointly by the central government and regional partners. It represents an attempt to coordinate and strengthen efforts for restructuring the region.[38]

Restructuring of the Łódź region is even more unclear. On the one hand, the government continues to declare its readiness to help reconstruct the region. And indeed, the region does enjoy various privileges of crisis-affected areas (e.g. special unemployment schemes); on the other hand, the recovery of the textile industry, the main branch of the region, and other positive developments make the need for restructuring the Łódź area seem less urgent.

When analyzing regional economic policy, one should also mention the economic policy of regional and local authorities.[39] In this context, it is useful to present, very briefly, the territorial division and organization of state authorities in Poland.

Poland is divided into 49 voivodships (see: Annex II); they, in turn, are divided into about 2500 (exactly 2468) communes. Voivodships are territorial-administrative units of the central government. A voivodship is headed by its voivod appointed by the prime minister. The voivod has an administrative apparatus at his/her disposal. The main task of the voivod is to assure that the law be respected and government's policy decisions realized. In particular, he/she watches over the legality of decisions of local self-governments and other institutions, takes care of state property and the functioning of objects of overall national importance, in particular, technical infrastructure (roads, railways, border crossing points, etc.). Against this background, the carrying out of an economic policy or the promoting of the economic development of the region is not the main task of the voivod. Nevertheless, the voivod has important instruments at his disposal to influence the economic performance of the region. First of all, the voivod may influence the state of the infrastructure, he/she may sell, rent or lease state property – for instance land and industrial plants. In this respect, one should mention that the property at the voivod's disposal is now much smaller than a few years ago as a result of transferring the majority of this property to local self-governments, and of privatization. In doing so, the voivod can influence investment decisions taken by firms, both domestic and foreign, and thus carry out an economic policy for the region (i.e. voivodship).

Generally speaking, the economic policy of voivodships is rather passive. It consists in more or less clever and effective reactions to offers put forward by potential investors. The small size of the voivodships and, thus,

---

38 See for more details: Szczepański, J.J. 1995: Ile kosztuje Śląski kontrakt (How Much Does „Contract for Upper Silesia" Cost) In: Gazeta Bankowa 42/364, October 15.
39 Cf.: Bundesministerium für Raumordnung, Bauwesen und Städtebau, Bonn/Ministerium für Raumwirtschaft und Bauwesen, Warszawa. 1994/1995: Raumordnungskonzept für den deutsch-polnischen Grenzraum.

their respective modest budgets do not allow large undertakings, e.g. in the sphere of technical infrastructure, and the political dependence of the voivod on the central government makes the voivod reluctant to undertake long-term projects.

The deficiencies of the economic policy of the voivodships were, by the way, an argument for the reform of the territorial division and organization of state authorities in Poland.[40] Projects for a new system of territorial organization of the country aimed at the reduction of the number of voivodships (to 8 – 20) and a transformation of their being territorial-administrative units of the central government into regions possessing their own powers and competences and bodies. The most far-reaching project even envisaged the transformation of Poland into a federal stated composed of about 8 historical provinces. The discussion of those projects known as „discussion of regionalization of Poland" was quite intense in 1992, and, to some extent, has flared up again. The idea of the regionalization of Poland, regardless of the version of projects (mild decentralization of power or radical federalisation of the country) did not find broader support either in public opinion or among leading politicians.

Economic policy is also carried out at the local level, namely by self-governed communes.[41] To this end, local authorities have at their disposal, first of all, communal property (land, infrastructure of local significance, and other immovable property, sometimes even shops or industrial plants), local taxes (levied freely within the limits determined by the law) and other budgetary revenues, including bank loans. In order to achieve common goals, communes may establish an association of communes. In fact, there are many such associations, both of territorial character (communes in a given territory) and of specific branch character (e.g. associations of tourism communes). The main way in which communes carry out their economic policy is by attracting investors by offering land and other objects to sell or rent, by developing infrastructure (primarily telephones and sewage-treatment plants) and by diffusing information about the commune in the

---

40 See: Gorzelak, G. 1992: Polish Regionalism and Regionalisation. In: Gorzelak, G./Kukliński, A. (eds.). Dilemmas of Regional Policies in Eastern and Central Europe (Regional and Local Studies 8) Warsaw: European Institute for Regional and Local Development, University of Warsaw, p. 465-488; Szul, R. 1993: Some Problems of Regionalism in Contemporary Europe with Special Reference to Eastern Europe In: Gorzelak, G./Jalowiecki, B. (eds.): Regional Question in Europe (Regional and Local Studies 10) Warsaw: European Institute for Regional and Local Development, University of Warsaw, p. 343-368.

41 Cf.: Swianiewicz, P. 1995: Strategie inwestycyjne gmin (Investment Strategies of the Communes). In: Jalowiecki, B. (ed.). Współczesne problemy rozwoju regionalnego (Actual Problems of Regional Development), La Chaire UNESCO du Developpement Durable, Universite de Varsovie, Warszawa, 195-212.

country and abroad, making use of some of a large number of organizations and business firms specialized in this matter. Quite often, local authorities help local business by searching for partners (i.e. organizing exhibitions, fairs, and other meetings), and by encouraging establishing local chambers of commerce. In contrast to the central government and to the voivodship authorities, local authorities are quite stable. It can be said that, despite the fact that the economic performance of a given area depends mostly on factors beyond the influence of the local authorities, to some extent and in some cases successes of several communes were a result of activity of their authorities.[42]

When describing institutions and instruments of regional and local economic policy, one should mention a specific institution, the „agencies for regional development". These usually serve several communes. They can be established jointly by various institutions: communes, voivodship authorities, local businesses, scientific institutes, etc. Their goal is to promote development of local entrepreneurship, infrastructure, and to attract investments. Several dozens of such agencies have by now been established. Their forms of organization are quite differentiated. It is difficult to assess their activity and effectiveness, but it seems that the rather modest resources at their disposal and their orientation towards making profits (most of them are joint-stock companies) significantly reduce their ability to undertake far-reaching long-term actions that would bring about changes in the economic condition of a given area.

As mentioned above, local authorities can join together in various kinds of associations. It should be added that such bodies may transgress national borders and that local authorities can – under certain conditions – establish direct contacts with foreign partners. Also, the voivodship authorities can establish transfrontier formations, i.e. euroregions[43], and contacts. Such transfrontier formations and international contacts at the local and regional

---

42 See also: Swianiewicz, P. 1995: Local Governments in Baltic Europe. In: Kukliński, A. (ed.). Baltic Europe in the Perspective of Global Change. Warsaw: European Institute for Regional and Local Development, University of Warsaw, Oficyna Naukowa, p. 319-327.

43 The most important initiatives of transfrontier cooperation are the following: the „Dreiländereck" (the region entailing territories of Germany, Poland and Czechia), Pomerania (northwestern Poland, northeastern Germany and, in the near future, southern Sweden and the Danish island of Bornholm), Upper Silesia (both in Poland and in Czechia), Tatra (Poland, Slovakia), Carpathian euroregion (Poland, Slovakia, Hungary, Ukraine), Bug region (Poland, Ukraine, Byelorussia). It seems, however, that the most intense transfrontier cooperation takes place at the Polish-Byelorussian border, though this cooperation has not been institutionalized. On both sides of the Polish-Byelorussian border live significant ethnic minorities (Byelorussian in Poland and Polish in Byelorussia) which have a say in local affairs and tend to cooperate with partners on the other side of the border.

level are another element in the international networking that facilitates the diffusion of capital, goods and innovations.

2.4 Selected Regions against the background of the National Economy

In this chapter, the analysis will focus on the four regions: Warsaw, Poznań, Gdańsk and Katowice. As mentioned above, the former three regions (defined as the respective voivodships) represent urban-industrial centres characterized by a high share of demand-related activities in their economic mix and by an advanced stage of transformation towards a market-based private economy, while the economy of the Katowice voivodship is still dominated by heavy industries and is less dependent on market forces, with a low share of the private sector and weak „entrepreneurial spirit".

The role of the analyzed regions (voivodships) in the national economy as measured by their share in the total number of workers in 1990 and 1993 was the following: Warsaw – 6.6% in 1990 and 6.8% in 1993; Gdańsk – 3.3% and 3.3%; Katowice – 9.9% and 10.3%; Poznań – 3.5% and 3.4%. As can be seen, the share of the Katowice voivodship is the biggest – it accounts for 1/10 of the total number of the population working in Poland, which, otherwise, is adequate to the region's share in the country's population. The changes in the above figures between 1990 and 1993 are attributable mostly to demographic factors.

As regards the dynamics of the number of the working population (in absolute terms, as of December 31), this number declined in Poland as a whole and in each of the analyzed voivodships between 1990 and 1993 as follows: Poland – from 16.15 mln. to 14.76 mln.; Warsaw – respectively from 1.09 mln. to 1 mln.; Gdańsk – from 0.55 mln. to 0.49 mln.; Katowice – from 1.63 mln. to 1.53 mln.; Poznań – from 0.58 mln. to 0.51 mln. (see: fig. 10 and 10a). The decrease in the number of workers was due mostly to economic factors (reduction in the number of places of work), but the differences among the individual regions were strongly influenced by demographic factors.

Interesting information about the role of individual regions in the national economy and about the regional differences in the transformation processes and entrepreneurship is provided by figures on the share of the regions in the total numbers of firms, state-owned firms, private companies and joint ventures. Such figures are presented in the following table: (see also: fig.6.1, 6.2, 7.1, 7.2, 7a, 8.1, 8.2, and 8a).

Table 19: The share of the analyzed regions in the numbers of registered firms (without private farms and small private firms employing only the owner), December 31, 1994, per cent

Poland Voivodship	State-owned enterprises (including communal)		Private companies				Total	
			with Polish capital		with foreign capital			
	1992	1994	1992	1994	1992	1994	1992	1994
Poland	100.0	100.0	100.0	100.0	100.0	100.0	100.0	100.0
Warsaw	6.1	8.2	21.2	21.9	35.3	34.5	12.9	13.8
Gdańsk	3.5	3.4	9.2	8.7	7.3	6.4	5.2	4.9
Katowice	8.8	9.3	9.6	9.6	6.8	6.4	8.8	9.7
Poznań	3.6	4.1	5.9	5.9	7.0	6.6	4.8	4.7

Source: GUS statistics, 1993

As can be seen, for Warsaw, Gdańsk and Poznań the share in the total number of firms in 1992 and 1994 was much higher than the share in the number of state-owned firms, while for the Katowice voivodship the shares in 1992 were similar. The differences between regions are more pronounced when comparing the regional shares in the number of state-owned firms with the shares in the number of firms with foreign capital: e.g. for Warsaw the share in the number of firms with foreign capital is more than 4 times higher than the share in state-owned firms, while for Katowice the former figure is by one fourth smaller than the latter. These figures confirm the above statement concerning the gap in the process of privatization and marketization of the economy between the Katowice voivodship and the rest of the country, especially the remaining analyzed regions.

The above figures do not include data concerning individual persons running a private business. If such persons – with the exeption of farmers – were to be included, the dynamism of private entrepreneurship in some regions, especially in Poznań, would be even more visible.

When analyzing the above data, it is once again worth mentioning that every third (34.5%) firm with foreign capital was registered in Warsaw. It confirms the special role of Warsaw as a „junction" between the national and the world economy.[44] It is also worth mentioning that the share of the four analyzed voivodships in the total number of firms with foreign capital accounted to 53.9%, while the remaining 45 voivodships shared between them 46.1%.[45] Among voivodships not included in the analysis, the high

---

44   See also: Europäische Akademie für Städtische Umwelt. 1992: Die Metropolen in der Mitte Europas. Aufgaben für eine dauerhafte Stadtentwicklung. Konferenzbericht. Berlin.
45   As regards the absolute numbers, the number of state-owned enterprises in Poland in 1994 was 5,519, in Warsaw – 453, Gdańsk – 187, Katowice – 515, Poznań – 228; the number

share of firms with foreign capital is also characteristic for Szczecin, Wrocław, Kraków and Łódź. On the other hand, Lublin and Białystok (in eastern Poland) are known for the large numbers of firms which have established joint ventures abroad (fig. 8.1, 8.2 and 8a).

As regards the place of the analyzed regions in the individual branches (sectors) of the national economy (as measured by the share in the total employment), the most striking observation is the position of the Katowice voivodship in industry (18.0% of the industrial employment in Poland) (fig. 2.1, 2.2) as well as the high concentration of employment in science and R&D in Warsaw (43.3%). More detailed data are presented in the following table:

Table 20: The share of the analyzed voivodships in total employment by branches (sectors) of the national economy, as of December 31, 1993, per cent

Poland Voivodship	Total	Industry	Construction	Agriculture	Transportation	Communication	Trade	Science R&D	Education	Finance
Poland	100	100	100	100	100	100	100	100	100	100
Warsaw	6.8	6.3	9.6	1.3	7.0	9.3	9.5	43.3	7.4	14.3
Gdańsk	3.3	3.3	3.7	1.6	6.6	4.2	3.8	3.7	4.1	4.0
Katowice	10.3	18.0	16.0	1.7	10.7	8.3	12.0	11.7	9.0	8.3
Poznań	3.4	3.5	4.2	2.2	3.5	4.0	4.3	5.2	4.0	4.3

Source: GUS statistics, 1993

The table shows that the share of Warsaw in employment in industry in 1993 was slightly below the share of Warsaw in total employment, while in the case of the Katowice voivodship the share in industrial employment was almost twice as high as the share in total employment. For the remaining two voivodships, shares in industrial and total employment were almost equal.

Warsaw's share is overproportional in construction, transportation, communication, trade, science and R&D (six-fold higher share in this sector than in total employment), in education and in finance and insurances (more than twice a higher share in this sector than in total employment). Besides industry, Warsaw's share is underproportional in agricultural employment (fig. 3). It is worth noting that Warsaw's underproportional share in employment in industry is a recent phenomenon, as until 1990 its share was overproportional (in 1990 7.3% compared with 6.6%) as a result of the ideologically motivated „socialist industrialization" of the capital that started in the fifties

---

of firms with foreign capital (joint ventures and entirely foreign-owned firms) in Poland was 19,737, in Warsaw – 6,818, Gdańsk – 1,272, Katowice – 1,268, Poznań – 1,003.

and continued by inertia further on. Only the economic and political transformation reversed that trend.

Gdańsk's share is overproportional in construction, transportation (twofold), communication, trade, science and R&D, education and finance and insurances, underproportional in agriculture and proportional in industry. Poznań's characteristics are very much similar to those of Gdańsk: Poznań's share is overproportional in construction, communication, trade, science and R&D, education and in finances and insurances, underproportional in agriculture and proportional in industry and transportation. The higher share of transportation of the Gdańsk voivodship stems from the fact that it is a seaport, while Poznań's share is more significant when it comes to employment in science and R&D.

Katowice's share is overproportional in industry, construction, trade and in science and R&D, underproportional in agriculture, communication, education and finances and insurances, and proportional in transportation. It confirms the hypertrophy of industry and underdevelopment of tertiary sectors in Upper Silesia. It should be noted, however, that in absolute terms the numbers for the Katowice voivodship in tertiary sectors such as science and R&D, education, finance and insurances are significant and higher than those of Gdańsk and Poznań.

As regards the economic structure of the analyzed regions (as measured by employment by sectors), the preponderance of industry in the Katowice voivodship was the most striking. In 1993, industry accounted for 42.4% of the working in that voivodship, while the respective figures for the remaining voivodships were significantly lower and amounted to 23.1% in Warsaw, 24.7% in Gdańsk and 24.9% in Poznań. (The national average was 24.4%) (fig. 4.1, 4.2). The share of construction was almost equal in all the four voivodships: 8.3% in Warsaw, 6.4% in Gdańsk, 8.9% in Katowice, 7.0% in Poznań (5.6% in Poland on average). The share of agriculture largely depended on the delimitations of voivodship borders: in the case of the Warsaw voivodship and Katowice voivodship the borders were limited to the respective agglomerations, while the Poznań and the Gdańsk voivodships encompass considerable rural areas. Therefore, the share of agriculture was higher in Poznań (16.6%) and Gdańsk (13.1%) than in Katowice (4.2%) and Warsaw (5.7%) (fig. 5.1, 5.2). The share of transportation was the highest in the Gdańsk voivodship and amounted to 7.6%; in Warsaw and Katowice it was 4.0%, in Poznań – 3.9% and in Poland on average – 3.8%. As mentioned above, the important role of transportation in the economic structure of the Gdańsk voivodship stems from the role of the local sea port in Poland's economy. As a matter of fact, two of the three largest ports, Gdańsk and Gdynia, are located in this voivodship. For Warsaw and Poznań relatively high shares of employment in tertiary sectors are characteristic:

trade – 19.7% in Warsaw and 17.4% in Poznań (16.1% in Gdańsk and in Katowice, 13.9% in Poland on average), science and R&D – 3.0% in Warsaw, 0.7% in Poznań (0.5% in Gdańsk and Katowice and in Poland on average), finances and insurances – 3.3% in Warsaw, 2% in Poznań (1.9% in Gdańsk, 1.3% in Katowice, 1.6% in Poland).

In all voivodships the economic structure underwent changes during the transformation process. In all analyzed voivodships, and in Poland as a whole, the share of industry declined while the shares of trade, communications and financial services went up. The development of the remaining sectors varied according to the different voivodships.

Very significant structural shifts took place also within individual sectors, especially in industry. The change is particularly striking, if measured not by employment, but by sales in current prices, which also reflects differences in the dynamics of relative prices.

The most striking change occurred in the case of sales in the fuel and energy industry. The increase of the sales in this industry (in total sales of industry) was a combined result of two tendencies: growing demand for fuels (as a result of the rapidly growing number of cars) and growing relative prices of all kinds of generated power, first of all of electrical energy (both for industrial and consumer use). The most dramatic increase in the role of the fuel and energy industry could be observed in Warsaw, where the respective figure rose almost 5-fold). Another visible tendency was the decline in the importance of the electrical engineering industry.

Table 21: The structure of sales of industry by industrial branches in the selected voivodships in 1989 and 1993, current prices, per cent

Poland Voivodship	Fuel-energy		Metallurgy		Electrical engineering		Chemical industry	
	1989	1993	1989	1993	1989	1993	1989	1993
Poland	12.1	22.0	10.9	6.9	25.2	21.1	9.0	9.1
Warsaw	5.2	23.2	4.8	1.6	50.8	31.4	9.1	11.6
Gdańsk	22.0	37.2	0.4	0.6	33.2	27.6	8.1	6.0
Katowice	29.9	46.3	32.3	20.1	17.1	14.0	5.1	5.0
Poznań	3.9	3.4	0.7	0.2	26.9	24.6	8.3	11.0
	pulp & paper		Light industry		Food industry		Mineral industry	
	1989	1993	1989	1993	1989	1993	1989	1993
Poland	4.6	5.6	11.7	7.1	20.8	21.9	3.5	4.1
Warsaw	3.7	3.2	3.4	4.5	17.5	17.0	1.4	2.5
Gdańsk	3.3	3.6	4.5	2.3	24.7	19.1	1.9	1.8
Katowice	1.4	1.2	2.4	2.5	7.0	7.5	2.7	2.6
Poznań	5.2	7.9	5.6	6.6	44.6	41.1	1.7	2.1

Source: GUS (Central Statistical Office), Warsaw

Individual voivodships play a significant role in the production of specific goods. In 1993 Warsaw provided 100% of tractors (in 1989 also 100%), 45.6% (1992) of taperecorders (in 1989 – 53.4%), 100% of electron lamps (in 1989 also 100%), 73.4% of semiconductors (41%), 19.2% of detergents (11.7%), and 31.7% of pharmaceuticals (28.6%). The output of some products and Warsaw's share in their production fell considerably, as with the share of cars (to 21.1% from 27%), TV sets (to 22.5% from 53.7%), radios (to 1.5% from 15.4%); in absolute terms the output of radios went down from 389 thousand to just 4.8 thousand as a result of the closing of one large factory. It should be added that the production of TV sets was shifted to a town not far from Warsaw. (In fact this can hardly be called shifting, as the output in Warsaw was reduced and taken up outside Warsaw, in a totally different factory).

The Gdańsk voivodship plays a significant role in production of ships (of more than 100 DWT) – 50% in 1993 (68.6% in 1989), phosphor fertilizers – 10.5% (14.4%), pharmaceuticals – 13.9% (15.3%) and TV sets – 16.5% (40.9%). The Gdańsk TV set producing factory was once the largest in Poland providing about one half of the country's output. It was severely hit by developments in the consumer electronic industry – competition from outside Poland and from newly established factories. As a result, the output of TV sets in absolute terms declined to 141.2 thousand in 1993 from 315.6 thousand in 1989. It should be added, however, that the Gdańsk factory has undertaken some measures to face competition and has had some success in marketing and in improving the quality of their products.

The Katowice voivodship is known for its role as the main supplier of coal (97.2% of the total production), steel and energy. In addition, the factory in Tychy, situated in that voivodship, is the major producer of cars in Poland. In 1993, the voivodship's share in car production was 57.8% (in 1989 – 50.4%). The neighbouring voivodship of Bielsko-Biała provided 20.8% (22.4%) of the cars. The output of the Tychy and Bielsko-Biała car factories in 1993 (after the takeover of majority shares by FIAT) went up, so that the combined share of those two voivodships probably increased.

As regards the Poznań voivodship, except for ship engines and wagons (Poznań is the only producer), Poznań's share in country's output rarely exceeded 10% (in 1993 – 13.6% in pharmaceuticals and 8.8% in washing and cleaning products). The main role of Poznań in the national economy is its role as the main centre of international trade.

All four regions play an outstanding role in connecting Poland with the world economy. As mentioned above, the four voivodships account for more than 50% of the number of joint ventures and foreign firms registered in Poland. Their share in the capital invested is also high (fig. 9).

The foreign capital invested in 1991-1993 in the Warsaw region amounted to 800 million US$ out of 3 billion dollars in the whole country (in December 1994 it was 4.3 billion dollars, in June 1995 – 5.4 billion). American firms provided at least 400 million dollars in 1993, or more than one half of the total. The second largest foreign investor in Warsaw was France with 80 million dollars. In general, France was only the fifth largest investor in Poland, which suggests a „capital city bias" of French investors. The third investor in Warsaw was Germany (75 mln). Italy, second largest investor in Poland, was only the sixth investor in Warsaw, because the bulk of Italian investments went to car factories in Katowice and Bielsko-Biała voivodships.

The most important individual investors in the Warsaw region were: Curtis Int. (USA) – 100 mln US$, PepsiCo (USA) – 78 mln, International Finance Corporation (international) – 68 mln, Procter & Gamble (USA) – 60 mln, Thomson (France) – 60 mln, Coca Cola (USA) – 56 mln, RJ Reynolds (USA) – 50 mln, Solco Basel (Switzerland) – 35 mln, Lucchini Group (Italy) – 34.8 mln and Epstein (USA) – 25 mln US$. Eleventh was the first German firm – Tchibo – with 18 million dollars, but it should be noted that Siemens for 38.5 mln dollars had bought 80% of the shares of two plants (one in Warsaw and one in Wrocław) forming one factory. Among 38 firms which invested at least 0.5 million dollars, there were 13 firms from the USA, one corporation classified as „international", 5 from France, 1 from Switzerland, 1 from Italy, 5 from Germany, 2 from Sweden, 2 from Austria, 1 from the Netherlands, 1 from South Korea, 1 from Finland, 1 from U.K., 1 from Spain, 1 from Norway and 1 from Slovenia (the only former socialist country, represented by „Lek Ljubljana" with 3 million dollars invested in a pharmaceutical firm in Pruszków near Warsaw).[46]

The role of Warsaw as a „junction" between Poland and the world economy consists not only in its share of foreign investments.[47] Warsaw is also an important meeting place for businessmen, politicians, and academics.

As regards the remaining three voivodships, Katowice (and Bielsko-Biała) has strong capital and technological links with Italy (due to FIAT's investments in car factories), but also with Germany, USA etc.; in Gdańsk and Poznań it is difficult to point out one foreign country as the main investor. It can be said that American investments rank first in Gdańsk and Ger-

---

[46] Source:. Inwestorzy zagraniczni w Warszawie (Foreign Investors in Warsaw) 1994: In: Gazeta Wyborcza. January 21.
[47] See: Szul, R. 1990: A Place in Motion. In: The Warsaw Voice (Special Issue – The City Voice), October; Mync, A. 1995: Die Region Warschau. Transformationsprozesse und Entwicklungschancen. In: Hauptstadtregionen in Europa. In: Informationen zur Raumentwicklung (2/3) Bonn-Bad Godesberg: Bundesforschungsanstalt für Landeskunde und Raumordnung, p. 139-156.

man investments (i.e. VW Poznań) in Poznań. The international role of Poznań and Gdańsk relates more to flows of information and goods rather than to foreign investments. With respect to flows of information and goods, Poznań, and to a lesser extent Gdańsk, has strong links with Germany – Poznań especially with Berlin, and Gdańsk with Bremen, Hamburg and other sea ports.

3. Challenges of the Future

Poland is facing several challenges which are going to determine its position in the years ahead. Many of these challenges have a distinct spatial (territorial) dimension. They are related to the transformation processes under way or to be undertaken in the near future, to requirements stemming from the process of internationalization of the economy and from the changing place of Poland in the international setting.

One of these challenges, with an evident territorial aspect, is the need for developing and modernizing the transportation system.[48] This need has both, domestic and international reasons. The internal reason is the enormously growing number of vehicles, especially cars, on Polish roads and the antiquated state of the road network (e.g. the almost total absence of highways). One external reason for developing the transportation system is the growing trade and travelling to and from Poland, which is also on transit routes from Western Europe to Russia and other CIS countries.

These considerations have given rise to two major projects. The one is a large programme of highway construction which aims at building about 2,000 km of highways in the next twenty years. The other project is the modernization of the railway system, first of all of the Polish section of the line Berlin-Warsaw-Moscow. In addition to the transportation infrastructure there is a need for further improving the border-crossing infrastructure, especially on the Polish eastern borders.

The internationalization of the economy and the changing place of Poland in the international setting require, apart from the improved transportation and telecommunication system and border-crossing infrastructure, that some places (cities) participate in the network of international cities.[49] Warsaw and some

---

48 Cf.: Judge, E. 1994: Motorisation, Spatial Development and the Environment: an External Perspective on the Polish Future. In: Domański, R./Judge, E. (eds.): Changes in the Regional Economy in the Period of System Transformation. Warsaw: Committee for Space Economy and Regional Planning, Polish Academy of Sciences, p. 155-175.

49 European Commission, European Institute for Regional and Local Development, Institute for Human Sciences. 1994: Eastern and Central Europe 2000. Final Report (by Gorzelak

other towns (Kraków, Poznań, Gdańsk, Wrocław) are in the best position to meet this need. They do, however, have to make an effort in order to attract international interest. Some signs of a strengthening international position of the leading Polish cities are already visible.

International cooperation also implies a need for the cooperation at the regional level (transborder cooperation). Despite some progress in this respect (e.g. establishing of several euroregions and other institutional forms of transborder cooperation on all Polish borders) a lot remains to be done to make this cooperation more smooth and effective. This concerns the above-mentioned infrastructural problems as well as administrative, political and socio-psychological changes which would give Polish regions more power and reduce political and psychological reservations – both in Poland and some neighbouring countries – against closer transborder cooperation.

One element of primary importance for Poland's future is the socio-economic situation in Upper Silesia. The Upper Silesian challenge consists both in threats and chances. The threat would be the economic collapse and social unrest resulting from a non-restructuring or „mis"-restructuring of obsolete industries in that region. This would imply, among other things, an increased burden for the state budget, reduced international economic competitiveness of Poland, and lower chances for integration into the EU. But Upper Silesia also represents a considerable economic potential: high, concentrated demand, relatively large sources of capital and a skilled labour force. If properly restructured, Upper Silesia could offer a considerable push for the whole national economy.

Another challenge is represented by crisis-affected and backward regions, especially in the north and east of Poland. The problem related to this type of region can be reduced to the question: to what extent can the state (the nation) tolerate regional inequalities in living standards and life perspectives of its inhabitants? Or, in other words, to what extent can the country afford to promote economic development of its less developed regions without damaging prospects for the general *national* economic development? It is a well-known dilemma of the regional policy of any country.

An important sectoral challenge with an evident territorial dimension is agriculture. And here, two sub-sectors are particularly problematic: the former state farms (mostly in the north and west) and very small farms (especially in the southeast). The collapse of the state farms generated a severe problem of unemployment, misery and a general mood of hopelessness among former farm workers. It should be stressed, however, that the former state farms represent not only a problem, but also a chance – a chance for establishing new large, mod-

---

G./Jalowiecki, B./Kukliński, A./Zienkowski). (Studies 2). Luxembourg; European Commission, European Institute for Regional and Local Development, Institute for Human Sciences. 1994: Eastern and Central Europe 2000. Final Report (by Gorzelak G./Jalowiecki, B./Kukliński, A./Zienkowski). (Studies 2). Luxembourg.

The Regional Impact of the Transformation Processes in Poland ...

ern, efficient, and therefore internationally competitive farms. As regards the small farms, which are usually owned by bi-professionals, their main problem, at present, is the loss of jobs outside agriculture and the resulting hidden unemployment and lower incomes. The assets of these farms (and farmers) are their advantage in labour-intensive branches of agricultural production and the fact that their bi-professional working-force is highly skilled, flexible and less „prone" to strikes and social conflicts. These factors allow for some hope for this region.

Ecology represents another challenge.[50] Recently, two divergent tendencies can be observed in this respect: on the one hand reduced air-, water- and soil pollution (due both to reduced production of pollutants and increased purification measures), on the other hand a growing exploitation of non-renewable resources, such as wood. The latter tendency results from two factors: growing output of wooden products due to the „comparative advantage" of the pulp and paper industry in Poland vis-a-vis Western Europe, and the growing use of wood for heating and energy purposes resulting from the dramatically increased relative prices of other energy sources (coal and gas). Apart from these recent problems, Poland has to deal with enduring ecological problems concentrated in the most industrialized region, primarily in Upper Silesia. The general restructuring of Upper Silesia would be a good opportunity for also dealing with a region's ecological problems. It should be stressed that, apart from ecologically deteriorated areas, there are areas of exceptional ecological conditions all over the country. They also represent a kind of challenge as their preservation requires some measures and costs.

A special kind of challenge relating to the transformation is the intellectual challenge.[51] It is a challenge for those who try to investigate and understand the whole complex process of transformation. It calls for, among other things, a new approach to social, economic and political phenomena, new research priorities and new information. An attempt to outline such new approach, new priorities and new information is given the discussion paper „The Regional Dimension of the Transformation in Poland. Research Priorities"[52].

---

50 See for more details: Żylicz, T./Lehoczki, Z. (1995). Environmental Recovery in the Czech Republic, Hungary, Poland, and Slovakia. In: Kukliński, A. (ed.). Baltic Europe in the Perspective of Global Change. Warsaw: European Institute for Regional and Local Development, University of Warsaw, Oficyna Naukowa, P. 184-217.

51 See also: Kacprzynski, B. 1984: Pro-Innovative Policy. In: Kukliński, A. (ed.): Science – Technology – Economy. (Science and Government 3) Warsaw: State Committee for Scientific Research, p. 330-338.

52 Cf.: Kukliński, A. (ed.) 1996: Production of Knowledge and the Dignity of Science. (Europe 2010 Series 2) Warsaw: European Institute for Regional and Local Development, University of Warsaw.

The ongoing transformation ultimately affects the social sphere, and the social sphere is a major element of the challenges of the future.[53] From the point of view of the challenges, the social sphere represents a variety of weak and strong characteristics.

The weakening factors are high unemployment, demographic tendencies, the inadequate social insurance system and the growing criminality.

The unemployment rate (about 15%), although decreasing over the last two years, is still very high and may grow again as demographic prognoses predict a rapid increase in the number of persons of working age in the next 10 – 15 years. This problem is and will continue to be particularly serious for, e.g., rural areas of northern Poland characterized by a young population, a high natural increase and a collapse of their main branches of economy – state farming, farming services, tourism, etc.

When analyzing the problem of unemployment, it should be kept in mind, however, that the official numbers and the rate of unemployment are somewhat misleading. A large number of unemployed persons (up to 1/2 according to some assessments) have more or less regular sources of income in the „grey economy" – many of them receive unemployment benefits (slightly more than 50% of the unemployed are not eligible for unemployment benefits). In addition, there exists a kind of „friend and family social safety net" and „humanity of authorities" which alleviate the consequences of unemployment and low income. For instance, local authorities, owners of communal houses, and housing cooperatives usually tolerate even high arrears on the part of the inhabitants so that cases of evictions for not paying rents are still extremely rare.

The social insurance system is another weak element of the social sphere in Poland. It is now based on the principle of „social solidarity" which means that pensions and other expenses are entirely financed through the state budget and that the insurance premiums of those who work are only a source of budget revenues, so that the social insurance system is in high and increasing deficit. Given the demographical trends (growing share of elderly population) after 10 – 20 years, the whole system can collapse, if this situation continues. Therefore, a reform of the social insurance system appears as a major task for the state in the next few years.

The social sphere in Poland has also some positive characteristics. Poland and countries of Central and Eastern Europe are, in general, are characterized by a high level of general education. When compared with other post-socialist countries, in turn, the Polish education system was less concentrated on narrowly specialized vocational training and was less politically influenced. As a result, the Polish labour force is relatively well-educated and flexible.

---

53   Cf.: Report on Social Development – Poland '95, UNDP, Warsaw 1995.

Another strong element of Polish society is its entrepreneurial spirit expressed in the dynamism of establishing private firms and undertaking new activities. The reverse of migration trends, e.g. the return of many people (as businessmen or experts, etc.) who migrated from Poland before 1989, is, on the one hand a confirmation of good perspectives for private entrepreneurship, and on the other hand, contributes to this phenomenon.

Among other positive characteristics one can mention the absence of ethnic conflicts.

4. Final Remarks

As can be seen from the analysis, Polish society and economy is undergoing a process of deep and continuous transformation. This process can be divided into two stages:

1. the stage of introducing market rules into the economy and shock therapy accompanied by some important phenomena, such as achieving market equilibrium and the disappearance of the „shortage economics", decline in GDP and output, appearance and growth of unemployment, growing social differentiation and parallel territorial differentiation (winning and losing regions),
2. the stage of recovery characterized by quite a fast growth in GDP and in output of most sectors, the growing role of the private economy, continuing process of social differentiation, and some changes in relative performance of individual sectors of the economy as well as some changes in the regional dimension of the economy.

The transformation is a multi-dimensional phenomenon: it entails social aspects (new ways of living, new social stratification, new social problems – e.g. unemployment, growing criminality, etc.), political aspects (new mechanisms of running public affairs: introduction of the democratic system at both national and local levels, activation or rebirth of localism and regionalism), technological aspects, regional aspects and scientific aspects (as a challenge for researchers and statistics).

It seems that now the most dramatic and spectacular part of the transformation (which could be called the „Sturm und Drang Period") is over. Poland now is turning into a rather stable nation where only minor and smooth corrections in the economic and social situation can be expected.

An important element of the transformation has been the change in the international position of Poland, characterized by the strengthening of Poland's links with the Western world in general, and Germany in particular. It is visible, both in the economy (e.g. growing trade with the West, foreign investments etc.) and in the social and even psychological life (multiplying personal contacts with the outside world, reassessment of many traditional views and behaviours, etc.) Such transformation of Polish economy and society, to a large extent influenced by developments in neighbouring countries – primarily Germany, can, in turn, influence the situation in those countries, including the new „Länder" of Germany. In this context, developments in Poland deserve to be analyzed also by Poland's nearest partners. It is hoped that this study can contribute to this goal.

References

Bojarska-Dahlig, H. 1984: The Case of Polish Pharmaceutical Industry. In: Kukliński, A. (ed.): Science-Technology-Economy. (Science and Government Series 3) Warsaw: State Committee for Scientific Research, p. 389-397

Brach, B. 1995: Wędrówka ludów (Migrations). In: Życie Gospodarcze 42 October 15

Bundesministerium für Raumordnung, Bauwesen und Städtebau, Bonn/Ministerium für Raumwirtschaft und Bauwesen, Warszawa. 1994/1995: Raumordnungskonzept für den deutsch-polnischen Grenzraum.

Centralny Urząd Planowania, Departament Informacji i Prognoz (Central Planning Office, Department of Information and Prognosises) 1995: Sytuacja gospodarcza Polski w I półroczu 1995 r. na tle krajów Europy Środkowej i Wschodniej wraz z elementami krótkoterminowej prognozy (Economic Situation in Poland in the first half of 1995 against the Background of the Central and Eastern European Countries with Elements of Short-Term Prognosis), Warszawa

Concise Statistical Yearbook 1995: GUS. Warszawa

Chojnacki, I. 1995: Granice kapitału (Borders for Capital). In: Gazeta Bankowa, 42/364, October 15

Europäische Akademie für Städtische Umwelt. 1992: Die Metropolen in der Mitte Europas. Aufgaben für eine dauerhafte Stadtentwicklung. Konferenzbericht. Berlin

European Commission, European Institute for Regional and Local Development, Institute for Human Sciences. 1994: Eastern and Central Europe 2000. Final Report (by Gorzelak G./Jalowiecki, B./Kukliński, A./Zienkowski). (Studies 2). Luxembourg

Gałązka, A. 1994: Prywatyzacja mieszkań w Polsce – efekty przekształceń własnościowych w ujęciu regionalnym (Privatization Processes in the Housing Sector in Poland and their Effects – A Regional Approach). In: Mync, A./Jalowiecki, B. (ed.): Przedsiębiorczość i prywatyzacja (Entrepreneurship and Privatization). Biuletyn 168. Committee for Space Economy and Regional Planning, Polish Academy of Sciences. Warszawa, p. 131-144

Gomułka, S./Jasiński, P. 1995: Privatisation in Poland 1989-1993. Policies, Methods, and Results. (Opera Minora 6). Warsaw: Institute of Economics, Polish Academy of Sciences

Gorzelak, G. 1992: Polish Regionalism and Regionalisation. In: Gorzelak, G./Kukliński, A. (eds.): Dilemmas of Regional Policies in Eastern and Central Europe (Regional and Local Studies 8) Warsaw: European Institute for Regional and Local Development, University of Warsaw, p. 465-488

Gorzelak, G. 1995: Transformacja systemowa a restrukturyzacja regionalna (System Transformation and Regional Restructuring). La Chaire UNESCO du Developpement Durable, Universite de Varsovie. Warszawa

Gotz-Kozierkiewicz, D. 1991: Polityka walutowa w programie stabilizacji (Exchange Rate Policy in the Program of Stabilization). In: Ekonomista 1

Hopfer, A./Suchta, J. 1995: Olsztyn Region. Its Restructuring Problems and Proposals. In: Kukliński, A. (ed.): Baltic Europe in the Perspective of Global Change (Europe 2010 Series 1) Warsaw: European Institute for Regional and Local Development, University of Warsaw, Oficyna Naukowa, p. 304-311

Hryniewicz, J./Jalowiecki, B./Mync, A. 1992: The Brain Drain in Poland. In: Regional and Local Studies 9

Hryniewicz, J./Jalowiecki, B./Mync, A. 1994: The Brain Drain from Science and Universities in Poland, 1992-1993. In: Regional and Local Studies 11

Inwestorzy zagraniczni w Warszawie (Foreign Investors in Warsaw) 1994: In: Gazeta Wyborcza. January 21

Irmen, E./Schmidt, V./Hillesheim, D./Meyhöfer, A. 1992: Die deutschen und polnischen Regionen im Vergleich – unter besonderer Berücksichtigung der Grenzräume. In: Strukturwandel in Osteuropa. (Materialien zur Raumentwicklung 49) Bonn-Bad Godesberg: Bundesforschungsanstalt für Landeskunde und Raumordnung, p. 97-107

Jalowiecki, B. 1993: Polityka restrukturyzacji regionów – doświadczenia europejskie (Policy of the Restructuring of Regions – European Experiences). (Studia Regionalne i Lokalne 44/11). Warszawa: Europejski Instytut Rozwoju Regionalnego i Lokalnego, Uniwersytet Warszawski

Ježowski, A. 1994: Ekonomiczne rezultaty funkcjonowania samorządu terytorialnego I kadencji w województwie jeleniogórskim (Economic Results of the Self-government in Jelenia Góra voivodship). In: Samorząd Terytorialny 10, p. 26-40

Józefiak, C. 1995: Transformation and Microeconomic Adjustment in Poland. (Opera Minora 5) Warsaw: Institute of Economics, Polish Academy of Sciences

Judge, E. 1994: Motorisation, Spatial Development and the Environment: an External Perspective on the Polish Future. In: Domański, R./Judge, E. (eds.): Changes in the Regional Economy in the Period of System Transformation. Warsaw: Committee for Space Economy and Regional Planning, Polish Academy of Sciences, p. 155-175

Kabaj, M. 1995: Unemployment and Expansion of Employment in the Perspective of Global Change (1993-2000). Case of Poland in Transition in the Context of Other European Countries. In: Kukliński, A. (ed.): Baltic Europe in the Perspective of Global Change. Warsaw: European Institute for Regional and Local Development, University of Warsaw, Oficyna Naukowa, p. 255-270

Kacprzynski, B. 1984: Pro-Innovative Policy. In: Kukliński, A. (ed.): Science – Technology – Economy. (Science and Government 3) Warsaw: State Committee for Scientific Research, p. 330-338

Kacprzynski, B. 1991: The Transformation Process of „Science and Technology" in Poland. In: Kukliński, A. (ed.): Transformation of Science in Poland (Science and Government Series 1) Warsaw: State Committee for Scientific Research, p. 298-319

Kawecka-Wyrzykowska, E./Misala, J. 1993: Sensitive Products in Poland's Exports: Access to the EC Market under the Europe Agreement (Discussion Papers 42) Warsaw: Foreign Trade Research Institute

Kokocińska, M. 1994: The Application of the Business Survey Method in Regional Studies in the Transformation Period. In: Domański, R./Judge, E. (eds.): Changes in the Regional Economy in the Period of System Transformation. Warsaw: Committee for Space Economy and Regional Planning, Polish Academy of Sciences, p. 223-242

Kolodko, G.W. 1993: From Output Collapse to Sustainable Growth in Transition Economies: The Fiscal Implications (Working Papers 35) Warsaw: Institute of Finance

Komornicki, T. 1995: Transgraniczna infrastruktura transportowa Polski (Transborder Transport Infrastructure in Poland). In: Stasiak, A./Miros, K. (eds.): Polen und seine grenzüberschreitende Zusammenarbeit mit den Nachbarländern. (Forschungsprojekt „Entwicklungsgrundlagen der westlichen und östlichen Grenzgebiete Polens". Bulletin 10) Warszawa, September, p. 161-174

Korcelli, P. 1995: Regional Patterns on Poland's Transformation: The First Five Years. Vol. 34 Warsawa: Institute of Geography and Spatial Organization, Polish Academy of Sciences,

Kotyński, J. 1993: Polish Economy and Reforms in 1992-1993 (Discussion Papers 40) Warsaw: Foreign Trade Research Institute

Kukliński, A./Mync, A./Szul, R. 1990: Warschau als eine Globalstadt: Entwicklungsperspektiven. In: Stadtforschung in Ost und West. Perspektiven und Möglichkeiten der Kooperation der großen Zentren in Europa (Beiträge 116). Hannover: Akademie für Raumforschung und Landesplanung, p. 35-56

Kukliński, A. (ed.) 1993: Polonia, quo vadis? (Studia Regionalne i Lokalne 12/45) Warsaw: Europejski Instytut Rozwoju Regionalnego i Lokalnego, Uniwersytet Warszawski

Kukliński, A. (ed.) 1996: Production of Knowledge and the Dignity of Science. (Europe 2010 Series 2) Warsaw: European Institute for Regional and Local Development, University of Warsaw

Kulesza, H. 1994: The Housing Situation at a Regional Scale. In: Domański, R./Judge, E. (eds.): Changes in the Regional Economy in the Period of System Transformation. Warsaw: Committee for Space Economy and Regional Planning, Polish Academy of Sciences, p.187-201

Law of the 14th of June, 1991 on Companies with Foreign Participation (Dz. U. Nr 60, poz. 253)

Lista 100 największych polskich eksporterów do Unii Europejskiej (The List of Top Hundred Polish Exporters to EU Countries) In: Gazeta Bankowa, No. 44/366, October 29, 1995, Special Issue

List of Major Foreign Investors in Poland – Second Quarter 1995, Research Department of the Polish Agency for Foreign Investment, Warszawa

Mync, A./Jalowiecki, B. (ed.) 1994: Przedsiębiorczość i prywatyzacja (Entrepreneurship and Privatization) (Biuletyn 168) Warszawa: Committee for Space Economy and Regional Planning, Polish Academy of Sciences

Mync, A. 1995: Die Region Warschau. Transformationsprozesse und Entwicklungschancen. In: Hauptstadtregionen in Europa. In: Informationen zur Raumentwicklung 2/3. Bonn-Bad Godesberg: Bundesforschungsanstalt für Landeskunde und Raumordnung, p. 139-156

Mync, A. 1992: Foreign Capital in Poland. In: Gorzelak, G./Kukliński, A. (eds.): Dilemmas of Regional Policies in Eastern and Central Europe (Regional and Local Studies 8) Warsaw: European Institute for Regional and Local Development, University of Warsaw, p. 134-152

Najszybsza i najskuteczniejsza prywatyzacja bezpośrednia (Direct Privatization) In: Życie Gospodarcze 42. October 15, 1995.

Report on Social Development – Poland '95, UNDP, Warsaw 1995.

Rozporządzenie Rady Ministrów z dnia 22 czerwca 1993 r. w sprawie odliczeń od dochodu wydatków inwestycyjnych na terenie gmin o szczególnym zagrożeniu wysokim bezrobociem strukturalnym, Monitor Rzeczypospolitej Polskiej, Warszawa, dnia 3 lipca 1993.

Sadowski, Z.L. 1993: Education, Science and Technology in Poland. An Assessment. Summary Report on the Research Project within the Subject: „Eastern and Central Europe 2000" sponsored by European Communities (DG XII) via the Institute for Human Sciences in Vienna and the European Institute for Regional and Local Development in Warsaw, Polish Economic Society, Warsaw

Sitkowski, A. 1995: Restructuring Processes in the Baltic Sea Region and the Transport Sector. In: Kukliński, A. (ed.): Baltic Europe in the Perspective of Global Change. Warsaw: European Institute for Regional and Local Development, University of Warsaw, Oficyna Naukowa, p. 80-183

Skalmowski, W. 1988: Rozprzestrzenianie się przedsiębiorstw zagranicznych w Polsce w latach 1977-1986 (Spread of Foreign-owned small businesses in Poland in 1977-1986). In: Jalowiecki, B. (ed.): Percepcja, scenariusze i przedsiębiorczość (Perception, scenarios, and entrepreneurship) (Studia z gospodarki przestrzennej) Warsaw: Wydawnictwa Uniwersytetu Warszawskiego, p. 217-263

Stasiak, A./Miros, K. (eds.) 1995: Polen und seine grenzüberschreitende Zusammenarbeit mit den Nachbarländern (Forschungsprojekt „Entwicklungsgrundlagen der westlichen und östlichen Grenzgebiete Polens" Bulletin 10 und 11), Warszawa: Institut für Geographie und Raumordnung, Polnische Akademie der Wissenschaften. September

Statistical Yearbooks 1990-1994, GUS (Central Statistical Office), Warszawa

Statistical Yearbooks of Industry 1990-1994, GUS, Warszawa

Statistical Yearbooks of Voivodships 1990-1994, GUS, Warszawa

Swianiewicz, P. 1995: Local Governments in Baltic Europe. In: Kukliński, A. (ed.). Baltic Europe in the Perspective of Global Change. Warsaw: European Institute for Regional and Local Development, University of Warsaw, Oficyna Naukowa, p. 319-327

Swianiewicz, P. 1995: Strategie inwestycyjne gmin (Investment Strategies of the Communes). In: Jalowiecki, B. (ed.). Wspólczesne problemy rozwoju regionalnego (Actual Problems of Regional Development), La Chaire UNESCO du Developpement Durable, Universite de Varsovie, Warszawa, 195-212

Szczepański, J.J. 1995: Ile kosztuje śląski kontrakt (How Much Does „Contract for Upper Silesia" Cost) In: Gazeta Bankowa 42/364, October 15

Szczepański, M. 1995: Upper Silesia – Social Preparedness for the Restructuring Processes. In: Kukliński, A. (ed.). Baltic Europe in the Perspective of Global Change. Warsaw: European Institute for Regional and Local Development, University of Warsaw, Oficyna Naukowa, p. 237-247

Szul, R. 1990: A Place in Motion. In: The Warsaw Voice (Special Issue – The City Voice), October

Szul, R. 1995: Glówne tendencje transformacji w Europie Wschodniej (The Main Transformation Tendencies in Eastern Europe). In: Jalowiecki, B. (ed.): Wspólczesne problemy rozwoju regionalnego (Actual Problems of Regional Development), La Chaire UNESCO du Developpement Durable, Universite de Varsovie, Warszawa, p. 37-62

Szul, R. 1993: Some Problems of Regionalism in Contemporary Europe with Special Reference to Eastern Europe In: Gorzelak, G./Jalowiecki, B. (eds.): Regional Question in Europe (Regional and Local Studies 10) Warsaw: European Institute for Regional and Local Development, University of Warsaw, p. 343-368

Werwicki, A. 1995: Aktualne kierunki rozwoju dzialalności uslugowej w polskich strefach przygranicznych (Gegenwärtige Entwicklungsrichtungen der Dienstleistungstätigkeit in den polnischen Grenzgebieten). In: Stasiak A./ Miros. K. (eds.): Polen und seine grenzüberschreitende Zusammenarbeit mit den Nachbarländern, op. cit.

Widerska, W. 1995: Warszawa wciąń drońsza od Paryńa (Warsaw is still more expensive than Paris). In: Życie Gospodarcze 47. November 19.

State Committee for Scientific Research 1994: Zalońenia polityki proinnowacyjnej pastwa (Foundations of Pro-Innovative Policy of the State), Warszawa, November

Żylicz, T./Lehoczki, Z. 1995: Environmental Recovery in the Czech Republic, Hungary, Poland, and Slovakia. In: Kukliński, A. (ed.). Baltic Europe in the Perspective of Global Change. Warsaw: European Institute for Regional and Local Development, University of Warsaw, Oficyna Naukowa, P. 184-217

Annex I: Discussion papers

Discussion Paper I: „Efficiency versus Equality – The Grand Dilemma of Polish Space at the turn of the XX. and XXI. century"

Introduction

The old dilemma 'efficiency versus equality' will have unique dramatic historical dimensions at the turn of the XX. and XXI. century, when Poland will join the European Union as its full member. This dilemma will be deeply incorporated in all domains of the Polish social, economic, political, and cultural reality. It will have a deep impact on the Polish regional scene and on the model of regional policy designed and implemented in Poland.

This paper is an attempt to create a framework for the discussion of this dilemma with respect to the following topics:

I.   The wrong perception of the European Union (by Poland)
II. The status quo – the differentiation of Polish space
III. The transformation of Poland and the transformation of Polish space
IV. The socially-minded regional policy
V.   The globally-minded regional policy
VI. Regional innovation systems as a new foundation of regional policy in Poland
VII. The emergence of Marshallian industrial districts in Poland
VIII. The capacity of Polish regions 'to participate in and draw benefits from European integration'
IX. The new innovation belt in Europe
X.   The center – periphery dilemma in Europe

I. The wrong perception of the European Union

The European Union is a great and grosso modo efficient integration machine.

This Union is – inter alia – producing a New European Space (1). In this field we see two types of regional policies designed and implemented by the Union -

1. explicit regional policies – promoted by the DG XVI

2. implicit regional policies – promoted by the DC IV (Competition), by DG XII (Science and Technology) and by all other functional DG.

It is true that the reduction of interregional disparities at the level of the Union and at the level of the member countries is the main feature in the activity of DG XVI which is the official carrier of the explicit regional policies of the Union.

It is, however, totally wrong to consider the explicit regional policies as the unique channel of the transformation of European Space.

This space is also transformed by the implicit regional policies of all DG, meaning the regional impact of functional policies in the field of industry, transportation, science and technology, agriculture, etc.

These implicit regional policies have a very strong impact on the European regional reality, acting in many domains as an important factor of the growing differentation of this reality.

Therefore, the perception of the European Union mainly as a great machine reducing interregional disparities is wrong. The main goal of the European Union is to increase the competitive power of the Union on the global scene.

The reduction of interregional disparities is a supplementary goal related to the cohesion of the Union.

The countries of Central Europe should not delude themselves in this field, and not only in this field.

II. The status quo – the differentiation of Polish Space

Enclosed please find two extremely interesting statistical tables published in the Human Development Report – Poland 1995 (2).

This highly synthetic information gives the opportunity to draw general conclusions about the differentiation of Polish economic space and Polish social space. The level of differentiation of economic space (as measured by GDP) is relatively high and the level of differentiation of social space (as measured by the Human Development Index) is relatively low.

In this context, we will not go into a more comprehensive analysis of these phenomena.

We are accepting this as a historical fact and as a starting point for the next parts of our paper.

III. The transformation of Poland and the transformation of Polish space (3)

Each economic, social and political revolution creates its own differentiated space, in other words, different regions participate with different capacities and results in this revolution. At the end of the transformation process we see that a new space has emerged – different in relation to the old space of the „ancien regime".

We are convinced that the processes of transformation of Poland after 1989 are very deep and irreversible.

This means that at the beginning of the XXI. century, the new Polish space will be already visible.

This also means that in the process of transformation the regional disparities must grow due to the growing difference between the innovative and lagging regions.

For example, in this process Upper Silesia will lose its status as the leading industrial region. This position will be acquired by Greater Poland which will be the leading Polish region of the XXI. century.

In this context, we would like to present a proposal to design and implement a German-Polish Programme of Comparative Studies on the Experiences and Prospects of Four Regions – The Ruhr, Bavaria, Upper Silesia, and Greater Poland.

IV. The socially-minded regional policy

The cornerstone of the classical model of socially-minded regional policies is the reduction of interregional disparities. This is a great temptation and almost a political and social imperative – to see in this classical model the unique model of the regional policy to be applied in Poland.

This is perhaps a short-term solution in the climate of populistic pressures. In the long run, however, this is a great strategic mistake.

The socially-minded regional policies, rigorously applied in Polish reality, are acting as a brake which diminishes the efficiency and velocity of the great historical transformation process in Poland.

V. The globally-minded regional policy

The essence of globally-minded regional policies is the creation of the regional locomotives of successful performance promoting the presence of the given country on the global competitive scene.

In the long-term strategic perspective, this is the model which could promote the presence of the leading Polish regions on the European and global scene.

The processes related to the creation and diffusion of innovation are the engine of this model of regional policy.

VI. Regional innovation systems as a new foundation of regional policy in Poland

Poland has a long way to go to create and develop a globally-minded model of regional policy. The first step in this direction is the establishment and development of a network of regional innovation systems in Poland.

We have recently outlined a comprehensive programme how to incorporate this grand idea in Polish reality. There are three crucial elements in this programme:

1. the promotion of a comprehensive set of pro-innovative policies (5)
2. the promotion of regional approaches in the field of science and technology policies
3. the promotion of regional approaches in the field of industrial policies, especially in the domain of knowledge-intensive industries.

VII. The emergence of Marshallian industrial districts in Poland

Let us quote Kukliński's paper on Marshallian industrial districts in Central Europe(6). These industrial districts could create one of the important local underpinnings for the emerging network of regional innovation systems.

In this context, the quickly growing network of the Association of the Promoters of Centers of Innovation and Entrepreneurship in Poland should also be mentioned.

VIII. The capacity of Polish regions to „participate in and draw benefits from European integration"

The globally-minded regional policy will multiply the capacity of some Polish Regions „to participate and draw benefits from European Integration".

The leaders of Polish regional communities should read very carefully the following observations of A.J. Hingel(7).

„European integration as an 'ever closer union' has too often been stipulated to design an integration predesignated to provoke a convergence in all fields. Divergence has thus been the measure of non-European. However, the concept of diversity announces an aspect of differences between the European people which have deep historical and cultural roots; which denote our modes of living, ways of thinking, ways of defining problems – and solutions; and hence, which denote our ways of using and diffusing new knowledge and new technologies where convergence is not germane to integration. 'C'est qui fait l'unite de l' Europe est sa diversite ' (F.Braudel)."

„The regional capacity to participate in and to draw benefits from European integration is relatively spread, but highest in a few regions in the core of Europe. European integration as a process of increasing transfers, of best practices, of new technologies; and of new knowledge, will strengthen relatively the position of a few central core regions in Europe. To improve regions capability of drawing benefits from, and participating in, European integration would have two major effects which are both central to the future of the regions and the Community. First of all, it would provide ground for counterbalancing, in the medium and long-term perspective, the relative strength of the core regions, but, secondly, it would also provide the less favoured regions with means to draw the maximum benefits from the strong core regions."

At least a few Polish regions should try to join the first European League. The globally-minded regional policies should create a strong long-term push in this direction.

IX. The new innovation belt in Europe

The pro-innovative regional policies in Central Europe should absorb the idea of a new innovation belt(8).
    The promotion of this new innovation belt is an excellent vehicle of cooperation among the countries of Central Europe in the field of industrial policy, science policy and regional policy.

X. The center – periphery dilemma in Europe

The grand dilemma of the Polish Space – efficiency versus equality – should be discussed in the broader framework of Center-Periphery Relations in Europe(9).
    We hope that the experience of the XXI. century will shift Poland from the shrinking periphery to the expanding center.
    We would like to formulate a hypothesis – that the model of globally-minded regional policies will be, in this context, a much better expression of the strategic interests of Poland than the model of socially-minded regional policies which – contrary to superficial impressions – is the model to perpetuate the peripheral position of Poland.

Conclusions

This is a brainstorming paper. We understand that our observations, generalizations and value judgements have, in a number of cases, a highly controversial character.

Endnotes:

(1) Compare: P. Treuner and M. Foucher (eds.) 1995: Towards a New European Space. Report of the Enlarged French-German Working Group on European Spatial Development. Hannover: Akademie fur Raumforschung und Landesplanung
(2) UNDP, Human Development Report – Poland 1995, Warsaw 1995.
(3) Compare: European Commission, European Institute for Regional and Local Development, Institute for Human Sciences. 1994: Eastern and Central Europe 2000. Final Report (by Gorzelak G./Jalowiecki, B./Kukliński, A./Zienkowski). (Studies 2). Luxembourg.
(4) Kukliński, A. 1995: Regional Innovation Systems in Poland – An Utopian Dream or a Feasible Reality? First version of a paper prepared for the Seminar „Regional Innovation Systems", Centre for Technology Assessment, Stuttgart, October 11-14.
(5) Kacprzynski, B. 1984: Pro-Innovative Policy. In: Kukliński, A. (ed.): Science – Technology – Economy. (Science and Government 3) Warsaw: State Committee for Scientific Research, p. 330-338.
(6) Kukliński, A. 1995: Private Industry and Marshallian Industrial Districts in Central Europe. In: Kukliński, A. (ed.): Baltic Europe in the Perspective of Global Change. Warsaw: European Institute for Regional and Local Development, University of Warsaw, Oficyna Naukowa, p. 392-394.
(7) Hingel, A.J. 1993: Note on „A New Model of European Development". Innovation, Technological Development and Network-led Integration, Commission of the European Communities. Science, Research and Development, September, pp. 40-41.
(8) Kukliński, A. 1995: The New Innovation Belt in Europe. In: Kukliński, A. (ed.): Baltic Europe in the Perspective of Global Change, op. cit., pp. 173-175.
(9) Compare: A. Kukliński, The Visegrad Countries – The First Circle of Solidarity. In: Treuner,P./Foucher, M (eds.): Towards a new European Space, op. cit., pp. 38-43.

Discussion Paper II: The Regional Dimension of the Transformation Processes in Poland – Research Priorities

Introduction

The growing knowledge on the transformation of Central Europe is dominated by methodological and empirical approaches developed in a near incarnation of conventional wisdom. There is a danger that this wisdom will be accepted by the academic community as the appropriate paradigm of our research activities.

This would be a misfortune, since the new conventional wisdom will not be able to supply the explanation of the transformation processes in the cognitive and pragmatic dimensions.

There is an urgent necessity to design and implement a set of research priorities which will promote the creation of new knowledge inside and outside the main stream of conventional wisdom.

It is very difficult to outline a set of research priorities of this quality. We will, however, try to present some thoughts along these lines – just to start a discussion in this field.

In this spirit we would like to consider the following topics leading to the questions and research activities – to be trying to answer these questions:

I. The nature of the transformation process
II. The regional dimension
III. The creation of the competitive economy – the regional dimension
IV. The creation of competitive society – the regional dimension
V. The creation of efficient public administration – the regional dimension
VI. The structural change in the field of employment and unemployment – the regional dimension
VII. The state industry as an asset and a burden of the transformation process. The industrial dinosaurs in the regional environment
VIII. The glory and misery of private entrepreneurship. Are Marshallian industrial districts emerging in Poland?
IX. The charming and the ugly face of foreign enterprise – the regional dimension
X. The rapid growth of automobile ownership. The volume and quality of the car population as an indicator of regional transformation and regional wealth
XI. The growth of telephone network in Poland – the indicator of traditional regional modernization
XII. The creation and diffusion of Innovation in Poland. The emergence of regional innovation systems
XIII. The territorial organization of the country
XIV. The new delimitation and the new typology of Polish regions

I. The nature of the transformation process

We are taking for granted the following definition of transformation as „a process of comprehensive structural change where the object of change – after consecutive stages of transformation – will have a new identity". This definition has three important characteristic features:

1. comprehensive structural change – incorporating the whole system in which the change in one element is related to the change of all remaining elements,
2. long-term change – incorporating a set of stages with different interaction of forces, factors and phenomena,
3. the test of successful transformation is related to the emergence of new identity – in this case, to the replacement of the society and economy of real socialism by the society and economy of real capitalism.

II. The regional dimension

The transformation process, as defined in this paper, is being developed with different intensities in different countries of Central and Eastern Europe. There are four spatial dimensions of this process: the local dimension, the regional dimension, the national dimension, and the subcontinental dimension.

We think that the title of this paper „the regional dimension" is correct. We are convinced that this formulation is better than the „regional impacts" (Regionale Auswirkungen)

The term „regional impact" implies the passive role of the regional scene – which is only the reflection of the national and subcontinental scenes.

We also think that the formulation „regional dimension" is better than the alternative term „regional pattern"(1), which has a narrower meaning than „regional dimension".

Each pattern is a dimension – but not each dimension is a pattern.

III. The creation of the competitive economy – the regional dimension

The economy of real socialism was not able to develop a real competitive power to establish itself on the global scene.

The emerging new capitalist economy must be competitive ex definitione. We have to develop a research programme on the competitive power of regional economies in Poland. The methodology of M. Porter(2) should be applied in this field. Inter alia, we should promote an empirical study analyzing the regional disaggregation of Polish foreign trade (export and import). Particularly, the export performance of each Polish region would be an excellent test of the real advancement of the transformation process of that region and of the relative rank of that region in the European and global economy.

IV. The creation of the competitive society – the regional dimension

The competitive economy can be created only by a competitive society.

The regional dimension of the replacement of the non-competitive socialistic society by the competitive capitalist society – is clearly visible on the highly differentiated Polish scene.

The emergence of a competitive society in Polish regions can be analyzed in two ways:

1. via statistical structural analysis of the relative growth or decline of different social and professional groups in different regions.
2. via sociological questionnaire studies as an inquiry into mental attitudes and behavioural approaches related to the old and new economic, social and political systems.

These studies should find out what kind of differences exist in each region between groups of different education, professional competence and biological age.

V. The creation of efficient public administration – the regional dimension

An important element in the transformation process is the creation of an efficient public administration (civil service).

The regional dimension of this process has two elements:

1. the creation of competent civil service at the regional level of the general system of the state
2. the creation of an efficient self-government at the local and regional levels.

Three observations can be presented in this context:

1. The process of the creation of a competent civil service at the national and regional level is very slow, perhaps, even non-existing.
2. There is no self-government at the regional level.
3. There are regional differentiations in the level of efficiency of the local government.

This test can be implemented in a special study related to the performance of the local government in Poland as an indicator of the advancement of the transformation processes at the regional level.

VI. The structural change in the field of employment and unemployment – the regional dimension

This field of research is well advanced in the framework of conventional wisdom. The large-scale structural and long-term unemployment is the biggest and most dramatic problem in Poland with a pronounced regional dimension.

Long-term unemployment(3) creates the mechanism of social exclusion leading to the negative social transformation, especially visible at the regional level.

This mechanism of social exclusion is not clearly seen by the conventional wisdom.

VII. The state industry as an asset and a burden of the transformation process – the industrial dinosaurs in the regional environment

We need an objective study analyzing – sine ira et studio – the Polish state industry as an asset and as a burden of the transformation process. This general study should have a clear regional dimension, including the strong regional differentiation of the scale and quality of the state industry and its power of adaptation and development.

This general study should be supplemented by 50 monographic studies of industrial dinosaurs which have evident difficulties in the adaptation to new conditions and are clear burdens on the national and regional economy.

Another set of 50 monographs should cover success stories in the adaptation process, including the positive multiplier effect at the regional level.

VIII. The glory and misery of private entrepreneurship. Are Marshallian industrial districts emerging in Poland?

The glory of private entrepreneurship is well promoted by conventional wisdom. The misery of Polish „lumpen-bourgeois" is attracting less attention.

In the context of this paper, the question „are Marshallian industrial districts emerging in Poland" is the most important.

This is a valid test of the transformation process, if the private industry in Poland, concentrated in specific localities and regions, is able to integrate the approaches of competition and cooperation, following the example of Western Europe and especially Third Italy.

IX. The charming and the ugly face of foreign enterprise – the regional dimension

In the conventional wisdom, there are separate contributions related to the charming face and separate contributions as well as to the ugly face of foreign enterprise in Poland. We need an objective general study analyzing jointly the positive and negative experiences in this field.

We also need 50 monographic studies evaluating individual foreign enterprises in concrete local and regional environments.

The foreign enterprises should be analyzed

– primo, from the Polish point of view,
– secundo, from the point of view of the foreign investor.

X. The rapid growth of automobile ownership. The volume and quality of the car population as an indicator of the regional transformation and regional wealth

The conventional wisdom is restricting attention to the simple quantitative analysis of the regional distribution of the car population in Poland.

This analysis is following the one rabbit plus one horse rule – in other words, disregarding the quality of automobiles.

A joint quantitative and qualitative approach will demonstrate the real regional differentiation in car ownership in Poland as an indicator of regional transformation and regional wealth.

XI. The growth of the telephone network in Poland – the indicator of traditional regional modernization

It is well known that the weakness of the telephone system was a fundamental feature of real socialism.

The progress in this field is visible but does not sufficiently take into account the scale of under-development inherited from real socialism. It is an open question, to what degree it is possible to extend the scope of analysis from simple telephone-subscribers account to the full inventory and evaluation of the regional differentiation of the Polish communication system. Such an analysis would be a real contribution to the explanation of the regional dimension of the transformation of the Polish communication system.

XII. The creation and diffusion of innovation in Poland – the emergence of regional innovation systems.

The ability to create and absorb innovations is the greatest challenge for Poland at the turn of the XX. and XXI. century(4). The crucial test in this field is the question: will the Polish regions evolve into regional innovation systems – following the theory and practice of the OECD countries. This is the challenge of the near future. The past achievements in this field are very limited due – inter alia – to the weakness of the long-term regional policies, science policies and industrial policies.

XIII. The territorial organization of the country

The new identity created by the transformation process must – inter alia – be demonstrated in a new territorial organization adapted to the challenge of the European scene.
The case of Poland is an excellent example of this general rule.

XIV. The new delimitation and the new typology of Polish regions

The transformation of Poland means the transformation of Polish space seen as an element of the European scene. This, in turn, creates the necessity of a new delimitation of Polish regions and a new typology of those regions.

Conclusions

Let us present the following conclusions:

1. Conventional wisdom is a poor guide in the theoretical and pragmatic discussion related to the regional dimension of the transformation process.
2. To cross the borders of the conventional wisdom, we need the abilities to formulate new questions related to the reality changed by the transformation process.
3. In order to answer the old and new questions, we need a constant flow of information covering strategic fields from the point of view of research and pragmatic activities. In Poland, regional statistics is a highly neglected field. It is improving in some areas and deteriorating in others.
4. There is an urgent need to design and implement a large set of empirical studies which will answer the simple question, which is, how the Polish regional reality is changed via the spontaneous forces of the market and via the guided actions generated by different policies. Without a new

stream of empirical studies our analysis will remain a mixture of weak generalizations based on the restricted and partially irrelevant statistical material, and opinions taken from authors following the general rules of the psychology of the academic crowd.
5. We should see the weakness and deficiency of the growing knowledge on the transformation of Central and Eastern Europe(5). To what extent the progress in this field is a reality or just an illusion which may, in the short term, be very convenient but in the long-term very harmful.

We hope that this paper – incorporating a large amount of pepper and salt – will be an inducement to promote an efficient discussion on research priorities related to the regional dimension of the transformation process in Poland and not only in Poland.

Endnotes

(1) Compare: Korcelli, P. 1995: Regional Patterns on Poland's Transformation: The First Five Years. Vol. 34 Warsawa: Institute of Geography and Spatial Organization, Polish Academy of Sciences
(2) Porter, M. 1990: The Competitive Advantage of Nations. London 1990.
(3) Kabaj, M. 1995: Unemployment and Expansion of Employment in the Perspective of Global Change (1993-2000). Case of Poland in Transition in the Context of Other European Countries. In: Kukliński, A. (ed.): Baltic Europe in the Perspective of Global Change. Warsaw: European Institute for Regional and Local Development, University of Warsaw, Oficyna Naukowa, p. 255-270.
(4) Kukliński, A. (ed.) 1996: Production of Knowledge and the Dignity of Science. (Europe 2010 Series 2) Warsaw: European Institute for Regional and Local Development, University of Warsaw.
(5) Kukliński, A. 1995: The Growth of Knowledge on the Transformation of Central and Eastern Europe,. In: Kukliński, A. (ed.): Baltic Europe in the Perspective of Global Change. Warsaw: European Institute for Regional and Local Development, University of Warsaw, Oficyna Naukowa, p 437-453.

Annex II: Graphical Materials

Figure: Administration Division of Poland

Figure 1: Regional Differentiation of the development level measured by Gross Domestic Product per capita, 1992

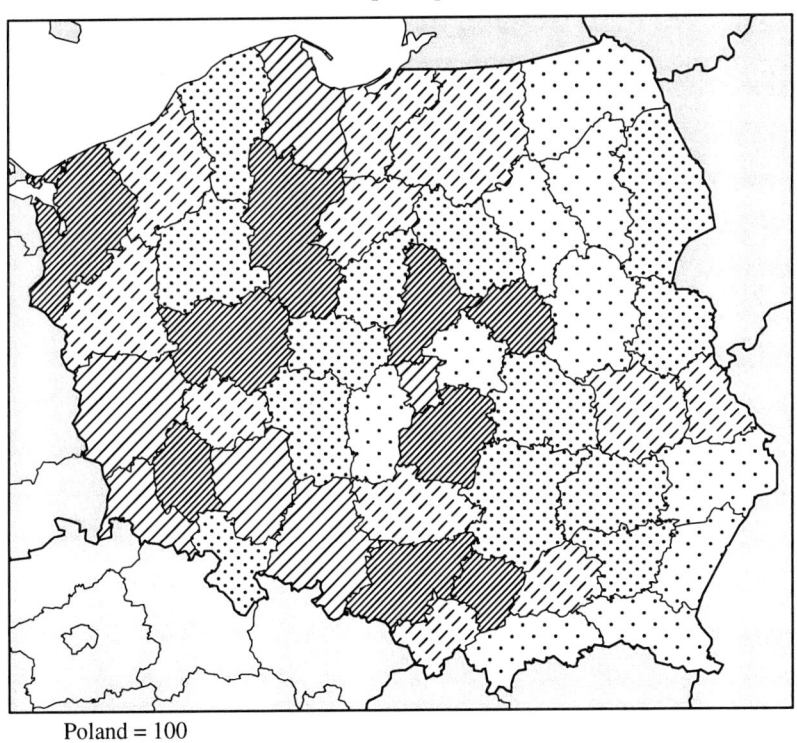

Poland = 100

- 64,5 up to below 75,0 (10)
- 75,0 up to below 85,0 (13)
- 85,0 up to below 95,0 (11)
- 95,0 up to below 115,0 (6)
- 115,0 - 158,1 (9)

Figure 2.1: Voivodships' share in total number of employees in Polish industry, 1989-1993, Poland=100

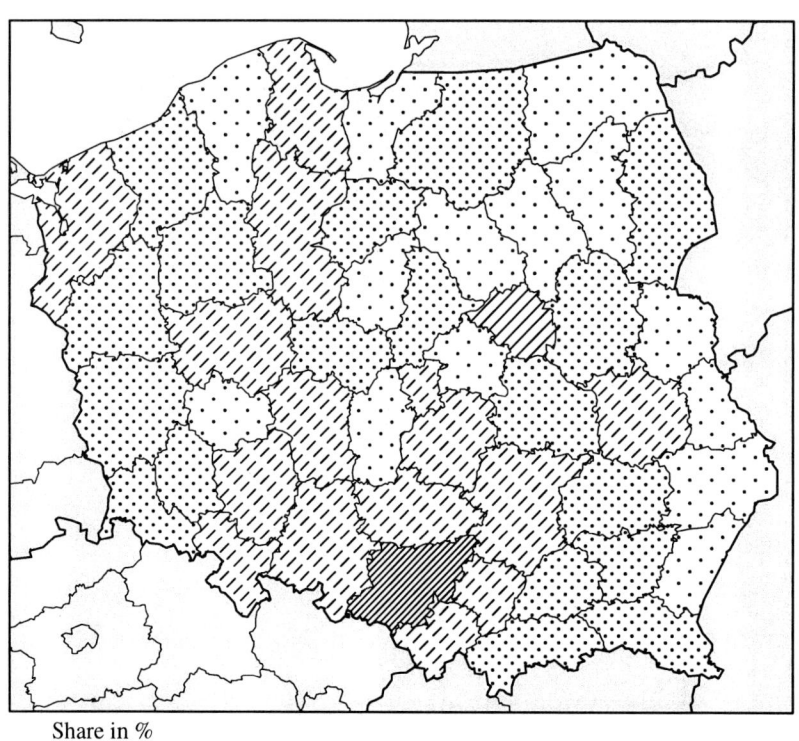

Share in %

`⋅⋅`	0,4 up to below 1 (14)
`⋮⋮`	1 up to below 2 (18)
`╱╱`	2 up to below 5 (15)
`▨`	5 up to below 10 (1)
`▰`	10 - 18 (1)

The Regional Impact of the Transformation Processes in Poland ... 227

Figure 2.2: Changes in voivodships' share in total number of employees in Polish industry 1989-1993

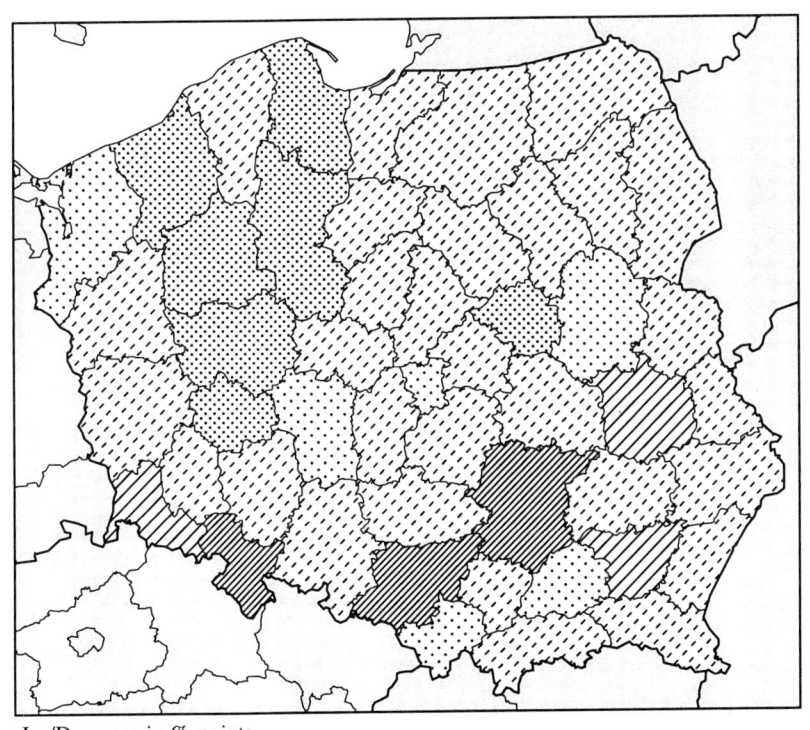

In-/Decrease in %-points

- 0,2 - 0,8 (7)
- 0,1 up to below 0,2 (6)
- -0,1 up to below 0,1 (30)
- -0,2 up to below -0,1 (3)
- -1,7 up to below -0,2 (3)

Figure 3: Voivodships' share in total number of employees in Polish agriculture, 1989-1993, Poland=100

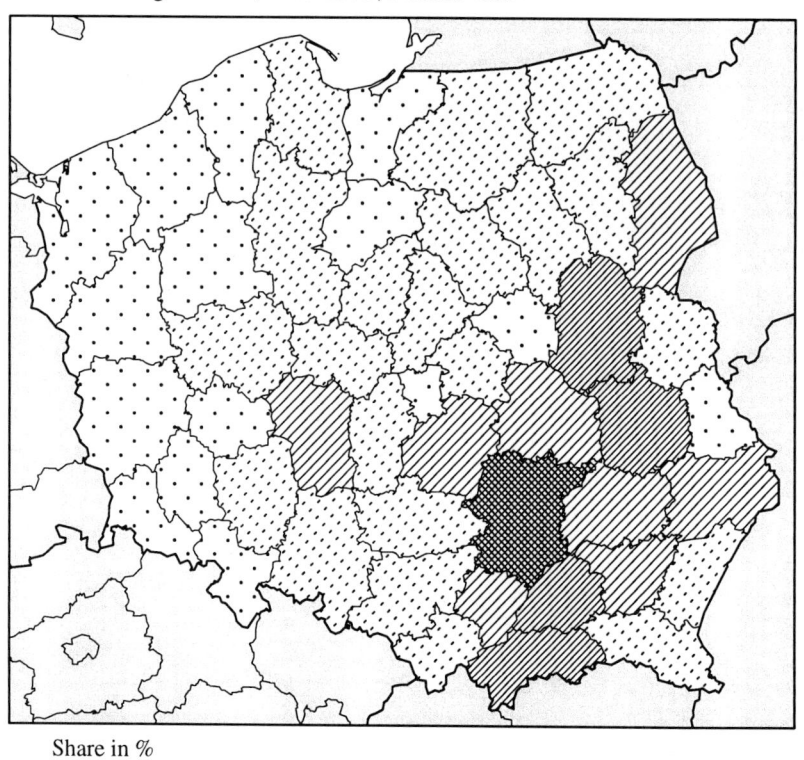

Share in %
- 0,6 up to below 1,5 (15)
- 1,5 up to below 2,5 (21)
- 2,5 up to below 3,5 (8)
- 3,5 up to below 4,5 (4)
- 4,5 - 5,5 (1)

The Regional Impact of the Transformation Processes in Poland ... 229

Figure 4.1: Share of employees in industry in total number of employees in voivodships' 1993, Voivodship=100

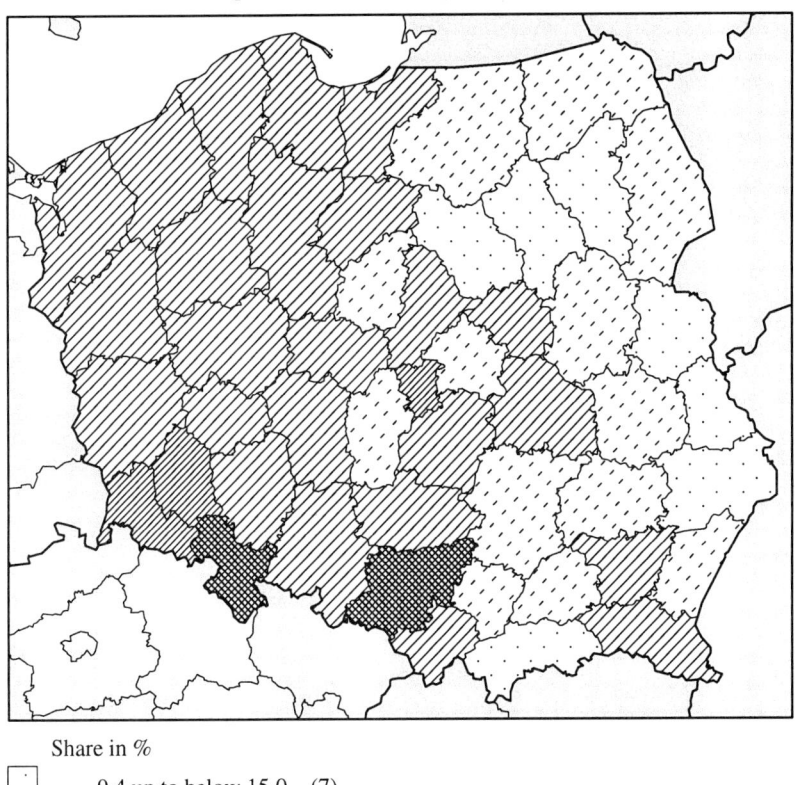

Share in %

- 9,4 up to below 15,0 (7)
- 15,0 up to below 20,0 (13)
- 20,0 up to below 30,0 (24)
- 30,0 up to below 35,0 (3)
- 35,0 - 42,5 (2)

Figure 4.2: Changes of share of employees in industry, 1989-1993

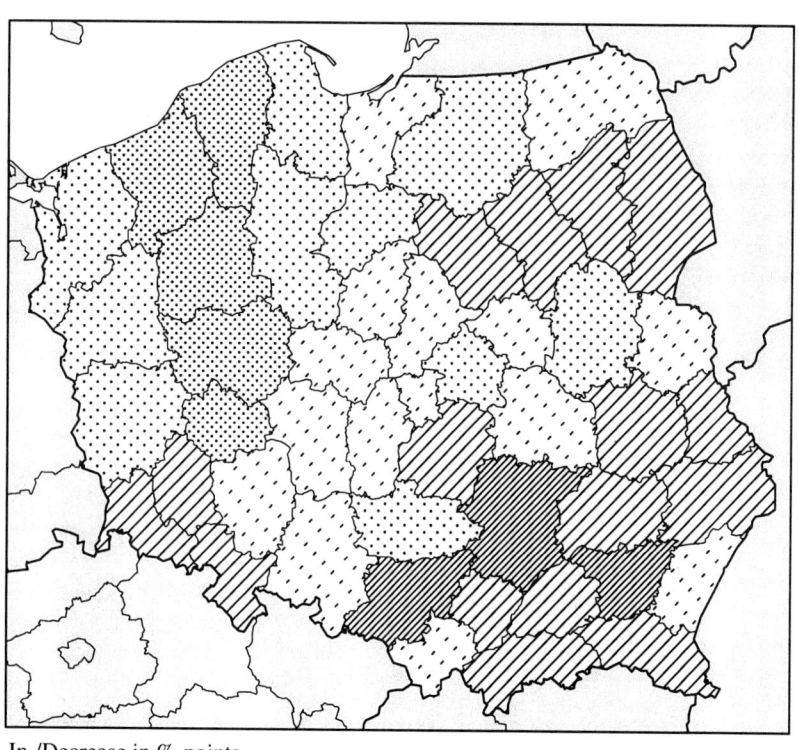

In-/Decrease in %-points

- ▨ 4,4 - 6,4 (5)
- ▨ 2,4 up to below 4,4 (10)
- ▨ 0,1 up to below 2,4 (15)
- ▨ -2,0 up to below 0,1 (16)
- ▨ -3,7 up to below -2,0 (3)

The Regional Impact of the Transformation Processes in Poland ...   231

Figure 5.1: Share of employees in agriculture in total number of employees in voivodships' 1993, Voivodship=100

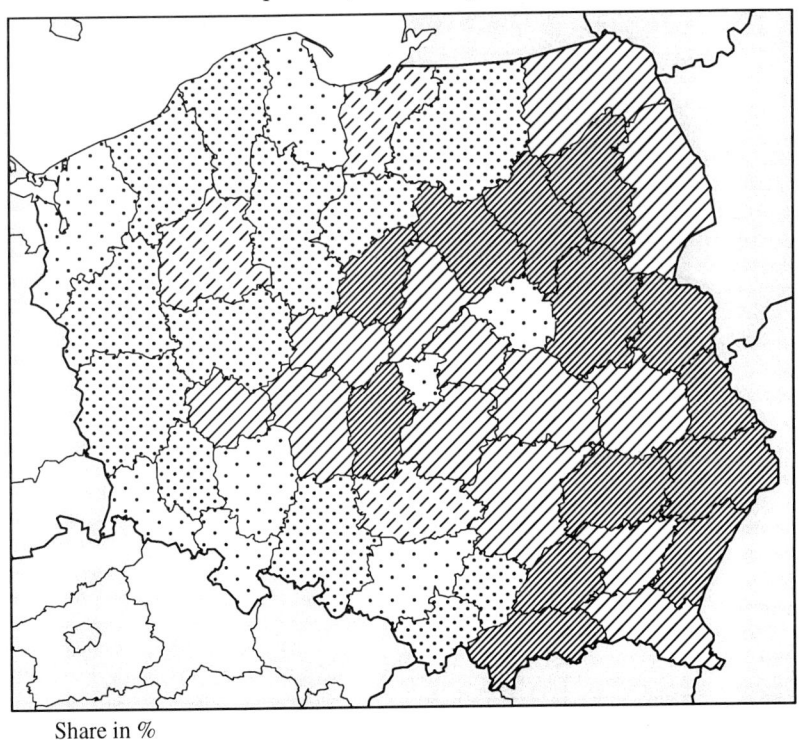

Share in %
- 4,2 up to below 15,0   (8)
- 15,0 up to below 25,0 (12)
- 25,0 up to below 35,0 (3)
- 35,0 up to below 45,0 (13)
- 45,0 - 62,1   (13)

Figure 5.2: Changes of share of employees in agriculture, 1989-1993

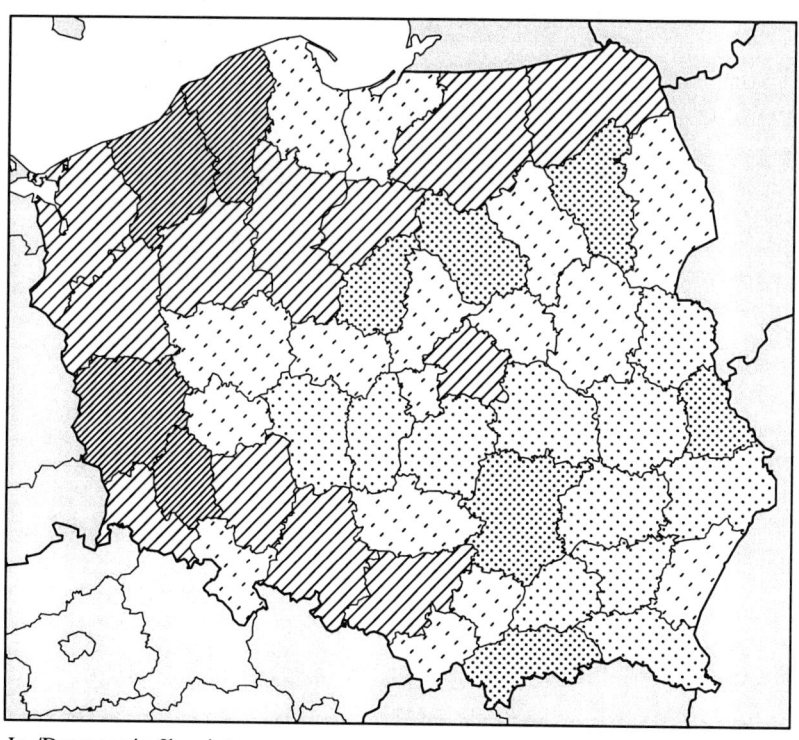

In-/Decrease in %-points

- 3,5 - 6,7 (6)
- 0,5 up to below 3,5 (11)
- -2,5 up to below 0,5 (16)
- -5,5 up to below -2,5 (12)
- -8,9 up to below -5,5 (4)

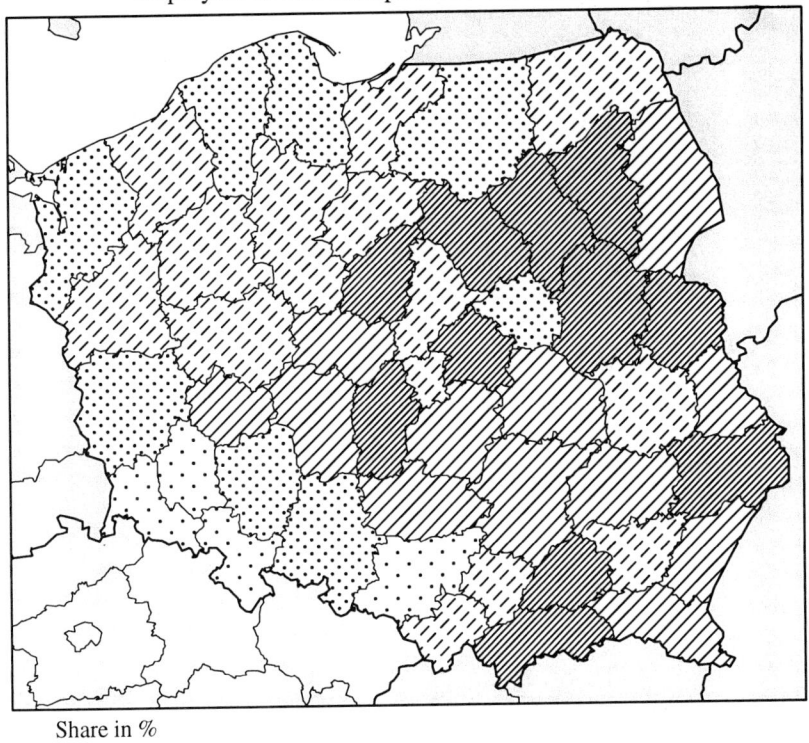

The Regional Impact of the Transformation Processes in Poland ... 233

Figure 6.1: Share of employees in private sector in total number of employees in voivodships 1993, Voivodship=100

Share in %
- 41,1 up to below 49,0 (4)
- 49,0 up to below 56,0 (8)
- 56,0 up to below 63,0 (14)
- 63,0 up to below 70,0 (12)
- 70,0 - 76,7 (11)

Figure 6.2: Changes of share of employees in private sector, 1989-1993

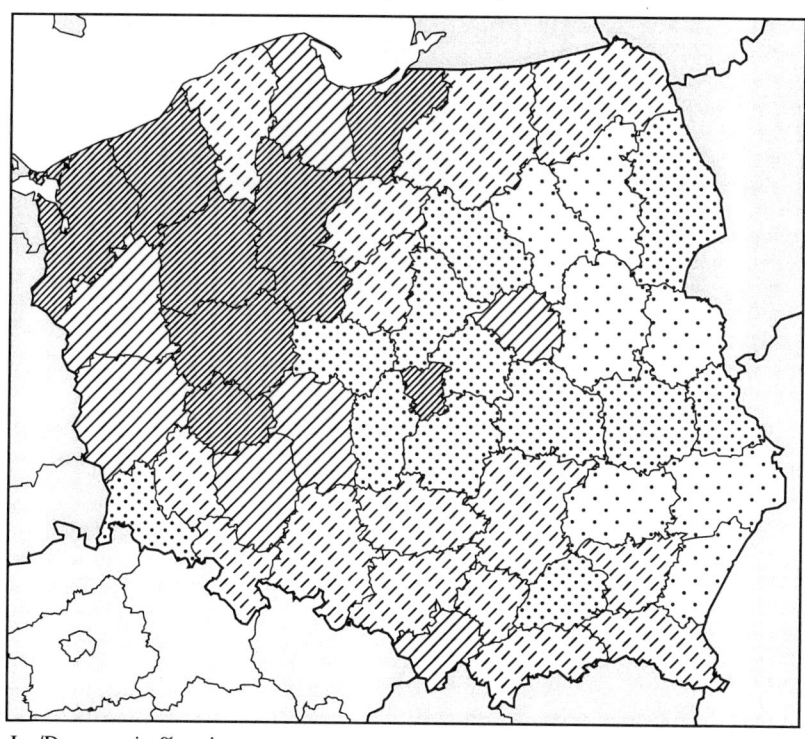

In-/Decrease in %-points
- 15,6 up to below 19,0 (7)
- 19,0 up to below 23,0 (12)
- 23,0 up to below 27,0 (15)
- 27,0 up to below 31,0 (7)
- 31,0 - 34,1 (8)

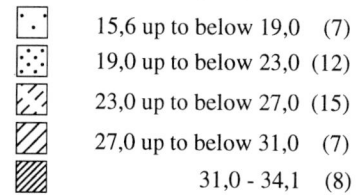

The Regional Impact of the Transformation Processes in Poland ... 235

Figure 7.1: Number of companies with Polish capital by voivodships, 1989

1 point = 10 units

distribution of points at random

Figure 7.2: Number of companies with Polish capital by voivodships, 1994

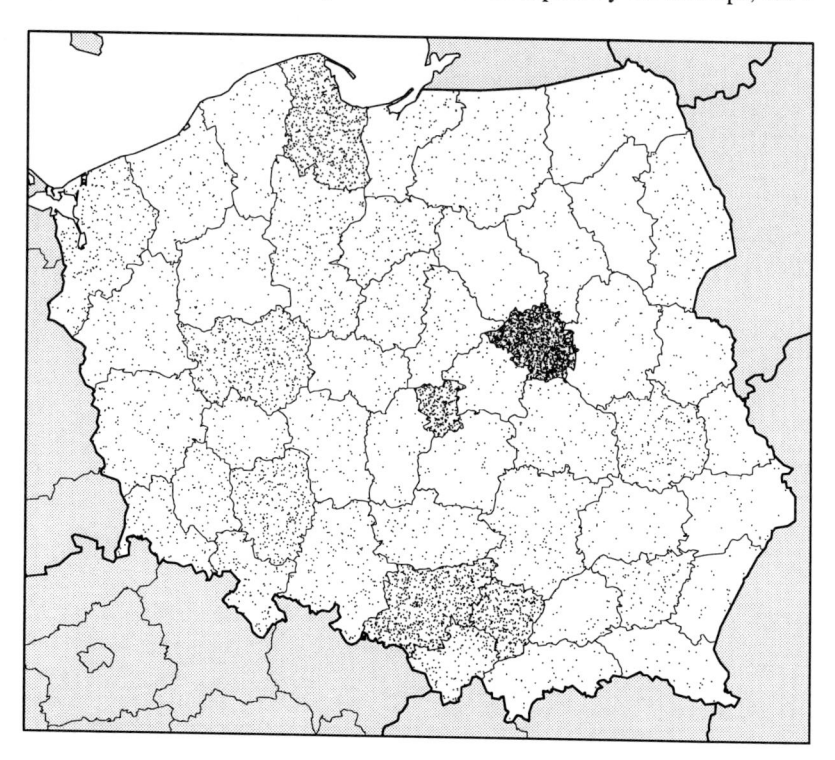

1 point = 10 units
distribution of points at random

The Regional Impact of the Transformation Processes in Poland ... 237

Figure 7a: Voivodships share in total number of companies with Polish capital in Poland,, 1989-1994, Poland=100

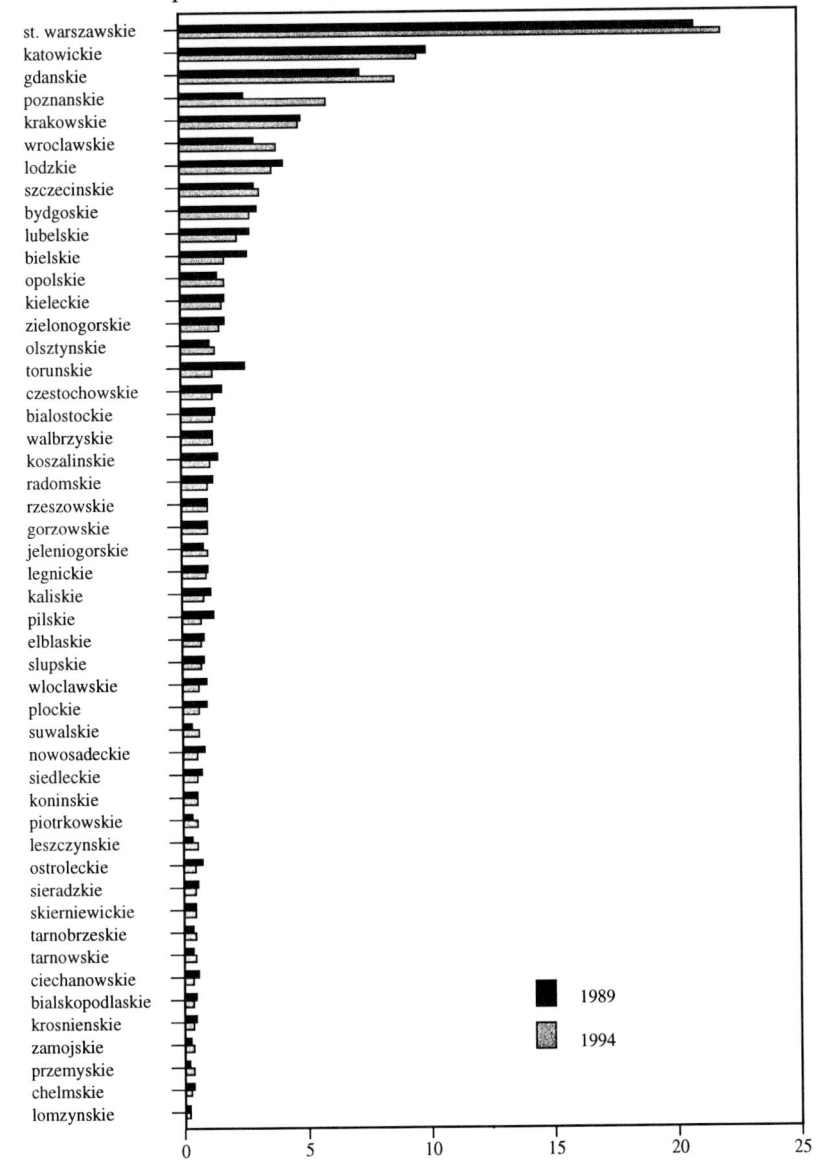

Antoni Kukliński, Agnieszka Mync, Roman Szul

Figure 8.1: Number of companies with foreign capital (joint venture) by voivodships, 1989

1 point = 1 unit

distribution of points at random

Figure 8.2: Number of companies with foreign capital (joint venture) by voivodships, 1994

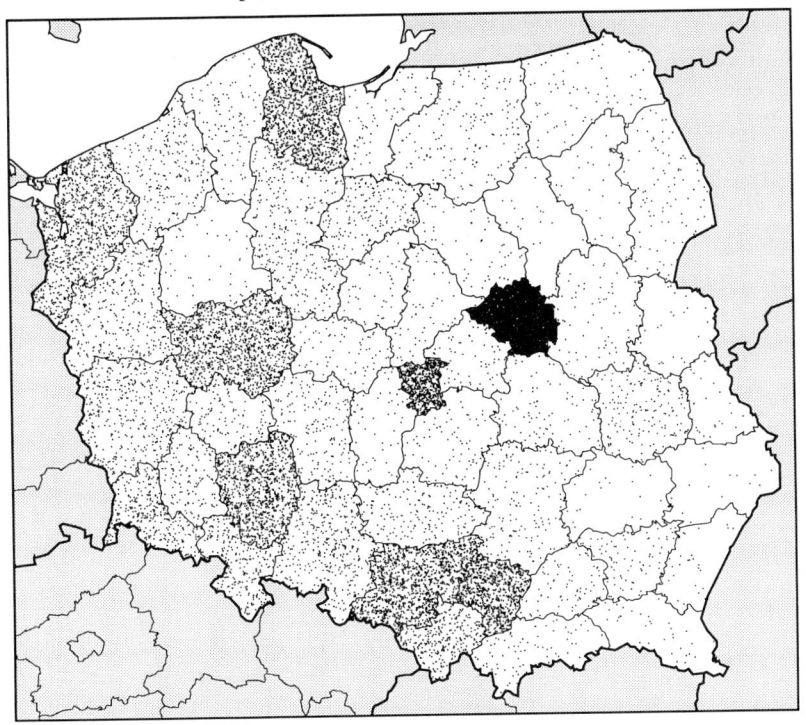

1 point = 1 unit

distribution of points at random

Figure 8a: Companies with foreign capital (joint venture) in % of their total number in Poland by voivodship, 1989-1994. Poland =100

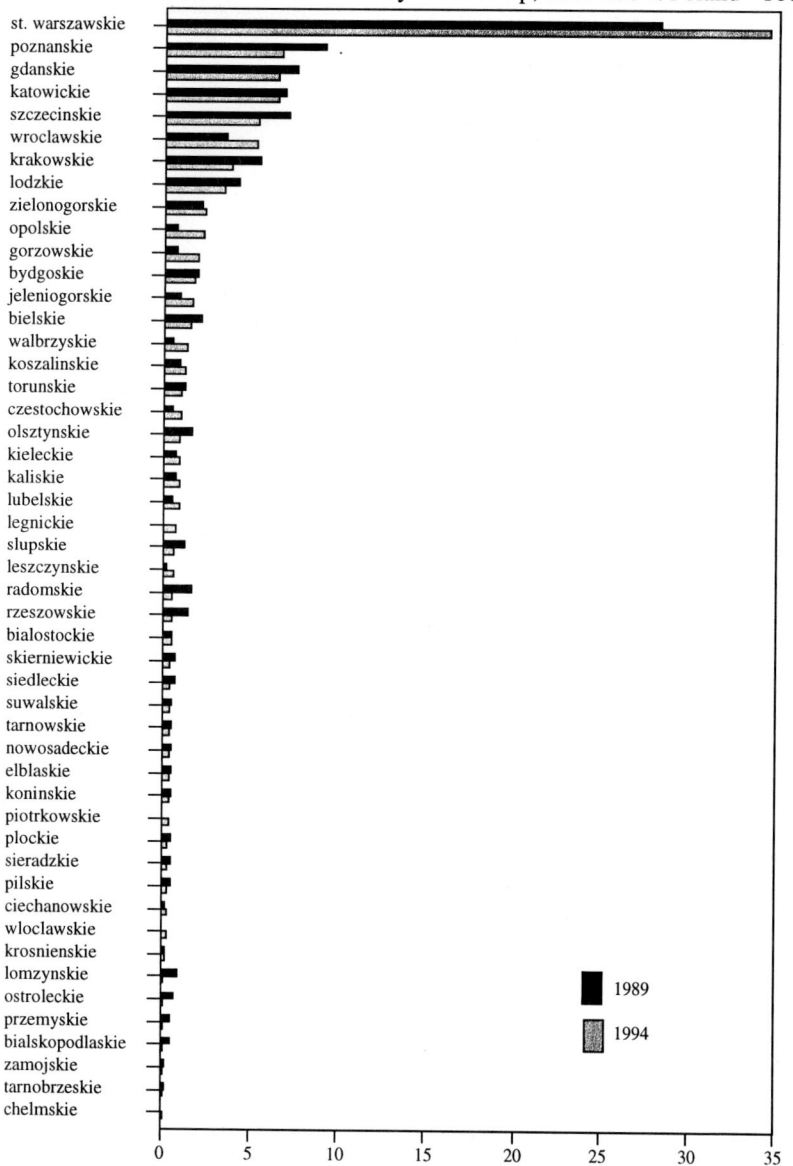

The Regional Impact of the Transformation Processes in Poland ...   241

Figure 9:   Voivodship's share in total sum of foreign capital in Poland, as of December 1993. Poland=100

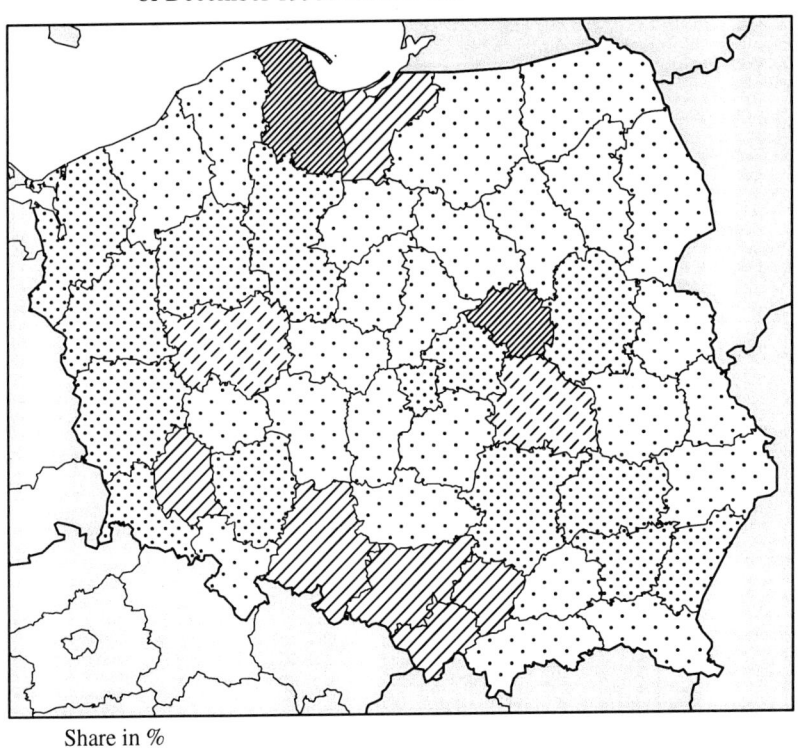

Share in %

- 0,0 up to below 0,5 (25)
- 0,5 up to below 3,0 (14)
- 3,0 up to below 5,0 (2)
- 5,0 up to below 10,0 (6)
- 10,0 - 24,0 (2)

Figure 10: Decrease of total number of employees in voivodships, 1989-1993

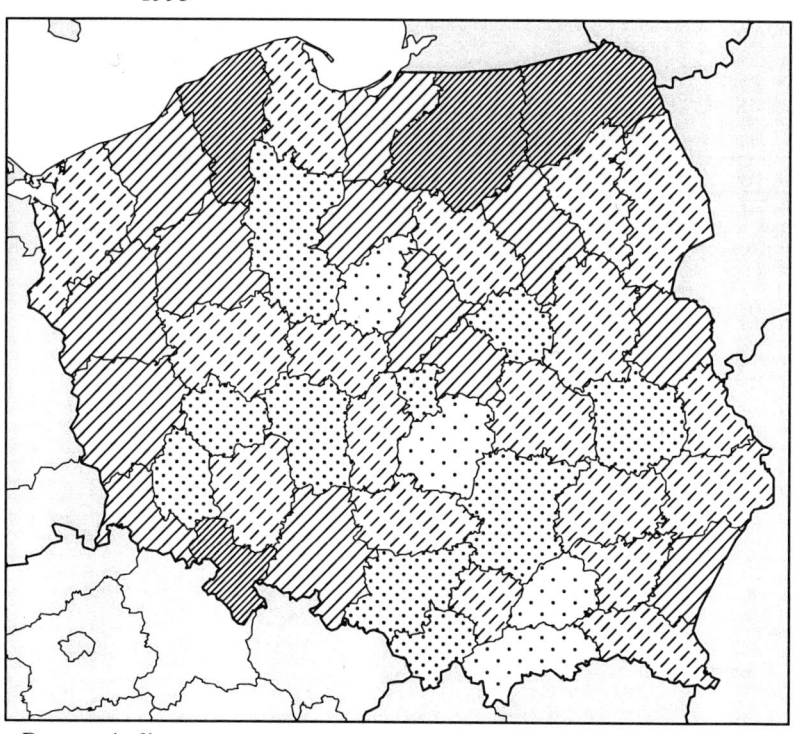

Decrease in %

- -10 - -4 (4)
- -14 up to below -10 (10)
- -19 up to below -14 (18)
- -24 up to below -19 (13)
- -28 up to below -24 (4)

The Regional Impact of the Transformation Processes in Poland ... 243

Figure 10a: Total number of employees in voivodships, 1989-1993, in thousands

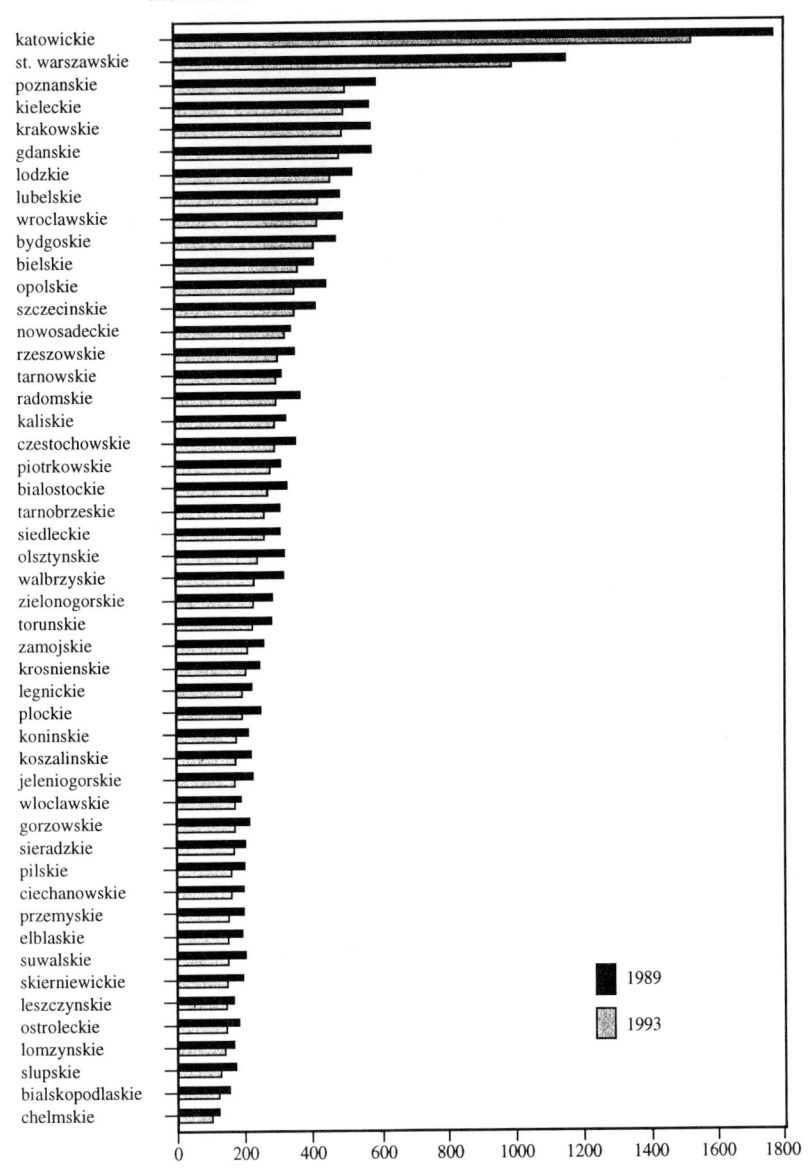

Figure 11.1: Unemployment rate by voivodships, as of December 31, 1992

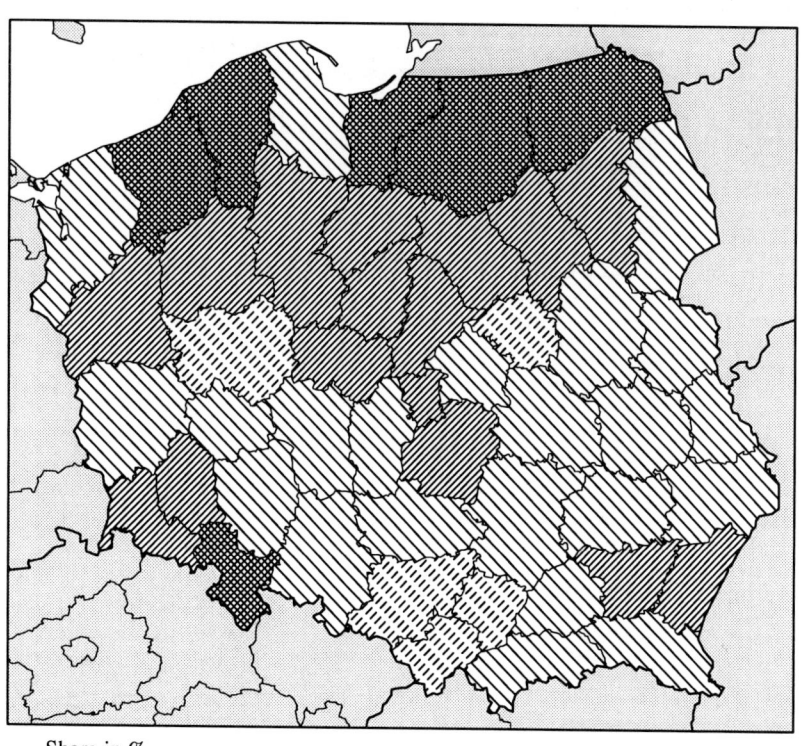

Share in %
5,9 - 10,0 (5)
10,1 - 15,0 (22)
15,1 - 20,0 (16)
20,1 - 24,1 (6)

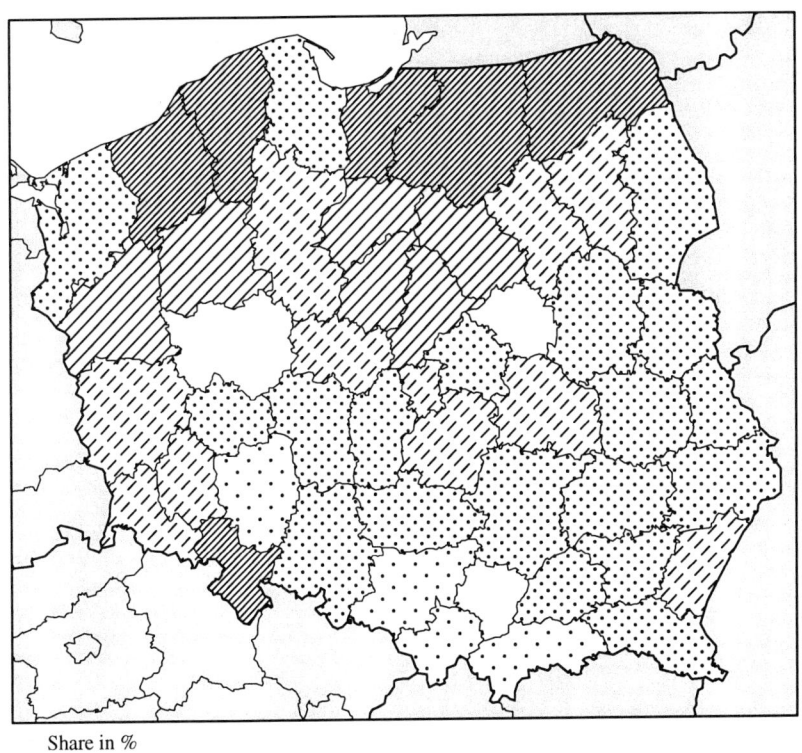

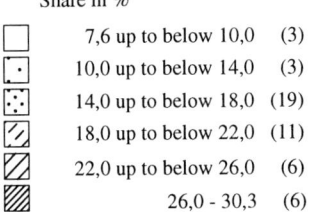

The Regional Impact of the Transformation Processes in Poland ...   245

Figure 11.2: Unemployment rate by voivodships, as of December 31, 1993

Share in %

	7,6 up to below 10,0	(3)
	10,0 up to below 14,0	(3)
	14,0 up to below 18,0	(19)
	18,0 up to below 22,0	(11)
	22,0 up to below 26,0	(6)
	26,0 - 30,3	(6)

Figure 11.3: Unemployment rate by voivodships, as of December 31, 1995

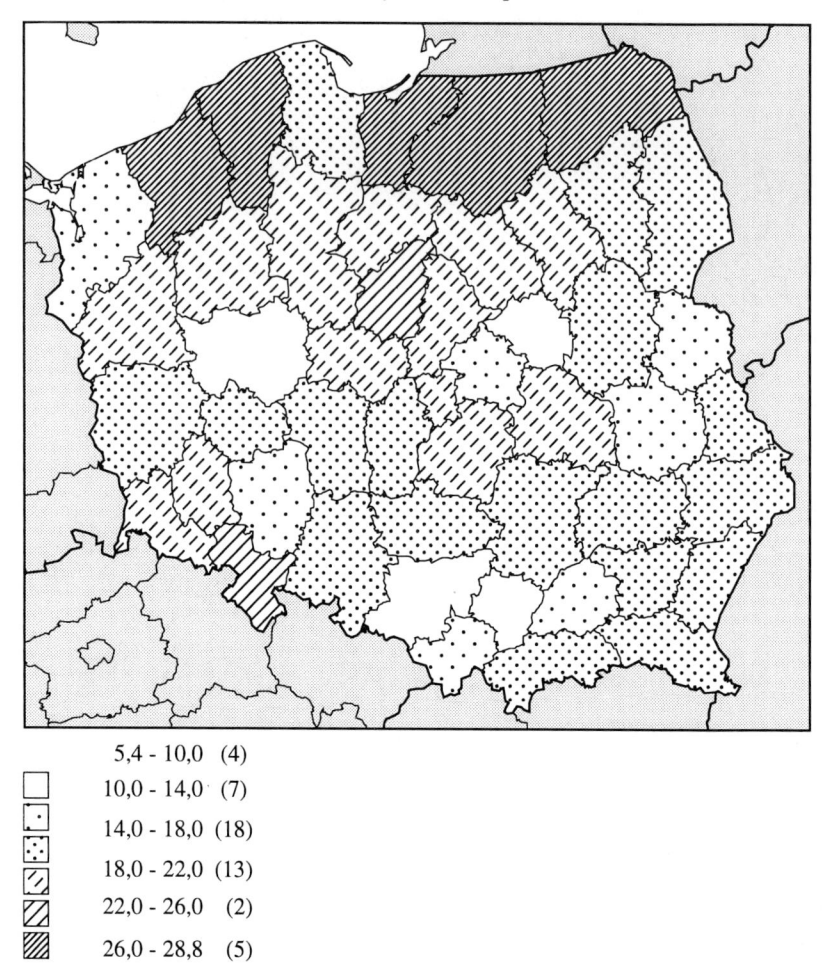

```
       5,4 - 10,0   (4)
      10,0 - 14,0   (7)
      14,0 - 18,0  (18)
      18,0 - 22,0  (13)
      22,0 - 26,0   (2)
      26,0 - 28,8   (5)
```

Figure 12: Voivodships with communes affected by high structural unemployment, 1994

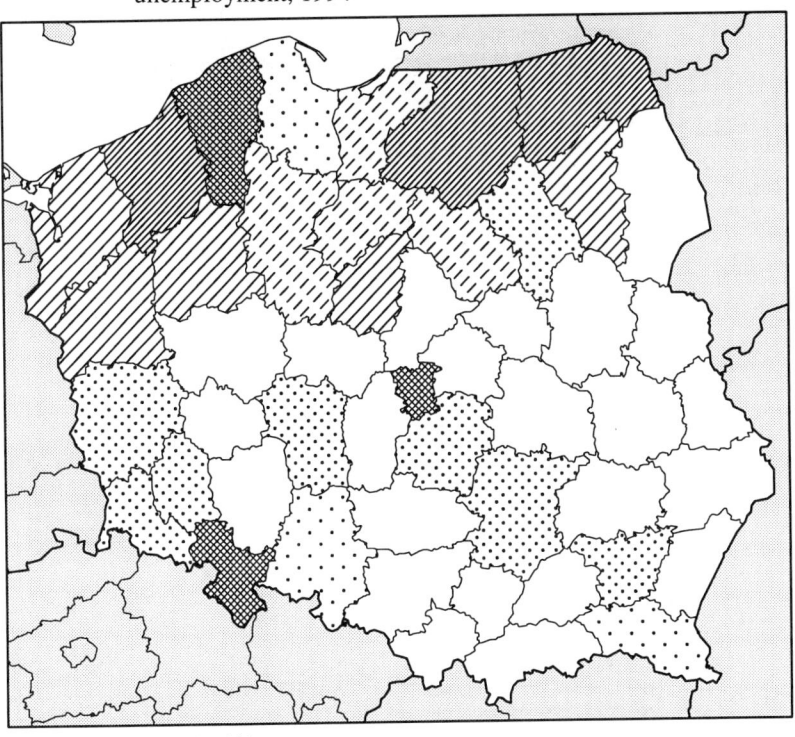

% of communes in the voivodships

- ☐ 0,0 (23)
- 0,1 - 9,9 (3)
- 10,0 - 19,9 (8)
- 20,0 - 29,9 (4)
- 30,0 - 44,9 (5)
- 75,0 - 84,9 (3)
- 95,0 - 100,0 (3)

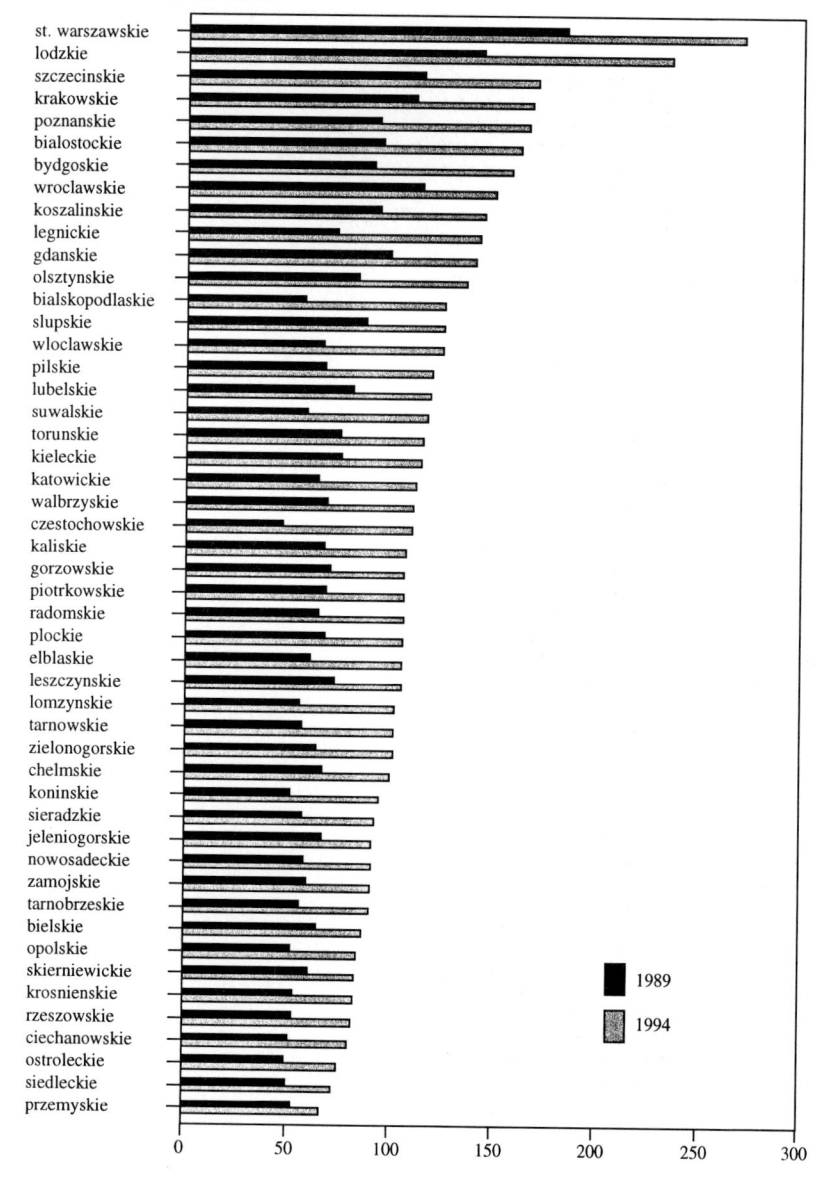

Figure 13: Telephone subscribes per 1,000 population by voivodships, 1989-1993

The Regional Impact of the Transformation Processes in Poland ... 249

Figure 14: Registered passenger cars per 1,000 population by voivodships, 1989-1993

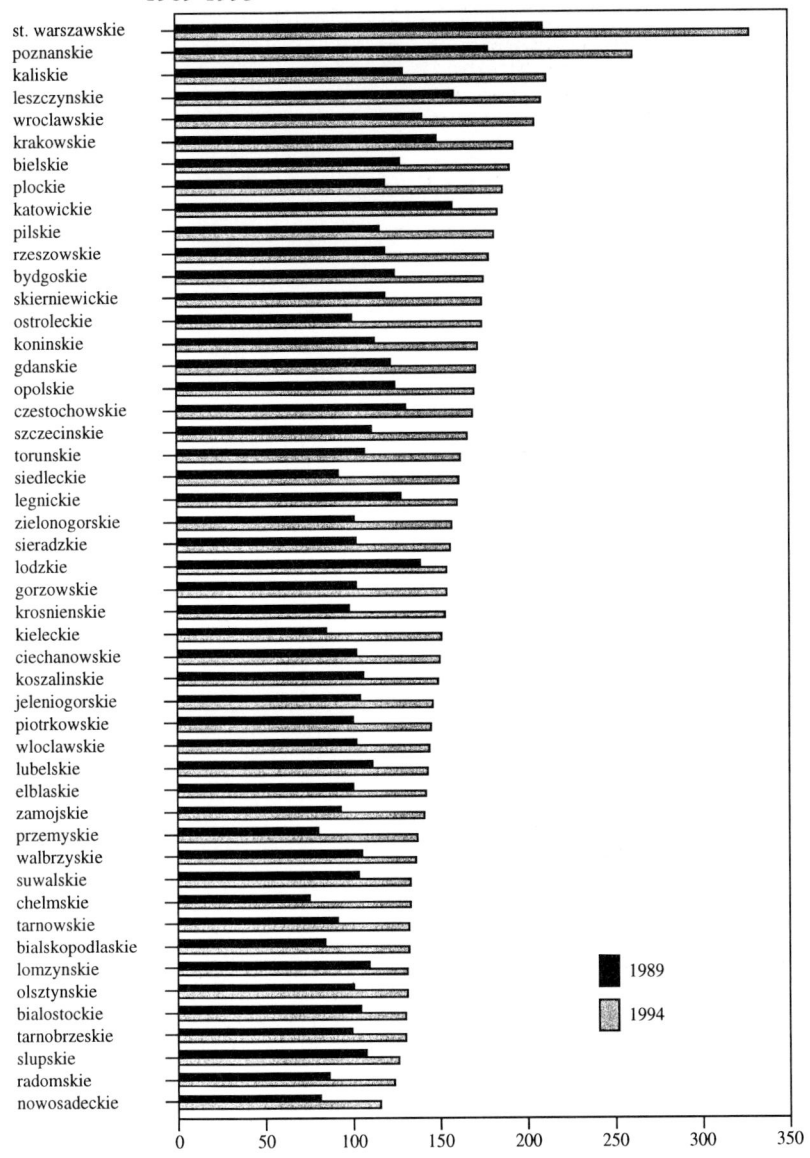

Regional effects of the Transformation Processes in the Czech Republic after 1989

Jiří Musil, Lubomír Kotačka, Zdeněk Ryšavý

1. The Czech Republic after 1989: state, economy and society in transformation
   1.1 The transformation of the political system – from a centralistic to a democratic state
   1.2 The transformation of the economy – from central planning to market economy. Specific features of Czech transformation
      1.2.1 Agriculture
      1.2.2 Labour markets
      1.2.3 Housing market and housebuilding
      1.2.4 Transport, structure and orientation
      1.2.5 Income of households
      1.2.6 Foreign trade, investments and loans
   1.3 The main regionally relevant transformations of the Czech society, its structure and value orientations
   1.4 The split of Czechoslovakia and its impact on the Czech republic
2. Regional consequences of the transformation process in Czechia after 1989
   2.1 Inherited regional structure
      2.1.1 General Characteristics
      2.1.2 Agriculture
      2.1.3 Industry
      2.1.4 Tertiary Sector
      2.1.5 Transport
      2.1.6 Settlement System
   2.2 Principal factors of the ongoing changes in the regional structure
      2.2.1 Regional consequences of the transformation of the economic system (industry, agriculture, tertiary sector)

2.2.2 Construction Sector
2.2.3 Socio-cultural Transformation
3. The expected transformation of the regional structure in the Czech Republic
3.1 Regional differences in economic development
3.2 Social disparities between regions after 1989
3.3 Urbanization processes and their new forms
3.4 The role of locational factors in regional processes after 1989
3.5 Future trends – the most important aspects
References

1. The Czech Republic after 1989: state, economy and society in transformation

The changes in the regional system in the Czech Republic after 1989 cannot be understood without the knowledge of the transformation of the political, economic and social system of the country after 1989 and without taking into account the effects of the split of Czechoslovakia into two sovereign states, the Czech and the Slovak Republics.

The following survey tries to describe briefly the main changes, concentrating on those parts of the transformation which have had regional impacts, such as e.g. changes in the labour market, foreign investment, housing markets, regional and local self-government, agriculture and transport. In theory, probably all societal changes have an impact on regional changes; we think, however, that some of them are of lesser and others of greater importance.

Our previous studies have shown that there exists a relationship between the strength of societal impulses, and the pace with which their influences are „transmitted" into the different levels of spatial units (micro, meso and macro units). Expressed more simply: large legal, political and economic changes of a systematic nature (as e.g. the change of ownership relations) are manifested more quickly in smaller territorial units (streets, city districts) than in large territorial units (e.g. regions or whole cities).

Our study shows, however, that six years after the „Velvet Revolution" several pronounced regional effects of societal transformations can already be observed. We shall try to distinguish these kind of changes from those which are due to other long-term functioning factors such as e.g. restructuring of industry, growth or decline of population, etc. It should, however, be noted that this distinction between cause and effect is based on a kind of common sense judgement, not always on an exact analytical procedure.

1.1 The transformation of the political system – from a centralistic to a democratic state

The „Velvet Revolution" of November 1989 resulted in a pluralistic political system. The political atmosphere was just right, by December 1989, for the creation of a broadly based political coalition which formed in the first post-revolutionary government, called Government of National Understanding. The basic constitutional framework remained the federation of two republics, e.g. of the Czech and Slovak Republics. The constitutional arrangements between the republics and the procedures regulating the decision-making process in the Federal Assembly, for example electoral laws (to prevent so-called majorization), remained the same as during the communist regime. This proved to have disastrous effects on the stability of the federation.

In the first months of 1990, however, some important laws which changed the nature of the political system were passed. First of all, the laws which were approved abolished the constitutionally guaranteed „leading role of the Communist Party". Laws securing basic human rights (free elections, the right of assembly and petition and the existence of a free press) were passed as well. The parliamentary elections of June 1990 resulted in a victory for the political movement „Civic Forum", a broad coalition of democratic movements in the Czech Republic. In 1991 this political movement split into several standard political parties. At the same time, the political role of other non-party political organizations and associations, such as trade Unions, The Youth Union, The Women's Union, which had played only a minor political role in the communist regime, disintegrated or lost their importance.

In the first phases of the new regime all efforts were concentrated on safeguarding social peace and social consensus. The tripartite system, representing a soft type of neo-corporativism, served as an instrument of this policy. According to Frank Bönker „....The range of issues covered by tripartite discussions has been more or less narrowly confined to questions of wages (minimum and maximum wage, wage indexation) and social policy" (Bönker 1993: 68)   The Czechoslovak „Council of Economic and Social Accord" established in October 1990 as the government's reaction to trade union protest against the attempted introduction of a highly restrictive strike law, was a typical corporatist body. Some basic agreements were struck outside Parliament in a bargaining process between the representatives of government, trade unions and the employers. The state played the dominant role, being represented by the government and at the beginning also by the representatives of the employers who represented also the state-owned enterprises. The role of the tripartite system is at present weaker than in the first years of the new regime, but it helps to avoid major social conflicts. In this respect the post-1989 regime is following the Czech interwar quasi consociational democracy political pattern (See Arend Lijphart, 1977).

In December 1990, national frictions between the two constituent republics and the federal government brought about a redistribution of power in favour of the national republics. The federal government would continue its control of foreign affairs, foreign trade, the central bank, taxation and price policy. It was agreed that the Czechoslovak economy should be a unified market with a single currency. There would be no restrictions on the free movement of people, goods and capital between the republics.

After the elections in 1992 the regime in the Czech Republic changed into a fully-fledged party system regime with a right-of-center orientation and a strong commitment to a neo-liberal concept of economic transformation. In contrast to the Czech Republic the results of elections in Slovakia strengthened the left wing parties which did not accept Václav Klaus' economic transformation strategy. A growing wave of secessionist nationalism in Slovakia could be observed as well. The combination of these and some other factors resulted in the split of the federation and in the formation of two sovereign states.

For the purposes of the following study, it is necessary to characterize the general nature of the present day political system of the Czech Republic and to describe the relationship between central government, regions and communes.

The political regime after the 1992 elections is a result of a right-of-center coalition. The strongest partner in the coalition is the KDU-ČSL (Civic Democratic Party), the smaller ones are KDU-ČSL (Christian Democratic Union), ODA (Civic Democratic Alliance) and KDS (Christian Democratic Party). The ODS can be described as a socially-oriented Catholic center party and the KDS as a right wing Christian party. The main general features of the coalition policy are the following:

- neo-liberal conception of economic transformation (intentionally avoiding the term social-market economy) stressing privatization, deregulation, liberalization of prices, reducing step by step state subsidies in all

parts of the economy, internal and external convertibility of the Czech crown;
- stress on individual responsibility, on the diminishing role of state and other public bodies in economy, health, culture and social policy (not so much in education), with the aim of reducing public expenditures;
- at the same time, however, the formation of a relatively strong, centralistically oriented state administration, without influential intermediary regional and associational units; the model intends to support individual citizens, municipalities and the state;
- emphasis on social consensus and on balancing carefully the interests of the emerging new upper and middle classes – entrepreneurs, top managers, socially-minded bankers and intelligentsia;
- ideological neutrality, stress on the formal conception of democracy and on the negative concept of freedom, e.g. „freedom from" (R. Aron, R. Dahrendorf);
- pragmatic political culture, readiness to make compromises, except in some spheres of economic policy, as e.g. a balanced state budget.

Most relevant for the changes in the regional structure of the Czech Republic are the *transformations in the sphere of territorial government and administration*. They can be described as follows:

The democratization of politics, government and public life was accompanied by territorial decentralization and by the introduction of territorial self-government on the level of *municipalities*. One of the consequences of this has been the rapid fragmentation of the existing territorial administrative structure. While the number of municipalities increased sharply (by 50% within three years 1989-1992), the higher regional tier of administration (the so-called regions) was abolished and a functional gap opened between the state and the remaining lower regional tier (the so-called „districts").

The present system of local government is the result of a reform of the territorial government and administration from the fall of 1990. The reform introduced democratization, decentralization and „de-etatization", while local self-government was established in the municipalities. The new local governments were elected in 1990. In 1992, the reform was completed by legislation which decentralized public finances, though strengthening the individual revenues of the municipalities. At the same time, the central authorities rejected most of the instruments used by the pre-1989 regime to stimulate and regulate territorial development, and they are only reluctantly developing new methods compatible with a market economy and the liberal orientation of the present government. Central economic planning and its component – regional economic planning – were abolished and the role of physical planning was downgraded. Spontaneous processes were given a much freer hand in territorial development. In general, it can be said that, at present, no systematic regional policy is being practiced. Central authorities only react in individual cases where a critical situation (e.g. high unemployment or extreme pollution) has arisen and intervention is thus unavoidable.

The coalition parties are split on the issue of territorial reform. The strongest party, Klaus' ODS, is against the reintroduction of newly delimited regions whereas, the partners of the ODS, the ODA and KDU, are asking for the establishment of new regional units, which would serve as administrative as well as self-governing units. This is one of the most serious sources of dissension within the coalition. It seems that the reintroduction of the regional tier will be postponed and that the objections of the ODS can even prevent their reintroduction. The arguments against this tier are mainly based on the growing expenses for administration and on the objections against so-called arbitrary delimitation of the regional borders.

Regionalism and localism surfaced after 1989 in the form of civic organizations, social movements and partly as a political force. Only Moravian regionalism managed, however, to play a more important political role once it had been institutionalized in a regional political party. The issue of regionalism has again become salient in discussions on the new regional political and administrative division of the country.

1.2 The transformation of the economy – from central planning to market economy. Specific features of Czech transformation

The program of transformation was inadequately called „the scenario of economic reform", though, in fact, it was a blueprint for radical restructuring. It was indeed the victory of the neo-liberal economists, who refused the modifications of the program proposed by economists whose orientation was keynesian, institutionalist or reform socialist. The scenario was based on price liberalization, the liberalization of foreign trade, the introduction of inner convertibility of the Czechoslovak crown, and mainly on a radical change in ownership, e.g. privatization. Three methods of privatization existed: privatization of smaller state or cooperative enterprises by *auctions*, the privatization of larger units by two waves of *voucher privatization* and privatization by *restitution* of property.

The concept of the economic transformation was based on certain theories about the interaction between the elements of the changes introduced. In a simplified form transformation can be understood as the synergy effect of three main elements:

Regional effects of the Transformation Processes in the Czech Republic 257

- liberalization and deregulation of prices and foreign trade
- privatization
- macro-economic restriction policy.

The pace of privatization can be described as relatively quick. Critics, however, stress that the *voucher privatization* which enabled this relatively quick privatization led to a legal change in the structure of ownership, e.g. transfer of ownership rights directly performed by the state to the investment funds and banks, which are to a large extent controlled by the state. The actual ownership rights of the small, individual owners (private persons) of vouchers, or shares are not being realized. One can observe a process of concentration of shares into the hands of large owners. The main problem is the formation of a new stratum of real responsible private owners of the privatized property who would start to behave according to market principles. The existing pattern is a compromise with some indirect participation of the state in large, mainly industrial enterprises. This fact has concrete implications for regional changes. To express it in a simple way: it slows down the processes of bankruptcy of inefficient firms to some extent, enabling them to have more time for adjustment to a new, harder market environment.

The economic transformation was and is accompanied by substantial reforms in social policy. The general strategy of all the measures follows the intention to reduce public expenditure for social and technical infrastructure and to transfer it to individual persons, households and communes. Some functions which were performed by the state are to be transferred to non-governmental and non-public associations (e.g. in culture and certain domains of social policy).

Another strategy is to transform the traditional central European model of social policy, the *institutional* model – often called „Bismarckian" in the Czech Republic – which aims to assist individuals without taking their incomes into account, to the *residual* model, which understands those in need of assistance as a separate and small group. In order to identify this group, a „life minimum" indicator was introduced (means test) and people who are in need of assistance have to apply. In reality, the approved new pattern is a compromise between the residual and the institutional model. As a result of relatively successful economic transformation and growing average real incomes as well as the valorization incomes, old age pensions and other forms of social incomes, no dramatic rise in poverty was observed. The basic social consensus was retained and only three to four social groups went on strike: railway-workers, teachers, physicians and some miners. The specificity of the Czech transformation is a relative social peace.

Five years after the economic transformation its results can be summarized in the following way:

- in legal terms the privatization processes in the Czech Republic were carried out quickly and 71% of the property planned to be privatized by December 1995 has already been privatized. The remaining 29% are the shares of the state in banks, joint ventures and in large industrial enterprises as well as in some parts of agriculture;
- the privatization of retail trade and industry including services, was institutionally, organizationally, and from a systemic point of view almost achieved in 1995; the situation in agriculture is different, but even here the level of privatization is rather high; at present, about 70% of GDP was obtained by the non-state sectors;
- it is, however, not quite clear to what extent the state helps the largest firms with many employees to bridge the sales crises (caused by the collapse of the COMECON market, the economic depression in the West, the fierce competition of western firms and by the relatively closed markets of the European Union);
- after the decline of the general performance of the economy – e.g. decline of industrial production (in 1993 the production was equal to 60% of 1989 production), the decline in agricultural production (round 30%), caused by the systemic changes in the Czech economy – the economy started to recover. For example, industry was able to show a modest growth already in 1994, which has been, however, accelerating in 1995; the prognosis for 1995 estimates a more than 10% growth in industry and it seems that this is an understatement. Recent data for September and October 1995 show an 18% monthly growth (compared with the same months in 1994); these growth rates belong to the highest in Europe;
- in spite of the growing output of industry, the proportion of the GDP produced by the industrial sector has systematically been decreasing since 1994; in contrast, the proportion of GDP produced by services is growing, the Czech economy is definitely going through a de-industrialization phase;
- after a rapid increase of inflation in 1991 (the starting year of economic transformation) and after only a lesser one in 1993, inflation rates have stabilized and they continue to decline systematically due to the introduction of a new tax system and also due to the split of Czechoslovakia; inflation will be just below 10% in the year 1995 and, it is assumed that in 1996 the inflation rate will decrease to 8 to 9%;
- due to the fiercer economic environment the number of people working in the Czech economy has been declining for some years (from 1989 until 1994 from 5,403,000 to 4,885,000); in the years 1994 and 1995 it started to grow slowly, mainly due to new jobs in services and due to

the growing number of new private entrepreneurs: The structural changes of the Czech economy, mainly the process of tertiarization and the growth in the number of private entrepreneurs, enabled that sector to absorb the employees from the declining branches of industry, such as mining, metallurgy, textile industry, chemical and pharmaceutical industry, leather processing industry, etc. as well as from agriculture, where the decline in the number of employees or members of cooperatives was quite dramatic (from 629,000 people in 1989 to mere 338,000);
- the unemployment rate was relatively low during the whole period of economic transformation. The years 1992 and 1993 showed the highest rates (around 4%, the highest rate at the beginning of 1993 was 4.3%), after 1993 the rates have oscillated between 3 and 4%; for the next years a level of 4 to 5% is forecast; the low level of unemployment is caused by the successful transformation as well as by an active state employment policy which includes retraining and systematic help in starting small private businesses;
- after an initial slump in the years 1990 to 1993 real incomes of households, including wages, are growing; average growth rates are equal to 8% in the years 1994 and 1995;
- at the same time a quick differentiation in income inequalities can be observed, differences between sectors as well as between categories of employees and also between regions are growing;
- due to the growth of real incomes the proportion of households under the poverty line is relatively low (between 3 and 4%) and has not been increasing;
- due to controlled currency exchange rates (the combined relationship to US$ and DM) the Czech model of transformation resulted in a stable exchange rate of the Czech Crown (for 5 years!). This fact is considered to be one of the important factors of the stability of the Czech economy.
- internal convertibility of the Czech Crown was introduced at the beginning of the transformation of the economy; the external convertibility was announced only in 1995, and currently, the Czech Crown is exchanged on the currency markets in the main Western countries; it can be exported and imported and there are only few constraints to its full convertibility;
- the financial situation of the state is satisfactory, the government has strictly followed the principle of a balanced state budget for 5 years, and the state reserves of a convertible currency are growing. One of the negative features of last two years has been the negative balance of payment in foreign trade: the Czech Republic is importing much more than it is able to export (export is growing slowly, import however

quickly); it seems that this is predominantly the import of new technology and *not* of consumer goods;
- the overall positive picture of the Czech economic transformation conceals, however, some serious flaws, among them the problem of the ownership of privatized industry, of the market behaviour of the new management of privatized industry, the extent of corruption, the growth of state bureaucracy and the „cushioning" of large industrial firms by indirect assistance from the state (via banks), the still rather low number of bankruptcies – due to direct and indirect help by the state – and from the regional point of view, the sales crises of some large industrial firms (as e.g. lorry production „Tatra", „LIAZ", steel works „POLDI", etc.). In order to bridge these difficulties the state established a special bank, the „Consolidation Bank".

Of the economic changes which are regionally relevant, special attention must be paid especially to transformational changes in the following spheres: agriculture, labour markets, housing markets and construction, transport; structure and orientation, income of households, and foreign trade investments and loans.

1.2.1 Agriculture

The privatization processes in agriculture are not as radical as in retail business, in services and in industry. A rather large part of agricultural land is still owned at the present time by non-private entities, mainly by transformed agricultural cooperatives (only those who own land are members of the cooperatives, others are employees of the cooperatives). The main mechanism of privatization in agriculture are restitutions. Within the period 1990-95 restitutions in agriculture involved roughly 260,000 cases. It is generally agreed that restitutions in agriculture proved to be the most difficult of all restitution areas. Agriculture was rather quickly exposed to the competition of imported goods from Western European countries (due to a radical liberalization of foreign trade by the Czech Republic). The state subsidies to agriculture declined radically as well. The main effects of this hard policy can be summarized thus:
- the number of people working in Czech agriculture decreased in the period 1990-1994 by almost 50% (from 631,000 to 338,000);
- the extent of agricultural land did not decline to such an extent (1990 – 4,288,000 hectares, 1994 – 4,281,000 hectares), the decline of the extent of arable land was, however, more pronounced (3,219,000 – 3,158) though not dramatic; the production declined as well;

- the productivity of labour in agriculture went up enormously, but the productivity of land (per hectare) went down;
- the prices of energy, fertilizers, etc., e.g. of the inputs into agriculture after 1989 went up radically;
- households of farmers experienced between 1990-1994 a substantial decline in their real incomes, more than any other social group; the nominal average monthly gross wages and salaries of employees in agriculture and forestry went up in the period 1990 to 1994 from 3,632 Czech Crowns to 5,841 Czech Crowns; in industry from 3,410 to 6,888 and in the financial sector from 3,351 to 12,081! These data do not cover the incomes of private farmers. From all the information available it can be seen that agriculture becomes a poorer sector of the Czech economy.

1.2.2 Labour markets

In the socialist centrally planned economy the policy of full employment resulted in hidden unemployment (over-employment) in almost all sectors, but mainly in industry and agriculture. The service sector was, however, undermanned (such as e.g. retail business, catering, hotels) due to the distorted concept of its „non-productive character". The second, regionally relevant feature of the quasi-labour market in the centrally planned economy can be described as a system of barriers in the choice of jobs, that labour mobility and migration. All these barriers were inherent to the centrally-planned economy. The economic regional planning of labour served in this respect as the main instrument.

The economic transformation, the changes in the labour code and other legal norms brought a *liberalization of the labour market* and opened the doors for labour mobility. This new possibility for labour mobility was especially taken advantage of within the same areas where the existing constraints in the housing market did not prevent the mobility of labour.

Thanks to the fact that a rather dense network of small and medium-sized towns in the Czech Republic enables daily commuting between towns as well as commuting between non-industrial settlements in the neighbourhood and the respective towns, the decline of jobs in the city did not create a critical situation for the employees. Quite often they found new jobs in a neighbouring town with a growing demand for labour. This is an important regional potential of many areas of the Czech Republic. It should be stressed that this settlement structure was formed already in the 19th century.

This fact is, however, also one of the reasons of the difficulties of explaining the regional patterns of unemployment in the Czech Republic, as mentioned by several authors (see, for example, Myant 1995).

Due to the differing labour demand in different regions, as well as due to the different sector and branch structure of jobs, the average income levels in the individual districts and regions of the country started to diverge.

1.2.3 Housing market and housebuilding

The main goals of housing policy as applied in the last four years can be summarized by using the statement by the present Czech government: „to aim at applying market principles as much as possible also in the sphere of housing and at moving rents, prices of apartments and houses gradually but not slowly to market price relations". Such a generally formulated policy can undoubtedly be carried out only by different concrete means and instruments. What, however, seems to emerge is a new housing system with the state holding less responsibility and individual households and communes more. Recent developments show, however, that the state is slowly going back to strengthening at least indirectly its financial support for housebuilding.

In the meantime, the fact that the housing system was not quickly substituted by a new, well thought-through system, resulted in a several years lasting decline in housebuilding. The number of completed new dwellings decreased dramatically between 1989 and 1994, from 55,000 to 18,000! The housebuilding activities are restricted only to a few regions, to the suburban zones of Prague and to some Moravian districts. The prices of housing on the free market are rising to levels which are not affordable for the majority of the population and especially not for young people. *The situation in the housing sphere starts to be a bottleneck even for the processes of economic transformation.* The housing situation tends to form a serious barrier to the mobility of labour. This crisis is documented indirectly by the new structure of migration.

The statistical data first of all show a decline in the overall number of migrants, from 267,000 in the year 1990 to 210,000 in 1994. More important are, however, the changes in the *spatial pattern of mobility*. Until 1990 the number of migrants „from district to district in the same region" did not substantially differ from the number of migrants „from municipality to municipality in the same district" and even the number of migrants „from region to region" was quite high. After 1990 long distance migration started to decline, while short distance migration began to grow.

With regard to the important role of housing in the transformation of the regional structure, it is necessary to summarize here the main changes within the Czech housing system since 1989.

Regional effects of the Transformation Processes in the Czech Republic 263

- the role of the state in all aspects of housing was considerably diminished, the state ceased to directly subsidize housebuilding, management of housing, repairs and maintenance;
- the state housing stock became legally the property of communes;
- after 1991 the apartment houses which had belonged to private persons before the communist regime were restituted to the previous owners or their heirs;
- the large and ineffective communal housing management organizations were abolished;
- so were large state housing construction firms;
- the legal status and organizational structure of housing cooperatives – which were in fact state controlled organizations – changed and the cooperatives became smaller having the character of real cooperatives;
- an act on personal ownership of apartments has been passed, enabling their purchase from the communes as well as from the cooperatives;
- a partial deregulation of rents and other housing outlays (energy, water, garbage disposal) has been introduced;
- the process of forming a functional market is under way, (a market with cooperative housing exists, with about 50% of private family houses and a market in restituted property);
- in some cities the municipalities have started selling communal housing units;
- with the recent increase of rents housing allowances for low income groups have been introduced; the first steps have been taken to extend these allowances to other housing expenses as well;
- new housing savings banks were established;
- a mortgage system – so far non-existent – is being prepared and will probably be implemented in 1995;
- housebuilding is decreasing rather quickly but the extent of reconstruction and modernization of houses is growing, especially in prosperous cities;
- many new small and construction firms have been established reacting to the new structure of demand (modernization of restituted property, repairs of neglected houses, etc.);
- overall building activity is growing.

1.2.4 Transport, structure and orientation

The transport system in the pre-1989 regime was monopolized, with a few exceptions, in taxi-services by the state and by municipalities. It was a highly subsidized sector of the economy; transport was cheap and thus daily commuting to work in Czechoslovakia was very intensive (in Slovakia even more so than in Czechia).

To the privatization of bus transport, mainly outside the cities, and to the declining state subsidies to railway and bus transport, the public reacted by limiting the use of public transport outside the cities. Within the cities, however, the level remained unchanged.

Freight transport on railways and roads declined as well, due to declining industrial production. River transport of goods dropped as well, but not so dramatically as the tonnage of goods carried by lorries (from 173,000 tons in 1990 to 33,500 tons in 1994). Air transport, especially passenger transport by Czech airlines as well as by foreign airlines is, on the other hand, growing quickly. One part of the rapid changes is the growing transfer of passenger transport to private cars. Their number increased from 2.5 million in 1990 to 3.2 million (estimate) at the end of 1995. The public transport system in cities has remained – in terms of the number of transported passengers – unchanged, in spite of considerably higher fares.

Other changes which are highly relevant for the regional transformation are, e.g., the institutional changes in transport, the geographical reorientation of foreign trade and passenger transport, and the ensuing general geographical reorientation of transport activities.

At present, strong private transport companies exist next to road transport firms and airlines owned by the state; a very small part of the railways was privatized as well. Some former military airports are used by new private airlines (Ostrava, Pardubice). The transformation of railways is facing difficulties and the future is uncertain. The necessity to reduce the number of small railway lines, run by the state is however evident. The state concentrates its resources (and the resources from outside) on building up a system of semi-high speed railways. At present, the first of these „corridors" is under construction: (Berlin)-Děčín-Prague-Břeclav-(Vienna). The construction of the second line: (Warsaw)-Ostrava-Břeclav-(Vienna) will start next year. The third line is supposed to connect Prague with Linz.

The future regional structure of Czechia will also be strongly influenced by the linking of the existing system of highways to the West European system. From this point of view the three motorways are important:

- Prague – Pilsen – Nürnberg
- Prague – Ústí n.L. – Dresden, and
- Katowice – Brunn – Vienna.

All available information consistently show the strengthening linkages to Western Europe via Germany. The fact that Germany became the main foreign trade partner, the most important foreign investor in the Czech Republic, as well as the fact that German citizens form 35-40% of foreign visitors to Czechia, demonstrates the decisive role of Germany in the restructuring of the internal regional system of the country.

1.2.5 Income of households

The transformation of the Czech economy according to a neo-liberal model has brought considerable changes in the distribution of incomes. Before 1989 Czechoslovakia was the country with the most egalitarian income distribution among the communist countries. This egalitarian pattern was reflected even in the regional dimension: in 1990 the average monthly gross wages and salary of employees in Prague equalled 3,474 Czech Crowns, whereas in the region with lowest wages, e.g. in East Bohemia, the average salary was 3,124 Czech Crowns. In 1994 the wages in the same regions, representing again the highest as well as the lowest income levels, equalled 8,731 Czech Crowns and 6,288 Czech Crowns respectively. The statistical data also show a general increase in income inequalities between the regions in the years 1990 and 1994. These differences reflect the old but also the new differences in the structure of economic activities. Some of the new factors which have a considerable impact on the prosperity of local populations are a high proportion of people working in banks, insurance companies, in the tourism industry, in industries with foreign participation, and of course the nearness to borders in the west.

1.2.6 Foreign trade, investments and loans

The collapse of the COMECON, the huge Soviet Union, and the Eastern European market (mainly GDR – 10% of Czechoslovak foreign trade) had an enormous effect on the economy of such an export oriented country as the Czech Republic. The only possible solution in the given situation was a quick reorientation of foreign trade towards western and developing country markets. The state-owned enterprises had in 1989 60% of its trade with the socialist economies. This share dropped to about 50% in 1990, 40% in 1991 and to less than 20% in 1993. However, this dramatic reorientation was accompanied by a substantial decline in the volume of trade (Švejnar 1995). Real exports are estimated to have declined by 33.5% between 1989 and 1991. The recovery started in 1992 but is still rather slow. The main partners are at present Germany, Slovakia, Russia, Italy, France, Great Britain, and the USA. And again one should stress the predominance of Germany in this sphere.

The same pattern can be observed in direct foreign investment. The general overall trend can be seen from the following data on the million of US$ invested in the Czech Republic.

Direct Investment in million US$	1990	1991	1992	1993	1994
	72	523	1,003	568	862

At the end of 1994 the ranking of the „investing" countries was the following (sum of all investment 1990-1994).

1. Germany   36.2%
2. USA   21.2%
3. France   11.6%
4. Austria   7.0%
5. Belgium   6.1%
6. Other countries 17.9%.

The steadily improving credit rating of the Czech Republic, the political stability of the country, and other factors helped to create interest of foreign firms to invest in industry, retail business, and services in the Czech Republic. The provisional data for 1995 show that 1995 direct foreign investments will reach the level of 700-800 million US$. The Czech Republic is becoming in relative terms (per 1,000 inhabitants), the most attractive investment area among the post-communist countries.

From the point of regional restructuring it is most interesting to see how these direct investments are territorially distributed. There is no doubt that in sum they were used mainly along the borders with Germany and Austria (very often small joint-venture firms producing products which are than exported from the German or Austrian headquarters), but there are many exceptions (as e.g. Škoda in Mladá Boleslav or the Renault-Karosa joint venture in Vysoké Mýto) with foreign investments going to industries located in inland districts.

1.3 The main regionally relevant transformations of the Czech society, its structure and value orientations

In the following part of our study we want to concentrate our attention only on those aspects of social change linked to the transformation of Czech society which are directly or at least indirectly linked to the formation of new regional structures. The chapter is divided into two parts: In the first part some general problems of the societal transformation are mentioned, including a discussion of existing potentials of the country. In the second part we shall try to estimate the role of some social and cultural advantages as well as bottlenecks which may influence the formation of the future regional structure of the Czech Republic.

Thanks to the relatively successful economic transformation, but also thanks to the fact that the Czechoslovak communist system was exceptionally rigid and orthodox and – paradoxically – also due to the fact that Czechoslovakia did not undergo any kind of reform communism (e.g. Hungarian Kadarism or the Polish compromise), the Czech society is relatively immune to a revival of left-wing policies slowing down the economic as well as political reforms. The intention to build up a liberal as well as social democratic society is rather strong at the present time, definitely the strongest in the whole „post-communist" region. The Czech society is stable in spite of some disturbing phenomena, as for example growing criminality, corruption, drug abuse and drug traffic, the existence of some forms of so-called comprador capitalism, foreign mafias on Czech territory, and the decline of public and private moral standards.

It can be hypothesized that besides the economic recovery, some other factors, among them the revival of old Czech traditions stressing individualism, flexibility, rationalism and pragmatism with modernization and patience, play an important role. The experience with local democracy (already in the Habsburg monarchy) and with democracy (during the interwar period) function still as a kind of social „genetic code".

To a large extent the factors mentioned above are the result of a specific, i.e. lower class-oriented society. Besides the positive aspects mentioned, this type of society suffers also from its many negative effects, such as: cautiousness, low mobility in „intellectual" as well as residential terms, lack of taking risk in projects in economy, social organization, and technology. One aspect of this socio-cultural pattern is a mistrust towards the foreign and the new, and also towards foreign people. A certain inwardness is a necessary correlate as well.

In spite of all these facts, the chance that the Czech Republic will be one of the stable areas of the post-communist region is still high. There is hope that after some decades the country will return to the position which it occupied in Europe in the period 1880-1938.

To the bottlenecks of such a positive scenario belong:

- the ageing and numerically declining population;
- the declining birth rates which are not accompanied by migrations substituting the declining population (one should note that in Bohemia nowadays there live fewer people than at the beginning of the 20th century);

- the slowness in adopting an economy based on the production of high quality and sophisticated products guaranteeing sustainable economic growth;
- the absence of top entrepreneurial managers in industry and business;
- the negative approach to foreigners, mainly to migrants from Eastern Europe, but also from the West;
- the fear of Germany in the economic and also political sphere;
- the racist attitudes towards certain (e.g. coloured) ethnic groups;
- a hidden isolationism which is completely dysfunctional in the given geographical location and in the view of the fact that the country depends on foreign trade and more and more on tourism;
- dangers of disruptive regionalism which can acquire even secessionist forms (Moravian regionalism).

1.4 The split of Czechoslovakia and its impact on the Czech republic

The following account is devoted to the main macro-economic and regional effects of the end of Czechoslovakia on 31.12.1992. Generally speaking, the Czechoslovak economy was already showing signs of recovery in the second half of 1992. The split stopped this positive development, mainly in Slovakia but the Czech Republic registered negative effects as well. According to I. Šujan and M. Šujanová (1995) the macro-economic impacts of the split may be divided into three groups:

1. Direct additional costs connected with the division of the state administration, army, common property, representative offices abroad, the issue of new banknotes, the renegotiation of international agreements, losses in international position, losses linked to the demarcation of state borders.
2. Reduction in mutual trade resulting from more difficult conditions for payment, border crossings, etc. The decline in mutual trade has a negative impact on the demand and consequently on the GDP in both countries. Šujan estimated that the total impact of the split was − 2.1% in the Czech GDP and − 5.7% in the Slovak GDP. The Czech Republic recovered earlier, already in the last 3 months of 1993, while Slovakia needed another year.
3. The end of transfers between the two republics. The total net transfer from the Czech Republic to Slovakia in 1992 has been estimated by the Secretariat of the OECD at 25 billion Czech Crowns or 7% of the Slovak GDP.

Regional effects of the Transformation Processes in the Czech Republic 269

The decline in foreign trade, mainly the decline in export from the Czech Republic to Slovakia resulted in a quite considerable reduction of transport flows between both parts of the former federation. It can be documented by the reduction of the number of trains crossing the border, by the reduction of flights between Prague and other Czech cities and Slovakia, and also by the reduction of the number of cars crossing the borders.

Another quite important effect was the reduction of industrial cooperation between branches of the same enterprises located in the Czech and Slovak parts of the country. Such splits made it necessary to convert the production of many factories. There are many other negative effects of the division of the country but a more general one must be explicitly stressed: *the disappearance of a larger common market by the formation of two smaller markets.*

The diminishing effectiveness of the economies had, mainly again in Slovakia, negative social consequences: decline in real incomes, growth of inflation and unemployment. Some of the negative effects of the division are felt in Slovakia until now.

From the point of view of regional processes, the split led to the following developments:

- suddenly, Moravia -in the communist period the most dynamic part of the Czech Republic- and mainly eastern parts of Moravia, became a new periphery of the country;
- the split reduced quite considerably the migration from Slovakia to the Czech Republic;
- even the daily and weekly commuting across the borders from Slovakia to Czech Republic started to decline;
- the cultural and social interaction between the two countries and between the regions along the borders started to go down; it is a process which is in sharp contrast to the growing cross-border interaction between the Czech Republic and the Federal Republic Germany and Austria as well.

Another effect which should be mentioned, though not having a direct regional impact, is an unexpected formation of a new national minority in the Czech Republic, e.g. Slovaks; according to the 1991 census 315,000 people in the Czech Republic registered themselves as Slovaks. It is, and this fact should be stressed, a non-problematic minority, and many Slovaks slowly or more quickly assimilate.

It is also impossible not to mention the obvious geopolitical effects of the split: the Czech Republic moved more to the west, the Slovak Republic more to the east of Europe.

2. Regional consequences of the transformation process in Czechia after 1989

2.1 Inherited regional structure

In the following part of our study will we summarize in a „telegraphical" way the main features of the inherited Czech regional structure, just before 1989, that is before the transformation of Czech society, polity and economy began. Some data describe, however, long-term evolutional trends. The descriptions of the inherited structures as well as the data on long-term trends are intentionally presented as concisely as possible.

The names of states and provinces and their abbreviations are the following

1918-1992: CZECHOSLOVAKIA (CS) = Czechia and Slovakia
Since 1993: CZECHIA (CZ) = The Czech Republic (includes the historical countries Bohemia, Moravia and Czech Silesia) and SLOVAKIA (SK) = The Slovak Republic

2.1.1 General Characteristics

Population Development since 1980 (see figures 1-4)

Around 1980 Czechia entered the phase of zero population growth; it means that any inner migration flow induces a population decline in the source region (see table 1).

Table 1: Population development, Czechia, Slovakia, 1950-91

	Number of Inhabitants in thousands				1991/80
	1950	1970	1980	1991	Index
Czechia	8,896	9,808	10,292	10,302	+1.00%
Slovakia	3,442	4,537	4,991	5,274	+5.67%

Development of population distribution, 1869-1994

The distribution of the population between the eight Czech regions (including Prague) changed significantly during 1869-1994. Most quickly grew the percentage of Prague, until 1950, from 3.6% (1869) to 11.9% (1950), stagnating at 11.8% in 1994. Both Moravian regions show a steady growth of their percentages:

Regional effects of the Transformation Processes in the Czech Republic 271

North Moravia: from 14.4% (1869) to 19.1% (1994),
South Moravia: from 17.1% (1869) to 20.0% (1994).

The percentage of all Bohemian regions (excluding Prague) diminished:

Table 2: Percentage of population of Bohemian regions 1869 and 1994

	1869	1994	1869/1994
North Bohemia	13.0%	11.4%	-1,6%
Central Bohemia	12.9%	10.7%	-2,2%
West Bohemia	11.7%	8.3%	-3,4%
South Bohemia	10.4%	6.8%	-3,6%
East Bohemia	16.9%	12.0%	-4,9%

As can be seen in figure 1, five groups of regions can be identified, according to the periods of their development between 1869 and 1994:

1. Steady growth: North and South Moravia,
2. Steady growth till 1950: Prague,
3. Stabilized, or growing percentage, diminished by the transfer of Germans (1945-47): North and West Bohemia,
4. Slight decline: Central Bohemia,
5. Steady, rather significant decline: South and East Bohemia.

This picture changes when observing the shorter 1970-1994 period:

− Significant (but diminishing) growth: North Moravia.
− Slight growth: South Moravia, Prague, South, and North Bohemia.
− Slight decline: West and East Bohemia.
− Significant decline: Central Bohemia.

We would like to stress the changing position of South Bohemia (from a losing to a gaining region), probably correlating with its improving economic structure and good environmental conditions. South Bohemia (together with South Moravia) occupies a very good position on the mental map of the Czech population.

In contrast, the percentage population gains of North Bohemia (and North Moravia) during 1970-90 are the effects of massive governmental support, oriented towards a rather ruthless and very intensive coal-mining and industrial development (oil refineries, metallurgy, and power stations) there, and causing meso-, or macro-regional pollution of the environment.

The changing position of Central Bohemia correlates with the intensive migration to Prague and other large agglomerations. It documents a very limited suburbanization development around Prague at that time.

Table 3: Development of Population Distribution in % in Czechia, 1869-1994

Year	1869	1910	1930	1950	1970	1980	1991	1994
Prague	3.6	6.6	8.9	11.9	11.7	11.5	11.7	11.8
CentralB*	12.9	11.8	11.5	12.2	11.5	11.2	10.8	10.7
SouthB	10.4	8.5	7.6	7.0	6.6	6.7	6.8	6.8
WestB	11.6	11.6	11.4	8.7	8.6	8.5	8.4	8.3
NorthB	13.0	15.0	14.7	11.5	11.2	11.3	11.4	11.4
EastB	16.9	14.4	13.2	13.0	12.3	12.1	12.0	12.0
SouthM**	17.1	16.8	17.2	19.7	19.7	19.8	19.8	19.9
NorthM	14.4	15.2	15.6	16.0	18.4	18.8	19.0	19.1
Czechia	100.0	100.0	100.0	100.0	100.0	100.0	100.0	100.0

*B=Bohemia **M=Moravia

Transfer of German population and its main consequences in the regional structure

The multinational character of Czechoslovakia was substantially changed by the persecutions of Jews and Czechs during the war, and by the transfer of the German population in 1945-1947. The transfer afflicted one third of the Czech territory (the borderlands mainly) and almost all large cities. During that transfer, Czechia lost 2,592,000 of its inhabitants, e.g. 25% of its population.

The Czechoslovak resettlement process of borderlands (1,370,000 new settlers came until May 1947) has been rather successful in the large and medium-sized cities; but the small towns and rural settlement remained seriously depopulated (remaining approximately at 40-70% of their pre-war level), until 1990. Large parts of the villages, hamlets and isolated houses in the borderzone to the West (ca. 5-10 km broad) were demolished during the 1950s-70s.

Regional Policy

The priorities of the state regional policy were: the resettlement of the borderlands (1946-1960), the complex industrialization of Slovakia, the coal mining regions (Northeast Moravia, North Bohemia, Kladno region at Prague, etc.), the uranium-ore mining regions (Jáchymov, Příbram, Česká Lípa), the metallurgical regions (Northeast Moravia, Kladno region, the East-Slovak Iron Works in Košice region, etc.), the relocation of the armament industry to East Moravia and Slovakia, and its further development.

This regional policy has had negative effects:

1. Delapidating of cities (incl. Prague). The large administrative and market cities (Prague, Brno, Liberec, etc.) were pushed into the peripheral

situation during the 1950's. The decay of Prague's facades evoked the State Program of the Cities' Reconstruction.
2. Intensive depopulation of rural settlements. The problem of the „inner periphery" became more and more evident.

The homogenization of Czechoslovakia

The development of the Slovak (and East-Moravian) economy to at least the Czech level has been the great task of all Czechoslovak governments from 1918. The first Czechoslovak Republic (1918-38) completed the modernization of Slovakia (developing a Slovak education system). Nevertheless, the *industrialization* of Slovakia was completed much later under the Czechoslovak Communist regime (during 1950s-1970s). After 1970, the steady flow of investment money lefted Slovak and East-Moravian industry to the best level in Czechoslovakia (compared with the obsolete Bohemian industries).

Diffusion of technical progress

1800-1918: The main old diffusion poles of technical progress for Czechia were Saxony, Silesia, and Lower Austria on the regional level, and the Western European states (Germany and France at first) on a European level.

1918-1939: The role of the European diffusion pole for Czechoslovakia was played by France and Germany. The global importance of the U.S.A. became more and more significant.

1939-1989: During six years of German, and 40 years of Soviet dominance, the role of the diffusion centre was politically determined. During the whole period the discrepancy between the course of political dominance, and the diffussion of real technical progress, coming from Western Europe and the U.S.A. (and the Far East) was visible.

Since 1989: Now, the diffusion of technical progress for Czechia comes mainly from Bavaria, from the whole of Germany, and from Austria on the regional level. The European and global diffusion poles are becoming more important than before (the „Shrinking World" effect).

The peripheries

1945-1989: The transfer of the German population lessened the weight of some old industrial regions of Northwest Bohemia and western Czech Silesia. The creation of the Iron Curtain (after 1948) worsened the situation in the borderlands. The accessibility in the local peripheries improved because of the extension of public transport. Intensive construction of new housing estates in cities (1955-1989) partly depopulated the rural regions. The rural-urban migration peaked in the 1960s-80s.

2.1.2 Agriculture

Similar to the Czechoslovak national economy as a whole, Czechoslovak agriculture as well had been the most completely collectivized among Eastern bloc countries (the Soviet Union excluded). The intensive state financing (together with the preferential treatment of agriculture by the state after 1970) turned the agricultural sector into a relatively well functioning and productive sector among other socialist countries.

Employment in Agriculture (see figure 5)

Maxima Districts of	in %	Minima Districts of	in %
Tachov	29.9	Brno	0
Plzeň-South	29.0	City of Plzeň	1.3
Brno-Country	25.1	City of Ostrava	1.3

100% = total number of socialist sector employees, Dec 31st, 1988

The highest share of employment in agriculture was concentrated in rather poor, less industrialized highland regions of the Bohemian Forest, and of the Czech-Moravian Highlands, and their foothills as well as in the lowland regions of intensive agriculture of Central Bohemia, South Moravia, and Czech Silesia.

The lowest level of agricultural employment was

- in the most urbanized districts (with the cores of all 11 city agglomerations);
- in old industrial regions of North Bohemia and North Moravia, and
- in newly industrialized districts along the Moravian-Slovak border.

Ownership Relations (see figures 6,7)

a) Proportion of individual (e.g. non-collectivized) farmers (see figure 6)

Individual farmers per 1,000 employees in agriculture by Nov. 1st, 1980 Census – representing 0.5% of agricultural land and 0.3% of employees in agriculture in 1988

Maxima Districts of		Minima Districts of	
Vsetín	28.2	Most	0
Semily	13.2	Sokolov	0
Prachatice	10.8	Teplice	0

Regional effects of the Transformation Processes in the Czech Republic 275

The individual (private, non-collectivized) farmers were the most numerous socio-professional group resisting collectivization pressure within socialist Czechoslovakia.

Their number diminished year by year. In 1980, there were 2,027 economically active individual farmers in Czechia, e.g. 3.14 individual farmers per 1,000 economically active persons in agriculture.

In other words, only 0.314% of economically active persons (most of them are elderly people between 50 to 65 years) in agriculture worked in the private sector, while 99.7% of Czech agriculture had been collectivized, in 1980. (This high rate of collectivization had been achieved during the 1950-60s; after 1965-70 this proportion remained rather stable.)

The highest proportions of individual farmers were in the mountain and foothill regions of the Bohemian Forest (South Bohemia), The Giant Mountains (Northeast Bohemia), and The Carpathians (East Moravia), and on The Czech Siberia (hills dividing Central and South Bohemia), that is in rather peripheral locations. The lowest proportions of them were on the best soils of the Elbe Lowlands and the South-Moravian Lowlands, and in the most industrialized parts of Bohemia.

b) Proportion of state-owned farms (see figure 7) – representing 24% of agricultural land in Czechia, 20% of employees in agriculture in 1988

Maxima	Minima
Districts Bruntál, Karviná, Most, Tachov, Ústí n.L., all 100% employees in agriculture.	13 districts with no state farm employment (see figure 7).

The opposite form of individual ownership of farms were the state farms, their workers being the employees of the state. State farms were established on the confiscated feudal manors and large estates, in some parts of the territory settled by Germans till 1945-47, and in the mining regions where agriculture was economically less prosperous.

The existence of a state farm signalized the necessity of intensive state financing in a given place. State farms were known for their uneconomic operation. They were concentrated in North and Northwest Bohemia, and rather regularly distributed (at the 10-30% level) throughout the other parts of Czechia. Nevertheless, there were no state farms in 13 districts (see figure 7), namely in the regions of South Bohemia and South Moravia.

c) Proportion of agricultural cooperatives (see figure 7) – *representing 62% agricultural land in Czechia, 69% employees in agriculture in 1988*

Agricultural Cooperatives (Coops) were the most frequent and probably the most effective form of ownership in Czechoslovak socialist agriculture. The greatest shares of coops (100%) were on fertile soils of the South-Moravian

Lowlands, in the Elbe Lowlands, and in South Bohemia. There were few of them in the North-Bohemian Black Country. In other parts of Czechia the proportion of coop members among the agricultural population varied between 65-95%.

Crude agricultural production value (see figure 8)

'000s CS crowns (CSK or Kčs) per one employee in agriculture, 1988 (in comparable prices of 1980)

Maxima Districts of		Minima Districts of	
Prachatice	260.6	Most	77.5
Rokycany	215.7	Jablonec n.N.	81.8
Písek	213.2	Ostrava	83.7

The highest levels of agricultural production per employee were achieved in the lowland parts of Czechia, at the foothills of the Bohemian Forest, and on the Bohemian-Moravian Highland. The lowest levels were registered in the industrial regions of North Bohemia, and in the suburban regions of Prague and Brno.

The differentiation in the production of crop and livestock gives a deeper insight into the distribution of agricultural production value. The percentage of agricultural production of crop and livestock is presented in figure 9.

Crop Agricultural Production (crude agricultural production value in CSK, 1988)

Maxima Districts of	in %	Minima Districts of	in %
Louny	51.8	Pardubice	29.4
Rakovník	51.5	Beroun	31.7
Mělník	51.0	Česká Lípa	34.5

100% = crude agricultural production value in Czechia, 1988

Within all 76 Czech districts the share of crop production value varies from 30 to 50% of agricultural production value. The crop production was concentrated in three lowland regions: North-Bohemian lowlands, the Elbe and Ohře rivers, the South-Moravian Lowlands, North-Moravian Lowlands (and foothills of Jeseníky Mountains), and in one highland region; the Czech-Moravian Highlands.

Regional effects of the Transformation Processes in the Czech Republic

Percentage of Livestock Production (crude agricultural production value in CSK, 1988)

Maxima Districts of	in %	Minima Districts of	in %
Pardubice	70.6	Louny	48.2
Beroun	68.3	Rakovník	48.5
Česka Lípa	65.5	Mělník	49.0

100% = crude agricultural production value in Czechia, 1988

The distribution of livestock agricultural production mirrors the picture of crop production. Nevertheless, it is useful to present its main features:

Livestock production is concentrated in the surroundings of large cities (Prague, České Budějovice, Plzeň, Karlovy Vary, Ústí n.L.-Liberec, Hradec Králové-Pardubice, Zlín, Ostrava) and in the highland and foothill regions of The Bohemian Forest, The Giant Mountains, and the Carpathians.

This distribution explains some „surprising" findings in the spatial distribution of total agricultural production (per one employee) (high production values on the less fertile soils of the mountain regions).

2.1.3 Industry

Employment in Industry (see figure 10)

Maxima Districts of	in %	Minima Districts of	in %
Sokolov	62.2	Tachov	19.8
Most	61.0	Prague	24.8
Jablonec n.N.	60.5	Plzeň-South	25.8

100% = total number of socialist sector emplyees, Dec 31st, 1988

The highest level of industrial employment was registered

- in the „black regions" of mining and metallurgical and chemical industry of Northwest Bohemia, Northeast Moravia, and Central/West Bohemia (Plzeň-Rokycany-Beroun-Kladno);
- in the manufacturing regions of Mladá Boleslav (car production „Škoda"), Strakonice (motorcycles), and Nový Jičín (lorry production); Kolín, Chrudim, Uherské Hradiště Vsetín;
- in the old textile industry regions of Northeast Bohemia and Northwest Silesia, and
- in the old glass industry region in North Bohemia (Jablonec n.N.-Semily).

This data document a relatively broad dispersion of industry throughout entire Czechia.
The lowest level of industrial employment was registered

1. in the largest cities (Prague, Brno), and in all other cores of city agglomerations except Plzeň and Ostrava, e.g. in České Budějovice, Karlovy Vary (Carlsbad), Ústí nad Labem, Liberec, Hradec Králové-Pardubice, Zlín, Opava. In these cities, the proportion of tertiary sector is quite high;
2. in the rural, mountainous and recreational regions of Southwest Bohemia, and
3. in the mostly rural regions of the Elbe-Ohře Lowlands, and in the lowlands of South and Central Moravia.

Regional Structure of Industrial Branches

Before 1948: In the pre-Communist (up to 1948) Czechoslovak industry light industry (textile, glass, shoe, and foodstuffs production), the machinery (turning lathes, steam engines, cars), and the chemical industries were predominant. Heavy industry (mining, energy production, and iron works) was not as dominant then. A relatively intensive growth of the armament industry began already in the 19th century and continued until the 1980s.

1948-1989: The reorientation of Czechoslovakia under the Communist regime and the expectation to fulfil Soviet needs led to a new wave of intensive industrialization, stimulating excessive growth of heavy industry (energy production, coal and ores mining, iron works, heavy manufacturing). This industrialization also included a very intensive growth of armament industry (1950s-80s). Then, Czechoslovakia was one of the most important armament and machinery producers of the Comecon. The regional distribution of crude industrial production, as well as of the average wages can be seen in the attached figures 11 and 12.

The effects of socialist planning on the spatial distribution of industry

Large industrialization led to the immense concentration of industry in the coal mining regions of North Bohemia, North Moravia and eastern Czech Silesia, and to the „strategic" localization of new industries in the eastern Czechoslovak regions (e.g. Slovakia and Moravia). Under Communist rule Czech industry was much more spatially concentrated, causing heavy pollution of the environment. Moravia and West and Central Slovakia caught up even with the most prosperous areas in Czechoslovakia.

2.1.4 Tertiary Sector

Employment in tertiary sector (see figure 14)[1]

Maxima Districts of	in %	Minima Districts of	in %
Prague	73.5	Jablonec n.N.	33.4
Brno-City	61.9	Sokolov	33.9
Karlovy Vary	59.1	Blansko	34.9

100% = total number of socialist sector employees, Dec 31st, 1988

The highest levels were registered

- in 18 districts with cores of city agglomerations (excluding industrial districts Kladno, Most, Jablonec n.n. and Karviná), and in some of their suburban zones (Prague-West, and -East, Plzeň-South);
- in the recreation and spa regions of West and North Bohemia;
- in troops garrisons (Tábor, Vyškov);
- in other important regional centres (e.g. Opava, the historical and cultural capital of Czech Silesia).

The lowest levels could be observed in rural and industrial regions of the Czech-Moravian Highlands, in other industrial regions, and namely in the close neighbourhood of large city districts, where the near meso-regional centres perform the tertiary function for their neighbours (see Kladno<Prague, Český Krumlov<České Budějovice, Rokycany<Plzeň, Sokolov<Karlovy Vary, Most<Ústí n.L., Jablonec n.N.<Liberec, Chrudim<Pardubice, Blansko<Brno, Uherské Hradiště<Zlín, Karviná<Ostrava, Nový Jičín<Ostrava).

2.1.5 Transport

1945-1989: The rapid expansion of bus transport (from 1946) covered Czechoslovakia with very a dense network of public transport, enabling the large new wave of commuting. The accessibility of the local peripheries improved.

1989: The railway network was and still is very dense. The main transport axis connected Saxony with North Bohemia, Prague, Pardubice, Os-

---

1 Note: We use the statistics of "other branches" (than agriculture and industry), as a best possible statistical approximation to the tertiary sector.
These "other branches of national economy" include (besides other traditional tertiary jobs in commerce, education, health service, research and development, etc.) also employment in transport. Those "other branches" do not include jobs in construction.

trava, with Slovak •ilina, Košice in Slovakia, and with the U.S.S.R. The second axis connected Czechoslovak metropoles (Prague, Brno, and Bratislava). The other twenty express routes connected all cities with 30,000 population. A network of a hundred local routes covered ca. 80% of the Czechoslovak territory. The public bus network was one of the densest in the world, filling the gaps in the railway net, even duplicating it on many routes. In the '80s, there existed only one highway (Prague-Brno-Bratislava, built in the 1970s-80s), complemented by a rather good system of the firsth class motorways.

2.1.6 Settlement System

The data on changes in the size structure of settlements in the period 1921-1980 (see table 4) document the slowing down of the urbanization processes in Czechia. The Czech Republic belongs at present to the relatively highly urbanized countries in Europe, however, with one specific feature: a rather high proportion of the population living in cities with 20,000 – 100,000 inhabitants. Small-sized towns, above all, stagnated and the proportion of rural settlements (with up to 10,000 inhabitants) decreased substantially.

During the last century a rather dense network of city-agglomerations has evolved. There are 11 large, and 23 smaller city-agglomerations. Approximately two thirds of these 34 city agglomeration offer rather good conditions for the transformation of the national economy.

Table 4: Development of the size structure of the settlement in Czechia 1921-1950-1980[2] in%

Inhabitants	1921 CZ	1950 CZ	1980 CZ
9,999 and less	64.7	57.4	44.9
10,000 – 19,999	9.0	8.4	10.7
20,000 – 49,999	8.8	9.6	11.0
50,000 – 99,999	4.6	5.5	12.5
100,000 and more	12.9	19.1	20.9
Total	100.0	100.0	100.0

Table 4 shows that it was the large and medium-sized towns which grew most intensively in the period between 1921 and 1980. Small-sized towns stagnated and the proportion of rural settlements (with up to 10,000 inhabitants) decreased substantially.

---

[2] We close our time series with the 1980 data since the data after 1989 are not comparable with the preceding data. The decentralization after 1989 resulted in a territorial reorganization, changing the demarcation and size of many communities.

Regional effects of the Transformation Processes in the Czech Republic 281

2.2 Principal factors of the ongoing changes in the regional structure

2.2.1 Regional consequences of the transformation of the economic system (industry, agriculture, tertiary sector)

Following up of the regional dimension of changes occurring in the various sectors, subsectors and branches during the economic transformation process in the Czech Republic is complicated, firstly, by the lack of respective information and, secondly, by the poor quality of available data. The main - and mostly only- source of information, that is, the publications of the governmental Czech Statistical Office, do not contain regionally disaggregated data on various important characteristics, such as individual branches of industry. Sometimes, the statistics cover only a fraction of phenomena occurring in reality – for example, various characteristics of industrial activity are available only for industrial production units with more than 24 employees. The units with less than 25 employees thus evade statistical expression, and one is left without information about the extremely important and growing part of industry – the small enterprises. To make the situation worse, this margin can fluctuate within a five-year period three times between 100 and 24 employees, making the inter-annual comparisons practically impossible.

In the following, the regional aspects of economic transformation will be dealt with, firstly, according to the sectors, subsectors or branches. Secondly, some data will be presented characterizing the state and development of the regional economies as a whole. In order to follow up regional differentiation, we will use the units of the 76 districts, for the districts are the only layer of territorial administration between the communes and the government which is presently existent in the Czech Republic and for which statistical data are available. Occasionally, reference will be made to the „regions" that represented, until 1990, the higher layer of territorial administration (there were five such „regions" in Bohemia and two in Moravia). Although they have been abolished, they are still useful for a more general geographical aggregation. However, the term „regional" will be used in the following text to denote the characteristics pertaining to districts.

2.2.1.1 Industry

In terms of their consequences for the economic and social life of the inhabitants of a region, the following characteristics of the regional industry seem to be the most important. Firstly, the share of the gainfully employed population working in the secondary sector (industry), the branch composition of the industry of the region in question, the number and the average size of enterprises are all indicators of the state of the conditions that are responsible for a favourable or less favourable industrial development and for its consequences for the general welfare of the population. Secondly, the results of the functioning of industry are of utmost importance, since they show to what degree the regional industry has been able to exploit the favourable conditions and to overcome the unfavourable ones, both local and external. Indicators are the overall production output and the level of wages in industry.

Industrial employment (1991, 1994)

1991: At the beginning of the transformation process, the share of gainfully employed population working in industry varied between the minimum of 19.9% found in Prague, and the maximum of 53.3% (the district of Blansko of the South-Moravian region), with the median value of 38%.

As for the most conspicuous differences in the geographical distribution of the employment in industry, one can find among the districts with the highest percentage of people employed in industry most districts of the North-Bohemian region (seven out of ten), more than half of the districts of the North-Moravian region (six out of ten).

The most striking fact is the complete absence of the districts of the South-Bohemian region among the 30 districts with more than 40% employed in industry. Similarly underrepresented are also districts of the West-Bohemian region. Among the districts showing the lowest figures of industrial employment in 1991, one can find almost all districts (seven out of eight) belonging to the South-Bohemian region, and more than half of the West-Bohemian districts. Thus, the South-Bohemian and the West-Bohemian districts were the least industrialized, and the North-Bohemian and the North-Moravian districts the most industrialized of the whole group of 76 districts.

In terms of branch composition, we can find, among the most industrialized districts, especially: a) those with a preponderance of heavy industry, among them, all those classified in the same year as „problem regions" because of the outdated industrial base (coal extraction, heavy metallurgy), and b) districts with other industrial branches, each dominating the economic profile of the districts in question (for example, textile industry in East Bohemia, car production in Mladá Boleslav and Nový Jičín districts, armament industry in Vsetín).

With exception of the city district of Ostrava, the districts of the largest cities – Prague, Brno, Plzeň, and large agglomerations like České Budějovice, Hradec Králové, Pardubice, Ústí nad Labem, Olomouc, are conspiciously absent among the most industrialized districts. This fact points out the more tertiary character of the largest cities. Some of these „metropolitan" districts even find themselves among the least industrialized districts – together with a group of districts in mainly the South-, West-, and Central-Bohemian regions whose lower industrial status is clearly connected with their higher proportion of people working either in agriculture or the tertiary sector (services).

1994: Towards the end of 1994 1,619,000 people were working in industry in the Czech Republic, representing 33.6% of all gainfully employed persons. Compared with the year 1990, the employment in industry dropped to 80%, and the share of industrial employment decreased to about 89% of the initial value (37.8% in 1990).

The level of industrial employment in districts ranged from a minimum of 16.9% (Prague) to the maximum of 50.3% (Jablonec n.N.), with the median equalling 36.6% (figure 17). Only 13 of the total number of 76 districts have higher percentages of industrial employment in 1994 than in 1991. Compared to the 1991 pattern, the regional distribution of industrial employment showed the following changes:

- in the two categories with the highest percentages of industrial employment, three of the original 30 districts were replaced with three „new" districts whose industrial employment had increased over the four-year period. The drop of the Liberec district from 23rd to 32nd place seems to be of some significance.
- the most interesting shifts occurred among the 30 districts with the highest industrial employment, especially; Mělník district (from 28th to 2nd place), a similar advance of Mladá Boleslav (from 14th to 5th place), of Zlín (from 27th to 14th), of the Ostrava City district (from 21st to 13th place), and of the Rychnov district (from 43rd to 23rd place) in the ranking. The districts of Mladá Boleslav, Rychnov and Mělník also belong to those that have – compared to 1991 – not only improved their ranking but also their share of industrial employment (this increase was the highest in the Mělník district – from 41.8% to 50.1%).
- At the opposite side of the spectrum, among the districts that displayed, in 1991, the low percentages of industrial employment, the most important shifts seem to be the downward move of the districts of Brno-City, Plzeň-City, Plzeň-South, Písek and Opava, and the upward move of the districts of Prague-West, Louny, Domažlice and Jindřichův Hradec.

As for the interpretation of the changes mentioned above, it seems that in most cases they reflect the specific local circumstances regarding the fate of dominant industrial enterprise(s). There are, on the whole, no other more important and more general tendencies to change the regional distribution of industrial employment, except for some signs of a continuing decrease of industrial employment in the large cities (Brno, Plzeň, Liberec, Pardubice). There are, however, several other cities where this decrease is negligible (Ostrava, Hradec Králové), or absent (České Budějovice, Most).

Industrial branch structure

The structure of industry according to its branch composition has important consequences for the economic, social and cultural life of the region. It influences the quality of the environment, the population structure according to educational status and skills, and – depending on the varying demand for the products of individual branches – determines the living standard of the population which depends directly or indirectly on the branch in question. Differences in the long-term economic perspectives of regions are also to a large extent predetermined by the differences in the developmental stage of their industries.

Unfortunately, there are no recent data available on the branch profile of industries in individual districts of the Czech Republic, so that it is not possible to evaluate the extent of possible, and probable, changes in this extremely important sphere of regional economic transformation. The latest data were published in 1991 in a study prepared by the Czech Ministry of Economy for the purpose of an evaluation of the branch profiles of individual districts according to their state in the year 1989, i.e., the year preceding the first steps of economic transformation.

In spite of the fact that these data do not reflect the actual state of the branch profile in individual districts, they deserve at least a selective presentation. Firstly, they contain an evaluative classification of districts according to their industrial branch profile, with the particular aim of identifying the „problem districts" that should be paid special attention in regional economic policy, as the above-mentioned Ministry conceived it at that time. Secondly, these data, although to some extent outdated, provide information on the economic background of individual districts on the eve of transformation. Based on this knowledge, the more recent findings on various economic and social characteristics, presented in other parts of this text, will be seen in a new light and be understood more easily.

In the study mentioned above dealing with the classification of districts according to the branch profile of their industries (1991), special attention was paid to districts classified as „structurally afflicted". The term should cover districts with a high share of enterprises belonging to the so-called „damp branches". These include: branches with great material and energy costs, often with an artificially sustained over-employment, and seriously

Regional effects of the Transformation Processes in the Czech Republic 285

deteriorating the quality of the environment (the extraction and processing of raw materials, esp. coal, heavy metallurgy), branches including enterprises with a predominantly low level of production technology and low quality of their products. These branches can hardly counter international, and sometimes even domestic competition[3].

On the basis of data that showed a high share of the workforce employed in enterprises belonging to the „damp branches", the following districts were classified as „structurally affected":

- districts with a high share of employment in the raw materials extraction, iron and steel works, for example in the West- and North-Bohemian brown-coal basin (Sokolov, Chomutov, Most) and Česká Lípa (uranium mines), Central-Bohemian districts Kladno (coal mines, iron and steel works), Příbram (uranium mines and metallurgy), Rokycany and Beroun (metallurgy), and in the North-Moravian districts Ostrava City (coal mines + iron works + heavy chemistry), Karviná (coal + metallurgy), and Frýdek-Místek (coal + iron works).

In all these districts, the branches mentioned contained from 40 to 81% of the workforce employed in industry at the end of the 80s

- districts with a high share of employment in less competitive branches of industry because of low technological standards and sales problems (textile and clothing, electrical engineering, armament industry), for example in East Bohemia (Náchod, Trutnov, Ústí nad Orlicí, Jičín, Semily, Svitavy), North Bohemia (Liberec, Děčín), South Bohemia (Písek, Jindřichův Hradec, Strakonice) and Moravia (Vsetín, Šumperk, Prostějov).

30 to 50% of the workforce employed in industry was concentrated in the branches mentioned. Combining the criteria of the problematic profile of their industrial branch mix, the study identified:

- as districts with most severe structural problems: Sokolov, Chomutov, Most, Česká Lípa (all in North Bohemia) – Kladno and Příbram (Central Bohemia) – Trutnov (East Bohemia) – North-Moravian districts of Ostrava City, Karviná, Frýdek-Místek as districts having the most severe structural problems and Cheb and Tachov (West-Bohemian border districts), Teplice (North Bohemia), Rokycany (Central Bohemia), East-Bohemian districts of Jičín, Náchod, Ústí nad Orlicí, South-Bohemian

---

3   The study included here the textile, clothing and electrial engineering industry - this classification was obviously based on the assessment of trends in international industrial development as well as on the evaluation of the actual technological level in the respective branches and of their competitive ability.

border district of Jindřichův Hradec, and North-Moravian districts Šumperk and Vsetín as districts with heavy structural problems.

In all of the districts mentioned, the „damp branches" contained from 40 to 84% of the workforce employed in industry. It must be stressed that this classification is obviously based on the actual and long-term problems, as the experts who prepared the study defined and assessed these problems at a time when the economic transformation had just begun. It would be interesting to see to what degree the five years following economic transformation confirm the expected development. Unfortunately, the lack of actual data does not allow for such a comparison.

In fact, the overall data on the development of the number and relative shares of employees in the three basic subsectors of industry over the 1990-1994 period would suggest that at least in districts with an initially high percentage of people working in extraction branches (coal etc.) the changes in the branch profile of their industry could be substantial, as presented in the following table 5.

Table 5: Employment in the three basic subsectors of industry, 1990, 1994.

Subsector	1990	1994	change in % – 1994 vs. 1990 1990 = 100% referring to the absolute number of employees in the respective sector
Coal, ore etc. extraction	9.2%	6.2%	54.0%
Processing industry	86.9%	88.2%	81.0%
Energy production and distribution	3.9%	5.6%	114.8%

As can be seen from the above table, the extraction industry underwent, over the five years of economic transformation, a massive drop in employment, whereas the processing industry lost only about 20% of its previous staff, and employment in the subsector of energy (electricity, gas, water) production and distribution has even increased. The extraction industry is also the only subsector whose relative share in total industry employment has dropped.

It can be argued that the changes registered at the general level have significantly affected the branch profile in at least those districts which were, at the start of transformation, dominated by the coal mines and similar branches of the heavy industry. It cannot, however, be assumed that the employment reduction was proportional in all of them.

Regional effects of the Transformation Processes in the Czech Republic 287

Average size of enterprises (1994)

The attention paid to this characteristic of regional industrial structure is derived from the advantages of small and medium-sized enterprises (in the last decades their overall flexibility and greater openness to innovation are being increasingly emphasized), and from various negative traits of huge industrial units, both as far as their internal operation and the impact of their hegemonial position on local and regional economic and social development are concerned.

The inclusion of the average enterprise size among indicators of the quality of the region's industrial structure seems the more appropriate since the megalomaniac tendency to create giant industrial plants was typical of the past forty years of communist economy and is also accused of being one of the causes of its poor productivity.

The available data on the average size of industrial enterprises in individual districts cover, unfortunately, only those enterprises with more than 24 employees. The smallest enterprises therefore, evade registration, which misrepresents especially the districts with a higher percentage of smaller enterprises. In any case, the enterprises with more than 24 employees contain the predominant part of the population working in industry. The recent (1994) data show, first, the extreme differences between the districts: at a median of average enterprise size equalling 293, the range varied between 138 (Prachatice) and a more than 12 times higher maximum of 1,726 (Most) (figure 18).

The uppermost category of 15 districts with average enterprise sizes from 361 to 1,726 includes:

- eight districts which belong to the highest quintile of districts in the ranking according to the percentage of workforce employed in industrial branches suffering from structural problems related to raw materials extraction, iron and steel (Most, Ostrava, Chomutov, Frýdek-Místek, Sokolov, Kladno, Karviná, Česká Lípa),
- Prague – followed by Plzeň as the 16th district – after Ostrava the other two metropolises with a number of large industrial plants,
- the remaining six districts forming a heterogeneous group of various branch profiles, among them two districts with large car factories (Mladá Boleslav, Nový Jičín) and two districts with „structural problems" (Děčín, Písek) related to lower competitiveness of their industrial branch mix.

Among the districts at the opposite end of the scale, we find especially those with a relatively high percentage of people working in agriculture (Znojmo, Tachov, Klatovy, Domaýice, Plzeň-South, Třebíč, Jičín). Here the small size of factories is probably connected with their rather less developed state, local dispersion, local range of action, and lower population density – generally, with the districts' „rural" character. Some of them, after all, appear among districts with structural problems caused by the low competitiveness of their industrial branches (Jičín, Semily, Cheb).

When commenting on these findings, we must state that they do not allow any clear-cut generalizations. Among the districts with the highest average enterprise size, there are districts with predicted and actually present structural problems (higher unemployment) as well as some with expanding and highly successful key industries, with a high as well as a low relative production value. Among the districts with a small average size of enterprises, however, those whose production value is high (Kolín, Břeclav) are the exeption. It would be, of course, futile to search for a perfect correlation between the district's average enterprise size and the indicators of the district's branch profile, production value per capita, and unemployment level.

First of all, the average district data are of too aggregate a nature. To find a correlation between the enterprise size and other indicators, it would be necessary to work with individual (or group) enterprise data (which are lacking). But even in such a case we probably could not expect to find a clear correlation between the enterprise size and its operation. The serious problems the coal, iron and steel industry have, or will have, to face are certainly not primarily due to the large size of their enterprises. Some enterprises (and districts with them) fare very well – at least at present – „notwithstanding" their great size, and numerous small enterprises and the districts where they dominate do, chronically or at present, rather poorly, especially in some rural areas. Obviously, the hypothesis of the small and medium size advantage would require a number of specifications as to the range of its validity.

Keeping all this in mind – and with a constant reference to the „ceteris paribus" clause – the findings seem to justify at least the conclusion that districts which suffer from structural problems connected with the dominant position of the extraction industry and metallurgy in their branch mix, are additionally disadvantaged by the extremely large size of production units in their further economic and social development.

The very large size of enterprises in the coal mining, iron- and steelworks is a common fact known also from abroad, as are certain impediments to the restructuring and the adjustment of old industrial regions to changed global economic conditions. They include the resistance of the management of large corporations to a more radical change, supported by their connections to the local and extra-local political leaders and by a common wish to postpone social-politically and politically unpopular measures. The largest corporations in old industrial regions are, at least, known to undergo the privatization process more slowly than small and medium-sized enterprises, to evade the bankruptcy trials more easily, and to receive more support than the small and medium-sized enterprises.

It must be said, however, that the situation, on the whole, has been improving. In old industrial districts, the average size of the enterprise was already lower in 1994 than in 1993, though it is still quite high.

Average wages in industry (1994)

The level of wages in industry is undoubtedly an important determinant of the living standard of a substantial part of the population of a region and an important factor of a region's attractiveness for the workforce in other parts of the country. Its use as one of the indicators of regional economic differentiation is to a certain degree flawed by the lack of data on the given characteristics in small enterprises with less than 25 employees. Enterprises with more than 24 employees comprised, in 1994, 80% of the total workforce employed in industry.

With a median value of Kč 6,344 (country average: Kč 6,845) the average monthly wages in industry varied between districts from the minimum of Kč 5,371 (the Šumperk district) to the maximum of Kč 8,661 (Mladá Boleslav), the wages in the „best" district being thus 1.6 times higher than in the „poorest" district (figure 19).

As can be seen from the map, the category of districts with the highest average wages in industry includes:

- all the districts with the dominant role of the extraction industry (coal and uranium mines) and iron and steel works (North-Bohemian brown-coal basin, three North-Moravian districts, and Kladno in Central Bohemia),
- districts with the expanding and/or technologically advanced key industries (Mladá Boleslav – the Volkswagen-Škoda car production, Zlín, Mělník),
- the largest city districts (Prague and its agglomeration, Plzeň, Brno) and
- a heterogeneous group of other districts with a large agglomeration core (České Budějovice, Pardubice, Ústí nad Labem) as well as those with a considerably smaller district center.

Among the districts at the opposite end of the ranking, i.e., with the lowest wage levels in their industries, we find:

- East-Bohemian districts (Náchod, Trutnov, Jiščín, Ústí nad Orlicí, Semily, Svitavy) designated as structurally problematic because of the low competitive capability of their key branches, especially the textile

industry. The same branch, of course, also contains a „traditionally" high percentage of female workforce with „traditionally" low wages.
- Other districts with a high share of the textile industry and other less competitive branches (Šumperk, Strakonice, Pelhřimov, Prachatice, Bruntál) or current problems with the sale of their products (Nový Jičín, Uherské Hradiště).

On the whole, the distribution of districts according to the average wages in industry seems to suggest:

- the persistence of „traditionally" high wage levels in „traditional old industrial regions" based on coal and metallurgy, that is, in the districts with severe predicted and/or current problems of their industrial branch structure
- a tendency to higher wage levels in industries of large cities, which is connected, possibly, with higher demand for labour and higher costs of living,
- an expected, but not complete, correlation between the district's 1994 industrial wage level and the value of the district's 1994 per capita product,
- some influence of the technological level of industry, and, partly connected with it, the influence of foreign ownership on the level of wages in industry.

Industrial product value (1994)

The value of the industrial yearly output per employee is undoubtedly an important indicator of the district's economic performance. At a median value of 540,000 Kč it varied between the individual districts from 272,000 (Domažlice) to an 8-fold maximum of 2,280,000 Kč (Mělník) (figure 20).

The group of districts with the highest product value is rather heterogeneous, as one can find among them:

- some of the districts classified as structurally affected (coal and/or iron-based districts of Most, Chomutov, Ostrava, Frýdek-Místek), whereas other similarly classified districts (Kladno, Příbram, Česká Lípa) show low or very low product values.
- Prague and both its adjacent districts.
- districts with expanding or „lucrative" industry branches, or key enterprises with sometimes foreign ownership or participation (Mělník, Mladá Boleslav, Kutná Hora, Rakovník, Ústí nad Labem, České Budějovice, Teplice).

Similarly heterogeneous is also the group of districts with the lowest industrial product value per employee. There are only few signs of a higher representation of „rural" districts, i.e., districts with a relatively higher percentage of people employed in agriculture, and with less competitive industrial branch mix (Domažlice, Písek, Jičín, Prachatice, Havlíčkův Brod, Pelhřimov, Benešov, Cheb, Prostějov, Žďár). Otherwise, the same group is also concentrated in other districts that are known to include key enterprises that are presently faced with severe sales problems (Nový Jičín, Uherské Hradiště).

The findings seem to indicate:

- a certain persistence of lower economic performance in the „rural" districts, especially in South Bohemia,
- persistence of good economic performance in coal mines in North-Bohemian districts, in spite of the expected structurally conditioned problems,
- influence of reduced demand on the international markets and/or low competitive ability of some branches or individual enterprises,
- good performance of enterprises owned or partially owned by foreign corporations.

The 1994 vs. 1989 changes in the district's order of rank

Compared to 1989, the ranking list of districts according to their industrial product value per one employee in 1994 showed the following changes (Srovnání vývoje 1989). The districts Nový Jičín, Strakonice, Louny and Třebíč lost their place in the uppermost category and fell down to as deep as the lowest (5th, Nový Jičín), 4th (Strakonice, Louny) or 3rd (Třebíč) class. The districts Rakovník, Plzeň and České Budějovice have substantially improved their pre-transformation position and moved up to the uppermost class (Rakovník from the 4th, České Budějovice from the 3rd class) or second „best" class (the city district of Plzeň – previously lowest class.

As for the causes of these shifts, it seems legitimate to assume the influence of the changed ownership status and improved market position of the key industries in Rakovník, and serious problems affecting the sales of the key industries in Nový Jičín. The explanation of the other changes mentioned above would require a detailed analysis based on mostly inaccessible firm data. Besides, some of the changes could be attributable to the substantially changed initial position of the enterprises after the abolition of price regulation.

2.2.1.2 Agriculture

Among the changes in the agricultural sector which have resulted from the general processes of privatization, de-etatization, restitution, and liberalization of production and market, the following changes can be designated as most important in terms of possible consequences for regional socio-economic differentiation:

- changes of the property structure and organizational forms of agricultural production, and related changes in the social composition of the population (abolition of state farms, reorganization of agricultural cooperatives, growth of private farming)
- changes in the overall demand for agricultural production and its composition (with resulting changes in the volume of production and shares of its livestock and crop sectors)
- changes in the number of people active in agricultural sector,
- changes in incomes from agricultural production.

Employment in agriculture

The sector of agriculture has undergone the most radical change in the employment rate after 1989. The total number of people active in agriculture decreased from 631,000 in 1990 to 338,000 in 1994, i.e., to 53.5%, whereas the employment in industry only dropped to 88% of its initial level. There was also a similar reduction in the relative share of agriculture in the total number of gainfully employed population: it decreased from 11.8% (1990) to 6.9% in 1994, that is, to 58.5% of its initial level.

As for the regional differences in the agricultural employment rate, it must be stated that in none of the 76 districts in the Czech Republic is agriculture the dominant sector of employment. In all districts the number of employees in industry and the tertiary sector are much higher. The term „rural regions" refers to, at most, regions with a relative percentage of agricultural employment that is higher than in other regions, or it refers to some other characteristics (percentage of population living in towns).

The indicator, however, varies enormously, ranging from a minimum of 0.3% in the city district of Prague, or better, from 1.3% (the Ústí nad Labem and Most districts) to 21.7% (district Plzeň-South), with the median value equalling 9%.

As can be seen from figure 21, the two categories of districts with the highest percentages of employment in agriculture include:

- geographically: an above-average number of districts of the South-Bohemian and West-Bohemian regions, very few (only two – the „inland") districts of the North-Bohemian region, and none of the

North-Moravian districts. Other Bohemian districts and the South-Moravian districts are represented proportionally to their total number.
- economically: understandably, most of the districts with a high percentage of agricultural employment belonged to those with a relatively low employment in industry. However, there were a few exceptions to this rule: The districts Žďár, Třebíč, Chrudim and Ústí nad Orlicí show relatively high percentages of employment in industry as well- obviously on account of low employment in the tertiary sector. Precisely these districts can appropriately be called „industrial-agricultural districts".

Among the districts with the lowest percentage of people working in agriculture (from 0.3 to 6%), one can find, besides the „city districts" of Prague, Brno and Plzeň (all with the highest percentages of employment in the tertiary sector) a few other districts with a high employment rate in the tertiary sector (Ústí nad Labem, Liberec, Pardubice and Cheb) and most of the districts with a high or the highest percentage of industrial employment.

Changes in the share of people working in agriculture: 1994 vs. 1988

Against the background of a radical reduction in the number of people working in agriculture on a national level, registered over the first five years of economic transformation, it would be of particular interest to examine how this process proceeded in individual regions. The data available on the situation before transformation date from the year 1988.

First, it must be stated that except for two out of the total number of 76, all districts registered a loss of population gainfully active in agriculture. The drop was most intense in the district of Prague-West whose 1994 figure represented only 27.4% of the 1988 agricultural employment level.

On the whole the, changes in the regional differentiation of agricultural employment in the 1988-1994 period can be described in the following way. The most intensive decrease occurred in the districts Prague-West, Prague-East, and Brno-Country, this phenomenon possibly indicating the intensification of the (sub)urbanization process in the districts closest to the two largest metropolises. Regionally, the decrease was relatively less intense in the majority of districts of the East-Bohemian region. The cause for the delay of that development in East-Bohemian districts is not clear and would require special study. Individually, the decrease was most intense in the districts Český Krumlov, Tachov, Mělník, Nymburk, Ústí nad Labem. In the first two districts, the decrease is perhaps connected with the gradual dissolution of the state farms in the border area, some reduction in the agricultural activity and its lower productivity in the mountainous border areas, and with the economic changes brought about by the „opening of the border" (booming cross-border trade etc.).

The relatively „rural" character of the districts in South and West Bohemia and in South Moravia is persisting even after the five years of transformation; this is also true for the less rural character of North Bohemia and North Moravia.

Individual private farming

The most important change in the organizational and ownership structures in the agricultural sector, from which a substantial improvement of productivity could be expected, consists in the absolute and relative growth of individual private farming. The growth of this subsector could possibly be used also as indicating the extent to which the privatization and the economic transformation have advanced in individual regions.

Number of individual farmers per 1000 persons working in agriculture (1994)

The share of individual farmers differed in the individual districts, ranging from a minimal number of 50 (city district of Ostrava), or 75 (district of Tachov), to the maximum rate of 755 per 1,000 persons working in agriculture (the Vsetín district), the median number being 244 (Okresy 1995).

As for the composition of the group of districts with the highest share of individual farmers (from 263 to 755), the most conspicuous findings (figure 22) consist in the almost complete absence of the districts of the South-Bohemian region. Only one out of the total number of eight is represented (Prachatice), and it takes only 28th place in the ranking list. The representation of the districts from the West-Bohemian region (two of the total number of 10 – Sokolov and Karlovy Vary) is also very low, that of Moravian districts is overproportional.

The reason why precisely the South and West-Bohemian regions are lagging behind in the growth of individual farming is not clear. The finding is the more surprising as these regions reveal a higher percentage of gainfully employed population working in agriculture. Maybe the finding is somehow connected with the output of agricultural production per unit of agricultural land, since among the 26 districts with the highest value of agricultural product per unit of agricultural land there is only one district from the South-Bohemian region (Strakonice, place 26 in the ranking), and no district from the West-Bohemian region. The identification of the responsible factors for the different rate of growth of individual farming in individual districts would require further analysis.

Agricultural output (1994)

The agricultural output can be used as one indicator of the general economic level of regions, and one of the factors of the attractiveness of employment in agriculture. The available data refer to the financial value (in Czech crowns, Kč) of agricultural product per one hectare of agricultural land in each district. It showed that there existed, in 1994, very manifest differences between districts in the value of their agricultural production. At a median value of about 18,000 Kč per hectare, the values varied from a minimum of 4,600 Kč (the Sokolov district) to a sixfold maximum of 27,800 Kč (Pardubice) (figure 23).

As for the general traits of the regional differentiation in the given indicator, we can state that among the 18 districts with the highest agricultural production per hectare, the districts of the South-Bohemian and the West-Bohemian regions are not represented at all, whereas the same group of districts shows an overproportional representation of the districts of the East-Bohemian region and of the Moravian districts. Besides, among the districts with the lowest agricultural production, there are overproportionally more West-Bohemian and North-Bohemian regions.

On the whole, therefore, the East-Bohemian and Moravian districts seem to fare better; others, especially South- and West-Bohemian regions, fare – judged on the basis of the given indicator of economic activity- worse. Other than that, there does not seem to exist a clear-cut relationship between the district's regional agricultural production and the share of people working in agriculture, or with the percentage of individual farmers.

2.2.1.3 Tertiary Sector

If we assume that the tertiary sector can serve as an indicator of socio-economic progress, the regional differentiation in this part of the regional economy acquires an increased importance.

Employment in the Tertiary Sector

At the start of the transformation process (1990), 2,292,948 persons were working in the tertiary sector in the Czech Republic, representing 42.9% of the total workforce. In 1994, the total number of people gainfully employed in the tertiary sector equalled 2,480,849, with a 50.8% share in the total workforce. It means that the total number of people employed in the tertiary sector increased in the given period by 8.2%, and their share in the total workforce rose by 18.4%.

The tertiary sector is the only sector that has registered, during the first 5 years transformation and nationwide, an increase both in the number and in the share of population employment. The 1994 percentage figures in the individual districts showed a variation from a minimum of 44% (the Blansko district) to an almost twofold maximum of 82.9%, registered in the city district of Prague, the median value being 54.4%.

As can be seen from figure 24, the set of districts with the highest percentage of the tertiary sector workforce included the metropolitan city districts (Prague, Brno, Plzeň) except the city district of Ostrava, and districts with the most populous agglomerations (Hradec, Králové-Pardubice, České Budějovice, Ústí nad Labem, Liberec, Olomouc) together with the two districts adjacent to Prague, and in addition some other districts displaying comparatively very low employment in industry (Český Krumlov) or both in industry and agriculture (Nymburk, Cheb, Děčín).

As can be expected, in districts with a low percentage of tertiary employment, the percentage of people working in industry (the coal extraction districts of Sokolov and Frýdek-Místek, the districts with a dominant industrial plant – Mladá Boleslav, Blansko, Nový Jičín, or industrial branch – Jablonec n.N.) is the highest as is the percentage of people working in agriculture (Havlíčkův Brod, Domaýlice, Žd'ár, Pelhřimov, Plzeň-North).

Thus, the highest participation in the tertiary sector is registered in districts with the most populous cities that function as the top service centers for larger regions, as well as in districts without a distinct preponderance of industrial or agricultural productive function. The comparatively low ranking (23rd) of Ostrava documents its continuing industrial character, despite its population size.

Transformation in Education Subsector: Universities (1990, 1994)

Within the tertiary sector, the subsector of education and scientific research, sometimes treated seperately as the „quarternary sector", occupies one of the most important places fom the point of view of economic, social and cultural development. Recent data from this sphere, for which a regional breakdown is available, refer only to the development of opportunities for university study.

The political changes after 1989 gave a new stimulus to the process of deconcentration of universities, technical universities and colleges, which began after the World War II with the foundation of the first university centres outside the Bohemian (Prague) and Moravian (Brno) metropolises, and continued in the following 50 years, so that in the end all centres of the former administrative regions and some other centres were provided with at least one university department (faculty). After 1989, new departments have been added to those already existing in individual regions, and in a few cases departments were even established in towns where no such a facility had existed hitherto.

Regional effects of the Transformation Processes in the Czech Republic

The following table gives a review of the regional distribution of opportunities for university study in the years 1990 and 1994.

Number of faculties and students in individual university towns in the Czech Republic:

Region	City	number 1990	number 1994	% change 1994/1990
Prague	- faculties	34	40	+18%
	- students	44,806	39,855	-11%
North Bohemia	Ústí n.L.			
	- faculties	1	4	+300%
	- students	1,654	2,956	+79%
	Liberec			
	- faculties	3	3	-
	- students	3,027	2,614	-14%
East Bohemia	Hradec Králové			
	- faculties	2	3	+50%
	- students	2,834	2,994	+6%
	Pardubice			
	- faculties	1	2	+100%
	- students	910	1,225	+35%
South Bohemia	České Budějovice			
	- faculties	1	5	+400%
	- students	1,386	2,332	+68%
West Bohemia	Plzeň			
	- faculties	6	5	-17%
	- students	5,392	5,242	-3%
	Cheb			
	- faculties	-	1	-
	- students	-	?	-
South Moravia:	Brno			
	- faculties	16	24	+50%
	- students	22,174	24,153	+9%
	Zlín			
	- faculties	-	1	-
	- students	-	?	-
North Moravia	Ostrava			
	- faculties	7	8	+14%
	- students	8,496	7,835	
	Opava			
	- faculties	2	1	-100%
	- students	168	217	+29%
	Karviná			
	- faculties	-	1	-
	- students	-	662	-

As can be seen from the table, in most university towns the number of faculties or students or both has increased or decreased only slightly (sometimes the decrease resulted from an administrative fusion). The West

Bohemian, North-Moravian and South-Moravian regions obtained faculties in three new towns (Cheb, Karviná, Zlín), and the number of faculties has markedly increased in Ústí nad Labem in North Bohemia, in České Budějovice (South Bohemia), and in Olomouc (North Moravia). For the Central Bohemian and South-Moravian regions, the large universities of Prague and Brno fully cover the regional demand (there is a detached special department of the Brno University in Lednice).

2.2.1.4 The overall economic indicators

The indicators of the overall economic performance provide valuable, and sometimes more telling, information complementing the picture of the course of transformation in individual regions.

Number of private entrepreneurs (1995)

The number of private entrepreneurs reflects the preparedness of the population for entrepreneurial activity and can be used as one of the indicators of regional „entrepreneurial climate". One should point out that precisely this indicator can be said to be characteristic of the economic transformation process itself, as there were extremely few private entrepreneurs in our country before 1990.

The data are available for the first half of 1995 and the number of private entrepreneurs refers to 1,000 inhabitants of the district (Vybrané ukazatele 1995). The data cover all persons with a certificate for entrepreneurial activity, irrespective of whether this activity represents his/her main source of income or not.

There was no great variation of districts in terms of the relative number of private entrepreneurs, with a minimum of 67 (district of Karviná) and maximum of 141 (Prague), and the median value of 98. The group of districts with the relatively highest number of private entrepreneurs is extremely heterogeneous in its composition. It includes: Prague and its adjacent districts (Prague-West, Prague-East), only three of the other larger agglomerations (Brno, Liberec-Jablonec, České Budějovice), two districts with greater centres (Zlín, Karlovy Vary), and a number of small towns of various geographic position and functional profile without any apparent common characteristics.

A little more homogneous seems to be the category of districts with the lowest number of entrepreneurs. It includes almost all districts classified as structurally defective because of their branch profile dominated by coal mines, iron and steel works (Ostrava, Frýdek-Místek, Karviná, Most, Chomutov, Sokolov, Kladno). The rest of the category includes districts of mostly „rural" character.

The data seem to suggest that large agglomerations and more urbanized regions generally are better hotbeds of entrepreneurs, whereas the environment in less urbanized, more rural districts and, on the other hand, in old industrial districts dominated by coal mines, iron and steel works, is distinctively less conducive to entrepreneurial activity.

Tangible investment (1994)

The amount of capital invested in the economy is doubtlessly an important indicator of the rate of economic development. Since the changing prices do not make it possible to compare the districts according to the development of their investment over the whole five-year transformation period, we must content ourselves with recent annual data, available for 1994 (Územní členění 1995). They are expressed in thousand Czech crowns per capita.

It showed that the group of 15 districts with the highest investment included districts whose per capita investment varied very greatly from Kč 34,365 to Kč 70,940. We find here:

- two districts with medium-sized district centres which also had the highest levels of wages, industrial wages, incomes, entrepreneurial incomes, and employment in industry: Mladá Boleslav and Mělník. Obviously, the volume of investment, the individual incomes, and industrial character of the district are closely related. As for Mladá Boleslav, its primacy is most probably connected with the production enlargement in the Škoda-Volkswagen car factory.
- Prague and all three other large city-districts (Brno, Ostrava, Plzeň). This finding seems to indicate a preferential economic attractiveness of highly urbanized agglomerations and their central cities. The per capita investment in Prague were at the same time distinctly higher than in Brno, Ostrava and Plzeň.
- three other highly urbanized districts with large agglomerations (České Budějovice, Pardubice, Ústí nad Labem).
- North- and West-Bohemian districts with known problems in their industrial branch structure (coal and heavy metallurgy): Sokolov and Chomutov.
- three districts with medium-sized central towns of heterogeneous economic profile and geographic position: Kutná Hora, Louny, Tachov. Their presence in the top category of districts with highest investment is not easy to interpret and may result from specific investment actions.
- Moravian districts, once more, are proportionally less represented, those with medium-sized town centres are missing completely.

The group of districts with the lowest per capita investment is rather heterogeneous in its composition, but there are clearly disproportionally more Moravian districts, and extremely few North and West-Bohemian districts.

On the whole, the West- and North-Bohemian districts, Prague, highly urbanized districts (agglomerations), and those most „structurally affected" seem to receive relatively more investments, while the opposite is true for less urbanized districts and Moravia.

Foreign investment

Although there are enough warnings regarding a domination of the Czech economy by foreign capital, the overwhelming majority of Czech economists consider the participation of foreign corporations in the transformation of the Czech economy indispensable, natural and beneficial. Data concerning this part of Czech economic structure seem very important since the presence of foreign-owned enterprises is a completely new phenomenon, in some way characteristic of the rate and success of the economic transformation process itself.

Foreign corporations are active in the Czech economy either as direct owners or as participants in joint ventures. Information available on this activity at the district level refers only to the number of foreign-owned or jointly-owned economic units, not to the amount of foreign capital involved. The data for 1994 express the per capita number of a) foreign-owned enterprises and b) joint-venture enterprises with foreign participation.

Foreign-Owned Enterprises

The per capita number of foreign-owned enterprises varied between districts from a minimum of 0.01 (the district of Jičín) to a maximum of 4.44 (Prague), with the median value of 0.50 and mean value of 1.19. The characteristic traits of the distribution of districts down the ranking can be described as follows.

The category of districts with the highest number of foreign-owned enterprises includes:

- the largest city-districts (Prague, Brno, Plzeň, on a somewhat lower place also Ostrava)
- highly urbanized districts with large agglomeration centres (with exception of Moravian agglomerations of Olomouc and Prostějov)
- a higher percentage of districts close to the Czech-German border
- districts with expanding and modernizing industries (Mladá Boleslav, Mělník) that also show the highest figures in the wages, incomes and the industrialization level

Regional effects of the Transformation Processes in the Czech Republic 301

- some of the districts classified as structurally disadvantaged (coal mines, metallurgy): Sokolov, Most, Teplice, to a lesser degree also Kladno and Frýdek-Místek

There is a disproportionately low number of Moravian, East-Bohemian and Central-Bohemian districts in the category with the highest per capita share of foreign enterprises.

Generally, foreign investors seem to be concentrated especially in the largest cities (first of all, Prague), districts with highly urbanized agglomerations, districts that are close to the Czech-German border, and districts with modern and expanding industries (in this case, the causal relationship probably functions in both directions).

It must be stressed that the above data do not reflect the absolute amount of foreign investment. The ranking of districts would probably look differently if its criterion were the total volume of foreign capital invested in individual districts.

Joint ventures

The per capita number of foreign corporations participating in joint ventures varied between districts from 0.07 (Beroun) to 3.72 (Prague), with median value 0.48 and country average 1.04.

The general traits of the distribution of districts according to this indicator were practically the same as with full foreign ownership. The only differences consist in:

- a slightly better standing of the South-Moravian districts
- a slightly worse position of the East-Bohemian districts
- the low number of foreign joint-venture participation in the districts of Mladá Boleslav and Mělník where the direct foreign ownership of enterprises was among the highest.

Average monthly wages (1995)

The indicator informs on the main determinant of the standard of living of that part of the population whose income is based mainly on work performed in an employee status (wages and salaries). At the same time, it represents one of the indicators of the economic level of the region and one of the determinants of its attractiveness for its own and outside population (figure 25). The average monthly wages at the end of March 1995 varied from Kč 6,031 (district of Znojmo) to Kč 9,180 (district of Mladá Boleslav), the mean value being Kč 7,072 and the median value Kč 6,674 (Bína 1995).

The main features of the distribution of districts according to the average monthly wage can be characterized as follows.

The group of districts with the highest wage level included:

- firstly, the district of Mladá Boleslav whose wage level far exceeded that of the next in the ranking, Prague. It can be legitimately assumed that the primacy of Mladá Boleslav is based on high wages in the dominant local plant – the Volkswagen-Škoda car factory.
- the country capital Prague and both its adjoining districts.
- thirdly, the top wage group included almost all districts that had been classified as structurally defective because of the dominance of old industrial branches such as coal mining and heavy metallurgy.
- to the group with highest wages belong also most of the districts with large agglomeration centres (Brno, Plzeň, Hradec Králové-Pardubice, Ústí nad Labem, České Budějovice – but, interestingly, not Olomouc).
- finally, we find here some districts whose high wages can be attributed to currently expanding and profitable branches (Mělník, Zlín).

At the opposite end of the ranking, the group of districts with the lowest wage level is composed especially of districts with a relatively high percentage of people working in agriculture – the „rural" districts from both border and inland regions of Bohemia and Moravia (Klatovy, Strakonice, Pelhřimov, Jičín, Jindřichův Hradec, Havlíčkův Brod, Svitavy, Třebíč, Znojmo, Vyškov), whose industry is sometimes considered less advanced and whose districts classified as structurally affected because of the less competitive industrial branch composition (mostly textile: Semily, Trutnov, Ústí nad Orlicí, Svitavy, Prostějov).

Districts classified as structurally affected because of their less competitive branch composition (textile, clothing, electrical engineering) show the lowest wage level, the districts whose structural problems are derived from mines, iron and steel production continue to appear at the top end of the wage ranking.

Income level (1995)

In contrast to wages, the data on incomes reflect all the incomes received by the entire population of the district; they do not only include wages and salaries of people working as employees in organizations of which they are not the proprietors, but also their incomes from other sources, as well as personal incomes of entrepreneurs. The data on incomes give, thus, a more complete picture of the financial sources of the population's wellbeing in individual regions.

In the Czech Republic no direct data on incomes is available. It is, however, possible to infer the income level from data on the paid income tax. The most recent data dates from the first half of the year 1995 (Bína 1995).

It shows that districts differ very strongly in their incomes since their per capita income taxes varied from the minimum of Kč 945 (district of Třebíč) to the 7-times higher maximal value Kč 6,822 (Prague) (mean: Kč 2,655).

There exists, above all, a striking difference in the income level between the Bohemian and Moravian districts. Among the 15 districts with the highest per capita income tax there are 12 out of 52 Bohemian districts, i.e., 23%, and only 3 out of 24 Moravian districts (12.5%). However, the category of districts with the lowest incomes include 10 of 52 Bohemian districts (19%) but 12 of 24, i.e., half of the Moravian districts. The level of Moravian districts in this important indicator of the population's living standard is therefore distinctively lower, compared to Bohemian districts.

The category of districts with the highest per capita income includes:

- Prague and both adjacent districts.
- Districts with large agglomeration centres; even those that have a low rank with regard to industrial wage level (Liberec, Hradec Králové, Karlovy Vary).
- Some individual districts with a high wage level derived from a prosperous factory or industrial branches (Mladá Boleslav, Mělník, Zlín).

Interestingly, only two of the „coal and iron" districts appear in this category (Most, Ostrava). Thus, it seems that their otherwise high industrial and general wages are not always accompanied by similarly high incomes from entrepreneurial activity, as this is also confirmed by the data on entrepreneurial personal income levels.

The lowest per capita incomes were registered in:

- the less urbanized, „rural" districts with a higher share of population working in agriculture (Jičín, Domažlice, Jindřichův Hradec, Plzeň-South, Tachov, Znojmo, Třebíč, Žd'ár, Vyškov),
- districts with structural problems originating in their less competitive industry branches (Jičín, Nový Jičín, Prostějov).

Entrepreneurial personal incomes (1995)

The income from the entrepreneurial activity of individual persons is not only a component of the general standard of living of the population but it can also be accepted as indicator of the success of regional „entrepreneurship".

As with to income in general, there are no direct data available on this indicator, but its level can be inferred from the data on the paid income tax from entrepreneurial activities of all kind. The latest data refer to the first half of 1995 and are expressed per inhabitant per district. Thus, they reflect not so much the profitability but the extent of entrepreneurial activity since the data on paid income tax depend on the number of entrepreneurs active in the district. The entrepreneurial income tax varied in districts from the minimum value of Kč 235 (district of Třebíc) to the maximum of Kč 1,572 (Prague), with the mean value of Kč 648 and the median value of Kč 461. Among districts with the highest entrepreneurial income tax we find:

- Prague and both neighbouring districts.
- Most of the districts with large agglomeration centres (Liberec, Pardubice-Hradec Králové, Plzeň, Ústí nad Labem, České Budějovice, Brno, Ostrava).
- Districts with expanding dominant industrial branches (Mladá Boleslav, Zlín, Mělník, Kolín) also showing high wage levels.
- Interestingly, the districts with rather medium or low general, and especially industrial, wage levels (Náchod, Vsetín, Trutnov). It shows that both indicators must not always run parallel.

Among districts with the lowest per capita entrepreneurial income we find, once more, the „rural" districts of East and South Bohemia and South Moravia (Havlíčkův Brod, Domažlice, Klatovy, Tachov, Jindřichův Hradec, Žďár, Znojmo, Třebíč) which do not fare well also in their wage levels, and the three „coal" districts (Most, Sokolov, Karviná) which are at the same time among districts with the highest industrial wage levels. In these cases, the contrast between the entrepreneurial income level and the wages level is most striking.

Non-tax revenues of district offices and municipalities (1994)

The non-tax revenues of district offices and municipalities come from, firstly, various administrative levies and, secondly, from the activity of various communal organizations. They do not include revenues from purchase or rents of community-owned property. As such, they can be accepted as an indicator of the community's locational opportunities and of the ability of the local administration to exploit these opportunities. The available data represent the sum of revenues of all communities of a given district together with revenues of the district office and district organizations themselves. The total revenues in Czech crowns are expressed per district inhabitant. The per capita districts revenues varied in 1994 from Kč 473 (district of Blansko) to Kč 2,526 (district of Jablonec nad Nisou), at a mean value of Kč 1,049.

The composition of the two extreme categories of districts shows some characteristic traits. The most conspicuous finding is certainly the almost complete absence of Moravian districts among the 19 districts with the highest revenue. The only Moravian district falling in that category is Ostrava; the next in ranking is Karviná in place 25. At the same time, we find a marked overrepresentation of Moravian districts among the 19 districts with the lowest revenue – there are 14 among them, which means 74% instead of the expected 32%.

It is difficult to find an explanation for this finding: Does it suggest that the locational opportunities for raising communal funds are worse, in comparison, in Moravia, and/or that the local organs are less able to make the most of them?

One of the factors responsible for this finding could possibly be derived from another characteristic trait of the distribution of districts over the revenue ranking, that is, a relatively high share of districts along the Czech-German border in the categories with higher revenues. Out of the total number of 15 Bohemian districts bordering on Germany, 12 are found among the 26 districts with higher revenues – eight of them among the 15 districts with the highest revenues. We can assume that this finding reflects the favourable geographical position of these districts, where a substantial part of revenues accrues to the communities from booming trade and other forms of cross-border contacts (various fees levied from vendors, foreign visitors, etc.).

This circumstance could also partially explain the apparently lower revenues of Moravian districts that, because of the greater distance to the Czech-German border, have less opportunities for raising communal funds. Of course, this hypothesis would require verification and specification. We find, for example, a number of Moravian districts bordering on Austria among districts with the lowest revenues. The geographical (border) position is certainly not the only explanation, and it is also not the only characteristic distinguishing the Moravian districts from districts along the Czech-German border. The latter also possess other advantages not directly connected with the border position, which stimulate international tourism (facilities for summer and winter sports and recreation, several spas of international renown) and thus provide the communities with many opportunities for levying fees. Perhaps the Moravian districts are a little disadvantaged in this respect, at least those along the Moravian-Austrian border.

Another interesting finding is the relatively low level of communal revenues in the largest city districts – Prague and Brno. It seems that the size of the district center does not play any role in determining the revenues at all.

Another question worth mentioning is the possible connection between the volume of district's revenues and the district's status according to the general income level and the entrepreneurial income level. On the whole, it would seem that there is no relationship between the two: among the districts with the lowest per capita revenues we can find a number of districts which show very high figures of average individual income (Mladá Boleslav, Pardubice, Brno, Olomouc). However, all the districts along the

Moravian-Austrian border that are included among the districts with the lowest communal revenues belong at the same time to the category with the lowest general and entrepreneurial incomes (Třebíč, Uherské Hradiště, Břeclav, Znojmo). It seems, therefore, that at least in these districts some common element exists that is causally connected to their comparatively low positions in several indicators of economic performance, both individual and communal.

The unemployment rate (1995)

The unemployment level is one of the most frequently used indicators of the regional economic condition. Some doubts can certainly be raised about how to interpret and evaluate this figure, especially when it is, as in the Czech Republic, as low as 2.8% (towards the end of the first half of 1995), and its variation is moving within a relatively narrow 0.2-6.6% range. However, even relatively small differences in the unemployment rate can signal important differences in the districts' economic conditions and prospects. Many more critical differences in unemployment could develop out of them in the near or more distant future. In any case, unemployment did not exist in the Czech Republic before 1990, so that it certainly deserves attention as a phenomenon born from economic transformation and accompanying its course.

The ranking of districts in terms of unemployment shows that there exists a marked difference between Bohemia and Moravia in the share of districts on the extreme ends of the ranking. In Bohemia, only 12% of the districts belong to those with an above-average unemployment rate, whereas in Moravia 38% of districts belong to the same category. Similarly, in Bohemia a good quarter (27%) of the districts show a below-average unemployment rate, whereas in Moravia it is only 8% of such districts.

The category of 15 districts with the highest unemployment rate includes:

- almost all districts with structural problems due to their old industrial branches (coal mines, iron and steel works),
- some districts with a relatively higher employment in agriculture (Znojmo, Třebíč, Louny),
- about five other districts, four of them Moravian, with known or less known problems in their key industries.

It must, however, be stated that the characteristics just mentioned can only hypothetically be connected to the high unemployment rate. To confirm the assumed relationship, it would be necessary to analyse the district data on the workforce made redundant in the individual economic sectors and branches, which, unfortunately, were not available. The hypothesis, how-

Regional effects of the Transformation Processes in the Czech Republic 307

ever, seems to be true for at least the „old coal and iron districts" of North Bohemia, North Moravia and the Kladno district, as the data correspond to numerous domestic and foreign forecasts.

The composition of districts with the lowest unemployment figures seems to point to a favourable influence of a diversified branch structure, of the growth in tertiary sector employment, and the general attractiveness of Prague and highly urbanized regions (Brno, Pardubice, Hradec Králové, České Budějovice) for investment. Obviously, the low unemployment rate in a number of other, sometimes less urbanized districts must be due to other local factors known (as the expanding car factory in the district Mladá Boleslav) and less known. The presence of a number of districts close to the Bohemian-German and Moravian-Austrian borders in the category with lowest umemployment rates suggests a favourable influence of cross-border contacts on creating the employment opportunities on both sides of the border for the inhabitants of the respective regions.

2.2.2 Construction Sector

The development in that part of the production system which is devoted to construction and especially housing construction is often considered an indicator of the general state of the economy. The resumption of the previously slack construction activity can be interpreted as the first sign that things are turning definitely to the better in the whole national economy.

Like the to economy in general, the construction sector went in the first years of transformation through a perceptible process of contraction in various indicators of its performance.

Even more dramatic was the decrease in housing construction. Although some reduction could be registered already in the last five years of the communist regime, the decrease after 1989 was much more intense, as shown by the number of newly constructed dwellings:

Number of newly built dwellings

1985	66,678
1989	55,073
1990	44,594
1991	41,719
1992	36,397
1993	31,509
1994	18,162

It can be seen that the number of dwellings built in 1994 represent only a third of the figures for the last year before the transformation. Certainly, the reduction in housing construction can, in a large measure, be accounted for by the complete abandonment of the previous housing policy with its state-planned, regulated and massively supported house building. A similar, if not as dramatic, decrease occurred in private housing construction. The number of dwellings in newly built single-family houses has dropped from 16,238 in 1989 to 7,373 in 1994, i.e., by more than a half. It is, certainly, of some importance to analyze the individual region's role in this contraction process.

Employment in the construction sector

At the national level, the number of persons employed in the construction sector decreased from about 359,000 in 1990 to 236,000 in 1994, i.e., to 66% of its number at the start of the transformation. On the other hand, the share of construction in the total number of the gainfully employed population decreased only slightly (1990: 7.05%, 1994: 7%). The 1994 data for individual districts show that the share of employment in construction varied between 5.7% (district of Nový Jičín) and 12.5% (Tábor), with a median of 8.5%.

As for the repartition of districts according to their shares of employment in construction, the one clear general tendency consists in an almost complete absence (except for the capital city of Brno) of Moravian districts among the 19 districts with the highest percentage of people employed in construction. Less distinctive is the concentration of districts with large agglomeration centres in the upper third of the ranking. Otherwise, and generally, both extreme quarters of the ranking show a very heterogeneous composition, with districts of very different size, economic profile and importance of their central cities.

Housing construction (1994)

The number of newly built dwellings related to 1,000 district inhabitants varied intensively between 0.1, from stagnation (district of Most), to 4.2 (the Tachov district), the median figure being 1.3.

The following traits seem characteristic of the distribution of districts according to housing construction:

- a somewhat greater representation of West-Bohemian districts among the 15 districts with the most intensive housing construction, and at the same time a comparative lower representation of South and North-Bohemian and the Moravian districts. The former finding could to a certain extent be connected with the booming small scale economy in the districts close to the Czech-German border, and to the generally worse economic indicators of Moravian districts.

Regional effects of the Transformation Processes in the Czech Republic

- correspondingly, the latter regions are over-represented among the districts with the low construction figures.
- Prague and both its adjacent districts appear at the top places of the ranking. This finding possibly attest to the attraction of Prague and to the markedly growing financial resources in a part of its population. The slightly higher construction figures in the neighbouring districts could reflect a more intense suburbanization going on in the Prague surroundings.
- the fact that the lowest places in the ranking of housing construction are occupied by four North-Bohemian border districts (Chomutov, Děčín, Sokolov, Most), with three of them belonging to the structurally affected coal mining region, could perhaps be connected to their lower attractiveness due to environmental damage.

2.2.3 Socio-cultural Transformation

The radical political upheaval of 1989 and the social, political and economic changes that followed in the process of transformation meant a challenge to the ethical and political consciousness of the overwhelming majority of the population who have welcomed the 1989 revolution as the fulfilment of their dreams – not to speak of the rather small minority for which 1989 was a shock to their political faith or social status or both.

To characterize in a concise way, with the use of a few indicators, the socio-cultural differentiation of the population in individual districts or regions of the Czech Republic after 1989, we will employ a) data on the general politico-philosophical attitudes of the population, as they were revealed by the political party preferences in the 1992 elections and b) data on the occurrence of various „social pathologies", as manifestations of social disintegration or anomie.

The use of political party preferences for characterizing the more general politico-ethical attitudes seems useful because the most influential political parties in the Czech Republic have relatively well defined ideologies (and these are also as such relatively correctly perceived by the public). Therefore, the personal ethical and political ideas lose their abstract character and become a real force in practical life.

Economic liberalism vs. state paternalism

In a study based on the results of the 1992 elections (Kostelecký 1995), the distribution of the opposite economico-political principles of, on the one hand, those who favour economic liberalism and, on the other, those who want the state to take a more important role in economy and social policy (paternalism), was determined using the relative share of votes obtained by parties most closely representing the principles mentioned.

The results show (figure 27) that the adherence to economic liberalism was higher in Prague and its adjoining districts, in a zone of districts close to the Czech-Polish border (from the district of Liberec to Náchod) and, rather isolated, in the West-Bohemian district of Karlovy Vary. In Moravia, adherence to economic liberalism was higher in the North-Moravian district of Opava, and two districts on the Moravian-Slovak border (Frýdek-Místek, Vsetín).

The adherence to a stronger role of the state in economy and social policy (paternalism) was relatively higher in:

- almost all West-Bohemian districts (except for Karlovy Vary and the city district of Plzeň),
- practically all districts close to the Czech-German border in North Bohemia, especially the coal mining districts,
- the „coal and steel" district of Kladno, as well as the more rural district of Rakovník,
- the South-Moravian districts near the Moravian-Austrian border.

On the whole, it seems that the more intensively industrial or rural character of a district to a certain degree „predisposes" it to attitudes preferring state paternalism to free market forces.

Traditionalism vs. modernism

The influential political parties in the Czech Republic can also be differentiated according to their stance towards traditional (often religion-based) values (in family life, sexual behaviour, etc.) or their inclination to a rather „modern" value orientation (permissiveness, individualism, etc.).

The study cited above found (figure 28) that according to the votes distribution in the 1992 elections, in none of the 76 districts did any of the tradition-oriented parties win the highest number of votes. Nonetheless, there was a clear differentiation between the districts according to the relative representation of these parties. The group of districts with the highest share of traditionalism included practically all districts in South Moravia, South-Bohemian districts close to the Bohemian-Moravian „border", and, to a lesser degree, most of the North-Moravian districts, and single South-Bohemian districts. In other districts, and especially in Prague and Northwestern Bohemia, the adherence to „modernism" predominated.

Regional effects of the Transformation Processes in the Czech Republic 311

The incidence of social pathology

In the context of the socio-cultural transformation, the phenomena designated as „socially pathological" can to a certain degree be accepted as indicators of socio-cultural maladjustment. We have chosen two indicators for which district data from the time at the start of transformation and from 1994 were available.

• The total crime rate

The statistics for the total crime rate in the last 15-year period shows a continuous increase. Whereas in 1980 the total crime rate per 1,000 inhabitants averaged 9.03, it rose abruptly to 22.7 in 1991, i.e., the second year of transformation, and to 35.3 in 1994, the fifth year of transformation. There is no doubt that this trend attests to a deteriorating sense of morals in a growing, however small, part of the population. Because of the influence of the crime rate on the general social climate and on the image of individual districts, the regional differentiation of this indicator acquires particular importance.

In 1991, the highest crime rates per 1,000 inhabitants were registered in most of the districts along the northwestern Czech-German border, in Prague and its neighbouring districts, in the district of Česká Lípa (North Bohemia) and in Moravia: the city of Ostrava and the Olomouc district. Compared to the 1980 data, the crime rate increased especially in the Mělník district and in the Olomouc district. The lowest crime rate figures were found in most of the districts in South Bohemia, almost all districts in East Bohemia and South Moravia.

The data of 1994 (figure 29) show that the distribution of districts according to the crime rate was very similar to that found in 1991, while their range has increased from 8.22 – 37.1 (1991) to 12.6 – 70.3 (1994). The only changes, in comparison to the 1991 pattern, that deserve to be mentioned is the increased crime rate in further districts around Prague (Prague-West, Mladá Boleslav), in the North-Bohemian districts Liberec and Jablonec, in Olomouc and Brno.

Generally, it can be said that the distribution pattern has not changed substantially over the 1980-1994 period – a finding that seems to indicate that the main factors were already present before 1989. The transformation brought with it an overall increase in the crime rate, especially in Prague.

• Illegitimate birth rate

Although the classification of illegitimate birth as a social pathological phenomenon is certainly controversial, it can be taken as a sign of, at least, a dissociation from the still prevailing cultural pattern.

In 1990, the percentage of children born „illegitimately" averaged 8.6, and the interregional differentiation showed that the highest figures were registered in all districts along the northwestern Czech-German border and, to a lesser degree, in the districts of Tachov, Louny and Česká Lípa in Bohemia, and Bruntál in North Moravia. In almost all other Moravian districts, and in most districts of South and East Bohemia, the percentages were distinctly lower.

In 1994, the country's average of illegitimate birth was 14.6%, that is, it grew by 70% compared to its level at the beginning of the transformation period. The regional distribution showed the following changes in comparison to 1990.

The zone of districts with the highest illegitimate birth rate has extended to:

- practically all North-Bohemian districts,
- the district of Český Krumlov in South Bohemia,
- Prague and Kladno in Central Bohemia,
- in Moravia, it extended to include practically all districts close to the Moravian-Polish border.

Socio-cultural typology of districts

The above-mentioned study of T. Kostelecký contains also a sophisticated attempt at a synthetic typology of regional differentiation, which is based on a number of indicators including, besides the data on party preferences, a larger set of social pathology indicators and some indicators of economic behaviour (entrepreneurship, participation in voucher privatization, savings) and economic attitudes (principle of merit). Using the factor analytic approach, the author arrived at a typology of districts generated according to their relative position in the two-dimensional scheme of paternalism-liberalism and traditionalism-modernism continua. The resulting VII types of districts are:

- Types I + II – high liberalism and modernism values: Prague and its neighbouring districts, to a lesser degree North-Bohemian Liberec-Jablonec region
- Type III – high paternalism and high modernism values: all regions along the northwestern border of Bohemia (mining districts and other)
- Type IV – average traditionalism and paternalism: Plzeň and neighbouring districts, entire North Moravia
- Types V + VI – average to high paternalism and high traditionalism: South-Moravian districts of Jihlava, Brno-city and its neighbouring districts
- Type VII – traditionalism with liberalism: South-Bohemian and East-Bohemian districts, the Zlín region in Southeastern Moravia.

Summarizing the results of this study, and in a way of the whole chapter, we can state that, in terms of the socio-cultural background of the social and economic development, the following districts or regions appear more advantageous: South Bohemia and East Bohemia, Prague with its agglomeration, the Zlín region in East Moravia. With socio-cultural barriers to a balanced development, as far as the past long-term trends and current data seem to indicate, must be reckoned in the northwestern border zone, especially in the coal mining districts, North Moravia and South Moravia.

Clearly, the recent economic indicators – maybe of singular character, on which no long-term prognoses can be based, maybe influenced by other, „harder" factors, as, for example, the position near the state border with Germany – are only in partial agreement with the above conclusions.

3. The expected transformation of the regional structure in the Czech Republic

In the following pages we shall try to summarize all our analyses and all our data into general statements about the main regional changes which are due to the post-1989 transformations and which most probably represent long-term trends.

In trying to discover the *new features* of the Czech regional systems, it is necessary to take into account the generally known phenomena of the *inertia of regional structures* and of the overlapping of old and new structures. In the Czech Republic one can detect – not taking into account the pre-industrial structure – three layers of regional structures:

1. The structures formed by the 19th and early 20th century „classical" industrialization and market economy processes (1840-1930),
2. The structures formed by the „second", e.g. socialist industrialization and the socialist planned economy, and socialist political system,
3. The new structures formed by the return to the market economy and pluralistic democracy after 1989,

In all of the three layers mentioned, *different combinations* of economic and political activities have structured the regional and settlement patterns in the Czech Lands. Let us describe these combinations in a synoptic way.

> **Structure 1**
> Textile – mining – metallurgy – engineering – foodstuffs industries plus „Austrian" type of capitalism and self-government of municipalities. Later on liberal capitalism – welfare state.

> **Structure 2**
> Heavy industry – mining – metallurgy – engineering – chemical armament industries
> plus Soviet type of centrally planned economy – egalitarianism, political centralization as well.

> **Structure 3**
> Engineering – car and other transport means – light industry – foodstuff industries – services – banking – tourism –
> plus neo-liberal capitalism -
> residual model of welfare state.

The regional structures inherited by the new post-1989 regime are a rather complex and multi-layered system which contains elements from the periods of classical industrialization, as well as elements from socialist industrialization. For the understanding of the most recent, still not stabilized and only emerging structures of the post-1989 phase, one should take into account that the new system is „using" the structure inherited from socialism. At the same time it is however – to some extent – returning to the structure one patterns and, last but not least, starting to form new regional structures. We shall try to distinguish all these three structural elements. Emphasis will be put on the newest structures.

We want to characterize the *synergy effects of the post-1989 developments* on the regional system by looking at four dimensions: regional differences in economic development after 1989, social disparities between regions after 1989, urbanization processes and their new forms, and the role of macro- and meso-locational factors after 1989.

3.1 Regional differences in economic development

From the attached maps as well as from other information and data, the following trends in restructuring the regional system can be discerned:

1. *the economic development of Bohemia after 1989 is more robust than that of Moravia*, which is partly caused by the structure of economic ac-

tivities, by the more western location of Bohemia and probably also by polarization and the multiplier effect of the city of Prague. Bohemia and Moravia start to be separated by a wide zone of so-called problematic or impaired districts, which are at the same time also more agricultural;

2. the formation of six *growth regions*, four of which are in Bohemia, two in Moravia; in the location of these growth regions old and new elements are combined, some former growth regions became declining regions, as e.g. the North-Moravian Ostrava region; other regions which during the socialist period belonged to the category of secondary and slowly growing regions of second start to be strong and fast growing, as e.g. the South-Bohemian region of České Budějovice – Tábor – Krumlov; to the four growth or not declining regions in *Bohemia* belong:
   - *Prague* and its agglomeration
   - the adjoining *Central Bohemian agglomeration* and the neighbouring North and East-Bohemian growth zone;
   - *West-Bohemian region* with Karlovy Vary as center;
   - *South-Bohemian growth zone* with České Budějovice functioning as the center. *In Moravia* two growing or stabilized regions are discernible:
   - the growth zone stretching from *Brno to Zlín*
   - a less prosperous stabilization zone with three centers: *Ostrava, Olomouc, Opava*. The Ostrava agglomeration is at the same time a region of industrial conversion.

In the synoptic map summarizing the data based on 12 indicators, one can detect *two large regions* showing symptoms *of underdevelopment or of internal peripheries:* The larger one forms a wide and contiguous *zone separating Bohemia from Moravia;* it is composed of 14 districts with a „growth island" of Jihlava and also the Brunn agglomeration. A s*maller „internal periphery"* separates the Prague agglomeration from the western growth zone as well as from the South-Bohemian zone. It is composed of nine districts; in addition to the two large peripheries, there are two or three smaller internal peripheries in Central Bohemia and in the north on the borders with Saxonia. One should, however, add that analyses using smaller statistical units, so-called *micro-settlement units,* discovered a shallow peripheral zone, mainly *along the borders (also German and Austrian borders).*

Prague is regaining its *international role* functioning as the main gateway to the Czech Republic and stimulating the growth of the neighbouring districts. Compared with other growth centers, the growth of the Prague agglomeration is much more pronounced; the new situation is in fact a return to the trajectory from the period 1890-1940.

The economic growth based on endogenous as well as on exogenous factors is based predominantly on *urban agglomerations*. All large cities as well as almost all cities which in the past functioned as capital cities of Czech regions show the highest rates of economic growth.

To a large extent the new regional processes, triggered off by the development in 1989, simply exploited the *regional potentials* of the past. At the same time there were some rectifications to the developments from the pre-socialist period. For the purpose of this study the most important changes, however, are those *changes which are discontinuous, e.g. new*. To these belong mainly:

- a relative; as well as an absolute decline in the economic position of Moravia
- a radical improving of the economic and political position of Prague, leading also to a spatial extension of the Prague agglomeration
- the formation of a growth zone along western and southern borders, mainly along German borders, less along Austrian borders
- the formation of a growth region in South Bohemia based on new industry, tourism, long industrial waves and on attractive and unpolluted environment.

The above-mentioned formation of a new *growth zone along the borders with the Federal Republic Germany and with Austria* deserves special attention. The attached maps show this new pattern. Foreign capital investments – either in direct form or in the form of joint ventures – are concentrated in two types of locations:

- in districts along the borders or relatively close to the borders,
- in large and medium-sized cities. It is also obvious that Bohemian districts have attracted much more foreign capital than Moravian districts.

Another pattern displayed clearly in the maps as well is the *formation of four regions where the intensity of foreign investment* is very high:

- City of Prague and Prague agglomeration (Ml. Boleslav, Mělník)
- South-Bohemian region of České Budějovice and Český Krumlov
- West-Bohemian region, mainly Karlovy Vary, Cheb, Tachov
- North Bohemia (Most, Teplice, Ústí nad Labem, Děčín, Liberec).

In this context it should be stressed that in the past some of the districts and regions belonged to the declining, structurally weak parts of the country as e.g. (Český Krumlov, Cheb, Tachov, Děčín).

Regional effects of the Transformation Processes in the Czech Republic

3.2 Social disparities between regions after 1989

The following summary is based on the changes of salaries and wages in individual districts observed between 1988-1989 and 1993-1994, on the data on unemployment in individual districts, and on the income per capita and per hectare in agriculture.

From the above-mentioned data we can see (see attached maps) that the social disparities between regions exhibit a rather high inertia. At the same time some new phenomena are to be observed.

Continuity and inertia is reflected in the following observations:

- *The Czech Republic is divided into a richer north and poorer south*: This is still caused by the structure of economic activities and by the structural differences of industry in the north and in the south. The northern part of the country, e.g. north of the line Cheb – Zlín was and is more industrialized and more urbanized. In the north incomes in industry are higher, in the south one finds mainly branches of light and consumer industries, employing a high proportion of women: The disparities are to some extent diminished by higher incomes from agriculture in the south;
- The regional disparities in the socialist period were exceptionally low and they were even further minimalized by social policy and by price policies (no regional differences in retail prices according to regions): To a larger extent these small disparities can be observed point even six years after the collapse of the communist regime, but there are already signs of growing regional inequality. The differences are caused by rapidly growing wages and salaries and other incomes in Prague and the Prague agglomeration and in some other regions on the one hand, and by declining wages (in relative terms) and incomes in other regions on the other. The high wages and salaries in regions with heavy industry and mining are heritages from the past.

To the new phenomena emerging in the sphere of social disparities belong above all:

- the incomes in Prague are growing relatively quickly, due to the concentration of banks, insurance companies, government, tourism and Prague is starting to differ substantially from other Czech regions;
- a parallel phenomenon can be observed in some districts with strong and growing industries, mainly in those with a high share of foreign capital (Mladá Boleslav – Škoda, Volkswagen) but also in South and West Bohemia;

- the declining real incomes in some, mainly mixed districts (industry, agriculture), which are predominantly located in Moravia;
- due to the economic growth of Prague and decline of many Moravian districts, a new macro-social disparity between Bohemia and Moravia has emerged.

To a large extent the data on unemployment support the observations based on information about differentials. There are, however, some divergences.

The social disparity between Bohemia and Moravia caused by income differences is becoming even more pronounced because of the (in Czech terms) rather high rate of unemployment in Moravian districts (over 6% in some districts) and a rather low level of unemployment in Bohemian districts (most of them under 3%). To the few districts having similar levels of unemployment rates to most Moravian districts belong several mining districts in North Bohemia, e.g. in the brown coal mining region, and in some mixed (industry – agriculture) districts scattered in different parts of Bohemia.

The social disparity approach to regional analysis should take into account also *demographic as well as social pathology phenomena*. The regional differentation of reproduction rates is obvious:

- higher fertility rates and thus also higher proportion of young people in regions which do not register economic growth, and which, on the contrary, have higher unemployment rates. The disparity between Bohemia and Moravia is significant: *Moravia combines higher fertility rates with lower economic growth*;
- Moravian districts with high unemployment, as e.g. old industrial regions in North Moravia, as well as mixed districts with high proportion of people working in agriculture, could be considered as reservoirs of migrants to other regions with an unsatisfied demand for labour (Prague agglomeration, etc.). The declining housing construction, however, blocks natural migration and prevents *needed redistribution of the population.*
- There are, however, some *zones where a kind of equilibrium of demography and economic growth is established*, to them one should count the South-Bohemian region and the zone along the German borders, where the population is younger than in the inner parts of Bohemia.

To the most fascinating results of all regional analyses of the Czech Republic belong the results of measuring the level of so-called social pathology in individual districts. The result of one of such analysis, which was carried out by our team is presented in one of the attached maps.

The map shows that there exists quite a *clear division of the Czech Republic into two macro-regions*. One macro-region, containing the larger part of Bohemia (including Prague, Central Bohemia and parts of western Bohemia) has relatively high scores of social pathology indicators. The other one which is predominantly Moravian, but with large parts of South and East Bohemia, has relatively few problems with social pathology. One should add that there is a high correlation of low social pathology and high proportion of population who declare themselves as Catholics. The core of this type of macro-region is in South Moravia and South Bohemia. The North-Moravian situation is a bit different, but even there, with similar socio-economic structures as in Bohemian districts, the rates of social pathology are lower.

Moravian society, even experiencing a relatively high degree of urbanization and having a high level of industrialization as well, combined modernization processes while retaining some features of traditional societies. In the future development it can be a potential, which is not yet very well understood and appreciated.

3.3 Urbanization processes and their new forms

The processes of *demographic urbanization* do not react to the restructuring in economy and polity in a dramatic way. The concentration of population into cities continues and the only important change – compared with the socialist past – is the increasing pace of suburbanization in metropolitan areas of Prague and Brno.

The above-mentioned processes are caused by two factors, which function as a kind of „break" by a *radical reduction of housing construction* and by the *low reproduction rate*, which means that the Czech population has in this respect a zero growth rate. In this situation the only source for urban growth is migration. The internal migration is decreasing, the external is still rather low and cannot change the existing urbanization processes.

Urbanization processes can, however, acquire new forms. These new forms are often described as *functional forms of urbanization*. The process of tertiarization, measured by the growing proportion of economically active people who are employed in services, is one of the important parts of functional urbanization. It is closely linked to the structural transformations of the economy. One of the most important changes caused by the reintroduction of market economy and of the opening of borders, is the *rapidly growing number of people working in services* (tourism, catering, banking, education).

In the last six years a relatively quick process of tertiarization of large as well as medium-sized and small cities was registered. The only exception in this respect can be found in old industrial regions and in their cities, even in their large cities as e.g. Ostrava.

To the new phenomena in the functional forms of urbanization in the Czech Republic belong the rapid tertiarization of Prague and the Prague agglomeration, of Brno and Pilsen and – this is the main surprise – in the border region of West Bohemia.

As one of the important factors of the tertiarization of medium-sized cities should be considered the decentralization of university education and the growth of the number of university students. Due to this fact, Prague lost partly its dominant position, whereas provincial cities and Moravia as a whole gained.

To the *new phenomena* in the processes of *urbanization after 1989* can be counted the following ones:

- the rapid *suburbanization* of Prague and Brno; it is in fact a return back to developments which started in Czech lands before the end of 19th century and reached their peak in 1930-1939;
- growing importance of functional urbanization caused by the tertiarization of the economy;
- the growth of service sectors in border regions (along the German borders);
- the establishment of *regional universities* which can change the role of provincial cities for the better.

3.4 The role of locational factors in regional processes after 1989

The Czech Republic is rather a small country and therefore even experts often assume that the locational factors do not play an important role in regional processes. Sometimes there are comparisons made between Switzerland and Czech lands, with the aim of saying that Switzerland is one large urban and urbanized region and that the Czech Republic moves in the same direction. A careful analysis of the data on changes after 1989 has shown that the locational factors are even in such a small country not irrelevant.

Here is the summary of the most important:

- the location near the so-called western borders has a growing role in the economy and thus also in regional restructuring; the most attractive locations are near the Bavarian borders, less near the Saxonian and Aus-

Regional effects of the Transformation Processes in the Czech Republic 321

trian borders; borders to Poland and Slovakia are irrelevant in this respect;
- in general, the more western location seems to have economic advantages, as the different development of Bohemia and Moravia shows
- the differences between growth regions and internal peripheries are becoming more and more relevant.

3.5 The future trends – the most important aspects

The analysis of the changes in the past six years has already shown that the economic, political as well as social transformation has had quite a strong impact on the regional structure of the Czech Republic. We assume that the main trends and the main trajectories of the changes in the spatial structure of the country have already been stabilized. We do not expect big surprises. The existing combination of „stop and go" mechanisms, which we have tried to describe, the stimuli of changes and the breaks of changes, have also been stabilized. There will not be many dramatic changes in the regional structure of the Czech Republic in the future.

The new structures will became more and more significant, but the inertia of the old ones, which is in a deeper sense based on the political culture and on the social code of Czech society, will also remain relatively strong. We therefore expect rather an evolution than abrupt changes.

The changes will be influenced mainly by the dynamics of new or quasi-new growth centers. To them will undoubtedly belong in the future the Prague agglomeration, South Bohemia, to a smaller extent the West-Bohemian agglomeration near the German borders (mainly the Karlovy Vary agglomeration).

To the most dangerous developments belong the peripherization of large parts of Moravia and the separation of Bohemia and Moravia by a new and large inner peripheral zone. This development can be dangerous even in political terms and can result in a secessionist regionalism of the Moravians.

The old industrial regions do not cause at present any big and dramatic problems. Their economies are undergoing a programmed conversion and thanks to a relatively small size and more diversified economic base – compared for example with the Polish GOP (Górnoślaski Okreg Przemyslowy), or German Ruhrgebiet – they are able to change more easily. They will have to, however, overcome the existing socio-cultural barrier, for example, the paternalistic climate, unsufficient development of entrepreneurial spirit, educational level of the population, its mobility, and environmental problems. More difficult will be, however, a social and economic stabilization of new internal peripheries. The geographically peripheral location of the Ostrava region complicates its conversion. In comparison with the Ostrava region the North Bohemian coal mine region has the advantage of being located on the borders with Saxonia, a region which is undergoing a relatively successful economic transformation.

The bottlenecks and dangers are concentrated in mixed agricultural regions and in micro-peripheries, as e.g. on the ranges of Erzgebirge, Böhmerwald, in the regions near the Polish borders (as e.g. in the district Jeseník /Gräfenberg/, Bruntál and in some regions of South Moravia).

The macro-geographic advantages of Bohemia and specially of Prague – between Berlin and Vienna – will in the long run play an important role as well. It will be strengthened by the planned improvement of the transport network linking Prague with West Europe as well as with southern and northern countries. It should be, however, stressed that the Czech basin will remain even in the most optimistic scenario a relatively „quiet" macroregion.

References

Bína, J. et al. 1995: Pořadí okresů České republiky podle hospodářsko-sociální úrovně. [Rank-Order of Districts in the Czech Republic according to their economic-social level].Ústav územního rozvoje, Brno
Bönker, F. 1993: On the Road to a Capitalist Economy: Economic Stabilization and Transformation in Bulgaria, Czechoslovakia and Hungary. Bremen: Zentrum für Europäische Rechtspolitik an der Universität Breme
Kostelecký T. 1995: Rozdíly v chování regionálních populací a jejich příčiny. [Differences in the behaviour of regional populations and their causes]. Working Papers 95:5, Praha: Sociologický ústav AV č
Lijphart, A. 1977: Democracy in Plural Societies. New Haven:Yale University Press
Myant, M. 1995: „Transforming the Czech and Slovak Economies: Evidence at the District Level". Regional Studies 29, p. 753-760
Okresy České republiky v roce 1994. [Districts of the Czech Republic in 1994]. Český statistický úřad, Praha 1995
Sujan, I. 1993: Hospodářské a sociálné dosledky Československého rozchodu. [Economic and Social Effects of Czecho-Slovak Split]. In Rozloučení s Československem [Good-Bye to Czechoslovakia] ed. Kipke, R. Vodička, K. Prague. Cs. spisovatel
Švejnar J (ed.) 1995: The Czech Republic and Economic Transformation in Eastern Europe. San Diego: Academic Press
Územní členění investiční výstavby v České republice v roce 1994. [Territorial Distribution of Investments in the Czech Republic]. Český statistický úřad, Praha 1995

Zaměstnanost v civilním sektoru národního hospodářství podle krau a okresů za rok 1994. [Employment in the Civil Sector of the National Economy in Regions and Districts in 1994]. Český statistický úřad, Praha 1995

Figure: Districts of the Czech Republic

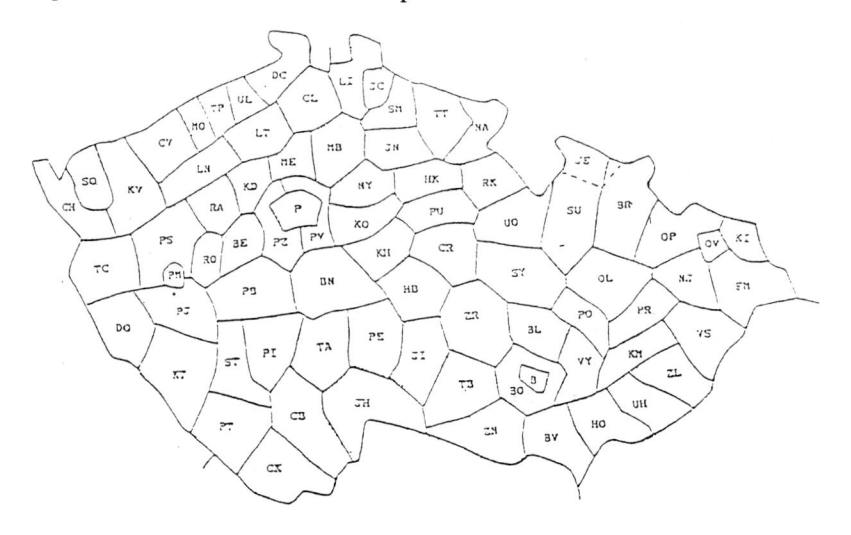

B	- Brno-City	JH	- Jindřichův Hradec	P	- Praha-City	TP - Teplice
BE	- Beroun			PB	- Příbram	TT - Trutnov
BL	- Blansko	JI	- Jihlava	PE	- Pelhřimov	UH- Uherské Hradiště
BN	- Benešov	JN	- Jičín	PI	- Písek	
BO	- Brno-Country	KD	- Kladno	PJ	- Plzeň-South	UL - Ústí nad Labem
BR	- Bruntál	KH	- Kutná Hora	PM	- Plzeň-City	
BV	- Břeclav	KI	- Karviná	PO	- Prostějov	UO - Ústí nad Orlicí
CB	- České Budějovice	KM	- Kroměříž	PR	- Přerov	
		KO	- Kolín	PS	- Plzeň-North	VS - Vsetín
CK	- Český Krumlov	KT	- Klatovy	PT	- Prachatice	VY - Vyškov
CL	- Česká Lípa	KV	- Karlovy Vary	PU	- Pardubice	ZL - Zlín
CR	- Chrudim	LI	- Liberec	PV	- Praha-East	ZN - Znojmo
CV	- Chomutov	LN	- Louny	PZ	- Praha-West	ZR - Žďár nad Sázavou
DC	- Děčín	LT	- Litoměřice	RA	- Rakovník	
DO	- Domažlice	MB	- Mladá Boleslav	RK	- Rychnov nad Kněžnou	
FM	- Frýdek-Místek					
HB	- Havlíčkův Brod	ME	- Mělník	RO	- Rokycany	
HK	- Hradec Králové	MO	- Most	SM	- Semily	
HO	- Hodonín	NA	- Náchod	SO	- Sokolov	
CH	- Cheb	NJ	- Nový Jičín	ST	- Strakonice	
JC	- Jablonec nad Nisou	NY	- Nymburk	SU	- Šumperk	
		OL	- Olomouc	SY	- Svitavy	
JE	- Jeseník (newly established)	OP	- Opava	TA	- Tábor	
		OV	- Ostrava	TB	- Třebíč	
				TC	- Tachov	

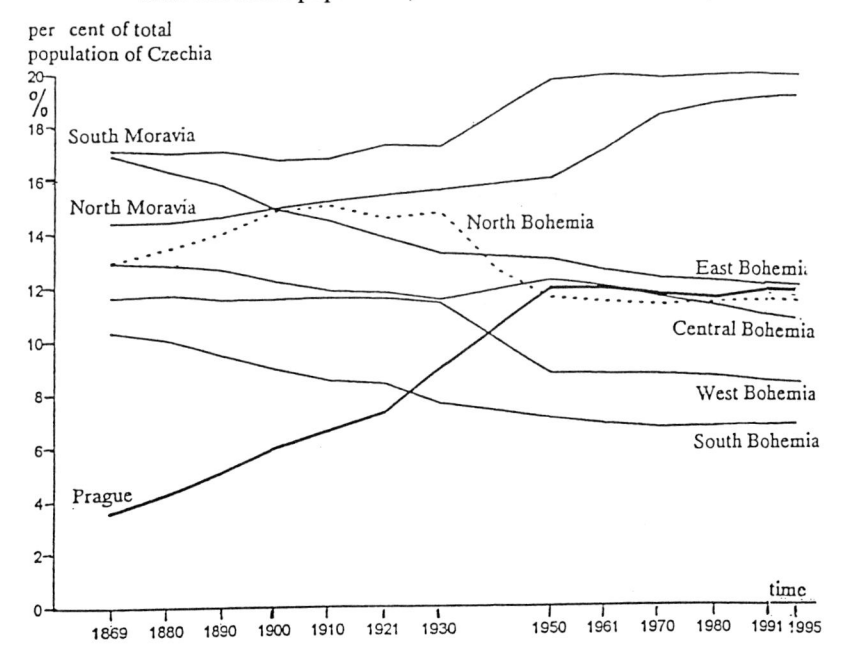

Regional effects of the Transformation Processes in the Czech Republic 325

Figure 1: Population Development of eight regions, 1869-1995 (share in the total Czechia's population)

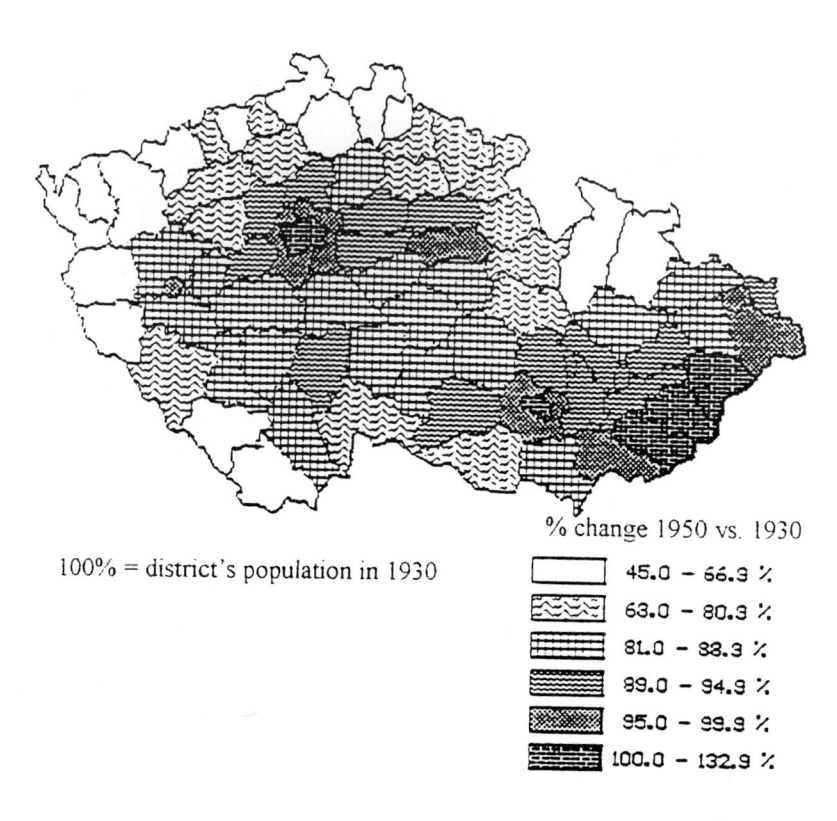

Figure 2: Population Development, 1930-1950

100% = district's population in 1930

% change 1950 vs. 1930
- 45.0 – 66.9 %
- 63.0 – 80.9 %
- 81.0 – 88.9 %
- 89.0 – 94.9 %
- 95.0 – 99.9 %
- 100.0 – 132.9 %

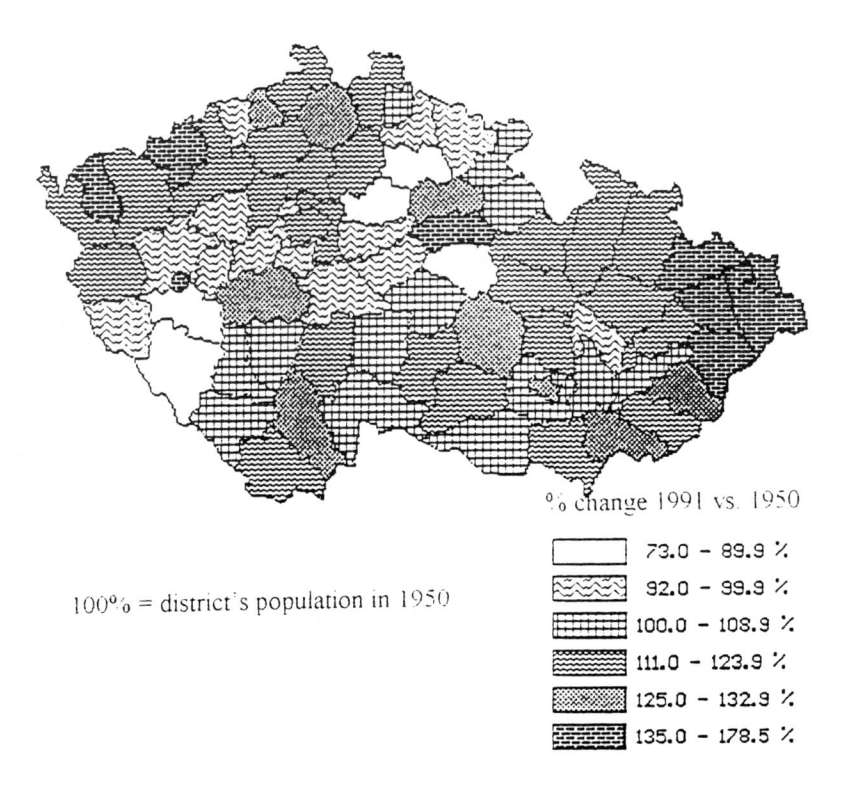

Figure 3: Population Development, 1950-1991

100% = district's population in 1950

% change 1991 vs. 1950

- 73.0 – 89.9 %
- 92.0 – 99.9 %
- 100.0 – 109.9 %
- 111.0 – 123.9 %
- 125.0 – 132.9 %
- 135.0 – 178.5 %

Figure 4: Population Development, March 1991-June 1995

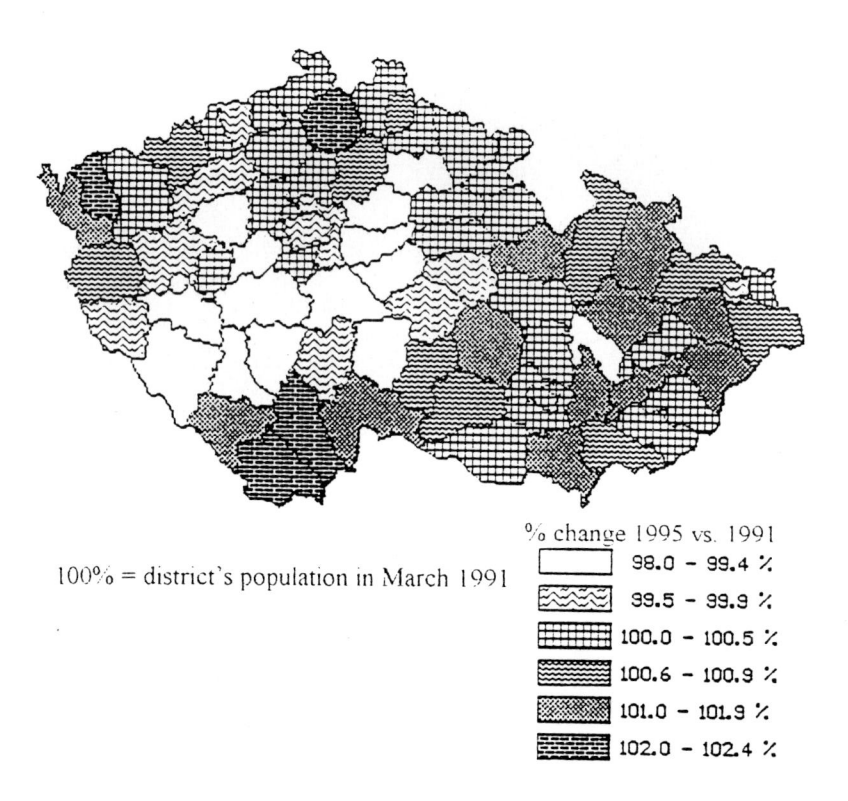

100% = district's population in March 1991

% change 1995 vs. 1991
- 98.0 - 99.4 %
- 99.5 - 99.9 %
- 100.0 - 100.5 %
- 100.6 - 100.9 %
- 101.0 - 101.9 %
- 102.0 - 102.4 %

Regional effects of the Transformation Processes in the Czech Republic 329

Figure 5: Employment in Agriculture, 1988

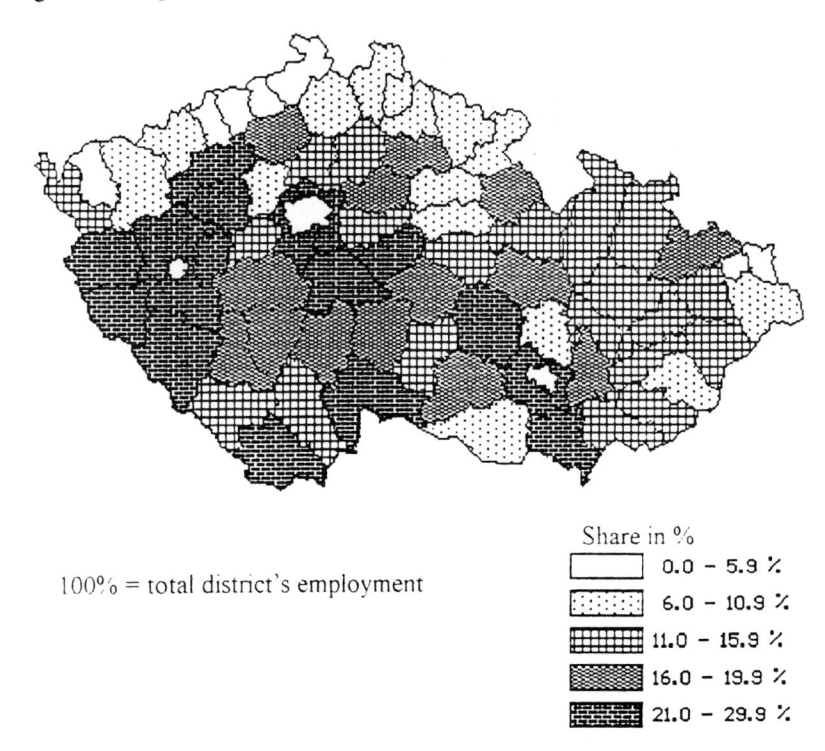

100% = total district's employment

Share in %
- 0.0 – 5.9 %
- 6.0 – 10.9 %
- 11.0 – 15.9 %
- 16.0 – 19.9 %
- 21.0 – 29.9 %

Figure 6: Private Farming, 1980

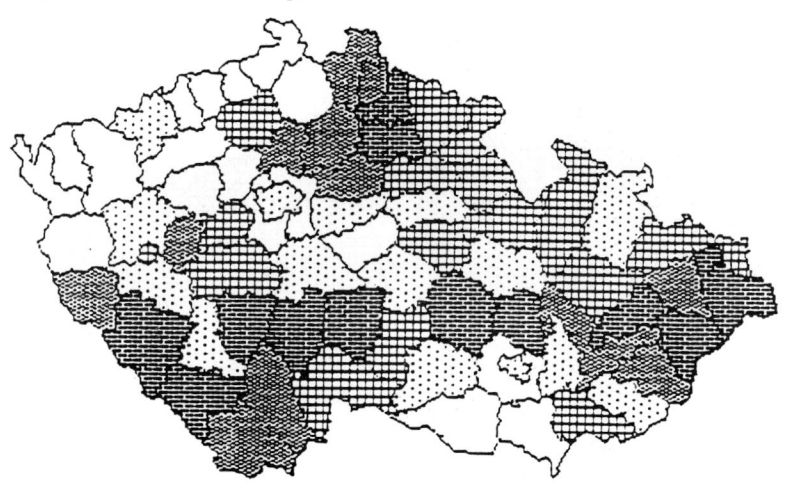

Number of private farmers
per 1,000 inhabitants working in agriculture,
November 1980

0.0 – 0.79
0.80 – 1.49
1.70 – 2.99
3.00 – 4.49
5.00 – 28.15

Regional effects of the Transformation Processes in the Czech Republic 331

Figure 7: State farms employment, 1989

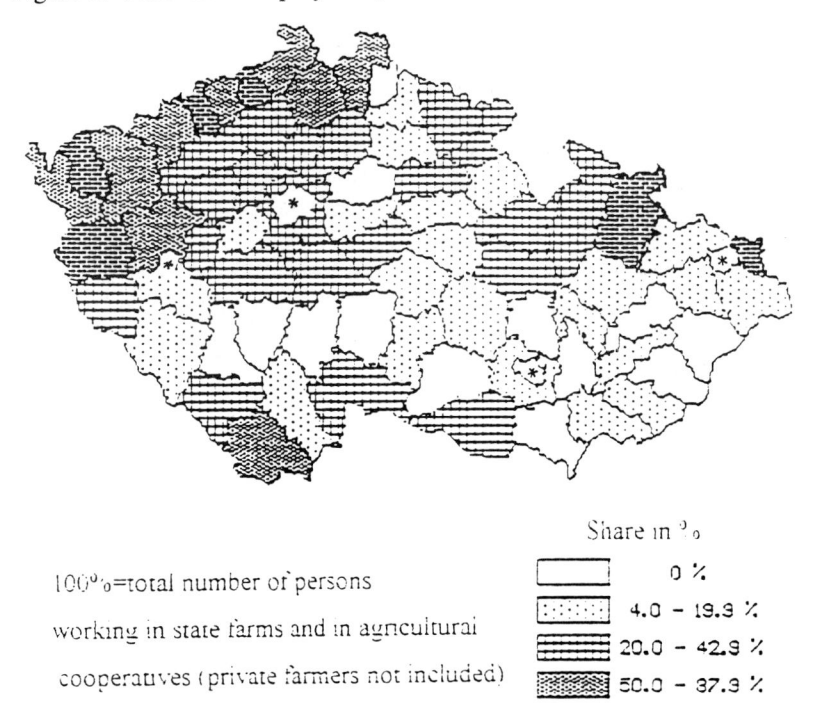

100%=total number of persons working in state farms and in agricultural cooperatives (private farmers not included)

Share in %
- 0 %
- 4.0 – 19.9 %
- 20.0 – 42.9 %
- 50.0 – 87.9 %
- 99.0 – 100.0 %
- * – no data

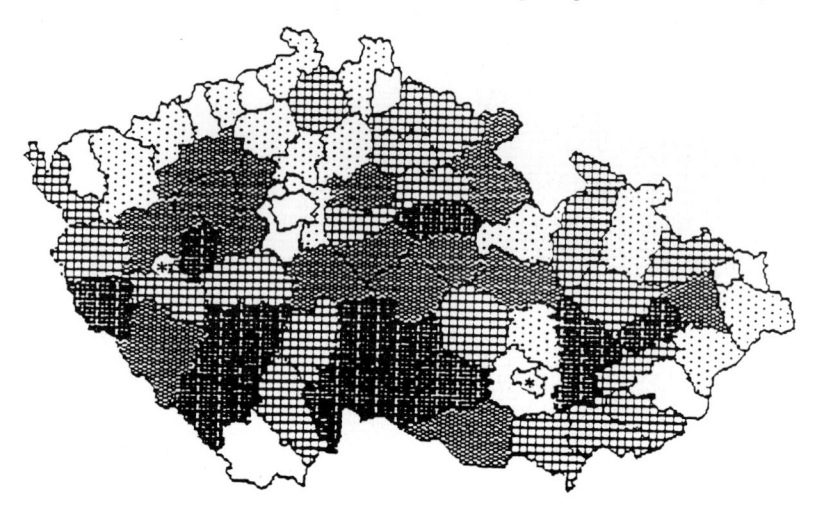

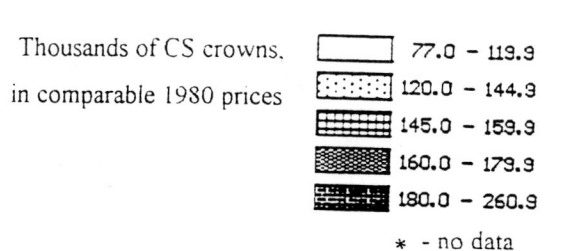

Figure 8. Crude agricultural production value per agricultural worker, 1988

Thousands of CS crowns, in comparable 1980 prices

- 77.0 – 119.9
- 120.0 – 144.9
- 145.0 – 159.9
- 160.0 – 179.9
- 180.0 – 260.9

* - no data

Figure 9: Share of crop production in crude agricultural production value, 1989

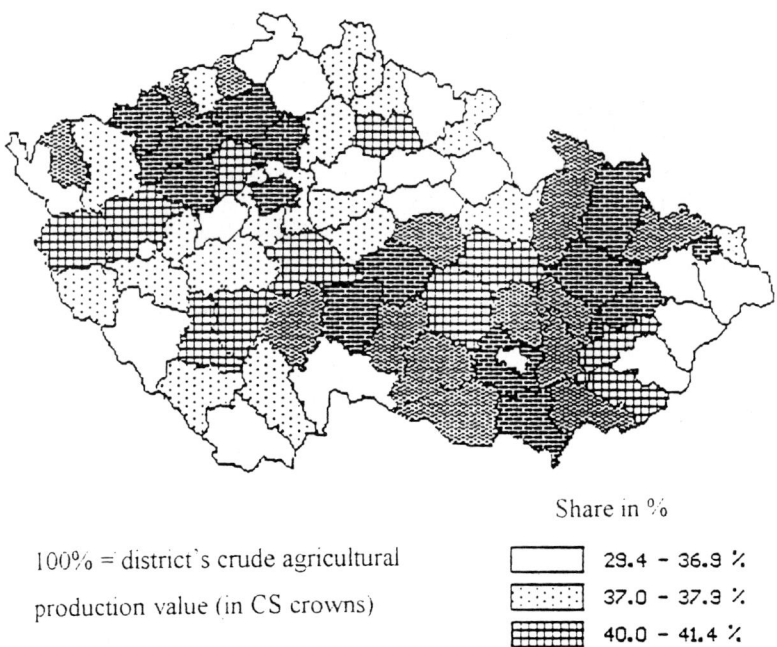

Share in %

100% = district's crude agricultural production value (in CS crowns)

- 29.4 - 36.9 %
- 37.0 - 37.9 %
- 40.0 - 41.4 %
- 42.0 - 44.6 %
- 44.9 - 51.3 %

Figure 10: Employment in industry, 1988

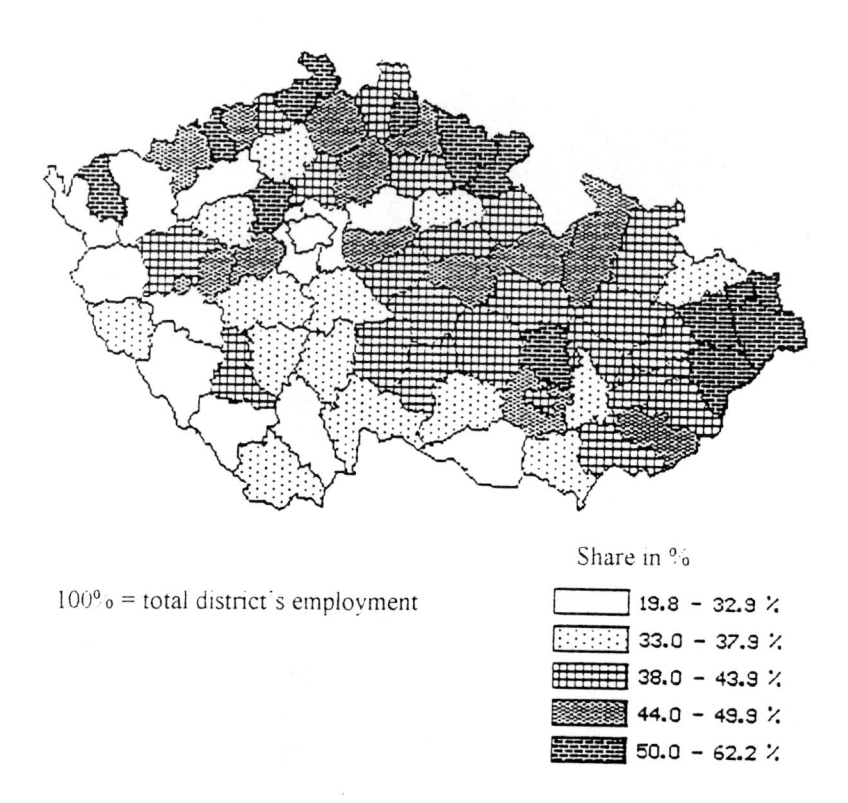

100% = total district's employment

Share in %

- 19.8 – 32.9 %
- 33.0 – 37.9 %
- 38.0 – 43.9 %
- 44.0 – 49.9 %
- 50.0 – 62.2 %

Figure 11: Wages an Salaries in industry, 1989

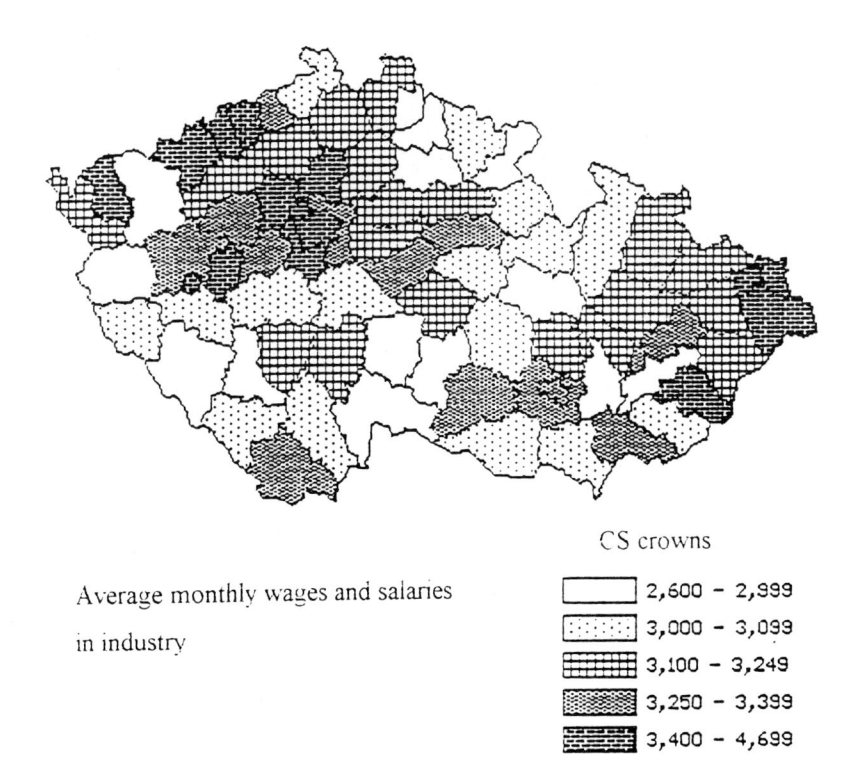

Average monthly wages and salaries in industry

CS crowns

- ☐ 2,600 – 2,999
- ▦ 3,000 – 3,099
- ▦ 3,100 – 3,249
- ▦ 3,250 – 3,399
- ▦ 3,400 – 4,699

Figure 12: Crude industrial product value per industrial employee, 1989

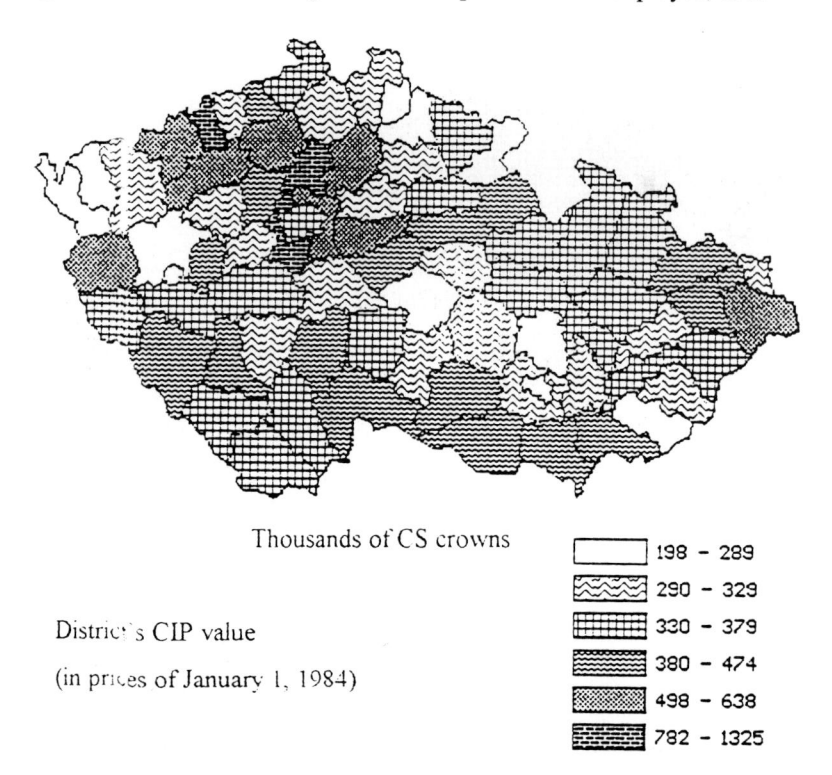

Thousands of CS crowns

District's CIP value

(in prices of January 1, 1984)

198 - 289
290 - 329
330 - 379
380 - 474
498 - 638
782 - 1325

Regional effects of the Transformation Processes in the Czech Republic 337

Figure 13: Housing construction per 1,000 inhabitants, 1989

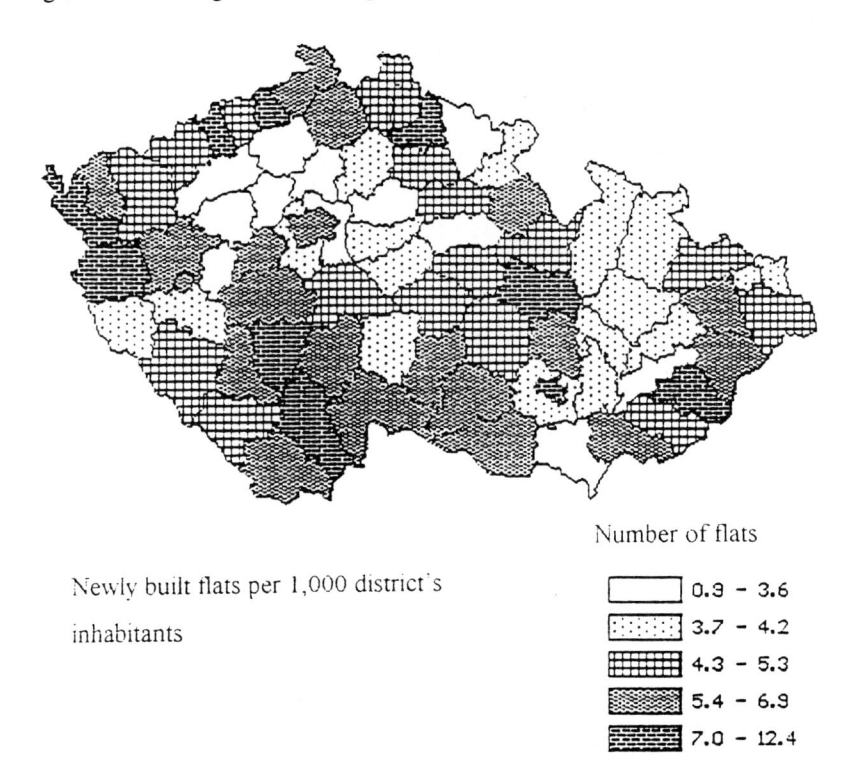

Newly built flats per 1,000 district's
inhabitants

Number of flats
- 0.3 - 3.6
- 3.7 - 4.2
- 4.3 - 5.3
- 5.4 - 6.9
- 7.0 - 12.4

Figure 14: Tertiary sector employment, 1988

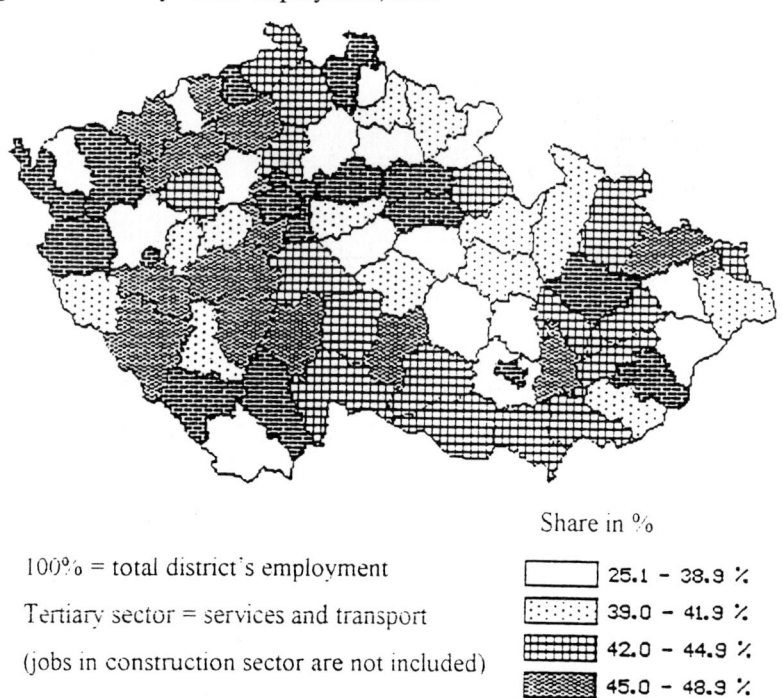

100% = total district's employment
Tertiary sector = services and transport
(jobs in construction sector are not included)

Share in %

25.1 - 38.9 %
39.0 - 41.9 %
42.0 - 44.9 %
45.0 - 48.9 %
49.0 - 73.5 %

Figure 15: Tangible investments per district's inhabitant, 1989

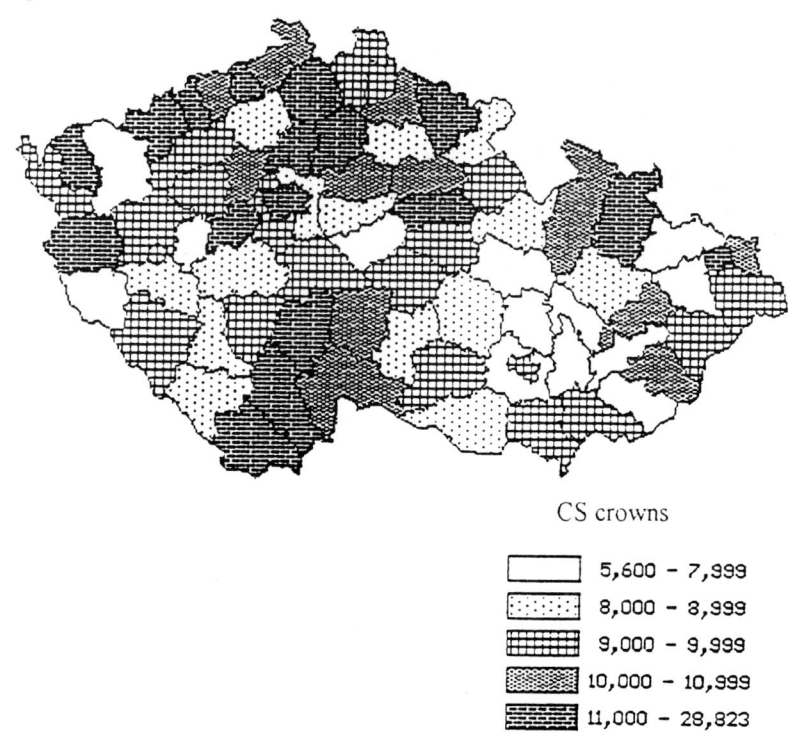

CS crowns

- 5,600 – 7,999
- 8,000 – 8,999
- 9,000 – 9,999
- 10,000 – 10,999
- 11,000 – 28,823

Figure 16: Wages and salaries (total of all sectors), 1988

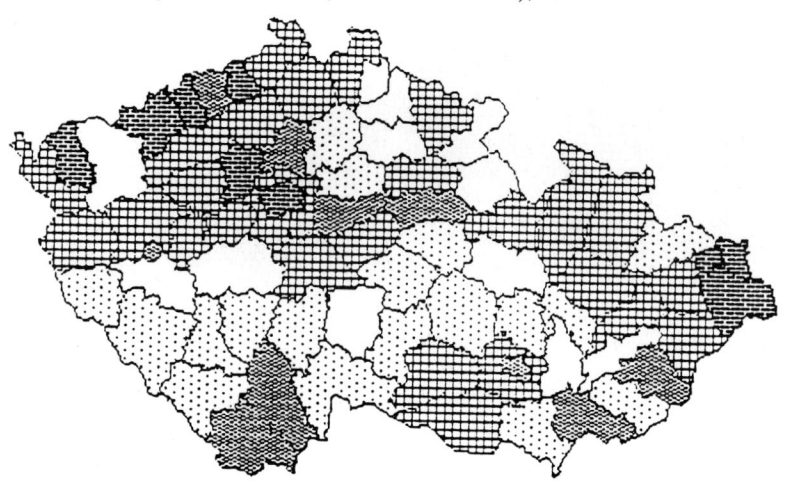

Average monthly wages and salaries in all sectors

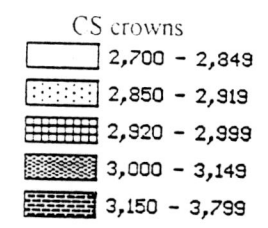

CS crowns
- 2,700 – 2,849
- 2,850 – 2,919
- 2,920 – 2,999
- 3,000 – 3,149
- 3,150 – 3,799

Regional effects of the Transformation Processes in the Czech Republic 341

Figure 17: Employment in industry, 1994

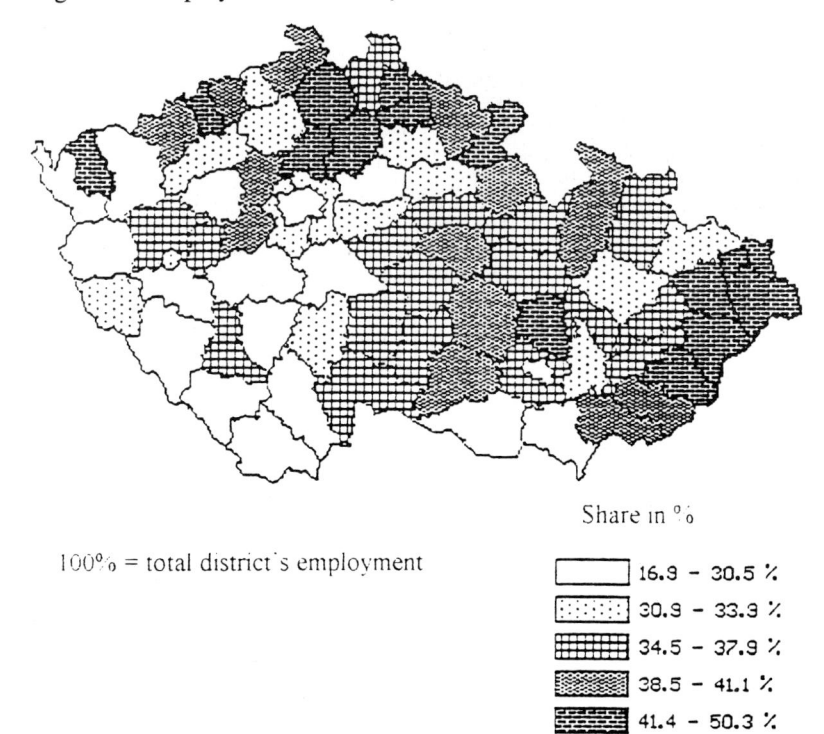

100% = total district's employment

Share in %

- 16.9 - 30.5 %
- 30.9 - 33.9 %
- 34.5 - 37.9 %
- 38.5 - 41.1 %
- 41.4 - 50.3 %

Figure 18: Average enterprise size, 1994

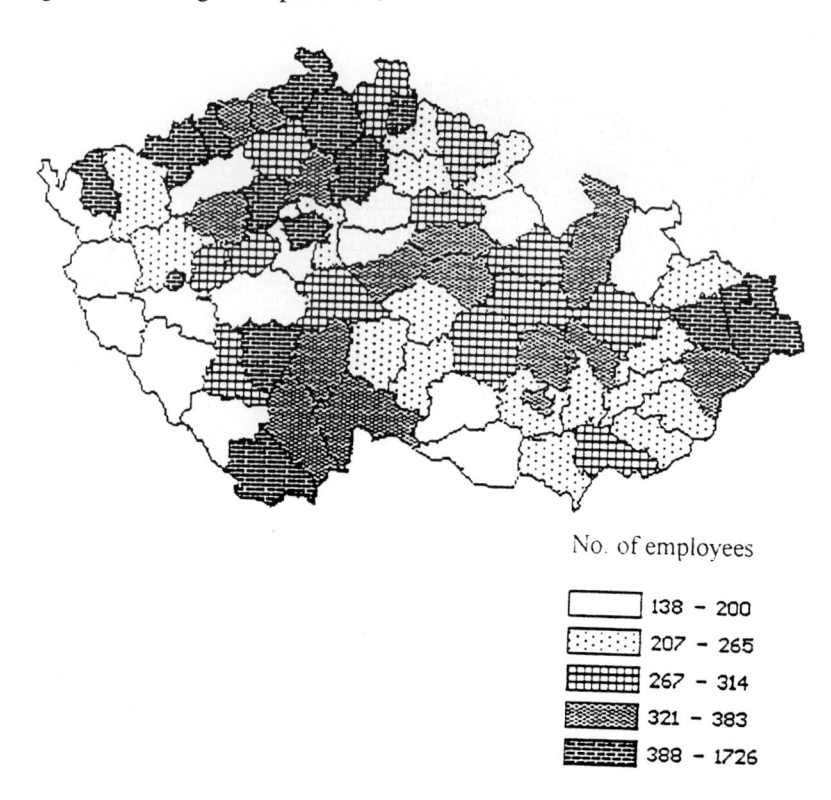

No. of employees

☐ 138 - 200
▦ 207 - 265
▦ 267 - 314
▦ 321 - 383
▦ 388 - 1726

Regional effects of the Transformation Processes in the Czech Republic   343

Figure 19: Wages and salaries in industry, 1994

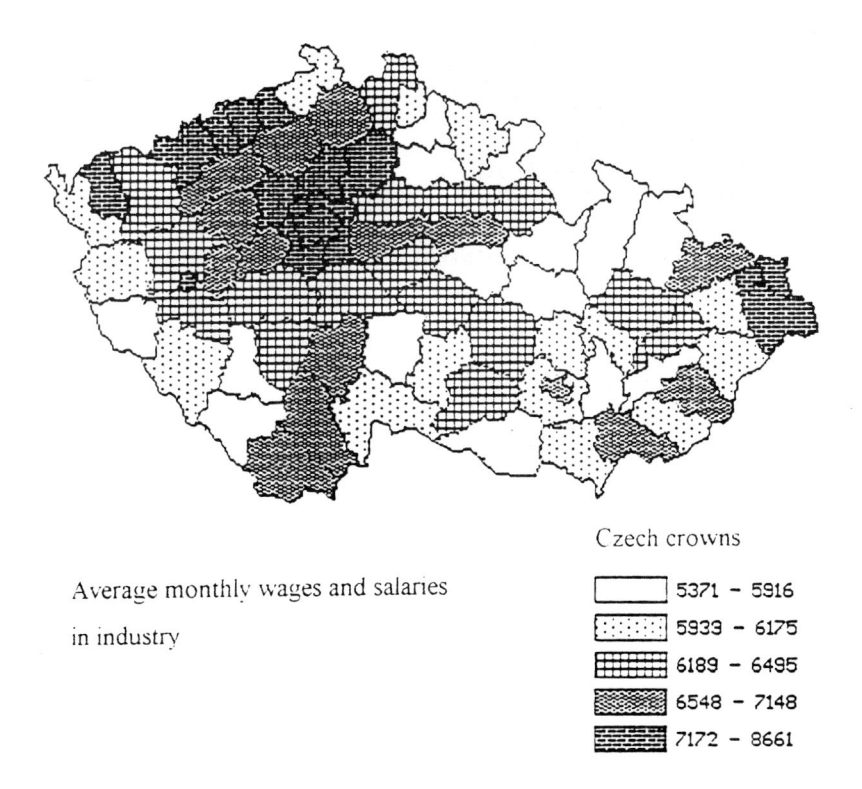

Average monthly wages and salaries
in industry

Czech crowns

| | 5371 - 5916
| | 5933 - 6175
| | 6189 - 6495
| | 6548 - 7148
| | 7172 - 8661

Figure 20: Total industrial product value per industrial employee, 1994

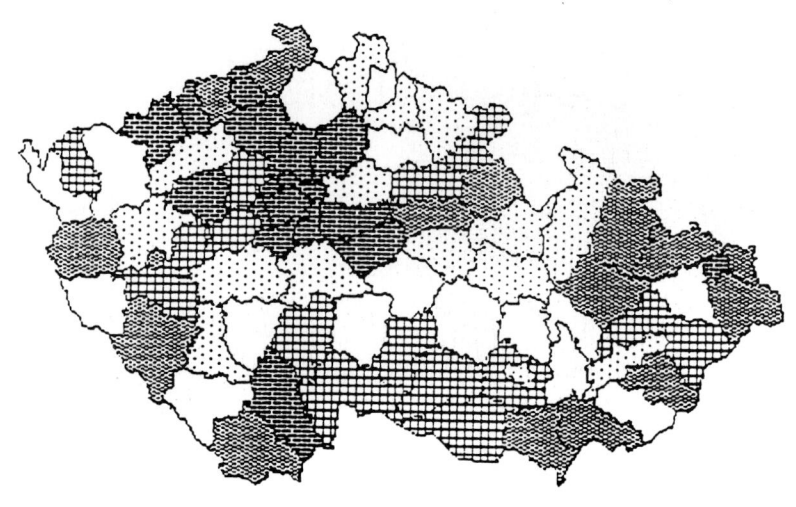

Thousands of CZ crowns

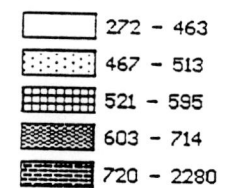

- 272 – 463
- 467 – 513
- 521 – 595
- 603 – 714
- 720 – 2280

Regional effects of the Transformation Processes in the Czech Republic 345

Figure 21: Employment in agriculture, 1994

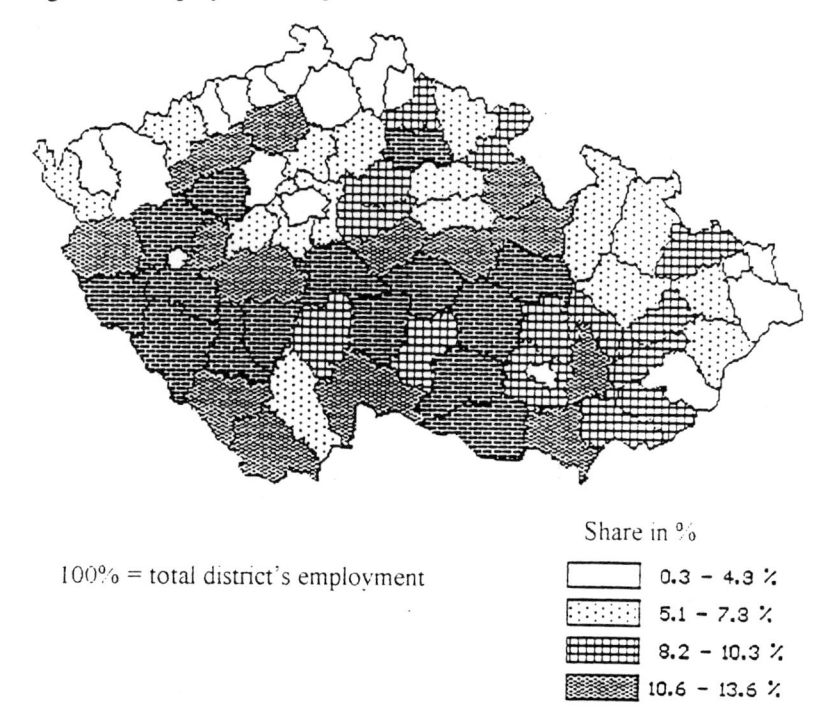

100% = total district's employment

Share in %
- 0.3 – 4.3 %
- 5.1 – 7.3 %
- 8.2 – 10.3 %
- 10.6 – 13.6 %
- 14.0 – 21.7 %

Figure 22: Private farming, 1994

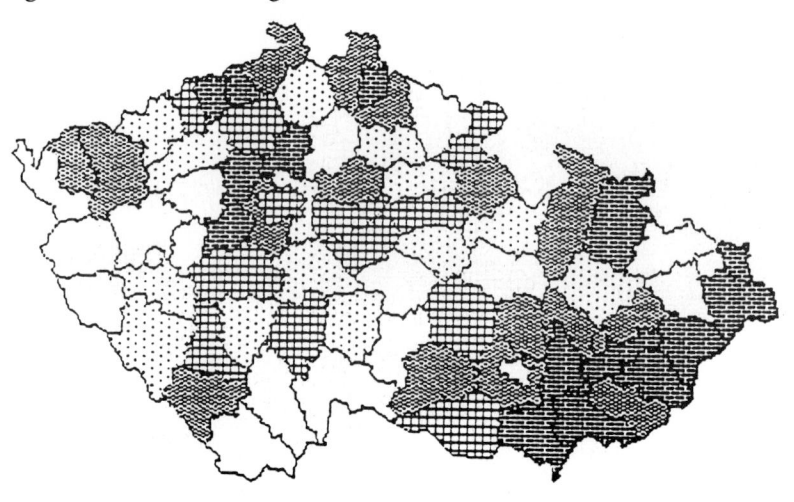

Number of private farmers per
1,000 inhabitants working in agriculture

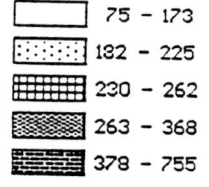

75 - 173
182 - 225
230 - 262
263 - 368
378 - 755

Regional effects of the Transformation Processes in the Czech Republic 347

Figure 23: Crude agricultural production value per hectare, 1994

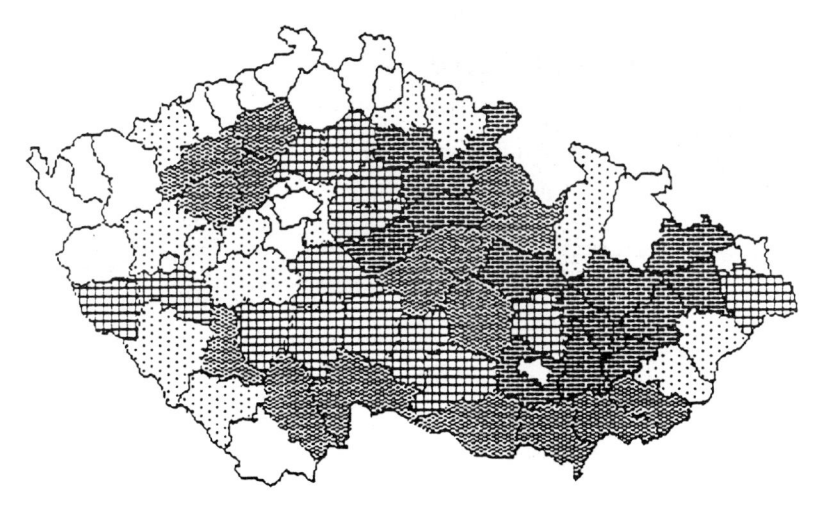

Value in CZ crowns
- 4,647 – 12,138
- 12,200 – 16,343
- 17,351 – 19,252
- 19,350 – 20,990
- 21,467 – 27,842

Figure 24: Tertiary Sector employment, 1994

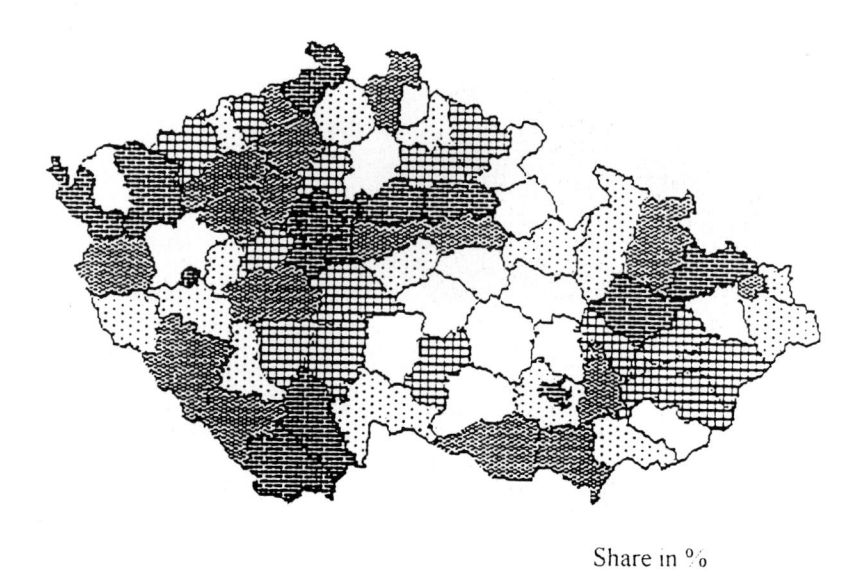

100% = total district's employment

Share in %

- 37.1 - 41.2 %
- 41.5 - 44.4 %
- 44.5 - 46.6 %
- 47.0 - 49.3 %
- 50.4 - 72.9 %

Figure 25: Wages and salaries (total of all sectors), 1995

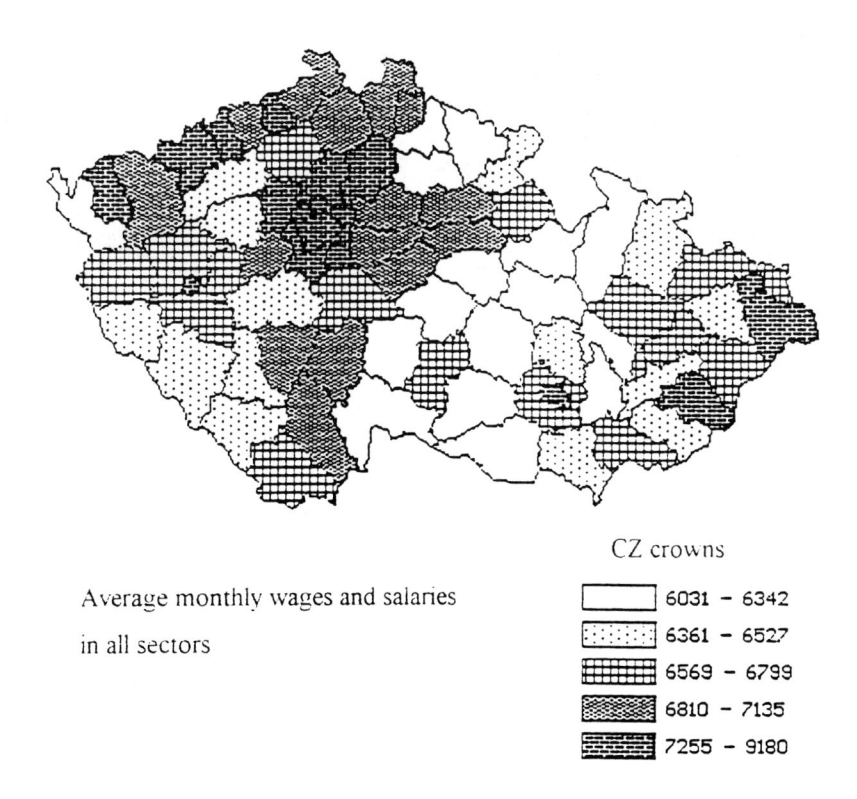

Average monthly wages and salaries in all sectors

CZ crowns
- 6031 – 6342
- 6361 – 6527
- 6569 – 6799
- 6810 – 7135
- 7255 – 9180

Figure 26: Unemployment rate, May 31, 1995

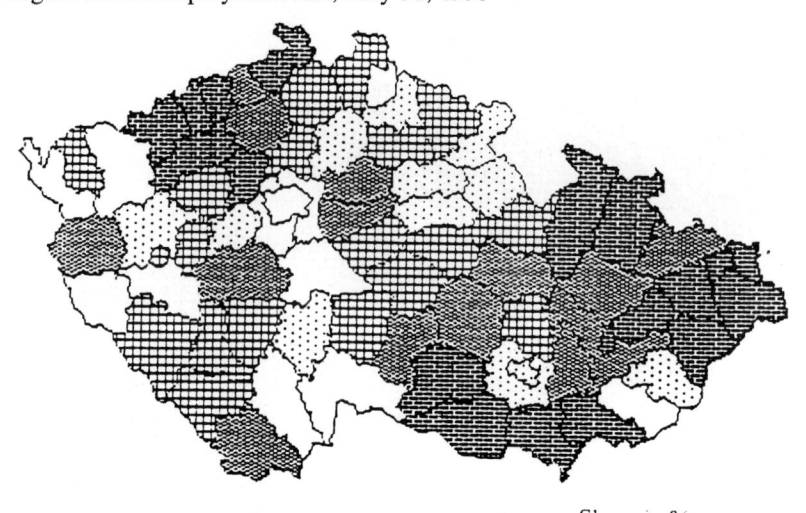

100% = total disposable work force

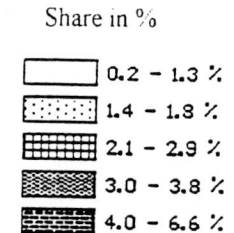

Share in %

- 0.2 – 1.3 %
- 1.4 – 1.8 %
- 2.1 – 2.9 %
- 3.0 – 3.8 %
- 4.0 – 6.6 %

Regional effects of the Transformation Processes in the Czech Republic 351

Figure 27: Votes for parties stressing economic liberalism, 1992 elections

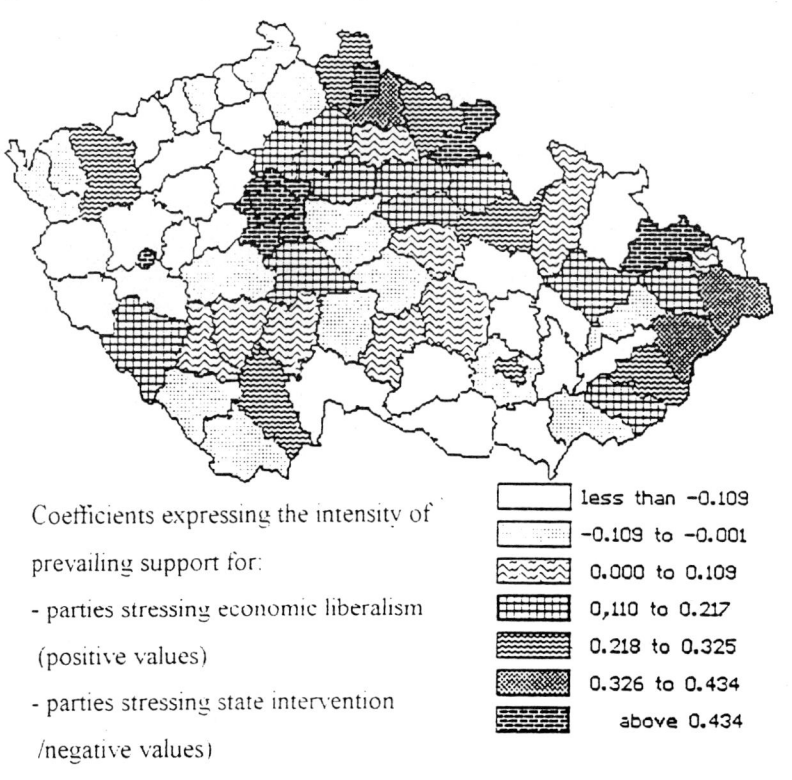

Coefficients expressing the intensity of prevailing support for:
- parties stressing economic liberalism (positive values)
- parties stressing state intervention (negative values)

less than −0.109
−0.109 to −0.001
0.000 to 0.109
0,110 to 0.217
0.218 to 0.325
0.326 to 0.434
above 0.434

Source: Kostelecky, T. 1995

Figure 28: Votes for parties stressing traditional values, 1992 elections

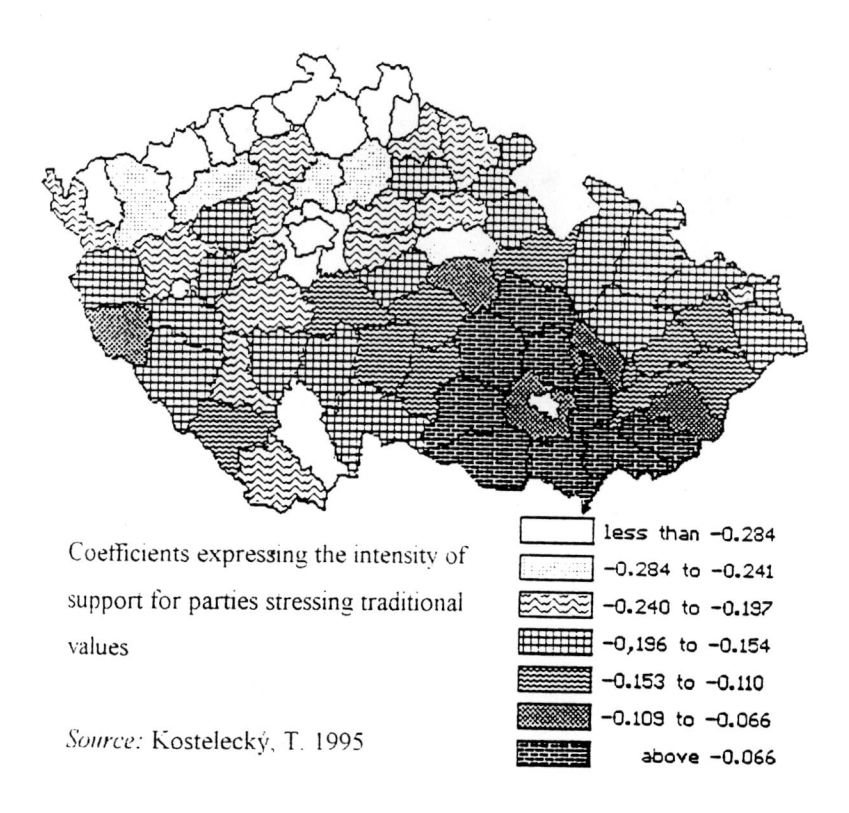

Coefficients expressing the intensity of support for parties stressing traditional values

	less than −0.284
	−0.284 to −0.241
	−0.240 to −0.197
	−0,196 to −0.154
	−0.153 to −0.110
	−0.109 to −0.066
	above −0.066

Source: Kostelecký, T. 1995

Regional effects of the Transformation Processes in the Czech Republic 353

Figure 29: Total crime rate per 1,000 habitants, 1994

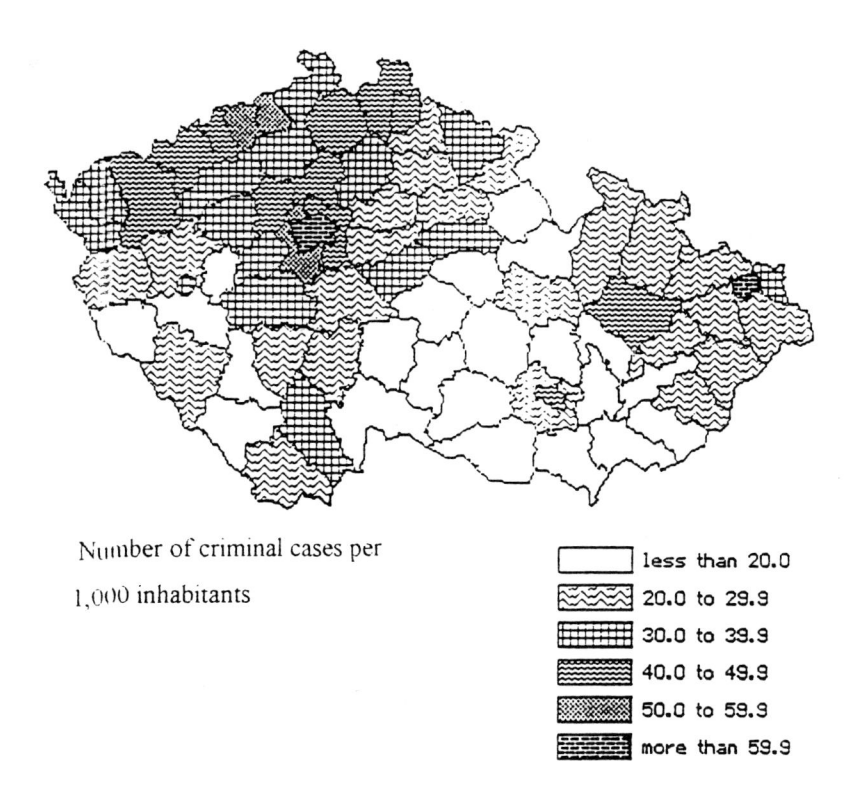

Number of criminal cases per 1,000 inhabitants

- less than 20.0
- 20.0 to 29.9
- 30.0 to 39.9
- 40.0 to 49.9
- 50.0 to 59.9
- more than 59.9

Source: Okresy České republiky v roce 1994. Český statistický úřad, Praha 1995

Politische und ökonomische Rahmenbedingungen für die Entwicklung ländlicher Räume in den neuen Bundesländern

Konrad Hagedorn, Volker Beckmann, Bernd Klages und Markus Rudolph

1. Einleitung
2. Überblick über die Ausgangsstruktur der ostdeutschen Landwirtschaft und die auf sie angewandten Transformationspolitiken
   2.1 Ausgangsstruktur der ostdeutschen Landwirtschaft zu Beginn der Transformation
   2.2 Maßnahmenbündel zur Unterstützung der Transformation des ostdeutschen Agrarsektors
3. Die Umwandlung und Neustrukturierung der Landwirtschaftlichen Produktionsgenossenschaften
   3.1 Die wirtschaftlichen und rechtlichen Rahmenbedingungen der Umwandlung und Neustrukturierung der landwirtschaftlichen Betriebe
      3.1.1 Die wirtschaftlichen Rahmenbedingungen
      3.1.2 Die rechtlichen Rahmenbedingungen
   3.2 Die Umwandlung und Neustrukturierung der LPGen
      3.2.1 Entwicklung der Rechtsformen
      3.2.2 Entwicklung der Betriebsgrößen
      3.2.3 Entwicklung der Betriebsformen
      3.2.4 Entwicklung der Betriebsergebnisse
   3.3 Ausgewählte Problemfelder der Neustrukturierung der landwirtschaftlichen Betriebe in den neuen Bundesländern
      3.3.1 Rechtsformenwahl
      3.3.2 Arbeitskräfteanpassung
      3.3.3 Vermögensauseinandersetzung
      3.3.4 Boden- und Pachtmärkte
      3.3.5 Zusammenführung von Boden- und Gebäudeeigentum

3.3.6 Altschulden
3.4 Zukünftige Entwicklungen
4. Agrarstrukturelle Förderung in den neuen Bundesländern
    4.1 Die Ausgestaltung der agrarstrukturellen Förderung nach der deutschen Einigung
        4.1.1 Anpassungshilfen
        4.1.2 Gemeinschaftsaufgabe
            4.1.2.1 Die 5a-Förderung der Europäischen Union als Rechtsrahmen der Gemeinschaftsaufgabe
            4.1.2.2 Einzelbetriebliche Fördermaßnahmen
            4.1.2.3 Überbetriebliche Fördermaßnahmen
            4.1.2.4 Fördermaßnahmen zur Marktstrukturverbesserung
            4.1.2.5 Zur Bedeutung der Maßnahmengruppen in den neuen Bundesländern
    4.2 Wirkungsanalyse der agrarstrukturellen Förderung in den neuen Bundesländern
        4.2.1 Zur Wirkung der Förderung auf den agrarstrukturellen Wandel
        4.2.2 Zur Wirkung der Förderung auf die Beschäftigungs- und Einkommenssituation
        4.2.3 Zur Vereinheitlichung der Investitionsförderung
            4.2.3.1 Das Agrarinvestitionsförderungsprogramm als Grundlage einer einheitlichen Förderung
            4.2.3.2 Vergleich der gegenwärtigen Förderung in den neuen Bundesländern mit der des AFP
            4.2.3.3 Zur Notwendigkeit einer Anpassung des bestehenden AFP
5. Die Privatisierung der ehemals volkseigenen landwirtschaftlichen Flächen
    5.1 Darstellung der Ausgangslage für die Privatisierung der ehemals volkseigenen landwirtschaftlichen Flächen
        5.1.1 Ursprung der ehemals volkseigenen Flächen
        5.1.2 Vermögensrechtliche Rahmenbedingungen nach der Vereinigung
        5.1.3 Privatisierungsauftrag der Treuhandanstalt

5.2 Privatisierbarer Flächenbestand im Besitz der Treuhandanstalt
5.3 Konzepte zur Privatisierung der ehemals volkseigenen land- und forstwirtschaftlichen Nutzflächen
    5.3.1 Verwertungsrichtlinie der THA (Verwaltungsratsbeschluß v. 26.06.1992)
    5.3.2 Drei-Phasen-Modell („Bohl-Papier" v. Oktober 1992)
    5.3.3 Privatisierungskonzepte für die ehemaligen VEG- und die ehemals volkseigenen Forstflächen
        5.3.3.1 Privatisierung der ehemaligen VEG
        5.3.3.2 Privatisierung der Forstflächen
5.4 Das Entschädigungs- und Ausgleichsleistungsgesetz (EALG) v. 24.09.1994
5.5 Bedeutung des EALG für die landwirtschaftlichen Betriebe und die Eigentumsstrukturen in den neuen Bundesländern
6. Wirkungen der Umsetzung und künftigen Weiterentwicklung der EU-Agrarreform in den neuen Bundesländern
    6.1 Ausgestaltung der Instrumente der EU-Agrarreform
        6.1.1 Prämien in der Pflanzenproduktion
        6.1.2 Konjunkturelle Flächenstillegung
        6.1.3 Prämien in der tierischen Produktion
        6.1.4 Flankierende Maßnahmen
    6.2 Wirkungen und Weiterentwicklung der EU-Agrarreform
        6.2.1 Haupteffekte der agrarpolitischen Aktionsinstrumente
        6.2.2 Optionen zur Weiterentwicklung der EU-Agrarreform
7. Zusammenfassung
Literatur

1. Einleitung

Die Lebenslagen der Menschen in den neuen Bundesländern werden in der nach wie vor anhaltenden Umbruchphase besonders von den wirtschaftlichen Gegebenheiten und Veränderungen bestimmt. Diese wiederum unterliegen in hohem Maße dem Einfluß politischer Maßnahmen, insbesondere denjenigen der Wirtschafts- und Sozialpolitik. Für die ländlichen Räume spielt darüber hinaus die Agrarpolitik für die Gestaltung des institutionellen und ökonomischen Wandels eine zentrale Rolle. Insbesondere die speziellen Instrumente zur Bewältigung der Transformationsprobleme in der Landwirtschaft und im Gartenbau sind in diesem Zusammenhang von Bedeutung. Ziel der Expertise ist es daher, Informationen über die in diesem Bereich eingeführten politischen Maßnahmen und deren ökonomische Wirkungsweise zusammenzutragen.

Allerdings können innerhalb des begrenzten Rahmens der Studie weder alle politischen und ökonomischen Rahmenbedingungen für die Entwicklung ländlicher Räume in den neuen Bundesländern noch alle Bereiche der für Ostdeutschland relevanten Gebiete der Agrarpolitik berücksichtigt werden. Eine Konzentration auf für die Problemstellung besonders wichtige Maßnahmenbereiche ist folglich zwingend. Sie erfolgt nach dem Kriterium, diejenigen politischen Maßnahmenbereiche vertieft zu behandeln, die gezielt auf die Unterstützung und Regelung des Transformationsprozesses im Agrarsektor Ostdeutschlands ausgerichtet sind oder diesen Prozeß maßgeblich beeinflussen:

- Die Umwandlung und Neustrukturierung der landwirtschaftlichen Produktionsgenossenschaften.
- Die agrarstrukturelle Förderung in den neuen Bundesländern.
- Die Privatisierung der ehemals volkseigenen landwirtschaftlichen Flächen.
- Die Wirkungen der Umsetzung und künftigen Weiterentwicklung der EU-Agrarreform in den neuen Bundesländern.

Der Erörterung dieser ausgewählten Politikbereiche, ihrer Ausgestaltung und Wirkungen wird ein kurzer Überblick über die Ausgangsstruktur der ostdeutschen Landwirtschaft und die auf sie angewandten Transformationspolitiken vorangestellt.

Als Grundlage für die Auseinandersetzung mit der Thematik findet sich in den jeweiligen Kapiteln und Abschnitten zunächst ein beschreibender Überblick über die verschiedenen gesetzlichen Vorschriften, deren Implementation in den neuen Bundesländern und die hier angewandten Förderrichtlinien in den genannten Bereichen: Umwandlung der landwirtschaftlichen Produktionsgenossenschaften, agrarstrukturelle Förderung, Privatisierungsregelungen für volkseigenen Boden und EU-Agrarreform. Um anschließend Vorstellungen über Wirkungen dieser Maßnahmenbündel zu entwickeln, konnte zum Teil auf eigene Arbeiten der Autoren zurückgegriffen werden, zum Teil waren zusätzliche Untersuchungen durchzuführen und nicht zuletzt die Ergebnisse vorliegender Studien anderer Wissenschaftler heranzuziehen. Ergänzt wurde die Informationsbeschaffung durch Gespräche mit Akteuren aus entsprechenden Bereichen der Politik und Administration.

2. Überblick über die Ausgangsstruktur der ostdeutschen Landwirtschaft und die auf sie angewandten Transformationspolitiken

2.1 Ausgangsstruktur der ostdeutschen Landwirtschaft zu Beginn der Transformation

Die Agrarstruktur der ehemaligen DDR unterschied sich erheblich von derjenigen Westdeutschlands. Dies betraf insbesondere die Betriebsgröße, Organisationsform und Spezialisierung, wie aus Übersicht 1 im einzelnen zu ersehen ist. Ein ähnlich großer Kontrast bestand zwischen der Agrarpolitik der DDR und derjenigen Westdeutschlands bzw. der Europäischen Union. Es ist daher nicht verwunderlich, daß die Eingliederung der ostdeutschen Landwirtschaft in das agrarische Institutionen- und Regelsystem der Bundesrepublik und ihre Einbeziehung in die EU-Agrarpolitik zu drastischen Umbrüchen und teils schwer zu erfüllenden Anpassungserfordernissen führten.

Wie schwierig es war und immer noch ist, den abrupten Wandel des ostdeutschen Agrarsektors ökonomisch zu gestalten und sozial abzufedern, wird anhand zahlreicher Einzelheiten in den Kapiteln 3 – 6 dargelegt werden. Hier soll zur Charakterisierung der Dimension der Veränderungen nur ein Beispiel für die von der ostdeutschen Landwirtschaft zu verkraftende Anpassungslast genannt werden: der enorme Arbeitskräfteabbau. Von einstmals 850.000 Erwerbstätigen sind nur noch rd. 170.000 in der Landwirtschaft tätig. Von den 680.000 ausgeschiedenen Arbeitskräften ging der überwiegende Teil in Rente, erhielt Altersübergangsgeld oder nahm an Maßnahmen der Arbeitsbeschaffung, Fortbildung und Umschulung teil. Schätzungsweise haben mehr als 140.000 Beschäftigte Arbeit im außerlandwirtschaftlichen Bereich gefunden. Zahlreiche aus der Landwirtschaft stammende Personen sind allerdings auch noch arbeitslos. Ende 1992 wurde ihre Zahl auf rd. 86.000, Ende 1994 auf rd. 64.000 geschätzt. Ende 1991 waren rd. 158.000 Beschäftigte von Kurzarbeit betroffen, Ende 1994 nur noch 2.900 landwirtschaftliche Kurzarbeiter registriert (vgl. BML 1995a).

Übersicht 1: Zur unterschiedlichen Agrarstruktur in West- und Ostdeutschland (1988)

	Anzahl der Betriebe	Durchschnittsgröße in ha	Landwirtschaftliche Nutzfläche in ha	in%
Westdeutschland				
Vollerwerbsbetriebe	319.000	31,4	9.148.000	78,4
Zuerwerbsbetriebe	58.000	19,1	980.100	8,4
Nebenerwerbsbetriebe	272.000	6,1	1.540.200	13,2
Insgesamt	649.000	19,6	11.668.300	100,0
Ostdeutschland				
VEG	390	—	448.900	7,3
– Tierproduktion	311	30	53.900	0,9
– Pflanzenproduktion	79	4.560	396.000	6,4
LPG	4.054	—	5.358.400	86,7
– Tierproduktion	2.696	165	83.800	1,4
– Pflanzenproduktion	1.159	5.420	5.259.900	85,1
– Gärtnerische Produktion	199	—	14.700	0,2
Sonstige landwirtschaftliche Produktionsbetriebe	—	—	363.700	6,7
Insgesamt	4.444[1]	—	6.171.000	100,0

[1] Angabe ohne sonstige landwirtschaftliche Produktionsbetriebe
Quelle: Hagedorn/Klare 1993: 23

Die Auswirkungen der transformationsbedingten Veränderungen im Agrarbereich Ostdeutschlands blieben natürlich nicht auf den Agrarsektor beschränkt, sondern beeinflußten insgesamt die Lage der Bevölkerung im ländlichen Raum. Die Ursachen hierfür liegen auf der Hand:

- Erstens war in der DDR und hier besonders in den dünn besiedelten Regionen der Anteil der in der Landwirtschaft Beschäftigten relativ hoch (und zudem der flächendeckende Charakter der Landbewirtschaftung sehr ausgeprägt), was nach der Wende zu der bereits aufgezeigten, erheblichen Arbeitskräftefreisetzung aus dem Agrarbereich und entsprechenden sozialen Folgeproblemen führte; die Entstehung von Ersatzarbeitsplätzen durch eine Ansiedlung nichtlandwirtschaftlicher Unternehmen konnte verständlicherweise nicht mit der gleichen Geschwindigkeit erfolgen.

Rahmenbedingungen für die Entwicklung ländlicher Räume

- Zweitens kommen die Wirkungen solcher politischer Maßnahmen, die zur Änderung der Wirtschaftsverfassung eingesetzt werden, im Agrarbereich und dadurch auch in ländlichen Räumen besonders deutlich zum Zuge; die durch sie hervorgerufene Revision von Eigentums- und Verfügungsrechten, Veränderung von Entscheidungsbefugnissen und Einkommensansprüchen rufen vielfältige Konflikte hervor, die nicht nur Landwirte, sondern auch viele andere Bewohner des ländlichen Raums betreffen (Beispiel: Reprivatisierung des Boden- und Gebäudeeigentums).
- Drittens war die Landwirtschaft in der DDR häufig auch Träger anderer wirtschaftlicher und sozialer Einrichtungen, z.B. von gewerblichen Nebenbetrieben und Kindergärten, die zum großen Teil nicht aufrechterhalten werden konnten. Die Folge war eine entsprechende Verringerung oder Umstrukturierung des Arbeitsplatz- und des Dienstleistungsangebots, aber auch ein Bedeutungsverlust der landwirtschaftlichen Betriebe in der ländlichen Gesellschaft.

Die transformationsbedingten Änderungen haben sich in den Regionen Ostdeutschlands allerdings unterschiedlich ausgewirkt. Hierfür gibt es eine Reihe verschiedener Gründe, von denen hier nur die zwei wichtigsten genannt werden sollen:

- Unterschiedliche natürliche und historische Gegebenheiten haben in der Vergangenheit auch zu einer ebenfalls unterschiedlichen Wirtschafts- und Sozialstruktur geführt, wobei diese Unterschiede offenbar auch durch die vierzigjährige Entwicklung der DDR und des Systems zentraler Lenkung nicht grundsätzlich aufgehoben worden sind. Ein Beispiel für die divergierenden natürlichen Standortbedingungen der Landwirtschaft stellen die stark kontrastierenden Bodenqualitäten in Ostdeutschland dar, die aus den Karten 1 und 2 anhand der durchschnittlichen Akker- bzw. Grünlandzahl in den Kreisen der neuen Bundesländer ersichtlich sind. Große Teile Mecklenburgs sind beispielsweise durch eine unterdurchschnittliche Bodenqualität und ferner traditionell durch große Landwirtschaftsbetriebe, die Beschäftigung von Landarbeitern und nur geringe Erwerbsalternativen in der gewerblichen Wirtschaft gekennzeichnet. Im Gegensatz dazu herrschten in manchen ländlichen Regionen Thüringens mit ertragreicheren Böden vor der Kollektivierung kleinere bäuerliche Betriebe, relativ leicht erreichbare außerlandwirtschaftliche Arbeitsplätze und daher auch eine größere Dichte landwirtschaftlicher Nebenerwerbsbetriebe vor. Je (un)günstiger die natürlichen Bedingungen und das Angebot an Erwerbsalternativen durch das wirtschaftliche Umfeld sind, desto einfacher (schwieriger) gestaltet sich die Transformation des Agrarsektors.

- Die verschiedenen ländlichen Gebiete sind durch die Transformationspolitiken des Staates in unterschiedlicher Weise positiv oder negativ betroffen, verbunden mit entsprechenden positiven oder negativen Auswirkungen auf die Wettbewerbsfähigkeit der regionalen Wirtschaft und die Lebenssituation der Menschen. Beispielsweise ergeben sich aus dem regional unterschiedlichen Anteil volkseigenen Landes in Ostdeutschland solche differenzierenden Effekte. Da in den ersten fünf Jahren nach der „Wende" die Privatisierungsmodalitäten noch vom Ausgang entsprechender, sich lange hinziehender politischer Entscheidungsprozesse abhingen, resultierten hieraus erhebliche Unsicherheiten in der ostdeutschen Landwirtschaft. Denn es war nicht abzusehen, inwieweit volkseigene Flächen von Nachfolgeunternehmen der LPGen weiterbewirtschaftet werden konnten oder an Wieder- oder Neueinrichter verpachtet oder verkauft werden würden. Nachdem die diesbezüglichen Entscheidungen durch die langfristige Verpachtung der Flächen und die Verabschiedung eines Flächenerwerbsprogramms weitgehend abgeschlossen sind, stellen sich weitere interregionale Unterschiede ein, diesmal im Hinblick auf die staatliche Begünstigung: Von den erheblichen Subventionseffekten der langfristigen Verpachtung und des begünstigten Flächenerwerbs profitieren Gebiete mit einem hohen Anteil volkseigenen Landes besonders.

Insgesamt gesehen ergibt sich daher eine Vielfalt möglicher Ausprägungen natürlicher und historischer Bedingungen sowie der politischen und ökonomischen Steuerversuche, die die Veränderungen im Agrarsektor der östlichen Bundesländer begleiten. Gerade im Agrarbereich sind die politischen Interventionen zur Gestaltung des Wandels besonders ausgeprägt. So hat beispielsweise die Bundesregierung von 1990 bis 1995 mehr als 17 Mrd. DM für die Agrarwirtschaft in Ostdeutschland bereitgestellt (ohne Transfers von anderen Politikebenen, d.h. der Bundesländer und der EU). Daher sollen im folgenden als Orientierungshilfe die wichtigsten Maßnahmenkomplexe aufgelistet werden.

Rahmenbedingungen für die Entwicklung ländlicher Räume

Karte 1: Durchschnittliche Ackerzahl (AZ) in den Kreisen der neuen Bundesländer

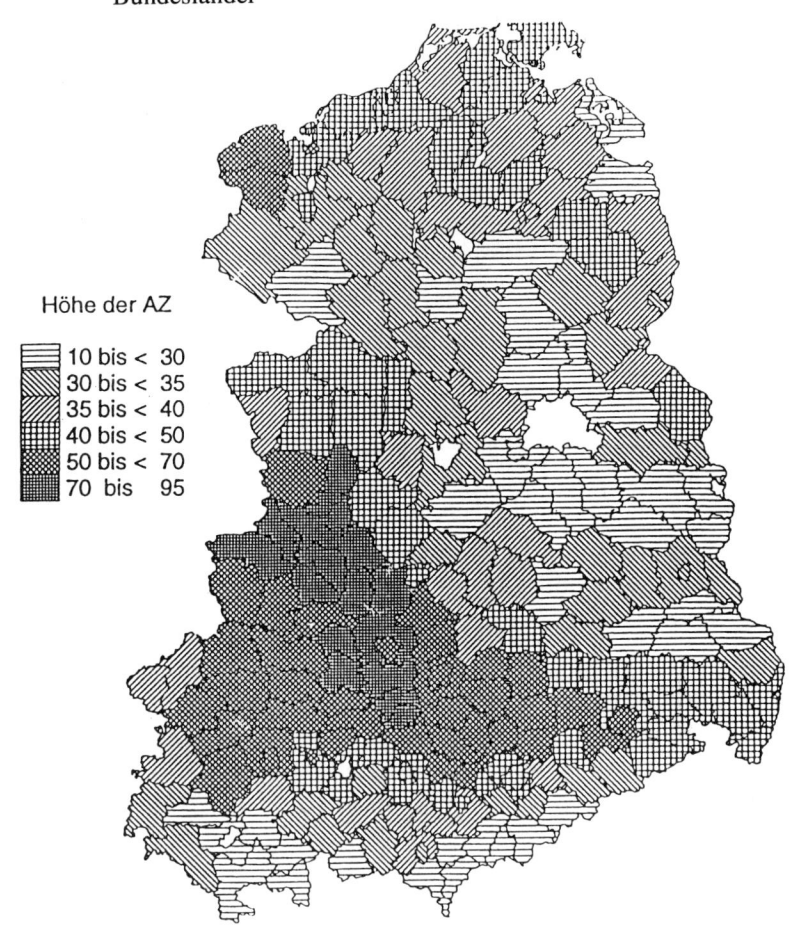

Höhe der AZ

- 10 bis < 30
- 30 bis < 35
- 35 bis < 40
- 40 bis < 50
- 50 bis < 70
- 70 bis   95

Quelle: Doll, H./Günther, H.-J./Klare, K. 1995: Privatisierung ehemals volkseigener landwirtschaftlicher Nutzflächen durch die BVVG: Stand im Dezember 1994 und weiterführende Überlegungen. Arbeitsbericht 2/1995 aus dem Institut für Strukturforschung der Bundesforschungsanstalt für Landwirtschaft Braunschweig-Völkenrode (FAL), Braunschweig: FAL, S. 6

Karte 2: Durchschnittliche Grünlandzahl (GZ) in den Kreisen der neuen Bundesländer

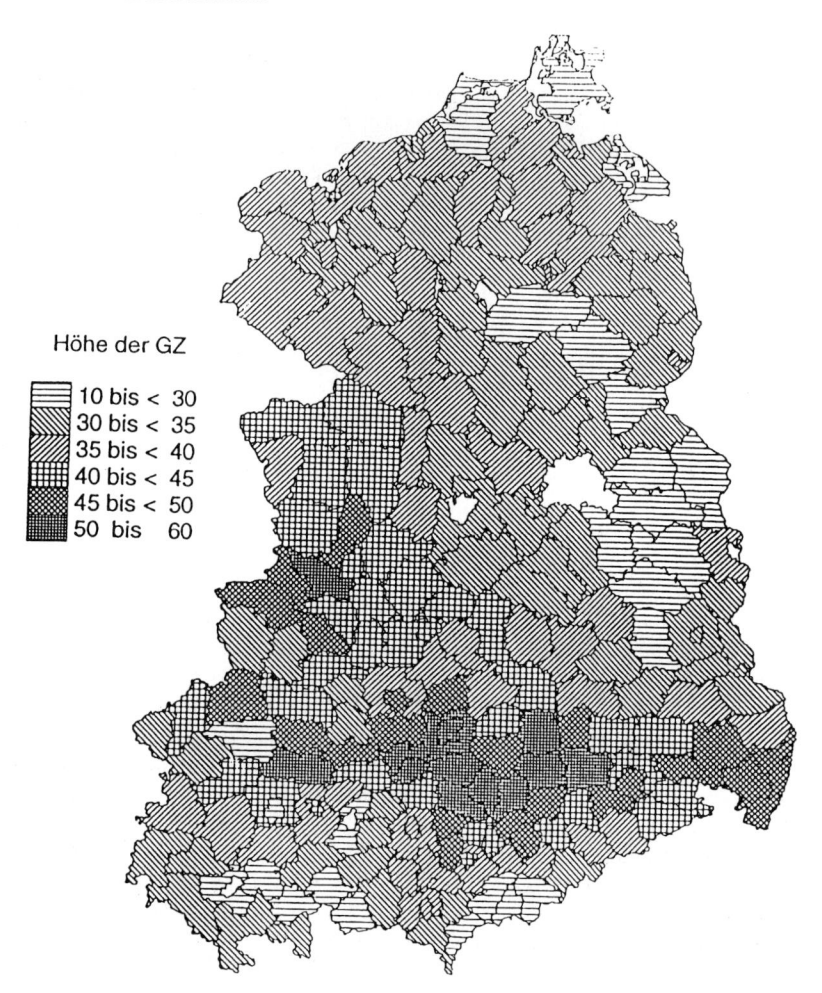

Höhe der GZ

- 10 bis < 30
- 30 bis < 35
- 35 bis < 40
- 40 bis < 45
- 45 bis < 50
- 50 bis 60

Quelle: Doll, H./Günther, H.-J./Klare, K. 1995: Privatisierung ehemals volkseigener landwirtschaftlicher Nutzflächen durch die BVVG: Stand im Dezember 1994 und weiterführende Überlegungen. Arbeitsbericht 2/1995 aus dem Institut für Strukturforschung der Bundesforschungsanstalt für Landwirtschaft Braunschweig-Völkenrode (FAL), Braunschweig: FAL, S. 7

2.2 Maßnahmenbündel zur Unterstützung der Transformation des ostdeutschen Agrarsektors

Am 1. Juli 1990 trat der Vertrag über die Wirtschafts-, Währungs- und Sozialunion der beiden deutschen Staaten in Kraft. Drei Monate später erfolgte der Beitritt der ostdeutschen Bundesländer zur Bundesrepublik Deutschland. Sie wurden damit zugleich in die Europäische Gemeinschaft und damit auch in deren Gemeinsame Agrarpolitik integriert. Hierdurch ergaben sich drastische Änderungen im Nahrungsmittelsektor Ostdeutschlands, der vorher durch eine weit über das Protektionsniveau Westdeutschlands und der EU hinausgehende Stützung der Agrarpreise gekennzeichnet war. 12% des gesamten Staatshaushalts der DDR wurden 1988 für diesen Zweck verwendet. Das quantitative Konsumniveau war wegen der niedrigen Nahrungsmittelpreise hoch – abgesehen von einigen Ausnahmen wie Obst und Gemüse oder Wein –, die Nahrungsmittelqualität blieb jedoch häufig hinter den westlichen Standards zurück. Der durchschnittlich für Nahrungsmittel, Getränke und Tabakwaren aufgewendete Anteil des Haushaltseinkommens betrug 1988 in Ostdeutschland ca. 40% gegenüber 23% in Westdeutschland (vgl. Hagedorn/Heinrich/Wendt 1992).

Diese Unterschiede wirkten sich nach der Grenzöffnung zunächst in einer sehr dramatischen Weise auf den ostdeutschen Agrarsektor aus. Kurze Zeit nach der Einführung der Wirtschafts-, Währungs- und Sozialunion in der Mitte des Jahres 1990 brachen nicht nur die heimischen Agrarmärkte in Ostdeutschland zusammen, sondern auch der Agrarhandel mit den Mitgliedsstaaten des ehemaligen COMECON kam weitgehend zum Erliegen, weil diesen Ländern die nunmehr auch für Importe aus Ostdeutschland notwendigen DM-Devisen fehlten. Die zu DDR-Zeiten hohe Agrarpreisstützung wurde abgebaut, und zugleich verlagerte sich die Nachfrage immer mehr zugunsten von Nahrungsmittelprodukten aus Westdeutschland und Westeuropa, die für die Konsumenten in Ostdeutschland zunächst den Reiz des Neuen besaßen. In der zweiten Hälfte des Jahres 1990 sank der Anteil ostdeutscher Agrarprodukte an der heimischen Nahrungsmittelnachfrage auf einigen Märkten sogar auf weniger als 25%, während die westdeutsche Nahrungsmittelindustrie einen beträchtlichen Absatzzuwachs verzeichnete. In dieser Situation erschien staatliche Hilfe für die Landwirtschaft Ostdeutschlands dringend geboten:

1. Marktentlastende Sofortmaßnahmen: Es wurden eine Reihe von Sofortmaßnahmen zur Stabilisierung der Agrarmärkte eingeführt, die den Zweck verfolgten, Überschüsse vom Markt zu nehmen und Billigangebote bzw. Verkäufe zu vermeiden. Dies wurde durch zwei Maßnahmen erreicht, nämlich durch stärkere staatliche Interventionskäufe sowie

durch Drittlandsexporte, vor allem in die ehemalige UdSSR. Von diesen Maßnahmen waren insbesondere Getreide, Butter, Magermilchpulver und Fleisch betroffen. Ziel dieser Maßnahmen war es, das Erzeugerpreisniveau in den neuen Bundesländern mit Beginn des Wirtschaftsjahres 1990/91 demjenigen der alten Bundesländer anzugleichen.

2. Kurzfristige Liquiditätshilfen: Zur Sicherung der Liquidität der landwirtschaftlichen Betriebe wurde zu einer sogenannten „Preisbruchregelung" gegriffen, derzufolge Unternehmen, die nachweislich zum 1. Juli 1990 über nicht mehr als 10.000,- DM Guthaben je Arbeitskraft verfügten, eine finanzielle Hilfe in Höhe von 1.100,- DM je Arbeitskraft gewährt werden konnte. Diese Liquiditätshilfe wurde durch standortbezogene Zuschläge für Unternehmen, die unter ungünstigen Standortbedingungen wirtschafteten, ergänzt.

3. Anpassungshilfen für die ostdeutschen Landwirtschaftsbetriebe: Zur Überbrückung von Anpassungsproblemen und zur Unterstützung der Umstrukturierung und des Aufbaus landwirtschaftlicher Unternehmen wurden von 1991 bis Ende 1995 sogenannte Anpassungshilfen gewährt. Sie waren an bestimmte Voraussetzungen gebunden, z.B. im Falle von LPG-Nachfolgeunternehmen an eine ordnungsgemäße Durchführung der Umwandlung und der Vermögensauseinandersetzung gemäß den Vorgaben des Landwirtschaftsanpassungsgesetzes und an die Einhaltung der Dungeinheitengrenze von 3 DE/ha LF. Die Anpassungshilfe wurde auf der Grundlage des kalkulatorischen Arbeitsbedarfs des jeweiligen Betriebes berechnet und setzte sich aus einem Grundbetrag und einem degressiv nach der Betriebsgröße gestaffelten Zusatzbetrag zusammen.

4. Sozialpolitische Maßnahmen: In der ehemaligen DDR waren die landwirtschaftlichen Erwerbstätigen Mitglieder des allgemeinen sozialen Sicherungssystems, während in Westdeutschland für die selbständigen Landwirte und ihre mitarbeitenden Familienangehörigen ein eigenständiges, sektorspezifisches soziales Sicherungssystem geschaffen worden war. Die Integration der Landwirtschaft Ostdeutschlands in die agrarsoziale Sicherung (Alterssicherung der Landwirte, Krankenversicherung der Landwirte, landwirtschaftliche Unfallversicherung, Zusatzaltersversorgung für land- und forstwirtschaftliche Arbeitnehmer, Landabgaberente, Produktionsabgaberente und Nachentrichtungszuschuß), die darüber hinaus auch noch mit einer recht weitgehenden Reform des Systems zusammenfiel, bereitete erhebliche Übertragungsprobleme, die an anderer Stelle ausführlich analysiert worden sind (vgl. Mehl/Hagedorn 1992, 1993a,c, 1994a,b). Desweiteren wurden sozialpolitische Maßnahmen zur Abfederung des Strukturbruchs und der mit ihm verbundenen immensen Arbeitskräftefreisetzung eingeführt, beispielsweise eine

Rahmenbedingungen für die Entwicklung ländlicher Räume

Vorruhestandsregelung für ausscheidende landwirtschaftliche Arbeitnehmer.

5. Umwandlung der Landwirtschaftlichen und Gärtnerischen Produktionsgenossenschaften: Die zu diesem Zwecke eingesetzten politischen Instrumente basieren insbesondere auf dem Landwirtschaftsanpassungsgesetz (LAG), wobei z.b. die Konfliktthemen „Vermögensauseinandersetzung" und „Altschulden" eine besondere Rolle spielen. Die auf die rechtlich-institutionelle Revision folgenden Entwicklungen der Umstrukturierung des ostdeutschen Agrarsektors (Entstehung unterschiedlicher Organisationsformen: e.G., AG, GmbH, GmbH & Co. KG, GbR, Einzelunternehmen, etc.) sind Gegenstand des Kapitels 3.

6. Agrarstrukturelle Förderung zur Erleichterung des Umstrukturierungsprozesses: Die mit dieser Zielsetzung eingeführten staatlichen Maßnahmen, insbesondere zur Finanzierung von Investitionen, werden vor allem im Rahmen der Gemeinschaftsaufgabe „Verbesserung der Agrarstruktur und des Küstenschutzes" angeboten und ferner durch die Strukturfonds der EU unterstützt. Wie aus Kapitel 4 im einzelnen hervorgeht, verdient in diesem Zusammenhang das Programm zur Wiedereinrichtung und Modernisierung landwirtschaftlicher Betriebe Beachtung.

7. Privatisierung volkseigener Flächen durch langfristige Verpachtung und Verkauf: Die Privatisierung volkseigenen Bodens sollte ursprünglich zeitlich parallel zur Umwandlung der landwirtschaftlichen Produktionsgenossenschaften erfolgen, wurde dann aber wegen einer langen Verzögerung des entsprechenden politischen Entscheidungsprozesses zum Entschädigungs- und Ausgleichsleistungsgesetz (EALG) erst Ende 1995 endgültig beschlossen. Die Flächen wurden daher in den vergangenen Jahren zunächst langfristig verpachtet und werden nunmehr mit Hilfe eines sogenannten Flächenerwerbsprogramms, dessen Wirkungen im einzelnen in Kapitel 5 analysiert werden, zu günstigen Bedingungen verkauft.

8. Die EU-Agrarreform: Nachdem im Anschluß an den Eintritt Ostdeutschlands in die EU die hier bereits eingeführten Flächenstillegungs- und Extensivierungsprogramme bereits übernommen worden waren, wurden 1992 zusätzlich zur Kompensation der negativen Einkommenseffekte von Agrarpreissenkungen Prämienzahlungen im Kulturpflanzenbereich, in der Tierhaltung, für Flächenstillegungen und sogenannte flankierende Maßnahmen eingeführt. Die östlichen Bundesländer gelangten dabei in den Genuß verschiedener Sonderregelungen, deren künftige Einschränkung oder gar Aufhebung nicht auszuschließen ist. Daß sowohl die Anwendung der im Rahmen der EU-Agrarreform eingeführten Aktionsinstrumente als auch deren künftige Modifikation im

Zuge einer „Reform der Reform" mit erheblichen Konsequenzen für die ostdeutschen Landwirtschaftsbetriebe verbunden war bzw. sein wird, wird in Kapitel 6 näher diskutiert werden.

Über diese Haupt-Maßnahmenbündel hinaus gab es weitere Einzelmaßnahmen, beispielsweise die Verordnung über die Flurneuordnung und den freiwilligen Landtausch, innerhalb derer Finanzmittel für die Durchführung von Verfahren zur Feststellung und Neuordnung der Eigentumsverhältnisse nach dem Landwirtschaftsanpassungsgesetz zur Verfügung gestellt wurden, sowie Maßnahmen zur Förderung der Dorferneuerung und des landwirtschaftlichen Wohnungsbaus (vgl. Agrarbericht 1991: 158ff).

3. Die Umwandlung und Neustrukturierung der landwirtschaftlichen Produktionsgenossenschaften

Die landwirtschaftlichen Produktionsgenossenschaften (LPG) und die volkseigenen Güter (VEG) hatten in der ehemaligen DDR wesentliche Aufgaben in sämtlichen Bereichen der ländlichen Gemeinde wahrgenommen und waren bedeutende Arbeitgeber (vgl. Grosskopf/Kappelmann 1992). Im Jahr 1989 waren in ländlichen Räumen ca. 26% der Beschäftigten in der Landwirtschaft tätig (vgl. Tissen 1994: 6). Die Umstrukturierung und damit vielfach einhergehend die Beschränkung der Unternehmen auf die Agrarproduktion hatten einschneidende Auswirkungen auf die ländlichen Räume, insbesondere auch durch die Freisetzung einer großen Zahl von Arbeitskräften. In keinem anderen Sektor war der Abbau der Arbeitskräfte so einschneidend wie in der Landwirtschaft. Bis zum Jahr 1994 hatte sich die Zahl der Beschäftigten gegenüber dem Jahr 1989 um rund 80% reduziert.

Nicht zuletzt durch massive Finanzhilfen hat sich inzwischen die Gewinnsituation der Landwirtschaft in den neuen Bundesländern deutlich verbessert und übertraf im Wirtschaftsjahr 1993/94 die durchschnittlichen Gewinne, die in den landwirtschaftlichen Betrieben in den alten Bundesländern erzielt wurden. Trotz dieser positiven Entwicklung muß angemerkt werden, daß der Erfolg der Landwirtschaft in den neuen Bundesländern zu einem wesentlich höheren Anteil auf Einkommensbeihilfen beruht als in den westlichen Bundesländern. Nach einer Phase großer rechtlicher und wirtschaftlicher Unsicherheit besteht heute in den wesentlichen Bereichen für die Unternehmen Planungssicherheit. Freilich sind noch nicht sämtliche Probleme gelöst. Insbesondere die Vermögensauseinandersetzung, die Flurneuordnung und auch das Altschuldenproblem werden die Unternehmen noch weitere

Jahre beschäftigen. Auch ist die Umstrukturierung der Landwirtschaft sicherlich noch nicht abgeschlossen. Die Einflüsse, die auf den Wandel der Agrarstrukturen einwirken, sowie die Effekte, die von dem Agrarstrukturwandel ausgehen, sind sehr vielfältig und entziehen sich häufig allgemeinen Aussagen, da die jeweiligen Umstände sowohl in den Unternehmen als auch in den ländlichen Regionen sich sehr stark unterscheiden. Es verwundert deshalb nicht, daß Richtung und Tempo der zukünftigen Entwicklungen der Agrarstrukturen und der ländlichen Räume in den neuen Bundesländern unterschiedlich eingeschätzt werden. Besonders umstritten ist nach wie vor die Frage, wie die politischen und wirtschaftlichen Rahmenbedingungen gestaltet werden sollten, um eine tragfähige Entwicklung der Landwirtschaft und der ländlichen Räume zu gewährleisten.

3.1 Die wirtschaftlichen und rechtlichen Rahmenbedingungen der Umwandlung und Neustrukturierung der landwirtschaftlichen Betriebe

3.1.1 Die wirtschaftlichen Rahmenbedingungen

Die wirtschaftlichen Rahmenbedingungen änderten sich bereits durch die Öffnung des Wirtschaftsraumes der DDR zum Zeitpunkt der Einführung der Wirtschafts-, Währungs- und Sozialunion im Juli 1990 drastisch. Die freie Preisbildung auf den Agrarmärkten hatte einen erheblichen Preiseinbruch zur Folge, der insbesondere die tierischen Produkte betraf (vgl. Übersicht 2). Hinzu kam, daß die Produktionsmittelpreise nicht im gleichen Ausmaß wie die Erzeugerpreise fielen und sich die Faktorpreise stark erhöhten. Seit 1990 haben sich insbesondere die Löhne drastisch erhöht. Während in der DDR im Jahr 1989 der durchschnittliche Lohnsatz in der Landwirtschaft 12.974 DM betrug, stieg er bereits zum Wirtschaftsjahr 1991/92 auf 27.181 DM und erhöhte sich bis zum Wirtschaftsjahr 1994/95 auf 35.768 DM. Besonders von dieser drastischen Lohnsteigerung ging ein enormer Anpassungsdruck auf die Unternehmen im Sinne einer Reduktion des Arbeitskräfteeinsatzes aus.

Übersicht 2: Index der Erzeuger- und Betriebsmittelpreise in den neuen Ländern

Erzeugnisse bzw. Betriebsmittel	1992/93	1993/94	1994/95	1994/95 gegen 1992/93
		1989 = 100%		
Lw. Produkte insgesamt	35,5	33,8	36,5	+2,8
Pflanzliche Produkte insgesamt	51,2	47,7	56,7	+10,7
Tierische Produkte insgesamt	29,7	28,7	29,1	-0,2
Lw. Betriebsmittel insgesamt	82,3	84,8	89,4	+8,6

Quelle: Agrarbericht 1996

Übersicht 3: Erzeugerpreise ausgewählter landwirtschaftlicher Produkte in den alten und neuen Bundesländern

Produkte	Jahr	Erzeugerpreise	
		Alte Bundesländer	Neue Bundesländer
		DM/dt	
Brotweizen	1992	31,10	32,20
	1993	23,90	25,35
	1994	24,60	25,70
Raps	1992	27,85	28,00
	1993	33,20	33,55
	1994	36,60	37,15
		DM/100 kg Rohmilch bei 3,7% Fett und 3,4% Eiweißgehalt	
Milch	1992	63,25	54,43
	1993	61,12	53,79
	1994	56,65	52,49
		DM/kg Schlachtgewicht	
Jungbullen O3	1992	5,45	5,46
	1993	5,63	5,59
	1994	5,43	5,44
Schweine	1992	3,31	3,23
	1993	2,47	2,39
	1994	2,58	2,56

Quelle: Ministerium für Ernährung, Landwirtschaft und Forsten des Landes Brandenburg 1995

Durch den Beitritt der DDR zur Bundesrepublik Deutschland am 3. Oktober 1990 wurde das bestehende Gemeinschaftsrecht der EU auf die neuen Bundesländer übertragen, dabei aber wurden spezielle Übergangsregelungen geschaffen, die eine Rückführung der Produktion sowie eine Stabilisierung der Erzeugerpreise zum Ziel hatten. Ein wesentliches Ziel der Politik bestand darin, die Erzeugerpreise in den neuen Bundesländern denjenigen der alten Bundesländer anzugleichen. Während in der ersten Zeit die Erzeugerpreise in den neuen Bundesländern bei tierischen Produkten rund 13% und bei pflanzlichen Produkten rund 4% unterhalb des Preisniveaus in der Bundesrepublik Deutschland lagen, konnten bei pflanzlichen Produkten bereits 1992 durchschnittlich höhere Erzeugerpreise als in den alten Bundesländern erzielt werden (vgl. Übersicht 3). Bei tierischen Produkten, insbesondere bei Milch, bestand hingegen auch im Jahr 1994 noch ein leichter Preisniveauunterschied zwischen den neuen und alten Bundesländern, der sich allerdings im Zeitablauf durch steigende Erzeugerpreise im Osten und fallende im Westen verringerte.

3.1.2 Die rechtlichen Rahmenbedingungen

Bereits in der DDR wurden die wesentlichen Weichenstellungen der rechtlichen Rahmenbedingungen der Anpassung der Agrarstrukturen an die marktwirtschaftlichen Verhältnisse gelegt. Von besonderer Bedeutung sind in diesem Zusammenhang das Landwirtschaftsanpassungsgesetz, das Fördergesetz und das Treuhandgesetz. Im Rahmen des Vereinigungsvertrages wurden diese Gesetze im wesentlichen übernommen, aber ansonsten die rechtlichen Rahmenbedingungen, wie sie in der alten Bundesrepublik bestanden, auf die neuen Bundesländer übertragen. In diesem Abschnitt ist vor allem das Landwirtschaftsanpassungsgesetz von Bedeutung[1]. Im Gegensatz zu den volkseigenen Gütern (VEG) wurde mit der 1. Fassung des Landwirtschaftsanpassungsgesetzes (LAG) die „Privatisierung" der LPGen nicht einer staatlichen Stelle übertragen, sondern den Beteiligten auf privatrechtlicher Grundlage selbst überlassen.

Infolge der Novellierung des LPG-Gesetzes vom 6. März 1990 wurde durch die Änderung des § 1 Abs. 3 die staatliche Weisungsgebundenheit der LPG, ihre Bindung an die Beschlüsse der SED, aufgehoben und somit ihre „Selbständigkeit auf der Grundlage der genossenschaftlichen Demokratie" ansatzweise hergestellt. Erst mit der 1. Fassung des LAG vom 29. Juni 1990 wurde das Privateigentum an Grund und Boden wiederhergestellt. Desweiteren wurden die Teilung, der Zusammenschluß und die Auflösung von LPGen ermöglicht und ein Kündigungsrecht der Mitglieder der LPG eingeführt (§ 43 LAG), verbunden mit dem Anspruch auf eine vermögensrechtliche Auseinandersetzung. Auch konnte die LPG in eine eingetragene Genossenschaft (e.G.) umgewandelt werden. Sowohl der Teilungsbeschluß, der Zusammenschluß als auch die Auflösung bedurften einer Mehrheit von zwei Dritteln der abgegebenen Stimmen in der Mitgliederversammlung. Eine Zustimmung jedes Mitglieds war nur dann erforderlich, wenn jedem Mitglied im neuen Unternehmen eine unbeschränkte Haftung zugewiesen wer-

---

1 Auf das Fördergesetz und seine weitere Ausgestaltung wird im Abschnitt 4 näher eingegangen. Die Betrachtung des Treuhandgesetzes, soweit es die Privatisierung der Volkseigenen Flächen und Volkseigenen Güter (VEG) behandelt, ist Gegenstand des Abschnitts 5.

den sollte. Über die Umstrukturierung der LPGen mußte somit demokratisch entschieden werden. Neben der Umwandlung, der Teilung, dem Zusammenschluß oder der Auflösung wurde auch die Aufteilung der Anteile der einzelnen Mitglieder am Vermögen der LPG den Entscheidungen der LPG-Mitglieder weitgehend selbst überlassen. Auch war die vermögensmäßige Auseinandersetzung zwischen ausscheidenden Mitgliedern und der LPG keinen genauen Vorschriften unterworfen (§ 49 LAG vom 20. Juli 1990).

Die Novelle des LAG vom 3. Juli 1991 (BGBl I S. 410) hat die erste Fassung des Gesetzes in einigen wesentlichen Punkten geändert. Insbesondere wurde die Umwandlung durch Formwechsel in sämtliche Gesellschaftsformen des bundesdeutschen Rechts erlaubt sowie die Vermögensauseinandersetzung zwischen ausscheidenden Mitgliedern und der LPG oder deren Rechtsnachfolgern verbindlichen Richtlinien unterworfen. Ein Abfindungsanspruch der Mitglieder bestand danach nur bei vorhandenem Eigenkapital. Die Aufteilung des Eigenkapitals wurde durch einen Stufenplan gemäß § 44 des LAG geregelt. Danach hatte die Rückerstattung des Inventarbeitrages zunächst Vorrang (§ 44 Abs. 1 Nr. 1 LAG). Überstieg das Eigenkapital die Summe der eingebrachten Inventarbeiträge, erfolgte eine Vergütung für die Bodennutzung in der Höhe von mindestens 2 DM je Bodenpunkt, Hektar und Jahr sowie eine Vergütung für die zinslose Überlassung der Inventarbeiträge mit einem Zinssatz von 3% pro Jahr. Für diese Vergütung von Boden- und Inventarbeiträgen durften jedoch nur 80% des verbliebenen Eigenkapitals verwendet werden. Die verbliebenen 20% dienten zur Hälfte der Vergütung von Tätigkeiten der LPG-Mitglieder, während die andere Hälfte dem Unternehmen als gesetzliche Rücklage zur Verfügung stand. Die Fälligkeit des finanziellen Abfindungsanspruchs richtete sich nach der zukünftigen Tätigkeit des ausscheidenden Mitglieds. Wiedereinrichter hatten bereits einen Monat nach Beendigung der Mitgliedschaft einen Anspruch auf eine Abschlagszahlung, während der Anspruch anderer Mitglieder erst mit der Feststellung der Jahresbilanz fällig wurde. Zusätzlich konnte das LPG-Nachfolgeunternehmen bei ausscheidenden Mitgliedern, die keinen landwirtschaftlichen Betrieb einrichten wollten, Ratenzahlungen verlangen. In jedem Fall mußte der Abfindungsanspruch fünf Jahre nach Fälligkeit erfüllt sein (§ 49 Abs. 1 bis 3 LAG).

Mit dem § 43a wurde ein entscheidender Einschnitt in die Entscheidungsfindung bezüglich der Beschäftigungsverhältnisse vorgenommen. Der Vorstand konnte nunmehr zur strukturellen Anpassung Kündigungen der Arbeitsverhältnisse aussprechen, wodurch allerdings die Mitgliedschaft unberührt blieb. Die Novelle des LAG verfolgte damit das Ziel der Erleichterung des Anpassungsprozesses und des Schutzes der Vermögensinteressen der ausscheidenden Mitglieder. Die Novelle fand jedoch nur Anwendung auf

diejenigen LPGen, deren Umwandlung nicht bereits vor dem 07.07.1991 vollzogen worden war.
Die jüngste Novellierung des Landwirtschaftsanpassungsgesetzes erfolgte im Rahmen des Umwandlungsgesetzes durch die Einfügung des § 38a (vgl. BML 1995b). Diese Novellierung ist am 1. Januar 1995 in Kraft getreten. Für Genossenschaften, die aus einer früheren LPG hervorgegangen sind, besteht danach die Möglichkeit, sich formwechselnd in Kapitalgesellschaften oder auch Personengesellschaften umzuwandeln. Das Wesen der formwechselnden Umwandlung besteht darin, daß das umzuwandelnde Unternehmen als solches erhalten bleibt und lediglich seine Rechtsform ändert. Daraus folgt, daß sich die Rechtsbeziehungen der Unternehmen zu anderen außenstehenden Stellen oder Personen nicht ändern. Vor dieser Novellierung galten die Regeln des Genossenschaftsgesetzes, demzufolge die e.G. sich formwechselnd nur in eine AG umwandeln konnte. Im Falle einer Umwandlung in eine Personengesellschaft oder GmbH war die e.G. zu liquidieren.

3.2 Die Umwandlung und Neustrukturierung der LPGen

Bei der Beschreibung der Entwicklung der Agrarstrukturen in den östlichen Bundesländern erscheint es angebracht, zwei Zeiträume der Anpassung zu unterscheiden: Der erste Zeitraum von 1989 bis zum Ende des Jahres 1991 war durch eine drastische Änderung der politischen, ökonomischen und sozialen Rahmenbedingungen gekennzeichnet. Einschneidend war in diesem Zusammenhang die Vorschrift, daß sich die LPGen bis zum Ende des Jahres 1991 in eine Rechtsform des westdeutschen Gesellschaftsrechts umwandeln mußten oder aufgelöst wurden. Der zweite Zeitraum bezieht sich auf die Phase von 1992 bis zur Gegenwart. In dieser Zeit haben sich die politischen und ökonomischen Rahmenbedingungen nur noch langsam verändert. Die einschneidendste Veränderung war in dieser Zeit die Einführung der EU-Agrarreform, die in Kapitel 6 diskutiert werden soll.
Aus der Übersicht 4 läßt sich die Struktur der Landwirtschaft kurz vor den ersten Reformen im Jahr 1990 ersehen. Die genossenschaftliche Landwirtschaft dominierte mit 50% der Unternehmensformen und 82,2% der bewirtschafteten Fläche das Bild der Agrarstruktur in der damaligen DDR. Die Übersicht 4 zeigt auch die relativ untergeordnete Bedeutung der Staatsbetriebe. Weiterhin wird deutlich, daß zwar bereits 1989 44,3% der Betriebe privat geführt wurden, diese aber insgesamt nur 5,4% der Fläche bewirtschafteten. Wird die private Nutzung hinzugerechnet, die 1989 in ca. 357.000 Haushalten mit einer Durchschnittsfläche von 0,75 ha betrieben wurde, so wurden bereits 1989 10,2% der landwirtschaftlichen Fläche privat

bewirtschaftet. Da diese Haushaltswirtschaften unter 1 ha LF allerdings auch in der Agrarstatistik nach 1990 nur eingeschränkt erfaßt werden, sollen diese im folgenden nicht weiter betrachtet werden.

Übersicht 4: Rechtsformen der landwirtschaftlichen Betriebe in der DDR und deren Flächennutzung 1989

Rechtsformen landwirtschaftlicher Unternehmen	Betriebe	1989 Beschäftigte 1.000 Personen	Fläche 1.000 ha LN	Viehbestand 1.000 GV
Private Landwirtschaft	3.558	5,5	335	165
Persönliche Nutzung	(357.000)		297	351
LPG	4.530	694,9	5.075	4.343
Pflanzenproduktion	1.164	306,9	4.987	69
Tierproduktion	2.851	343,6	73	4.273
Gartenbau	199	27,6	15	1
VEG	464	95,3	447	479
Pflanzenproduktion	152	46,2	408	36
Tierproduktion	312	49,1	39	443
VEB	116	29,5	17	492
Insgesamt	8.037	825,2	6.171	5.830

Quelle: Statistisches Amt der DDR, vgl. Agrarbericht 1991.

Durch die neuen gesetzlichen Rahmenbedingungen vollzog sich der Anpassungsprozeß auf zwei Ebenen: erstens durch die Auflösung und Umwandlung von bestehenden LPGen und zweitens durch die Neugründung von Betrieben.

3.2.1 Entwicklung der Rechtsformen

Das Ergebnis dieser Anpassung an die neuen gesellschaftsrechtlichen Rahmenbedingungen ist aus der Übersicht 5 zu entnehmen. Die Zahl der Einzelunternehmen hatte sich bis zum Jahr 1992 auf 14.602 erhöht mit einem Anteil von 13,2% der landwirtschaftlichen Nutzfläche. Bei den Personengesellschaften überwog nach der flächenmäßigen Bedeutung zunächst die GmbH & Co. KG, gefolgt von der GbR. Bei den juristischen Personen prägte im Jahr 1992 die e.G. das Bild mit einem Anteil von 44,1% der Flächen, gefolgt von der GmbH mit einem Flächenanteil von 25,7%. Obwohl diese Daten einen ungefähren Aufschluß über die Entwicklung geben, können sie nichts über die konkrete Umwandlung einzelner Betriebe aussagen.

Nach Untersuchungen von König (1992) wurden ca. 40% der 1989 bestehenden LPGen aufgelöst. Gründe für die Auflösung waren überwiegend die Zusammenlegung von Tier- und Pflanzenproduktion, die Fusion von Unternehmen sowie die Auflösung infolge der Liquidation oder der Gesamtvollstreckung. Ca. 60% der LPGen hatten die wirtschaftliche Tätigkeit weitergeführt und das Unternehmen in eine Rechtsform gemäß des bundesdeutschen Gesellschaftsrechts überführt. Unter diesen Rechtsnachfolgern wählten bis zum Jahr 1992 ca. 49% die Rechtsform der e.G., ca. 39% die GmbH, ca. 9% die GmbH & Co. KG, ca. 4% die GbR und ca. 2% die AG. Dies bedeutet, daß fast sämtliche e.g., GmbH, GmbH & Co. KG und AG aus der Umwandlung von LPGen hervorgegangen sind. Hingegen sind lediglich ca. 1/6 der GbR aus der Umwandlung von LPGen hervorgegangen, während 5/6 neu gegründet wurden. Es kann erwartet werden, daß in der Anfangsphase kein Einzelunternehmen aus der Umwandlung einer LPG entstanden ist.

Auch die zweite Phase der Umstrukturierung läßt sich aus der Übersicht 5 entnehmen. Zunächst ist festzuhalten, daß sowohl die Zahl als auch die bewirtschaftete Fläche von natürlichen Personen stark gestiegen ist, die von juristischen Personen hingegen gefallen ist. Auch kann festgehalten werden, daß sich das Tempo des Strukturwandels deutlich abgeschwächt hat. Während die Gesamtzahl der Unternehmen von 1992 auf 1993 noch um 36,6% gestiegen ist, betrug die Zunahme von 1994 auf 1995 nur noch 8,9%. Unterteilt nach Rechtsformen, hat sich die Zahl der Einzelunternehmen bis zum Jahr 1995 weiter auf 24.505 erhöht; die von diesen Betrieben bewirtschaftete Fläche ist auf 20,7% der Gesamtfläche angestiegen. Besonders dynamisch verlief die Entwicklung bei Unternehmen in der Rechtsform der GbR. Ihre Zahl stieg auf 2.157 und die von ihnen bewirtschaftete Fläche auf 14,6% der LF. Auch die GmbH & Co. KG verzeichnete einen Zuwachs und stieg auf 335 Betriebe; die von ihnen bewirtschaftete Fläche blieb annähernd konstant. Während die juristischen Personen insgesamt einen Rückgang der von ihnen bewirtschaften Fläche verzeichnen, und zwar im Zeitraum von 1992 bis 1995 um 13,8%, ist eine gegenläufige Bewegung in ihrer Anzahl zu beobachten. Lediglich die Zahl der e.G. ging weiter zurück, während die Zahl der GmbH stieg.

Übersicht 5: Landwirtschaftliche Betriebe nach Rechtsform der Unternehmen, 1992 bis 1995

Rechtsformen landwirtschaftlicher Unternehmen	Betriebe						bewirtschaftete Fläche insgesamt					
	1992	1993	1994	1995	1993 gegen 1992	1995 gegen 1994	1992	1993	1994	1995	1993 gegen 1992	1995 gegen 1994
	Anzahl				%		1000 ha LF				%	
Natürliche Personen	15.725	22.466	24.477	27.259	+42,9	+11,4	1.380,3	1.892,0	2.198,1	2.340,5	+37,1	+6,5
Einzelunternehmen	14.602	20.587	22.505	24.588	+41,0	+9,3	674,0	932,4	1.081,7	1.141,3	+38,3	+5,5
Personengesellschaften	1.123	1.879	2.379	2.671	+67,3	+12,3	706,3	959,6	1.116,4	1.199,2	+35,9	+7,4
GbR	760	1.416	1.890	2.157	+86,3	+14,1	320,9	562,0	708,9	805,3	+75,1	+13,6
OHG	9	13	7	9	+44,4	+28,6	1,6	0,4	0,4	0,4	-75,0	+0,0
GmbH & Co KG	257	311	331	335	+21,0	+1,2	379,7	393,4	403,3	389,9	+3,6	-3,3
sonst. natürl. Personen	97	139	151	170	+43,3	+12,6	4,0	3,7	3,8	3,6	-7,5	-5,3
Juristische Personen d.p.R.	2.749	2.829	2.821	2.902	+2,9	+2,9	3.679,5	3.385,4	3.223,4	3.168,7	-8,0	-1,7
e.G.	1.464	1.388	1.336	1.315	-5,2	-1,6	2.250,6	2.053,7	1.952,1	1.887,4	-8,7	-3,3
GmbH	1.178	1.302	1.335	1.417	+10,5	+6,1	1.314,2	1.234,8	1.178,0	1.193,9	-6,0	+1,3
AG	63	64	64	59	+1,6	-7,8	97,4	87,3	81,6	79,3	-10,4	-2,8
sonst. jur. Personen	44	75	86	111	+70,5	+29,1	17,3	9,6	11,7	8,1	-44,5	-30,8
Juristische Personen d.ö.R.	101	73	78	87	-27,7	+11,5	48,7	19,9	14,9	11,1	-59,1	-25,5
Insgesamt	18.575	25.368	27.783	30.248	+36,6	+8,9	5.108,6	5.297,3	5.436,4	5.520,6	+3,7	+1,5

Quelle: Agrarbericht 1993, 1994, 1995, 1996.

Genauere Untersuchungen des Verlaufs der Unternehmensgründungen, die von König und Isermeyer (1996) durchgeführt wurden, zeigen, daß die Gründung von eingetragenen Genossenschaften relativ früh einsetzte und nach dem 01.01.1992 weitere Gründungen kaum noch stattfanden. Während 95% der 1994 bestehenden e.G. bereits zum 01.01.1992 gegründet waren, betrug der entsprechende Anteil bei der GmbH 80%. Nach diesem Stichtag erfolgten somit Neugründungen von Unternehmen in Form einer juristischen Person hauptsächlich als GmbH. Wie König und Isermeyer (1996: 336) anmerken, fanden solche Neugründungen auch häufig als Reaktion auf agrarpolitische Vorgaben statt, z.b. durch die Bildung von „Mutterkuh-GmbH" als Tochtergesellschaften von anderen Unternehmen[2]. Bislang bestehen keine klaren statistischen Informationen darüber, in welchem Umfang die GmbH als Tochtergesellschaft von e.g.en oder anderer Rechtskonstruktionen gewählt wurden. Einzelne Fallbeispiele deuten jedoch darauf hin, daß diese Rechtskonstruktionen keine Ausnahme sind (vgl. z.B. Ditges 1994; Landwirtschaftliche Rentenbank 1992).

Die bisherige Entwicklung in den neuen Bundesländern hat zu einer äußerst vielfältigen Unternehmensstruktur geführt, die in Westdeutschland unbekannt war. In Westdeutschland prägt das Einzelunternehmen, i.d.R. in Form von Familienbetrieben, das Bild der Unternehmensformen. Die schnelle Entwicklung von Einzelunternehmen, wie sie sowohl von der Wissenschaft als auch der Politik erwartet wurde, ist weit hinter den Erwartungen zurückgeblieben. Der in den letzten Jahren abgeschwächte Strukturwandel läßt vermuten, daß die Agrarstruktur in den neuen Bundesländern auch auf absehbare Zeit durch eine große Vielfalt der Rechtsformen gekennzeichnet sein wird.

3.2.2 Entwicklung der Betriebsgrößen

Zur Beschreibung der Entwicklung der Betriebsgröße können unterschiedliche Indikatoren herangezogen werden: Hier sollen der Umfang der bewirtschafteten Fläche, der Umfang der Tierhaltung und die Anzahl der Beschäftigten betrachtet werden.

Die durchschnittliche Betriebsgröße, gemessen in Hektar landwirtschaftlicher Nutzfläche (LF), hat sich seit 1989 kontinuierlich verringert. Während sie im Jahr 1989 durchschnittlich 768 Hektar betrug, sank sie bereits bis zum August 1991 auf 325 ha und erreichte im Jahr 1995 rund 183

---

[2] Die Mutterkuhprämie wird nur gewährt, wenn das betreffende Unternehmen nicht gleichzeitig Milchkühe hält. Durch die Auslagerung von Betriebsteilen als GmbH kann eine Rechtsstruktur geschaffen werden, in der z.B. das Mutterunternehmen die Milchviehhaltung betreibt, während die Tochter GmbH die Mutterkuhhaltung aufbaut.

ha. Diese Entwicklung ist neben der Neugründung von vergleichsweise kleinen Betrieben auch auf eine Reduktion der Betriebsgröße vor allem von sehr großen Betrieben zurückzuführen. So sank die Zahl der Betriebe über 2.500 ha LF von 538 im Jahr 1991 auf 253 Betriebe im Jahr 1994 und damit um 56,3% (vgl. Übersicht 6). Die Anzahl der Betriebe unter 2.500 ha LF nahm hingegen deutlich zu. Insbesondere in der Größenklasse von 100 bis 500 ha stieg die Anzahl der Betriebe im betrachteten Zeitraum von 1.641 auf 4.670 und somit um 184,6%. Aber auch die Anzahl der Betriebe unter 50 ha LF nahm von 7.675 in Jahr 1991 auf 10.542 Betriebe im Jahr 1994 noch um 37,4% zu. Die besonders starke Zunahme der Betriebe zwischen 100 und 500 ha LF erscheint einerseits durch das Wachsen von kleineren Betrieben und andererseits durch das Schrumpfen von größeren Betrieben bedingt.

Übersicht 6: Entwicklung der Betriebsgrößen in der Landwirtschaft der östlichen Bundesländer nach Betriebsgrößenklassen

Betriebsgröße von ... bis unter ... ha LF	April 1991	August 1992	August 1993	Mai 1994	August 1992 gegen April 1991	Mai 1994 gegen August 1993
		Zahl der Betriebe[1]			%	
unter 20	5.880	8.311	8.123	7.386	+41,3	-9,1
20 bis 50	1.795	2.875	3.002	3.156	+60,2	+5,1
50 bis 100	1.100	1.981	2.139	2.212	+80,1	+3,4
100 bis 500	1.641	3.344	4.128	4.670	+103,8	+13,1
500 bis 1.000	586	999	1.140	1.269	+70,5	+11,3
1.000 bis 2.500	1.319	1.425	1.471	1.474	+8,0	+0,2
2.500 bis 5.000	465	327	269	241	-29,7	-10,4
5.000 und mehr	73	26	14	12	-64,4	-14,3
Zusammen	12.859	19.288	20.287	20.420	+50,0	+0,7

1) Betriebe mit einem kalkulatorischen Arbeitsbedarf von mehr als 500 AKh.
Quelle: Kruse 1995: 10

Aufgegliedert nach Rechtsformen zeigt die bisherige Entwicklung, daß seit 1992 die Einzelunternehmen die durchschnittliche Flächenausstattung mit rund 46 ha weitgehend konstant halten konnten (vgl. Übersicht 7). In den übrigen Rechtsformen ist hingegen seit 1992 ein Rückgang der durchschnittlich bewirtschafteten Fläche zu beobachten. In den eingetragenen Genossenschaften ist die bewirtschaftete Fläche von 1992 bis 1995 von 1.537 auf 1.435 ha und damit um 6,6% zurückgegangen. Das Schrumpfen der Genossenschaften erwies sich damit als unterdurchschnittlich. Einen deutlichen Rückgang der bewirtschafteten landwirtschaftlichen Nutzfläche verzeichnen hingegen die GmbH, deren Nutzfläche von 1.116 ha im Jahr 1992 auf 843 ha im Jahr 1995 zurückgegangen ist.

Übersicht 7: Durchschnittliche Betriebsgrößen landwirtschaftlicher Betriebe nach Rechtsform der Unternehmen, 1992-1994

Rechtsformen landwirtschaftlicher Unternehmen	1992	1993	1994	1995	1993 gegen 1992	1995 gegen 1994
		bewirtschaftete Fläche je Betrieb				
		ha LF			%	
Natürliche Personen	88	84	88	86	-4,5	-2,3
Einzelunternehmen	46	45	48	46	-2,2	-4,2
Personengesellschaften	626	511	469	449	-18,4	-4,3
GbR	422	397	375	373	-5,9	-0,5
OHG	183	35	51	42	-80,9	-17,6
GmbH & Co KG	1.477	1.265	1.218	1.164	-14,4	-4,4
sonst. natürl. Personen	42	27	25	21	-35,7	-16,0
Juristische Personen d.p.R.	1.338	1.197	1.143	1.092	-10,5	-4,5
e.G.	1.537	1.480	1.461	1.435	-3,7	-1,8
GmbH	1.116	948	882	843	-15,1	-4,4
AG	1.546	1.364	1.276	1.344	-11,8	+5,3
sonst. jur. Personen	393	128	136	73	-67,4	-46,3
Juristische Personen d.ö.R.	483	273	191	132	-43,5	-30,9
Insgesamt	275	209	196	183	-24,0	-6,6

Quelle: Agrarbericht 1992; 1993; 1994; 1995; 1996

Eine genauere Analyse von Kruse (1995) für das Jahr 1994 zeigt, daß 54,6% der Einzelunternehmen unter 20 ha LF bewirtschaften, während nur 17,8% eine Fläche von über 100 ha hatten. Personengesellschaften konzentrieren sich hingegen in der Größenklasse von 100 bis 500 ha (54,3% der Personengesellschaften), während die Genossenschaften überwiegend in der Größenklasse von 1.000 bis 2.500 ha lagen (55,7% der Genossenschaften). Bei den anderen Körperschaften handelt es sich um eine sehr heterogene Gruppe. 25,3% von ihnen, zu denen die GmbH, die GmbH & Co. KG und die AG zählen, bewirtschaften unter 20 ha LF. Es ist zu vermuten, daß es sich entweder um Subunternehmen größerer Betriebe oder um Gartenbaubetriebe handelt.

Bezüglich des Umfangs der Tierhaltung zeigt sich eine ähnliche Entwicklung wie bei der bewirtschafteten Fläche. Die Tierkonzentration in Betrieben mit sehr großen Beständen von mehr als 1000 VE hat von 1991 bis 1994 um 46,5% von 1.635 auf 875 Betriebe abgenommen. Besonders stark ist die Anzahl der Betriebe in den Größenklassen von 50 bis 100 VE und von 100 bis 500 VE angewachsen (vgl. Übersicht 8). Die Zahl der Betriebe, die kein Vieh halten, stieg zwar absolut an, relativ nahm der Anteil jedoch von 31% der Betriebe im Jahr 1991 auf 26,3% im Jahr 1994 ab. Aufgegliedert nach einzelnen Tiergruppen nahm lediglich die Zahl der Betriebe, die Rinder halten, kontinuierlich von 1991 bis 1994 zu (vgl. Kruse 1995). In der

Milchviehhaltung, der Schweinehaltung, der Zuchtsauenhaltung, der Schaf- und Ziegenhaltung und der Legehennenhaltung nahm hingegen die Zahl der Betriebe von 1991 bis 1992 zunächst zu, dann ab 1993 jedoch ab. Die durchschnittlichen Bestandsgrößen je Betrieb sind dagegen in den Jahren 1993 und 1994 angestiegen und belaufen sich 1994 auf 236,6 Rinder, davon 165 Milchkühe, 499 Schweine, davon 160 Zuchtsauen, 186 Schafe und Ziegen und 1.237 Legehennen.

Übersicht 8: Entwicklung der Tierhaltung in landwirtschaftlichen Betrieben der östlichen Bundesländer nach Größenklassen

Vieheinheiten von ... bis unter ... ha VE	April 1991	August 1992	August 1993	Mai 1994	August 1992 gegen April 1991	Mai 1994 gegen August 1993
		Zahl der Betriebe[1]			%	
Betriebe ohne Vieh	4.009	4.964	5.280	5.365	+23,8	+1,6
1 bis 20	4.324	7.092	6.887	6.572	+64,0	-4,6
20 bis 50	1.264	2.534	2.624	2.718	+100,5	+3,6
50 bis 100	416	1.348	1.636	1.729	+224,0	+5,7
100 bis 500	471	1.420	2.012	2.186	+201,5	+8,6
500 bis 1.000	740	925	951	975	+25,0	+2,5
1.000 und mehr	1.635	1.005	897	875	-38,5	-2,5
Zusammen	12.859	19.288	20.287	20.420	50,0	0,7

1) Betriebe mit einem kalkulatorischen Arbeitsbedarf von mehr als 500 AKh.
Quelle: Kruse 1995: 10.

Aufgegliedert nach Rechtsformen zeigt sich, daß 25% der Einzelunternehmen und 35,7% der Personengesellschaften keine Tierhaltung betreiben. Der Anteil der Betriebe ohne Tierhaltung ist bei den juristischen Personen deutlich geringer. Lediglich 9,2% der eingetragenen Genossenschaften und 22,4% der anderen Körperschaften hält kein Vieh. Einzelunternehmen weisen überwiegend auch in der Tierhaltung eine geringe Betriebsgröße auf; 63,8% der tierhaltenden Einzelunternehmen halten weniger als 50 VE. Demgegenüber halten 46,8% der Personengesellschaften zwischen 50 und 500 VE. Genossenschaften befinden sich in den oberen Größenklassen; hier sind es 69,9% der Betriebe, die mehr als 500 VE je Betrieb halten. Die anderen Körperschaften weisen auch bezüglich der Tierhaltung eine zweigipfelige Verteilung auf. Während 10,6% der anderen Körperschaften bis zu 20 VE halten, sind dies 25,3% in der Größenklasse von 100 bis 500 VE.

Die Betriebsgröße, gemessen an der Zahl der beschäftigten Personen in Betrieben natürlicher und juristischer Personen, ist aus der Übersicht 9 zu ersehen. In beiden Klassen der Rechtsformen ist der durchschnittliche Arbeitskräftebesatz von 1991 bis 1994 zurückgegangen. Dabei sind jedoch

Rahmenbedingungen für die Entwicklung ländlicher Räume

deutliche Niveauunterschiede zu erkennen. Juristische Personen beschäftigten im Jahr 1991 ca. 19 mal soviel Arbeitskräfte wie natürliche Personen. Im Jahr 1994 hat sich dieses Verhältnis bereits auf 9,8 verengt.

Übersicht 9: Entwicklung der Arbeitskräfte je Betrieb in den neuen Bundesländern

Betriebe in der Rechtsform	Arbeitskräfte je Betrieb				1992 gegen 1991	1994 gegen 1993
	1991	1992	1993	1994	%	
natürlicher Personen	5,0	4,2	3,5	3,3	-16,0	-5,7
juristischer Personen	95,4	51,8	38,6	32,5	-45,7	-15,8

Quelle: Statistisches Bundesamt, BML 1995a

Gemessen an der Anzahl der durchschnittlich beschäftigten Personen in den landwirtschaftlichen Betrieben, ist die Betriebsgröße sowohl in den natürlichen Personen als auch in den juristischen Personen relativ stark zurückgegangen.

3.2.3 Entwicklung der Betriebsformen

Die genossenschaftlichen und staatlichen Betriebe in der DDR waren im hohen Maße spezialisiert (vgl. Übersicht 4). Insbesondere Tier- und Pflanzenproduktion waren fast vollständig voneinander getrennt. Wie die Übersicht 10 erkennen läßt, haben sich im Bereich der Landwirtschaft überwiegend Marktfrucht- und Futterbaubetriebe gebildet. Auch auf der Ebene der Betriebsformen zeigt sich, daß die Dynamik der Umstrukturierung sich deutlich abgeschwächt hat, aber z.T. auch eine Richtungsänderung eingetreten ist. Während die Marktfrucht- und Futterbaubetriebe weiterhin an Bedeutung gewinnen, ist bei den Gemischtbetrieben inzwischen ein Rückgang zu beobachten. Gleiches trifft auch für die Kombinationsbetriebe zu.

Übersicht 10: Entwicklung der Betriebsformen in der Landwirtschaft der östlichen Bundesländer

Betriebe in der Betriebsform	April 1991	August 1992	August 1993	Mai 1994	August 1992 gegen April 1991	Mai 1994 gegen August 1993
			Zahl der Betriebe[1]		%	
Landwirtschaft	9.913	15.697	16.806	17.348	+58,3	+3,2
Marktfrucht	4.258	6.676	6.801	7.056	+56,8	+3,7
Futterbau	4.630	7.239	8.169	8.510	+56,3	+4,2
Veredlung	222	473	620	625	+113,1	+0,8
Dauerkultur	173	305	284	304	+76,3	+7,0
Gemischtbetriebe	630	1.004	935	853	+59,4	-8,8
Gartenbau	2.435	2.683	2.529	2.317	+10,2	-8,4
Kombinationsbetriebe	314	570	520	491	+81,5	-5,6
Sonstige	198	338	429	264	+70,7	-38,5
Zusammen	12.859	19.288	20.287	20.420	+50,0	+0,7

1) Betriebe mit einem kalkulatorischen Arbeitsbedarf von mehr als 500 AKh.
Quelle: Kruse 1995: 10.

Die Untersuchung von Kruse (1995) weist auch den Zusammenhang zwischen den Rechtsformen und den Betriebsformen für das Jahr 1994 aus. In sämtlichen Rechtsformen sind Marktfrucht- und Futterbaubetriebe weitaus am stärksten vertreten. Betriebe in der Rechtsform der natürlichen Personen sind vorwiegend in der Betriebsform der Marktfruchtbetriebe zu finden. Auffallend ist, daß Genossenschaften überwiegend bei den Futterbau- und Gemischtbetrieben auftreten. Als juristische Personen in der Rechtsform der übrigen Körperschaften haben sich in überdurchschnittlichem Maße die Veredlungsunternehmen organisiert.

3.2.4 Entwicklung der Betriebsergebnisse

Im folgenden werden ausgewählte Ergebnisse aus Buchführungsdaten der Agrarberichte 1993 bis 1996 dargestellt. Das Bundesministerium für Ernährung, Landwirtschaft und Forsten weist ausdrücklich darauf hin, daß die mangelnde Repräsentativität der Ergebnisse deren Aussagewert einschränkt. Allerdings sind bisher keine besseren Daten verfügbar.

Aus den Buchführungsergebnissen läßt sich zunächst der Erfolg unterschiedlicher Rechts- und Betriebsformen ablesen. Ein gebräuchlicher Indikator des Betriebserfolgs ist der „Gewinn plus Fremdlöhne je Arbeitskrafteinheit (AK)". Werden lediglich die Rechtsformen betrachtet, so erzielen in allen betrachteten Wirtschaftsjahren Personengesellschaften die besten betriebswirtschaftlichen Ergebnisse, gefolgt von den Einzelunternehmen und den juristischen Personen. Aufgegliedert nach Betriebsformen zeigt sich, daß

Rahmenbedingungen für die Entwicklung ländlicher Räume 383

ebenfalls in sämtlichen betrachteten Wirtschaftsjahren die Marktfruchtbetriebe deutlich bessere Betriebsergebnisse erzielen als die Futterbaubetriebe. Die Differenz im Betriebsergebnis „Gewinn plus Fremdlöhne je AK" zwischen Marktfrucht- und Futterbaubetrieben ist besonders bei Einzelunternehmen und Personengesellschaften ausgeprägt. Desweiteren zeigt sich eine uneinheitliche Entwicklung der Betriebsergebnisse im Zeitablauf. Während die Marktfruchtbetriebe von Wirtschaftsjahr 1991/92 bis 1994/95 in der Lage waren, ihr Betriebsergebnis zu halten bzw. leicht zu verbessern, verschlechterte sich das Betriebsergebnis bei den Futterbaubetrieben deutlich. Die juristischen Personen konnten ihren Gewinn plus Fremdlöhne je AK im betrachteten Zeitraum um 54,4% steigern. Trotz dieser positiven Entwicklung erwirtschafteten die juristischen Personen in Wirtschaftsjahr 1994/95 noch im Durchschnitt einen Unternehmensverlust von 40.700 DM. Von den juristischen Personen waren lediglich die Marktfruchtbetriebe in der Lage, einen Unternehmensgewinn von 3.500 DM zu erzielen.

Übersicht 11: Buchführungsergebnisse der landwirtschaftlichen Betriebe in den neuen Bundesländern nach Rechtsformen und Betriebsformen, Wirtschaftsjahre 1991/92 bis 1994/95

Betriebsform	Einzelunternehmen (Vollerwerb)				Personengesellschaften				Juristische Personen			
	91/92	92/93	93/94	94/95	91/92	92/93	93/94	94/95	91/92	92/93	93/94	94/95
Gewinn je Unternehmen in 1.000 DM												
Marktfrucht	74,2	85,3	93,8	91,3	204,3	366,1	275,9	266,4	-136,3	-84,0	-21,3	3,5
Futterbau	55,0	47,9	52,3	46,5	143,2	160,9	109,6	91,4	-544,3	-92,9	-74,2	-61,6
Gemischt	43,6	27,3	-	-	-	-	-	-	-62,5	-123,1	-229,1	-71,8
Zusammen	64,4	66,9	74,1	70,6	179,3	293,3	193,4	174,9	-322,1	-93,2	-82,7	-40,7
Gewinn plus Fremdlöhne je AK in 1.000 DM												
Marktfrucht	45,6	48,6	52,0	50,9	68,7	90,5	73,6	71,4	25,5	28,0	33,8	36,9
Futterbau	34,6	31,4	32,9	29,8	52,2	53,7	40,1	39,6	20,5	28,3	31,8	34,1
Gemischt	26,0	20,3	-	-	-	-	-	-	25,8	26,8	28,6	33,8
Zusammen	40,2	40,6	43,6	41,3	54,9	75,9	55,8	55,5	22,6	27,9	31,4	34,9
Eigenkapitalveränderung in DM je ha LF												
Marktfrucht	445	293	327	170	561	512	310	184	-184	301	139	113
Futterbau	717	369	349	231	737	620	199	97	-746	302	205	200
Gemischt	603	12	-	-	-	-	-	-	-360	484	25	-135
Zusammen	517	310	338	183	589	537	267	164	-474	321	148	114

Quelle: BML: Agrarbericht 1995, Buchführungsergebnisse

Insgesamt zeigen die Betriebsergebnisse für Marktfruchtbetriebe eine sehr positive Betriebsentwicklung. Dies gilt für sämtliche Rechtsformen, wobei deutliche Unterschiede zwischen den Rechtsformen bestehen bleiben. Die Betriebsergebnissse in Futterbaubetrieben haben sich demgegenüber vor allem in Einzelunternehmen und Personengesellschaften deutlich negativ entwickelt, während hier die juristischen Personen eine leichte Verbesserung des Betriebsergebnisses erzielen konnten. So waren in Futterbaubetrieben die Gewinne plus Fremdlöhne je AK im Wirtschaftsjahr 1994/95 erstmals in juristischen Personen höher als in Einzelunternehmen.

3.3 Ausgewählte Problemfelder der Neustrukturierung der landwirtschaftlichen Betriebe in den neuen Bundesländern

3.3.1 Rechtsformenwahl

Um die Rechtsformenwahl der Unternehmen zu verstehen, sollen zunächst einige kurze Ausführungen zu grundlegenden Kriterien erfolgen, hinsichtlich derer zwischen den Rechtsformen Unterschiede festzumachen sind.

Die Personengesellschaften in Form der GbR, OHG und der KG erfordern zu ihrer Gründung lediglich zwei Personen. Bei einer GbR und einer OHG sind sämtliche Gesellschafter zur Geschäftsführung berechtigt, sie haften jedoch auch für ihre Entscheidungen persönlich, unbeschränkt und gesamtschuldnerisch. Bei der KG liegt die Geschäftsführung bei den Komplementären, die für ihre Entscheidungen persönlich haften, während die beschränkt haftenden Kommanditisten von der direkten Geschäftsführung ausgeschlossen sind. Durch die Gleichberechtigung der Gesellschafter bei der Entscheidungsfindung und die unbeschränkte und gesamtschuldnerische Haftung ist die Gesellschaftsform der GbR und der OHG nur für eine kleine Anzahl von Beteiligten geeignet. Lediglich die KG mit der Trennung des Komplementärs und der Kommanditisten ermöglicht eine größere Zahl von Gesellschaftern. Das Gesellschaftsvermögen befindet sich bei Personengesellschaften im Gesamthandvermögen, bei der GbR kann aber auch Bruchteilseigentum gegeben sein. Personengesellschaften, die Land- und Forstwirtschaft betreiben, sind nicht gewerbesteuerpflichtig, soweit sie keine gewerblichen Einkünfte erzielen.

Kapitalgesellschaften und Genossenschaften haben als juristische Personen eine eigene Rechtspersönlichkeit. Während die Kapitalgesellschaften zu ihrer Gründung ein Anfangskapital von 50.000 DM im Falle der GmbH und 100.000 DM im Falle der AG benötigen, sind zur Gründung einer Genossenschaft mindestens 7 Mitglieder erforderlich. Die Gesellschafter bzw. Genossenschaftsmitglieder sind nicht zur unmittelbaren Geschäftsführung berechtigt und haften nur mit ihrem anteiligen Gesellschaftsvermögen. Durch die generell beschränkte Haftung und den Verzicht auf die direkte Geschäftsführung durch die Beteiligten erlauben Kapitalgesellschaften und Genossenschaften eine größere Anzahl von Beteiligten. Wegen möglicher Vermögensauseinandersetzungsansprüche bei einem Gesellschafterwechsel ist die GmbH allerdings nur für eine geringere Anzahl von Beteiligten geeignet, während die AG und die Genossenschaft eine höhere Anzahl von Beteiligten ermöglicht. Das Stimmrecht der Gesellschafter hängt bei den Kapitalgesellschaften von der Höhe der Kapitalbeteiligung ab, während in einer Genossenschaft ein Genossenschaftsmitglied höchstens drei Stimmen auf sich vereinigen kann. Die Stimmrechte sind somit in den Kapitalgesellschaften handelbar und übertragbar. Juristische Personen sind i.d.R. gewerbesteuer- und körperschaftssteuerpflichtig.

Die GmbH & Co. KG ist eine Mischform zwischen Personen- und Kapitalgesellschaft. Sie bietet eine Möglichkeit, die Vorteile der Personengesellschaft in steuerlicher Hinsicht und bezüglich der Vertragsgestaltung mit den Vorteilen der Kapitalgesellschaft hinsichtlich der beschränkten Haftung zu verbinden. Die GmbH ist in dieser Rechtsform der persönlich haftende Komplementär, der unbeschränkt mit dem Gesellschaftsvermögen haftet. Wird zur Geschäftsführung ein Kommanditist berufen und hat die GmbH & Co. KG nur Einkünfte aus der Landwirtschaft, so kann die Gewerbesteuer entfallen.

Der Fülle von Literatur, die sich mit der hier nur kurz skizzierten relativen Vorzüglichkeit unterschiedlicher Rechtsformen in der Landwirtschaft beschäftigt, steht eine nur sehr geringe Anzahl von Arbeiten gegenüber, die sich mit den tatsächlichen Gründen der vollzogenen Rechtsformenwahl beschäftigt. Die umfassendsten Ergebnisse wurden von Fiedler/Forstner (1994) vorgestellt. Auf die Frage, welche Vorteile in der gewählten Rechtsform gesehen werden, zielten in der Rechtsform der e.G. die häufigsten Antworten darauf ab, daß dadurch eine einfache Art der Umwandlung möglich war (13,8%), die Rechtsform keine spezifischen Vor- und Nachteile mit sich bringe (12,2%), es sich um eine vertraute Rechtsform handle (7,7%) und dadurch die Haftung beschränkt werden konnte (6,6%). Betriebe in der Rechtsform der GmbH sahen hingegen ihre Vorteile vor allem im Bereich der Haftung (20,7%), der Unternehmensführung (18,0%), der Flexibilität (8,1%) sowie der Vorteile kleinerer Einheiten (6,1%). Eine deutlich andere Gewichtung nahmen Betriebe in der Rechtsform der GmbH & Co. KG sowie der GbR vor. Bei der GmbH & Co. KG sahen die Betriebe die Hauptvorteile in der Unternehmensführung (22,9%), der Haftung (17,1%) und Motivation (17,1%) sowie der Steuerbelastung (11,4%) und Flexibilität (11,4%). Betriebe in der Rechtsform der GbR sahen ihre Vorteile hingegen in größeren Einheiten (20,4%), der Unternehmensführung (14,6%), im Zugang zu Quoten (14,6%), in den Finanzierungsmöglichkeiten (12,6%) und der Flexibilität (11,7%).

Systematisch betrachtet, erscheint deshalb bei der Wahl der Rechtsform einer juristischen Person insbesondere die Haftung ein besonders ausschlaggebendes Kriterium gewesen zu sein. Nach Überlegungen von Schnabel

(1994: 161) wurde dieses Motiv beim Vorhandensein von Altschulden noch verstärkt. Für die e.G. sind hingegen noch weitere Motive wie eine leichte Umwandlung sowie eine gewisse soziale Verantwortung den Mitgliedern gegenüber mitentscheidend gewesen.

Nach der Untersuchung von Fiedler u.a. (1994) planten 1994 ca. 14% der Unternehmen einen nochmaligen Rechtsformenwandel. Die Gründe, die hierfür genannt wurden, waren vor allem: Zugang zu Fördermitteln (26%), Motivationsförderung (21%), Verbesserung der Unternehmensführung (14%) und steuerliche Vorteile (14%). Die Unternehmen in der Rechtsform der e.G. streben nach den Ergebnissen der Untersuchung die Rechtsform der GmbH, der GbR und der GmbH & Co. KG an, während die GmbH, die sich umwandeln wollen, vor allem die Rechtsform der GbR und der GmbH & Co. KG anstreben.

Aufschlußreich sind in diesem Zusammenhang auch die Antworten auf die Frage, warum kein Rechtsformenwechsel in den nächsten fünf Jahren angestrebt wird. Danach gaben 44% der Unternehmen an, daß sie in einer Umwandlung keine spezifischen Vorteile sähen, 19% scheuten den finanziellen Aufwand, 12% fürchteten Unruhe und 8% der Unternehmen sahen Probleme bei Verträgen mit Dritten.

Werden die angegebenen Gründe der Rechtsformenwahl und der möglich Umwandlung systematisch betrachtet, so lassen sich bestimmte Entwicklungspfade erkennen. Zu Beginn der Umwandlung scheint insbesondere die Begrenzung der Haftung eine bestimmende Rolle bei der Wahl der Rechtsform zu spielen. Für diesen Zweck sind alle juristischen Personen gleichermaßen geeignet. Personengesellschaften in Form der GbR scheiden jedoch aus. In Abhängigkeit davon, ob die einfache Umwandlung oder soziale Aspekte bedeutend sind, wird die Rechtsform der e.G. bevorzugt. In den Fällen, in denen dieser Aspekt von untergeordneter Bedeutung ist, gewinnt der Aspekt der Unternehmensführung an Bedeutung und tendiert zur Wahl der GmbH oder der GmbH & Co. KG. Sowohl die GmbH als auch die GmbH & Co. KG haben jedoch Nachteile bei der externen Kapitalbeschaffung gegenüber der Rechtsform der GbR, die allerdings kaum eine Haftungsbegrenzung ermöglicht. Mit steigenden Kapitalansprüchen und rückläufigen Risiken der Produktion tritt deshalb eine Hinwendung zur Rechtsform der GbR ein. Diese in erster Linie internen Ursachen der Wahl der Rechtsform werden zusätzlich durch externe Anreize wie der Vergabe von Fördermitteln und der Steuer- und Sozialgesetzgebung unterstützt (vgl. z.B. Forstner 1995c,d).

Sicherlich sind noch weitaus mehr Einflußfaktoren zu berücksichtigen. Die Finanzierungsschwäche der LPG-Nachfolgeunternehmen ist nicht zuletzt auch eine Folge ungeklärter Eigentumsverhältnisse und der wirtschaftlich unsicheren Situation. In dem Ausmaße, in dem sich die wirtschaftliche

Situation in den juristischen Personen bessert, steigt deren Kreditwürdigkeit. Ebenso macht erst die Zusammenführung der Gebäude und Grundstücke eine Beleihung von Gebäudevermögen möglich (vgl. Abschnitt 3.4.5). Bei Neugründungen von Unternehmen wurde im wesentlichen die Rechtsform des Einzelunternehmens und der GbR gewählt. Genauere Untersuchungen über die Gründe der Wahl zwischen dem Einzelunternehmen und der GbR wurden bisher nicht durchgeführt.

3.3.2 Arbeitskräfteanpassung

Die Erhöhung der Arbeitsproduktivität war eines der zentralen Probleme der LPG-Nachfolgeunternehmen (vgl. Henrichsmeyer/Schmidt 1991). In der Landwirtschaft der DDR waren 1989 ca. 825.000 Personen beschäftigt. Der durchschnittliche Beschäftigtenbesatz lag im Jahr 1989 mit ca. 14,2 Beschäftigte je 100 ha LF weit über dem durchschnittlichen Arbeitseinsatz in Westdeutschland mit 6,4 AK je 100 ha. Die stark steigenden Lohnansprüche machten aus Sicht des Unternehmens einen Arbeitskräfteabbau unabdingbar. Der Arbeitskräfteabbau vollzog sich zunächst im Zeitraum von 01.07.1990 bis zur Novelle des LAG sehr schleppend. Nach Erhebungen von König (1992: 12) waren in den LPGen und deren Nachfolgeunternehmen bis zum Mai 1991 lediglich 10% der Arbeitskräfte vom Juli 1990 abgebaut. Die anschließend stattfindende drastische Reduktion des Arbeitskräftebesatzes auf rund 55% des Ausgangsbestandes bis zum Ende des Jahres 1991 kann zumindest z.T. auf die Novellierung des LAG zurückgeführt werden. Die Novellierung und die Einführung des Artikels 43a ermöglichten es dem Vorstand einer Genossenschaft, zur strukturellen Anpassung Kündigungen der Arbeitsverhältnisse vorzunehmen. Die Mitgliedschaft in der Genossenschaft blieb hierdurch unberührt. Da die überwiegende Anzahl der Arbeitskräfte Genossenschaftsmitglieder war, konnte eine Kündigung für die LPG-Nachfolgeunternehmen gleichzeitig mit einem Kapitalabfluß verbunden sein. Auch dieser Zusammenhang mag sich verzögernd auf den Abbau der Arbeitskräfte ausgewirkt haben.

Wie aus der Übersicht 12 hervorgeht, hat sich der Beschäftigungsabbau seit 1992 erheblich abgeschwächt. Weiterhin ist zu ersehen, daß sich die Reduktion der Arbeitskräfte hauptsächlich in Unternehmen in der Rechtsform der juristischen Personen vollzieht, während in Unternehmen natürlicher Personen eine steigende Zahl von Beschäftigten tätig ist. Dies erklärt sich durch die Neugründung und das Wachstum von Betrieben in der Rechtsform von natürlichen Personen, und nicht durch eine erhöhte Arbeitsintensität. Die Arbeitsintensität, gemessen in Arbeitskrafteinheiten je 100 ha, ist im Zeitraum von 1991 bis 1994 sowohl in natürlichen als auch in juristischen Personen erheblich zurückgegangen. Die Betriebe in der Rechtsform natürlicher Personen wiesen in allen betrachteten Jahren eine deutlich geringere Arbeitsintensität auf.

Übersicht 12: Entwicklung der Arbeitskräfte in der Landwirtschaft der östlichen Bundesländer

	1991	1992	1993	1994	1992 gegen 1991	1994 gegen 1993
		Arbeitskräfte (Anzahl)			%	
Insgesamt	368.100	208.100	186.692	173.659	-43,5	-7,0
		in Betrieben in Form natürlicher Personen				
Familienarbeitskräfte	39.500	40.400	49.597	52.862	+2,2	+6,6
Fremdarbeitskräfte						
- ständige	5.100	22.500	23.519	24.976	+341,2	+6,2
- nicht – ständige	1.500	2.900	4.454	4.221	+93,3	-5,2
Insgesamt	46.100	65.800	77.570	82.059	+42,7	+5,7
AK je 100 ha	4,50	2,83	2,26	2,07	-37,1	-8,4
		in Betrieben juristischer Personen				
Fremdarbeitskräfte						
- ständige	316.000	137.800	104.617	88.199	-56,4	-15,7
- nicht – ständige	6.100	4.500	4.505	3.401	-26,2	-24,5
Insgesamt	322.100	142.300	109.122	91.600	-55,8	-16,1
AK je 100 ha	6,04	3,58	3,05	2,68	-40,7	-12,3

Quelle: Statistisches Bundesamt, BML 1995a.

Da für die neuen Bundesländer insgesamt keine Informationen über den Verbleib der aus der Landwirtschaft ausgeschiedenen Arbeitskräfte vorliegt, soll im folgenden auf Daten des Landes Brandenburg zurückgegriffen werden, die in der Übersicht 13 zusammengestellt sind.

Übersicht 13: Entwicklung der Beschäftigten in den Unternehmen der Landwirtschaft, des Gartenbaus und der Fischerei des Landes Brandenburg (Angaben in 1.000 Personen)

Jahre	Erwerbst. insgesamt am Jahres- anfang	Abgänge				Zugänge	Erwerbst. insgesamt am Jahres- ende
		Rentner	Vorruhe- ständler	Arbeitslose	Sonstige		
1989	–	–	–	–	–	–	179,3
1990	179,3	5,2	16,7	16,6	14,8	–	126,0
1991	126,0	7,5	19,0	22,0	16,0	–	61,5
1992	61,5	1,5	2,0	8,5	10,3	–	39,2
1993	39,2	0,2	0,3	1,4	0,5	2,3	39,1
1994	39,1	1,2	0,5	0,3	1,3	0,1	35,9

Quelle: Ministerium für Ernährung, Landwirtschaft und Forsten des Landes Brandenburg 1995: 25.

In den ersten Jahren von 1989 bis 1991 wurde der Beschäftigungsabbau überwiegend durch Eintritt in das Rentenalter und in den Vorruhestand erreicht. In den folgenden Jahren war diese Möglichkeit des Beschäftigungsabbaus nur noch von geringer Bedeutung und wurde von der Entlassung (Arbeitslosigkeit) oder durch den freiwilligen Berufswechsel, Umschulung etc. (sonstiges) abgelöst.

Der Beschäftigungsabbau vollzog sich somit im wesentlichen bis zum Ende des Jahres 1992; er ist jedoch noch nicht zum Stillstand gekommen. Aufgrund einer weiteren Reduzierung der Tierbestände, technischer Fortschritte sowie der Ausgliederung von Hilfsleistungen aus landwirtschaftlichen Unternehmen wird insgesamt mit einer weiteren Reduktion der Beschäftigtenzahl in der Landwirtschaft gerechnet.

3.3.3 Vermögensauseinandersetzung

Nach der ersten Fassung des LAG wurde die Vermögensauseinandersetzung weitgehend den ehemaligen LPGen selbst überlassen. Die Unklarheiten der ersten Fassung des Gesetzes sowie eine festgestellte Benachteiligung der Boden- und Inventareinbringer gegenüber den Arbeitern machte eine Novellierung des LAG notwendig (vgl. Isermeyer 1991: 300). Die in der Novelle des LAG gefundene Regelung, die insbesondere die Bodeneigentümer relativ besserstellt und einen Anspruch auf die entgangene Pacht und die Verzinsung des Inventarbeitrags festschreibt, blieb allerdings nicht unumstritten. Insbesondere die Tatsache, daß an ausscheidende Mitglieder bis zu 80% des Eigenkapitals zu verteilen war, hat zu Beginn der Novelle nicht selten zu der Ansicht geführt, daß mit der Neufassung des Gesetzes eine Liquidation von LPG-Nachfolgebetrieben angestrebt wurde (vgl. z.B. Geyer 1992). Eine durch das LAG verursachte verstärkte Liquidierung ist aus der Statistik allerdings nicht zu ersehen. Offenbar bestanden in der Festlegung des zu verteilenden Eigenkapitals erhebliche Spielräume, die im Gegenzug zu dem Vorwurf geführt haben, daß die Mitglieder durch eine Niedrigbewertung des Vermögens des LPG-Nachfolgers ein weiteres Mal enteignet wurden (vgl. z.B. Der Spiegel 1995). Hierfür war insbesondere die Möglichkeit der Unterbewertung der aktiven Wirtschaftsgüter in der Eröffnungsbilanz sowie die Zuordnung von 80% des ermittelten Eigenkapitals zu den Rücklagen verantwortlich, das sich dann der Personifizierung entzog (vgl. Feldhaus 1990).

Bezüglich der Vermögensauseinandersetzung zeigen sich deutliche Interessengegensätze zwischen den LPG-Nachfolgeunternehmen und neu- bzw. wiedereingerichteten Betrieben. Während die Vermögensauseinandersetzung für viele LPG-Nachfolger mit Liquiditätsabflüssen verbunden ist, bedingt dieselbe für Wieder- und Neueinrichter Vermögenszuflüsse und fördert entsprechend die Wirtschaftskraft dieser Unternehmen. Bei der gegebenen Rechtslage bestand aus der Sicht der LPG-Nachfolger die bevorzugte Strategie darin, ein niedriges Eigenkapital auszuweisen und damit den Kapitalabfluß möglichst gering zu halten. Ausscheidende Mitglieder hingegen mußten ein Interesse an einer möglichst hohen Bewertung des Eigenkapitals der LPG-Nachfolger haben. Ein möglichst niedriges Eigenkapital konnte durch eine Bewertung des Vermögens zum Niedrigstwert (zumeist der Verkehrswert) sowie durch hohe Rückstellungen[3] ausgewiesen werden[4].

Das grundsätzliche Problem der Vermögensauseinandersetzung wurde somit durch das LAG nur z.T. gelöst. Zwar wurde der Verteilungsschlüssel genau geregelt, nicht jedoch die Bewertungsansätze für das LPG-Vermögen. Auch die Überprüfung der Rechtmäßigkeit der Vermögensauseinandersetzung war und ist nur bedingt geeignet, den vorhandenen Bewertungsspielraum einzugrenzen (vgl. Lohlein 1994).

Die Politik hat auf diese Probleme unterschiedlich reagiert. In einigen Ländern wurden Vermittlungsausschüsse eingerichtet, um eine unkomplizierte Lösung der Streitigkeiten herbeizuführen. Auch wurden Prüfungskommissionen eingesetzt, um die Rechtmäßigkeit der Vermögensauseinandersetzung zu überprüfen. Während in Sachsen und Sachsen-Anhalt sämtliche LPG-Nachfolger durch die Prüfungskommissionen überprüft wurden, wurde in den übrigen neuen Bundesländern nur im Beschwerdefall überprüft (vgl. Agra-Europe 1992a, b).

Die Frage der Vermögensauseinandersetzung ist auch nach fünf Jahren immer noch Gegenstand gerichtlicher Auseinandersetzungen.

3.3.4 Boden- und Pachtmärkte

Der Wettbewerb der Betriebsgrößen und Organisationsformen vollzieht sich in der Landwirtschaft überwiegend auf den Pachtmärkten. Durch das LAG von 1990 wurde die vollständige Verfügungsgewalt über das Eigentum an Boden wiederhergestellt, mit der Einschränkung, daß kein unbeschränkter Anspruch auf die originäre Fläche besteht. Damit wurde versucht, einer Zersplitterung der Flur vorzubeugen. Von den rund 5,4 Mio. ha landwirtschaftlicher Nutzfläche befinden sich etwa 3,8 Mio. ha und damit 70% in privater Hand. Etwa 1,6 Mio. ha bzw. 30% sind volkseigenes Vermögen, das nach dem Treuhandgesetz zu privatisieren ist[5].

---

3   Die Bildung von Rückstellungen konnte für Verbindlichkeiten erfolgen, die zwar dem Grunde, jedoch nicht der Höhe nach bekannt waren.
4   Zu den Rechtsauseinandersetzungen um die Bewertung des Vermögens vgl. z.B. Altmann (1994)
5   Vgl. hierzu Kapitel 5.

Rahmenbedingungen für die Entwicklung ländlicher Räume

Verschiedene Untersuchungen zeigen, daß die natürlichen Personen gegenüber den juristischen Personen einen überdurchschnittlichen Pachtpreis je Hektar, aber auch je Bodenpunkt und Hektar zahlen (vgl. z.B. König 1994: 72; Doll/Klare 1994: 125). Nach den Untersuchungen von König (1994) lag der Pachtpreis, der von natürlichen Personen gezahlt wurde, 1991 mit 4,4 DM je Hektar und Bodenpunkt um 51% höher als der Pachtpreis, der von juristischen Personen gezahlt wurde (2,9 DM je Bodenpunkt und Hektar). Dieser Abstand hat sich bis zum Jahr 1994 deutlich verringert. Im Jahr 1994 leisteten natürliche Personen Pachtzahlungen von 4,8 DM je Bodenpunkt und Hektar und lagen damit noch um 17,1% über dem Pachtpreisniveau von juristischen Personen mit 4,1 DM je Bodenpunkt und Hektar.

Dieser Zusammenhang wird auch aus der Übersicht 14 deutlich, wobei allerdings in den durchschnittlichen Pachtpreisen je Hektar unterschiedliche Bodenqualitäten unberücksichtigt bleiben. Die Übersicht 14 zeigt jedoch auch, daß trotz gestiegener Pachtpreise das Pachtpreisniveau in den neuen Bundesländern nur 40% des Pachtpreisniveaus in den alten Bundesländern erreicht.

Übersicht 14: Pachtpreise der landwirtschaftlichen Vollerwerbsbetriebe nach Betriebsformen und Ländern (DM je zugepachteter Fläche)

Land	Rechtsform	1991/92	1992/93	1993/94	1994/95	Veränderung 1994/95 gegen 1993/94 in %	1991/92 in %
Alte Länder	Zusammen	485	487	489	488	-0,2	+0,6
Neue Länder	Einzelunternehmen	162	178	192	196	+1,6	+21,0
	Personengesellschaften	137	188	186	198	+6,8	+44,5
	Juristische Personen	115	129	153	161	+5,5	+40,0

Quelle: Agrarbericht 1996

Die Zunahme des Anteils der Flächenbewirtschaftung[6] durch natürliche Personen kann vor dem Hintergrund dieser Zahlen unter anderem auf die größere Bereitschaft oder ökonomische Fähigkeit zu höheren Pachtzahlungen – und damit eine höhere Wettbewerbsfähigkeit von natürlichen Personen auf Pachtmärkten – zurückgeführt werden. Die langsame Angleichung des Pachtpreisniveaus bei natürlichen und juristischen Personen dürfte neben der wirtschaftlichen Stabilisierung der juristischen Personen auch mit der zunehmenden Neugründung von Unternehmen und der damit einhergehenden verstärkten Wettbewerbsintensität zusammenhängen. Zu Beginn der Umstrukturierung befanden sich die meisten juristischen Personen als LPG-Nachfolgebetriebe auf den Pachtmärkten in einer monopsonistischen Position.

---

6   Vgl. Abschnitt 3.2.1.

Aufgrund ihrer beherrschenden Marktposition waren die LPG-Nachfolgeunternehmen in der Lage, das Pachtpreisniveau niedrig zu halten. Mit zunehmender Konkurrenzsituation sinkt das monopsonistische Potential der LPG-Nachfolgeunternehmen mit der Folge steigender Pachtpreise.

Besonders umstritten war und ist die Rolle der Treuhandanstalt bzw. der BVVG auf den Pachtmärkten. Mit ca. 30% der landwirtschaftlichen Nutzfläche war die Treuhandanstalt der mit Abstand größte Verpächter. Regional war und ist der Anteil der Treuhandflächen noch bedeutsamer, insbesondere in Mecklenburg-Vorpommern und in Brandenburg. Durch ihre herausragende Stellung auf den Pachtmärkten besaß die Treuhand zu Beginn der Umstrukturierung die Position eines Preisführers. Die Treuhand bzw. BVVG übt einerseits durch ihre Vergabepolitik und andererseits durch ihre Preisgestaltung Einfluß auf die Entwicklung der Betriebe aus. Schmitt (1993) bezeichnete die Preispolitik der Treuhand als eine Subvention für die Landwirtschaft in den neuen Bundesländern. Anstatt sich an Knappheitspreisen zu orientieren, würden administrative Bewertungskriterien angelegt. Auch Doll und Klare (1994: 134) kommen zu dem Ergebnis, daß „die Höhe der vereinbarten Pachtpreise mit der BVVG als Verpächterin nicht nur anfänglich, sondern auch noch gegenwärtig eine wichtige Orientierungsgröße für alle Pachtmarktteilnehmer darstellen", bemerken dann aber einschränkend, daß „die BVVG bei der Preisfindung flexibler geworden ist, indem sie neben der Bodenzahl zunehmend auch das Geschehen auf den regionalen Pachtmärkten berücksichtigt."

Neben der Pachtpreisgestaltung war für die Unternehmen vor allem die Vertragsdauer von Bedeutung. Während zu Beginn in erster Linie einjährige Pachtverträge vergeben wurden, ist die BVVG dazu übergegangen, langfristige, d.h. zwölfjährige Pachtverträge abzuschließen. Im Jahr 1994 waren über 80% der Treuhandflächen langfristig verpachtet. Dadurch wurde eine wesentliche Bedingung der Planungssicherheit und der Kreditsicherung geschaffen.

3.3.5 Zusammenführung von Boden- und Gebäudeeigentum

Ein besonderes Problem der Entwicklung der Unternehmen in den neuen Bundesländern, das eine investitionshemmende Wirkung entfaltet, resultiert aus der Gepflogenheit, daß Wirtschaftsgebäude auf Grundstücken erbaut wurden, die nicht im Eigentum des Bebauenden standen. In der DDR wurde für Gebäude ein Sondereigentumsrecht eingeführt, das ein vom Bodeneigentum losgelöstes Gebäudeeigentum erlaubte. Die LPG hatte ein unbeschränktes dingliches Nutzungsrecht an dem von ihr genutzten landwirtschaftlichen Boden, das auch die Errichtung von Gebäuden einschloß (vgl. § 18 LPG-Gesetz von 1982). Zur Wiederherstellung einer funktionsfähigen

Eigentumsordnung wurde die notwendige Zusammenführung von Boden- und Gebäudeeigentum im Einigungsvertrag und im Zweiten Vermögensänderungsgesetz sowie im LAG vom 07.07.1991 festgeschrieben. Nach § 64 des LAG sind die Eigentumsverhältnisse bei der Zusammenführung von Boden- und Gebäudeeigentum auf Antrag des Eigentümers des Bodens oder des Gebäudes neu zu ordnen. Diese Neuordnung kann entweder durch freiwilligen Landtausch oder durch ein von der zuständigen Flurbereinigungsbehörde angeordnetes Verfahren erfolgen. Bis zum 30. September 1994 galt entsprechend des Zweiten Vermögensrechtsänderungsgesetzes das sogenannte sachenrechtliche Moratorium, das den Nutzer nur bis zum Ablauf des 31. Dezember 1994 zum Besitz des in Anspruch genommenen Grundstücks berechtigte. Durch den Artikel 2 des Sachenrechtbereinigungsgesetzes, das mit dem 1. Oktober 1994 in Kraft trat, gilt das Besitzrecht des Nutzers von baulichen Anlagen unbefristet bis zur endgültigen Bereinigung im Einzelfall fort (vgl. BML 1995c). Dadurch wird bewirkt, daß die Grundstückseigentümer ihre Rechte ausschließlich im Wege der Zusammenführung von Boden- und Gebäudeeigentum durchsetzen können und eine erheblich verbesserte Rechtssicherheit für die Gebäudenutzer geschaffen wird.

3.3.6 Altschulden

Ein politisch sehr umstrittenes Problem stellt die Belastung der LPG-Nachfolgebetriebe mit Altschulden dar. Die Altschulden basieren auf Kreditbeziehungen zwischen der LPG und Kreditinstituten der DDR, die vor dem 1. Juli 1990 entstanden sind. Nach der Vereinigung betrug die Gesamtsumme der Altschulden ca. 7,6 Mrd. DM. Aufgrund der Liquidation und Gesamtvollstreckung von im besonderen Maß belasteten Unternehmen haben sich die Altschulden auf rund 4,7 Mrd. DM reduziert[7]. Durch eine Teilentlastung der Treuhand reduzierten sich die Altschulden nochmals um ca. 1,3 Mrd. DM, so daß gegenwärtig mit einem Bestand an Altschulden von rund 3,4 Mrd. DM ohne Berücksichtigung der aufgelaufenen Zinsen gerechnet werden kann. Die gesetzlichen Regelungen insbesondere der bilanziellen Entlastung haben jedoch dazu geführt, daß nur wenige Unternehmen bisher Rückzahlungen auf die Altschulden vorgenommen haben. Nach der bilanziellen Entlastung müssen Unternehmen nur dann Zahlungen auf Altschulden leisten, wenn sie Gewinne erzielen, und auch dann nur in Höhe von 20% des Gewinns. Die Stundung der Zinszahlungen impliziert jedoch nicht, daß die Altschulden nicht verzinst werden müssen. Im Verlauf der vergangenen

---

7   Nach Angaben des BML entfallen ca. 2,1 Mrd. DM auf Unternehmen in Liquidation oder Gesamtvollstreckung. Weitere 0,6 Mrd. DM wurden von den Unternehmen selbst getilgt (vgl. BML 1995a: 52)

Jahre haben sich die ausstehenden Zinszahlungen deshalb auf über 1 Mrd. DM angehäuft. Die bislang von vielen LPG-Nachfolgeunternehmen verfolgte Strategie besteht im wesentlichen im Abwarten und in der Hoffnung auf eine „politische Lösung" (vgl. Forstner 1995b: 43). Obwohl der Bundesgerichtshof grundsätzlich die Gültigkeit der Altschulden unter marktwirtschaftlichen Bedingungen bestätigt hat, steht noch eine Entscheidung des Bundesverfassungsgerichts in dieser Sache aus[8].

Unternehmen mit Altschulden mußten bis zum 31. Dezember 1995 alles nicht betriebsnotwendige Vermögen zum Zwecke der Altschuldentilgung veräußern. Falls vorhandenes, nicht betriebsnotwendiges Vermögen nicht bis zu diesem Termin veräußert worden ist, muß der Gegenwert abgeführt werden. Diese Regelung wirft die dringliche Frage auf, welche Vermögensbestandteile als nicht betriebsnotwendig einzustufen sind. Sollte die bisherige Regelung nicht um einige Zeit ausgesetzt werden, wie die Interessenvertreter von ostdeutschen Landwirten verlangen, so werden hierdurch ohne Zweifel erhebliche Rechtsprobleme entstehen.

1995 wird von den Interessenvertretern altschuldenbelasteter Betriebe die Forderung gestellt, (1) den Termin zur Veräußerung des nicht-betriebsnotwendigen Vermögens um einige Jahre zu verschieben, (2) den Zinssatz zu senken und (3) den altschuldenbelasteten Betrieben ein Angebot zu unterbreiten, so daß eine Sofortzahlung für einen Teil der Altschulden bei gleichzeitiger Befreiung vom Rest vorgenommen werden kann. Es ist jedoch nicht abzusehen, ob diese Forderungen Aussicht auf Erfolg haben (vgl. auch Wissing 1995).

3.4 Zukünftige Entwicklungen

Auch fünf Jahre nach der Wiedervereinigung wird die zukünftige Entwicklung der Agrarstrukturen in den neuen Bundesländern sowohl von der Wissenschaft als auch von der Politik und den Verbänden noch sehr unterschiedlich beurteilt. Einigkeit herrscht lediglich darüber, daß die Umstrukturierung der Landwirtschaft in den neuen Bundesländern keinesfalls als abgeschlossen gelten kann.

Insgesamt gesehen werden allerdings die Ergebnisse der Umstrukturierung nach fünf Jahren vergleichsweise positiv eingeschätzt. So kommt Schrader (1995: 1) zu dem Urteil, daß die ostdeutsche Landwirtschaft bereits jetzt in Teilbereichen das Leistungsniveau der westdeutschen Landwirtschaft erreicht, teilweise sogar übertrifft. Noch weiter geht Isermeyer (1995), der in den ostdeutschen Agrarstrukturen ein Vorbild für die Landwirtschaft in

---

8 Zu dem Urteil des Bundesgerichtshofes von 26.10 1993 vgl. auch Bultmann (1994).

Westdeutschland sieht. Die hohe Flächenausstattung der Betriebe und die großbetrieblichen Produktionsstrukturen werden als ein entscheidender und langfristiger Vorteil der ostdeutschen Landwirtschaft angesehen. Diese Einschätzung bezieht sich vor allem auf den Bereich der Pflanzenproduktion, weniger indes auf die Tierproduktion, deren Entwicklung immer noch als kritisch beurteilt wird. Seit der Vereinigung hat sich der Rindviehbestand halbiert, der Schweinebestand ist sogar auf ein Viertel abgesunken (vgl. z.B. auch Wehland 1995; Schmitt 1994). Während die negative Entwicklung in der Rindviehhaltung sich in den letzten zwei Jahren weitgehend abgeschwächt oder sogar stabilisiert hat, ist insbesondere in der Schweinehaltung der Rückgang ungebremst. Die Probleme in der Tierhaltung und der Abbau der Tierbestände sind vor allem auch deshalb sehr bedeutsam, weil die Zahl der Beschäftigten in der Landwirtschaft sehr eng mit dem Umfang der Tierhaltung verbunden ist[9].

Der drastische Rückgang der Tierhaltung in den neuen Bundesländern wird auf mehrere Ursachen zurückgeführt. Neben der erheblichen Veränderung der Preis-Kosten-Verhältnisse wird vor allem die Kapitalknappheit als ein wesentlicher Grund für diese Entwicklung angeführt (vgl. z.B. Schrader 1995: 2). Durch die Kapitalknappheit insbesondere in juristischen Personen würden arbeitssparende Investitionen in Stallanlagen nicht getätigt. Demgegenüber sieht Schmitt (1994) eine wesentliche Ursache für die rückläufige Tierhaltung auch in der geringen Wettbewerbsfähigkeit von Lohnarbeitsbetrieben in der Tierhaltung. Nach seiner Ansicht ist der Wiederaufbau der Tierhaltung eng verbunden mit der zukünftigen Zahl von Familienbetrieben in den neuen Bundesländern.

Bezüglich der weiteren Entwicklung der Rechtsformen wird eine Verringerung der Anzahl der eingetragenen Genossenschaften und eine weiter steigende Anzahl der GmbH, der Einzelunternehmen und Personengesellschaften erwartet (vgl. z.B. Langbehn 1995; Rost 1995). Nicht zuletzt die Änderung des Umwandlungsgesetzes läßt erwarten, daß der Prozeß der Umwandlung von Genossenschaften in andere Rechtsformen sich möglicherweise wieder beschleunigen wird. Der weitere Strukturwandel wird sich jedoch, verglichen mit der Zeit von 1989 bis 1992, nur sehr langsam vollziehen.

---

9   Während die Marktfruchtbetriebe in den neuen Bundesländern im Durchschnitt ca. 1 AK je 100 ha LF beschäftigen, finden in Futterbaubetrieben ca. 2,5 AK je 100 ha LF Beschäftigung (vgl. Agarbericht 1995).

Abbildung 1: Verlauf der Nettoinvestitionen in Betrieben unterschiedlicher Rechtsformen

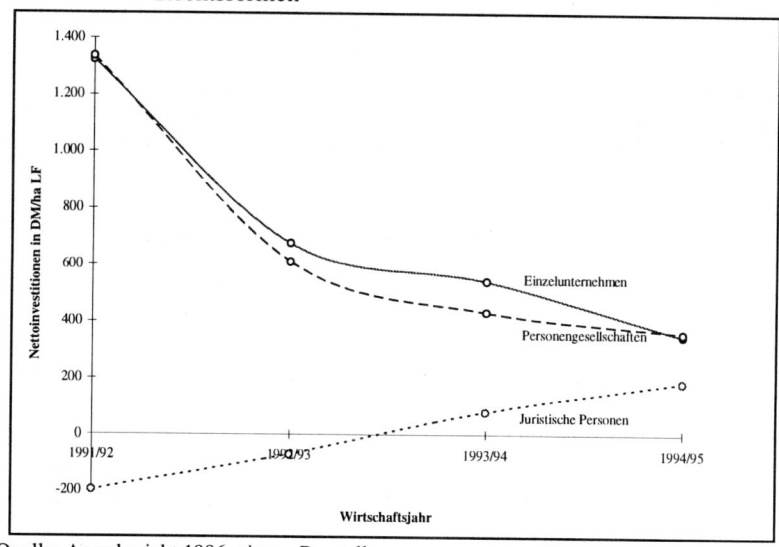

Quelle: Agrarbericht 1996, eigene Darstellung.

Ein Indikator für die mögliche zukünftige Entwicklung ist die Investitionstätigkeit der Unternehmen, insbesondere die Nettoinvestitionen. Wie Abbildung 1 deutlich macht, erforderte die Neugründung von Unternehmen in der Rechtsform der Einzelunternehmung und der Personengesellschaft hohe Nettoinvestitionen. Seit dem Wirtschaftsjahr 1991/92 sind die Nettoinvestitionen in den Einzelunternehmen und Personengesellschaften rückläufig. In den juristischen Personen führten die Unsicherheit über die wirtschaftliche Zukunft sowie die strukturellen Probleme bis zum Wirtschaftsjahr 1992/93 zu negativen Nettoinvestitionen. Seit dem Wirtschaftsjahr 1993/94 tätigen auch die juristischen Personen Nettoinvestitionen mit einer steigenden Tendenz. Dies deutet auf eine langsame, aber deutliche Verbesserung der wirtschaftlichen Lage in den juristischen Personen hin. Daraus ist zumindest mittelfristig die Schlußfolgerung zu ziehen, daß die Agrarstruktur in den neuen Bundesländern durch eine vielfältige Struktur hinsichtlich der Betriebsgrößen und Organisationsformen gekennzeichnet bleiben wird.

4. Agrarstrukturelle Förderung in den neuen Bundesländern

Die deutsche Vereinigung im Jahre 1990 vereinte zwei Agrarsektoren, die in über 40 Jahren einer völlig gegensätzlichen Entwicklung unterlagen. Deutlich wird dies schon beim Vergleich der durchschnittlichen Betriebsgröße, der Bedeutung unterschiedlicher Rechtsformen, des in den Betrieben vorhandenen Kapitalstocks sowie des typischen Kapital- und Arbeitsbesatzes. Eine bloße Ausweitung des agrarstrukturellen Förderkonzepts der „alten" Bundesrepublik Deutschland auf die neuen Bundesländer konnte der divergenten Entwicklung und dem hohen Anpassungsbedarf der ostdeutschen Landwirtschaft im Transformationsprozeß nicht gerecht werden. Obwohl es als offensichtlich angesehen wurde, für den Zeitraum des Anpassungsprozesses geeignete Sonderregelungen für das Gebiet der ehemaligen DDR einzuführen, galt es ebenfalls als politisch prioritär, die agrarstrukturelle Förderung der neuen Bundesländer in den durch die EU vorgegebenen Rechtsrahmen zu integrieren. Dies war insbesondere notwendig, um eine angesichts des Finanzbedarfs wünschenswerte Kofinanzierung der Maßnahmen durch die EU-Strukturfonds zu gewährleisten.

Zudem sollten die agrarstrukturellen Programme für Ost- und Westdeutschland schrittweise in ein einheitliches Förderkonzept überführt werden. Dieser Prozeß einer Angleichung der Förderkonzepte in Ost und West kann zum gegenwärtigen Zeitpunkt keineswegs als abgeschlossen betrachtet werden. Da die durch die EU genehmigten Sonderregelungen bis zum 31.12.1996[10] befristet sind, darf 1997 mit einer weitgehenden Angleichung der Regelungen gerechnet werden (vgl. Mehl/Rudolph 1994). Bereits Ende 1995 wurde in diesem Zusammenhang durch den Planungsausschuß der Gemeinschaftsaufgabe „Verbesserung der Agrarstruktur und des Küstenschutzes" beschlossen, die einzelbetriebliche Investitionsförderung zu vereinheitlichen. Dabei soll die 1995 durchgeführte Neuregelung der einzelbetrieblichen Investitionsförderung in den alten Bundesländern als Grundlage für eine einheitliche Förderung dienen, wobei deren endgültige Ausgestaltung aber die besonderen agrarstrukturellen Gegebenheiten in den neuen Bundesländern berücksichtigen wird.

In diesem Kapitel wird zunächst die Ausgestaltung des Instrumentariums zur Förderung der Agrarstruktur, das zahlreiche und vielfältige Maßnahmen umfaßt, beschrieben und erläutert. Der Schwerpunkt der Betrachtung liegt im Bereich der einzelbetrieblichen Investitionsförderung. Bei der

---

10 Im Bereich der sogenannten Marktstrukturverbesserung laufen die Sonderregelungen bis Ende 1999.

Untersuchung der agrarstrukturellen Förderung können drei Phasen unterschieden werden: (1) die Phase der Maßnahmen vor Einführung der Gemeinschaftsaufgabe (GAK) im Jahre 1991, (2) die Phase der für die neuen Bundesländer gesonderten Förderung innerhalb der Gemeinschaftsaufgabe (Abschnitt 4.1) und (3) die gegenwärtige Phase der Vereinheitlichung der Förderung in Ost und West. Da die zuletzt genannte Phase gerade den Prozeß der politischen Ausgestaltung durchläuft und erst ab 1997 wirksam werden wird, erscheint es sinnvoll, ihre Beschreibung und die heute bereits absehbare Auswirkung auf die Förderung der landwirtschaftlichen Betriebe in den neuen Bundesländern ans Ende der Betrachtung zu stellen. Zunächst wird daher der Frage nachgegangen, soweit dies bereits möglich ist, welche strukturrelevanten Wirkungen mit den heute vorhandenen Instrumenten verbunden sind und inwieweit ihre Ausgestaltung den beabsichtigen Zielsetzungen entspricht (Abschnitt 4.2).

4.1 Die Ausgestaltung der agrarstrukturellen Förderung nach der deutschen Einigung

4.1.1 Anpassungshilfen

Bereits vor Einführung der Gemeinschaftsaufgabe im Jahre 1991 wurde die Landwirtschaft in den neuen Bundesländern durch Anpassungshilfen[11] gefördert. Dieses durch den Bund eingeführte und zunächst auch vollständig finanzierte Förderinstrument wird Ende 1996 auslaufen. Der Förderzweck der Anpassungshilfen lag in der Abfederung des Preis- und Absatzeinbruchs im Zuge des Übergangs zur Marktwirtschaft. Die Zahlungen im Rahmen der Anpassungshilfen waren als betriebliche Liquiditätsstärkung anzusehen und durften für alle Arten von betriebsnotwendigen Ausgaben mit Ausnahme von Lohn- und Gehaltszahlungen (incl. Sozialleistungen) sowie Mieten und Pachten verwendet werden. Förderungsberechtigt waren landwirtschaftliche Haupt- und Nebenerwerbsbetriebe ungeachtet ihrer Rechtsform, sofern sie sich nicht zu mehr als einem Viertel in öffentlichem Eigentum befanden, einen jährlichen Arbeitsaufwand von mindestens 300 Stunden[12] erforderten und eine ordnungsgemäße Weiterbewirtschaftung abzusehen war. Als zusätzliche Bedingungen für eine Förderung waren die Vorlage eines betrieblichen Entwicklungskonzeptes, die ordnungsgemäße Umstrukturierung und

---

11 Obwohl die Anpassungshilfen nicht unmittelbar dem Bereich der Agrarstrukturförderung zuzuordnen sind, sollen sie dennoch aufgrund ihrer großen Bedeutung als Übergangsmaßnahme an dieser Stelle Berücksichtigung finden.
12 Berechnungsgrundlage war der kalkulatorische Arbeitsaufwand, nicht der tatsächliche AK-Besatz im Betrieb.

Rahmenbedingungen für die Entwicklung ländlicher Räume   399

Ingangsetzung einer Vermögensauseinandersetzung (für LPG und ihre Rechtsnachfolger) sowie der Nachweis über die Einhaltung der Obergrenze für die Ausbringung von Wirtschaftsdünger tierischer Herkunft (3 Dungeinheiten je ha LN) erforderlich. Die Höhe der Anpassungshilfen ergab sich aus einem betriebsgrößenabhängigen Grundbetrag von bis zu 5.000 DM, der sich – abhängig vom kalkulatorischen Arbeitsbedarf im Unternehmen – um einen zusätzlichen Betrag erhöhte. Desweiteren wurden vor Einführung der Ausgleichszulage in den neuen Bundesländern standortbezogene Zuschläge von 50 bis 200 DM/ha gewährt. Im Jahr 1994 wurden nach Maßgabe dieser Berechnungsgrundlage 23.800 Betriebe in den neuen Bundesländern mit durchschnittlich 10.700 DM gefördert (vgl. auch BML 1995a).

Die Bundesländer waren berechtigt, die Bundesmittel um bis zu 54% zu ergänzen. Sachsen, Sachsen-Anhalt und Thüringen machten davon in vollem Umfang, Mecklenburg-Vorpommern teilweise Gebrauch. Im Zeitraum 1990 – 1995 wurden durch den Bund und die Länder insgesamt 23,3 Mrd. DM für den Anpassungs- und Umstrukturierungsprozeß in den neuen Bundesländern aufgewendet. Davon entfielen 17,3 Mrd. DM auf die Anpassungshilfen und 6 Mrd. DM auf die Förderung im Rahmen der GAK. Entsprechend den EU-Bestimmungen wurde von 1990 bis 1995 der Mitteleinsatz im Rahmen der Anpassungshilfen kontinuierlich verringert, um so der verbesserten betrieblichen Leistungsfähigkeit Rechnung zu tragen: 4,9 Mrd. DM in 1990, ; 4,2 Mrd. DM in 1991, 2,4 Mrd. DM in 1992, 2,1 Mrd. DM in 1993, 1,9 Mrd. DM in 1994, 1,8 Mrd. DM in 1995.

4.1.2 Gemeinschaftsaufgabe

Das Hauptinstrument der agrarstrukturellen Förderung in der Bundesrepublik Deutschland ist nach Artikel 91a GG die Gemeinschaftsaufgabe „Verbesserung der Agrarstruktur und des Küstenschutzes" (GAK). Die Ausgestaltung der Förderung obliegt einem gemeinsamen Planungsausschuß von Bund und Ländern unter Berücksichtigung der Vorgaben, die aus den Grundsätzen der EU zur Agrarstrukturförderung resultieren. Die Einhaltung dieser Fördergrundsätze stellt die Grundlage für eine Kofinanzierung bzw. Erstattung der agrarstrukturellen Ausgaben durch die EU dar. Der Bund finanziert alle Maßnahmen im Rahmen der GAK zu 60%, die Länder zu 40%[13]. Seit 1991 wurden die Förderregelungen der GAK schrittweise auf die neuen Bundesländer übertragen bzw. um spezielle Fördergrundsätze für das Gebiet der ehemaligen DDR ergänzt. Nur durch die Einführung geeigneter Sonderregelungen, die gegenwärtig noch bedeutende Bereiche der agrar-

---

13 Eine Ausnahme bildet der Bereich Küstenschutz, hier beträgt das Finanzierungsverhältnis 70 : 30.

strukturellen Förderung im Rahmen der Gemeinschaftsaufgabe „Verbesserung der Agrarstruktur und des Küstenschutzes" abdecken, war es möglich, den besonderen Anforderungen des landwirtschaftlichen Transformations- und Neustrukturierungsprozesses in den neuen Bundesländern gerecht zu werden. An dieser Stelle sollen deshalb nur solche Fördergrundsätze Berücksichtigung finden, die zum gegenwärtigen Zeitpunkt (Rahmenplan der GAK 1995-98) entweder im gesamten Bundesgebiet oder ausschließlich in den fünf neuen Bundesländern Gültigkeit haben.[14]

4.1.2.1 Die 5a-Förderung der Europäischen Union als Rechtsrahmen der Gemeinschaftsaufgabe

Im weiteren Sinne setzt sich die agrarstrukturelle Förderung der EU in den neuen Bundesländern aus drei Teilbereichen zusammen: der originär agrarstrukturellen – und für das Gesamtgebiet der Europäischen Union gültigen – *Förderung der Verarbeitung und Vermarktung* sowie der einzelbetrieblichen Entwicklung (Ziel Nr. 5a – Förderung), der auf bestimmte Gebiete beschränkten *Förderung zur Erhaltung und Entwicklung der ländlichen Räume* (Ziel Nr. 5b – Förderung) sowie der Förderung wirtschaftlich besonders wenig entwickelter und durch einen wesentlich über dem EU-Durchschnitt liegenden Anteil in der Landwirtschaft Beschäftigter gekennzeichneter Gebiete (Ziel Nr. 1 – Förderung). Das gesamte Gebiet der fünf neuen Bundesländer einschließlich Ost-Berlins wurde durch die EU (zunächst bis 1999) als Ziel 1 – Gebiet deklariert und kann somit die Fördermöglichkeiten, die gegenüber denen in den 5b – Gebieten der alten Bundesländer wesentlich umfassender sind, in vollem Umfang ausschöpfen. An dieser Stelle soll sich die Darstellung auf die Ziel 5a – Förderpolitik der EU beschränken, da sie einerseits die Grundlage für die Kofinanzierung der einzelbetrieblichen Maßnahmen im Rahmen der GAK darstellt, andererseits die Maßnahmen im Rahmen der Ziel 1 – Förderpolitiken eine große Überschneidung mit der Regionalpolitik aufweisen und damit den Bereich der Agrarstrukturpolitik verlassen. Ergänzend erscheint eine kurze Darstellung angebracht, in der die Regelungen der Verordnung (EWG) Nr. 2078/92 „Förderung umweltgerechter und den natürlichen Lebensraum schützender Produktionsverfahren" skizziert werden. Die durch diese Verordnung kofinanzierten Maßnahmen werden in der Bundesrepublik ebenfalls im Rahmen der Agrarstrukturförderung umgesetzt.

---

14 Eine ausführlichere Darstellung der Fördergrundsätze kann dem Rahmenplan 1995-98 entnommen werden, der die für den Bund und die Länder verbindliche Rechtsgrundlage der agrarstrukturellen Förderung im Rahmen der GAK darstellt.

Rahmenbedingungen für die Entwicklung ländlicher Räume 401

Ständige Fördermaßnahmen der EU
In der Effizienzverordnung zur Verbesserung der Agrarstruktur (VO (EWG) Nr. 2328/91) definiert die EU vier Oberziele der agrarstrukturellen Förderung im Rahmen der Ziel 5a – Politik: Die Wiederherstellung des Gleichgewichts zwischen Erzeugung und Marktkapazität, die Verbesserung der Effizienz der landwirtschaftlichen Betriebe, die Erhaltung einer lebensfähigen landwirtschaftlichen Gemeinschaft als Beitrag zur Entwicklung des sozialen Gefüges in den ländlichen Gebieten sowie die Erhaltung der Umwelt und des ländlichen Raums. Den Oberzielen entsprechend kofinanziert die EU einzelstaatliche Beihilferegelungen für verschiedene Maßnahmengruppen.

Die Beihilferegelung für Investitionen in landwirtschaftlichen Betrieben richtet sich an Haupt- und Zuerwerbslandwirte, wobei letztere als Voraussetzung den überwiegenden Teil ihres Einkommens durch die landwirtschaftliche Erwerbstätigkeit erzielen müssen. In jedem Fall muß der Landwirt zur Bewilligung der Förderung über eine ausreichende berufliche Qualifikation verfügen und einen Betriebsverbesserungsplan vorlegen sowie die Verpflichtung eingehen, zumindest eine vereinfachte Buchführung anzulegen. Die Förderung beschränkt sich auf Landwirte, deren bisheriges Einkommen unter dem Durchschnitt eines Referenzeinkommens liegt, in der Regel unter dem Durchschnitt der nichtlandwirtschaftlichen Einkommen in der betreffenden Region, und deren Betriebsverbesserungsplan kein zukünftiges Einkommen von über 120% des Referenzeinkommens vorsieht.

Gefördert werden Investitionen mit dem Ziel, Qualität und Quantität der landwirtschaftlichen Produktion den Marktbedürfnissen anzupassen, dem Betrieb eine Diversifizierung seiner Tätigkeiten zu ermöglichen, die Produktionskosten und den Energieverbrauch zu senken, die allgemeinen Arbeits- und Lebensbedingungen im landwirtschaftlichen Betrieb zu verbessern sowie die Einhaltung der Vorschriften zum Tier- und Umweltschutz zu gewährleisten. Die Beihilfe zum Erwerb von Land oder zur Erstbeschaffung von Vieh kann durch die Mitgliedsstaaten in Form von Bürgschaften, Kapitalzuschüssen, Zinsverbilligungen bzw. Tilgungsaufschüben oder eine Kombination dieser Formen ausgestaltet werden.

Eine spezielle Beihilfe bietet die EU nachweislich qualifizierten Junglandwirten unter 40 Jahren an, sofern sie erstmals einen Vollerwerbsbetrieb einrichten oder übernehmen, wobei die Förderung in Form einer einmaligen Prämie oder einer äquivalenten Zinsvergütung über fünfzehn Jahre ausgestaltet werden kann. Zudem dürfen die Mitgliedsstaaten einen Zuschlag von 25% auf die allgemeine Investitionsbeihilfe gewähren.

In besonderen, durch die EU festgelegten, benachteiligten Gebieten[15], die durch ständig andauernde natürliche Standortnachteile gekennzeichnet sind, sind die Mitgliedstaaten berechtigt, eine Ausgleichszulage einzuführen. Zulagenberechtigt sind Landwirte, die mindestens drei Hektar landwirtschaftlicher Nutzfläche bewirtschaften und sich verpflichten, ihre Tätigkeit mindestens fünf Jahre fortzuführen. Die Bemessung der Ausgleichszulage hängt dabei von der spezifischen Produktionsstruktur und der regionalen Lage des einzelnen Betriebs ab.[16]

Weiterhin fördert die EU die Einführung der Buchführung in landwirtschaftlichen Betrieben, den Zusammenschluß landwirtschaftlicher Betriebe sowie die Einrichtung von Vertretungs- und Betriebsmanagementdiensten. Für die (Wieder-)Aufforstung landwirtschaftlicher Flächen gewährt die EU entweder einen einmaligen Zuschuß, der zusätzlich für die Anlage von Wind- und Brandschutzstreifen sowie den Bau von Forstwegen erhöht werden kann, oder eine entsprechende jährliche, sich maximal über zwanzig Jahre erstreckende Förderung. Die berufliche Weiterqualifikation landwirtschaftlicher Erwerbstätiger fördert die EU durch die Bezuschussung von Lehrgängen und Praktika.

Befristete Sonderregelungen für die neuen Bundesländer

Mit dem Haushaltsjahr 1991/92 wurden die neuen Bundesländer in die Ziel 5a – Förderung der EU aufgenommen. Zunächst bis zum 31.12.1993 befristet, inzwischen aber bis zum 31.12.1996 verlängert, gelten für das Gebiet der ehemaligen DDR bei der Ausgestaltung der agrarstrukturellen Förderung Sonderregelungen nach Art. 38 der Effizienzverordnung.

Die Junglandwirteförderung darf auf Landwirte bis zu einem Alter von 55 Jahren ausgedehnt werden. Bestandsobergrenzen im Rahmen der Investionsbeihilfe, insbesondere im Bereich der Milchkuh- und der Schweinehaltung, sind unter bestimmten Voraussetzungen auf landwirtschaftliche Betriebe in den neuen Bundesländern nicht anwendbar. Desgleichen erhöht sich das förderfähige Gesamtinvestitionsvolumen je Vollerwerbskraft und je Betrieb. Für das Jahr 1991 wurde es Deutschland zusätzlich erlaubt, eine nicht erstattungsfähige Ausgleichszulage als Übergangsregelung zu gewäh-

---

15 Als benachteiligt werden in der Regel solche Regionen anerkannt, die schwerwiegenden natürlichen Nachteilen (Gebirgslagen, ungünstige klimatische Bedingungen, ertragsschwache Böden, u.ä.) unterliegen, durch geringe Bevölkerungsdichte und schwache Infrastruktur gekennzeichnet sind oder eine überdurchschnittliche Arbeitslosigkeit und unzureichende Erwerbs- und Einkommensmöglichkeiten aufweisen.
16 Vgl. auch zu den Fördergrundsätzen die Richtlinie 75/268/EWG (Bergbauernrichtlinie), zur Festlegung und Abgrenzung der Gebietskulisse die Richtlinie 86/465/EWG sowie zu den Besonderheiten der Förderung in den neuen Bundesländern die Richtlinie 92/92/EWG des Rates vom 9. November 1992, ABL der EG Nr. L 338 vom 23. November 1992: 1.

ren. Diese Sonderregelung wurde 1992 durch die Einführung einer gemäß VO (EWG) Nr. 2328/91 ausgestalteten Ausgleichszulage für benachteiligte Gebiete abgelöst.

EU-Kofinanzierung im Rahmen der Förderung umweltgerechter und den natürlichen Lebensraum schützender landwirtschaftlicher Produktionsverfahren VO (EWG) 2078/92

Landwirtschaftliche Betriebe, die ihre Bewirtschaftung auf „umwelt- und ressourcenschonende und dem Erhalt des natürlichen Lebensraums und der Landschaft dienende" Produktionsverfahren umstellen, fördert die EU durch ein gesondertes Prämiensystem. Für einjährige Kulturen, die im Zuge der EU-Agrarreform durch eine Preisausgleichsprämie begünstigt werden, vermindert sich dabei die jeweilige Förderobergrenze. Einjährige Kulturen ohne Preisausgleichsprämie und Grünland können durch die Mitgliedstaaten uneingeschränkt gefördert werden, bei einer Kombination umwelt- und ressourcenschonender Produktionsverfahren mit einer gleichzeitigen Verringerung des Einsatzes von Dünge- und Pflanzenschutzmitteln sowie der Umwandlung von Ackerland in Grünland kann die Flächenprämie zusätzlich erhöht werden. Für die Einführung umwelt- und ressourcenschonender Produktionsverfahren bei der Bewirtschaftung von Dauerkulturen und im Weinbau ist ebenfalls ein erhöhter Prämiensatz zulässig. Im Veredelungsbereich wird darüber hinaus eine flächenbezogene Verringerung des Rinder- und Schafbestandes durch eine Ausgleichszahlung gefördert.

Ergänzend bietet das Förderprogramm nach VO (EWG) 2078/92 die Möglichkeit, den Landwirten eine Prämie für die Pflege aufgegebener land- und forstwirtschaftlicher Flächen und für eine mindestens zwanzigjährige Ackerflächenstillegung zu gewähren. Nutzt der Landwirt in dieser Zeit die stillgelegten Flächen für bestimmte zulässige und in der Verordnung genau festgelegte Zwecke, so vermindert sich die Stillegungsprämie entsprechend (vgl. dazu auch Plankl 1995; Mehl/Plankl 1996).

Zur Bedeutung der EU-Kofinanzierung für die Agrarstrukturpolitik in den neuen Bundesländern

Bei der Ausgestaltung der agrarstrukturellen Maßnahmen in den neuen Bundesländern war und ist der gemeinsame Planungsausschuß von Bund und Ländern prinzipiell nicht an die Regelungen der EU-Agrarstrukturpolitik gebunden. Eingeschränkt wird der Gestaltungsspielraum allein durch die Einhaltung des Wettbewerbsrechts der EU. Solange sich also die nationalen Regelungen mit den europäischen Wettbewerbsbestimmungen im Einklang befinden, dürfen sie wesentlich umfassendere Fördermaßnahmen enthalten, als dies die Effizienzverordnung der EU vorsieht. Tatsächlich erschien es aber angesichts des hohen Förderbedarfs in den neuen Bundesländern angezeigt, den rechtlichen Rahmen der EU-Agrarstrukturpolitik zu berücksichtigen und so die Kofinanzierung der Maßnahmen durch die EU sicherzustellen. Diese Entscheidung wurde durch mehrere Sonderregelungen zugunsten des Beitrittsgebiets erleichtert, die die EU in Art. 38 der Effizienzverordnung einfügte.

Übersicht 15: Erstattungen der EU im Bereich „Einzelbetriebliche Förderung" für 1993 (DM)

	Brandenburg	Mecklenburg-Vorpommern	Sachsen	Sachsen-Anhalt	Thüringen
Erstattungsanteil des Bundes 1993	6.701.079	4.522.234	2.714.188	3.137.918	3.216.117
Erstattungsanteil des Landes 1993	4.467.386	3.014.823	1.809.458	2.092.479	2.144.078
Bundes- und Länderausgaben 1993	40.078.000	39.999.000	41.709.000	36.932.000	38.309.000
Erstattung (Bund und Länder) in %	27,9	18,8	10,8	14,2	14,0

Quelle: Agrarstrukturbericht 1995 des BML (Tabellenband: 28) und eigene Ergänzungen

Durch die frühzeitige Abstimmung der agrarstrukturellen Maßnahmen in den neuen Bundesländern auf die Förderbestimmungen der EU-Agrarstrukturpolitik sowie aufgrund der durch die EU gewährten Sonderregelungen wird der Bundesrepublik Deutschland ein erheblicher Anteil ihrer Förderausgaben erstattet. Am Beispiel der bedeutendsten Maßnahmengruppe – der einzelbetrieblichen Förderung – zeigt sich, in welchem Umfang eine Entlastung der Haushalte von Bund und Ländern durch die EU-Kofinanzierung möglich ist (vgl. Übersicht 15). Darüber hinaus wird aber auch deutlich, daß der Anteil der Kofinanzierung stark durch die unterschiedliche Inanspruchnahme einzelner Maßnahmen beeinflußt wird. Während für das Land Brandenburg 1993 über ein Viertel der Ausgaben von Bund und Land erstattet wurden, betrug der Anteil der Erstattung für Sachsen nur rund 11%.

4.1.2.2 Einzelbetriebliche Fördermaßnahmen

Förderung zur Wiedereinrichtung und Modernisierung bäuerlicher Familienbetriebe im Haupterwerb (WMF)

Hauptzweck der Förderung ist die Unterstützung einer beständigen Entwicklung der Landwirtschaft im Haupterwerb. Gefördert werden investive Maßnahmen, die einerseits die Leistungs- und Wettbewerbsfähigkeit wiedereingerichteter und bereits bestehender landwirtschaftlicher Betriebe verbessern und anderseits die landwirtschaftlichen Einkommen stabilisieren und erhöhen. Dabei sind insbesondere Maßnahmen zu fördern, die die dauerhafte Erhaltung der natürlichen Ressourcen sowie die Berücksichtigung des Umwelt- und Tierschutzes gewährleisten. Neben einem Betriebsentwicklungsplan, einer regelmäßigen Buchführung und ausreichender beruflicher Qualifikation muß der Landwirt nachweisen, daß sein bisheriges Einkommen 60.700 DM (120% des Referenzeinkommens) nicht übersteigt. Die Zuwendungen werden in Form von Zinsverbilligungen für Kapitalmarktdarlehen, öffentlichen Darlehen und Zuschüssen gewährt.

Betragen die Gesamtinvestitionen im Fall einer Wiedereinrichtung oder der Erstniederlassung eines Junglandwirts mehr als 35.000 DM und entfallen davon mindestens 10% auf Eigenleistungen, so steht eine Beihilfe von bis zu 23.500 DM zur Verfügung. Für ein Kapitalmarktdarlehen von höchstens 329.000 DM je AK, jedoch minimal 30.000 DM und maximal 400.000 DM je Betrieb, wird eine Zinsverbilligung von 5% (in benachteiligten Gebieten 6%) gewährt. Anstelle der Zinsverbilligung kann für ein äquivalentes Investitionsvolumen ein Zuschuß von bis zu 25% (benachteiligte Gebiete 35%) bei Immobilien und bis zu 20% (benachteiligte Gebiete 30%) bei sonstigen Investitionen in Anspruch genommen werden. Zusätzlich kann für bauliche Maßnahmen ein öffentliches Darlehen von bis zu 400.000 DM je Betrieb für Wiedereinrichter und 130.000 DM je Betrieb für Modernisierer in Anspruch genommen werden. Öffentliche Darlehen dieser Art werden in der Regel mit 1% verzinst und – nach vier tilgungsfreien Jahren – für zehn Jahre mit 2%, danach mit maximal 5% getilgt. Für Junglandwirte kann zusätzlich ein Zuschuß von 5% der Darlehenssumme bzw. eine 6%ige (in benachteiligten Gebieten 7%ige) Zinsverbilligung gewährt werden.

Alle skizzierten Regelungen lassen sich auch auf Kooperationen landwirtschaftlicher Unternehmen[17] übertragen, sofern diese nicht bereits Fördermittel im Rahmen der Hilfen zur Umstrukturierung landwirtschaftlicher Unternehmen sowie für neu gegründete landwirtschaftliche Unternehmen in Form juristischer Personen und Personengesellschaften in Anspruch nehmen. Für förderungsfähige Kooperationen werden Kapitalmarktdarlehen bis zu 1,2 Mio. DM, öffentliche Darlehen bis zu 1,2 Mio. DM (Wiedereinrich-

---

17 Unter dem Begriff „Kooperation landwirtschaftlicher Unternehmen" ist der Zusammenschluß rechtlich weiterhin selbständiger landwirtschaftlicher Unternehmungen zu verstehen, die ihre Bewirtschaftung teilweise oder ganz gemeinsam organisieren und durchführen. Die Zusammenarbeit im Sinne des Fördergrundsatzes muß dauerhaft und vertraglich geregelt sein. Im Gegensatz zu den alten Bundesländern müssen Kooperationspartner im Beitrittsgebiet mindestens ein Jahr selbständig gewirtschaftet haben. Die gemeinsame Errichtung und Nutzung von Betriebsstätten oder der gemeinsame Ankauf und die Nutzung von Maschinen erfordern in der Regel höhere Investitionssummen. Diesem Umstand soll durch die verbesserten Förderkonditionen Rechnung getragen werden.

tung) und 390.000 DM (Modernisierung) sowie ein Zuschuß bis zu 150.000 DM bereitgestellt. Bund und Länder übernehmen überdies, sofern die geförderte Darlehenssumme die verfügbaren banküblichen Sicherheiten der Einzelbetriebe und Kooperationen übersteigt, eine Ausfallbürgschaft (vgl. auch Übersicht 16).

Förderung durch Hilfen zur Umstrukturierung landwirtschaftlicher Unternehmen sowie für neugegründete landwirtschaftliche Unternehmen in Form juristischer Personen und Personengesellschaften (UJP)

Die Förderung verfolgt das Ziel, die Umstrukturierung ehemaliger landwirtschaftlicher Produktionsgenossenschaften sowie die Gründung landwirtschaftlicher Unternehmen in Form von eingetragenen Genossenschaften, Kapital- oder Personengesellschaften zu unterstützen. Dabei soll gleichzeitig das Ziel einer umweltverträglichen landwirtschaftlichen Produktion gewährleistet werden. Gefördert werden insbesondere Investitionen, die die Erhöhung der Arbeitsproduktivität und die Senkung der Produktionskosten zur Folge haben, aber auch solche, die die Einführung umweltgerechter Produktionsverfahren beinhalten. Als Voraussetzungen sind die Erstellung eines Betriebsverbesserungsplans, die Begründung der Zweckmäßigkeit der geplanten Investition, die Aufstellung einer geprüften Eröffnungsbilanz, die berufliche Qualifikation des oder der Betriebsleiter(s), die Durchführung einer ordnungsgemäßen Vermögensauseinandersetzung nach dem Landwirtschaftsanpassungsgesetz sowie die Bewirtschaftung im Haupterwerb nachzuweisen. Das Arbeitseinkommen jeder betrieblichen Vollzeitarbeitskraft darf zum Zeitpunkt der Antragstellung 60.700 DM (120% des regionalen Referenzeinkommens) nicht übersteigen. Das förderungsfähige Investitionsvolumen beträgt im allgemeinen höchstens 143.000 DM je AK, für bauliche Maßnahmen im Bereich der tierischen Veredelung 329.000 DM, für jeden Betrieb jedoch maximal 3,5 Mio.[18] Mindestens 10% des Investitionsvolumens muß aus Eigenkapital bzw. Eigenleistungen bestehen. Eine Doppelförderung im Rahmen von WMF und UJP ist ausdrücklich ausgeschlossen. Die Förderung erfolgt in der Regel in Form einmaliger Zinszuschüsse. Für ein Kapitalmarktdarlehen von bis zu 90% der förderfähigen Investitionssumme wird dem Unternehmen eine Zinsverbilligung von 5% (in benachteiligten Gebieten 6%) gewährt. Darüber hinaus werden Erschließungskosten zu 25%, höchstens aber 100.000 DM und Planungskosten zu 60% bezuschußt, sofern sie unmittelbar der geförderten Investition zuzurechnen sind. Desweiteren übernehmen der Bund und die Länder Ausfallbürgschaften bis zu

---

18 Bei einem durchschnittlichen Arbeitsbesatz von 2 AK/100 ha in den juristischen Personen und einem maximalen Fördersatz von 143.000 DM/AK wird diese betriebsbezogene Obergrenze erst bei einer bewirtschafteten Fläche von ca. 1.200 ha wirksam.

einer Höhe von 80% der Darlehensforderung, sofern das Unternehmen keine ausreichenden banküblichen Sicherheiten nachweisen kann (vgl. auch Übersicht 16).

Förderung nach dem Agrarkreditprogramm (AKP)
Zweck der Förderung nach dem AKP ist die Unterstützung von Investitionen, die der Rationalisierung und Arbeitserleichterung im landwirtschaftlichen Betrieb dienen. Begünstigte der Förderung sind Einzelunternehmen und juristische Personen. Bezüglich der Förderfähigkeit gelten im wesentlichen die gleichen Voraussetzungen wie in der WMF, allerdings darf das persönliche Jahreseinkommen des Zuwendungsempfängers in den letzten drei Jahren vor Beginn der Maßnahme 150.000 DM nicht überschritten haben.

Kapitalmarktdarlehen bis zu einer Höhe von 143.000 DM je AK und Unternehmen werden mit einem Zinszuschuß von 3% (in benachteiligten Gebieten 5%) gefördert. Für Junglandwirte im Haupterwerb erhöht sich der Zuschuß um 1% sowie um eine Niederlassungsprämie von maximal 23.500 DM. In jedem Fall darf der Zuschuß, sofern betriebliche Baumaßnahmen gefördert werden, 31% und bei sonstigen Investitionen 15,5% der Verzinsung nicht überschreiten. Für bauliche Maßnahmen an Wohnhäusern, die 30.000 DM nicht überschreiten, kann zusätzlich ein Zuschuß von 40% gewährt werden. Die Förderrichtlinien sind auch auf Kooperationen anzuwenden. Bund und Länder übernehmen Bürgschaften bis zu einer Höhe von 80% der Darlehensforderung. Alle geförderten Haupterwerbsbetriebe können Förderungen im Rahmen des AKP und der WMF gleichzeitig in Anspruch nehmen, sofern sie dabei die Obergrenzen im Programm für die WMF nicht überschreiten (vgl. auch Übersicht 16).

Förderung landwirtschaftlicher Betriebe in benachteiligten Gebieten
Um die Fortführung der landwirtschaftlichen Erwerbstätigkeit in benachteiligten Gebieten sicherzustellen, die in der Regel durch natürliche Standortnachteile gekennzeichnet sind, werden landwirtschaftliche Betriebe (aller Rechtsformen) in solchen Regionen durch verbesserte Konditionen im Rahmen der einzelbetrieblichen Investitionsförderung[19] sowie durch die sogenannte Ausgleichszulage gefördert. Die Ausgleichszulage beträgt in benachteiligten Gebieten mindestens 55 DM und in der Regel höchstens 286 DM je zuschußberechtigter Großvieheinheit (GVE) bzw. zuschußberechtigtem Hektar landwirtschaftlicher Nutzfläche; in Gebieten mit beson-

---

19 Einzelbetriebliche Investitionen im Rahmen der WMF sowie der UJP werden mit einer Zinsverbilligung von bis zu 6%, solche im Rahmen des AKP mit einer Zinsverbilligung von bis zu 5% bezuschußt.

ders ungünstigen natürlichen Gegebenheiten kann die Obergrenze auf 343 DM erhöht werden (vgl. auch Übersicht 16).

Übersicht 16: Ausgewählte einzelbetriebliche Fördermaßnahmen in landwirtschaftlichen Unternehmen unterschiedlicher Rechtsform

Einzelbetriebliche Fördermaßnahmen	Einzelunternehmen	GbR	GmbH
Zuschüsse			
Startbeihilfe	23.500	bis 70.500 DM	
Grünlandzuschuß	bis 50.000	bis 150.000 DM	
Aussiedlungszuschuß	bis 70.000	bis 70.000	bis 100.000 DM
Zinsverbilligung			
Zinsverbilligtes Bankdarlehen	bis 400.000	bis 1.200.000	bis 3.150.000 DM
Zinsverbilligtes Bankdarlehen je AK	bis 329.000	bis 329.000	bis 329.000 DM
Zinsverbilligung, allgemein %	5	5	5
Zinsverbilligung, benachteiligte Gebiete %	1	1	1
Zinsverbilligung, Junglandwirte %	1	1	
Öffentliche Darlehen (1% Verzinsung und 2% Tilgung p.a.)			
Höchstbetrag, normal	bis 160.000	bis 480.000 DM	
Höchstbetrag, mit besonderer Begründung	bis 400.000	bis 1.200.000 DM	

Quelle: Forstner 1994, S.87

Förderung von Maßnahmen zur Energieeinsparung und Energieträgerumstellung

Zweck der Förderung ist die Umstellung der Betriebe auf Energietechnik, die entweder zu einer Energieeinsparung oder zur Schonung der Umwelt beiträgt. Gefördert werden insbesondere Investitionen in Wärmedämm-Maßnahmen, Regelungstechnik, Wärmerückgewinnungssysteme, Solar-, Biomasse-, Windkraft- und Kleinwasserkraftanlagen sowie die Modernisierung der Heizungssysteme (einschließlich Rauchgasreinigungsanlagen). Die Förderung steht allen landwirtschaftlichen Betrieben unabhängig von ihrer Rechtsform offen, nachzuweisen sind lediglich die Entwicklungsfähigkeit des Betriebs sowie die Zweckmäßigkeit und Wirtschaftlichkeit der Maßnahmen. Sofern die Eigenleistung an der Investition mindestens 10% beträgt, wird ein Zuschuß von höchstens 40% des förderfähigen Investitionsvolumens gewährt. Eine gleichzeitige Förderung mit Maßnahmen im Rahmen von WMF, AKP oder UJP ist zulässig, jedoch darf die förderfähige Gesamtinvestitionssumme aller Maßnahmen 3,5 Mio. DM je Unternehmen nicht übersteigen.

Rahmenbedingungen für die Entwicklung ländlicher Räume

Förderung einer markt- und standortangepaßten Landbewirtschaftung

Die Förderung einer markt- und standortangepaßten Landbewirtschaftung gliedert sich in die drei Förderprogramme „extensive Produktionsverfahren", „extensive Grünlandnutzung" und „ökologische Anbauverfahren" (vgl. auch Übersicht 27):

Beihilfezweck der Förderung extensiver Produktionsverfahren im Ackerbau und bei Dauerkulturen ist die Einführung oder Beibehaltung extensiver Produktionsverfahren zur nachhaltigen Verbesserung der natürlichen und wirtschaftlichen Produktionsbedingungen, die mit den Belangen des Schutzes der Umwelt und der Erhaltung des natürlichen Lebensraums vereinbar sind. Verzichtet der landwirtschaftliche Betrieb auf den Einsatz chemisch-synthetischer Düngemittel und Pflanzenschutzmittel, so erhält er im Fall der Neueinführung 250 DM je ha Acker- und 1.200 DM je ha Dauerkulturfläche, im Fall der Beibehaltung dieser Wirtschaftsweise 200 DM je ha Acker- und 1.000 DM je ha Dauerkulturfläche. Unterläßt der Betrieb allein den Einsatz chemisch-synthetischer Düngemittel, verringern sich die Sätze auf 150 und 250 DM bei Neueinführung sowie 120 und 200 DM bei Beibehaltung der Wirtschaftsweise. Die alleinige Nichtanwendung von Herbiziden wird mit 150 und 250 DM bzw. 120 und 200 DM gefördert.

Die Beihilfe zur Förderung der extensiven Grünlandnutzung bedingt eine Viehbestandsabstockung bzw. Flächenaufstockung auf maximal 1,4 Großvieheinheiten (GVE) je Hektar Futterfläche oder aber eine entsprechende Umwandlung von Ackerfläche in Dauergrünland. Für eine Bestandsabstockung erhält der Betrieb höchstens 450 DM je verringerter GVE, mindestens aber 250 DM je ha Dauergrünland. Die Prämien für eine Flächenaufstockung bzw. Ackerlandumwandlung betragen 250 bzw. 600 DM je ha zusätzlicher Dauergrünlandfläche.

Die Einführung bzw. die Beibehaltung eines anerkannt ökologischen Anbauverfahrens wird in den betreffenden landwirtschaftlichen Betrieben mit einer jährlichen Prämie von 250 DM je ha Ackerfläche oder Grünland und 1.000 DM je ha Dauerkulturen bzw. 200 DM und 1.000 DM gefördert. Die Bundesländer sind berechtigt, die Sätze um maximal 40% abzusenken oder höchstens um 20% anzuheben.

Förderung durch Gewährung einer Umstellungsbeihilfe

Landwirte, die ihren Betrieb auf eine Bewirtschaftungsweise mit geringerem Arbeitsaufwand umstellen oder an einer beruflichen Umschulungsmaßnahme teilnehmen, können für die Dauer der Maßnahme als Ausgleich für Einkommensverluste eine Beihilfe in Anspruch nehmen. In den neuen Bundesländern beträgt der monatliche Zuschuß 510 DM (für Alleinstehende), er erhöht sich für jedes Kind um weitere 90 DM.

4.1.2.3 Überbetriebliche Fördermaßnahmen

Die Kofinanzierung der überbetrieblichen GAK-Maßnahmen erfolgt z.T. auch im Rahmen des Regional- und des Sozialfonds der EU. Dennoch erscheint es an dieser Stelle nicht sinnvoll, auch ausführlich auf die Bestimmungen dieser beiden Strukturfonds der EU einzugehen. Wie im Fall der Effizienzverordnung erfolgt im Rahmen der betroffenen Fördergrundsätze – schon um die weitgehende Kofinanzierbarkeit sicherzustellen – eine Abstimmung mit den diesbezüglichen Verordnungen. Die Kofinanzierung der nationalen Maßnahmen durch mehrere Strukturfonds ergab sich aus der – im Zuge der Haushaltsreform 1988 – durch die EU vorgenommenen Integration der Strukturpolitik.[20]

Überblick über die *überbetrieblichen Fördermaßnahmen* im Rahmen der GAK:

Förderung der agrarstrukturellen Vorplanung

Die agrarstrukturelle Vorplanung dient als Entscheidungshilfe für den effizienten Einsatz der Fördermittel zur Entwicklung regionaler Agrarstrukturen. Weiterhin soll durch sie die Abstimmung der Maßnahmen mit den Zielen der Raumordnung und Landesplanung gewährleistet werden.

Förderung der Flurbereinigung

Die Neuordnung ländlichen Grundbesitzes zum Zweck der rationaleren und nachhaltigeren Bewirtschaftung wird in Form von Zuschüssen und öffentlichen Darlehen unterstützt. Förderfähig sind entsprechende Zweckverbände, die ein auf eine agrarstrukturelle Vorplanung gestütztes Neuordnungskonzept vorlegen.

Förderung des freiwilligen Landtausches

Die Förderung der Flurbereinigung wird durch die Förderung des sogenannten freiwilligen Landtausches ergänzt. Landwirtschaftliche Nutzflächen im Eigentum und Pachtland werden gleichermaßen gefördert.

Förderung der Dorferneuerung

Im Rahmen der Dorferneuerung sollen insbesondere die Produktions- und Arbeitsbedingungen in der Landwirtschaft sowie die Lebensverhältnisse der bäuerlichen Familien verbessert werden. Gefördert werden Bau- und Er-

---

20 Da in der weiteren Untersuchung der Schwerpunkt exemplarisch auf der einzelbetrieblichen Förderung liegt, werden die überbetrieblichen Fördermaßnahmen nur überblicksartig vorgestellt. Eine ausführliche Darstellung kann dem Rahmenplan der GAK entnommen werden.

schließungsmaßnahmen, die der Verbesserung der örtlichen Infrastruktur und der Erhaltung landwirtschaftlicher Bausubstanz dienen. Die Zuwendungen können durch Gemeinden, Zweckverbände und einzelne landwirtschaftliche Betriebe in Anspruch genommen werden.

Förderung wasserwirtschaftlicher und kulturbautechnischer Maßnahmen

Zur Unterstützung der Landwirtschaft und der Entwicklung des ländlichen Raumes werden wasserwirtschaftliche und kulturbautechnische Maßnahmen, die ein Bundesland oder andere Körperschaften öffentlichen Rechts durchführen, mit bis zu 80% der Investitionskosten gefördert.

Förderung landwirtschaftlicher Arbeitnehmer

In den neuen Bundesländern wird 50- bis 65-jährigen landwirtschaftlichen Arbeitnehmern, die aufgrund des agrarstrukturellen Wandels aus dem Berufsleben ausscheiden, eine Anpassungshilfe gewährt, sofern sie nicht andere Renten[21] in Anspruch nehmen können.

4.1.2.4 Fördermaßnahmen zur Marktstrukturverbesserung

Die Kofinanzierung der Fördermaßnahmen zur Marktstrukturverbesserung erfolgt im Rahmen der bereits unter 4.1.2.1 beschriebenen Effizienzverordnung sowie der VO (EWG) 2078/92. Die für die neuen Bundesländer erlassenen Sonderregelungen sind im Bereich der Marktstrukturverbesserung bis 1999 befristet.

Überblick über die Fördermaßnahmen zur Marktstrukturverbesserung im Rahmen der GAK:

Förderung der Vermarktung nach besonderen Regeln erzeugter landwirtschaftlicher Erzeugnisse

Erstinvestitionen, die zur Gründung von Erzeugergemeinschaften landwirtschaftlicher Betriebe, die sich besonderen Kontrollverfahren (insbesondere der integrierten und ökologischen Erzeugung) unterwerfen, notwendig sind, werden mit einer Beihilfe bezuschußt.

Förderung aufgrund des Marktstrukturgesetzes

Die Beihilfen aufgrund des Marktstrukturgesetzes haben den Zweck, die Gründung, den Zusammenschluß und die Tätigkeit von landwirtschaftlichen

---

21 Altersrente, vorzeitige Altersrente, Rente wegen Erwerbsunfähigkeit, Landabgaberente, Produktionsaufgaberente, Ausgleichsgeld aufgrund der Einstellung der landwirtschaftlichen Erwerbstätigkeit, Vorruhestands- oder Altersübergangsgeld.

Erzeugergemeinschaften zu fördern. Bezuschußt werden Organisationskosten und bestimmte Einzelinvestitionen.

Förderung im Bereich der Marktstrukturverbesserung

Mit Hilfe der Förderung sollen Menge, Qualität und Zusammensetzung des Angebots landwirtschaftlicher Produkte an die Markterfordernisse angepaßt werden. Gefördert werden Investitionen der landwirtschaftlichen Verarbeitungs- und Vermarktungsunternehmen in den Neu- oder Ausbau betrieblicher Produktionskapazitäten und in innerbetriebliche Rationalisierungsmaßnahmen. Die Förderung erfolgt in Form eines Investitionszuschusses.

4.1.2.5 Zur Bedeutung der Maßnahmengruppen in den neuen Bundesländern

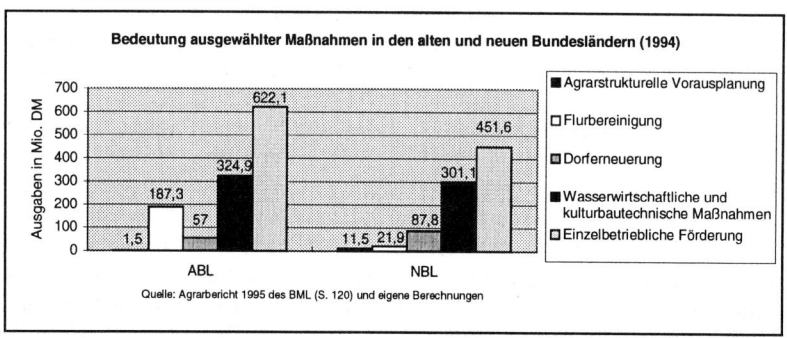

Bedeutung ausgewählter Maßnahmen in den alten und neuen Bundesländern (1994)

ABL: Agrarstrukturelle Vorausplanung 1,5; Flurbereinigung 187,3; Dorferneuerung 57; Wasserwirtschaftliche und kulturbautechnische Maßnahmen 324,9; Einzelbetriebliche Förderung 622,1.

NBL: Agrarstrukturelle Vorausplanung 11,5; Flurbereinigung 21,9; Dorferneuerung 87,8; Wasserwirtschaftliche und kulturbautechnische Maßnahmen 301,1; Einzelbetriebliche Förderung 451,6.

Ausgaben in Mio. DM.

Quelle: Agrarbericht 1995 des BML (S. 120) und eigene Berechnungen

Trotz der unterschiedlichen Ausgestaltung der Förderung in Ost- und Westdeutschland zeichnet sich eine vergleichbare Schwerpunktbildung der Fördermaßnahmen ab (vgl. auch Graphik). Dabei muß allerdings berücksichtigt werden, daß in den neuen Bundesländern die Verteilung der Mittel auf bestimmte Maßnahmen noch großen Schwankungen unterworfen ist, während sie in den alten Bundesländern von Jahr zu Jahr nur geringfügige Modifikationen erfährt. Als wesentlicher Unterschied ist die in Ostdeutschland vergleichsweise geringe Bedeutung der Flurbereinigung zu nennen, die sich einerseits aus der bereits vor der Vereinigung günstigeren Flächenstruktur und andererseits durch die vielfach ungeklärten Eigentumsfragen und der dadurch noch nicht abgeschlossenen agrarstrukturellen Vorausplanung erklärt. In dem Maße, in dem die in Arbeit befindlichen Neuordnungskonzepte zum Abschluß kommen, dürfte sich auch hier eine Anpassung an die alten Bundesländer ergeben, wobei allerdings zu berücksichtigen ist, daß Ausmaß und Art der Maßnahmen durch die aus historischen Gründen unterschiedlichen Agrarstrukturen beeinflußt werden. Die stärkere Inanspruchnahme der

Förderung von Maßnahmen zur Dorferneuerung in den neuen Bundesländern kann auf den allerorts anzutreffenden Erschließungs- und Sanierungsbedarf zurückgeführt werden. Die einzelbetriebliche Förderung bildet in Ost und West gleichermaßen eine der bedeutendsten Maßnahmengruppen.

4.2 Wirkungsanalyse der agrarstrukturellen Förderung in den neuen Bundesländern

4.2.1 Zur Wirkung der Förderung auf den agrarstrukturellen Wandel

In der agrarstrukturpolitischen Diskussion vergangener Jahre war die einzelbetriebliche Förderung von zentraler Bedeutung. Nicht nur aufgrund ihrer quantitativen Bedeutung, sondern auch durch ihre unmittelbare Wirkung auf die landwirtschaftlichen Betriebe spiegelt sie agrarstrukturpolitische Interessengegensätze wider. Zum einen geht es in der Diskussion über die einzelbetriebliche Förderung um die Frage, wie dem fortwährenden Strukturwandel im Agrarsektor begegnet werden soll. Sollte die Ausgestaltung der agrarstrukturellen Maßnahmen derart erfolgen, daß der Strukturwandel in den Betrieben unterstützt und die notwendigen Anpassungen erleichtert werden? Oder aber, sollte die Zielsetzung eher darin bestehen, die landwirtschaftlichen Beschäftigungsmöglichkeiten zu schützen und möglichst flächendeckend zu erhalten, also strukturkonservierend zu wirken? Die zweite, eng damit verknüpfte Frage bezieht sich auf eine bestimmte von Berufsstand und Politik erwünschte Betriebsstruktur. Während im allgemeinen großen Betrieben eine höhere wirtschaftliche Effizienz aufgrund möglicher Kostendegressionseffekte zugesprochen wird, gehen die Befürworter kleinerer Betriebe häufig davon aus, daß diese ökologischer wirtschaften und zudem eine flächendeckende Bewirtschaftung aller Regionen gewährleisten. Beide intuitiv plausiblen Thesen lassen sich bei genauerer Betrachtung nur sehr eingeschränkt aufrechterhalten. Empirisch kann kein eindeutiger Zusammenhang zwischen Betriebsgröße und Umweltverträglichkeit hergestellt werden (vgl. z.B. Nieberg/v. Münchhausen 1994). Die Untersuchung der Produktionskosten und Erzeugererlöse in nach ökologischen Gesichtspunkten wirtschaftenden Betrieben zeigt überdies, daß diese im Falle einer flächendeckenden Umstellung in immer stärkerem Maße in eine Abhängigkeit von staatlichen Preisstützungsmaßnahmen geraten würden (vgl. z.B. Janinhoff 1995; Braun 1995).

Eine Untersuchung der Förderungseffekte auf den agrarstrukturellen Wandel läßt sich aus den genannten Gründen besonders gut anhand der einzelbetrieblichen Förderung durchführen. Dabei ist insbesondere zu betrachten, inwieweit sich die skizzierte Diskussion in der Ausgestaltung der Förderung wiederfindet und ob die postulierten Ziele, nämlich die Steigerung der Wettbewerbsfähigkeit landwirtschaftlicher Betriebe und damit die langfristige Sicherung von Beschäftigung und Einkommen, erreicht wurden. Während die Frage nach der strukturkonservierenden Ausgestaltung der Förderung in bezug auf die neuen Bundesländer gegenwärtig ohne Bedeutung ist, steht die Diskussion um eine bestimmte erwünschte Betriebsgröße – und damit eng verknüpft – um eine bestimmte Rechtsform im Vordergrund. Während Betriebe, die dem Leitbild des bäuerlichen Familienbetriebs entsprechen und in der Regel allein vom Inhaber und seiner Familie bewirtschaftet werden und daher über eine geringere Flächenausstattung verfügen, zumeist die Rechtsform des Einzelunternehmens oder der GbR aufweisen, wählen – auf die Fläche bezogen – große Betriebe, also auch die sogenannten LPG-Nachfolger, zumeist die Rechtsform der juristischen Person.

Übersicht 17: Inanspruchnahme der einzelbetrieblichen Förderung in den neuen Bundesländern

Anzahl der Bewilligungen	Jahr	Brandenburg	Mecklenburg-Vorpommern	Sachsen	Sachsen-Anhalt	Thüringen
Gesamt	1992	920	1.065	1.135	722	2.838
	1993	635	832	884	527	1.145
davon im WMF	1992	557	539	758	560	604
	1993	279	333	381	397	391
davon im UJP	1992	69	60	68	54	39
	1993	107	94	108	49	75
davon im AKP	1992	142	390	79	49	2.064
	1993	178	371	208	62	575
Energieeinsparung und -trägerumstellung	1992	152	76	187	59	131
	1993	71	34	230	19	104

Quelle: Agrarstrukturbericht 1995 des BML (Tabellenband: 41) und eigene Ergänzungen

Betrachtet man zunächst die Inanspruchnahme der einzelbetrieblichen Förderprogramme in den Jahren 1992 und 1993 (vgl. Übersicht 17), so zeigt sich, daß bereits 1992, also zu Beginn der Programme, die meisten Bewilligungen erteilt wurden. Differenziert man hingegen nach Programmen, die nur bestimmten Rechtsformen offenstehen, so ist erkennbar, daß gerade Einzelunternehmen häufiger und früher Fördermittel gewährt wurden. Im Fall der Förderprogramme, die allen Rechtsformen offenstehen, also dem AKP und den Beihilfen zur Energieeinsparung und Energieträgerumstellung, kann keine vergleichbare Tendenz beobachtet werden. Eine grundsätzlich unterschiedliche Investitionsneigung der Unternehmen in Abhängigkeit von der jeweiligen Rechtsform erscheint also allein keine hinreichende Begründung für die geringere Zahl von Bewilligungen für Personengesellschaften und juristische Personen zu sein. Tatsächlich beruht die unterschiedliche Inanspruchnahme auf vielschichtigen Ursachen: handelt es sich bei der antragstellenden juristischen Person um den Rechtsnachfolger einer LPG, setzt die Förderregelung vor der Ingangsetzung der geplanten Investition zunächst eine ordnungsgemäß abgeschlossene Vermögensauseinandersetzung voraus. Auch die in vielen LPG-Nachfolgeunternehmen lange ungelöste Zusammenführung von Gebäude- und Bodeneigentum oder die Belastung mit Altschulden standen – und stehen teilweise immer noch – einer beschleunigten Inanspruchnahme der Investitionsförderung im Wege. Selbst bei einer vorliegenden Förderungsbewilligung durch das jeweilige Bundesland kann im Einzelfall die Umsetzung allein daran scheitern, daß das betreffende Unternehmen über keine ausreichenden Sicherheiten verfügt.[22] Wieder- bzw. Neueinrichter in der Rechtsform des Einzelunternehmens, die im Regelfall nicht mit den genannten Problemen behaftet sind, genießen daher implizit Vorteile bei der Inanspruchnahme der Fördermittel.

Ein wichtiger Gesichtspunkt bei der Bewertung der agrarstrukturellen Förderung ist daher die Analyse der förderpolitischen Behandlung unterschiedlicher Rechtsformen (Forstner 1994: 81-90). Obwohl der Gesetzgeber in § 2 des Landwirtschaftsanpassungsgesetzes (LAG) den Grundsatz der Chancengleichheit für alle Rechtsformen betont, wird insbesondere eine Benachteiligung juristischer Personen immer wieder diskutiert. Die zumeist qualitativ ausgerichteten Arbeiten zur Wirkung der Förderung werden bislang nur durch einige wenige Untersuchungen ergänzt, die anhand von Erhebungen und Modellrechnungen den Versuch unternehmen, den Einfluß der gesetzlichen Regelungen auf unterschiedliche Rechts- und Betriebsformen zu beleuchten.

Die Studie von Forstner (1994) verdeutlicht, daß die Betriebsleiter von juristischen Personen wie von Einzelunternehmen bzw. GbR gleichermaßen eine Herstellung der Chancengleichheit als vorrangig erachten. Unterstützt wird diese Aussage durch die Tatsache, daß als Hauptmotiv für einen erfolgten bzw. angestrebten Wechsel der Rechtsform des Betriebes die Aussicht auf verbesserte Fördermöglichkeiten genannt wurde. In ihrer subjektiven Einschätzung der Gleichbehandlung fühlen sich die Betriebsleiter aller Rechtsformen gleichermaßen benachteiligt. Wie stark sich tatsächlich die Anreize zum Wechsel der Rechtsform auswirken, wird durch die Untersuchung von König[23] (1994) näher beleuchtet, der seit 1990 kontinuierlich den Umstrukturierungsprozeß in 70 Kooperationen (Zusammenschlüsse ehemaliger LPG) verfolgt. Während unter den Nachfolgebetrieben zunächst eine gewisse Dominanz juristischer Personen zu beobachten war, erhöhte sich im

---

22 In diesem Zusammenhang sei angemerkt, daß etwa in Mecklenburg-Vorpommern bereits das gesamte durch den Bund bewilligte Bürgschaftskontingent in Anspruch genommen werden mußte, um den Antragstellern Kapitalmarktdarlehen zugänglich zu machen.
23 Die Untersuchungen von Forstner und König beruhen auf der selben Datenbasis.

Zeitablauf kontinuierlich der Anteil der Einzelunternehmen und GbR. Als Indikator für die differenzierte Förderung unterschiedlicher Rechtsformen erscheint besonders die betriebliche Belastung bei der Beschaffung von Fremdkapital geeignet, die unmittelbar durch die Förderkonditionen der einzelbetrieblichen Investitionsförderung beeinflußt wird. Hierbei untersucht Forstner sowohl die Wirkung der Zinsverbilligung auf den effektiven Jahreszins als auch die Wirkung der Zins- und Tilgungsmodalitäten auf den gesamten Kapitaldienst für Fremdfinanzierungen.

Übersicht 18: Wirkung der Investitionsförderung auf die Fremdkapitalbeschaffung

Rechtsform	durchschnittlicher effektiver Jahreszins in %[24]	relative Zinsbelastung nach der Förderung in%	relative Kapitaldienstbelastung nach der Förderung in%
Einzelunternehmen	5,8	64	84
GbR	6,2	69	85
e.G.	8,7	89	95
GmbH	6,6	83	95

Quelle: Forstner 1994: 83

Die obige Tabelle (Übersicht 18) bestätigt die Vermutung, daß die Förderung für natürliche Personen und Personengesellschaften eine wesentlich größere Reduktion der betrieblichen Belastung nach sich zieht. Damit kann die Vermutung, daß die Förderkonditionen für Betriebe in der Rechtsform des Einzelunternehmens, die nach herrschender Auffassung mit dem Leitbild des bäuerlichen Familienbetriebes übereinstimmt, besonders günstig ausgestaltet wurden, als berechtigt angesehen werden. Einerseits erscheint diese Ungleichbehandlung aufgrund der Tatsache, daß die Wieder- bzw. Neueinrichter in der Regel ihren Betrieb von Grund neu aufbauen müssen, teilweise berechtigt, andererseits belasten die LPG-Nachfolgeunternehmen zusätzlich ungelöste Eigentumsfragen, umfangreiche Kapitalabflüsse durch die Vermögensauseinandersetzung sowie die langfristige Existenzbedrohung durch Altschulden. Zu beachten ist ferner, daß die Wahl der Rechtsform von weiteren Faktoren wie der steuerlichen Behandlung (vgl. Forstner 1994) oder der – abhängig von der Rechtsform – unterschiedlichen Wirkung der EU-Agrarreform (vgl. Jahnke/Maier/Puchert 1995) beeinflußt wird.[25]

---

24 Die Angaben beziehen sich jeweils auf den gesamten Fremdkapitaleinsatz des Unternehmens.

25 Weiterführende Literaturhinweise: Eine Sammlung von Beiträgen, die sich u.a. mit der Ausgestaltung der Förderung in den neuen Bundesländern beschäftigen, bietet ein Sammelband der Landwirtschaftlichen Rentenbank (1993). Die Beiträge von Klare (1991) und Hagedorn und Klare (1993) verdeutlichen die Probleme in der ersten Phase der Förde-

Im Hinblick auf die Unterstützung des agrarstrukturellen Wandels und die Anpassung der Betriebe im Transformationsprozeß wurde in den einzelbetrieblichen Fördergrundsätzen vorrangig das Ziel der Erhöhung der Arbeitsproduktivität deklariert. Obwohl die relativ kurze Zeitspanne, in der die einzelbetriebliche Förderung in den neuen Bundesländern wirksam werden konnte, nur begrenzte Aussagen zuläßt, erscheint es dennoch sinnvoll, auf ihre Wirkung auf den Arbeitskräftebesatz und die Arbeitsproduktivität einzugehen. Die Beschäftigungs- und Einkommenssituation in den Betrieben der neuen Bundesländer wird zwar stark von der Förderung beeinflußt, es kann aber daraus keinesfalls eine monokausale Beziehung abgeleitet werden. Weitere wichtige Faktoren wie die betriebliche Liquidität, die Effekte der EU-Agrarreform oder die Managementfähigkeiten der Betriebsleiter und, damit eng verknüpft, die Güte der Betriebs- und Investitionskonzepte wirken sich deutlich auf die Beschäftigungs- und Einkommensentwicklung aus.

Am Beispiel der Betriebe im Testbetriebsnetz[26] des BML kann – differenziert nach Rechtsformen der landwirtschaftlichen Unternehmen – eine vorläufige Einschätzung der Entwicklung vorgenommen werden (vgl. Übersicht 19).

Bei einer relativ konstanten Flächenausstattung und einem seit 92/93 nur in den juristischen Personen weiter leicht rückläufigen Arbeitskräftebesatz stieg die Arbeitsproduktivität zunächst deutlich. Während sich in den juristischen Personen dieser Aufwärtstrend auch in den Wirtschaftsjahren 93/94 und 94/95 fortsetzte, war die Arbeitsproduktivität in den Einzelunternehmen und den Personengesellschaften z.T. wieder rückläufig. Überdies sank in den Einzelunternehmen und Personengesellschaften, die – wie bereits dargestellt – vergleichsweise günstige Förderkonditionen in Anspruch nehmen konnten, auch der Kapitalertrag. Obwohl der Aufwärtstrend der Jahre 92/93 und 93/94 und der darauf folgende Einbruch nicht allein durch die große Zahl an bewilligten Fördermaßnahmen und die damit verbundenen Liquiditätszuflüsse zu erklären sind, werfen sie dennoch die Frage auf, inwieweit die Investitionsförderung eine nachhaltige Steigerung der Arbeits-

---

rungsimplementierung in den neuen Bundesländern. Eine regional für bestimmte Bundesländer differenzierte Betrachtung der Förderungswirkungen findet sich in der Arbeit von Pultke (1995), der die einzelbetriebliche Investitionsförderung als Beitrag zur Unterstützung des Anpassungsprozesses in Brandenburg und Sachsen-Anhalt untersucht sowie in der Analyse von Geldermann, Eucken und Odening (1996), die die Ausgestaltung des Fördersystems in Brandenburg und seine Wirkung auf die betriebliche Entwicklung betrachten.

26   In den neuen Bundesländern umfaßte 1995 das Testbetriebsnetz des BML 1.482 Betriebe aller Rechtsformen. Das BML weist zu recht darauf hin, daß die Ergebnisse aufgrund der noch mangelhaften Repräsentativität der Stichprobenzusammensetzung nur eingeschränkt aussagefähig sind.

produktivität und damit der Wettbewerbsfähigkeit der Betriebe gewährleistet.

Übersicht 19: Arbeitskräftebesatz und Arbeitsproduktivität in Betrieben unterschiedlicher Rechtsform

	Jahr	Einzel-unternehmen	Personen-gesellschaften	Juristische Personen
Landwirtschaftlich genutzte	91/92	114	328	1.754
Fläche (in ha)	92/93	140	444	1.786
	93/94	157	436	1.736
	94/95	161	415	1.721
Arbeitskräftebesatz (je 100 ha)	91/92	1,58	1,49	3,96
	92/93	1,40	1,15	3,09
	93/94	1,34	1,26	2,83
	94/95	1,34	1,23	2,68
Arbeitsproduktivität (in DM)	91/92	40.151	54.920	22.608
- Gewinn + Fremdlöhne je AK -	92/93	40.620	75.880	27.987
	93/94	43.634	55.766	31.478
	94/95	41.314	55.542	34.884
Rentabilität (in DM)	91/92	64.296	179.088	-320.982
- Gewinn je Betrieb -	92/93	66.780	293.484	-92.872
	93/94	73.947	193.148	-83.328
	94/95	70.840	174.715	-39.583

Quelle: Agrarbericht des BML 1993: 7, 1994: 41, 1995: 41 und 1996: 40 sowie eigene Berechnungen

4.2.2 Zur Wirkung der Förderung auf die Beschäftigungs- und Einkommenssituation

Zum Zeitpunkt der deutschen Vereinigung waren etwa 850.000 Personen in den landwirtschaftlichen Betrieben der DDR beschäftigt. Hierzu zählten auch ca. 150.000 Personen, die nichtlandwirtschaftlichen Tätigkeiten nachgingen. Die typische Organisationsstruktur der LPG und VEG umfaßte Bereiche, die soziale, kulturelle und technische Dienstleistungen für die Mitarbeiter anboten sowie eine eigenständige Realisierung betrieblicher Bauvorhaben ermöglichten. Um das weitere Überleben der landwirtschaftlichen Betriebe in den neuen Bundesländern zu gewährleisten, wurden insbesondere diese – nicht originär landwirtschaftlichen – Betriebsteile rasch aufgelöst. Zudem erfolgte im Veredelungsbereich, dessen übergroße Kapazitäten auch unter Inanspruchnahme der Sofortbeihilfen des Jahres 1990/91 nicht aufrechterhalten werden konnten, ein starker Arbeitskräfteabbau. Bis zum Jahresende 1991 verloren etwa 550.000 ehemals in der Landwirtschaft Beschäftigte ihren Arbeitsplatz. Nach Schätzungen

Rahmenbedingungen für die Entwicklung ländlicher Räume 419

- erhielten davon 135.000 Personen Vorruhestands- und Altersübergangsgeld,
- waren 105.000 Personen in Arbeitsbeschaffungs-, Fortbildungs- und Umschulungsmaßnahmen beschäftigt,
- gingen 40.000 Personen in Rente,
- wanderten 120.000 Personen in andere Berufe ab,
- und waren etwa 150.000 Personen arbeitslos.

Von den verbleibenden ca. 300.000 in der Landwirtschaft Beschäftigten arbeitete etwa die Hälfte in Kurzarbeit (vgl. Agra-Europe 1992c).

Nach der schockartigen Arbeitskräftefreisetzung der Jahre 1990/91 war eine differenzierte Entwicklung der Beschäftigungssituation in den landwirtschaftlichen Unternehmen zu beobachten. Die zunehmende Zahl wieder- bzw. neueingerichteter Familienbetriebe brachte von 1991 an eine kontinuierlich steigende Zahl von voll- und teilzeitbeschäftigten Familienarbeitskräften mit sich. Im Bereich der familienfremden Arbeitskräfte war 1991/92 ein weiterer starker Einbruch zu verzeichnen. Bei den ständig vollzeitbeschäftigten Fremdarbeitskräften, die zumeist in Unternehmen in der Rechtsform der Personengesellschaft oder juristischen Person beschäftigt sind, setzte sich der Beschäftigungsabbau weiter fort, wobei sich die Tendenz immer stärker verminderte, aber bisher noch nicht zum Stillstand gekommen ist. Die weitere Freisetzung ständig teilzeitbeschäftigter Fremdarbeitskräfte darf hingegen als weitgehend abgeschlossen betrachtet werden. Die Situation bei den nicht ständig beschäftigten Fremdarbeitskräften war, unabhängig von saisonalen und konjunkturellen Schwankungen, weitgehend stabil. Insgesamt verringerte sich im Zeitraum 1991 bis 1994 die Zahl der in der Landwirtschaft Beschäftigten nochmals um über die Hälfte, damit waren 1994 noch knapp 20% der Arbeitskräfte zum Zeitpunkt der Vereinigung in der Landwirtschaft tätig (vgl. auch Übersicht 20). Es darf aber vermutet werden, daß sich zukünftig die Arbeitskräftefreisetzung auf das durch den Strukturwandel bedingte Maß beschränkt.

Obwohl in den befragten Landwirtschaftsministerien der neuen Bundesländer keine regelmäßig geführten Statistiken über den weiteren Verbleib aus der Landwirtschaft ausgeschiedener Erwerbstätiger vorliegen, läßt sich eine grobe Einschätzung der Entwicklung nach 1990/91 geben.[27] In allen Bundesländern ging in den Folgejahren etwa die Hälfte der ausscheidenden Personen in den Ruhestand, ein Viertel der ehemals in der Landwirtschaft Beschäftigten wechselte in andere Berufszweige oder wurde durch Umschulungs-, Weiterbildungs- und Arbeitsbeschaffungsmaßnahmen aufgefangen. Das verbleibende Viertel der ausgeschiedenen Arbeitskräfte blieb je-

---

27 Die Befragung fand im Herbst 1995 statt.

weils arbeitslos. Im Jahr 1994/95 waren im Gebiet der neuen Bundesländer ca. 65.000 Personen mit vormals landwirtschaftlicher Beschäftigung arbeitslos gemeldet. Dies entspricht im Durchschnitt der neuen Bundesländer einem Anteil von 6% an der Gesamtzahl der Arbeitslosen, wobei Mecklenburg-Vorpommern und der Norden Brandenburgs weitaus stärker betroffen waren als die restlichen Regionen (vgl. BML 1995a).

Übersicht 20: Arbeitskräfte in der Landwirtschaft der neuen Bundesländer (in 1.000 Personen)

Jahr	Gesamt	Familienarbeitskräfte (einschließlich Betriebsinhabern)		Familienfremde Arbeitskräfte		
				ständig beschäftigt		nicht ständig beschäftigt
		vollbeschäftigt	teilbeschäftigt	vollbeschäftigt	teilbeschäftigt	
1991	361,9	8,6	24,6	247,5	73,6	7,6
1992	202,1	9,2	25,3	143,8	16,4	7,4
1993	179,1	10,2	31,8	117,2	10,9	9,0
1994	164,8	11,3	32,7	103,4	9,8	7,6
1995[28]	157,0	11,0	35,0	95,0	9,0	7,0

Quelle: BML (1995a): 7

Ein Vergleich der Einkommenssituation landwirtschaftlicher Vollerwerbsbetriebe in Ost- und Westdeutschland legt den Schluß nahe, daß in den neuen Bundesländern das agrarstrukturpolitische Ziel einer Einkommensangleichung an das westdeutsche Niveau äußerst schnell erreicht wurde. In die Betrachtung wurden für das Gebiet der neuen Bundesländer nur die Einzelunternehmen einbezogen, d.h. nicht die i.d.R. sehr großen juristischen Personen. Diese Vorgehensweise erklärt sich einerseits durch die Tatsache, daß andere Rechtsformen als das Einzelunternehmen in den alten Bundesländern faktisch keine Bedeutung haben, andererseits durch die mangelhafte Vergleichbarkeit der Einkommenssituation in Unternehmen unterschiedlicher Rechtsform (vgl. Übersicht 21).

---

28 Die Angaben für 1995 beruhen auf vorläufigen Ergebnissen des BML.

Rahmenbedingungen für die Entwicklung ländlicher Räume

Übersicht 21: Einkommenssituation in landwirtschaftlichen
Vollerwerbsbetrieben 1993/94 (in DM je Unternehmen)[29]

	Vollerwerbsbetriebe (West)				Vollerwerbsbetrieb (Ost)			
	Kleine	Mittlere	Größere	Durch-schnitt	Kleine	Mittlere	Größere	Große	Durch-schnitt
Gewinn	29.320	42.301	59.221	41.962	30.051	47.610	58.375	120.074	74.126
Sonstiges Erwerbseinkommen	69	429	1.169	507	294	1.009	1.154	2.196	1.332
Sonstige steuerpflichtige Einkommen	1.372	1.705	2.150	1.700	342	745	884	1.713	1.057
Einkommensübertragungen	2.780	2.741	3.722	3.075	2.604	4.224	5.659	7.510	5.459
Bruttoeinkommen	33.542	47.176	66.262	47.244	33.291	53.588	66.072	131.493	81.974
Steuern	1.329	1.955	7.639	3.510	629	449	1.238	4.512	2.264
Sozialbeiträge	6.014	7.296	9.182	7.332	4.258	5.309	6.409	7.034	5.994
Sonstige Versicherungen	2.594	3.457	4.163	3.299	847	1.525	1.876	3.091	2.055
Altenteilslasten	1.554	2.545	4.185	2.631	94	1	84	426	209
Verfügbares Einkommen	22.051	31.924	41.093	30.471	27.464	46.304	56.465	116.429	71.453

Quelle: Agrarbericht 1995 des BML (Materialband: 88f) und eigene Berechnungen

Unabhängig von der Betriebsgröße erreicht das Einkommen aus den landwirtschaftlichen Unternehmen bereits das Niveau in den alten Bundesländern. Kleine und mittlere Vollerwerbsbetriebe erwirtschaften im Durchschnitt sogar bereits einen höheren Gewinn als vergleichbare Westbetriebe. Darüber hinaus erzielen die landwirtschaftlichen Arbeitskräfte der Einzelunternehmen in den neuen Bundesländern im Vergleich zu Westdeutschland auch höhere Einkommen aus nichtlandwirtschaftlicher Erwerbstätigkeit. Hinzu kommen höhere Einkommensübertragungen, eine niedrigere Steuerbelastung, geringere Sozialbeiträge und sonstige Versicherungsprämien sowie eine bislang noch zu vernachlässigende Bedeutung der Altenteilslasten. Dadurch ergibt sich beim Vergleich der verfügbaren Einkommen eine noch ausgeprägtere Besserstellung der landwirtschaftlichen Betriebe in den neuen Bundesländern. Der Vorsprung wird mit steigender Betriebsgröße immer deutlicher, so daß sich im Durchschnitt aller Betriebe in Ostdeutschland ein mehr als doppelt so hohes verfügbares Einkommen je Einzelunternehmen im Vergleich zu Westdeutschland ergibt. Dies ist insbesondere angesichts der noch immer niedrigeren Lebenshaltungskosten in den neuen Bundesländern bemerkenswert.

---

29 Die Werte für Ostdeutschland umfassen nur Einzelunternehmen. Für Westdeutschland wird keine Unterscheidung bezüglich der Rechtsform vorgenommen, da andere Rechtsformen als das Einzelunternehmen hier von zu vernachlässigender Bedeutung sind. Ein Vergleich der Werte in Ost und West darf daher vorgenommen werden.

Aus der bisherigen Betrachtung der Entwicklung der Arbeitsproduktivität, der Beschäftigungs- sowie der Einkommenssituation in den landwirtschaftlichen Unternehmen der neuen Bundesländer ergibt sich die Frage, inwieweit die zu beobachtenden Fortschritte – insbesondere in bezug auf das hohe verfügbare Einkommen – auf einer starken Abhängigkeit von der Förderung beruhen. Dabei sollte insbesondere die Tatsache berücksichtigt werden, daß die Entwicklung in Abhängigkeit von der Produktionsausrichtung sehr unterschiedlich verlief: Während die reinen Marktfruchtbetriebe besonders hohe Produktivitäts- und Einkommenszuwächse realisieren konnten, verlief die Entwicklung in den Bereichen Futterbau und Veredelung eher uneinheitlich. Betrachtet man für den Zeitraum von 1991 bis 1994 die Entwicklung der Gewinne und den Anteil der Beihilfen daran, differenziert nach den Rechtsformen der landwirtschaftlichen Unternehmen, so zeigt sich, daß mit der Einführung und wachsenden Inanspruchnahme der Förderung die Entwicklung uneinheitlich verlief. Während im Durchschnitt die Gewinne der juristischen Personen konstant blieben, waren die Ergebnisse der Personengesellschaften und der Einzelunternehmen deutlichen Schwankungen unterworfen (vgl. Übersicht 22).

Unabhängig von der Rechtsform stieg der Anteil der Beihilfen an den Gewinnen, von denen je etwa die Hälfte auf Maßnahmen der Agrarpreispolitik und der Strukturförderung entfiel, kontinuierlich an. Während zunächst die Personengesellschaften am wenigsten von der Förderung abhängig waren, spiegelt die starke Steigerung des Beihilfenanteils im Jahr 93/94 die insbesondere für diese Rechtsform spürbaren Auswirkungen der EU-Agrarreform wider. Am ausgeprägtesten entwickelte sich die Abhängigkeit der Einzelunternehmen von den staatlichen Beihilfen. Seit dem Wirtschaftsjahr 93/94 erwirtschafteten die landwirtschaftlichen Einzelunternehmen ihre Gewinne sowie die Fremdlöhne – im Durchschnitt betrachtet – vollständig aus Beihilfen.[30] Aber auch die landwirtschaftlichen Unternehmen anderer Rechtsformen erreichten 1993/94 ein Subventionsniveau, daß einer vollständigen wirtschaftlichen Abhängigkeit von den staatlichen Beihilfen gleichkommt (vgl. auch Übersicht 22).

---

30 Der Agrarbericht 1995 weist wohl aus diesem Grunde erstmals nicht den Beihilfenanteil am Gewinn plus Fremdlöhnen aus. Der Wert läßt sich aber wie in den Vorjahren aus den verfügbaren Daten ermitteln.

Rahmenbedingungen für die Entwicklung ländlicher Räume

Übersicht 22: Bedeutung der Förderung für den Gewinn in verschiedenen Rechtsformen

		Einzel-unternehmen	Personen-gesellschaften	Juristische Personen
	Gewinn plus Fremdlöhne (DM/ Unternehmen)	72.337	268.411	1.580.481
	Beihilfen[31] (DM/Unternehmen)	44.382	83.733	753.684
91/92	Einzelbetriebliche Förderung[32] (DM/Unternehmen)	4.232	12.409	87.637
	Beihilfenanteil am Gewinn	61%	31%	48%
	Anteil der einzelbetr. Förderung am Gewinn	5,9%	4,6%	5,6%
	Gewinn plus Fremdlöhne (DM/Unternehmen)	79.781	398.375	1.552.318
	Beihilfen (DM/Unternehmen)	54.026	143.571	896.505
92/93	Einzelbetriebliche Förderung (DM/Unternehmen)	7.859	26.926	164.449
	Beihilfenanteil am Gewinn	68%	36%	58%
	Anteil der einzelbetr. Förderung am Gewinn	9,9%	6,8%	10,6%
	Gewinn plus Fremdlöhne (DM/Unternehmen)	92.086	306.850	1.555.556
	Beihilfen (DM/Unternehmen)	94.033	251.540	1.072.438
93/94	Einzelbetriebliche Förderung (DM/Unternehmen)	9.186	29.648	168.952
	Beihilfenanteil am Gewinn	102%	82%	69%
	Anteil der einzelbetr. Förderung am Gewinn	10,0%	9,7%	10,9%
	Gewinn plus Fremdlöhne (DM/Unternehmen)	89.039	283.873	1.619.122
	Beihilfen (DM/Unternehmen)	108.764	264.944	1.174.496
94/95	Einzelbetriebliche Förderung (DM/Unternehmen)	11.815	27.944	149.408
	Beihilfenanteil am Gewinn	122%	93%	73%
	Anteil der einzelbetr. Förderung am Gewinn	13,3%	9,8%	9,2%

Quelle: Agrarberichte des BML 1993: 63, 1994: 56, 1995: 41 u. 55, 1996: 40 u. 55, eigene Berechnungen

Eine nach einzelnen Bundesländern differenzierte Betrachtung der von der „Beihilfenabhängigkeit" besonders betroffenen landwirtschaftlichen Einzelunternehmen zeigt, daß sich die beschriebene vollständige Abhängigkeit in allen neuen Bundesländern gleichermaßen ergibt. Auf einen Hektar landwirtschaftlicher Nutzfläche bezogen, erhalten die Betriebe in Thüringen die

---

31 Die Werte in der Tabelle verstehen sich als Summe aller produkt-, aufwands- und betriebsbezogenen Beihilfen, die von den Unternehmen in Anspruch genommen wurden.
32 Investitionsförderung und Ausgleich natürlicher Standortnachteile

höchsten, die in Mecklenburg-Vorpommern die niedrigsten Beihilfen.[33] In Relation zum durchschnittlichen Hektarertrag sind die Einzelunternehmen in Brandenburg mit 33,6% am stärksten von den Beihilfen abhängig, wohingegen der Anteil in Sachsen mit 24,7% am niedrigsten ausfällt. Trotz stark unterschiedlicher durchschnittlicher Produktivität der Betriebe – in Mecklenburg-Vorpommern beträgt der Ertrag je Familienarbeitskraft beispielsweise mehr als das Doppelte des Ertrags in Sachsen – und abweichender Anteile der Beihilfen an den Erträgen ergibt sich dasselbe Bild wie im Durchschnitt aller neuen Bundesländer: Bringt man die Beihilfen und den Aufwand je Hektar in Abzug von den durchschnittlichen Erträgen, so erwirtschaften die landwirtschaftlichen Einzelunternehmen aller neuen Bundesländer Verluste (vgl. Übersicht 23). Dies bedeutet dennoch nicht, daß dieses Resultat im Falle einer deutlichen Verringerung der Beihilfen auch tatsächlich eintreten würde, da eine solche Schlußfolgerung die Bedeutung unternehmerischer Anpassungsstrategien außer acht ließe (vgl. Kirschke u.a. 1996).

Übersicht 23: Zur Beihilfenabhängigkeit der Vollerwerbseinzelunternehmen in den neuen Bundesländern 1993/94

	Brandenburg	Mecklenburg-Vorpommern	Sachsen	Sachsen-Anhalt	Thüringen
Gesamtertrag in DM/ha	1.815	2.277	2.440	2.153	2.049
davon Beihilfen in DM/ha	609	573	603	594	627
Beihilfenanteil am Gesamtertrag	33,6%	25,2%	24,7%	27,6%	30,6%
Aufwand in DM/ha	1.342	1.847	1.909	1.705	1.567
Gewinn in DM/ha	473	430	531	448	482
Arbeitsertrag in DM/FAK	38.584	61.675	27.486	37.645	35.821

Quelle: Agrarbericht 1995 des BML (Materialband: 74 u. 84) und eigene Berechnungen

Als vorläufiges Fazit bezüglich der Erfüllung agrarstrukturpolitischer Zielsetzungen in den neuen Bundesländern läßt sich folgendes anmerken: Der weitere Beschäftigungsabbau in der Landwirtschaft konnte fünf Jahre nach der deutschen Einheit stark vermindert werden. Dabei muß allerdings nach Familien- und Fremdarbeitskräften differenziert werden. Während die Beschäftigung von Familienarbeitskräften kontinuierlich zunahm, wurde sie durch eine starke Freisetzung von Fremdarbeitskräften überkompensiert, die sich nunmehr allerdings auf sehr niedrigem Niveau fortsetzen dürfte. Die

---

33 Die Betrachtung der Situation in den einzelnen Bundesländern in Form von auf den ha LNF bezogenen Daten beruht darauf, daß eine zum Zweck der Vergleichbarkeit wünschenswerte Differenzierung nach Unternehmen im Agrarbericht nicht vorgenommen wird.

Einkommenssituation in den landwirtschaftlichen Unternehmen aller Betriebsgrößen verbesserte sich und erreichte im Durchschnitt bereits ein Niveau, das über dem in Westdeutschland liegt. Die Arbeitsproduktivität, die als ein Indikator für eine nachhaltige Steigerung der Wettbewerbsfähigkeit und damit für langfristige Beschäftigungs- und Einkommensmöglichkeiten in der Landwirtschaft anzusehen ist, entwickelte sich sowohl über die Zeit als auch im Vergleich der Rechtsformen uneinheitlich. Die besorgniserregende Abhängigkeit insbesondere der Einzelunternehmen von den staatlichen Beihilfen zieht die Frage nach sich, ob langfristig Beschäftigung und Einkommen in der Landwirtschaft der neuen Bundesländer auf dem jetzigen Niveau verbleiben werden, insbesondere wenn man das gegebene Politikänderungsrisiko berücksichtigt.[34]

4.2.3 Zur Vereinheitlichung der Investitionsförderung

Mit der in den siebziger und achtziger Jahren vollzogenen und nach der deutschen Einigung noch beschleunigten Erweiterung der Förderprogramme ist eine Vielzahl von Effekten verbunden, die im Hinblick auf die Erreichung der im Grunde anzustrebenden Ziele als unerwünscht gelten müssen. Die Orientierung an den Zielen „Abbau von Strukturdefiziten", „Erhöhung der Wettbewerbsfähigkeit der Betriebe" sowie „Erhöhung des landwirtschaftlichen Einkommenspotentials" wurde verstärkt durch *sozial- und regionalpolitische Intentionen* überlagert. Die ursprünglich als prioritär angesehene Ausgestaltung der Förderung nach betriebswirtschaftlichen Effizienzkriterien wich zunehmend einer impliziten Orientierung an dem Ziel der flächendeckenden Erhaltung landwirtschaftlicher Familienbetriebe und deren Einkommenssicherung.

Nach dem „klassischen" Konzept der betrieblichen Investitionsförderung wird aber eine Erhöhung der wirtschaftlichen Effizienz der geförderten Betriebe angestrebt, um so ihre Wettbewerbsfähigkeit und damit indirekt die landwirtschaftlichen Einkommensmöglichkeiten zu verbessern. Verbunden mit der Erhöhung der wirtschaftlichen Leistungsfähigkeit der einzelnen Betriebe ist eine Unterstützung des Strukturwandels in der Landwirtschaft. Die Förderpraxis ist allerdings – entsprechend dem oben angesprochenen Zielbündel – durch ein breiteres Spektrum von Zielsetzungen gekennzeichnet, wobei einkommens- und regionalpolitische, aber auch umweltpolitische Aspekte eine zunehmende Rolle spielen. Gegenwärtig existieren in der ein-

---

34 Zum jetzigen Zeitpunkt darf es bereits als sicher angesehen werden, daß das Niveau der agrarstrukturellen Förderung in den neuen Bundesländern aufgrund einer weiteren Verringerung des GAK-Plafonds nach 1997 deutlich gesenkt werden wird. Aufgrund der skizzierten Abhängigkeit der landwirtschaftlichen Betriebe von der Förderung ist deren zukünftige Ausgestaltung von zentraler Bedeutung.

zelbetrieblichen Investitionsförderung für alte und neue Bundesländer getrennte Programme, die sich jeweils an spezifische Gruppen von Landwirten richten.

Der Förderung von Landwirten im Haupterwerb[35] dienen das *Agrarinvestitionsförderungsprogramm* (AFP) und die *Förderung der Wiedereinrichtung und Modernisierung bäuerlicher Familienbetriebe* (WMF). Das AFP unterstützt – bislang beschränkt auf die alten Bundesländer – die Durchführung von Modernisierungsinvestitionen insbesondere zur Senkung der Produktionskosten, zur Umstellung der Produktion, zur Verbesserung der Arbeitsbedingungen sowie zur Verbesserung der Produktqualität. Im begrenzten Umfang sind aber auch Erweiterungsinvestitionen förderfähig. Die speziell für Betriebe der neuen Bundesländer verfügbare WMF begünstigt im wesentlichen die gleiche Art von Investitionen wie das AFP. Der wichtigste Vorteil gegenüber dem AFP besteht in der Förderfähigkeit der Erstanschaffung von Maschinen und Inventar. In beiden Fällen erfolgt die Förderung im wesentlichen in der Form von Zinsverbilligungen, öffentlichen Darlehen und Zuschüssen. Im Gegensatz zur Förderung in den westlichen Bundesländern werden allerdings den Landwirten im Beitrittsgebiet wesentlich höhere Investitionssummen, Zinsverbilligungen und Darlehen gewährt, gleichzeitig aber geringere Anforderungen an eine Bewilligung gestellt. Damit wird der Notwendigkeit Rechnung getragen, daß die Wieder- und Neueinrichter vielfach in Erst- oder vollständige Ersatzbeschaffungen der betrieblichen Kapitalgüter investieren müssen. Ergänzt werden AFP und WMF durch die Hilfen für Junglandwirte, die zusätzlich im gesamten Bundesgebiet als Zuschüsse für Haupt- oder Miteigentümer landwirtschaftlicher Betriebe bis zum Alter von 40 Jahren gewährt werden.

Eine einzelbetriebliche Investitionsförderung von Unternehmen in der Rechtsform der eingetragenen Genossenschaft sowie von Kapitalgesellschaften wird nur in den neuen Bundesländern gewährt und zwar in Form von *Hilfen zur Umstrukturierung und Neugründung landwirtschaftlicher Unternehmen als juristische Personen* (UJP). Im wesentlichen werden Maßnahmen zur Rationalisierung insbesondere durch Erhöhung der Arbeitsproduktivität durch Zinsverbilligungen für Kapitalmarktdarlehen gefördert. An die Vergabe sind ähnliche – wenn auch im Detail teilweise deutlich schärfere – Bedingungen und Auflagen wie im Fall der AFP und WMF geknüpft; durch das geringere Investitionsvolumen je AK und die geringere Förderungsintensität je geförderter Investitionseinheit wird die Rechtsform der juristischen Person aber gegenüber anderen Rechtsformen benachteiligt.

---

35 Das AFP besteht aus zwei Bestandteilen: dem einfachen Agrarkredit, der auch Landwirten im Nebenerwerb offensteht, und dem kombinierten Agrarkredit, dessen weit umfangreichere Förderung nur Landwirten im Haupterwerb zugänglich ist.

Allen Landwirten in den neuen Bundesländern – also auch solchen im Nebenerwerb – ist die Förderung durch das *Agrarkreditprogramm* (AKP) zugänglich. Die Förderung hat die gleiche Art betrieblicher Investitionen wie im AFP und in der WMF zum Gegenstand, im Gegensatz dazu ist die Vergabe allerdings an die Erfüllung wesentlich weniger restriktiver Vorbedingungen gebunden und auf einmalige Zinszuschüsse beschränkt.

Wie bereits erwähnt, ist zu erwarten, daß sich das gesamtdeutsche Förderprogramm im wesentlichen an das bestehende AFP in den alten Bundesländern anlehnen wird. Empfehlungen zu einer grundsätzlichen Neuorientierung der Förderung, wie sie z.b. der Wissenschaftliche Beirat beim Bundesministerium für Ernährung, Landwirtschaft und Forsten in seinem Gutachten „Agrarpolitik und Agrarstruktur"[36] oder der Deutsche Bauernverband[37] in seinen „Kieler Thesen" in die Diskussion gebracht haben, können zwar dabei Impulse für die Ausgestaltung geben. Es ist aber zu berücksichtigen, daß die Anforderungen der EU, genauer die des Förderrahmens der Effizienzverordnung 2328/91, bei der Ausgestaltung der Investitionsförderung in der

---

36 Der Wissenschaftliche Beirat geht in seinen Empfehlungen zur Investitionsförderung deutlich über die Neuregelungen im AFP hinaus. An die Stelle der bisherigen Regelungen soll ein einheitliches Zinsverbilligungsprogramm – ohne Differenzierung nach betrieblichen Rechtsformen und Erwerbstypen – unter gleichzeitigem Fortfall aller anderen Formen der Kapitalhilfe für betriebliche Investitionsvorhaben treten. Die Zinsverbilligung wäre dabei einheitlich und in begrenzter Höhe für ein maximal förderungsfähiges Investitionsvolumen zu gewähren. Eine Sonderförderung für benachteiligte Gebiete oder durch bestimmte Maßnahmen (z.B. Althofsanierung) ist nicht mehr vorgesehen. Alle Einschränkungen, die der Steigerung der betrieblichen Rentabilität und damit der allokativen Zielsetzung der Investitionsförderung zuwiderlaufen, sollen aufgehoben werden. Zu nennen sind in diesem Zusammenhang etwa die Differenzierung der Förderung nach Produktionsbereichen (z.b. Ausschluß von Überschußprodukten), die Aufrechterhaltung physischer Obergrenzen (z.b. Bestandsobergrenzen im Milchkuhbereich, Aufstockungsverbot in der Schweinehaltung) sowie die Fortführung von Einkommensgrenzen bei den Förderungsberechtigten (Prosperitätsklausel). Diese Änderungen spiegeln die Auffassung wider, daß mit der Investitionsförderung allokative und nicht verteilungspolitische Ziele verfolgt werden sollen. Ferner diskutiert der Beirat die Frage, ob langfristig eine EU-weite Abschaffung der Investitionsförderung sinnvoll ist.

37 Der Deutsche Bauernverband (DBV) strebt, wie anläßlich des Deutschen Bauerntages 1993 dargelegt, einen allgemeinen Agrarkredit an. Ziel ist es einerseits, die unterschiedlichen Förderungsgrundsätze für Haupt- und Nebenerwerbsbetriebe zu vereinheitlichen, wobei der Landwirten künftig günstigere Konditionen eingeräumt werden sollen als bisher, andererseits wird angestrebt, die Vielzahl spezieller Fördertatbestände deutlich zu reduzieren. Dessen ungeachtet befürwortet der DBV die Beibehaltung der Junglandwirteförderung, die unveränderte Gewährung öffentlicher Darlehen für die Althofsanierung und Aussiedlung sowie die zusätzliche Förderung landwirtschaftlicher Betriebe in benachteiligten Gebieten. In bezug auf die nähere Ausgestaltung der Fördertatbestände legt der DBV besonderes Gewicht auf die Lockerung bestehender Bestandsobergrenzen und die Öffnung der Förderung des Tier- und Umweltschutzes für alle Betriebe, unabhängig von ihrer spezifischen Produktionsstruktur.

Gemeinschaftsaufgabe erfüllt werden müssen, um eine Kofinanzierung der Maßnahmen seitens der EU sicherzustellen. Gerade die neuen Bundesländer sind aber – jedenfalls für einen überschaubaren Zeitraum – besonders auf die Mittel aus den Strukturfonds der Europäischen Union angewiesen. Diese starke haushaltspolitische Restriktion dürfte sich weitaus stärker bei der Ausgestaltung des gesamtdeutschen Investitionsförderungsprogramms auswirken als etwaige Überlegungen über eine grundsätzliche Neuorientierung der Förderung. Wahrscheinlich erscheint die Durchführung einer solchen Neuorientierung nur dann, wenn sich dafür auf europäischer Ebene ein breiter Konsens anbahnt. Es bleibt unbestimmt, ob sich – ungeachtet der Zielrichtung einer grundsätzlichen Neuorientierung – in absehbarer Zeit eine solche Mehrheit angesichts der sehr unterschiedlichen agrarstrukturpolitischen Interessen in den Mitgliedstaaten der EU finden läßt.

Um eine erste Abschätzung der Auswirkungen einer einheitlichen Förderung auf der Grundlage des AFP vornehmen zu können, soll im folgenden Abschnitt kurz auf die Ausgestaltung des seit 1995 in den alten Bundesländern bestehenden Programms eingegangen werden. Im Anschluß wird die Frage untersucht, ob mit der unveränderten Übernahme dieses Programms eine Verbesserung oder Verschlechterung der Förderkonditionen in den neuen Ländern verbunden wäre. Außerdem soll auf einige Defizite hingewiesen werden, die das AFP aus Sicht der neuen Bundesländer bislang noch aufweist.

4.2.3.1 Das Agrarinvestitionsförderungsprogramm als Grundlage einer einheitlichen Förderung

Das 1995 in den alten Bundesländern eingeführte Agrarinvestitionsförderungsprogramm (AFP) wird wahrscheinlich ab 1997 mit einigen, der besonderen Situation in den neuen Bundesländern Rechnung tragenden Ergänzungen auch die Grundlage der einzelbetrieblichen Förderung in den neuen Bundesländern sein. Der Zweck der Maßnahmengruppe liegt schwerpunktmäßig bei der Steigerung der Wettbewerbs- und Leistungsfähigkeit der landwirtschaftlichen Betriebe, der Gewährleistung ihrer strukturellen Anpassungsfähigkeit und der Sicherung der landwirtschaftlichen Einkommen.

Förderungsfähig sind Investitionen die der Rationalisierung und Kostensenkung, der Verbesserung der Produktions- und Arbeitsbedingungen, der Schaffung von Erwerbskombinationen, der Verminderung des Energieeinsatzes oder der Verbesserung des Tier- und Umweltschutzes dienen. Voraussetzung für die Förderfähigkeit ist im Bereich der Tierhaltung die Einhaltung einer maximalen Besatzdichte von 2,5 GVE/ha, im Bereich der Milchkuhhaltung eine Bestandsobergrenze von 80 Kühen je Betrieb (nach erfolgter Investition), sofern gleichzeitig die Einhaltung der betrieblichen Milchreferenzmenge gewährleistet bleibt. Für Investitionen im Bereich der Rindfleischerzeugung gilt eine Bestandsobergrenze von 2 GVE/ha Futterfläche. Investitionen im Bereich der Schweinehaltung werden nur dann gefördert, wenn damit keine Bestandserhöhung verbunden ist und mindestens 35% der benötigten Futtermenge im Betrieb erzeugt werden. Im Bereich Energieeinsparung werden Investitionen zur Dämmung, zur Wärmerückgewinnung und zur Umstellung auf alternative Energie- bzw. Wärmeerzeugung sowie umweltverträglichere Energieträger (Fernwärme und Erdgas) gefördert. Zusätzliche Erwerbsmöglichkeiten werden durch Investitionshilfen in den Bereichen Beherbergung (bis 15 Betten), Freizeit und Erholung, Direktvermarktung, Pensionstierhaltung sowie haus- und landwirtschaftliche Dienstleistungen gefördert. Maßnahmen zur Aussiedlung von Betrieben und zum Ankauf von Land sind nur in Ausnahmefällen förderfähig. Ein völliger Förderausschluß besteht für den Kauf von Vieh, Maschinen und Geräten für die Außenwirtschaft, Erwerb von Unternehmensanteilen und Rechten, Investitionen im Wohnhausbereich und insbesondere für Maßnahmen, die der Umwandlung von Grünland und Ödland in landwirtschaftliche Nutzfläche dienen, sowie für Investitionen in Betriebszweige, die überwiegend gewerblichen Charakter haben.

Die Förderung richtet sich an landwirtschaftliche Neben-, Zu- und Haupterwerbsbetriebe ungeachtet ihrer Rechtsform. Bei Inanspruchnahme des Agrarkredits, bei dem das förderfähige Investitionsvolumen maximal 150.000 DM beträgt, muß der Landwirt lediglich den Nachweis seiner beruflichen Qualifikation, die Zweckmäßigkeit der Maßnahme sowie einen Finanzplan vorlegen. Dabei gilt eine Prosperitätsgrenze von 150.000 DM steuerlichem Einkommen in Einzelunternehmen (in juristischen Personen und Personengesellschaften im Durchschnitt aller Eigentümer). Für umfangreichere Investitionsvorhaben sieht das AFP eine sogenannte kombinierte Förderung vor, wobei das förderfähige Investitionsvolumen minimal 20.000 DM betragen muß und maximal 1,5 Mio. DM umfassen darf. Die kombinierte Förderung steht allen Haupterwerbsbetrieben offen, sofern mindestens ein Mitglied der Unternehmensleitung über eine ausreichende berufliche Qualifikation verfügt. Das landwirtschaftliche Unternehmen muß außerdem über eine durch Buchführung belegte „angemessene" Eigenkapitalbildung nachweisen und verpflichtet sich, die Buchführung um mindestens zehn Jahre fortzuführen. Zur Bewilligung der Förderung ist weiterhin ein Betriebsverbesserungsplan erforderlich, der die Wirtschaftlichkeit des Investitionsvorhabens belegt. Das Arbeitseinkommen je betriebsnotwendiger Vollerwerbsarbeitskraft darf zudem nicht über 120% des Referenzeinkommens (60.706 DM), das Einkommen der Eigentümer nicht über der oben bereits beschriebenen Prosperitätsgrenze liegen. Junglandwirte müssen generell zusätzlich die erstmalige Aufnahme der Tätigkeit als landwirtschaftlicher Betriebsleiter und die Ingangsetzung eines Betriebes nachweisen, der vom Arbeitsumfang mindestens eine Vollerwerbskraft erfordert.

Als Förderinstrumente können Zuschüsse und Zinsverbilligungen auf Kapitalmarktdarlehen gewährt werden. Im Rahmen des Agrarkredits beträgt die Zinsverbilligung maximal 5%. Die Zahlung kann als einmaliger Zuschuß oder in jährlichen Raten vorgenommen werden. Im Rahmen der kombinierten Förderung kann die Förderung aus einem Investitionszuschuß und einer Zinsverbilligung bestehen. Das maximale förderfähige Investitionsvolumen von 1,5 Mio. DM darf dabei aber nicht überschritten werden. Bei der Bemessung der Zuschußhöhe – bis zu 30% – und der Zinsverbilligung – bis zu 20 Jahren oder als einmaliger, abgezinster Zuschuß – wird nach der Art der Investition, der Zahl der betrieblichen Arbeitskräfte und der Lage in benachteiligten oder nicht benachteiligten Gebieten differenziert.[38] Mit erhöhten Sätzen werden hierbei die ersten beiden betriebsnotwendigen Arbeitskräfte sowie grundsätzlich alle Betriebe in benachteiligten Gebieten gefördert. Zusätzlich erhöhen sich die Fördermittel für Junglandwirte.

Jeder Förderungsberechtigte kann seine Zuwendungen auch im Rahmen von landwirtschaftlichen Kooperationen wahrnehmen. Dazu müssen mindestens zwei Drittel der Mitglieder förderungsberechtigt im Sinne der oben genannten Anforderungen für einzelne Betriebe sein. Die Kooperation muß in jedem Fall vertraglich geschlossen sein, eine bestimmte Rechtsform ist dabei weder vorgeschrieben, noch ausgeschlossen. Juristische Personen dürfen ihre Fördermittel auch zusammengefaßt beantragen. Grundsätzlich ergibt sich das förderfähige Investitionsvolumen der Kooperation aus der Obergrenze für einen einzelnen Antragsteller multipliziert mit der Zahl der Mitglieder, maximal jedoch bis zum Vierfachen. Die Fördermittel selbst sind auf 3 Mio. DM je landwirtschaftlicher Unternehmenskooperation begrenzt.

4.2.3.2 Vergleich der gegenwärtigen Förderung in den neuen Bundesländern mit der des AFP

In einer bislang unveröffentlichten Arbeit untersuchte Forstner (1996) die Frage, inwieweit die landwirtschaftlichen Betriebe der neuen Bundesländer durch den Übergang von der gegenwärtigen Förderung auf das AFP besser oder schlechter gestellt werden. An dieser Stelle sollen nur kurz die wichtigsten Ergebnisse wiedergegeben werden. Aufgrund der bislang nach Rechts-

---

38 Auf eine intensivere Darstellung der Förderkonditionen soll an dieser Stelle verzichtet werden (vgl. dazu den Rahmenplan der GAK 1995).

formen getrennten Förderung in WMF und UJP wählt Forstner analog eine nach Rechtsformen differenzierte Betrachtungsweise.[39]

Für landwirtschaftliche Kooperationen in der Rechtsform der GbR bringt der Übergang vom WMF auf das AFP deutliche Nachteile mit sich. Davon sind insbesondere die Futterbaubetriebe betroffen. Begründet wird die relative Vorzüglichkeit der gegenwärtigen Regelung durch den Wegfall des Grünlandzuschusses (bis 150 DM), der öffentlichen Darlehen (bis 1,2 Mio. DM) und der *Zinsvergünstigung*, die bis zu einer Darlehenshöhe von 1,2 Mio. DM gewährt wird. Zudem erlaubt das AFP keine Förderung von Investitionen in den Bereichen Außentechnik und Viehankauf. Im Fall der Einzelunternehmen hängt die Besser- bzw. Schlechterstellung von der Höhe des Investitionsvolumens ab. Grundsätzlich ergeben sich aus den in bezug auf die GbR genannten Gründen schlechtere Förderkonditionen bei einem Übergang auf das AFP. Die Vergleichsrechnung von Forstner zeigt aber, daß das AFP ab einem Investitionsvolumen von ca. 1,7 Mio. DM eine Besserstellung gegenüber dem WMF erbringt.

Für die landwirtschaftlichen Betriebe in der Rechtsform der juristischen Person läßt das AFP zwei denkbare Verfahrensweisen beim Übergang vom UJP zu. Werden die juristischen Personen im AFP als Kooperationen behandelt, ergibt sich eine deutliche Verbesserung der Förderkonditionen gegenüber der gegenwärtigen Situation. Die Vorzüglichkeit nimmt mit steigendem Investitionsvolumen zunächst immer weiter zu, fällt dann aber ab ca. 2,5 Mio. DM wieder leicht. Dennoch ist in jedem Fall der Übergang zum AFP für die Betriebe in der Rechtsform der juristischen Person vorteilhaft. Werden die juristischen Personen im Rahmen des AFP den Einzelunternehmen gleichgestellt, so ist der Übergang zur neuen Regelung nur bis zu einem Investitionsvolumen von ca. 1,9 Mio. DM vorteilhaft. In Fall größerer Investitionen verkehrt sich die relative Vorzüglichkeit von AFP und UJP. Für die juristischen Personen in den neuen Bundesländern ist daher die Frage nach ihrer Behandlung im Rahmen des AFP von erheblicher Bedeutung.

Auch die Junglandwirteförderung und die verbesserten Förderkonditionen in benachteiligten Gebieten werden durch den Übergang auf das AFP berührt. Für Einzelunternehmen und GbR erbringt der Umstieg auf das neue Förderprogramm eine deutliche Verschlechterung der Förderkonditionen, während juristische Personen, denen das UJP bislang keine spezielle Junglandwirteförderung eröffnete, eine relative Bevorzugung erfahren. In benachteiligten Gebieten verbessern sich für Einzelunternehmen und GbR die dort anwendbaren speziellen Förderkonditionen deutlich. Im Fall der Betrie-

---

39 Im Beitrag von Forstner wird darüber hinaus nach Futterbau- und Marktfruchtbetrieben differenziert, wobei sich aufgrund der unterschiedlichen Förderkonditionen und Investitionsschwerpunkte weitere signifikante Unterschiede ergeben.

be in der Rechtsform der juristischen Person kann die Frage nach der Besser- oder Schlechterstellung nicht eindeutig beantwortet werden. Gemessen am Subventionswert verschlechtern sich die Bedingungen deutlich, im Fall der Gleichstellung mit Einzelunternehmen und großem Investitionsvolumen sogar dramatisch. Bezogen auf die Entlastungswirkung im jährlichen Kapitaldienst ergibt die Vergleichsrechung im Fall der Gleichstellung mit Einzelunternehmen ebenfalls eine Verschlechterung der Förderkonditionen; im Fall der Gleichstellung mit landwirtschaftlichen Kooperationen erbringt der Übergang auf das AFP bis zu einem Investitionsvolumen von ca. 4,0 Mio. DM hingegen eine Verbesserung gegenüber dem UJP mit sich.

4.2.3.3 Zur Notwendigkeit einer Anpassung des bestehenden AFP

Die Ergebnisse der Vergleichsrechnung von Forstner werden durch die Einschätzung der zuständigen Landwirtschaftsministerien in den neuen Bundesländern bestätigt.[40] Als ein wesentlicher Nachteil des neuen Förderprogramms wurde der Ausschluß des Erwerbs von Außentechnik und des Erstankaufs von Vieh bemängelt, da auch zukünftig noch eine nennenswerte Zahl an Wieder- und Neueinrichteranträgen zu erwarten sei. Zudem erlaube das neue Programm im Bereich der Schweineveredelung keine Investitionen, die mit einer Bestandsaufstockung verbunden seien. Angesichts der extremen Bestandsverminderung unmittelbar nach der Vereinigung bestehe im Veredelungsbereich aber auch zukünftig ein Nachholbedarf.

Desweiteren wurden die Instrumente des öffentlichen Darlehens und der Bürgschaften als unverzichtbar angesehen, da die bislang mangelhafte Eigenkapitalbildung und die unzureichende Verfügbarkeit unternehmenseigener Sicherheiten die Aufnahme von Kapitalmarktdarlehen in einer Vielzahl von Antragsfällen behindere. Die Vergabe von Bürgschaften erfolgte in den neuen Bundesländern in sehr unterschiedlichem Maße. Während z.B. das Land Thüringen bis zum gegenwärtigen Zeitpunkt sein Bürgschaftskontingent nur teilweise in Anspruch nehmen mußte, war in Mecklenburg-Vorpommern schon Mitte 1995 das zunächst vorgesehene Kontingent vergeben. Der zukünftige Bedarf nach diesem Förderinstrument richtet sich also stark nach den Gegebenheiten in den einzelnen Bundesländern. Die weitere Bereitstellung von Bürgschaften allein wird in einigen neuen Bundesländern als nicht ausreichend angesehen. Die gemeinsame Bürgschaft von Bund und Land kann höchstens 80% der Darlehenssumme absichern. Die verbleibenden 20%, die durch eigene Sicherungsleistungen gedeckt werden müssen, stellen offensichtlich für eine nennenswerte Zahl von Betrieben ein immer

---

40 In Expertengesprächen, die Ende 1995 stattfanden, wurde die Frage der Übertragung des AFP mit den für die GAK und die einzelbetriebliche Förderung zuständigen Ministerialreferenten der neuen Bundesländer erörtert.

Rahmenbedingungen für die Entwicklung ländlicher Räume

noch unüberwindliches Hindernis dar. Nach Ansicht einiger Ländervertreter sollte daher auch zusätzlich das Instrument des öffentlichen Darlehens beibehalten werden. Die Vergleichsrechnung von Forstner belegt zudem deren überdeutliche Entlastungswirkung im Kapitaldienst der landwirtschaftlichen Betriebe, die durch die extrem langen Laufzeiten und den äußerst günstigen Zinssatz hervorgerufen wird.

Einige Bundesländer fordern weiterhin eine Anhebung des förderfähigen Investitionsvolumens sowie des maximalen Förderbetrages je Unternehmen (Kooperation), angesichts der Berechnungen von Forstner kann dies aber nur eingeschränkt, nämlich für bestimmte Betriebsstrukturen und Rechtsformen, nachvollzogen werden. Abschließend steht die Definition der Prosperitätsgrenze im AFP zur Diskussion. Einerseits wird bemängelt, daß sie sich auf das Einkommen des Unternehmers bzw. der Eigentümer bezieht, obwohl eine Bemessung am Unternehmensgewinn – das Unternehmen, nicht der Unternehmer soll gefördert werden – zweckmäßiger erscheint, andererseits erscheint der Grenzwert von z.Zt. 150.000 DM als zu niedrig angesetzt. Insbesondere in der Rechtsform der juristischen Person könnte ein landwirtschaftlicher Betrieb – aufgrund des in diesem Fall anzusetzenden Durchschnitts aller Eigentümer – durch das persönliche Einkommen eines Eigners, das aus einer außerbetrieblichen Tätigkeit stammt, nicht förderfähig sein.[41] Ob und inwieweit die angeführten Änderungs- und Ergänzungswünsche der neuen Bundesländer Aufnahme in das AFP finden, wird bis Mitte 1996 im Planungsausschuß der GAK entschieden werden.[42]

---

41 Während die Kritik an der Verknüpfung der Prosperitätsgrenze mit dem Einkommen des Eigentümers berechtigt und nachvollziehbar erscheint, kann der Wunsch nach einer Erhöhung des Grenzwertes nur durch die Bemühung recht extremer Rechenexempel begründet werden. Zudem kann bislang nicht antizipiert werden, ob in der Realität tatsächlich einzelne Unternehmen aufgrund eines zu niedrigen Grenzwertes ihren Förderanspruch verlieren. Unabhängig von der oben geführten Diskussion sei ein Vergleich der Investitionsförderung im Rahmen der GAK mit der regionalen Wirtschaftsförderung erlaubt. Dort existiert keine vergleichbare Restriktion, auch wurde niemals eine solche diskutiert.

42 Zur Diskussion über die Ausgestaltung der agrarstrukturellen Förderung siehe auch die Beiträge von Schlagheck und Gampe in Alvensleben/Langbehn/Schinke (1993).

5. Die Privatisierung der ehemals volkseigenen landwirtschaftlichen Flächen

5.1 Darstellung der Ausgangslage für die Privatisierung der ehemals volkseigenen landwirtschaftlichen Flächen

5.1.1 Ursprung der ehemals volkseigenen Flächen

Volkseigentum an landwirtschaftlichen Flächen ist im wesentlichen im Zuge der sog. „demokratischen" Bodenreform, die in der Sowjetischen Besatzungszone 1945/49 durchgeführt wurde, und im Zuge von Enteignungen in der Anfangsphase der Kollektivierung der Landwirtschaft (1952/53) entstanden (vgl. Abbildung 2)[43]. Im Rahmen der sog. *Bodenreform* wurde das gesamte Eigentum von 7.160 land- und forstwirtschaftlichen Unternehmern mit mehr als 100 Hektar Eigentum (durchschnittliche Betriebsgröße 350 ha), die als „Großgrundbesitzer und Junker" bezeichnet wurden, konfisziert. Unterhalb der formalen Enteignungsgrenze wurden weitere 4.537 Betriebsinhaber, die als „Nazigrößen und Kriegsverbrecher" beschuldigt wurden (durchschnittliche Betriebsgröße ca. 30 ha), enteignet[44]. Der Gesamtumfang des sich aus diesen Konfiskationsmaßnahmen und der Zuführung sich zuvor in öffentlicher Hand befindlichen land- *und* forstwirtschaftlichen Eigentums[45] ergebenden sog. „Bodenfonds" betrug 3,3 Mio. ha. Hiervon wurden etwa 2,2 Mio. ha wieder als „Arbeitseigentum" v.a. an sog. „Neubauern", d. h. ostvertriebene Landwirte, landlose Bauern und Landarbeiter (durchschnittliche Betriebsgröße 8 ha) sowie zur Flächenaufstockung an Kleinbauern vergeben, während der Rest (überwiegend Wald) im Volkseigentum verblieb und von staatlichen Betrieben verwaltet bzw. bewirtschaftet wurde. U. a. wurden aus den verbleibenden landwirtschaftlichen volkseigenen Flächen die volkseigenen Güter (VEG) aufgebaut.

Zu Beginn der Kollektivierung der Landwirtschaft setzte auf der Grundlage verschiedener 1952/53 erlassener Verordnungen eine weitere Enteig-

---

43 Aufgrund der Entstehungsgeschichte und sachlicher Abgrenzungskriterien wird das ehemalige Volkseigentum im land- und forstwirtschaftlichen Sektor allgemein in drei wesentliche Teilbereiche gegliedert: Die volkseigenen landwirtschaftlichen Nutzflächen in früherer Bewirtschaftung von Landwirtschaftlichen Produktionsgenossenschaften (LPG), die landwirtschaftlichen Nutzflächen der ehemaligen Volkseigenen Güter (VEG) sowie die volkseigenen Forstflächen. Im wesentlichen werden in diesem Abschnitt die erstgenannten Flächen behandelt, während für die anderen Teilbereiche nur ein grober Überblick vermittelt werden kann.
44 Vgl. zu den Ergebnissen der Bodenreform u.a. Bell (1992: 81ff); Krebs (1989: 100ff)
45 U.a. zählen hierzu die früheren (preußischen) Landesdomänen und Kommunalvermögen.

Rahmenbedingungen für die Entwicklung ländlicher Räume 435

nungswelle ein[46]. Dabei kam es jedoch nur zum Teil zu einer grundbuchlichen Eintragung als Volkseigentum. Der größte Teil der insgesamt hiervon betroffenen 24.200 landwirtschaftlichen Betriebe mit einer Gesamtfläche von etwa 0,7 Mio. ha wurde unter staatliche Treuhandschaft gestellt und dem jeweiligen „Rat des Kreises" zur Verwaltung übergeben. Nach einer Zwischenphase der Bewirtschaftung großer Flächenanteile ab Ende 1953 durch die sog. Betriebe der örtlichen Landwirtschaft (ÖLB), die als Auffangstation für infolge der staatlichen Zwangsmaßnahmen von 1952/53 verlassene landwirtschaftliche Betriebe dienten, wurden sie danach zumeist zur kostenlosen Nutzung (sog. „Kreispachtverträge") an die sich u.a. aus dem Flächenfonds der ÖLB gründenden LPGen weitergereicht. In diesen Fällen fand zunächst kein formeller Übergang ins „Volkseigentum" statt. Dieser letzte Schritt wurde dann aber teilweise nach der Verordnung v. 11.12.1968 (GBl II 1969 S. 1) vollzogen, die im Falle einer Überschuldung von in Treuhandschaft verwalteten Betrieben eine Verwertung zugunsten des (staatlichen) Gläubigers ermöglichte (vgl. Heuer 1991: 62).

Die Bestimmung des endgültigen Umfangs der 1990 vorhandenen ehemals volkseigenen landwirtschaftlichen Flächen erweist sich auch ex post als eine fast unlösbare Aufgabe. Ein wesentlicher Grund hierfür liegt darin, daß die oben beschriebenen wesentlichen „Verlaufsströme" beim Volkseigentum nicht als Einbahnstraßen zu interpretieren sind. Vielmehr war sowohl bei den Siedlerflächen ein – im Laufe der Zeit bedeutender – Rückfluß vom Arbeitseigentum hin zum Volkseigentum (ehem. Bodenfonds) als auch eine – mengenmäßig weniger bedeutende – Rückgängigmachung von Kollektivierungs-Enteignungen im Rahmen der Vorgänge um den 17. Juni 1953 zu verzeichnen. Diese Ströme sind jedoch statistisch nicht oder nur unzureichend dokumentiert worden. Ebenso existieren für den gesamten Zeitraum von 1949 bis 1990 keine aussagekräftigen Statistiken bezüglich der flächenmäßigen Entwicklung des landwirtschaftlichen Volkseigentums, da die Eigentumsstrukturen am Boden in der DDR immer mehr an Bedeutung verloren und eine Abgrenzung zum forstwirtschaftlichen Volkseigentum nicht erfolgte.

Die Ermittlung des Bestandes forstwirtschaftlich genutzten Volkseigentums zum Zeitpunkt 1990 ist hingegen einfacher. Zum einen war schon vor 1945 der Anteil des Staats- und Körperschaftswaldes wesentlich größer als der Staatsanteil bei landwirtschaftlichen Flächen[47], wodurch ein Großteil

---

46 Vgl. zur Kollektivierung u. a. Bell (1992); Heuer (1991: 24ff); Kramer (1957: 24ff)
47 Der Anteil des Staatswaldes (Reich, Länder) betrug 1937 im heutigen Gebiet der fünf neuen Bundesländer ca. 39%, der Anteil des Körperschaftswaldes (Gemeinden, gesellschaftliche Einrichtungen sowie Kirchen) ca. 11%. Dies ergibt einen Privatwaldanteil von nur 50%. Als Vergleichsmaßstab: der analog definierte private Anteil bei landwirtschaft-

des volkseigenen Waldes relativ schnell zu identifizieren ist. Zum anderen fanden zwischen 1945 und dem Beitritt der neuen Länder 1990 nur in geringerem Maße Eigentümer- bzw. Bewirtschafterwechsel statt. Hierunter fallen insbesondere die im Rahmen der Bodenreform an Neubauern etc. verteilten Waldflächen. Die Bewirtschaftung des Waldes war zudem auf weniger Betriebe als bei den landwirtschaftlichen Flächen konzentriert[48]. So konnten 1991/92 im Rahmen einer Bestandsaufnahme der Forstflächen 2,068 Mio ha als ehemaliges Volkseigentum identifiziert werden (BML 1993: 77).

5.1.2 Vermögensrechtliche Rahmenbedingungen nach der Vereinigung

Mit den in der DDR ins „Volkseigentum" übergegangenen Vermögenswerten wird aufgrund der vermögensrechtlichen Vorgaben des Einigungsvertrages nicht einheitlich verfahren. Grundsätzlich gilt zwar sowohl für enteignetes als auch durch staatliche Instanzen zwangsverwaltetes Vermögen das „Prinzip Rückgabe" (an die ehemaligen Eigentümer), doch wurden – nicht nur – im land- und forstwirtschaftlichen Sektor wesentliche im Volkseigentum befindliche Teilbereiche von der Rückgabe ausgeschlossen. Die enteigneten Eigentümer sind statt dessen auf monetäre Entschädigungs- und Ausgleichsleistungen verwiesen[49]. Dieser Restitutionsausschluß betrifft vollständig die zur Zeit der sowjetischen Besatzung im Rahmen der sog. Bodenreform enteigneten land- und forstwirtschaftlichen Betriebe[50], deren ehemalige Inhaber heute gemeinhin als „Alteigentümer" bezeichnet werden (s. Abbildung 2).

---

lichen Nutzflächen betrug 1937 etwa 87% (Statistisches Reichsamt 1941; eigene Auswertung).
48 Nicht nur die gesamten volkseigenen Forstflächen, 1990 etwa Zweidrittel der insgesamt 3 Mio. ha Wald in der ehemaligen DDR, sondern auch noch etwa 600.000 ha des in die LPGen eingebrachten Privatwaldes wurde von LPG-Mitgliedern bzw. von 79 Staatlichen Forstwirtschaftsbetrieben bewirtschaftet (vgl. BML 1993: 77).
49 Vgl. Gliederungspunkt 5.4
50 Durch Übernahme der „Gemeinsamen Erklärung" v. 15.06.1990 als Anlage III des Einigungsvertrages (BGBl II 1990: 885,1237) wurde zwischen den beiden deutschen Staaten vereinbart, daß die „Enteignungen auf besatzungsrechtlicher bzw. besatzungshoheitlicher Grundlage (1945 bis 1949) nicht mehr rückgängig zu machen" sind. Diese stark umstrittene Passage ist in einem vielbeachteten Urteil des Bundesverfassungsgerichts v. 23.04.1991 als verfassungsgemäß bestätigt worden.

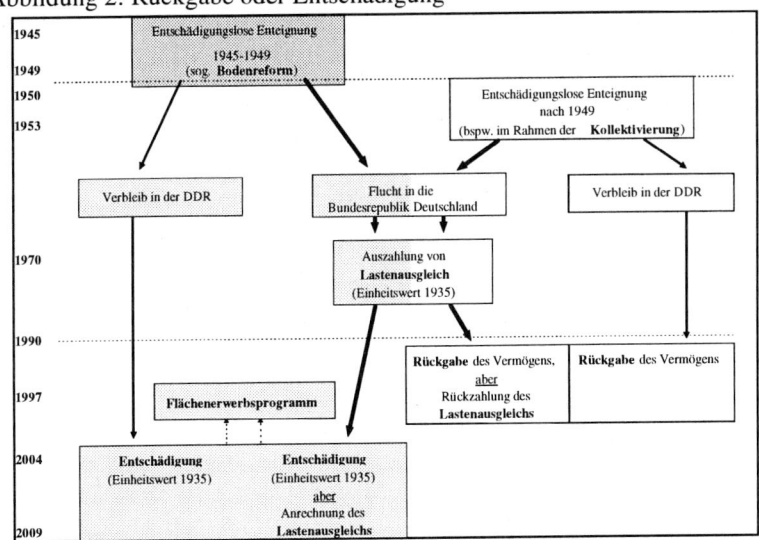

Rahmenbedingungen für die Entwicklung ländlicher Räume

Abbildung 2: Rückgabe oder Entschädigung

1945 / 1949 / 1950 / 1953	Entschädigungslose Enteignung 1945-1949 (sog. Bodenreform)		Entschädigungslose Enteignung nach 1949 (bspw. im Rahmen der Kollektivierung)
	Verbleib in der DDR	Flucht in die Bundesrepublik Deutschland	Verbleib in der DDR
1970		Auszahlung von Lastenausgleich (Einheitswert 1935)	
1990 / 1997	Flächenerwerbsprogramm	Rückgabe des Vermögens, aber Rückzahlung des Lastenausgleichs	Rückgabe des Vermögens
2004 / 2009	Entschädigung (Einheitswert 1935)	Entschädigung (Einheitswert 1935) aber Anrechnung des Lastenausgleichs	

Quelle: eigene Darstellung.

Die 1990 mit dem Status Volkseigentum versehenen Vermögenswerte in der Land- und Forstwirtschaft sind durch die 3. Durchführungsverordnung des Treuhandgesetzes v. 29.08.1990 (GBl. I Nr. 57 S. 1333) in die „treuhänderische Verwaltung" der am 01. März 1990 noch von der Modrow-Regierung (GBl. I Nr. 14 S. 107) gegründeten Treuhandanstalt (THA) gegeben worden. Hierzu zählten insbesondere die ehemals in staatlicher Regie bewirtschafteten VEG, die als ganze Betriebe übernommen wurden, und die bis 1990 von den LPGen bewirtschafteten volkseigenen landwirtschaftlichen Nutzflächen, im folgenden auch als BVVG-Flächen bezeichnet (s. u.) sowie Zweidrittel der gesamten Forstflächen in den neuen Bundesländern (NBL).

5.1.3 Privatisierungsauftrag der Treuhandanstalt

Der Auftrag der THA für die ihr übertragenen land- und forstwirtschaftlichen Betriebe und Nutzflächen wird durch den § 1 des Treuhandgesetzes (THG) umrissen, wonach das „volkseigene Vermögen ... zu privatisieren" (Abs. 1) und die – zwischenzeitliche – „Treuhandschaft" für das übertragene Vermögen so zu gestalten ist, daß den „ökonomischen, ökologischen, strukturellen und eigentumsrechtlichen Besonderheiten" in der Land- und Forstwirtschaft (Abs. 6) Rechnung getragen wird.

In diesen weiten Rahmen fallen die zwei gegeneinander abgegrenzten Kernbereiche der Treuhandschaft, die im Zusammenwirken zu einer Überführung des ehemaligen Volkseigentums in marktwirtschaftliche Strukturen, d. h. insbesondere zur Wiederherstellung oder Neubegründung von Privateigentum, führen sollen: Für den Teil der Vermögenswerte, bei dem dies rechtlich (i. e. Enteignungen vor 1945 oder nach 1949) und faktisch möglich ist, sollen durch „Reprivatisierung" die alten Eigentumsverhältnisse wiederhergestellt werden. Sie werden damit nur bis zur förmlichen Restitutionsentscheidung der Ämter zur Regelung offener Vermögensfragen von der THA verwaltet. Der Hauptteil der Vermögenswerte steht, zumindestens im landwirtschaftlichen Bereich, jedoch für die „Privatisierung" im engeren Sinne zur Verfügung, die i.d.R. durch Verkauf an Private erfolgt (s. Abbildung 2).

Die Identifizierung und formale Trennung von restitutionsfähigen und privatisierbaren Flächen mußte damit den Beginn der Tätigkeit der THA bilden und der eigentlichen Privatisierung vorangehen. Diese Aufgabe erwies sich allerdings im landwirtschaftlichen Sektor als zumindest kurzfristig nicht lösbar. Insofern konnte der relativ langfristig angelegte Privatisierungsprozeß bei den ehemals volkseigenen landwirtschaftlichen Flächen nicht von der THA selbst umgesetzt werden, deren Aufgabenstellung im industriellen Kernbereich eine schnelle Privatisierung und in der Folge die Selbstauflösung der Anstalt vorsah (vgl. Seibel 1994: 10f).

Während die ehemaligen VEG als betriebliche Einheiten – formal selbständige Kapitalgesellschaften (GmbH) mit Altschulden von mehreren Tausend DM pro Hektar, umfangreichem Gebäudebestand und zugehörigen Arbeitskräften – innerhalb eines relativ kurzen Zeitraums privatisiert werden sollten[51] und deshalb weiterhin von der THA verwaltet wurden, erfolgte zwecks Verwaltung und Privatisierung der land- und forstwirtschaftlichen Streuflächen 1992 die Gründung der *Bodenverwertungs- und -verwaltungs GmbH (BVVG)*[52]. Die BVVG arbeitet seitdem als Geschäftsbesorger der THA bzw. deren Nachfolgeorganisation *Bundesanstalt für vereinigungsbedingte Sonderaufgaben* (BvS)[53]. Neben der THA/BvS fungierten bis Ende 1995 einige öffentlich-rechtliche Banken als Anteilseigner der BVVG. Seit dem Erwerb dieser Banken-Anteile durch die BvS ist die BVVG jedoch eine reine Bundesgesellschaft[54].

---

51   Vgl. zu den Sondereinflüssen auch Deutscher Bundestag (1993: 15).
52   Die BVVG wurde am 23.04.1992 gegründet und nahm am 01.07.1992 ihre Tätigkeit auf (vgl. BVVG 1995b sowie zum Inhalt des Geschäftsbesorgungsvertrags THA 1994, Bd.15: 454ff).
53   Seit der Auflösung der THA zum 31.12.1994 nimmt die BvS die hoheitlichen Funktionen der THA wahr.
54   Die BVVG soll nach der Übernahme sämtlicher Anteile durch die BvS am 20.12.1995 in absehbarer Zeit in eine Eigentumsgesellschaft – der bisher von ihr nur im Rahmen der

5.2 Privatisierbarer Flächenbestand im Besitz der Treuhandanstalt

Die THA konnte an die BVVG nur bedingt aussagefähige Unterlagen über die ihr zur Verwertung und Verwaltung übergebenen landwirtschaftlichen Flächen, welche im wesentlichen auf der eher nutzungs- als eigentumsbezogenen DDR-Liegenschaftsdokumentation basierten (vgl. hierzu BML 1990), weiterreichen.

Über den von diesem Flächenbestand für die Reprivatisierung zu veranschlagenden Anteil liegen nur sehr grobe Schätzungen vor, da er aus den Restitutionsanträgen bei den Ämtern zur Regelung offener Vermögensfragen nicht abzuleiten ist. Infolgedessen stand die BVVG zum Gründungszeitpunkt 1992 vor dem Problem, die Privatisierung durchführen zu müssen, ohne genau zu wissen, welches Potential ihr für diese Aufgabe zur Verfügung steht. Die Situation wurde und wird noch dadurch verschärft, daß die flurstücksgenaue Identifizierung der ehemals volkseigenen Flächen *vor Ort* aufgrund fehlender Grenzsteine meist nicht möglich ist.

An einen geordneten und grundbuchlich abgesicherten Verkauf war unter den geschilderten Bedingungen bei den landwirtschaftlichen Flächen zunächst nicht zu denken. Somit mußte vorrangig die Bewirtschaftung der Flächen geregelt werden. Personelle Engpässe bei der BVVG und gegenüber Pachtverträgen geringere formale Anforderungen führten dazu, daß für das Pachtjahr 1992/93 zunächst nur Bewirtschaftungsbenachrichtigungen ausgereicht wurden, die im Laufe des Jahres 1993 in kurzfristige und ab 1994 schwerpunktmäßig in langfristige Verträge umgewandelt wurden (vgl. Abschnitt 5.3.2).

Aufgrund der geschilderten Probleme dürfte der Umfang der privatisierbaren Flächen am ehesten über die einzig zuverlässigen Bestandsdaten, die Verpachtungsdaten der BVVG, zu ermitteln sein. Zum Abschluß des Pachtvertragsjahres 1994/1995 zeigt sich regional aufgeschlüsselt folgendes Bild (vgl. Übersicht 24): Sowohl in absoluten als auch in relativen Zahlen ist die Bedeutung ehemaligen Volkseigentums in der Landwirtschaft im heutigen Mecklenburg-Vorpommern am größten. Kreisweise werden Flächenanteile[55] (jeweils ohne ehemalige VEG-Flächen) von annähernd 50% erreicht, durchschnittlich liegt der Flächenanteil bei über 30%. Auch Brandenburg weist

---

Geschäftsbesorgung für die THA/BvS verwalteten Flächen – umgewandelt werden. Sie soll ferner einen Teil des hoheitlichen Aufgabenspektrums der BvS, die wie ihr Vorgänger THA nur einen begrenzten Zeitraum (bis Ende 1998) existieren soll, übernehmen (vgl. BVVG 1995d).

55 Flächenanteile jeweils gemessen an der 1994 landwirtschaftlich genutzten Fläche (LF) in den neuen Ländern.

mit über 20% noch einen relativ bedeutenden Anteil volkseigener Flächen an der LF auf. Hingegen sinkt die Bedeutung bereits mit 16% in Sachsen-Anhalt, wobei die höchsten Flächenanteile (über 20%) im nördlichen Landesteil (Regierungsbezirk Magdeburg) anzutreffen sind. In den südlichen Ländern des Beitrittsgebietes, also in Sachsen und Thüringen, sind die Flächenanteile demgegenüber mit etwa 10% der LF relativ unbedeutend. Die Unterschiede spiegeln die historischen Eigentumsstrukturen in den NBL wider: Vor 1945 waren z.b. Mecklenburg weitgehend durch Großgrundbesitz, Sachsen-Anhalt im Schnitt eher durch „großbäuerliche Betriebe" (20 – 100 ha) und Thüringen durch eine die kleinbetriebliche Struktur bedingende Realteilung geprägt.

Übersicht 24: Verpachtete ehemals volkseigene Flächen im Bestand der Bodenverwertungs- und -verwaltungs GmbH (BVVG) und deren regionale Bedeutung (Stand: 30. September 1995)

Bundesland	verpachtete Flächen in 1.000 ha	Anteil der BVVG-Flächen an der LF in%
Mecklenburg-Vorpommern	437	33,2
Brandenburg	293	22,4
Sachsen-Anhalt	185	16,2
Sachsen	97	10,7
Thüringen	84	10,6
insgesamt	1.095	20,1

Quelle: BVVG, Statistisches Bundesamt (1994) sowie eigene Berechnungen

Insgesamt waren am 30. September 1995 von der BVVG 1,095 Mio. ha verpachtet, davon ca. 80% mit einer Laufzeit von 12 Jahren. Um zu den insgesamt privatisierbaren landwirtschaftlichen Nutzflächen zu gelangen, sind zu den verpachteten Flächen noch die bis 1994 im Besitz der THA verbliebenen volkseigenen Flächen der früheren VEG hinzuzurechnen und die zu restituierenden Flächen abzuziehen. Aus dem Flächenbestand der ehemaligen VEG von 330.000 ha (1990) wurden und werden nach zwischenzeitlicher Restitution bzw. Liquidation von Gütern sowie Verkauf von VEG-Betrieben oder Betriebsteilen noch ca. 200.000 ha an die inzwischen auch mit deren Verwertung beauftragte BVVG übergeben. Etwa Zweidrittel hiervon wurde bereits von der THA langfristig verpachtet, während die letzten z.Zt. noch „freien" rd. 70.000 ha der 155 bis zuletzt aktiven Güter[56] in Zu-

---

56   Nach zwischenzeitlicher Restitution (z.B. an Gebietskörperschaften) sowie Liquidation bzw. Entkernung (der sog. GmbH-Mäntel) durch Verpachtung oder Verkauf von wesentlichen Betriebsteilen eines Großteils dieser ursprünglich etwa 500 Unternehmen verblieben noch etwa 155 wirtschaftende (aktive) Güter für die Privatisierung (vgl. Deutscher Bundestag 1994, Anlage 1).

sammenarbeit mit den Ländern in wirtschaftlich sinnvolle Einheiten, sog. „Lose", aufgeteilt und damit zur Privatisierung (Verkauf und/oder Verpachtung) vorbereitet wurden. Deren Verwertung ist inzwischen angelaufen[57]. Die gesamte landwirtschaftliche Restitutionsfläche wird auf ca. 500.000 ha geschätzt (vgl. Agrarsoziale Gesellschaft 1994: 111), von denen allerdings bereits ca. 270.000 ha zurückgegeben wurden (vgl. BVVG 1995c). Somit ergibt sich als privatisierbare landwirtschaftliche Fläche größenordnungsmäßig ein Bestand von 1 - 1,1 Mio ha.

Aufgrund der weiter oben erwähnten Bestandserhebung (vgl. Abschnitt 5.1.1) können bei den forstwirtschaftlichen Flächen in der Verwaltung der BVVG genauere Aussagen zum privatisierbaren Anteil getroffen werden. Von den ursprünglich ca. 2 Mio. ha volkseigenen Waldes waren vor 1945 ca. 1 Mio. ha Staats-, d.h. knapp 2% Reichs- und 98% Landes- sowie 250.000 ha Kommunaleigentum, die an diese Körperschaften oder deren Rechtsnachfolger rückzuübertragen sind. Von den dann noch im BVVG-Besitz verbleibenden 773.000 ha Wald sind 605.000 ha im Rahmen der sog. Bodenreform enteignet worden. 139.000 ha stammen aus Enteignungen nach 1949 (Deutscher Bundestag 1993: 2), sind also höchstwahrscheinlich zu restituieren. Für die restlichen knapp 30.000 ha waren die Eigentumsverhältnisse zum Recherchezeitpunkt noch nicht geklärt. Die BVVG geht in Anbetracht dieser Zahlen davon aus, daß etwa 600.000 ha für die bisher erst sporadisch angelaufene Wald-Privatisierung – bisher wurden im Rahmen von Ausschreibungen erst 18.000 ha verkauft – zur Verfügung stehen (Agra-Europe 1996b: 18).

5.3 Konzepte zur Privatisierung der ehemals volkseigenen land- und forstwirtschaftlichen Nutzflächen

Die verschiedenen zwischen 1990 und 1994 vorgelegten Konzepte für die Privatisierung insbesondere der landwirtschaftlichen Streuflächen der BVVG zeigen, wie umstritten die prinzipiellen Verwendungsoptionen waren, die sich aufgrund der bestehenden Interessenlagen ergaben (vgl. Klages 1994: 110):

– Freier Verkauf zum Höchstgebot,
– Weitere Verpachtung bzw. vorrangiger Verkauf an die auf diesen Flächen wirtschaftenden Betriebe (BVVG-Pächter) oder
– Verwendung des Vermögens zur Entschädigung der Alteigentümer in natura.

---

57 Vgl. u.a. BVVG (1996).

Der folgende Abriß läßt erhebliche Änderungen der in unterschiedlichen Phasen präferierten Konzepte erkennen.

5.3.1 Verwertungsrichtlinie der THA (Verwaltungsratsbeschluß v. 26.06.1992)

Die Richtlinie der THA ist als Verwaltungsanweisung an die BVVG zur Umsetzung der oben zitierten Passagen des THG zu verstehen. Die Grundkonzeption ist dementsprechend durch die fiskalischen Interessen des „THA-Dienstherrn" Bundesministerium für Finanzen (BMF) erklärbar:

- Die Verwertung der Flächen erfolgt prioritär nach Wirtschaftlichkeitsgesichtspunkten;
- Der Verkauf hat dabei Vorrang vor der Verpachtung;
- Zur „Wahrung von Objektivität und Transparenz" werden die Käufer durch Ausschreibungsverfahren ermittelt;
- Als Kaufpreis ist im Rahmen dieser Verwertung i.d.R. der Verkehrswert anzusetzen;
- Pachtkauf- oder ähnliche Subventionsmodelle dienen deshalb nur als Ergänzung.

Nach zwischenzeitlicher Veröffentlichung eines stärker die Interessen der Alteigentümer berücksichtigenden Verwertungskonzeptes durch eine Koalitionsarbeitsgruppe (des sog. „Gerster-Papiers") und nach heftigen politischen Grundsatzdiskussionen über die Richtung des Privatisierungsprozesses (Verkauf, Verpachtung, Entschädigung) wurde schließlich Mitte Oktober 1992 ein Kompromiß über die Verwertung der landwirtschaftlichen Flächen außerhalb der Güter gefunden[58]. Unter Leitung von Kanzleramtsminister Bohl waren in Bonn die Landwirtschaftsminister der neuen Länder mit Vertretern der Regierungskoalition zusammengetroffen und hatten sich auf ein Drei-Phasen-Modell geeinigt, das als wesentliches Ergebnis dem geplanten Verkauf eine Verpachtungsphase vorschaltete.

5.3.2 Drei-Phasen-Modell („Bohl-Papier" v. Oktober 1992)

Die Phase I sieht folgendes Grundkonzept vor:

- I.d.R. sollen die Flächen zunächst langfristig verpachtet werden (12 Jahre).
- Das Pachtpreisgebot hat dabei keinen Einfluß auf die Verpachtungsentscheidung.

---

58 Vgl. zum politischen Prozeß Hagedorn/Klages (1994).

Rahmenbedingungen für die Entwicklung ländlicher Räume

- Die Entscheidung zugunsten eines bestimmten Pächters erfolgt demgegenüber nach dem sog. Betriebskonzept, das einem Betriebsentwicklungsplan vergleichbar ist.

Bei Gleichwertigkeit dieser Konzepte entscheidet eine Prioritätenliste, die Wiedereinrichtern (u.a. die o.g. Alteigentümer) und ortsansässigen Neueinrichtern gegenüber den LPG-Nachfolgegesellschaften (juristische Personen) und letzteren gegenüber westdeutschen Neueinrichtern Priorität einräumt.

Die für den Zeitraum ab 1995/96 geplante Phase II beinhaltet:

- In zwei Teilprogrammen soll zu subventionierten Preisen Land veräußert werden.
- Begünstigte des sog. „Landerwerbsprogramms" sind die nichtrestitutionsberechtigten Alteigentümer, das Programm dient deshalb Entschädigungszwecken.
- Berechtigte für das sog. „Siedlungskaufprogramm" sind Wiedereinrichter und ortsansässige Neueinrichter, die in Phase I das betreffende Land langfristig gepachtet haben; es soll der breiten Eigentumsbildung und der Schaffung wettbewerbsfähiger Betriebe dienen.
- Der Kaufpreis soll sich am Ertragswert orientieren.

In der Phase III soll der Privatisierungsprozeß abgeschlossen werden:
Die nicht für die Subventionsprogramme benötigten Flächen sollen dem „freien Verkauf" zugeführt werden. Als Preis ist dabei der Verkehrswert anzusetzen.

Vergleicht man die Inhalte des Drei-Phasen-Modells mit denen der THA-Richtlinie, so fällt neben der bereits einleitend angedeuteten Vorschaltung einer Verpachtungsphase auf, daß administrative Transformationsmechanismen marktliche Instrumente fast restlos verdrängt haben. Der Marktzugang beim Flächenverkauf (Phase II) wird so stark beschränkt, daß die Flächenvergabe sozusagen in einem „closed shop" stattfindet.

5.3.3 Privatisierungskonzepte für die ehemaligen VEG- und die ehemals volkseigenen Forstflächen

Bei der Privatisierung der VEG und des stark defizitären ehemaligen "Volkswaldes" müssen zusätzliche bzw. andere Kriterien als bei der Privatisierung der "unbelasteten" BVVG-Streuflächen herangezogen werden.

5.3.3.1 Privatisierung der ehemaligen VEG

Wie bereits erwähnt, wurden die ehemaligen VEG nach 1990 als eigenständige GmbH im Eigentum der THA weitergeführt – mit der Folge, daß sowohl die DDR-Altschulden weiter auf den Betrieben lasteten als auch der überdimensionierte Personalbestand übernommen werden mußte[59]. Als Betriebe der öffentlichen Hand waren die VEG zudem von Fördergeldern, insbesondere von der Umstrukturierungsförderung und der Anpassungshilfe, ausgeschlossen (vgl. Top agrar Spezial 1994: 12). Im Zusammenwirken mit größtenteils maroden oder unwirtschaftlichen Gebäuden für die Tierproduktion sowie den allgemeinen Umstellungsschwierigkeiten landwirtschaftlicher Betriebe nach der Wiedervereinigung durch den Preisverfall landwirtschaftlicher Produkte ergaben sich deshalb für die THA 1991 enorme Bewirtschaftungsverluste von durchschnittlich 2000 DM/ha bei den VEG, die sich 1990/91 auf *880 Mio. DM* an notwendigen Liquiditätshilfen addierten (Deutscher Bundestag 1994a: 94). Erst im Laufe der Jahre konnten die Defizite durch sozialplangestützten Personalabbau, der weitere 400 Mio. DM verschlang, Liquidation der besonders unrentablen Betriebe etc. verringert werden[60].

In Anbetracht der hohen Verluste der Güter war es das Bestreben der THA, die wirtschaftliche Verantwortung für diese möglichst schnell in private Hände zu geben, wobei aufgrund der hohen Belastungen der Verkauf klar bevorzugt wurde, so daß eine etwaige Verpachtung für viele Güter nicht zur Disposition stand. Die schnelle Privatisierung hatte um so mehr Priorität, als eine denkbare Alternative, die vorherige Sanierung der Betriebe und anschließende Verbesserung ihrer Wettbewerbsfähigkeit durch zukunftsgerichtete Investitionen, nicht der Geschäftspolitik der THA entsprach. Die zukünftige Ausrichtung der Bewirtschaftung durch langfristig wirksame Investitionen sollte privaten Unternehmern vorbehalten bleiben. „Staatliche" Investitionen sollten hier nichts vorwegnehmen oder gar behindern. Die THA beschränkte sich deshalb im wesentlichen auf Erhaltungssubventionen (vgl. Deutscher Bundestag 1994a: 2).

Aufgrund der strengen vermögensrechtlichen Anforderungen – es ist in jedem Verfügungsfall vom Verwalter THA ein Eigentumsnachweis der konkreten Vermögensgegenstände bis ins Jahr 1933 zurückzuführen – waren anfangs Verkäufe so gut wie unmöglich. Aber auch langfristige Verpachtungen waren sehr erschwert, weil langfristig wirksame Verfügungen über ehemaliges Volkseigentum faktisch eine Zustimmung des ehemaligen Ei-

---

59 Allein die Altschulden der VEG summierten sich laut DM-Eröffnungsbilanzen auf insgesamt 2 Mrd.DM. Auf die ursprünglich 330.000ha volkseigene Fläche der Güter umgelegt, wären dies durchschnittlich über 6.000 DM/ha, auf die ursprünglich bewirtschaftete Fläche von 430.000ha bezogen immer noch über 4.600 DM/ha (vgl. Clausen 1993: 130).
60 Die Verluste betrugen 1992 noch 900 DM/ha und verringerten sich 1993 auf 354 DM/ha. Nach einem erneut reduzierten Defizit von 166 DM/ha im Jahr 1994 soll 1995 ein ausgeglichenes Ergebnis bei inzwischen allerdings stark reduzierter Fläche in nur noch 95 Betrieben erwirtschaftet werden (vgl. Agra-Europe 1996: 18).

gentümers erforderten[61]. Zudem mußten die VEG vor einer Verwertung zunächst entflochten werden, da sie im Rahmen der nutzungsbezogenen Flächenzuordnung in der DDR-Zeit sowohl volkseigene als auch Privat-, nämlich LPG-Flächen bewirtschaftet hatten. Die anfänglichen Vorstellungen der THA von einer schnellen Privatisierung „arrondierter Betriebe" mußten deshalb alsbald revidiert werden. Diese Faktoren führten ferner dazu, daß im ersten halben Jahr nach dem Beitritt der geringe Anteil bereits aus den VEG ausgegliederter Flächen bzw. liquidierter Güter praktisch ausschließlich an Alteigentümer verpachtet wurde (THA 1991). Auch nach dem Urteil des Bundesverfassungsgerichts im April 1991 (vgl. Fußnote 52) galt die Verfügungssperre für die THA bei Vorliegen noch nicht entschiedener Restitutionsansprüche – ob nun berechtigt oder unberechtigt – fort, so daß sicherlich auch aus Vereinfachungsgründen die Alteigentümer bei den Gütern weitaus öfter als später (ab 1993) bei den BVVG-Streuflächen den Zuschlag für einen langfristigen Pachtvertrag erhielten[62].

Nach erfolgter Entflechtung wurden im Zeitraum zwischen März und Dezember 1992 in drei Tranchen 78 Betriebe oder Betriebsteile zum Verkauf ausgeschrieben. Die Vergabe dieser Betriebe sollte sich an der o. g. THA-Richtlinie orientieren. Nach Einigung zwischen Bund und Ländern auf eine Verwertung der BVVG-Flächen außerhalb der Güter (vgl. Bohl-Papier, s.o.) stand die den Verkauf deutlich präferierende THA jedoch auch bei der Privatisierung der Güter im Kreuzfeuer der Kritik. Dies führte zur erheblichen Verzögerung bei den laufenden und zur vorläufigen Aussetzung weiterer Ausschreibungen. Schließlich einigten sich die Bundesregierung/THA und die Länder, welche im übrigen vermögensrechtliche Ansprüche auf einen Teil der VEG geltend machen konnten (vgl. Agra-Europe 1996), Mitte 1993 darauf, auch für die weitere Verwertung der VEG das Verfahren in Anlehnung an das Bohl-Papier zu modifizieren (vgl. Agra-Europe 1993). Unter Beteiligung der Länder sollten die Güter vor der Privatisierung durch Verkauf oder Verpachtung zunächst von der THA in betriebswirtschaftlich sinnvolle Einheiten, die sog. Lose (s.o.), aufgeteilt werden. Über die Zusammensetzung der Lose sowie deren Flächenausstattung und Produktionsrichtung sollten die natürlichen Standortverhältnisse sowie Art und Umfang der mit den landwirtschaftlichen Flächen zu privatisierenden Gebäudesubstanz entscheiden (vgl. Deutscher Bundestag 1994a: 10). Die Entscheidung über Verkauf oder Verpachtung des Loses sollte dann weitgehend vom baulichen Zustand der zugehörigen Gebäude abhängig sein. Wenn der zu erwartende

---

61 Genauer: die bloße Anmeldung von Ansprüchen bei den Vermögensämtern hinderte die THA bereits an einer langfristigen Verfügung, so daß wegen einer Überlastung der Ämter direkt Rücksprache mit den Alteigentümern gehalten wurde (vgl. Holzmann 1993: 277).
62 Vgl. zur Verteilung der Pacht- und Kaufverträge auf die verschiedenen Bewerbergruppen Deutscher Bundestag (1994), Anlagen 2, 3.

Aufwand für die Gebäudeerhaltung und -sanierung wahrscheinlich aus der Bewirtschaftung der Einheit abgedeckt werden konnte[63], sollten die Lose i.d.R. verpachtet und die Instandsetzungskosten ggf. auf die Pacht angerechnet werden.

Trotz der Einigung zwischen Bundesregierung und Ländern verzögerte sich der erneute Anlauf für Güterverkäufe oder -verpachtungen zunächst, weil die Losbildung erheblich mehr Zeit beanspruchte als geplant. Der dann schließlich für Mai 1994 angekündigte Ausschreibungsbeginn wurde kurzfristig durch einen Privatisierungsstopp des Finanzministeriums verhindert, weil sich bei den Beratungen des lange überfälligen Entschädigungs- und Ausgleichsleistungsgesetzes (EALG, s. u.) Lösungen für das Landerwerbs- und Siedlungsprogramm (Phase II des Bohl-Papiers) abzeichneten und die hierfür benötigten Flächen nicht bereits im vorhinein veräußert oder langfristig verpachtet werden sollten (BMF 1994).

Die Losbildung wurde aber währenddessen weitergeführt und ist inzwischen abgeschlossen, wobei nach den o. g. Kriterien reine Pachtlose (Flächenlose ohne Gebäude), Pacht-Kauflose (Kauf der Gebäude, Pacht der Flächen) sowie reine Kauflose (Kauf des gesamten Betriebes incl. Technik, Produktionsquoten und Vieh oder eines Betriebsteils, d. h. Gebäude und Fläche) gebildet wurden (BVVG 1995d, 1996). Die Privatisierungsaufgabe für die Güterlose ist ab 1994 sukzessive von der THA/BvS an die BVVG abgegeben worden. Ca. 80% der zum 31.12.1995 von der BVVG übernommenen 1.358 Lose mit insgesamt knapp 103.000 ha sind reine Pachtlose, die nach den Kriterien des Bohl-Papiers vergeben werden sollen bzw. bereits verpachtet worden sind. Der Rest wird im Rahmen von Ausschreibungen vergeben. Für 47 Güterlose sind diese bereits erfolgt, nachdem das BMF schließlich im August 1995 und damit ein Jahr nach Verabschiedung des EALG (s. u.) die Aufhebung des Privatisierungsstopps verfügt hatte (vgl. BVVG 1996).

5.3.3.2 Privatisierung der Forstflächen

Der ehemals volkseigene Wald erwies sich nach dem Beitritt für die ihn verwaltende THA als eine große finanzielle Belastung. Der THA obliegt wie jedem Waldeigentümer die Pflicht, den Wald entsprechend Bundeswaldgesetz bzw. den Landesforstgesetzen zu bewirtschaften. Da die THA aber über keine eigene Forstverwaltung verfügte, beauftragte sie bereits zum 01.01.1991 die Landesforstverwaltungen in den neuen Ländern mit der Bewirtschaftung der Waldflächen (Holzmann 1993, THA 1991). Infolge des ungünstigen Abrechnungsmodus' – die vereinbarten Abschlagszahlungen

---

63 Als Grenzwert für die Gesamtkosten für Abbruch bzw. Sanierung wird hier die 3- bis 6fache Jahrespacht für das Los herangezogen (vgl. BML 1995a: 39).

erfolgten auf der Basis von Kostenerstattungen (Übernahme des die Einnahmen übersteigenden Kostenanteils) – finanzierte die THA so zu einem guten Teil den Fortbestand des Personalüberhangs innerhalb der ehemaligen staatlichen Forstwirtschaftsbetriebe. 1991 wurden 350 DM/ha Wald an die Länder überwiesen, seit 1992 sind dies immerhin noch jedes Jahr etwa 285 DM/ha bzw. 220 Mio. DM insgesamt.

Diese Verhältnisse ließen eine schnelle Privatisierung vordringlich erscheinen. Allein aus diesem Grund schied bei den Forstflächen die Vorschaltung einer Verpachtungsphase auch bei Annahme positiver Erträge von vornherein aus. Gegen eine Verpachtung spricht außerdem die im Vergleich zur landwirtschaftlichen Nutzung extrem lange Umtriebszeit (Nutzungsdauer) von Waldbeständen, die je nach Holzart (z.B. Kiefer, Fichte oder Eiche) zwischen 80 und 180 Jahre beträgt, weil über einen sehr langen Zeitraum fast nur Kosten anfallen, während die wesentlichen Erträge durch Holzeinschlag sich in einem relativ kurzen Zeitraum konzentrieren. Im Falle einer Verpachtung wäre darüber hinaus tendenziell eine Übernutzung der Waldbestände innerhalb des Pachtzeitraumes zu befürchten. Zudem bieten Forstflächen z.Zt. nicht einmal groß dimensionierten und weitgehend arrondierten Eigentumsbetrieben mit relativ hohem Einschlag in den alten Ländern eine einigermaßen befriedigende Kapitalverzinsung (vgl. BML 1996). Diese strukturellen Verhältnisse sind aber in den neuen Ländern regelmäßig nicht vorzufinden, so daß in den nächsten Jahren auch für viele Privateigentümer von Waldflächen bereits jetzt Bewirtschaftungsverluste zu prognostizieren sind.

So blieb der BVVG, der von der THA auch die Forstflächen zur Verwertung und Verwaltung übertragen wurden, als einzige Verwertungsalternative der Verkauf der Flächen. Dieses Vorhaben war jedoch in den neuen Ländern nicht unumstritten. Trotzdem einigten sich Bund und Länder im September 1993 auch auf ein Forstverwertungskonzept, das sich an der o. g. THA-Richtlinie orientierte und als einziges Verwertungsverfahren den Verkauf nannte. Hierbei sollte jedoch unterschieden werden in Verkäufe vor Anlaufen des Landerwerbs- und Siedlungskaufprogramms des Drei-Phasen-Modells (zum Verkehrswert) und den im Rahmen dieser Programme geförderten Waldkauf. Ferner sollte für landwirtschaftliche Betriebe die Möglichkeit bestehen, bis zu 100 ha sog. „Bauernwald" zu erwerben, wobei von Ausschreibungen abzusehen sei (vgl. Agra-Europe 1993b).

Der Verkehrswertverkauf lief noch im September 1993 an, wobei dies weitgehend durch Ausschreibungen sowie kleinere Direktverkäufe geschah (vgl. BVVG 1993). Die Vorbereitung und Durchführung von Ausschreibungen gestaltete sich jedoch schwieriger als erwartet. Vom Beginn der Vorbereitungsarbeiten bis zur Eigentumsübertragung benötigte die BVVG nach eigenen Angaben 16-18 Monate (FAZ 1994a). Zudem befürchtete die

BVVG offensichtlich einen Verfall der Bodenpreise, so daß sie nur relativ kleine Anteile ihres Bestandes – bis Ende 1995 insgesamt nur 18.000 ha – zum Durchschnittskaufpreis von 5.300 DM/ha vor Anlaufen des geförderten Waldkaufs veräußerte (BVVG 1996).

5.4 Das Entschädigungs- und Ausgleichsleistungsgesetz (EALG) v. 24.09.1994

Das zur Zeit noch für die Verpachtung gültige Drei-Phasen-Modell wurde nach jahrelangen und erneut sehr kontroversen Diskussionen über die Ausrichtung und Ausgestaltung des Entschädigungsverfahrens im September 1994 durch die Verabschiedung des EALG in der Ausgestaltung der Phase II konkretisiert[64]. Das EALG regelt die Entschädigungs- bzw. die Ausgleichsleistungen für nicht rückgängig zu machende Enteignungen auf dem Gebiet der DDR.

Im Zusammenhang mit der Privatisierung landwirtschaftlicher Flächen sind die Leistungsbemessung und das Flächenerwerbsprogramm die wichtigsten Teilaspekte des Gesetzes.

Die Höhe der Entschädigungs- und Ausgleichsleistungen, die im land- und forstwirtschaftlichen Bereich vor allem den o.g. Alteigentümern zustehen,

- bemißt sich nach dem dreifachen Einheitswert des enteigneten Betriebes zum Zeitpunkt 1935;
- ist dann jedoch einer stark degressiven Staffelung (mit steigender Entschädigungssumme nehmen die Zuwächse sehr stark ab) unterworfen;
- wobei schließlich der erhaltene Lastenausgleich (s. Abbildung 2) auf das Ergebnis anzurechnen ist;
- wird zuletzt weiter vermindert durch die Ausgabeform der Entschädigung als erst 2004 fällige Schuldverschreibung (Zinsverluste).

Das Flächenerwerbsprogramm ist als zusammengefaßtes Siedlungskauf- und Landerwerbsprogramm (s.o.) konzipiert. Für alle Käufer gilt, daß der Verkauf von land- und forstwirtschaftlichen Nutzflächen zum dreifachen Einheitswert von 1935, bei landwirtschaftlichen Flächen einem durchschnittlichen Kaufpreis von 3.000 DM/ha entsprechend, abgewickelt wird. Die erworbenen Flächen sind grundbuchlich mit einem zwanzigjährigen Veräußerungsverbot (bzw. einer Gewinnabschöpfungsklausel) belastet.

---

64 Vgl. hierzu v.a. Klages/Hagedorn (1993); Kuhlmey/Wittmer (1995); Motsch (1993, 1994).

Obwohl das Gesetz vorwiegend Entschädigungszwecken dient, können wirtschaftende Landwirte (Pächter von BVVG- bzw. ehemaligen VEG-Flächen) – unabhängig von einem Anspruch auf Entschädigungszahlungen – begünstigt ehemals volkseigene Flächen erwerben, sofern sie

- als ortsansässige Neueinrichter, Wiedereinrichter oder juristische Personen (bzw. deren Mitglieder) hierzu berechtigt sind;
- die betreffenden Flächen vorher langfristig gepachtet (12 Jahre) haben;
- beim Erwerb folgende Obergrenzen einhalten:
  - Durch Kumulierung der Bodenbonitierungen dürfen bei den zu erwerbenden Flächen 6.000 Bodenpunkte (genauer: 600.000 Ertragsmeßzahlen) nicht überschritten werden.
  - Der Erwerb wird nur gestattet, solange incl. der erworbenen Flächen der Eigentumsanteil an der Betriebsfläche 50% nicht überschreitet.

Die dem ursprünglichen Gesetzeszweck entsprechende Kaufoption für Alteigentümer ohne Restitutionsansprüche tritt demgegenüber in den Hintergrund. Alteigentümern, die Treuhandflächen langfristig gepachtet haben, stehen zwar die eben beschriebenen Vergünstigungen offen, die zahlenmäßig weit überwiegenden nicht wirtschaftenden Alteigentümer dürfen jedoch nur unter Inkaufnahme von zusätzlichen Restriktionen Land erwerben:

- Abgeleitet aus ihrem Entschädigungs- bzw. Ausgleichsleistungsanspruch beträgt ihr Erwerbsanspruch für landwirtschaftliche Flächen die Hälfte des Entschädigungsbetrages vor Abzug des erhaltenen Lastenausgleichs.
- Als weitere Restriktionen sind zu werten:
  - die Nachrangigkeit der „Seiteneinsteiger" (Alteigentümer) gegenüber einem ebenfalls kaufinteressierten berechtigten Pächter der fraglichen Fläche;
  - der Zwang zur Weiterverpachtung für insgesamt 18 Jahre an den bisherigen Pächter unabhängig von dessen wirtschaftlicher Situation und der bestehenden Vertragslaufzeit;
  - eine Reduktion der Bodenpunkte-Obergrenze (s.o.) auf 3.000 statt 6.000.

Als Alternative bzw. als Ergänzung zum Erwerb landwirtschaftlicher ist ebenfalls der begünstigte Kauf forstwirtschaftlicher Flächen möglich. Der Kaufpreis für Forstflächen lehnt sich dabei ebenfalls an den dreifachen Einheitswert von 1935 an. Auf diese Weise ergibt sich nach Angaben der Bundesregierung ein durchschnittlicher Kaufpreis von 1.650 DM/ha[65].

---

65 Vgl. zu weiteren Bedingungen des Walderwerbs Klages/Klare (1995b).

- Nicht wirtschaftende Alteigentümer können einerseits in Ergänzung zur entschädigungsabhängigen Option auf den Erwerb landwirtschaftlicher die Option auf einen Erwerb forstwirtschaftlicher Flächen wahrnehmen. Und zwar können sie, wie erwähnt, bis zur Hälfte der o.g. Bemessungsgrundlage landwirtschaftliche Flächen erwerben. Der Rest darf zum Erwerb forstwirtschaftlicher Flächen verwendet werden.
- Alternativ können sie – wie im übrigen praktisch alle ehemaligen DDR-Bürger – bis zu 1.000 ha Wald erwerben, sofern sie auf den Erwerb landwirtschaftlicher Flächen im Rahmen des Programms verzichten.
- Die berechtigten BVVG-Pächter dürfen zusätzlich zum Erwerb landwirtschaftlicher Flächen bis zu 100 ha forstwirtschaftliche Flächen, den sog. „Bauernwald", erwerben.

Die wiederum nach mehreren Anläufen und kontroversen politischen Diskussionen im Dezember 1995 mit Zustimmung des Bundesrates verabschiedete Durchführungsverordnung der Bundesregierung (BGBl. I 1995: 2072) füllt den Rahmen des Gesetzes weiter aus[66]. Erwähnenswert ist hier vor allem, daß gemäß Verordnung die Höhe des ermäßigten Kaufpreises für landwirtschaftliche Nutzflächen nicht durch den dreifachen Einheitswert determiniert wird, sondern daß stattdessen die Ertragsmeßzahl (EMZ), also ein flächenbezogener Maßstab (Vervielfachung der Bodenpunkte mit der Fläche in Ar), herangezogen wird. Durch Multiplikation mit einem einheitlichen Faktor (0,7) wird der Kaufpreis in DM ermittelt. Hierdurch wird ebenfalls ein durchschnittliches Preisniveau von 3.000 DM erreicht. Auch bei Forstflächen ist ein anderer, nach Meinung der Bundesregierung vergleichbarer Maßstab gewählt worden[67], der neben den historischen Werten den heutigen Waldzustand (Baumarten, Altersklassenverteilung des Bestandes etc.) berücksichtigt. Außerdem wurde geregelt, daß, soweit unter den von einem potentiellen Erwerber beantragten Forstflächen ein Anteil von 10% hiebreifer Bestände erreicht wird, alle darüber hinausgehenden hiebreifen Flächen zum Verkehrswert erworben werden müssen, um zu verhindern, daß gezielt Flächen mit sehr günstiger Altersstruktur gekauft werden.

Als Zwischenfazit läßt sich festhalten: Das EALG ist durch vollständige Ausschaltung des Wettbewerbs gekennzeichnet, zumal den bereits im Drei-Phasen-Modell bevorzugt berücksichtigten Pächtern auch gegenüber den einzigen Mitbewerbern, den Alteigentümern ohne Restitutionsansprüche, absolute Priorität eingeräumt wird. Auffällig ist weiterhin, daß die Interessen der wirtschaftenden Landwirte gegenüber denen der Alteigentümer, aber

---

66 Vgl. zu früheren Entwürfen BMF (1995); Zilch (1995).
67 Vgl. zur Kritik an der Kaufpreisermittlungsmethode für Forstflächen Agra-Europe (1995b).

Rahmenbedingungen für die Entwicklung ländlicher Räume 451

auch gegenüber den ursprünglichen Vorstellungen des BMF, immer stärker Oberhand gewonnen haben.

5.5 Bedeutung des EALG für die landwirtschaftlichen Betriebe und die Eigentumsstrukturen in den neuen Bundesländern

Oftmals wird in den Diskussionen um die Bedeutung des EALG und insbesondere des darin eingebundenen Flächenerwerbsprogramms die Befürchtung einer „Rückgängigmachung der Bodenreform" geäußert. Abgesehen davon, daß durch diese Formulierung der falsche Eindruck erweckt wird, daß das bereits vor der Wiedervereinigung zum Volleigentum erklärte Siedlerland aus der Bodenreform Gegenstand der gesetzlichen Regelung sei, wird dem Entschädigungszwecken verpflichteten Teil des Flächenerwerbsprogramms damit eine quantitative Bedeutung zugemessen, die es zu überprüfen gilt.

Abbildung 3: Der Flächenerwerb nicht wirtschaftender Ausgleichsleistungs-Berechtigter unter Berücksichtigung der EALG-Obergrenzen (Hälfte des EALG-Ausgleichsleistungsanspruchs; 3.000 Bodenpunkte) und der anteilig zum Erwerb verwendbaren Ausgleichsleistungszahlungen

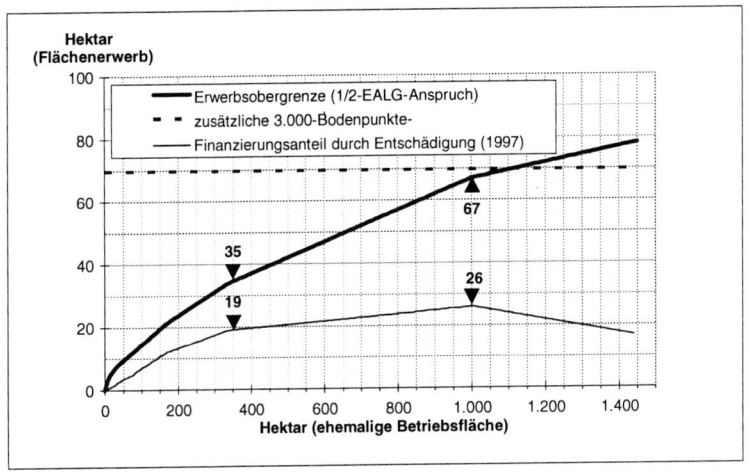

Quelle: Eigene Berechnungen

Zu diesem Zweck lassen sich Entschädigungszahlungen und Flächenerwerbs-Höchstgrenzen für in der Bodenreform enteignete Betriebe anhand von Beispielskalkulationen unter Ansatz durchschnittlicher Verhältnisse ermitteln. Für die enteigneten Betriebe wird dabei ein Einheitswert 1935 von 1.000 RM/ha Betriebsfläche unterstellt, um dann die Berechnungen nach der ehemaligen Betriebsfläche zu variieren[68].

Die Darstellung zeigt bei Ansatz eines durchschnittlichen Kaufpreises von 3.000 DM/ha den maximalen Flächenerwerb von durchschnittlichen durch die Bodenreform betroffenen Betrieben (vgl. Abbildung 3). Dabei ist durch Wahl des Preisansatzes vereinfachend unterstellt, daß der Entschädigte aus seinem ehemaligen Eigentum Flächen zurückkauft, da sowohl für den ehemaligen Betrieb als auch für den Flächenerwerb ein durchschnittlicher Einheitswert 1935 von 1.000 RM/ha zugrundegelegt wird.

Der Alteigentümer eines 350-Hektar-Betriebes darf z.B. höchstens 35 ha LF mit durchschnittlicher EMZ, also 10% seiner ehemaligen Betriebsfläche, begünstigt erwerben. Durch den Verkauf der Schuldverschreibung 1997 könnte er jedoch nur rd. 18 ha mittels der Entschädigungszahlungen finanzieren. Bei Betrieben mit ehemals mehr als 1.100 ha „zieht" noch die zusätzliche 300.000-EMZ-Obergrenze, wodurch unabhängig von der früheren Betriebsgröße der maximale Flächenerwerb bei Kauf von durchschnittlich bonitierten Flächen auf 70 ha beschränkt wird. Die Berechnungen verdeutlichen, daß von der oft zitierten „Rückgängigmachung der Bodenreform" nicht im entferntesten gesprochen werden kann. Da die nicht wirtschaftenden Alteigentümer mit zusätzlichen Restriktionen (Nachrangigkeit beim Kauf gegenüber dem Bewirtschafter; 18-jährige „Verpachtungspflicht" an den bisherigen Pächter) konfrontiert sind, werden sie voraussichtlich auch ihr ohnehin begrenztes Kaufpotential bei weitem nicht ausschöpfen.

Beim Vergleich des durchschnittlichen Flächenumfangs der BVVG-Pachtverträge, der aus Übersicht 25 zu entnehmen ist, mit den eben dargestellten Ergebnissen wird deutlich, daß von den Kaufmöglichkeiten des EALG nicht so sehr die Alteigentümer ohne Restitutionsansprüche, sondern in stärkerem Maße die BVVG-Pächter, und hier vor allem die juristischen Personen, profitieren können. Die juristischen Personen, i.d.R. LPG-Nachfolgebetriebe, haben zum einen den überwiegenden Teil der BVVG-Flächen gepachtet (knapp 60%), zum zweiten bewirtschaften sie je Betrieb auch größere Pachtflächen – im Durchschnitt die dreifache Fläche pro Betrieb – und zum dritten wird die 50%-Eigentumsklausel aufgrund der durchschnitt-

---

68 Vgl. zu den Annahmen Klages (1994:114ff).

Rahmenbedingungen für die Entwicklung ländlicher Räume 453

lich bewirtschafteten Fläche von 1000 ha pro Betrieb (vgl. Kruse 1995) nur in wenigen Fällen Wirkung entfalten[69].

Übersicht 25: Durchschnittlicher Flächenumfang der BVVG-Pachtverträge in den neuen Bundesländern (Stand: Dezember 1994)

Bundesland	Alle Verträge	Juristische Personen	Natürliche Personen [1]
	⌀ Fläche je BVVG-Pachtvertrag (ha)		
Mecklenburg-Vorpommern	125	251	87
Brandenburg	102	192	49
Sachsen-Anhalt	59	109	47
Sachsen	44	85	27
Thüringen	42	80	30
insgesamt	80	159	52

1) Mit dem Flächenanteil gewichteter Durchschnitt der Wiedereinrichter und Neueinrichter. Zu dieser Kategorie zählen sowohl Einzelunternehmen als auch GbR
Quelle: BVVG, Doll u.a. (1995) sowie eigene Berechnungen.

Durch einzelfallbezogene Anwendung der Bodenpunkte-Obergrenze – als nur einer der Restriktionen – auf die langfristigen Pachtverträge der BVVG wird – als Maximalbedarf – der für das Programm durch die Bundesregierung sehr hoch geschätzte tatsächliche Flächenbedarf von 850.000 ha bereits weit unterschritten (vgl. Übersicht 26)[70]. Könnte man die anderen Restriktionen (v.a. Eigentumsanteil) genauso einzelfallbezogen anwenden, würde man zu dem Ergebnis gelangen, daß bereits die gewählten Beschränkungen den möglichen Kauf an landwirtschaftlichen Flächen weit stärker als gedacht einengen. Da längst nicht alle potentiellen Käufer von dem Kaufangebot Gebrauch machen und tendenziell die gut bonitierten Flächen (d. h. bei gegebener Obergrenze weniger Fläche) präferiert werden, ist es weiterhin nicht vermessen zu behaupten, daß der Flächenbedarf geringer als 600.000 ha ausfallen wird. Trotz der dann noch reichlich vorhandenen ehemals volkseigenen Flächen (s.o.) kann es regional (Bördeböden, Sachsen, Thüringen) zu Angebotsengpässen kommen, während z.B. auf den Sandstandorten in Brandenburg und Mecklenburg-Vorpommern weniger Fläche nachgefragt werden wird.

Als Resultat ist festzuhalten, daß sich nach dem Ablauf des Jahres 2003 voraussichtlich noch mehrere hunderttausend Hektar ehemals volkseigene Flächen im Besitz der BVVG befinden werden, die nicht für die Umsetzung

---

69 Dies gilt für juristische Personen – besonders Genossenschaften –, die einen großen Anteil der bewirtschafteten Fläche von ihren Gesellschaftern gepachtet haben, da deren Eigentumsflächen gemäß EALG auf den Eigentumsanteil angerechnet werden.
70 Vgl. zu Annahmen und Einschränkungen der Aussagekraft Klages (1994).

des EALG benötigt werden. Diese stünden theoretisch für eine Privatisierung auf dem freien Markt – hier nochmals als die ursprüngliche Zielrichtung der Privatisierung in Erinnerung gerufen[71] – zur Verfügung, wenn nicht im Jahr 2004, wie bereits gesetzlich verankert, durch die agrarstrukturell unsinnige Aufstockung von Bodenpunkte-Obergrenzen (8.000, 4.000) eine „zweite Subventionsrunde" eingeleitet werden würde[72], um auch noch Restflächen verbilligt zu veräußern.

Übersicht 26: Bedarf an BVVG-Flächen für das „Flächenerwerbsprogramm"

Kaufberechtigte (Flächenerwerbsprogramm)	Schätzung der Bundesregierung[1] voraussichtl. Flächenbedarf	6.000-Bodenpunkte-Obergrenze[2] maximaler Flächenbedarf (Hektar)	Zusatzbed.: 50%-Eigentumsanteil bei natürlichen Personen[3]
BVVG-Pächter (wirtschaftende Landwirte) davon:	655.000	474.000	417.000
Juristische Personen	390.000	238.000	238.000
Natürliche Personen	265.000	236.000	179.000
Nicht wirtschaftende	180.000	215.000	215.000
„Alteigentümer" 4)	-200.000		
insgesamt	≈850.000	689.000	632.000

1) Vgl. FAZ (1994a), Hosang (1994), Zilch (1995)
2) Für nicht wirtschaftende Alteigentümer wurde abweichend hiervon als wesentliche Obergrenze die halbe Entschädigungsleistung vor Abzug des Lastenausgleichs angesetzt.
3) Ansatz von Durchschnittswerten auf Landesebene.
4) Zur Vermeidung einer Doppelberücksichtigung von Alteigentümern (Pächter bzw. Ausgleichsleistungsberechtigte) wurde für die wirtschaftenden ca. 400 nicht restitutionsberechtigten Alteigentümer ein pauschaler Abzug von 20.000 ha bei den auf der Einheitswertstatistik fußenden Flächenerwerbsmöglichkeiten aller Bodenreform-Enteigneten vorgenommen, um die Ergebnisse für die nicht wirtschaftenden Alteigentümer zu erhalten.
Quelle: BVVG, Statistisches Reichsamt sowie eigene Berechnungen.

Die zu erwartende relativ geringe Nachfrage nach niedrig bonitierten Flächen wird durch das pauschalierende Verfahren bei der Kaufpreisermittlung weiter reduziert. Die Wahl eines einheitlichen Multiplikators (0,7 * EMZ) birgt den gravierenden Nachteil, daß einige Charakteristika des Bodenmarktes nicht berücksichtigt werden. Zum einen wird verfahrenstechnisch nicht zwischen Acker- und Grünland unterschieden, wodurch sich die vorhandenen Pachtpreis- wie auch Verkehrswertunterschiede zwischen diesen

---

71 Vgl. hierzu auch Wissenschaftlicher Beirat beim BML (1991 u. 1993).
72 Agrarstrukturell unsinnig, weil spätestens im Jahr 2004 nicht mehr von im Aufbau befindlichen Betrieben gesprochen werden kann, die es beim Eigentumserwerb mit knappen Steuergeldern zu fördern gilt. Betriebe, die dann nicht wettbewerbsfähig sind, werden es auch nicht durch subventionierten Bodenerwerb.

Rahmenbedingungen für die Entwicklung ländlicher Räume

beiden Hauptnutzungsarten nicht in der Höhe des pauschalierten Kaufpreises widerspiegeln. Für Grünland werden nämlich unter Marktbedingungen sowohl deutlich niedrigere Pacht- als auch Kaufpreise gezahlt. Zum anderen werden gut bonitierte Böden auf dem Pachtmarkt in den neuen Ländern vergleichsweise stark nachgefragt und deshalb pro Bodenpunkt überproportional hoch bezahlt[73]. Die Relation zwischen – fixem – Kaufpreis und marktabhängigem Pachtpreis wird deshalb – jeweils pro Bodenpunkt – im oberen Bonitätsbereich für einen EALG-Berechtigten enger.

Vergleicht nun ein berechtigter Pächter von BVVG-Flächen als potentieller Käufer die ihm offenstehenden Investitionsalternativen miteinander, so wird er zunächst eine alternative Verwendung des ihm zur Verfügung stehenden Kapitals mit dem subventionierten Bodenkauf vergleichen, um dann bei Entscheidung für den Bodenkauf in einem zweiten Schritt die relative Vorzüglichkeit verschiedener BVVG-Flächen zu ermitteln. Hierbei hat er die Kosten einer voraussichtlich weiteren Pachtung (Kapitalisierung des Pachtpreises) gegenüber denen eines Kaufs abzuwägen (vgl. Klages/Klare 1995a). Unter Berücksichtigung der oben dargestellten Verhältnisse auf dem Pacht- und Bodenmarkt ist es dabei plausibel anzunehmen, daß der Pächter für den Kauf gut bonitierte gegenüber schlecht bonitierten Flächen sowie Ackerland dem Kauf von Grünland vorzieht. Tendenziell werden somit die BVVG-Flächen mit relativ hohem Marktwert zu subventionierten Preisen veräußert. Für die der BVVG verbleibenden Flächen können wahrscheinlich nach Ablauf des Programms – aufgrund ihres relativ geringen Marktwertes und da sie bereits langfristig verpachtet sind – ebenfalls nur gegen Preiszugeständnisse Käufer gefunden werden. Das staatliche Handeln ist hier zumindestens aus fiskalischer Sicht, wonach die bestmögliche Verwendung öffentlichen Vermögens anzustreben ist, zu kritisieren.

Die Eigentumsstrukturen landwirtschaftlicher Betriebe in den neuen und alten Bundesländern differieren sehr stark. Während bei den landwirtschaftlichen Unternehmen in den alten Ländern 1993 im Durchschnitt 54% der LF als selbstbewirtschaftete Eigentumsfläche ausgewiesen war, betrug dieser Anteil in den neuen Ländern nur 8% (vgl. Statistisches Bundesamt 1995). Durch die Einführung der 50%-Obergrenze beim Eigentumsanteil soll den ostdeutschen Betrieben somit eine Angleichung der Eigentumsstrukturen ermöglicht, gleichzeitig soll jedoch ein subventionierter Aufbau von reinen Eigentumsbetrieben verhindert werden. Diese Klausel hat allerdings zur Folge, daß ein Großteil der Betriebe mit weniger als 50 ha LF kein oder nur sehr wenig Land über das EALG hinzuerwerben kann, da gemäß Statistischem Bundesamt der Anteil der durchschnittlich selbstbewirtschafteten Eigentumsfläche der Betriebe zwischen 1-20 ha 68% beträgt, der Betriebe

---

73   Vgl. hierzu v.a. Doll u.a. (1994, 1995); Doll/Klare (1995a, b).

zwischen 20-30 ha noch 48% und bei denen mit 30-50 ha immer noch 36%. In den die Agrarstruktur der neuen Länder bestimmenden Größenklassen oberhalb von 100 ha sinkt der Eigentumsanteil sehr schnell ab[74], so daß für die Größenklasse 100-500 ha LF der Eigentumsanteil gerade noch bei 10%, für Betriebe mit mehr als 1.000 ha LF bei 2%, also im für den Flächenerwerb nicht restriktiv wirkenden Bereich, anzusiedeln ist.

Tendenziell steigt die gepachtete BVVG-Fläche mit der Betriebsfläche an, wobei Betriebe zwischen 100-500 ha LF durchschnittlich knapp 70 ha, Betriebe mit 500-1.000 ha ca. 200 ha und Betriebe mit mehr als 1.000 ha LF sogar mehr als 300 ha BVVG-Flächen gepachtet haben. Unter Berücksichtigung der Aussagen zum Eigentumsanteil führt dies dazu, daß die flächenstarken Betriebe, sofern sie überhaupt einen Flächenkauf erwägen, die größten Chancen besitzen, die von ihnen gepachteten Flächen vollständig als Eigentum zu erwerben. Hierbei dürften bereits viele Betriebe mit mehr als 500 ha Betriebsfläche die Höchstgrenze von 6.000 Bodenpunkten und damit den maximalen Subventionswert ausschöpfen können. Dieser kann bei überschlagsmäßiger Betrachtung pro Unternehmen in den Bördegebieten durchaus Größenordnungen von 500.000 DM und mehr erreichen, wenn man als Maßstab für die Preisdifferenz z.B. dem 1992/93 durchschnittlich erzielten Kaufpreis in Sachsen-Anhalt für sehr gute Böden (∅ 80 Bodenpunkte) von ca. 13.300 DM/ha den pauschalierten Kaufpreis von 5.600 DM/ha (8.000 * 0,7) gegenüberstellt und mit der unter diesen Bedingungen möglichen Höchstfläche von 75 ha (600.000 EMZ : 8.000 EMZ) multipliziert[75]. Abschließend soll noch einmal betont werden, daß die Berechnung von Subventionswerten ganz wesentlich von der Perspektive des Betrachters abhängt. Wird – wie hier geschehen – unterstellt, daß es sich bei dem Eigentumsübergang von der BVVG zu Privateigentümern um *einen* Vorgang handelt, der nur in zwei Etappen abläuft (1. Verpachtung, 2. Verkauf an *denselben* Landwirt), so ist die Berechnungsmethode korrekt.

Allerdings spiegeln diese Überschlagsrechnungen nur eingeschränkt den Subventionswert wider, wenn man unterstellt, daß die Verpachtung relativ unabhängig vom Verkauf ist. Dann müßte zunächst der Verkehrswert für verpachtete – denn darum handelt es sich unter Bezugnahme auf dieses Referenzsystem bei allen im Rahmen des Programms erworbenen – Flächen bestimmt werden, um diesen dann dem pauschalen Kaufpreis gegenüberzu-

---

74 Die nachfolgend verwendeten Zahlen stammen nicht, da nicht gesondert ausgewiesen, vom Statistischen Bundesamt, sondern aus einer Sonderauswertung einer Erhebung des Instituts für Betriebswirtschaft der Bundesforschungsanstalt für Landwirtschaft Braunschweig-Völkenrode (FAL). Diese Datenbasis wurde ebenfalls für die anschließenden Aussagen zur gepachteten BVVG-Fläche in Relation zur Betriebsgröße herangezogen. Vgl. zur Datenbasis Fiedler u.a. (1994).
75 Vgl. Statistisches Bundesamt (1993, 1994).

stellen. In der Praxis ist es jedoch so, daß ein Markt für verpachtete Flächen häufig nicht existiert, weil i.d.R. unverpachtete Flächen zum Verkauf kommen. Dieses Fehlen eines Marktes für verpachtete Flächen in der Landwirtschaft ist relativ einfach zu erklären. Die Verkäufer möchten den Verkaufspreis für die Eigentumsfläche maximieren. Dies ist aber nur möglich, wenn der potentielle Käufer das vollständige Bündel an Verfügungsrechten (Property Rights) erwerben kann. Für Flächen mit staatlichen (z.B. in Naturschutzgebieten) oder durch den Verkäufer veranlaßten Nutzungsbeschränkungen (z.B. die fehlende Option der Eigenbewirtschaftung insbesondere für langfristig verpachtete Flächen) werden deshalb geringere Preise erzielt als für Flächen ohne nutzungsrelevante Einschränkungen. Vor allem trifft dies zu, wenn die Käufer Landwirte sind, die den Boden selbst bewirtschaften wollen. Diese Option steht ihnen aber nur bei unverpachteten Flächen offen.

Aufgrund des fehlenden Marktes für verpachtete Flächen können keine empirischen Aussagen über den Preisunterschied zwischen verpachteten und unverpachteten Flächen gemacht werden. Ansatzweise können jedoch immerhin anhand von Untersuchungen van den Noorts (1993) von der Landwirtschaftlichen Universität Wageningen Aussagen über die preiswirksame Differenz zum „Optimalzustand" freier Verfügungsbefugnis[76] getroffen werden. Es ist jedoch zu bedenken, daß die Verhältnisse in den Niederlanden aufgrund des dortigen restriktiven Pächterschutzes nicht einfach auf die Verhältnisse in den NBL übertragen werden können. Diese Arbeiten zeigen, daß bereits bei einer sechsjährigen Pachtbindung, die als „Wartezeit" für die Übernahme von verpachteten Höfen durch den Erwerber zwecks Selbstbewirtschaftung in den Niederlanden gilt, die sog. *„premium for vacant possession"* etwa 40% des erzielbaren Verkaufspreises beträgt.

Bei den im Rahmen der Privatisierung volkseigenen Bodens üblichen Pachtverträgen von 12 (18) Jahren und damit Restwartezeiten[77] von durchschnittlich 8 (14) Jahren dürfte diese Marge, die den ökonomischen Wert der Schmälerung des Verfügungsrechts durch die Pachtbindung widerspiegelt, entsprechend höher sein, da das Konzept den jährlich entgangenen Gewinn bzw. andersherum betrachtet die jährlich anfallenden Kosten der Verpachtung, abdiskontiert auf den Gegenwartswert, berücksichtigt. Diese „premium for vacant possession" müßte bei der Berechnung des hier diskutierten Subventionswertes nicht nur für die nicht selbst wirtschaftenden Alteigentümer, sondern natürlich auch für diejenigen Käufer, die bis zum Kaufzeitpunkt die Flächen selbst bewirtschaftet haben, vom Verkehrswert für die unverpach-

---

76 Vgl. hierzu Doll u.a. (1993: 3ff) sowie Klages u.a. (1994: 4f).
77 In der überwiegenden Zahl wurden die bestehenden langfristigen Pachtverträge in den Jahren 1993/94 abgeschlossen. Bei einer Laufzeit von 12 (18) Jahren beträgt die Restlaufzeit ab dem realistischerweise für eine größere Anzahl von Käufern möglichen Erwerbszeitpunkt 1997/98 noch 8 (14) Jahre.

tete Fläche abgezogen werden; denn mit Abschluß des Pachtvertrages ist ein Teil der Verfügungsrechte auf den Pächter übergegangen, der den Subventionswert dementsprechend vermindern würde.

Es hängt zwar von der Perspektive des Betrachters ab, ob ein Preisabschlag für die Wertminderung durch Verpachtung im Zuge einer Subventionswertberechnung anzusetzen ist. Trotzdem bleibt zu konstatieren, daß bei der Privatisierung des ehemaligen Volkseigentums erhebliche Subventionswerte an die begünstigten landwirtschaftlichen Betriebe übertragen werden. Das Privatisierungsverfahren bedingt dabei eine erhebliche regionale und zwischenbetriebliche Ungleichverteilung der Subventionen:

- Die Ungleichverteilung der BVVG-Pachtflächen zwischen den und innerhalb der fünf neuen Länder erzeugt per se ein regionales Fördergefälle. Betriebe in Mecklenburg-Vorpommern hatten so gesehen einen „natürlichen" Startvorteil.
- Mit der Beschränkung des Flächenerwerbsprogramms auf die Pächter von BVVG-Flächen werden viele Betriebe von der subventionierten Erwerbsmöglichkeit ausgeschlossen.
- Bei der Verpachtungsentscheidung spielt der mögliche Umfang des späteren Flächenerwerbs keine Rolle. Hieraus muß fast zwangsläufig eine Ungleichverteilung der Erwerbsmöglichkeiten zwischen den Betrieben resultieren.
- Zusätzliche Verzerrungen sind auf die unterschiedliche Werthaltigkeit von Ackerland vs. Grünlandflächen zurückzuführen. Es existieren darüber hinaus bonitätsabhängige Unterschiede – je nachdem, ob ein Betrieb gut oder schlecht bonitierte Flächen gepachtet hat, variiert für ihn die relative Vorteilhaftigkeit eines Kaufs.

Will man das Flächenerwerbsprogramm – den Entschädigungsaspekt einmal außer acht gelassen – als „Förderprogramm" zur Eigentumsbildung landwirtschaftlicher Unternehmer und für Gesellschafter landwirtschaftlicher Unternehmen sowie zur Stärkung der langfristigen Wettbewerbsfähigkeit der Unternehmen betrachten, so kann es allein aus den o.g. Gründen weder Effizienz- noch Verteilungszielen befriedigend gerecht werden. Vielmehr sind Ausmaß und Verteilung der „Förderung" weitgehend von Zufälligkeiten bestimmt.

Ein großer Teil dieser Unzulänglichkeiten ist durch die *Zweistufigkeit* des Verfahrens (Übernahme der Verpachtungsergebnisse aus der Phase I des Bohl-Papiers) erklärbar. Die Auswahl der Betriebe wie auch die qualitative und quantitative Aufteilung der BVVG-Pachtflächen zwischen Betrieben erfolgte auf der Basis kaum objektivierbarer und damit nachprüfbarer Kriterien, und der Versuch eines objektiven Vergleichs von unterschiedlichen Betriebskonzepten ist zum Scheitern verurteilt – wodurch einerseits von vornherein keine Zielkonformität im Hinblick auf die oben postulierten „Förderziele" zu erwarten war und andererseits für die Entscheider erheblicher *Interpretationsspielraum* entstand.

Bezieht man schließlich in die Beurteilung des EALG-Flächenerwerbs die bereits im EALG festgelegte Verlängerung des Programms über das Jahr 2004 hinaus durch die Einbindung der Bodenpunkte-Obergrenzen auf 8.000 bzw. 4.000 (sog. Nachschlagsregelung) ein, so verfängt auch das agrarstrukturpolitische Argument nicht mehr, daß es um die Förderung im Aufbau befindlicher Unternehmen in einer Umbruchsituation ginge (s.o.).

Eine ökonomische Beurteilung der Ausrichtung und Ausgestaltung des Flächenerwerbsprogramms in all seinen Facetten – hier konnten nur die Grundzüge dargestellt werden – ist kaum im Rahmen einer „konventionellen" Ziel-Mittel-Analyse zu leisten. Hierzu ist es notwendig, den iterativen Entscheidungsprozeß, der dem Privatisierungskonzept voranging, sowie die stark divergierenden Interessen der hier involvierten Akteure einzubeziehen (vgl. Hagedorn/Klages 1994).

6. Wirkungen der Umsetzung und künftigen Weiterentwicklung der EU-Agrarreform in den neuen Bundesländern

Ausgestaltung, Wirkungen, Folgeprobleme und Änderungsnotwendigkeiten der durch die EU-Agrarreform eingeführten „agrarpolitischen Aktionsinstrumente" sind in den vergangenen Jahren Gegenstand zahlreicher Analysen und Diskussionen im Bereich der Agrarökonomie und Agrarpolitik gewesen[78]. Die Ergebnisse dieser Diskussion sind zwiespältig: Einerseits wird eine mehr oder weniger unveränderte Weiterführung der Direktzahlungen gefordert, weil sie ein politisch zugesagter Ersatz für die Reduzierung der Preisstützung seien und die betroffenen Landwirte Anspruch auf verläßliche politische Rahmenbedingungen hätten. Andererseits wird auf die durch entsprechende Korrekturen zu behebenden Mängel des Prämiensystems hinge-

---

78 Vgl. z.B. Balmann (1996); BML (1995a,d; 1996 a,b); Diekmeier/Kuhlmann/Köhne (1994); Fock/Doluschitz/Müller (1996); Fuchs/Trunk (1995); Gorn/Herrmann/Wagner (1994); Hartmann/Hoffmann/Scmitz (1994); Heinrich (1995); Jahnke/Maier/Puchert (1995); Kirschke u.a. (1996); Kleinhanß/Kögl (1995); Koester (1995); Koester/Thiele/ Conrad/Nuppenau/Poggensee/Cramon-Taubadel (1994); Möhler (1995); Mothes (1995); Panmeyer/Spandau/Leifert 1993); Puchert (1995); Rost/Schmidt (1995); Ulmann/Frenz (1995); Vieregge (1995); Zeddies/Fuchs/Gamer/Schüle/Zimmermann (1994); Zimmermann/Zeddies (1996).

wiesen, das zu einer ökonomisch und auch ökologisch ineffizienten Anreizstruktur für die Gestaltung der Produktionsstruktur und neben diesen ungünstigen Allokationseffekten auch ungerechte Verteilungseffekte aufweise.

Im folgenden soll versucht werden, die Hauptaspekte dieses Politikbereiches aufzuzeigen. Zu diesem Zweck erfolgt zunächst eine Beschreibung der Ausgestaltung der EU-Agrarreform, daran schließt sich eine Darstellung der wichtigsten Effekte und von Möglichkeiten der künftigen Weiterentwicklung der agrarpolitischen Aktionsinstrumente an.

6.1 Ausgestaltung der Instrumente der EU-Agrarreform

Die EU-Agrarreform wurde 1992 vom EG-Ministerrat beschlossen, um den Verpflichtungen der Gemeinschaft nachzukommen, die sich für sie aus den GATT-Verhandlungen ergaben. Allerdings wäre auch ohne diesen Anlaß eine Reform der Gemeinsamen Agrarpolitik nicht zu umgehen gewesen (vgl. Möhler 1995). Die Reform bezog sowohl die pflanzliche Produktion als auch erhebliche Bereiche der tierischen Produktion ein. Sie folgte dem Prinzip, die Marktordnungspreise der wichtigsten landwirtschaftlichen Produkte zu senken und als *Kompensation* für die dadurch verursachten Einkommenseinbußen den Erzeugern produktspezifische und flächen- bzw. tierbezogene Prämien zu gewähren. Neben diesen unmittelbar an die Produktion gebundenen Ausgleichszahlungen wurden Flächenstillegungen und sogenannte flankierende Maßnahmen eingeführt (vgl. BML 1996a; Diekmeier/Kuhlmann/Köhne 1994).

6.1.1 Prämien in der Pflanzenproduktion

Bei Getreide wurden in den drei Wirtschaftsjahren 1993/94, 1994/95 und 1995/96 die Marktordnungspreise schrittweise um insgesamt 29% gesenkt. Es gelten weiterhin Interventionspreise, die auf dem Binnenmarkt der Aufrechterhaltung eines Mindestpreises dienen, und Schwellenpreise, die einen Außenschutz gegenüber Importen bewirken. Für Ölsaaten und Eiweißpflanzen wurde dagegen die administrative Preisstützung völlig aufgehoben, so daß sich hier die Erzeugerpreise der Landwirte an den Weltmarktpreisen ausrichten.

Als Einkommensausgleich erhalten die Erzeuger von Getreide, Ölsaaten und Eiweißpflanzen flächenbezogene Zahlungen (im Bundesdurchschnitt 1996: 593 DM/ha für Getreide, 1.120 DM/ha für Ölsaaten und 856 DM/ha für Eiweißpflanzen), unabhängig davon, ob die Produkte verkauft, verfüttert oder als Saatgut verwendet werden. Allerdings sind diese Transfers an Auflagen gebunden, wobei zwischen einer „allgemeinen Regelung" und einer

Rahmenbedingungen für die Entwicklung ländlicher Räume   461

„vereinfachten Regelung" unterschieden wird. Nach der *allgemeinen Regelung* müssen die Landwirte an der „konjunkturellen Flächenstillegung" teilnehmen, die einen je nach Marktsituation variablen Prozentsatz der stillzulegenden Fläche an der Gesamtackerfläche vorsieht. Die Prämienhöhe wird produktspezifisch und ferner für einzelne Anbauregionen berechnet. Letztere entsprechen einzelnen Bundesländern oder auch kleineren Erzeugungsregionen. Die Höhe der Hektarsätze – sowohl der Preisausgleichszahlungen als auch der Flächenstillegungsprämien – wurde für die alten Bundesländer auf der Grundlage von Durchschnittserträgen aus den Jahren 1986/87 bis 1990/91 festgelegt. Für die neuen Bundesländer wurde der durchschnittliche Getreide- bzw. Ölsaatenertrag der alten Bundesländer zugrundegelegt, wodurch sich in Anbetracht des noch geringeren Ertragsniveaus in Ostdeutschland eine günstige Gestaltung der Ausgleichsbeträge für die ostdeutschen Landwirte ergab.

Für die *vereinfachte Regelung* können sich alternativ sogenannte „Kleinerzeuger" entscheiden, die nur für eine begrenzte Fläche Ausgleichszahlungen beantragen, die maximal derjenigen Hektarzahl entsprechen darf, die der für die Produktion von 92t Getreide unter Berücksichtigung des regionalen Ertragsdurchschnitts erforderlich ist (ca. 15-20 ha). Die Kleinerzeuger sind von der Stillegungsverpflichtung befreit; außerdem erhalten sie für alle prämienberechtigten Kulturarten (Getreide, Ölsaaten, Eiweißpflanzen) einen einheitlichen Ausgleichsbetrag in Höhe der Prämienzahlung für Getreide.

Die Grundflächenregionen entsprechen in Deutschland einem Bundesland. Die regionalen Grundflächen werden für die westdeutschen Bundesländer aus dem Durchschnitt der in den Jahren 1989 bis 1991 mit prämienberechtigten Kulturen bebauten Fläche ermittelt. Für die ostdeutschen Bundesländer wurden die Grundflächen nicht nach historischen Anbauflächen bemessen, sondern insgesamt auf ca. 3,6 Mio. ha festgelegt. Als sich anhand der Anträge auf Flächenbeihilfe zur Ernte 1993 herausstellte, daß die so vorgegebene Grundfläche um fast 9% überschritten wurde, genehmigte die EU-Kommission nach entsprechendem Ersuchen der Bundesregierung eine (teils befristete) Erhöhung der Grundfläche der neuen Bundesländer um 331.000 ha.

Wenn die Summe der von den Landwirten beantragten ausgleichsfähigen Flächen, die sich aus den ausgleichsberechtigten Anbauflächen und den stillgelegten Flächen zusammensetzt, die für ein Bundesland festgelegte regionale Grundfläche überschreitet, so kommt es zu zweierlei Sanktionen: Erstens werden die in den Anträgen verzeichneten ausgleichsfähigen Flächen aller Landwirte der Region für das jeweilige Wirtschaftsjahr nach Maßgabe der Überschreitung anteilig gekürzt. Für die verbleibende Fläche wird der volle Ausgleich gewährt. Zweitens sind im darauffolgenden Wirtschaftsjahr entsprechend dem Prozentsatz der Überschreitung in der Region zusätzlich Flächen stillzulegen, ohne daß den Landwirten dafür zusätzlich ein Entschädigungsausgleich gezahlt wird. Die Landwirte einer Grundflächenregion (d.h. eines Bundeslandes) bilden also eine Solidargemeinschaft, die für die Folgen von Produktionsausweitungen ihrer einzelnen Mitglieder aufkommt.

6.1.2 Konjunkturelle Flächenstillegung

Die konjunkturelle Flächenstillegung (1996: 10% der Ackerfläche bei einer Stillegungsprämie von durchschnittlich 751 DM/ha) kann als sechsjährige Rotationsbrache, einfache Stillegung oder als Dauerbrache (in den beiden zuletzt genannten Fällen mit einem um 5% erhöhten Stillegungssatz) erfolgen. Zu beachten ist, daß die in das schon früher eingeführte ein- bzw. fünfjährige Flächenstillegungsprogramm eingebrachten Flächen nicht auf die konjunkturelle Stillegung angerechnet werden können. Falls Landwirte wegen der konjunkturellen Flächenstillegung und zwecks Einhaltung der Umweltgesetze ihren Viehbestand verringern müßten, wenn sie Ausgleichszahlungen mit Aussicht auf Genehmigung beantragen wollen, so können sie ihre Stillegungsverpflichtung an andere Landwirte abtreten. Außerdem besteht die Möglichkeit, auf den gesamten konjunkturellen Stillegungsflächen nachwachsende Rohstoffe anzubauen, ohne daß die Gewährung des Stillegungsausgleichs eingeschränkt wird. Für diese Produktionsvariante sind alle zugelassenen (ein- oder mehrjährigen) Kulturen geeignet, die nicht für die Herstellung von Nahrungs- oder Futtermitteln vorgesehen sind. Voraussetzung ist ferner ein Anbau- und Abnahmevertrag für die nachwachsenden Rohstoffe mit einem Aufkäufer oder Erstverarbeiter.

6.1.3 Prämien in der tierischen Produktion

Im Bereich der tierischen Produktion wurde im Rahmen der EU-Agrarreform *im Prinzip* eine Fortführung der bestehenden agrarpolitischen Maßnahmen beschlossen. Dies betrifft sowohl eine Verlängerung der Milchquotenregelung bis zum Jahr 2000 als auch die Gewährung von Tierprämien in der Rindfleisch- und Schaffleischproduktion, die allerdings modifiziert wurden. Die frühere, bis 1992 gültige *„Prämie für männliche Rinder"* („Bullenprämie") wurde – als Ausgleich für eine Senkung des Interventionspreises um 15% über drei Jahre – in ebenfalls drei Schritten stufenweise von 94,- DM je Tier auf 212,- DM je Tier ab 1995 erhöht. Es ist möglich, diese nur für Bullen oder Ochsen gewährte Prämie entweder einmal oder zweimal pro Tier zu erhalten: zum ersten Mal, wenn das Schlachttier ein Alter von 10 Monaten überschritten hat, und zum zweiten Mal, wenn es älter als 23 Mo-

Rahmenbedingungen für die Entwicklung ländlicher Räume

nate wird. Wenn für bestimmte Tiere eine Prämie beantragt wird, so muß gewährleistet sein, daß das Tier im Falle der ersten Prämie mindestens 2 Monate, im Falle der zweiten Prämie mindestens 4 Monate im Betrieb gehalten wird. Für beide Prämien gilt in den westlichen Bundesländern eine Obergrenze von 90 Tieren pro Betrieb, während in den ostdeutschen Bundesländern diese Obergrenze keine Anwendung findet.

Für Ochsen, die in der Zeit vom 1. Januar bis zum 30. April geschlachtet werden, wird eine sogenannte „*Saisonentzerrungsprämie*" (1996: 141 DM) gezahlt. Sowohl die Saisonentzerrungsprämie als auch die Sonderprämie für männliche Rinder sind an eine große Anzahl vielfältiger Bedingungen geknüpft: Bestandsverzeichnis; Kennzeichnung der Tiere; Geburtennachweis; Antragstellung nach Schlachtung; Erklärung der Beteiligung an den Programmen mindestens 2 Wochen bevor die Tiere den Betrieb verlassen; etc. Der administrative Aufwand ist daher, auch für die Landwirte selbst, nicht unerheblich.

Die Bezuschussung der *Mutterkuhhaltung* wurde durch die EU-Agrarreform in wesentlichen Punkten neu geregelt. In den alten Bundesländern werden den Mutterkuhhaltern für ihre Mutterkühe Ausgleichszahlungen bis zu einer einzelbetrieblichen Höchstgrenze gewährt. Letztere ergibt sich aus der im Jahre 1992 gehaltenen Anzahl an Mutterkühen, für die damals eine Mutterkuhprämie beantragt wurde, abzüglich 3%. Die Mutterkuhprämie beträgt 1993 165,- DM, 1994 224,- DM und ab 1995 283,- DM. In den neuen Bundesländern (einschließlich Berlin als Ganzes) kommen keine einzelbetrieblichen Höchstgrenzen zur Anwendung. Hier gilt eine regionale Höchstgrenze für alle fünf neuen Länder in Höhe von 180.000 Mutterkühen.

Die Mutterkuhprämie muß für mindestens drei Mutterkühe beantragt werden, die mindestens über einen Zeitraum von 6 Monaten im Betrieb gehalten werden müssen. Wenn ein Betrieb eine Mutterkuhprämie beantragt, muß er sich gleichzeitig verpflichten, während eines Zeitraums von 12 Monaten keine Milch oder Milcherzeugnisse zu vermarkten, abgesehen von der Direktvermarktung. Kleine Milcherzeuger bis zu einer Milchreferenzmenge von 120.000 kg unterliegen allerdings nicht dieser Restriktion. Außerdem können unter bestimmten Bedingungen die Mutterkuhprämienansprüche auf andere Betriebe (mit oder ohne Abgabe des eigenen Betriebes) übertragen werden.

Die Gewährung der Prämien ist außerdem an die Einhaltung bestimmter *Viehbesatzdichten* gebunden, die sich auf die Hauptfutterfläche des Betriebes beziehen. Im Falle von Silomais kann der Landwirt die Silomaisfläche entweder der Futterfläche zurechnen und dadurch ggf. seinen Anspruch auf Tierprämien erhöhen oder für die Fläche selbst Ausgleichszahlungen beantragen, um seine Prämiensumme im pflanzlichen Bereich zu erhöhen. Sofern ein Betrieb nachweisen kann, daß sein Besatzdichtefaktor kleiner als 1,4

GVE/ha Hauptfutterfläche ist, so wird im zusätzlich zu der Futterprämie für männliche Rinder und der Mutterkuhprämie ein *Ergänzungsbetrag für extensive Tierhaltung* in Höhe von 71,- DM pro Tier und Altersklasse gewährt. Die ähnlich wie im pflanzlichen Bereich angebotene Kleinerzeugerregelung eröffnet dem Antragsteller die Möglichkeit, bis zu einer Anzahl von 15 GVE den Besatzdichtefaktor außer Kraft zu setzen. Dies hat für ihn allerdings den Nachteil, daß er den Ergänzungsbetrag für extensive Tierhaltung nicht in Anspruch nehmen kann. Sobald er in seiner Antragstellung nachweist, daß sein Besatzdichtefaktor 1,4 GVE/ha Hauptfutterfläche unterschreitet, erhält er zwar den Ergänzungsbetrag, wird aber nicht mehr als Kleinerzeuger, sondern wie alle anderen Antragsteller behandelt.

Die *Mutterschafprämie* kann von Betrieben beantragt werden, die ständig mindestens 10 Mutterschafe halten. In Westdeutschland wird der Prämienanspruch einzelbetrieblich festgelegt und unterliegt einer Höchstgrenze prämienfähiger Tiere, die anhand des Bezugsjahres 1991 festgelegt wird. Hiervon abweichend wurde für die neuen Bundesländer ein regionaler Gesamtplafond von 1 Mio. prämienfähiger Mutterschafe geschaffen. Auch in diesem Falle existiert eine nationale Reserve. Eine zwischenbetriebliche Übertragung von Prämienansprüchen ist mit oder ohne Übertragung des Betriebes möglich (vgl. BML 1995).

6.1.4 Flankierende Maßnahmen

Die geschilderten Prämiensysteme, die als Kern der EU-Agrarreform bezeichnet werden können, werden ergänzt durch sogenannte „flankierende Maßnahmen". Hierbei handelt es sich um die Förderung

- des Vorruhestandes in der Landwirtschaft,
- der Aufforstung landwirtschaftlicher Flächen und
- von umweltgerechten und den natürlichen Lebensraum schützenden landwirtschaftlichen Produktionsverfahren.

Eine *Vorruhestandsregelung* gab es in der Bundesrepublik Deutschland bereits vor der EU-Agrarreform. Sie wurde und wird nach wie vor durch das „Gesetz zur Förderung der Einstellung der landwirtschaftlichen Erwerbstätigkeit" (FELEG) geregelt. Seit 1995 gilt dieses Gesetz auch in den neuen Bundesländern und berücksichtigt die hier gegebenen Besonderheiten. Nach dem FELEG können landwirtschaftliche Unternehmer in den Genuß der sogenannten Produktionsaufgaberente gelangen, wenn sie entweder das 55. Lebensjahr vollendet haben oder das 53. Lebensjahr vollendet haben und berufsunfähig sind und ihren Betrieb stillegen oder an andere landwirtschaftliche Unternehmer bzw. bestimmte andere Institutionen abgeben. Wenn durch die Betriebsaufgabe vorher beschäftigte ältere Arbeitnehmer

oder mitarbeitende Familienangehörige ihren Arbeitsplatz verlieren, so können sie ein sogenanntes „*Ausgleichsgeld*" erhalten.
Die in der Bundesrepublik Deutschland bereits seit langem übliche Investitionsförderung für die Neuanlage von Waldflächen, die bis zu 85% der förderungsfähigen Kosten betragen kann, wurde 1991 durch eine Aufforstungsprämie für die Dauer von 20 Jahren ergänzt. Die flankierenden Maßnahmen zur EU-Agrarreform haben zu einer weiteren Verbesserung der *Aufforstungshilfen* geführt. Die EU-Kofinanzierung wurde von 25 auf 50% in den alten und von 25 auf 75% in den neuen Ländern angehoben. Die Aufforstungsprämie beläuft sich seit dem 1. Januar 1993 auf 1.400,- DM je ha und Jahr und wird bis zu einer Dauer von 20 Jahren gezahlt. Einem erweiterten Personenkreis werden einmalige Investitionszuschüsse für die Aufforstung gewährt. Darüber hinaus gibt es Zuschüsse für forstliche Arbeiten in den Wäldern.

Die Verordnung für umweltgerechte und den natürlichen Lebensraum schützende landwirtschaftliche Produktionsverfahren (EWG Nr. 2078/92) führte zu einer Ablösung und im gewissen Sinne auch zu einer Ausweitung des bisherigen Extensivierungsprogramms. An dessen Stelle tritt nun die „*Förderung einer markt- und standortangepaßten Landbewirtschaftung*", die innerhalb der Gemeinschaftsaufgabe „Verbesserung der Agrarstruktur und des Küstenschutzes" durchgeführt wird. Nach den neuen Förderungsgrundsätzen (vgl. BML 1996a) ist die finanzielle Unterstützung ausgerichtet auf die Einführung und Beibehaltung

- extensiver Produktionsverfahren im Bereich des Ackerbaus und der Dauerkulturen,
- der extensiven Grünlandbewirtschaftung unter Einbeziehung der Umwandlung von Ackerland in extensives Grünland und
- ökologisch ausgestalteter Anbaumethoden.

Die Implementation dieses Programms findet auf der Länderebene statt, indem die Bundesländer entsprechende Maßnahmen in ihre Agrarumweltprogramme aufnehmen. Zusätzlich sehen diese Länderprogramme weitere spezifische Maßnahmen für die Landwirtschaft vor, die z.T. bereits vor der Einführung der hier erörterten Richtlinie existierten. Eine Neuerung besteht darin, daß nicht nur Betriebe gefördert werden, die extensive Produktionsverfahren *einführen*, sondern auch solche, die sich verpflichten, diese Produktionsmethoden weiterhin *beizubehalten*. Verlangt wird allerdings die Extensivierung eines gesamten Betriebszweiges, die Extensivierung von Einzelparzellen wird nicht gefördert. Es handelt sich um freiwillige Verpflichtungen von Seiten der Landwirte, die allerdings eine Laufzeit von mindestens fünf Jahren haben müssen. Der durchschnittliche Viehbesatz darf

2 GV/ha LF nicht überschreiten, und der Umbruch von Dauergrünland in Ackerland ist nicht gestattet.

Neben diesen allgemeinen Anforderungen sind spezielle Anforderungen zu beachten, die sich entweder auf Ackerbau oder Dauerkulturen oder auf Grünland beziehen. Eine weitere Variante besteht in der Förderung ökologischer Anbauverfahren, die den Normen des ökologischen Landbaus entsprechen müssen. Welche Auflagen der Landwirt bei diesen verschiedenen Förderungsvarianten erfüllen muß und welche Beihilfen er erwarten kann, geht im einzelnen aus der Übersicht 27 hervor.

Übersicht 27: Förderungsgrundsätze für eine markt- und standortangepaßte Landbewirtschaftung (Extensivierungsförderung) im Überblick[1]

Allgemeine Anforderungen
Extensivierung des gesamten Betriebszweiges, keine Förderung von Einzelparzellen.
Anspruchsberechtigt sind nur Landwirte, die die Extensivierung einführen oder beibehalten.
Laufzeit der freiwilligen Verträge mindestens 5 Jahre.
Durchschnittlicher Viehsatz des Betriebes nicht mehr als 2,0 GV[4]/ha LF.
Dauergrünland darf nicht in Ackerland umgebrochen werden.

Spezielle Anforderungen bei Ackerbau oder Dauerkulturen
Die gesamte Acker- oder Dauerkulturfläche des Betriebes muß extensiv bewirtschaftet werden.
Keine Aufbringung von Klärschlamm und ähnlichen Stoffen[2].

Einzelmaßnahmen: Beihilfe in DM/ha

	Acker		Dauerkulturen	
	Einführung	Beibehaltung	Einführung	Beibehaltung
Verzicht auf chemisch-synthetische Dünge- und Pflanzenschutzmittel	250	200	1.200	1.000
Verzicht auf chemisch-synthetische Düngemittel	150	120	250	200
Verzicht auf die Anwendung von Herbiziden im Ackerbau, Obstbau und/oder anderen Dauerkulturen	150	120	350[3]	300[3]

Spezielle Anforderungen bei Grünland
- Das gesamte Dauergrünland des Betriebes muß extensiv bewirtschaftet werden.
- Maximal 1,4 RGV[5]/ha Hauptfutterfläche.
- Keine Anwendung von chemisch-synthetischen Dünge- und Pflanzenschutzmitteln.
- Je ha Grünland maximale Ausbringung des Wirtschaftsdüngers von 1,4 GVE.
- Keine Beregnungs- oder Meliorationsmaßnahmen.
- Mindestbestand von 0,3 RGV/ha Hauptfutterfläche.

Einzelmaßnahmen: Beihilfen
Dauerkulturen in DM/ha
Verringerung des Viehbestandes auf einen Viehsatz von maximal 1,4 RGV/ha Hauptfutterfläche
   = je verringerter RGV/ha Dauergrünland   450
   = mindestens je ha Dauergrünland   250
Aufstockung der Dauergrünlandflächen, so daß der Viehsatz maximal 1,4 RGV/ha Hauptfutterfläche beträgt   250

Rahmenbedingungen für die Entwicklung ländlicher Räume

Einhaltung einer extensiven Grünlandbewirtschaftung mit einem Viehbesatz von maximal 1,4 RGV/ha Hauptfutterfläche	250
Umwandlung von Acker in extensives Dauergrünland mit einem Viehbesatz von maximal 1,4 RGV/ha Hauptfutterfläche, je ha umgewandelter Ackerfläche	600

Spezielle Anforderungen ökologischer Anbauverfahren
- Anbauverfahren gemäß der VO (EWG) Nr. 2092/91 (Kennzeichnung ökologischer Produkte).

Einzelmaßnahmen:

	Beihilfen in DM/ha	
	Acker- und Grünland	
Dauerkulturen		
Einführung des ökologischen Landbaus	250	1.200
Beibehaltung des ökologischen Landbaus	200	1.000

1) Von den genannten Förderungsbeträgen können die einzelnen Bundesländer, soweit sie die Maßnahmen anbieten, nach unten (40 Prozent) und nach oben (20 Prozent) abweichen.
2) Ausnahme: Bei Verzicht auf die Anwendung von Herbiziden im Ackerbau, Obstbau und/oder anderen Dauerkulturen ist die Ausbringung von Klärschlamm u.ä. erlaubt.
3) Obstbau: 150 DM/ha bei Einführung, 120 DM/ha bei Beibehaltung
4) GVE = Großvieheinheit
5) RGV = Rauhfutterfressende Großvieheinheit

Quelle: BML (1995d: 55)

6.2 Wirkungen und Weiterentwicklung der EU-Agrarreform

Die in Abschnitt 6.1 in ihren Grundzügen geschilderten Instrumente der EU-Agrarreform entfalten vielfältige Wirkungen, die in verschiedenen Untersuchungen u.a. anhand detaillierter Modellrechnungen und Befragungen von Landwirten eingehend analysiert worden sind[79]. Da an dieser Stelle lediglich ein Überblick über diesen Politikbereich gegeben werden kann, sollen nur einige wichtige Effekte der agrarpolitischen Aktionsinstrumente dargelegt werden.

6.2.1 Haupteffekte der agrarpolitischen Aktionsinstrumente

Nach den vorliegenden Untersuchungen kann davon ausgegangen werden, daß die EU-Agrarreform, für den Agrarsektor insgesamt betrachtet, zu negativen Einkommenswirkungen für die Landwirtschaft geführt hat, d.h. die Reduktion der Preisstützung durch die als Ausgleich eingeführten Direkt-

---

[79] Beispielsweise hat die Gesellschaft u.a. für Wirtschafts- und Sozialwissenschaften des Landbaues e.V. einen Tagungsband zum Thema: „Die Landwirtschaft nach der EU-Agrarreform" herausgegeben (vgl. Grosskopf/Hanf/Heidhues/Zeddies 1995). Die Landwirtschaftliche Rentenbank veröffentlichte ebenfalls einen Tagungsband mit dem Titel: „Verteilungswirkungen der künftigen EU-Agrarpolitik nach der Agrarreform" (vgl. Landwirtschaftliche Rentenbank 1994).

zahlungen nicht vollständig ausgeglichen werden konnten. Innerhalb des Agrarsektors ist allerdings mit positiven oder negativen Einkommenswirkungen zu rechnen, wobei diese von der Betriebsform und der Betriebsgröße und ferner von der Effizienz der Produktion, insbesondere aufgrund der Betriebsleiterfähigkeit, dem Anbauverhältnis, Art und Umfang der Tierhaltung und anderen Faktoren abhängig sind. Zeddies, Fuchs, Gamer, Schüle und Zimmermann (1994: 105f) schätzen auf der Grundlage von Betriebsergebnissen, daß von den Haupterwerbsbetrieben der alten Bundesländer ungefähr 60% zu den „Verlierern" und nur rund 40% zu den „Gewinnern" der EU-Agrarreform gehören. Nebenerwerbsbetriebe gehörten überwiegend zu den „Gewinnern", allerdings nur, wenn sie die Kleinerzeugerregelung in Anspruch nahmen und sich überhaupt für die Beantragung der Transferleistung entschieden. Die o.g. Autoren gelangen zu dem Ergebnis, daß die Umsetzung der EU-Agrarreform aus folgenden Gründen nicht einkommensneutral sein könne. „Dies kann sie nicht sein, weil ...

- die Flächenstillegungsprämie den entgangenen Deckungsbeitrag nicht kompensiert,
- die Tierprämien für männliche Rinder die zu erwartenden Erlöseinbußen nicht ausgleichen und
- viele Kleinbetriebe die theoretisch in Anspruch zu nehmenden Beihilfen nicht beantragen werden (Zeddies/Fuchs/Gamer/Schüle/Zimmermann 1994: 106)."

Die Tatsache, daß die Verteilungswirkungen der agrarpolitischen Aktionsinstrumente für die einzelnen Betriebe innerhalb des Agrarsektors so unterschiedlich ausfallen können, hängt mit folgenden *nivellierenden Effekten* des eingeführten Transferzahlungssystems zusammen: Da die Ausgleichszahlungen für die vollzogene Preissenkung nach dem Ertragsdurchschnitt einer Erzeugerregion bemessen werden, werden Betriebe auf Standorten mit überdurchschnittlichem Ertragspotential schlechter gestellt, während solche, die auf Böden mit unterdurchschnittlicher Ertragsfähigkeit wirtschaften, besser gestellt werden (vgl. Diekmeier/Kuhlmann/Köhne 1994: 29). Ähnlich werden Betriebsleiter, die aufgrund ihrer Fähigkeiten das Ertragspotential ihres Betriebes gut zu nutzen verstehen, durch den Nivellierungseffekt der nach Durchschnittserträgen berechneten Prämien benachteiligt, und andere, die über geringere Betriebsleiterfähigkeiten verfügen, werden begünstigt.

Die größten Effekte der EU-Agrarreform sind in den *pflanzenbaulichen Produktionsrichtungen* zu spüren. Fast alle Druschfrüchte werden von der Umstellung auf Flächenprämien erfaßt, und als Folge der obligatorischen (konjunkturellen) Stillegung von Flächen fällt der Gesamtdeckungsbeitrag der Fruchtfolge fast immer niedriger aus. In der *Tierproduktion* sind dagegen insbesondere im Bereich der intensiven Bullenmast negative Einkommenseffekte zu verzeichnen. Denkbar ist dagegen, daß extensive Verfahren der Rinderhaltung und die Mutterkuhhaltung von den eingeführten Maßnahmen profitieren. Die Senkung der Getreidepreise wirkt sich auf die Milchviehhaltung sowie auf die Schweine- und Geflügelproduktion im Sinne sinkender Futterkosten aus (vgl. Diekmeier/Kuhlmann/Köhne 1994: 82).

Anhand von Modellrechnungen auf der Grundlage von Betriebsdaten aus Bayern, Niedersachsen und den neuen Bundesländern gelangen Kleinhanß und Kögl (1995: 232ff) zu folgenden Ergebnissen: Die Flächennutzung ändert sich, weil erstens der Erhalt flächenbezogener Preisausgleichszahlungen an eine sogenannte „Stillegungsverpflichtung" gebunden ist und zweitens die verschiedenen Maßnahmen Änderungen in der Betriebsorganisation induzieren. Nur wenn die Betriebe einen bestimmten Anteil ihrer Basisfläche aus der Produktion herausnehmen, kommen sie in den Genuß der flächenbezogenen Preisausgleichszahlungen für Getreide, Ölsaaten und Eiweißpflanzen. Die Betriebsorganisation ändert sich aus verschiedenen Gründen: Die Preissenkungen führen zu Anpassungen der Intensität der Bewirtschaftung, die Flächenprämien verändern die Wettbewerbsfähigkeit verschiedener Produktionsverfahren in der Bodenproduktion, und durch die obligatorische Stillegung wird die Betriebsfläche knapper. Im Ergebnis zeigt sich eine Verringerung der Getreidefläche je Betrieb. Der Silomaisanbau wird durch die Prämiengewährung attraktiver, wobei allerdings die Landwirte für die Inanspruchnahme von Bullen- oder Flächenprämien für Silomais optieren können. Die Wahl hängt von der Höhe des Viehbesatzes ab und fällt vorwiegend zugunsten der Bullenprämie aus. Als Folge der Preisverhältnisse und der Gewährung von Flächenprämien steigt die Wettbewerbsfähigkeit des Rapsanbaus (für Food- und Nonfoodzwecke). Festzuhalten ist demnach, daß sich u.a. durch die produktspezifische Gestaltung der Prämien die Anbauverhältnisse, d.h. die Anteile der Kulturen an der Flächenbewirtschaftung, spürbar verändern.

Eine sehr weitreichende Konsequenz der EU-Agrarreform besteht darin, daß sich durch den o.g. nivellierenden Effekt der Prämien, die sich nach den durchschnittlichen Referenzerträgen der Erzeugerregionen richten, die relative Vorzüglichkeit von Standorten geändert hat. Sind die Flächenerträge eines Betriebes höher als der Durchschnittsertrag der Erzeugerregionen, in denen dieser Betrieb liegt, so muß er eine ökonomische Verschlechterung seiner Standortposition hinnehmen. Analoges gilt für die „Abwertung" der Betriebsleiterfähigkeit: „Die Flächenprämie wird also nicht dadurch beeinflußt, daß ein Betriebsleiter eine ausgefeilte Produktionstechnik einsetzt. Anders ausgedrückt: Die aufgrund von produktionstechnischem Können erzeugte zusätzliche Dezitonne einer Kultur wird unter den Rahmenbedingungen der EU-Agrarreform geringer entlohnt. Somit werden Landwirte mit hervorragender Produktionstechnik im pflanzlichen Bereich durch die Reform benachteiligt (vgl. Diekmeier/Kuhlmann/Köhne 1994: 83). Durch die agrarpolitischen Aktionsinstrumente wird der Faktor Boden in der Landwirtschaft knapper. Gleiches gilt für die Lieferrechte wie Milchquoten und Zuckerrübenkontingente. Dies führt zu einem Anstieg der entsprechenden Renten, die an die Eigentümer dieser Produktionsfaktoren fließen. Dies bedeutet, daß die Prämienzahlungen zum großen Teil an die Bodeneigentümer übergewälzt werden, obwohl sie im Grunde für die Bewirtschafter der Betriebe als Einkommensausgleich für die Preissenkung gedacht waren. Dieser Überwälzungseffekt stellt sich nicht nur auf guten Standorten ein, sondern gilt für Böden aller Bonitäten und Nutzungsarten, so daß mit einem stabilisierenden oder gar erhöhenden Effekt auf das Pachtpreisniveau zu rechnen ist.

Wie bereits in Abschnitt 6.1 erwähnt, wurden für die neuen Bundesländer im Rahmen der EU-Agrarreform verschiedene Sonderregelungen getroffen. Dies erschien sachgerecht, weil sich die Agrarstruktur der neuen Länder erheblich von derjenigen der alten Bundesländer unterscheidet, insbesondere hinsichtlich der Betriebsgröße. Darüber hinaus fiel die Umsetzung der agrarpolitischen Aktionsinstrumente zeitlich zusammen mit einer schwierigen Umstrukturierungsphase in der Landwirtschaft Ostdeutschlands (Umwandlung der LPGen, Wieder- und Neueinrichtung von Betrieben, Verpachtung volkseigenen Bodens, etc.), so daß den Betroffenen von Seiten der EU-Agrarpolitik keine zusätzlichen Probleme zugemutet werden konnten. „Eine Orientierung an den tatsächlichen Tierzahlen bestimmter Referenzjahre bzw. an den niedrigen Ertragsdurchschnitten der Vergangenheit hätte für die dortigen Betriebe ebenso zu ungerechtfertigten Nachteilen geführt wie die Anwendung der in den alten Ländern gültigen Bestandsobergrenze bei männlichen Mastrindern. Stattdessen wurden im Bereich der Tierhaltung sogenannte Gesamtplafonds für Milchkühe (180.000 Tiere), Mutterschafe (1 Mio. Tiere) und männliche Mastrinder (780.000 Tiere) festgelegt. Auf die Obergrenze von 90 Tieren pro Betrieb bei männlichen Mastrindern wurde in den neuen Ländern ganz verzichtet. Bei Getreide, Silomais, Ölfrüchten und Eiweißpflanzen wurde eine globale Grundfläche von 3,57 Mio. ha festgelegt, die sich an den Anbauverhältnissen der alten Bundesländer orientiert. Ebenso wurden die durchschnittlichen Getreide- und Ölsaatenerträge auf dem Niveau der alten Länder (Getreide: 55,6 dt/ha, Ölsaaten 31,3 dt/ha) festgesetzt und anhand der regionalen Ertragsunterschiede in den neuen Ländern gestaffelt (vgl. Zeddies/Fuchs/Gamer/Schüle/Zimmermann 1994: 114).

Insgesamt betrachtet, gelangen die eben genannten Autoren nach einer Analyse der Auswirkungen der o.g. Sonderregelungen zu dem Ergebnis, daß der überwiegende Teil der Betriebe in den neuen Bundesländern *positive*

Einkommenswirkungen verzeichnen konnte, weil die Referenzerträge für die Berechnung der Ausgleichsbeträge sich am westdeutschen Ertragsniveau orientierten. Gegenüber den tatsächlichen Ertragsverhältnissen in den Jahren 1991 und 1992 führte diese Vorgehensweise zu einem positiven Umverteilungseffekt an die ostdeutschen Landwirte. Ferner bietet die großbetriebliche Struktur in Ostdeutschland den Betrieben bessere Anpassungsmöglichkeiten an die konjunkturelle Flächenstillegung, weil größere Produktionseinheiten nicht nur im Bereich der variablen Kosten, sondern auch im Bereich der Festkosten Einsparungen ermöglichen (z.B. durch Reduzierung des Maschinen- oder Arbeitskräftebesatzes). Besonders bemerkenswert ist die Tatsache, daß sowohl die Flächen- als auch die Tierprämien in Ostdeutschland betriebsgrößenunabhängig gewährt werden, d.h. keinen Obergrenzen oder degressiven Staffelungen unterliegen. Dies führt dazu, daß *erhebliche Transfersummen* erreicht werden können, die im Falle effizient organisierter Marktfruchtbetriebe 100.000 DM pro Arbeitskraft und Jahr erreichen können. Ein Problem stellte allerdings in den neuen Bundesländern die bereits erwähnte, unzureichende Bemessung der Basisflächen dar, die allerdings mit Zustimmung der EU-Kommission erweitert werden konnten.

Für die neuen Bundesländer ebenfalls von besonderem Interesse ist die Betroffenheit von *Regionen* durch die Folgewirkungen der EU-Agrarreform. Auf diese Frage sind Koester, Thiele, Conrad, Nuppenau, Poggensee und Cramon-Taubadel (1994: 180f) eingegangen, indem sie eine qualitative Gruppierung von Regionen anhand der für die regionale Betroffenheit maßgeblichen Kriterien „Änderung der landwirtschaftlichen Einkommenssituation ohne Intensitätsanpassungen", „Stillegungsanteil" und „Anteil der Arbeitslosigkeit" vorgenommen haben. Sie gelangen zu dem Ergebnis, daß die stark betroffenen Regionen vor allem in den neuen Bundesländern zu finden sind. „In diesen besonders betroffenen Regionen können die Einkommensreduzierungen durch die Agrarreform nicht durch eine günstige Arbeitsmarktsituation und entsprechende Intensitätsanpassungen beim Faktor Arbeit ausgeglichen werden. In Regionen mit größeren Anteilen von Marktfruchtbaubetrieben wirkt zusätzlich die Stillegung des Produktionsfaktors Boden. Die Möglichkeiten zum notwendigen Wachstum werden durch deutliche Anstiege der Bodennutzungspreise blockiert" (vgl. Koester/ Thiele/Conrad/Nuppenau/Poggensee/Cramon-Taubadel 1994: 180). Nahezu die gesamten Regionen Mecklenburg-Vorpommerns, Brandenburgs und Sachsen-Anhalts sowie Teile Sachsen und Thüringens werden zu den in dieser Weise betroffenen Gebieten gerechnet. Günstigere Anpassungsmöglichkeiten aufgrund der gegebenen Produktionsstruktur und durch die Möglichkeit der Aufnahme außerlandwirtschaftlicher Beschäftigung weisen dagegen bspw. die Bundesländer Bayern und Baden-Württemberg auf.

Schließlich wird im Rahmen der Beurteilung der EU-Agrarreform darauf hingewiesen, daß die agrarpolitischen Aktionsinstrumente durchaus auch negative Umwelteffekte hervorrufen können (vgl. Zeddies/Fuchs/Gamer/ Schüle/Zimmermann 1994: 141). Außerdem wird häufig die nur halbherzige Implementation und geringe finanzielle Ausstattung der für ökologische Zielsetzungen vorgesehenen flankierenden Maßnahmen angemerkt, die von manchen Bundesländern offenbar als nachrangig gegenüber den anderen o.g. Instrumenten angesehen werde.

6.2.2 Optionen zur Weiterentwicklung der EU-Agrarreform

In Anbetracht der dargelegten Allokations-, Verteilungs- und Umweltwirkungen erscheint zumindest eine *korrigierende Weiterentwicklung* der eingeführten Instrumente unumgänglich. Als ein Hauptanlaß für derartige Korrekturen werden in der agrarpolitischen Diskussion die als ungerecht betrachtete Kumulation hoher Transfersummen im Falle größerer Betriebe gesehen. So schließt bspw. die EU-Kommission eine Plafondierung der Direktzahlungen, d.h. eine Einführung von Obergrenzen je Betrieb, nicht mehr aus (vgl. Agra-Europe 1996a). Eine solche Änderung würde die großbetrieblich strukturierte Landwirtschaft in Ostdeutschland besonders treffen. Darüber hinaus wird immer wieder die Frage aufgeworfen, ob eine Bindung der Zahlungen an Umweltauflagen und eine ökologisch orientierte Landbewirtschaftung nicht sinnvoll und realisierbar sei.

Wie die EU-Agrarreform weiterentwickelt werden könnte und wie sich diese Weiterentwicklung im einzelnen auf die neuen Bundesländer auswirken würde, ist Gegenstand einer Studie, die von den wirtschafts- und sozialwissenschaftlichen Instituten der Landwirtschaftlich-Gärtnerischen Fakultät der Humboldt-Universität zu Berlin in Zusammenarbeit mit weiteren Wissenschaftlern aus den neuen Bundesländern erarbeitet wurde („*Berliner NBL-Studie*")[80]. Ziel der Untersuchungen war es, den agrarpolitischen Entscheidungsträgern in den neuen Bundesländern Entscheidungshilfen zu geben, wie sie sich für den Fall einer Veränderung der Ergebnisse der EU-Agrarreform verhalten sollen. Zu diesem Zweck wurden verschiedene Politikvarianten definiert und hinsichtlich ihrer Wirkungen auf die neuen Bundesländer miteinander verglichen. Es handelte sich hierbei zum einen um eine Grundvariante der agrarpolitischen Aktionsinstrumente, die dem Stand der Umsetzung der Agrarreform im Jahre 1994/95 entspricht, und zum ande-

---

80 Die folgende Wiedergabe der wichtigsten Ergebnisse der Berliner „NBL-Studie" stützt sich wesentlich auf Kirschke/Odening/Doluschitz/Fock/Hagedorn/Rost/von Witzke (1996: IV-XV).

Rahmenbedingungen für die Entwicklung ländlicher Räume   473

ren um sechs weitere Politikvarianten, die unterschiedliche Optionen der Weiterentwicklung der Agrarreform widerspiegeln:

1. Degressive Staffelung der Prämien im Kulturpflanzenbereich
2. Wegfall der Sonderregelungen bei den Tierprämien
3. Bemessung der Prämie allein nach der Ackerfläche
4. Bemessung der Prämie anhand der gesamten landwirtschaftlich genutzten Fläche
5. Bemessung der Prämie nach Maßgabe des kalkulatorischen Arbeitsbedarfs
6. Eine Kombination aus der eben genannten Arbeits- und Flächenprämie

Die Wirkungen dieser verschiedenen Politikvarianten wurden erstens auf der *Betriebsebene* ermittelt, indem die Reaktion von Modellbetrieben auf die Politikänderungen mit Hilfe der Linearen Programmierung nachvollzogen wurde. Zweitens wurden die Betriebsergebnisse auf die Ebene der *Bundesländer* hochgerechnet und entsprechend aggregierte Ergebnisse mit Hilfe eines Marktgleichgewichtsmodells hervorgebracht. Drittens wurden die *Umweltwirkungen* der Politikvarianten anhand ergänzender Berechnungen und Überlegungen erörtert.

Unterzieht man die *Effekte dieser verschiedenen Politikvarianten* einer vergleichenden Betrachtung, so ist zwischen kurzfristigen, mittelfristigen und langfristigen Wirkungen zu unterscheiden. Kurzfristig ändern die landwirtschaftlichen Unternehmen gewöhnlich nur ihre Produktionsstruktur, mittelfristig sind weitergehende Änderungen des Produktionsprogramms, z.B. durch die Einstellung eines Produktionsverfahrens, zu erwarten, und langfristig erstrecken sich die Anpassungsreaktionen auch auf gravierende Änderungen der Faktorausstattung und der Betriebsorganisation. Die Kalkulationen der Berliner NBL-Studie ergaben kurzfristig folgende Änderungen der Produktionsstruktur durch die Einführung der verschiedenen Politikvarianten:

Würden die Varianten 1 und 2 eingeführt, so ergäben sich nur geringe Änderungen der *Produktionsstruktur*, was sich letzen Endes daraus erklärt, daß die Grundvariante lediglich in einem sehr begrenzten Ausmaß modifiziert würde, nämlich durch die Einführung einer degressiven Staffelung der Prämien im Kulturpflanzenbereich bzw. durch den Wegfall der Sonderregelung für die neuen Bundesländer bei den Tierprämien. Bei degressiver Prämienstaffelung entscheiden sich nur sehr große Betriebe für eine flächenmäßige Ausdehnung des Getreideanbaus zu Lasten des Ölsaatenanbaus. Die übrigen Politikvarianten 3 bis 6 haben gemeinsam, daß die Prämien nicht mehr produktspezifisch, sondern nur noch produktunabhängig gewährt würden. Daher bringen diese Politikvarianten im Prinzip einander ähnliche Effekte hinsichtlich der Änderung der Anbaustruktur hervor, insbesondere folgende: Aufhebung der Flächenstillegung, Rückgang der Ölfrüchte, vor allem auf weniger fruchtbaren Böden, und eine Erweiterung der Getreideflächen. Soweit es im Rahmen der bestehenden Fruchtfolge- und Vermarktungsbeschränkungen möglich ist, werden die mit bislang nicht prämienberechtigten Fruchtarten bebauten Flächen ausgedehnt, weil sie durch die Einbeziehung in die Direktzahlungen an Attraktivität gewinnen. Auch eine Ausdehnung des Grünlandes tritt auf.

Das Niveau und die Zusammensetzung des *Gesamtdeckungsbeitrags* der Betriebe unterscheidet sich zwischen den verschiedenen Politikvarianten zum Teil erheblich, insbesondere wenn man nach den Begünstigungen und Benachteiligungen fragt, die einzelne Betriebsformen durch entsprechende Politikänderungen erfahren würden. Würde gemäß der Politikvariante 1 eine *degressive Prämienstaffelung* eingeführt, so würden ca. 80% der landwirtschaftlich genutzten Fläche in den neuen Bundesländern in diese Degression mit entsprechender Prämienminderung einbezogen. In Großbetrieben würde sich der Gesamtdeckungsbeitrag um bis zu 20% verringern. Bei aggregierter Betrachtung tritt der Wegfall der Sonderregelungen im Nutztierbereich gemäß der Politikvariante 2 nicht besonders einkommensmindernd in Erscheinung; betrachtet man jedoch einzelne, auf Rindermast oder Mutterkuhhaltung spezialisierte Betriebe, so können erhebliche Einkommensminderungen eintreten.

Bezieht man die Prämie gemäß Politikvariante 3 auf die *Ackerfläche*, so ist mit einer spürbaren Verringerung der Prämiensumme zu rechnen. Trotzdem steigt der Gesamtdeckungsbeitrag oder wird zumindest konstant gehalten. Dies ist die Folge marktorientierter Anpassungsreaktionen der Betriebe, wodurch die gegenüber einem Allokationsoptimum verzerrende Wirkung produktspezifischer Prämien aufgehoben wird. Dient die gesamte landwirtschaftlich genutzte Fläche als Berechnungsgrundlage für die Ausgleichszahlung, wie in der Politikvariante 4 vorgesehen, so verringert sich der Gesamtdeckungsbeitrag der Markfruchtbetriebe um bis zu 25%. Grünlandintensive Futterbaubetriebe und insbesondere kleinere Betriebe dieser Art würden dagegen von einer solchen Politikänderung profitieren, da sie von dem bisherigen Prämiensystem weniger begünstigt werden. Am wenigsten attraktiv für Markfruchtbetriebe erscheint die Politikvariante 5, bei der die Prämie allein auf die Arbeitskraft bezogen wird. Wenn der Zuschuß je kalkulatorischer Arbeitskraftstunde 7,50 DM beträgt, so erhält diese – wenig arbeitsintensive – Betriebsform bis zu 90% weniger an Prämienzahlungen. Der Gesamtdeckungsbeitrag verringert sich in dieser Betriebsgruppe um bis zu 50%. Andere Betriebsformen leiden unter der Absenkung des Gesamtdeckungsbeitrags weniger; sie beträgt hier etwa zwischen 5 und 10%. Zu erwarten ist, daß eine solche Subventionierung von Arbeitsplätzen zu einem positiven Beschäftigungseffekt führt, der allerdings kurzfristig kaum in Erscheinung treten kann.

Im Hinblick auf die mittelfristigen Anpassungsreaktionen in den Betrieben stellt sich insbesondere die Frage, ob ein Wechsel zwischen den verschiedenen Politikvarianten Auswirkungen auf die Größe der Betriebe und der Tierbestände hätte. Da die Politikvarianten 1 und 2 im Vergleich zur Ausgangssituation zu Prämieneinbußen für große Betriebe und große Tierbestände führen, wäre hier mit entsprechenden Verkleinerungen zu rechnen, die allerdings auch insofern nur *formaler* Natur sein könnten, als durch Betriebsteilungen eine Verringerung der degressiven Effekte denkbar wäre. Die Lohnsubvention der Politikvariante 5 kann grundsätzlich zwar entsprechende Anpassungen der Zahl der beschäftigten Arbeitskräfte nach sich ziehen, wobei allerdings im Falle der Tierproduktion einer solchen Tendenz dadurch Grenzen gesetzt sind, daß die betriebliche Milchreferenzmenge und auch die Stallkapazitäten entweder noch nicht ausgeschöpfte Spielräume ausweisen oder erweiterbar sein müssen. Wenn die Prämie auf die Arbeit oder auf die Fläche bezogen gewährt wird, wie bei der Politikvariante 4 bzw. 5 der Fall, schwächt sich die Tendenz zur Betriebsflächenvergrößerung ab. Dadurch würde das Pachtpreisniveau sinken, während der Wert der Zuckerrübenquoten zunimmt.

Bezogen auf die einzelnen *Bundesländer* in Ostdeutschland zeigt die Berliner NBL-Studie, daß die Politikvarianten 3 – 6, denen die Aufgabe der produktspezifischen Flächensubventionen gemeinsam ist, zu einer Substitution von Ölfrüchten durch Kartoffeln und Getreide führen, wobei dies insbesondere in Brandenburg und Thüringen zu beobachten ist. Änderungen in der Tierproduktion sind bei diesen Politikvarianten ebenfalls zu verzeichnen, nämlich in der Form einer Ausdehnung der Mutterkuhhaltung vor allem in Brandenburg und Sachsen-Anhalt. Alle Politikvarianten (außer der zweiten: Aufhebung der Sonderregelungen in der Tierproduktion) führen zu einer Steigerung des Arbeitseinsatzes in der Landwirtschaft, wobei die 4. und 6. Politikvariante aufgrund der Subventionierung der Arbeitskraft die stärksten Effekte zeigt.

Über diese betrieblichen Auswirkungen der analysierten Politikänderungen hinaus wurden in der Berliner NBL-Studie aggregierte Effekte mit Hilfe eines Marktgleichgewichtsmodells abgeleitet, die insbesondere im Lichte agrarpolitischer Ziele von Interesse sind. Hierbei wurden folgende Zielvariablen berücksichtigt: Produzenteneinkommen, Summe der Prämienzahlungen, Haushaltsbelastungen für die Europäische Union, Handelserlöse und Selbstversorgungsgrade für einzelne Produkte (vgl. auch Übersicht 28).

Übersicht 28: Ausgewählte Effekte verschiedener Politikvarianten zur Weiterentwicklung der EU-Agrarreform in den neuen Bundesländern

Zielvariable	Produzenten- einkommen (Mio.DM)	Prämien- zahlungen (Mio.DM)	EU-Budget (Mio.DM)	Handelserlöse (Mio.DM)
Degressive Prämienstaffelung (P1)	-160,1	-362,9	248,6	310,8
Wegfall Sonderregelungen (P2)	-23,3	-23,5	23,3	0,4
Prämie für Ackerfläche (P3)	580,2	-229,1	-123,6	1.170,5
Prämie für Gesamtfläche (P4)	390,7	-418,6	65,9	1.170,5
Prämie für Arbeit (P5)	-369,0	-1138,4	765,5	1.114,0
Kombinierte Arbeits- und Flächen- prämie (P6)	355,0	-415,5	42,0	1.115,8

Quelle: Kirschke u.a. (1996: 35)

Lediglich die Aufhebung der Sonderregelungen für die neuen Bundesländer (Politikvariante 2) wirkt sich nur gering auf die o.g. agrarpolitischen Ziele aus. Alle anderen Politikvarianten würden diese Ziele in nennenswertem Maße tangieren. So kommt es beispielsweise zu einer beträchtlichen Einschränkung der an die Erzeuger gezahlten *Prämiensumme*. Würde gemäß Politikvariante 5 die Prämiengewährung nach Maßgabe des Arbeitseinsatzes erfolgen, so beliefe sich die Einschränkung der insgesamt gezahlten Prämien sogar auf 1,1 Mrd. DM. Wollte man die Summe der an die Erzeuger gezahlten Prämien nicht verändern, so müßten die Prämien bei Anwendung der Variante 3 um ca. 60 DM/ha Ackerfläche (13%), bei der Variante 4 um etwa 90 DM/ha Gesamtfläche (25%) und bei der Variante 5 um 4,50 DM je Arbeitskraftstunde (60%) angehoben werden.

Die *Produzenteneinkommen* würden durch eine degressive Prämienstaffelung (Politikvariante 1), die Aufhebung der Sonderregelungen (Politikvariante 2) und die Umstellung der Prämie auf den Arbeitseinsatz als Berechnungsgrundlage (Politikvariante 5) sinken, insbesondere im zuletzt genannten Falle. Bei den übrigen Politikvarianten kommt es nicht zu einem Rückgang der Produzenteneinkommen, weil die Verminderung der Prämienzahlungen in diesen Fällen – d.h. bei einer Bindung der Prämie an die Ackerfläche (Politikvariante 3), an die Gesamtfläche (Politikvariante 4) und bei einer kombinierten Arbeits- und Flächenprämie (Politikvariante 6) – durch den positiven Einkommenseffekt einzelbetrieblicher und effizienzsteigernder Anpassungen mehr als ausgeglichen würde (vgl. Übersicht 28). Das Produzenteneinkommen nimmt also im Falle solcher Politikänderungen noch zu, insbesondere im Falle einer Bindung der Prämie an die Ackerfläche (Politikvariante 3). Die Gründe dafür, daß eine solche Einkommenssteigerung möglich ist, liegen insbesondere in der Vergrößerung der Anbaufläche durch den Wegfall der obligatorischen Flächenstillegung und in einer marktorientierten Anpassung der Produktionsstruktur, die dann nicht mehr durch die anreizverzerrenden Effekte produktspezifischer Prämien behindert wird.

Die *Haushaltsbelastung* für die Europäische Union würde im Ergebnis durch alle diskutierten Politikänderungen sinken, lediglich im Falle der Politikvariante 3 nicht. Bemerkenswert ist ferner, daß alle verglichenen Politikvarianten zwar einen Rückgang der Prämienzahlung hervorrufen, dieser aber nicht mit einem gleich hohen Rückgang der Produzenteneinkommen verbunden ist. Vielmehr gleichen – wie eben schon erwähnt – die positiven Einkommenseffekte, die durch eine weniger gegen die Allokationseffizienz gerichtete Ausgestaltung der Zahlungen ermöglicht werden, die Prämieneinbußen teilweise (Politikvarianten 1, 2 und 5) oder sogar mehr als vollständig aus (Politikvariante 3, 4 und 6). Hierdurch zeigt sich, daß die gegenwärtigen Aktionsinstrumente eine *geringe „Transfereffizienz"* aufweisen. Eine Vereinfachung der Prämiengewährung in dem Sinne, daß als Bemessungsgrundlage leicht zugängliche Größen, wie beispielsweise die Gesamtfläche oder/und der kalkulatorische Arbeitsbedarf, verwendet werden, hätte demnach in mehrfacher Hinsicht positive Konsequenzen: die Produzenteneinkommen würden steigen, der Finanzaufwand für Prämienzahlungen fallen und das Budget der Europäischen Union entlastet werden.

Die *Umweltwirkungen* der Politikvarianten lassen sich nur unter großen Unsicherheiten beurteilen, da ein operationalisierbares System ökologisch relevanter Indikatoren bislang nicht verfügbar ist. Die Weiterentwicklung der agrarpolitischen Aktionsinstrumente kann allerdings durchaus zu veränderten Umwelteffekten führen, weil sie eine Verschiebung der Produktionsstruktur der Betriebe infolge veränderter relativer Vorzüglichkeit der Kulturen bewirkt. Von grundlegend positiven Effekten auf die Ökologie der Landbewirtschaftung kann jedoch bei keiner der betrachteten Politikvarianten gesprochen werden. Der Tendenz nach wird die ökologische Angemessenheit der Landbewirtschaftung infolge einer zunehmend monotonen Bewirtschaftung der landwirtschaftlichen Nutzfläche verringert, weil sich ein hoher Getreideanteil ergibt, der in den Politikvarianten 3 bis 6 je nach Standort und Betriebsform mehr als 70% an der landwirtschaftlich genutzten Fläche erreichen kann, und der Anteil an alternativen Kulturen wie Ackerbohnen gering ist.

Zu verzeichnen ist ferner ein zunehmender Anbau von Hackfrüchten, der nicht nur positive Effekte mit sich bringt, sondern wegen einer hohen Produktionsmittelintensität und möglicher negativer Wirkungen in den Bereichen Klimaschutz und Bodenschutz auch ungünstige Wirkungskomponenten besitzt. Die bei einigen Politikvarianten auftretende Ausdehnung der Mutterkuhhaltung wäre zwar mit einer Senkung des Betriebsmitteleinsatzes und mit einer weitgehenden Einschränkung der Verwendung von Kraftfutter und Silomais verbunden, trägt aber nur in begrenztem Maße zu einer Umwandlung von Ackerland in Grünland bei. Insgesamt gesehen kann demnach keine der betrachteten Politikvarianten für sich das Attribut beanspruchen, aus ökologischer Sicht zielgerecht ausgestaltet zu sein.

Um *mögliche Wirkungen der flankierenden Maßnahmen* zu untersuchen, wurde mit Hilfe der Linearen Programmierung ein *Gemischtbetrieb auf schlechtem Standort* analysiert, der an einem Extensivierungsprogramm teilnimmt. Die Produktionsstruktur eines solchen extensivierten Betriebes (vgl. Übersicht 29) wird durch die erörterten Aktionsinstrumente und die angenommenen Politikvarianten gleichzeitig beeinflußt. Die durch die Extensivierung hervorgerufene Senkung der speziellen Intensitäten als Reaktion auf den Verzicht auf chemisch-synthetische Düngung und Pflanzenschutzmittel, eine erhebliche Abstockung des Viehbesatzes und die durch die Förderrichtlinien veranlaßte Ausweitung des Grünlandanteils, können aus ökologischer Sicht als positiv bezeichnet werden. Extensivierungseffekte dieser Art waren bei allen betrachteten Politikvarianten zu verzeichnen. Dem stehen bei einigen Politikvarianten allerdings auch ökologisch weniger begrüßenswerte Wirkungen gegenüber; bspw. kommt es zu einer noch stärkeren Ausdehnung des Getreideanbaus als in konventionellen Betrieben und damit zu einer einseitigen Flächennutzung (vgl. Übersicht 29). Das Intensitätsniveau ist dabei jedoch niedriger als in konventionellen Betrieben, so daß insoweit auf eine umweltschonendere Wirtschaftsweise geschlossen werden kann. Die Extensivierung führt im Durchschnitt aller Politikvarianten zu einer Verringerung des Gesamtdeckungsbeitrags um 16% im Vergleich zum konventionellen Betrieb und zu einer erheblichen anteilmäßigen Erhöhung der Transferzahlungen.

Übersicht 29: Anteile von Kulturen an der Ackerfläche im extensivierten Betrieb für verschiedene Politikvarianten (Gemischtbetrieb, 1.700 ha, schlechter Standort) in Prozent

Politikvariante	GV*	GV	P1	P2	P3	P4	P5	P6
Getreide (Brot u. Futter)	43	58	57	58	91	92	91	91
Ölfrüchte	25	25	25	25	0	0	0	0
Eiweißpflanzen	0	0	0	0	0	0	0	0
Hackfrüchte	0	0	0	0	5	5	5	5
Futterbau	17	3	4	3	4	3	4	4
Stillegungsfläche	15	15	14	15	0	0	0	0
	100	100	100	100	100	100	100	100

* Konventioneller Betrieb
Quelle: Kirschke u.a. (1996: 47)

In ihren Schlußfolgerungen betont die Berliner NBL-Studie u.a., daß eine Umlegung der Prämie auf die Ackerfläche oder besser noch die Gesamtfläche durchaus eine interessante Alternative darstellt, auch wenn sie gegenüber einer weitergehenden Liberalisierung der Agrarpolitik immer noch den Status einer „second-best-Lösung" innehätte. Sie könnte insbesondere die auf die produktionsspezifische Prämiengewährung zurückzuführende Verzerrung der Produktionsstruktur verringern. Zu einem ähnlichen Resümee gelangen Rost und Schmidt (1995), die mit Blick auf eine mögliche Weiterentwicklung der EU-Agrarreform zwei Änderungsvarianten prüfen: zum einen eine Verteilung der Transfers (in Anlehnung an die Anpassungshilfe) auf der Basis des normativen Arbeitszeitbedarfs von Produktionsverfahren, zum anderen eine Verteilung nach Maßgabe der landwirtschaftlich genutzten Fläche des Betriebs unter Berücksichtigung aller Produktionsverfahren, d.h. ein produktunabhängiger Flächenausgleich im Sinne der Politikvariante 4 der Berliner NBL-Studie.

Es zeigt sich für Sachsen-Anhalt, daß (bei Konstanthaltung des Prämienbudgets für das Bundesland) die arbeitskraftbezogene Variante in einem Marktfruchtbetrieb zu einer Prämienminderung um 60%, in einem Futterbaubetrieb zu einer Prämienerhöhung um 19% führt. Die flächenbezogene Variante senkt die Gesamtprämie für den Marktfruchtbetrieb um 19% und erhöht sie für den Futterbaubetrieb um 7%. Die Autoren votieren daher für die zweite, ausgewogener wirkende Variante und fordern eine *„Entkopplung der Ausgleichszahlung von den Marktordnungsfrüchten"* und die Gewährung für die gesamte LF. Ein Hauptmotiv für die Empfehlung ist die „negative Beeinflussung des gegenwärtigen Strukturwandels, da die Vorzüglichkeit der Produktionsverfahren stärker durch produktbezogene Ausgleichszahlungen als durch standortliche Ertrags-Kosten-Relationen bestimmt wird" (Rost/Schmidt 1995: 14).

Wie eine Weiterentwicklung der europäischen Agrarpolitik im einzelnen zu gestalten und umzusetzen wäre, kann sicherlich nur in weiteren Untersuchungen geklärt werden. Deutlich geworden ist allerdings, daß aus ökonomischen, ökologischen und auch sozialen Gründen eine Revision der Politikergebnisse der EU-Agrarreform unumgänglich ist. Hinzu kommen weitere Überlegungen, die eine unveränderte Fortführung der EU-Agrarpolitik als wenig realistisch erscheinen lassen und folglich auch bereits Gegenstand eines entsprechenden Strategiepapers der EU-Kommission (vgl. Agra-Europe, 1995c) und eines Positionspapiers des Bundeslandwirtschaftsministeriums sind (vgl. Agra-Europe, 1996c): die voraussichtlichen Konsequenzen der beabsichtigten Osterweiterung der EU, künftige Auswirkungen von Nachfrage- und Angebotsänderungen auf den Weltagrarmärkten und die zunehmende Kritik an den Quotenregelungen für Milch und Zucker. Insbesondere ist im Zusammenhang mit der Reformdiskussion zu beachten, daß

Ausgleichszahlungen für Agrarpreissenkungen als Mittel einer verteilungspolitischen Besitzstandswahrung in der Öffentlichkeit nur für einen begrenzten Zeitraum legitimierbar sein werden. Auch die Vereinfachung im Sinne eines Übergangs von produktspezifischen zu flächen- (oder arbeitskraft-) bezogenen Zahlungen wird voraussichtlich die Rechtfertigung nur vorübergehend bewerkstelligen können. Transferzahlungen an die Landwirtschaft lassen sich nur dann dauerhaft legitimieren (und darauf aufbauend politisch aufrechterhalten), wenn sie als Gegenleistung für gesellschaftliche Leistungen der Landwirte anerkannt sind. Auch in Anbetracht dieser Tatsache stellt sich die Frage, ob in der gegenwärtigen Diskussion über die „Reform der EU-Agrarpolitik" nicht eine Chance gesehen werden könnte, diesen bevorstehenden Prozeß im Lichte der Vorgaben der Agenda 21 für einen sukzessiven Übergang zu einer ökologisch nachhaltigen Landwirtschaft zu nutzen.

7. Zusammenfassung

Ziel der vorliegenden Expertise ist es, Informationen über diejenigen politischen Maßnahmen bereitzustellen, die die Transformation des Agrarsektors in Ostdeutschland maßgeblich beeinflußt haben und folglich für die Entwicklung des ländlichen Raumes in den neuen Bundesländern von erheblicher Bedeutung sind. Zu diesem Zweck erfolgt in der Studie – nachdem ein Überblick über die Ausgangsstruktur der ostdeutschen Landwirtschaft zu Beginn der Transformationsphase und die wichtigsten Maßnahmenbündel zur Gestaltung der Privatisierungs- und Umstrukturierungsprozesse gegeben worden ist – eine Konzentration auf folgende vier Politikbereiche, die gezielt auf die Unterstützung und Regelung des Transformationsprozesses im Agrarsektor Ostdeutschland ausgerichtet sind oder diesen Prozeß maßgeblich beeinflußt haben: die Umwandlung und Neustrukturierung der landwirtschaftlichen Produktionsgenossenschaften, die agrarstrukturelle Förderung in den neuen Bundesländern, die Privatisierung der ehemals volkseigenen landwirtschaftlichen Flächen und die Wirkungen der Umsetzung und künftigen Weiterentwicklung der EU-Agrarreform in den neuen Bundesländern.

Die drastische Veränderung der ökonomischen und rechtlichen Rahmenbedingungen infolge der Wirtschafts- und Währungsunion im Jahr 1990 brachte für die landwirtschaftlichen Produktionsgenossenschaften (LPG) einen außerordentlichen Anpassungsdruck, begleitet von erheblichen Unsicherheiten. Der Anpassungsdruck ging einerseits von stark fallenden Erzeugerpreisen, insbesondere bei tierischen Produkten, und andererseits von steigenden Entlohnungsansprüchen der Faktoren Arbeit und Boden aus.

Besonders bis zum Jahr 1992 war die Entwicklung der rechtlichen und wirtschaftlichen Rahmenbedingungen zudem mit großen Unsicherheiten verbunden. Insbesondere die mehrmalige Änderung des Landwirtschaftsanpassungsgesetzes, die Frage der Altschuldenregelung, die ungeklärten Eigentumsverhältnisse, die Vermögensauseinandersetzung zwischen den LPG-Nachfolgebetrieben und ihren Mitgliedern, die Privatisierung der Treuhandflächen und nicht zuletzt die EU-Agrarreform sorgten für erhebliche Planungsunsicherheiten. Seit dem Jahr 1993 verläuft die Entwicklung der Rahmenbedingungen hingegen stabiler, wenngleich noch einige Unwägbarkeiten bestehen, z.B. bezüglich der Altschuldenregelung.

Der bis 1993 zunächst rasant und anschließend nur noch langsam verlaufende Umstrukturierungsprozeß hatte vor allem eine Reduzierung der Beschäftigtenzahl in der Landwirtschaft um ca. 80% des Bestandes von 1989 und eine fast ebenso drastische Reduktion der Tierhaltung zur Folge. Auf der Unternehmensebene setzte eine sehr komplexe Umstrukturierung der Betriebe durch Zusammenlegung, Umwandlung, Ausgliederung und Neugründung ein, die zu einer bisher nicht gekannten Vielfalt an Betriebsgrößen und Rechtsformen landwirtschaftlicher Unternehmen führte. Dieser Prozeß war im wesentlichen begleitet von einer Verringerung der durchschnittlichen Betriebsgröße und einer Hinwendung zu Rechtsformen natürlicher Personen als Einzelunternehmen und Gesellschaften bürgerlichen Rechts. Verschiedene Indikatoren, wie z.B. der Gewinn plus Fremdlöhne oder die Nettoinvestitionen, deuten jedoch darauf hin, daß sich die wirtschaftliche Lage der LPG-Nachfolgeunternehmen, i.d.R. in der Rechtsform der juristischen Personen, zunehmend stabilisiert. Innerhalb der juristischen Personen vollzieht sich dennoch ein weiterer Wandel von der e.G. hin zur GmbH. Eine schnelle Entwicklung von Familienbetrieben und damit eine Angleichung der Agrarstrukturen zwischen Ost- und Westdeutschland, wie sie zu Beginn der Umstrukturierung erwartet wurde, ist bisher allerdings unterblieben und ist auch in naher Zukunft nicht zu erwarten.

Nicht zuletzt durch die hohen Finanzhilfen und staatlichen Transferleistungen verlief die Einkommensentwicklung in den landwirtschaftlichen Betrieben der neuen Bundesländer vergleichsweise positiv. Allerdings ist in den letzten Jahren die Einkommensentwicklung in Futterbaubetrieben weit hinter derjenigen in Marktfruchtbetrieben zurückgeblieben. Dies ist nicht zuletzt eine Folge der EU-Agrarreform und der produktbezogenen Ausgleichszahlungen, von denen Marktfruchtbetriebe weitaus stärker profitieren als Futterbaubetriebe (vgl. Agrarbericht 1996: 52f). Wenn diese Entwicklung anhält, ist mit einem weiteren Abbau der Rindviehbestände zu rechnen, in dessen Gefolge auch ein weiterer Beschäftigungsabbau wahrscheinlich ist.

Im Zuge der deutschen Vereinigung im Jahre 1990 wurden zwei Agrarsektoren vereint, die in über 40 Jahren einer völlig gegensätzlichen Entwicklung unterworfen waren. Dieser Tatsache wurde auch bei der Ausgestaltung der agrarstrukturellen Förderung in den neuen Bundesländern Rechnung getragen. Während sich die Agrarstrukturförderung der alten Bundesländer in Form der Gemeinschaftsaufgabe „Verbesserung der Agrarstruktur und des Küstenschutzes" darauf konzentrierte, den permanenten Strukturwandel in der Landwirtschaft zu begleiten, ging es in den neuen Bundesländern um die Bewältigung eines äußerst rasch ablaufenden Transformationsprozesses. Um diesen besonderen Anforderungen gerecht zu werden, wurden in die Gemeinschaftsaufgabe für die neuen Bundesländer spezielle, an ihren besonderen agrarstrukturellen Gegebenheiten ausgerichtete Fördergrundsätze integriert. Möglich wurde dies erst durch die Tatsache, daß die Europäische Union umfassende, aber zeitlich befristete Sonderregelungen für das Beitrittsgebiet bewilligte. Die damit verbundene finanzielle Ausstattung erlaubte es den neuen Bundesländern, seit 1991 eine große Zahl ihrer landwirtschaftlichen Betriebe umfassend zu fördern.

Als wesentliches Element des Maßnahmenbündels muß hierbei die Investitionsförderung angesehen werden, die auf eine Stärkung der Leistungsfähigkeit der Betriebe und damit auf deren Überlebensfähigkeit zielt. Ob und inwieweit die Ausgestaltung der betreffenden Fördergrundsätze geeignet war, einen nachhaltigen Einfluß auf die Wirtschaftlichkeit der Betriebe in den neuen Bundesländern auszuüben, läßt sich zum jetzigen Zeitpunkt noch nicht eindeutig klären. Obwohl die Freisetzung landwirtschaftlicher Arbeitskräfte stark rückläufig ist und sich die Einkommenssituation in den Vollerwerbsbetrieben dem Niveau in den alten Bundesländern angepaßt hat, kann daraus noch nicht auf eine ausreichende Wettbewerbsfähigkeit geschlossen werden. Die agrarstrukturelle Förderung in Verbindung mit einer Vielzahl weiterer Einkommensübertragungen trägt zwar kurzfristig dazu bei, den Betrieben ausreichenden finanziellen Spielraum zu gewähren, macht sie aber möglicherweise gleichzeitig in einem hohem Maße von staatlichen Beihilfen abhängig.

Mit dem Ende der durch die EU gewährten Sonderregelungen steht für 1997 die Vereinheitlichung der Agrarstrukturförderung an. Es kann bereits als sicher angesehen werden, daß das 1995 in den alten Bundesländern eingeführte Agrarinvestitionsförderungsprogramm (AFP) die Basis für eine einheitliche Förderung in der Bundesrepublik bilden wird. Da sich die für die neuen Bundesländer notwendige Modifikation des Programms voraussichtlich nur auf einige Regelungen beschränken wird, ist von der Vereinheitlichung der Förderung keine grundsätzliche Verschlechterung der Förderkonditionen für die dortigen Betriebe zu erwarten. Welche Veränderungen die Vereinheitlichung der Agrarstrukturförderung im Detail für die ostdeutsche Landwirtschaft bewirken wird, kann erst nach der – zur Zeit des

Rahmenbedingungen für die Entwicklung ländlicher Räume

Abschlusses dieser Studie noch ausstehenden – Verabschiedung des Reformkonzepts durch den PLANAK beurteilt werden.

Als weiterer Kernbereich der Agrarstrukturpolitik in den neuen Ländern ist die Neuordnung der Besitzverhältnisse beim Produktionsfaktor Boden anzusehen. Die Umgestaltung der Agrarverfassung in den neuen Bundesländern und insbesondere die Privatisierung von volkseigenem Boden haben sich hierbei als eine komplizierte und konfliktreiche Aufgabe erwiesen. Bis zum heutigen Tag sind von der Bodenverwertungs- und -verwaltungs-GmbH (BVVG), die ihrerseits von der Treuhandanstalt (THA) mit der Privatisierung betraut worden ist, so gut wie keine Flächen zur landwirtschaftlichen Nutzung veräußert, sondern lediglich – weit überwiegend langfristig – verpachtet worden. Auch Forstflächen sind trotz der damit verbundenen Bewirtschaftungsverluste für die THA nur in geringem Maße verkauft worden.

Die ehemals volkseigenen landwirtschaftlichen Nutzflächen sind vor allem auf den nördlichen Teil des Beitrittsgebietes konzentriert, wobei Mecklenburg-Vorpommern sowohl absolut als auch in Relation zur landwirtschaftlichen Nutzfläche über den deutlich größten Anteil der heutigen BVVG-Flächen verfügt. Der hiervon in Zukunft privatisierbare Anteil ist u.a. deshalb schwierig abzuschätzen, weil ein Teil der Flächen nach dem Vermögensgesetz zu restituieren, d.h. an die ehemaligen Eigentümer zurückzugeben ist. Es dürfte aber inklusive der noch verbliebenen Flächen der ehemaligen volkseigenen Güter (VEG) im gesamten Beitrittsgebiet größenordnungsmäßig 1 Mio. ha umfassen.

Um die Ausgestaltung des Privatisierungskonzepts für diese Flächen ist im Beitrittsgebiet ein sehr emotionsgeladener Konflikt entbrannt. Hierbei konkurrieren vor allem Interessengruppen der wirtschaftenden Landwirte, die die langfristige Verpachtung mit anschließendem Eigentumsübergang präferieren, und die ehemaligen (Alt-)Eigentümer, die das Land zu Entschädigungszwecken verwendet wissen wollen. In diesem Konflikt haben sich seit der Wiedervereinigung immer stärker die Interessen der wirtschaftenden Landwirte, unter ihnen insbesondere der juristischen Personen, durchgesetzt. Gleichzeitig wurden anfänglich geplante Marktelemente bei der Privatisierung zugunsten administrativer Steuerungsmechanismen verdrängt. Als vorläufiger Schlußpunkt dieser Entwicklung ist das Flächenerwerbsprogramm des Entschädigungs- und Ausgleichsleistungsgesetzes (EALG) zu betrachten.

Fast allen BVVG-Pächtern wird nach diesem Programm, sofern sie über einen langfristigen Pachtvertrag verfügen, der subventionierte Kauf eines großen Teils ihrer Pachtflächen zum dreifachen Einheitswert von 1935 (durchschnittlicher Kaufpreis: ca. 3.000 DM/ha) ermöglicht. Der Wettbewerb wird durch die Beschränkung des Berechtigungskreises ausgeschaltet, zumal den hierdurch begünstigten Pächtern auch gegenüber den einzigen Mitbewerbern, den zu entschädigenden Alteigentümern, absolute Priorität eingeräumt wird. Diesen Vergünstigungen der Pächter gegenüber tritt das eigentliche Anliegen des EALG, die Entschädigung der Alteigentümer – auch durch die Gewährung von Rückerwerbsmöglichkeiten ehemaligen Eigentums –, nahezu in den Hintergrund. Beispielsweise wurde dem Eigentümer eines für die Verhältnisse vor 1945 durchschnittlichen „Bodenreform-Betriebes" (350 ha Betriebsfläche) das Recht zuerkannt, 35 ha landwirtschaftliche Fläche begünstigt zu erwerben. Er könnte jedoch durch die vorzeitige Einlösung der ihm gemäß EALG gleichzeitig als Entschädigungszahlung zustehenden Schuldverschreibung nur einen gut 50%igen Anteil davon finanzieren.

Legt man die wesentlichen Restriktionen zugrunde, so können im Rahmen des Flächenerwerbsprogramms von Alteigentümern und BVVG-Pächtern bis zum Jahre 2003 zusammen maximal 630.000 ha landwirtschaftliche Flächen erworben werden. Hierbei werden erhebliche Subventionswerte an die Begünstigten übertragen werden, wenn man sich vergegenwärtigt, daß die Verkehrswerte für landwirtschaftliche Flächen in den neuen Bundesländern gegenwärtig im Durchschnitt gut doppelt so hoch sind wie die pauschalierten EALG-Kaufpreise. Das hierdurch mit einem großen Finanzvolumen ausgestattete „Förderprogramm" EALG-Flächenerwerb kann jedoch aufgrund seiner Ausgestaltung weder Effizienz- noch Verteilungszielen gerecht werden. Dies ist in Anbetracht seiner Genese, insbesondere der durch diametrale Gegensätze der beteiligten Interessengruppen geprägten Entscheidungsprozesse, sowie seiner Anknüpfung an die Ergebnisse aus dem kaum an Effizienzzielen orientierten Vergabeverfahren der vorgeschalteten Verpachtungsphase durchaus erklärlich. Auch aus agrarstrukturellpolitischer Sicht schwer nachvollziehbar ist es jedoch, daß durch die Implementation einer „Nachschlagsregelung" die Erwerbsmöglichkeiten für die berechtigten Käufer im Jahre 2004 noch einmal aufgestockt werden. Zum einen kann spätestens zu diesem Zeitpunkt nicht mehr von im Aufbau befindlichen Unternehmen und deshalb einer Förderungswürdigkeit – im Sinne eines agrarstrukturell motivierten Ausgleichs anfänglicher Nachteile in einer Umbruchsituation bzw. bei der Eigentumsstruktur – der begünstigten Betriebe gesprochen werden. Zum anderen könnte dies dazu führen, daß trotz der eben beschriebenen Unzulänglichkeiten des Flächenerwerbsprogramms auch ein Großteil der dann noch verbliebenen ehemals volkseigenen landwirtschaftlichen Flächen im Rahmen des Flächenerwerbsprogramms veräußert werden wird.

Als die Umstrukturierungsprozesse im Agrarsektor Ostdeutschlands gerade aus der Anfangsphase herausgetreten und die Probleme der Neuordnung weitgehend evident geworden waren, wurden die landwirtschaftlichen

Betriebe durch den Beschluß des EU-Ministerrats zur Reform der EU-Agrarpolitik erneut tiefgreifenden Änderungen ihrer Rahmenbedingungen ausgesetzt. Die Reform folgte dem Grundsatz, den landwirtschaftlichen Erzeugern als Ausgleich für die Senkung der Preise wichtiger Agrarprodukte produktspezifische und flächen- bzw. tierbezogene Prämien zu gewähren. Außerdem wurden obligatorische Flächenstillegungen und sogenannte flankierende Maßnahmen eingeführt. Ziel der Ausgleichszahlungen ist eine, wenn auch zeitlich begrenzte verteilungspolitische Besitzstandswahrung der Landwirtschaft.

In der pflanzlichen Produktion richtet sich die Prämienhöhe in den alten Bundesländern nach „historischen" Durchschnittserträgen in der jeweiligen Erzeugungsregion. In den neuen Bundesländern wurden hiervon abweichend die durchschnittlichen Erträge der alten Bundesländer verwendet, so daß die Ausgleichsbeträge für die ostdeutschen Landwirte insofern günstig bemessen wurden. Wer in den Genuß der Prämien kommen will, muß an der „konjunkturellen Flächenstillegung" teilnehmen und einen je nach Marktsituation variablen Prozentsatz an seiner Ackerfläche stillegen; es sei denn, er entscheidet sich für die sogenannte Kleinerzeugerregelung, die innerhalb einer bestimmten Produktionsmenge eine Befreiung von der Stillegungsverpflichtung ermöglicht. Die Prämiengewährung ist auf die sogenannte regionale Grundfläche beschränkt, deren Überschreitung zu einer Kürzung der ausgleichsfähigen Flächen für das jeweilige Wirtschaftsjahr und einer Erhöhung der stillzulegenden Fläche im nächsten Wirtschaftsjahr führt.

Im Bereich der tierischen Produktion werden Prämien für männliche Rinder, Saisonentzerrungsprämien für Ochsen, Zahlungen im Bereich der Mutterkuhhaltung, Ergänzungsbeträge für extensive Tierhaltung und Mutterschafprämien gewährt. Während in den westlichen Bundesländern einzelbetriebliche Obergrenzen für die Tierprämien eingeführt wurden, sind die neuen Bundesländer hiervon ausgenommen und haben stattdessen eine regionale Plafondierung für alle fünf neuen Länder zu beachten. Unter den zahlreichen einzuhaltenden Bedingungen erscheint eine maximale Viehbesatzdichte auf der Hauptfutterfläche besonders erwähnenswert. Ist der Viehbesatzdichtefaktor kleiner als 1,4 GVE/ha Futterfläche, so wird die extensive Tierhaltung gesondert bezuschußt. Außerdem wird ebenfalls eine Kleinerzeugerregelung angeboten, bei der der Besatzdichtefaktor keine Gültigkeit besitzt.

Die flankierenden Maßnahmen beinhalten eine Vorruhestandsregelung für Landwirte, Hilfen zur Aufforstung landwirtschaftlicher Flächen und die Förderung von umweltgerechten und den natürlichen Lebensraum schützenden landwirtschaftlichen Produktionsverfahren. Letztere werden im Rahmen der Gemeinschaftsaufgabe „Verbesserung der Agrarstruktur und des Küstenschutzes" durchgeführt und dienen sowohl der Einführung als auch der Beibehaltung extensiver Produktionsverfahren im Bereich des Ackerbaus und der Dauerkulturen, der extensiven Grünlandbewirtschaftung unter Einbeziehung der Umwandlung von Ackerland in extensives Grünland und ökologisch ausgestalteter Anbaumethoden. Für die Implementation dieses Programms sind die Bundesländer zuständig, die entsprechende Maßnahmen in ihre Agrarumweltprogramme integrieren.

Die geschilderten agrarpolitischen Aktionsinstrumente zeigen vielfältige Wirkungen. Insbesondere sind sie mit nivellierenden Effekten verbunden: Da die Prämien nach dem Ertragsdurchschnitt einer Erzeugerregion bemessen werden, werden Betriebe auf guten Standorten schlechter gestellt und solche auf schlechten Standorten besser. Ein ähnlicher Nivellierungseffekt tritt hinsichtlich der Betriebsleiterfähigkeit ein. Desweiteren verschiebt sich die relative Vorzüglichkeit der Kulturen, beispielsweise zu Lasten von Getreide und zugunsten von Ölsaaten. Da es außerdem zu einer Verknappung des Faktors Boden kommt – analoges gilt für Lieferrechte wie Milchquoten – entstehen entsprechende Renten, die an die Eigentümer dieser Faktoren übergewälzt werden, obwohl die Prämien als Preisausgleich für die Bewirtschafter gedacht sind.

Die für die neuen Bundesländer geschaffenen Sonderregelungen führen zu positiven Umverteilungseffekten für die ostdeutschen Landwirte, insbesondere weil hier die Referenzerträge im pflanzlichen Bereich sich am höheren westdeutschen Ertragsniveau orientieren und sowohl die Flächen- als auch die Tierprämien ohne einzelbetriebliche Obergrenzen und degressive Staffelung gewährt werden. Eher negativ zu beurteilen ist die allenfalls halbherzige Berücksichtigung des Ziels einer umweltgerechten und nachhaltigen Wirtschaftsweise.

Angesichts der Allokations-, Verteilungs- und Umweltwirkungen der Reformmaßnahmen erscheint zumindest eine korrigierende Weiterentwicklung der eingeführten Instrumente erstrebenswert. In welcher Weise eine solche „Reform der Reform" konzipiert werden könnte, wird anhand der Hauptergebnisse einer Studie erörtert, die von den wirtschafts- und sozialwissenschaftlichen Instituten der Landwirtschaftlich-Gärtnerischen Fakultät der Humboldt-Universität zu Berlin in Kooperation mit weiteren Wissenschaftlern aus den neuen Bundesländern angefertigt wurde. Die Diskussion der darin enthaltenen Politikvarianten macht deutlich, daß auch wenn eine weitgehende Liberalisierung der Agrarpolitik politisch nicht machbar erscheint, dennoch die Realisierung bestimmter Second-Best-Lösungen beträchtliche positive Effekte mit sich bringen kann. Insbesondere der Übergang von produktspezifischen Prämien zur Bemessung der Direktzahlungen anhand der gesamten landwirtschaftlichen Fläche oder/und kalkulatorischen Arbeitsbedarfs erscheint erwägenswert, weil er zu einer Aufhebung der verzerrenden Wirkungen auf die Produktionsstruktur und den Strukturwandel

Rahmenbedingungen für die Entwicklung ländlicher Räume   487

führt. Allerdings darf nicht vergessen werden, daß solche vereinfachten Konzepte aus Gründen der Legitimationsfähigkeit agrarpolitischer Transferzahlungen nur vorläufiger Natur sein können und nicht von der weiterreichenden Aufgabe ablenken sollten, den Reformprozeß im Lichte der Agenda 21 im Sinne eines Übergangs zur ökologisch nachhaltigen Landwirtschaft weiterzuführen.

Literatur

Agra-Europe 33 1992a (28), Kurzmeldungen: 10 (Zwischenbilanz der LPG-Überprüfungen in Sachsen-Anhalt)
Agra-Europe 33 1992b (30), Länderberichte: 14 (In Sachsen werden alle ehemaligen LPG überprüft)
Agra-Europe 33 1992c (27), Sonderbeilage: 1-15 (Lage und Zukunft der Landwirtschaft in den neuen Bundesländern – Antwort auf eine Große Anfrage der Gruppe Bündnis 90 / Die Grünen)
Agra-Europe 34 1993a (27), Länderberichte: 1-2 (Bundesfinanzministerium legt Konzept für die Verwertung der Güter vor)
Agra-Europe 34 1993b (37), Länderberichte: 17 (Bund und Länder einigen sich über Konzept zur Forstflächenverwertung)
Agra-Europe 35 1994 (42), Dokumentation: 1-16 (Entschädigungs- und Ausgleichsleistungsgesetz)
Agra-Europe 36 1995a (21), Sonderbeilage: 1-25 (Regierungsentwurf für die Flächenerwerbsverordnung)
Agra-Europe 36 1995b (36), Länderberichte: 6-12 (Kritik an zu hohen Waldpreisen im Flächenerwerbsprogramm)
Agra-Europe 36 1995c (49), Dokumentation: 1-28 (Osteuropa: Strategiepapier der Europäischen Kommission)
Agra-Europe 37 1996a (9), Europa-Nachrichten: 17-19 (Kommission schließt Obergrenze für Reformbeihilfen nicht mehr aus)
Agra-Europe 37 1996b (10), Länderberichte: 17-19 (Restitution des Preußenvermögens weiter offen)
Agra-Europe 37 1996c (26), Dokumentation: 1-22 (Perspektiven der Agrarpolitik im kommenden Jahrzehnt)
Agrarbericht (verschiedene Jahrgänge) des Bundesministeriums für Ernährung, Landwirtschaft und Forsten (BML)
Agrarbericht 1995 des Ministeriums für Landwirtschaft und Naturschutz des Landes Mecklenburg-Vorpommern
Agrarsoziale Gesellschaft (Hrsg.) 1994: Verfahren und Erfahrungen mit der Zuweisung von Treuhandflächen (Bericht der AG 2). In: Die Zukunft der landwirtschaftlichen Flächen: Nutzungen, Wertungen, Prognosen. (Schriftenreihe für ländliche Sozialfragen 118) Göttingen: S. 111-127

Agrarstrukurbericht 1995 des Bundesministeriums für Ernährung, Landwirtschaft und Forsten (BML)

Altmann, T. 1994: Genossenschaft muß 3,2 Mio. DM nachträglich auszahlen.Top agrar Spezial o. Jg. (3): 4-7

Alvensleben, R. v./Langbehn C./Schinke, E. (Hrsg.) 1993: Strukturanpassungen der Land- und Ernährungswirtschaft in Mittel- und Osteuropa. (Schriften der Gesellschaft für Wirtschafts- und Sozialwissenschaften des Landbaues e.V. 29) Münster-Hiltrup: Landwirtschaftsverlag

Balmann, A./Odening, M./Peter, G. 1993: Modellrechnungen zur landwirtschaftlichen Betriebsstruktur in den neuen Bundesländern unter besonderer Berücksichtigung administrativer Rahmenbedingungen. In: R. v. Alvensleben, C. Langbehn und E. Schinke (Hrsg.): Strukturanpassungen der Land- und Ernährungswirtschaft in Mittel- und Osteuropa. (Schriften der Gesellschaft für Wirtschafts- und Sozialwissenschaften des Landbaues e.V. 29) Münster-Hiltrup: Landwirtschaftsverlag, S. 81-93

Balmann, A 1996.: Struktur, Effizienz und Einkommenswirkungen direkter Einkommenstransfers an landwirtschaftliche Betriebe. In: D. Kirschke, M. Odening und G. Schade (Hrsg.): Agrarstrukturentwicklungen und Agrarpolitik. (Schriften der Gesellschaft für Wirtschafts- und Sozialwissenschaften des Landbaues e.V. 32) Münster-Hiltrup: Landwirtschaftsverlag, S. 361-381

Bauer, S. 1995: EU-Agrarreform und Nachhaltigkeit. In: Grosskopf, W./ Hanf, C.-H./ Heidhues, F./Zeddies, J. (Hrsg.): Die Landwirtschaft nach der EU-Agrarreform. (Schriften der Gesellschaft für Wirtschafts- und Sozialwissenschaften des Landbaues e.V. 31) Münster-Hiltrup: Landwirtschaftsverlag, S. 59-76

Bauernzeitung 1994: 35 (36): S. 5 (Für das Entschädigungsgesetz scheint der Weg frei)

Bell, W 1992.: Enteignungen in der Landwirtschaft der DDR nach 1949 und deren politische Hintergründe. (Schriftenreihe des Bundesministers für Ernährung, Landwirtschaft und Forsten. Reihe A: Angewandte Wissenschaft 413) Münster-Hiltrup: Landwirtschaftsverlag

Braun, J 1995.: Auswirkungen einer flächendeckenden Umstellung der Landwirtschaft auf ökologischen Landbau. Agrarwirtschaft 44 (7): S. 247-256

Bultmann: J 1994.: Die Haftung der landwirtschaftlichen Betriebe für die Altkredite in den neuen Bundesländern. Agrarrecht 24 (7): S. 219-222

Bundesministerium der Finanzen (BMF) 1995: Referentenentwurf vom 08.03.1995 einer Verordnung über den Erwerb land- und forstwirtschaftlicher Flächen, das Verfahren sowie den Beirat nach §§3 und 4 Ausgleichsleistungsgesetz (AusglLeistG) (Flächenerwerbsverordnung – FlErwVO). Offene Vermögensfragen Spezial (OV Spezial) o. Jg. (6): S. 85-90

Bundesministerium der Finanzen (BMF) 1994: Brief des Ministerialdirektors v. Freyend im BMF an das zuständige Mitglied des Vorstandes der THA, Krämer, v. 06.05.1994. Abgedruckt in: Treuhandanstalt (Hrsg.): Dokumentation Treuhandanstalt 1990-1994, Bd. 8: S. 331

Bundesministerium für Ernährung, Landwirtschaft und Forsten (BML): Agrarbericht der Bundesregierung. Bonn (verschiedene Jahrgänge)

Rahmenbedingungen für die Entwicklung ländlicher Räume

Bundesministerium für Ernährung, Landwirtschaft und Forsten (BML) (Hrsg.) 1990: Liegenschaftsdokumentation als Grundlage für die Feststellung und Neuordnung der Eigentumsverhältnisse in der DDR. Der BMELF informiert. Bonn

Bundesministerium für Ernährung, Landwirtschaft und Forsten (BML) (Hrsg.) 1995a: Agrarwirtschaft in den neuen Ländern. Bonn

Bundesministerium für Ernährung, Landwirtschaft und Forsten (BML) (Hrsg.) 1995b: Die Umwandlung landwirtschaftlicher Unternehmen nach dem neuen Umwandlungsrecht. Bonn

Bundesministerium für Ernährung, Landwirtschaft und Forsten (BML) (Hrsg.) 1995c: Neue Länder: Zusammenführung von Boden- und Gebäudeeigentum im ländlichen Raum. Bonn

Bundesministerium für Ernährung, Landwirtschaft und Forsten (BML) (Hrsg.) 1995d: Die europäische Agrarreform. Tierprämien, Getreide, Ölsaaten, Eiweißpflanzen, Flächenstillegung, nachwachsende Rohstoffe, flankierende Maßnahmen. Bonn

Bundesministerium für Ernährung, Landwirtschaft und Forsten (BML) (Hrsg.) 1996a: Die europäische Agrarreform. Pflanzlicher Bereich, flankierende Maßnahmen. Bonn

Bundesministerium für Ernährung, Landwirtschaft und Forsten (BML) (Hrsg.) 1996b: Die europäische Agrarreform. Tierprämien. Bonn

Bundesministerium für Ernährung, Landwirtschaft und Forsten (BML) (Hrsg.) 1996c: Förderung landwirtschaftlicher Unternehmen. Investive Förderung, Junglandwirteförderung, Förderung benachteiligter Gebiete, forstliche Förderung. Bonn

BVVG 1993: BVVG schrieb im Harz und im sächsischen Kreis Wurzen Treuhand-Waldflächen zur Privatisierung aus. BVVG-Pressemitteilung v. 27.09.1993

BVVG 1995a: BVVG hat Verpachtungsziele erreicht: 14.000 Pachtverträge über ca. 1,1 Mio. ha abgeschlossen / Vorbereitungen auf EALG. BVVG-Pressemitteilung v. 16.02.1995

BVVG 1995b: Auftrag, Partner, Struktur: Informationen über die BVVG. Broschüre (Stand: Mai 1995)

BVVG 1995c: BVVG-Meldesystem, Stand: 30.09.1995 (unveröffentlichte statistische Aufbereitung der BVVG-Verträge)

BVVG 1995d: BVVG schrieb erste Güter-Tranche aus. BVVG-Presseinformation v. 05.10.1995

BVVG 1995e: BVVG nunmehr 100prozentige Tochter der BvS. BVVG-Presseinformation v. 21.12.1995

BVVG 1996: BVVG bereitet jetzt Verkäufe nach dem Flächenerwerbsprogramm vor. BVVG-Presseinformation v. 14.02.1996

Clausen, E. 1993: Probleme bei der Verwertung volkseigener Ländereien. In: Agrarsoziale Gesellschaft e.V. (Hrsg.): Zwischenbilanz: Die Landwirtschaft in Ostdeutschland. Göttingen, (Schriftenreihe für ländliche Sozialfragen 117): S. 128-137

DER SPIEGEL (24) 1995: 132-142 (Belogen und Betrogen)

Deutscher Bundestag 1993: Antwort der Bundesregierung auf die Kleine Anfrage der Fraktion der SPD – BT-Drs. 12/5199 – „Verwertung/Privatisierung bisheriger volkseigener land- und forstwirtschaftlicher Flächen und Betriebe". BT-Drs. 12/5861. Bonn

Deutscher Bundestag 1994a: Antwort der Bundesregierung auf die Kleine Anfrage der Fraktion der SPD – BT-Drs. 12/6785 – „Verwertung bisheriger volkseigener Güter". BT-Drs. 12/7382. Bonn

Deutscher Bundestag 1994b: Bericht des 2. Untersuchungsausschusses Treuhandanstalt. BT-Drs. 12/8404 v. 31.08.1994. Bonn. Abgedruckt in: Treuhandanstalt (Hrsg.): Dokumentation Treuhandanstalt 1990-1994, Bd. 13-14

Diekmeier, R./Kuhlmann, D./Köhne, M. 1994: Auswirkungen der EG-Agrarreform auf die Einkommen und die Entwicklungsperspektiven landwirtschaftlicher Betriebe – Eine empirische Analyse. In: Landwirtschaftliche Rentenbank (Hrsg.): Verteilungswirkungen der künftigen EU-Agrarpolitik nach der Agrarreform. (Schriftenreihe der Landwirtschaftlichen Rentenbank 8) Frankfurt am Main

Doll, H./Klare, K. 1994: Einfluß der Privatisierung von Treuhandflächen auf die Pacht- und Grundstücksmärkte. In: K. Klare (Hrsg.): Entwicklung der ländlichen Räume und der Agrarwirtschaft in den neuen Bundesländern. Landbauforschung Völkenrode. Braunschweig: FAL, 44 (Sonderheft 152): S. 121-135

Doll, H./Klare, K. 1995a: Zur Preisbildung auf den lokalen Pachtmärkten in den neuen Bundesländern. Grundstücksmarkt und Grundstückswert – GuG 6 (4): S. 213-224

Doll, H./Klare, K. 1995b: Zur Preisbildung bei der Verpachtung ehemals volkseigener landwirtschaftlicher Nutzflächen durch die Bodenverwertungs- und -verwaltungsgesellschaft (BVVG). Agra-Europe 36 (40), Sonderbeilage: 1-12

Doll, H./Günther, H.-J./Klare, K. 1994: Empirische Analyse der Pachtmärkte in Mecklenburg-Vorpommern. Landbauforschung Völkenrode, Braunschweig: FAL, 44 (1): S. 54-66

Doll, H./Günther, H.-J./Klare, K. 1995: Privatisierung ehemals volkseigener landwirtschaftlicher Nutzflächen durch die BVVG: Stand im Dezember 1994 und weiterführende Überlegungen. Arbeitsbericht 2/1995 aus dem Institut für Strukturforschung der Bundesforschungsanstalt für Landwirtschaft Braunschweig-Völkenrode (FAL). Braunschweig: FAL

Doll, H./Hagedorn, K./Klages, B./Klare, K. 1993: Überlegungen zur gesetzlichen Verankerung und praktischen Umsetzung des Landerwerbsprogramms. (Unveröffentlichte Stellungnahme für das Bundesministerium für Ernährung, Landwirtschaft und Forsten, 21S.), Braunschweig

Feldhaus, H. 1990: Wer hat Ansprüche an das Vermögen der LPG? Top agrar Spezial o.Jg. (14): S. 24-27

Fiedler, C./Forstner, B. u.a. 1994: Die Situation der landwirtschaftlichen Unternehmen in den neuen Bundesländern: Strukturdaten und ausgewählte Fragen der Produktion und des Managements. Arbeitsbericht 4/1994 des Instituts für Betriebswirtschaft der Bundesforschungsanstalt für Landwirtschaft Braunschweig-Völkenrode (FAL). Braunschweig: FAL

Fock, T./Doluschitz, R./Müller, M. 1996: Der Einfluß ausgewählter Politikmaßnahmen auf Betriebsergebnisse und Betriebsstruktur – dargestellt am Beispiel von Mecklenburg-Vorpommern. In: Kirschke, D./Odening, M./Schade, G. (Hrsg.): Agrarstrukturentwicklung und Agrarpolitik. (Schriften der Gesellschaft für Wirt-

Rahmenbedingungen für die Entwicklung ländlicher Räume

schafts- und Sozialwissenschaften des Landbaues e.V. 32) Münster-Hiltrup: Landwirtschaftsverlag, S. 395-405

Fock, T./Müller, M. 1995: Bald begünstigter Flächenkauf. Bauernzeitung 36 (3): S. 66-68

Forstner, B.: Steuerliche und förderungspolitische Behandlung unterschiedlicher Rechtsformen. Landbauforschung Völkenrode, Braunschweig: FAL, 44 (Sonderheft 152): S. 81-90

Forstner, B. 1995a: Führt die Altschuldenregelung in die Sackgasse? Top agrar Spezial o.Jg. 22.7.1995: S. 10-13

Forstner, B. 1995b: Altschulden: Nur die Besten entlasten! DLG-Mitteilungen 110 (8): S. 42-45

Forstner, B. 1995c: Deutliche Nachteile für juristische Personen. Top agrar Spezial o.Jg. (5): S. 12-15

Forstner, B. 1995d: Schlechte Karten für juristische Personen. DLG-Mitteilungen, 110 (6): S. 46-49

Forstner, B. 1996: Vergleich der Förderkonditionen im Rahmen der einzelbetrieblichen Investitionsförderung landwirtschaftlicher Unternehmen in den alten und neuen Bundesländern. Unveröffentlichtes Manuskript, Braunschweig 1996

Frankfurter Allgemeine Zeitung (FAZ), o.Jg (1994a), Nr. 165: 10 (Privatisierung ostdeutscher Wälder bereitet ungeahnte Probleme)

Frankfurter Allgemeine Zeitung (FAZ), o.Jg (1994), Nr. 209: 2 (Gorbatschows Äußerungen berühren nicht das Entschädigungsgesetz)

Fuchs, C./Trunk, W.: Auswirkungen der EU-Agrarreform auf die Umweltverträglichkeit der landwirtschaftlichen Produktion. In: Grosskopf, W./Hanf, C.-H./Heidhues, F./Zeddies, J. (Hrsg.): Die Landwirtschaft nach der EU-Agrarreform. (Schriften der Gesellschaft für Wirtschafts- und Sozialwissenschaften des Landbaues e.V. 31) Münster-Hiltrup: Landwirtschaftsverlag, 1995: 243-257

Gampe, W. 1993: Strukturentscheidungen müssen wettbewerbsfähige Betriebe schaffen helfen. In: R. v. Alvensleben, C. Langbehn und E. Schinke (Hrsg.): Strukturanpassungen der Land- und Ernährungswirtschaft in Mittel- und Osteuropa. (Schriften der Gesellschaft für Wirtschafts- und Sozialwissenschaften des Landbaues e.V. 29) Münster-Hiltrup: Landwirtschaftsverlag, S. 63-70

Gebauer, N. 1995: Boden kaufen oder pachten – Flächenerwerb im Zuge des EALG. dlz-Ratgeber, o.Jg. (4): S. 24-28

Geldermann, A./Eucken, C.-G./Odening, M.: Landwirtschaftliche Investitionsförderung in den neuen Bundesländern – eine kritische Analyse, dargestellt am Beispiel Brandenburg. In: Landwirtschaftliche Rentenbank (Hrsg.): Landwirtschaftliche Investitionsförderung: Bisherige Entwicklung, aktueller Stand, Alternativen für die Zukunft. (Schriftenreihe der Landwirtschaftlichen Rentenbank 10) Frankfurt am Main

Gerster, J. u.a. 1992: Eckwerte der Gerster-Kommission zur Entschädigungsregelung. Offene Vermögensfragen Spezial (OV Spezial) o.Jg. (13): S. 1-3

Gerster, J. u.a. 1992: Erläuterungen der Gerster-Kommission zum Eckwertepapier (Memorandum v. 10.07.1992 – ID24 – O/sa). Offene Vermögensfragen Spezial (OV Spezial) o.Jg. (16): S. 1-3

Gerster, J. u.a. 1992: Wiedereinrichter-Programm der Gerster-Kommission (Anlage 2 zu den Eckwerten der Gerster-Kommission v. 25.06.1992). Offene Vermögensfragen Spezial (OV Spezial) o. Jg. (16): S. 3-4

Gesetz über die Eröffnungsbilanz in Deutscher Mark und die Kapitalneufestsetzung (DM-Bilanzgesetz) vom 29. September 1990, BGBl. II, Nr. 35, Sachgebiet D, Abschnitt I

Gesetz über die landwirtschaftlichen Produktionsgenossenschaften – LPG-Gesetz – vom 02. Juni 1982, Gbl. I, Nr. 25: 443

Gesetz über die strukturelle Anpassung der Landwirtschaft an die soziale und ökologische Marktwirtschaft in der Deutschen Demokratischen Republik – Landwirtschaftsanpassungsgesetz – vom 29. Juni 1990, Gbl. I, Nr. 42: 642

Gesetz zur Änderung des Landwirtschaftsanpassungsgesetzes und anderer Gesetze vom 03.07.1991, BGBl. Nr. 40: 1410

Gesetz zur Förderung der agrarstrukturellen und agrarsozialen Anpassung der Landwirtschaft der DDR an die soziale Marktwirtschaft – Fördergesetz – vom 06. Juli 1990, GBl. I, Nr. 42

Gesetz zur Privatisierung und Reorganisation des volkseigenen Vermögens – Treuhandgesetz – vom 17. Juni 1990, GBl, Nr. 33: 300

Geyer, A. 1992: Das LAG – Todesstoß für die LPGen. Ernährungsdienst, 11. Februar 1992: S. 7-9

Gorn, P./Herrmann, R./Wagner, P. 1994: Betriebswirtschaftliche und gesamtwirtschaftliche Analyse von Verteilungswirkungen der künftigen Agrarpolitik nach der EG-Agrarreform. In: Landwirtschaftliche Rentenbank (Hrsg.): Verteilungswirkungen der künftigen EU-Agrarpolitik nach der Agrarreform. (Schriftenreihe der Landwirtschaftlichen Rentenbank 8) Frankfurt am Main

Grajewski, R./Schrader, H. 1993: Beitrag der EG-Strukturfonds zur Unterstützung des Anpassungsprozesses in den ländlichen Gebieten der neuen Bundesländer unter besonderer Berücksichtigung der Land- und Ernährungswirtschaft. In: R. v. Alvensleben, C. Langbehn und E. Schinke (Hrsg.): Strukturanpassungen der Land- und Ernährungswirtschaft in Mittel- und Osteuropa. (Schriften der Gesellschaft für Wirtschaft- und Sozialwissenschaften des Landbaues e.V. 29) Münster-Hiltrup: Landwirtschaftsverlag, S. 43-53

Grosskopf, W./Kappelmann, K.-H. 1992: Bedeutung der Nebenbetriebe der LPGen für die Entwicklungschancen im ländlichen Raum. In: G. Schmitt und S. Tangermann (Hrsg.): Internationale Agrarpolitik und Entwicklung der Weltagrarwirtschaft. (Schriften der Gesellschaft für Wirtschafts- und Sozialwissenschaften des Landbaues e.V. 28) Münster-Hiltrup: Landwirtschaftsverlag, S. 375-385

Grosskopf, W./Hanf, C.-H./Heidhues, F./Zeddies, J. (Hrsg.) 1995: Die Landwirtschaft nach der EU-Agrarreform. (Schriften der Gesellschaft für Wirtschafts- und Sozialwissenschaften des Landbaues e.V. 31) Münster-Hiltrup: Landwirtschaftsverlag

Grund, M. 1994: Güterprivatisierung: Die nächste Runde im Frühjahr? Top agrar Spezial o.Jg. (11): S. 10-11

Grund, M. 1995: Der Ärger beginnt, wenn es ans Verteilen geht. Top agrar Spezial o.Jg. (3): S. 4-8

Hagedorn, K. 1995: Politisch dirigierter institutioneller Wandel: Das Beispiel der Privatisierung volkseigenen Bodens. In: K. Hagedorn (Hrsg.): Institutioneller Wandel und Politische Ökonomie von Landwirtschaft und Agrarpolitik. Festschrift zum 65. Geburtstag von Prof. Dr. Günther Schmitt. Frankfurt am Main: Campus: S. 151-194

Hagedorn, H./Klare, K. 1993: Policies for Financing Privatisation of Agriculture in Eastern Germany. Paper presented at the 32th EAAE-Seminar „Capital and Finance in West and East European Agriculture", March 22-23, 1993, Wageningen (The Netherlands)

Hagedorn, K./Klages, B. 1994: Konzepte zur Privatisierung volkseigenen landwirtschaftlichen Bodens und Entwürfe zum Entschädigungs- und Ausgleichsleistungsgesetz: Analyse und Alternativen. Landbauforschung Völkenrode, Braunschweig: FAL, 44 (1): S. 44-53

Hagedorn, K./Heinrich, I./Wendt, H. 1992: Transformation of Socialist Agriculture in Eastern Germany – Concepts and Experiences. In: FAO/ECE (eds.): Specific Problems of the Transformation of Collective Farms into Viable Market-Oriented Units. Report of a Joint ECE/FAO Workshop held in Gödöllö, Hungary, June 22-26, 1992. – Bonn

Hartmann, M./Hoffmann, M./Schmitz, P.-M. 1994: Allokations- und Verteilungswirkungen der EG-Agrarreform. In: Landwirtschaftliche Rentenbank (Hrsg.): Verteilungswirkungen der künftigen EU-Agrarpolitik nach der Agrarreform. (Schriftenreihe der Landwirtschaftlichen Rentenbank 8) Frankfurt am Main

Heinrich, J. 1995: EU-Agrarreform und betriebliches Management – Entwicklung des Produktionsprogramms in ausgewählten Betrieben Sachsen-Anhalts und Thüringens. In: Grosskopf, W./Hanf, C.-H./Heidhues, F./Zeddies, J. (Hrsg.): Die Landwirtschaft nach der EU-Agrarreform. (Schriften der Gesellschaft für Wirtschafts- und Sozialwissenschaften des Landbaues e.V. 31) Münster-Hiltrup: Landwirtschaftsverlag, S. 333-348

Henrichsmeyer, W./Schmidt, K. (Hrsg.) 1991: Die Integration der Landwirtschaft der neuen Bundesländer in den europäischen Agrarmarkt. Agrarwirtschaft, Sonderheft 129. Frankfurt am Main

Heuer, K. 1991: Grundzüge des Bodenrechts der DDR 1949-1990. München

Holzmann, P. 1993: Die Bodenmarktpolitik der Treuhand. In: R. v. Alvensleben, C. Langbehn und E. Schinke (Hrsg.): Strukturanpassungen der Land- und Ernährungswirtschaft in Mittel- und Osteuropa. (Schriften der Gesellschaft für Wirtschafts- und Sozialwissenschaften des Landbaus e.V. 29) Münster-Hiltrup: Landwirtschaftsverlag, S. 275-280

Hosang, J. 1994: Keine Rechtfertigung für Ungleichbehandlung. Hannoversche land- und forstwirtschaftliche Zeitung 147 (5): S. 72

Isermeyer, F. 1991: Umstrukturierung der Landwirtschaft in den neuen Bundesländern – Zwischenbilanz nach einem Jahr deutsche Einheit. Agrarwirtschaft 40 (10): S. 294-305

Isermeyer, F. 1995: Agrarpolitische Rahmenbedingungen für eine wettbewerbsfähige Landwirtschaft. In: Grosskopf, W./Hanf, C.-H./Heidhues, F./Zeddies, J. (Hrsg.): Die Landwirtschaft nach der EU-Agrarreform. (Schriften der Gesellschaft für

Wirtschafts- und Sozialwissenschaften des Landbaues e.V. 31) Münster-Hiltrup: Landwirtschaftsverlag, S. 647-662

Jahnke, D./Maier, P./Puchert, K. 1995: Zu betriebswirtschaftlichen Wirkungen der EU-Agrarreform auf Produktionsintensität und Wahl der Rechtsform landwirtschaftlicher Unternehmen in den neuen Bundesländern. In: Grosskopf, W./Hanf, C.-H./Heidhues, F./Zeddies, J. (Hrsg.): Die Landwirtschaft nach der EU-Agrarreform. (Schriften der Gesellschaft für Wirtschafts- und Sozialwissenschaften des Landbaues e.V. 31) Münster-Hiltrup: Landwirtschaftsverlag, S. 319-331

Janinhoff, A. 1995: Gehört Biobetrieben wirklich die Zukunft? Top agrar 3 (1): S. 24-26

Kirschke, D./Odening, M./Doluschitz, R./Fock, Th./Hagedorn, K./Rost, D./von Witzke, H. 1996: Analyse der Wirkungen agrarpolitischer Aktionsinstrumente auf die Landwirtschaft der neuen Bundesländer. Studie im Auftrag der für die Landwirtschaft zuständigen Ministerien Brandenburgs, Sachsen-Anhalts, Mecklenburg-Vorpommerns, Berlins und Thüringens. Agrarwirtschaft, Sonderheft 151. Frankfurt am Main

Klages, B./Hagedorn, K. 1993: Konzepte zur Privatisierung volkseigenen land- und forstwirtschaftlichen Bodens und Entwürfe zum Entschädigungs- und Ausgleichsleistungsgesetz. Eine Untersuchung unter besonderer Berücksichtigung des Zertifikatmodells. Unveröffentlichte Stellungnahme für das Bundesministerium für Ernährung, Landwirtschaft und Forsten. Braunschweig: FAL

Klages, B./Klare, K. 1994: Der neue Entwurf des Entschädigungs- und Ausgleichsleistungsgesetzes – Analyse und Bewertung. Agra-Europe 35 (23), Sonderbeilage: S. 1-11

Klages, B./Klare, K. 1995a: BVVG-Flächen: kaufen oder langfristig pachten? Top agrar Spezial, o.Jg. (1): S. 8-11

Klages, B./Klare, K. 1995b: So werden Alteigentümer jetzt entschädigt; Lohnt sich der Flächenkauf zum dreifachen Einheitswert? Top agrar, o.Jg. (5): S. 44-47

Klages, B. 1995: Flächenerwerbsverordnung: Abschluß in Sicht? Top agrar Spezial, o.Jg. (8): S. 3-4

Klages, B. 1994: Privatisierung der Treuhandflächen. Landbauforschung Völkenrode, Braunschweig: FAL, 44 (Sonderheft 152): S. 105-120

Klages, B./Doll, H./Hagedorn, K./Klare, K. 1994: Stellungnahme zum Ergebnisvermerk des BML v. 24.01.1994 über die Hausbesprechung zum Verfahren der Verkehrswertermittlung beim Landerwerbsprogramm am 20.01.1994 (Unveröffentlichtes Manuskript, 11S.). Braunschweig

Klare, K. 1991: Investitionshilfen für Wieder- und Neueinrichter revisionsbedürftig? Agra-Europe 32 (46) Dokumentation: S. 1-40

Kleinhanß, W./Kögl, H. 1995: Auswirkungen der EU-Agrarreform in Betrieben mit Marktfruchtbau und Rindfleischerzeugung. In: Grosskopf, W./Hanf, C.-H./ Heidhues, F./Zeddies, J. (Hrsg.): Die Landwirtschaft nach der EU-Agrarreform. (Schriften der Gesellschaft für Wirtschafts- und Sozialwissenschaften des Landbaues e.V. 31) Münster-Hiltrup: Landwirtschaftsverlag, S. 229-241

König, W. 1992: Betriebswirtschaftliche und agrarstrukturelle Veränderungen der Landwirtschaft in den fünf neuen Bundesländern. Arbeitsbericht 4/92 des Instituts für Betriebswirtschaft der Bundesforschungsanstalt für Landwirtschaft Braunschweig-Völkenrode (FAL)

König, W. 1994: Umstrukturierung und Neugründung landwirtschaftlicher Unternehmen. Landbauforschung Völkenrode, Braunschweig: FAL, 44 (Sonderheft 152): S. 63-79

König, W./Isermeyer, F. 1996: Eine empirische Untersuchung des Anpassungsverhaltens landwirtschaftlicher Unternehmen im Übergang zur Marktwirtschaft. In: D. Kirschke/Odening, M./Schade, G. (Hrsg.): Agrarstrukturentwicklungen und Agrarpolitik. (Schriften der Gesellschaft für Wirtschafts- und Sozialwissenschaften des Landbaus e.V. 32) Münster-Hiltrup: Landwirtschaftsverlag, S. 335-346

Koester, U. 1995: Verträglichkeit mit ordnungspolitischen Grundsätzen und Weltagrarhandel – Ansätze einer Weiterentwicklung der Agrarreform. In: Grosskopf, W./Hanf, C.-H./Heidhues, F/Zeddies, J. (Hrsg.): Die Landwirtschaft nach der EU-Agrarreform. (Schriften der Gesellschaft für Wirtschafts- und Sozialwissenschaften des Landbaues e.V. 31) Münster-Hiltrup: Landwirtschaftsverlag, S. 619-631

Koester, U./Thiele, H./Conrad, C.-J./Nuppenau, E.A./Poggensee, K./v. Cramon-Taubadel, S. 1994: Einkommensverteilung zwischen Betriebstypen und Regionen durch die künftige Agrarpolitik der Europäischen Union. In: Landwirtschaftliche Rentenbank (Hrsg.): Verteilungswirkungen der künftigen EU-Agrarpolitik nach der Agrarreform. (Schriftenreihe der Landwirtschaftlichen Rentenbank 8) Frankfurt am Main

Kramer, M. 1957: Die Landwirtschaft in der Sowjetischen Besatzungszone: Die Entwicklung in den Jahren 1945 bis 1955. Bonner Berichte aus Mittel- und Ostdeutschland, Bonn

Krebs, C. 1989: Der Weg zur industriemäßigen Organisation der Agrarproduktion in der DDR: Die Agrarpolitik der SED 1945-1960. (Schriftenreihe der Forschungsgesellschaft für Agrarpolitik und Agrarsoziologie 284) Bonn

Kruse, S. 1994: Entwicklung der Betriebsstrukturen in den neuen Ländern. AID-Informationen für die Agrarberatung 2 (7) : S. 2-37

Kruse, S. 1995: Entwicklung der Struktur der landwirtschaftlichen Betriebe in den neuen Ländern. AID-Informationen für die Agrarberatung 3 (6): S. 2-24

Kuhlmey, R./Wittmer, G. (Hrsg.) 1995: Entschädigungs- und Ausgleichsleistungsgesetz (EALG) – Text- und Dokumentationsband. Herne und Berlin

Landwirtschaftliche Rentenbank (Hrsg.) 1992: Fallbeispiele zur Umstrukturierung von ehemaligen LPGen. (Schriftenreihe der Landwirtschaftlichen Rentenbank 5) Frankfurt am Main

Landwirtschaftliche Rentenbank (Hrsg.) 1993: Entwicklungshemmnisse landwirtschaftlicher Unternehmen in den neuen Bundesländern. (Schriftenreihe der Landwirtschaftlichen Rentenbank 6) Frankfurt am Main

Landwirtschaftliche Rentenbank (Hrsg.) 1994: Verteilungswirkungen der künftigen EU-Agrarpolitik nach der Agrarreform. (Schriftenreihe der Landwirtschaftlichen Rentenbank 8) Frankfurt am Main

Langbehn, C. 1994: Produktionsstrukturen und Unternehmensformen in der Landwirtschaft: Auch fünf Jahre nach der Wende hält die Diskussion an. Agrarwirtschaft 43 (11): S. 381-382

Latacz-Lohmann, U. 1993: Ausgestaltung des Prämiensystems als Mittel zur Steigerung der Effektivität von Extensivierungs- und Vertragsnaturschutzprogrammen. Agrarwirtschaft 42 (10): S. 351-357

Lohlein, F. 1994: Vermögensauseinandersetzung, Bewertung und Auskunftsanspruch. Agrarrecht 24 (6): S. 177-182

Mehl, P./Hagedorn, K. 1992: Übertragung des agrarsozialen Sicherungssystems auf die neuen Bundesländer: Probleme und Perspektiven. Landbauforschung Völkenrode, Braunschweig: FAL, 42 (4): S. 276-292

Mehl P./Hagedorn, K. 1993a: Agrarsoziale Sicherung in den neuen Bundesländern. In: R. von Alvensleben, C. Langbehn und E. Schinke (Hrsg.): Strukturanpassungen in der Land- und Ernährungswirtschaft in Mittel- und Osteuropa. (Schriften der Gesellschaft für Wirtschafts- und Sozialwissenschaften des Landbaues e.V. 29) Münster-Hiltrup: S. 311-320

Mehl P./Hagedorn, K. 1993b: Die agrarsoziale Sicherung im Prozeß der Vereinigung Deutschlands. Probleme des Übergangs zu einem sektoral gegliederten Sozialversicherungssystem. Deutsche Rentenversicherung o.Jg. (3): S. 120-147

Mehl P./Hagedorn, K. 1993c: Eigenständige soziale Sicherung der Bäuerin und finanzielle Stabilisierung des agrarsozialen Sicherungssystems. Überlegungen zum Gesetzentwurf der Bundesregierung zur Reform der agrarsozialen Sicherung (ASRG 1995). Agra-Europe 34 (49), Länderberichte, Sonderbeilage: S. 1-9

Mehl P./Hagedorn, K. 1994a: Bäuerinnensicherung und finanzielle Stabilität des agrarsozialen Sicherungssystems nach dem Gesetzentwurf der Bundesregierung zur Reform der agrarsozialen Sicherung (ASRG 1995). Ländlicher Raum 45 (H. 1/2): S. 2-16

Mehl P./Hagedorn, K. 1994b: Die Übertragung des landwirtschaftlichen Alterssicherungssystems auf die neuen Bundesländer im Gesetzentwurf der Bundesregierung zur Reform des agrarsozialen Sicherungssystems. Landbauforschung Völkenrode, Braunschweig: FAL, 44 (1): S. 77-90

Mehl, P./Plankl, R. 1996: „Doppelte Politikverflechtung" als Bestimmungsfaktor der Agrarstrukturpolitik. Untersucht am Beispiel der Förderung umweltgerechter landwirtschaftlicher Produktionsverfahren in der Bundesrepublik Deutschland. In: Kirschke, D./Odening, M./Schade, G. (Hrsg.): Agrarstrukturentwicklung und Agrarpolitik. (Schriften der Gesellschaft für Wirtschafts- und Sozialwissenschaften des Landbaues e.V. 32) Münster-Hiltrup: Landwirtschaftsverlag, S. 57-68

Mehl, P./Rudolph, M. 1994: Agrarstrukturpolitik im vereinten Deutschland. Kooperativer Föderalismus und resultierende Politikergebnisse am Beispiel der Gemeinschaftsaufgabe „Verbesserung der Agrarstruktur und des Küstenschutzes". Landbauforschung Völkenrode, Braunschweig: FAL, 44 (1): S. 91-104

Meimberg, R. 1995: Fünf Jahre Reformprozeß in Ostdeutschland. Agra-Europe 36 (26), Sonderbeilage: S. 1-8

Möhler, R. 1995: Ziele und Instrumente der Agrarpolitik im Rahmen der EU-Agrarreform. In: Grosskopf, W./Hanf, C.-H./Heidhues, F./Zeddies, J. (Hrsg.):

Die Landwirtschaft nach der EU-Agrarreform. (Schriften der Gesellschaft für Wirtschafts- und Sozialwissenschaften des Landbaues e.V. 31) Münster-Hiltrup: Landwirtschaftsverlag, S. 3-14

Mothes, V. 1995: Bestimmung von wichtigen Auswirkungen agrarpolitischer Rahmenbedingungen in landwirtschaftlichen Unternehmen. Modellanwendungen am Beispiel der EU-Agrarreform von 1992. Agrarwirtschaft 44 (10): S. 335-343

Motsch, R 1994a: Das EALG – Schlußstein der Einigungsgesetzgebung. Offene Vermögensfragen Spezial (OV Spezial) o.Jg. (19): S. 2-8

Motsch, R. 1994b: Einführung in das Entschädigungs- und Ausgleichsleistungsgesetz. Zeitschrift für Vermögens- und Investitionsrecht (VIZ) 4 (11): S. 569-574

Motsch, R. 1993: Zum Entwurf eines Entschädigungs- und Ausgleichsleistungsgesetzes. Zeitschrift für Vermögens- und Investitionsrecht (VIZ), 3 (7): S. 273-280

Ministerium für Ernährung, Landwirtschaft und Forsten des Landes Brandenburg (Hrsg.) 1995: Bericht zur Lage der Land-, Ernährungs- und Forstwirtschaft des Landes Brandenburg. Potsdam

Nieberg, H. 1994: Umweltwirkungen der Agrarproduktion unter dem Einfluß von Betriebsgröße und Erwerbsform. (Schriftenreihe des Bundesministeriums für Ernährung, Landwirtschaft und Forsten. Reihe A: Angewandte Wissenschaft 428) Münster-Hiltrup: Landwirtschaftsverlag

Pahmeier, L./Spandau, P./Leifert, J. 1993: Ihr Betrieb nach der Agrarreform. DLG Spezial, Sonderbeilage der DLG-Mitteilungen 108 (2): S. 1-31

Peinemann, B.: Rechtsprobleme in der Praxis der Privatisierung ehemals volkseigenen landwirtschaftlich genutzten Bodens. Agrarrecht 25 (7): S. 225-232

Plankl, R. 1995: Synopse zu den umweltgerechten und den natürlichen Lebensraum schützenden landwirtschaftlichen Produktionsverfahren als flankierende Maßnahmen zur Agrarreform. Arbeitsbericht 1/1995 aus dem Institut für Strukturforschung der Bundesforschungsanstalt für Landwirtschaft Braunschweig-Völkenrode (FAL)

Puchert, K. 1995: Ergebnisse von Variantenrechnungen zu Auswirkungen der EU-Agrarreform. In: Agrarwissenschaftliche Fakultät der Universität Rostock (Hrsg.): Rostocker Agrar- und umweltwissenschaftliche Beiträge, o.Jg. (3): S. 137-145

Pultke, R. 1995: Einzelbetriebliche Förderung als Beitrag zur Unterstützung des Anpassungsprozesses der Landwirtschaft in Brandenburg und Sachsen-Anhalt. Diplomarbeit an der Rheinischen Friedrich-Wilhelms-Universität zu Bonn (unveröffentlichtes Manuskript)

Rahmenplan der Gemeinschaftsaufgabe „Verbesserung der Agrarstruktur und des Küstenschutzes" für den Zeitraum 1995 bis 1998. In: Deutscher Bundestag (Hrsg.) 13. Wahlperiode: Bonn 1995

Rost, D. 1995: Strukturwandel der Landwirtschaft in Ostdeutschland aus betriebswirtschaftlicher Sicht. Agrarwirtschaft 44 (10): S. 329-330

Rost, D./Schmidt, A. 1995: Aus betriebswirtschaftlicher Sicht beurteilt: Veränderungen der EU-Agrarreform. Neue Landwirtschaft 6 (6): S. 14-17

Schlagheck, H. 1993: Agrarstrukturmaßnahmen in den neuen Bundesländern. Prioritäten und Perspektiven. In: R. v. Alvensleben, C. Langbehn und E. Schinke (Hrsg.): Strukturanpassungen der Land- und Ernährungswirtschaft in Mittel- und

Osteuropa. (Schriften der Gesellschaft für Wirtschafts- und Sozialwissenschaften des Landbaues e.V. 29) Münster-Hiltrup: Landwirtschaftsverlag, S. 55-62

Schlagheck, H. 1994: Auswirkungen der Kompetenzverteilung im kooperativen Föderalismus Deutschlands und in der EG auf die Gestaltung der Agrarstrukturpolitik. – In: K. Hagedorn, F. Isermeyer, D. Rost und A. Weber (Hrsg.): Gesellschaftliche Anforderungen an die Landwirtschaft. (Schriften der Gesellschaft für Wirtschafts- und Sozialwissenschaften des Landbaus e.V. 30) Münster-Hiltrup: Landwirtschaftsverlag, S. 89-99

Schmitt, G. 1993: Strukturanpassung in den neuen Bundesländern. Agra-Europe 34 (46), Länderberichte, Sonderbeilage: S. 1-11

Schmitt, G. 1994: Wiederaufbau der Tierbestände in den neuen Bundesländern? Agrarwirtschaft 43 (12): S. 413-415

Schnabel, U. 1994: Entwicklungshemmnisse landwirtschaftlicher Unternehmen in Form juristischer Personen des Privatrechts in den neuen Bundesländern. In: Landwirtschaftliche Rentenbank (Hrsg.): Entwicklungshemmnisse landwirtschaftlicher Unternehmen in den neuen Bundesländern. (Schriftenreihe der Landwirtschaftlichen Rentenbank 6) Frankfurt am Main: S. 149-178

Schrader, J.-V. 1995: Landwirtschaft in den neuen Bundesländern: Leistungsrückstand aufgeholt. Agra-Europe 36, Länderberichte, Sonderbeilage 2: S. 1-8

Seibel, W. 1994: Das zentralistische Erbe: Die institutionelle Entwicklung der Treuhandanstalt und die Nachhaltigkeit ihrer Auswirkungen auf die bundesstaatlichen Verfassungsstrukturen. Aus Politik und Zeitgeschichte, o.Jg. (43/44): S. 3-13

Statistisches Bundesamt 1993/94: Fachserie 3 (Land- und Forstwirtschaft, Fischerei), Reihe 2.4 (Kaufwerte für landwirtschaftlichen Grundbesitz 1992, 1993). Stuttgart

Statistisches Bundesamt 1994: Fachserie 3 (Land- und Forstwirtschaft, Fischerei), Reihe 3.1.2 (Landwirtschaftliche Bodennutzung – Landwirtschaftlich genutzte Flächen). Stuttgart

Statistisches Bundesamt 1995: Fachserie 3 (Land- und Forstwirtschaft, Fischerei), Reihe 2.1.6 (Besitzverhältnisse in den landwirtschaftlichen Betrieben 1993). Stuttgart

Statistisches Reichsamt 1939: Die Hauptfeststellung der Einheitswerte nach dem Stand vom 1. Januar 1935. Statistik des Deutschen Reiches, Bd. 526. Berlin

Statistisches Reichsamt 1941: Statistik des land- und forstwirtschaftlichen Grundeigentums 1937. Statistik des Deutschen Reiches Bd. 549. Berlin

Tissen, G. 1994: Sozioökonomische Entwicklung in ländlichen Räumen. In: K. Klare (Hrsg.): Entwicklung der ländlichen Räume und der Agrarwirtschaft in den neuen Bundesländern. Landbauforschung Völkenrode. Braunschweig: FAL, 44 (Sonderheft 152): S. 3-21

Top agrar Spezial o.Jg. 1994 (11): S. 10-11 (Güterprivatisierung: Die nächste Runde erst im Frühjahr); S. 12-13 (Wird es bei Ostbewerbern zu teuer?)

Treuhandanstalt (THA) 1991: Erfolgreiche Privatisierungstätigkeit der Treuhandanstalt in der Land- und Forstwirtschaft der neuen Bundesländer. Pressemitteilung v. 18.12.1991

Treuhandanstalt (Hrsg.) 1994: Dokumentation Treuhandanstalt 1990-1994 (15 Bde.). Berlin

Rahmenbedingungen für die Entwicklung ländlicher Räume

Ulmann, F./Frenz, K. 1995: Marktentwicklungen bei den von der Reform betroffenen pflanzlichen Marktordnungsprodukten. In: Grosskopf, W./Hanf, C.-H./Heidhues, F./Zeddies, J. (Hrsg.): Die Landwirtschaft nach der EU-Agrarreform. (Schriften der Gesellschaft für Wirtschafts- und Sozialwissenschaften des Landbaues e.V. 31) Münster-Hiltrup: Landwirtschaftsverlag, S. 95-106
Umwandlungsbereinigungsgesetz, BGBl. 1994 Teil I: 3210ff
Verordnung (EWG) Nr. 2328/91 des Rates vom 15. Juli 1991 zur Verbesserung der Effizienz der Agrarstruktur. In: Amt für amtliche Veröffentlichungen der Europäischen Gemeinschaften (Hrsg.): Amtsblatt der Europäischen Gemeinschaften 34 (1991), Deutsche Ausgabe L, H. 218
Vieregge, R. 1995: EU-Agrarreform und Umwelt. In: Grosskopf, W./Hanf, C.-H./Heidhues, F./Zeddies, J. (Hrsg.): Die Landwirtschaft nach der EU-Agrarreform. (Schriften der Gesellschaft für Wirtschafts- und Sozialwissenschaften des Landbaues e.V. 31) Münster-Hiltrup: Landwirtschaftsverlag, S. 29-34
Wehland, W. 1995: Wie geht es weiter mit der Milchviehhaltung in Ostdeutschland? Top agrar 3: S. 24-28
Weikard, H.-P. 1996: Beschäftigungseffekte genossenschaftlicher Unternehmensorganisation. In: Kirschke, D./Odening, M./Schade, G. (Hrsg.): Agrarstrukturentwicklung und Agrarpolitik. (Schriften der Gesellschaft für Wirtschafts- und Sozialwissenschaften des Landbaus e.V. 32) Münster-Hiltrup: Landwirtschaftsverlag, S. 93-102
Wissenschaftlicher Beirat beim Bundesministerium für Ernährung, Landwirtschaft und Forsten (BML) 1993: Durchführung der Privatisierung des volkseigenen landwirtschaftlichen Bodens. Stellungnahme einer Arbeitsgruppe des Wissenschaftlichen Beirats beim BML v. 12.Mai 1992. Berichte über Landwirtschaft 71: S. 1-11
Wissenschaftlicher Beirat beim Bundesministerium für Ernährung, Landwirtschaft und Forsten (BML) 1991: Grundsätze für die Privatisierung des volkseigenen land- und forstwirtschaftlichen Bodens durch die Treuhandanstalt – Bereich Land- und Forstwirtschaft. In: Grundsatzfragen zur Anpassung der Landwirtschaft in den neuen Bundesländern. Angewandte Wissenschaft. Münster-Hiltrup: Landwirtschaftsverlag (392): S. 38-49
Wissing, P. 1995: Rangrücktritt wirkt kontraproduktiv. Neue Landwirtschaft 6 : S. 11-14
Wittmer, G. 1995: Flächenerwerb nach dem Ausgleichsleistungsgesetz. Offene Vermögensfragen Spezial (OV spezial) o.Jg. (6): S. 82-85
Zeddies, J./Fuchs, C./Gamer, W./Schüle, H./Zimmermann, B. 1994: Verteilungswirkungen der künftigen EU-Agrarpolitik nach der Agrarreform unter besonderer Berücksichtigung der direkten Einkommenstransfers – Dargestellt auf der Grundlage von Buchführungsergebnissen und Betriebsbefragungen. In: Landwirtschaftliche Rentenbank (Hrsg.): Verteilungswirkungen der künftigen EU-Agrarpolitik nach der Agrarreform. (Schriftenreihe der Landwirtschaftlichen Rentenbank 8) Frankfurt am Main
Zilch, V. 1995: Das Flächenerwerbsprogramm nach §3 AusglLeistG. Offene Vermögensfragen spezial (OV spezial) o.Jg. (16): S. 258-265

Zimmermann, P./Heller, R. 1995: Das neue Entschädigungs- und Ausgleichsleistungsgesetz. Aktuelles Recht für die Praxis. München: C. H. Beck

Zimmermann, B./Zeddies, J. 1996: Auswirkungen der EU-Agrarreform und alternativer Politikmaßnahmen auf die Produktions- und Betriebsstruktur in der Landwirtschaft. In: Kirschke, D./Odening, M./Schade, G. (Hrsg.): Agrarstrukturentwicklungen und Agrarpolitik. (Schriften der Gesellschaft für Wirtschafts- und Sozialwissenschaften des Landbaues e.V. 32) Münster-Hiltrup: Landwirtschaftsverlag, S. 407-418

Veränderungen von Lebenslagen in ländlichen Räumen der neuen Bundesländer[1]

Katja Zierold

1. Problemstellung und Zielsetzung
2. Ländliche Räume – eine Abgrenzung des Untersuchungsgegenstandes
3. Material, Methode und empirische Basis
4. Ländliche Räume und Dörfer in der DDR – strukturbestimmende Aspekte und Prozesse
   - 4.1 Vorbemerkung I: Zur Datenlage
   - 4.2 Demographische Entwicklung
   - 4.3 Arbeit als ein zentraler Faktor dörflichen Lebens
   - 4.4 Exkurs: Zur Bedeutung der Landwirtschaft für die Dörfer
     - 4.4.1 Die LPG-Entwicklung
     - 4.4.2 Die Differenzierungen innerhalb der Mitglieder und Arbeitskräfte der LPGen
     - 4.4.3 Die Bedeutung der landwirtschaftlichen Betriebe für die Dörfer
     - 4.4.4 Die Bedeutung der individuellen Hauswirtschaften und sonstiger landwirtschaftlicher Kleinproduktion
   - 4.5 Eigentum und Einkommen
   - 4.6 Soziale und technische Infrastruktur
5. Ländliche Räume und Dörfer der neuen Bundesländer unter den Transformationsbedingungen seit 1989 – Wandel der Lebenslagen
   - 5.1 Demographische Entwicklung
   - 5.2 Wirtschaftliche Entwicklungen und Erwerbssituation
     - 5.2.1 Erwerbsbeteiligung und Erwerbsverhalten
     - 5.2.2 Der Vorruhestand
     - 5.2.3 Regionale Wirtschafts- und Arbeitsmarktstruktur
     - 5.2.4 Gewerbeentwicklung und Selbständigkeit

---

[1] Für wertvolle Hinweise, ständige Diskussionsbereitschaft und Unterstützung bin ich Dr. R. Siebert, M. Hainz, Dr. H. Becker, Dr. R. Struff, Dr. F. Bernhardt und M. Fink dankbar.

5.2.5 Erwerbstätigkeit und Arbeitslosigkeit
5.2.6 Der 2. Arbeitsmarkt
5.3 Der Umstrukturierungsprozeß in der Landwirtschaft
    5.3.1 Entscheidungsfindung über die Umstrukturierung
    5.3.2 Die Vermögensauseinandersetzung
    5.3.3 Die Herausbildung einer dualen Agrarstruktur
5.4 Eigentum und Einkommen
    5.4.1 Eigentümerbewußtsein, Alteigentümer und Neueigentümer
    5.4.2 Wohneigentümer und Mieter
    5.4.3 Einkommensunterschiede
5.5 Soziale und technische Infrastruktur
6. Wahrnehmung des Wandels – subjektive Befindlichkeit
    6.1 Vorbemerkung II: Zur Datenlage
    6.2 Wahrnehmung des Wandels im dörflichen Kontext
    6.3 Veränderungen individueller Lebensbereiche
        6.3.1 Wahrnehmung und Bewertung der beruflichen Veränderungen
        6.3.2 Veränderungen der wirtschaftlichen Lage
    6.4 Veränderungen des Zusammenlebens in den Dörfern
7. Zusammenfassung
Literatur

1. Problemstellung und Zielsetzung

Von den Wandlungsprozessen seit 1989/90 sind alle Menschen der neuen Bundesländer betroffen, unabhängig davon, in welcher Region sie leben, ob sie in einer Stadt oder auf dem Dorf ansässig sind. Doch verläuft der Wandel regional mit unterschiedlichen Geschwindigkeiten und Intensitäten ab (vgl. Koller/Jung-Hammon 1993; BfLR, Regionalbarometer 1993; Blien/Hirschenauer 1994).

    Neben individuellen Merkmalen, die über die Lebenslage des einzelnen und deren Veränderung entscheiden sind es auch eine Reihe struktureller Faktoren, die die Lebenschancen bestimmen.

Ländliche Räume sind durch ihre andere Sozial-, Wirtschafts- und Infrastrukturentwicklung bis 1989 strukturell besonders von den sozialen Transformationsprozessen betroffen (vgl. u.a. Brinkmann u.a. 1993: 5ff; Fink u.a. 1992: 2; Wollkopf/Wollkopf 1992: 7). Aber auch die subjektiven Befindlichkeiten und individuellen Bewältigungsmuster der Bewohner ländlicher Räume können durch die Spezifik der Siedlungs- und Wohnsituation im Dorf anders sein.

Ziel ist es, Lebenslagen der Menschen und deren Wandel in den ländlichen Räumen der neuen Bundesländer anhand ausgewählter struktureller und subjektiver Aspekte darzustellen. Dabei wird auf gemeinsame Entwicklungen in den ländlichen Räumen und auf regionale Differenzierungen eingegangen.

Um den Wandel darstellen zu können, werden zunächst die Lebenslagen in den ländlichen Räumen der DDR in den 80er Jahren unter Beachtung zeitgeschichtlicher Entwicklungsmomente dargestellt. Anschließend folgt die Beschreibung und Analyse der sozialen Veränderungen seit 1989. Zum Schluß wird auf die Wahrnehmung der Wandlungsprozesse eingegangen.

2. Ländliche Räume – eine Abgrenzung des Untersuchungsgegenstandes

Es gibt in der Wissenschaft und der administrativen Praxis eine Vielzahl von Konzepten und Verständnissen zur Abgrenzung ländlicher Räume (vgl. u.a. Boustedt 1975; Kroner 1993). Vielen Darstellungen von Problemen ländlicher Räume liegen Abgrenzungen nach folgenden Kriterien zu Grunde (vgl. Häfner u.a. 1993: 1):

- Negativdefinitionen als Gebiete außerhalb von Verdichtungsräumen; in diesem Sinn werden sie als Resträume gesehen, die entsprechend zu entwickeln sind, um das Lebensniveau der Städte zu erreichen. Eng mit dieser Abgrenzung korrespondiert auch das Verständnis als generelles Problemgebiet und dementsprechend als Fördergebiet (vgl. Tissen 1994: 3)
- Abgrenzungen anhand von strukturellen Kriterien (sozioökonomische und wirtschaftsstrukturelle Kriterien wie Berufs-, Erwerbs- und Beschäftigtenstruktur, insbesondere prozentualer Anteil in der Landwirtschaft Beschäftigter, Bevölkerungsdichte)
- Abgrenzungen anhand funktionaler Kriterien (ländliche Räume übernehmen Komplementärfunktionen für Verdichtungsräume, so als Erholungsraum, als Raum für Abfallbeseitigungen etc.)

Die Studien zu den veränderten Lebenslagen in den ländlichen Räumen der neuen Bundesländer zeigen die Vielfalt des Verständnisses ländlicher Räume. Oft werden die Fragestellungen auf die Beschäftigten in der Landwirtschaft reduziert bzw. werden ländliche Räume hauptsächlich über die Landwirtschaft definiert (vgl. u.a. Krambach u.a. 1995: 3ff; Meimberg 1995: 69). Ein weiteres Problem ist die Tatsache, daß der ländliche Raum oft als homogene Einheit betrachtet wird. Es wird wenig regional differenziert bzw. empirisch gewonnene Erkenntnisse in einer Region werden auf den ländlichen Raum der gesamten neuen Bundesländer übertragen.[2]

Im Rahmen des Artikels werden ländliche Räume sehr breit gefaßt. Es werden die veränderten *Lebenslagen in Dörfern* betrachtet. Damit wird sich an den Siedlungsgebilden und nicht an strukturellen bzw. funktionalen Kriterien der Räume orientiert. Mit diesem Ansatz werden nicht nur die Wandlungsprozesse in besonders strukturschwachen, peripheren Gegenden einbezogen, sondern generell die sozialen Veränderungen, die sich außerhalb der Städte vollzogen haben. Dies ermöglicht die Darstellung regionaler Unterschiede.

Nach Ostwald u.a. werden die regionalen Hauptdifferenzierungen bei einer Zusammenfassung der ehemaligen Bezirke der DDR zu vier größeren Räumen deutlich:

1. Nördlicher Raum: Rostock, Schwerin, Neubrandenburg (fast identisch mit dem Land Mecklenburg-Vorpommern)
2. Mittlerer Raum: Berlin, Cottbus, Frankfurt/Oder, Potsdam, Magdeburg (Land Brandenburg, Stadt Berlin (Ost) und nördlicher Teil des Landes Sachsen-Anhalt)
3. Südlicher Raum: Halle, Leipzig, Dresden, Chemnitz (Freistaat Sachsen und südlicher Teil des Landes Sachsen-Anhalt)
4. Südwestlicher Raum: Erfurt, Gera, Suhl (Freistaat Thüringen) (Ostwald 1990: 11)

Daß sich die Siedlungsstrukturen innerhalb dieser Räume unterscheiden, verdeutlicht Tabelle 1.

---

2 So kommen etwa Feldmann u.a. (1992) in ihrer Arbeit zu „Sozialproblemen kleiner Dörfer und deren Lösung im Prozeß der Dorferneuerung, dargestellt an ausgewählten Dörfern Sachsen-Anhalts" (konkret waren fünf Dörfer eines Kreises in die Untersuchung einbezogen), zu der Aussage, „daß unterstellt werden kann, daß eine Reihe von in dieser Studie dargestellten Sachzusammenhängen in gleicher Weise auch für die nördlichen Gebiete der neuen Bundesländer relevant sein dürfte" (Feldmann u.a. 1992: 8).

Veränderungen von Lebenslagen in ländlichen Räumen

Tabelle 1: Bevölkerungsdichte, Anteil der Bevölkerung in Landgemeinden und Anteil Arbeitskräfte in der Landwirtschaft in der DDR 1989 nach Bezirken

Bezirk	Bev.-dichte Ew./km²	Landgemeinden (Angaben in% der Bev.)			Landgemeinden insg. (in % d. Bev.)	AK in d. LW (in % d. Berufstätigen)
		unter 500	500-<1.000	1.000-<2.000		
Nördlicher Raum						
Rostock	129	5,2	8,4	9,3	22,9	14,6
Schwerin	68	10,2	15,4	7,2	32,8	22,1
Neubrandenburg	56	15,2	14,1	6,2	35,5	26,8
Mittlerer Raum						
Cottbus	106	11,4	8	5,9	25,3	10,7
Frankfurt/O.	98	10,4	7,4	6,7	24,5	15,8
Potsdam	88	11,8	8,8	6,9	27,5	16,3
Magdeburg	107	7,6	11,1	9,0	27,7	15,1
Südlicher Raum						
Halle	199	3,8	9,3	11,3	24,4	9,8
Leipzig	268	3,4	6,9	8,4	18,7	8,4
Dresden	254	3,7	7,4	10,5	21,6	8,1
Chemnitz	302	2,6	6,0	11,1	19,7	6,0
Südwestl. Raum						
Erfurt	166	8,0	11,6	12,7	32,3	11,1
Gera	182	13,3	6,0	8,3	27,6	9,6
Suhl	141	8,5	13,2	13,1	34,8	7,9
DDR insgesamt	152	6,5	8,3	8,7	23,5	9,8

Quelle: Statistisches Jahrbuch der DDR '90, S. 2-6, 8, 17, 67-96, 215; eigene Berechnungen

Auf diese grobe Differenzierung wird in den folgenden Kapiteln bei der Darstellung regionaler Unterschiede hauptsächlich zurückgegriffen. Eine weitere Typisierung erlaubt die Datenlage nicht.

Nicht nur zwischen Regionen bestehen teilweise erhebliche Disparitäten, auch innerhalb einer Region kann es sehr unterschiedliche Lebensbedingungen und -lagen geben. In Anlehnung an eine Untersuchung von Krambach/Lötsch (1989) wird auf die Unterscheidung zwischen Hauptorten und Nebenorten zurückgegriffen. Als Hauptorte werden dabei Dörfer mit zentralörtlichen Funktionen betrachtet, als Nebenorte Dörfer ohne derartige Funktionen.

3. Material, Methode und empirische Basis

Die Ausführungen basieren auf Erkenntnissen aus der Auswertung der Literatur und eigenen empirischen Untersuchungen sowie sekundärstatistischen Analysen.

Während die Aussagen zu den Lebenslagen in den Dörfern der DDR hauptsächlich auf der Literaturauswertung beruhen, konnten für die Analyse der sozialen Veränderungen seit 1989 die Ergebnisse dreier empirischer Projekte herangezogen werden. An zwei dieser Projekte war die Autorin maßgeblich beteiligt.

Als methodisch schwierig erweist sich die Analyse regionaler Unterschiede der Lebenslagen. Diese sollten an einem einheitlich in verschiedenen Gebieten erhobenen empirischen Material analysiert werden. Damit werden Fehler, die durch verschiedene Forschungsdesigns, beruhend auf unterschiedlichen Erkenntnisinteressen und daraus resultierenden Forschungsfragestellungen, verschiedenen methodischen Ansätzen und unterschiedlichen Erhebungszeitpunkten, begründet sein können, ausgeschlossen. Solche einheitlichen Datensätze sind selten. Zur Analyse regionaler Unterschiede wurde als 3. Untersuchung die Regionalbefragung der KSPW herangezogen

Auch die amtliche Statistik ist für die Analyse regionaler Unterschiede nicht ausreichend. Sie kann nicht hinreichend regional differenziert werden. Liegen bestimmte strukturelle Daten für die Landkreise meist noch vor, so kann innerhalb der Landkreise weder nach Stadt-Dorf noch nach unterschiedlichen Teilräumen unterschieden werden. Die einzelnen Landkreise sind aber teilweise sehr heterogen strukturiert. Strukturelle Heterogenitäten innerhalb eines Landkreises haben durch die Kreisgebietsreformen zugenommen.

Im folgenden werden die Forschungsdesigns der drei Projekte vorgestellt.

Auswirkungen der Wirtschafts- und Währungsunion auf die Beschäftigungssituation, Lebenshaltung und Versorgungslage ländlicher Haushalte in den neuen Bundesländern (FAL-Haushaltserhebung)

Das Forschungsprojekt wurde vom Institut für Strukturforschung der Bundesforschungsanstalt für Landwirtschaft Braunschweig-Völkenrode 1990/91 initiiert und gemeinsam mit vier ostdeutschen Partnern[3] durchgeführt. Die Erkenntnisse dieses Forschungsprojektes beruhen aus den Ergeb-

---

3 Bei der Befragung 1991 waren dies die Universitäten Rostock, Leipzig und Halle sowie die Hochschule Bernburg, in der 2. Befragungsrunde 1993 war anstatt der Universität Leipzig das ZALF Müncheberg beteiligt.

Veränderungen von Lebenslagen in ländlichen Räumen

nissen zweier Haushaltsbefragungen. Die erste Haushaltsbefragung fand im Herbst 1991 statt, die Folgeuntersuchung im Frühjahr 1993.

Ursprüngliches Ziel der Untersuchung war, den Verbleib von (ausscheidenden) Arbeitskräften aus der Landwirtschaft nachzuzeichnen. Diese Fragstellung wurde in der Zeit der Projektvorbereitung erweitert auf Aspekte der Veränderungen der ländlichen Infrastruktur und der Veränderungen der sozialen Lage in ländlichen Haushalten durch die Wirtschafts- und Währungsunion. Damit wurde verschiedenen Problemstellungen Rechnung getragen. Hauptsächlich war es die Tatsache, daß die ländlichen Räume und damit die Dörfer nicht ausschließlich von Arbeitskräften aus der Landwirtschaft bewohnt waren, und daß die Landwirtschaftlichen Produktionsgenossenschaften (LPGen) maßgeblicher Träger ländlicher Infrastruktureinrichtungen und des gesellschaftlichen Lebens in den Dörfern waren. Eng mit der Ausweitung der Forschungsfragestellungen im Zusammenhang stand auch das Problem des Zugangs zum Untersuchungsfeld.

Von Anbeginn war klar, daß die Fragestellungen nur mittels einer größeren Befragung beantwortet werden können, gab es doch über die interessierenden Aspekte kaum statistisches Material und ging es um die subjektive Sichtweise der Betroffenen.

Zielgruppe der Befragung war der ländliche Haushalt. Die Stichprobe wurde mit einem mehrstufigen Auswahlverfahren gezogen. Die 1. Stufe beinhaltete die Auswahl der Untersuchungsorte. In die Auswahl einbezogen waren Orte, die 1990 Sitz einer LPG Pflanzenproduktion waren, welche zu einer landwirtschaftlichen Kooperation gehörten, deren Umstrukturierung seit 1990 vom Institut für Betriebswirtschaft der FAL aus betriebswirtschaftlicher Sicht untersucht wurde. Diese Orte wurden nach Standortbedingungen, gemessen an den landwirtschaftlichen Produktionsbedingungen und regionalen Arbeitsmarktbedingungen, eingruppiert (Fink u.a. 1992: 6-7). Insgesamt waren vier Standorttypen[4] gebildet wurden. Je Standorttyp wurden vier Gemeinden zufällig ausgewählt. Einbezogen in die Befragung wurden dann die Dörfer, die zur jeweiligen Kooperation gehört haben. Diese Auswahl stellt eine Klumpenauswahl von Haushalten dar. Die in die Stichprobe aufzunehmenden Haushalte wurden von den Interviewern in der 2. Stufe nach einem Standard-Random ausgewählt. Je Haushalt sollte eine Zielperson im Alter zwischen 18 und 65 Jahren ermittelt werden (3. Stufe).

---

4   Im einzelnen waren dies:
    Typ 1: besserer landwirtschaftlicher Standort mit günstigen Arbeitsmarktbedingungen
    Typ 2: besserer landwirtschaftlicher Standort mit ungünstigen Arbeitsmarktbedingungen
    Typ 3: schlechterer landwirtschaftlicher Standort mit günstigen Arbeitsmarktbedingungen
    Typ 4: schlechterer landwirtschaftlicher Standort mit ungünstigen Arbeitsmarktbedingungen
    (Fink u.a. 1992: 6)

Angestrebt wurde eine Gesamtstichprobe von n = 1.000 Haushalten (je Untersuchungsstandort bedeutet dies 65 Haushalte), erzielt wurde in der 1. Befragungsrunde ein Stichprobengröße von n = 1.018 Haushalten und in der 2. Befragungsrunde eine Stichprobengröße von n = 1.110[5].

Innerhalb der 16 ausgewählten Standorten wurde die Befragung letztendlich an 15 Standorten in den Kreisen Rostock, Wismar, Röbel/Müritz, Gransee, Jüterbog, Riesa, Hainichen, Bitterfeld, Oschersleben, Sangerhausen, Zerbst, Wernigerode, Altenburg, Rudolstadt und Eisenberg durchgeführt.

Erstellt wurde für die 1. Befragungsrunde ein umfangreicher Fragebogen, dem je Haushaltsmitglied ein Personenfragebogen angefügt war. Dieser Fragebogen wurde für die 2. Befragungsrunde überarbeitet.

Inhaltliche Schwerpunkte des Fragebogens waren: die eigene Lebenssituation (insbesondere die berufliche Situation, Wohnsituation), Einstellungen und Einschätzungen (zu bestimmten Lebensbereichen und zum Wandel) sowie Fragen zum Haushalt und zu den anderen Haushaltsmitgliedern. Zur Einordnung der Ergebnisse in wirtschaftliche und soziale Entwicklungstendenzen der Region wurden parallel zur 2. Haushaltsbefragung Schlüsselpersonen (Kommunalvertreter und (potentielle) Arbeitgeber) anhand eines Leitfadens befragt.

Ländliche Lebensverhältnisse im Wandel 1952, 1972 und 1993/94 (Dorfprojekt)

Das Forschungsprojekt ist eine Gemeinschaftsarbeit von sieben über die gesamte Bundesrepublik verteilten Instituten[6] unter Koordination der Forschungsgesellschaft für Agrarpolitik und Agrarsoziologie e.V. Bonn (FAA, Koordinator: Dr. Heinrich Becker) und wurde vom Bundesministerium für Ernährung, Landwirtschaft und Forsten finanziert (Forschungsvorhaben HS BML 92 014). Innerhalb dieses Projektes wurden die Lebensverhältnisse in 14 Dörfern, zehn in den alten und vier in den neuen Bundesländern, untersucht. In den Dörfern der alten Bundesländer ist das Projekt eine Fortsetzungsuntersuchung. Hier waren bereits 1952 und 1972 die Lebensverhältnisse Gegenstand der Untersuchung. Diese zehn Untersuchungsorte sind in der jüngsten Auflage des Projektes durch vier weitere Orte in den neuen Bundesländern ergänzt worden.

Zentrale Bestimmungsfaktoren für die Auswahl der Orte in den neuen Bundesländern waren deren regionale Lage und die Größe, gemessen an der

---

5 Bei einer Analyse nach Klumpen (regionale Analyse) muß beachtet werden, daß nicht in allen Gemeindegruppen die angestrebte Interviewzahl erreicht wurde.
6 Aus den neuen Bundesländern waren das Institut für Sozioökonomie des ZALF Müncheberg und das Institut für Agrarökonomie und Agrarraumgestaltung der Martin-Luther-Universität Halle beteiligt.

Einwohnerzahl. Das erste Auswahlkriterium (Lage im Raum) leitete sich aus den in wissenschaftlichen und politischen Diskussionen vermuteten aktuellen und zukünftigen Entwicklungsproblemen bestimmter Regionen in den neuen Bundesländern ab. Als Ergebnis einer Diskussionsanalyse zwischen den beteiligten ostdeutschen Instituten und der FAA wurde die Auswahl auf periphere Lagen bezogen. Das zweite und auch zweitrangige Kriterium bei der Auswahl ging von der Überlegung aus, Dörfer unterschiedlicher Struktur in die Untersuchung einzubeziehen. Unterstellt wurde, daß in kleineren Orten der Landwirtschaft eine deutlich größere Bedeutung zukommt. Als eine Region wurde bewußt das sorbische Siedlungsgebiet in die Auswahl einbezogen, um die hier vermuteten Besonderheiten ländlichen Lebens in die Untersuchung einbeziehen zu können.

Die Dörfer selbst (Glasow im Kreis Pasewalk – heute Uecker-Randow, Mecklenburg-Vorpommern; Mildenberg im Kreis Gransee – heute: Oberhavel, Brandenburg; Kahlwinkel im Kreis Nebra – heute Burgenlandkreis, Sachsen-Anhalt und Ralbitz im Kreis Kamenz – heute: Großkreis Kamenz, Freistaat Sachsen) wurden dann zufällig, ohne vorherige persönliche Kenntnis, ausgewählt.

Den vielfältigen Verflechtungen, die heutiges Leben in Dörfern kennzeichnen, Rechnung tragend, wurden die 14 Orte als „Meßpunkte für die Entwicklung ländlicher Lebensverhältnisse" (Becker 1995) verstanden und richtete sich das Erkenntnisinteresse auch gerade auf überörtliche Zusammenhänge und mögliche parallele oder abweichende Entwicklungen in den Nachbarorten.

In dem Projekt wurden parallel zwei Ansätze verwirklicht, zum einen ist es ein ortsmonographischer Ansatz, zum anderen ist es das Verfolgen spezieller Forschungsthemen seitens der beteiligten Mitarbeiter(innen). Die beiden beteiligten ostdeutschen Institute konzentrierten sich dabei schwerpunktmäßig auf die besonderen Problemlagen in den ostdeutschen Dörfern. Bei der methodischen Umsetzung dieser beiden Ansätze kamen vier empirische Zugriffe auf das Forschungsfeld, die ein Mix aus qualitativen und quantitativen Methoden der empirischen Sozialforschung darstellen, zum Einsatz. Durchgeführt wurden:

1. leitfadengestützte Expertengespräche zur Entwicklung der Untersuchungsdörfer und der Region, zu möglichen Entwicklungsproblemen und im Osten, wo das Material der Vorläuferuntersuchungen fehlt, auch verstärkt zu geschichtlichen Aspekten insbesondere der Jahre seit 1945;
2. eine für die Orte repräsentative standardisierte Einwohnerbefragung (n = 2.433 insgesamt; n = 675 in den Ostdörfern) im Frühjahr 1994, in die die Spezialinteressen der beteiligten Institute eingingen, durchgeführt von den beteiligten Instituten, *face-to-face* Interviews;

3. qualitative Interviews zur Vertiefung der jeweiligen Forschungsvorhaben;
4. Validierungsrunden (Gruppendiskussion) in jedem Dorf mit von den Projektmitarbeitern jeweils ausgewählten „vor Ort"-Experten zur Überprüfung erster Untersuchungsergebnisse.

Projekt: KSPW-Regionalbefragung

Die KSPW-Regionalbefragung wurde Anfang 1993 parallel zur KSPW-Repräsentativumfrage in acht Stadtkreisen[7] (Rostock, Neubrandenburg, Brandenburg, Cottbus, Halle/Saale, Chemnitz, Zwickau und Erfurt) und neun Landkreisen (Rostock, Neubrandenburg, Brandenburg, Cottbus, Guben, Bitterfeld, Chemnitz/Zwickau und Erfurt) durchgeführt. Anwendung fand dasselbe Forschungsdesign wie bei der Repräsentativbefragung (Hoffmeyer-Zlotnik 1995: 287ff). Die Verteilung der Fälle nach Stadt- und Landkreisen gibt Tabelle 2 wieder. Für die Fragestellungen des Artikels stand ein Datensatz mit den 1.406 in den Landkreisen erhobenen Fällen zur Verfügung.

Aus der Sicht der hier diskutierten Forschungsfragen ist die KSPW-Regionalbefragung und der Datensatz mit einigen Problemen behaftet. Durch die Koppelung von Stadt- und Landkreis bei der Auswahl werden die ländlichen Räume durch Landkreise im unmittelbaren Umfeld eines urbanen Zentrums repräsentiert. Ein Teil der Ergebnisse dürfte von Suburbanisierungsprozessen überlagert sein. Die Probleme ländlicher Räume fernab von Zentren bleiben unberücksichtigt. Weitere Probleme fallen bei einer groben Analyse des Datensatzes auf. Es ist zum einen die Tatsache, daß einzelne Landkreise in der Stichprobe überrepräsentiert und andere unterrepräsentiert sind und zum anderen der Fakt, daß die jeweilige Anzahl der in verschiedenen Siedlungskategorien geführten Interviews innerhalb der Landkreise kaum die tatsächlichen Siedlungsverhältnisse „vor Ort" widerspiegeln.

Der Datensatz der Landkreise enthält sowohl in den Städten als auch in den Dörfern geführte Befragungen. Zur Unterscheidung von städtischen und ländlichen Räumen wurde in der Auswertung ein Hilfsindikator eingeführt. Als Dorf wird die Siedlungsgröße bis 1.999 Einwohner ausgewiesen. Dieser Hilfsindikator ist nicht unproblematisch, „vor Ort" können Siedlungen mit 2.000 Einwohnern durchaus städtische Prägung haben, genauso wie Ortschaften mit mehr als 2.000 Einwohnern ländlich geprägt sein können.[8]

---

7 Die Differenzen in den Angaben der in die Befragung einbezogenen Kreise ergeben sich folgendermaßen: die KSPW weist einige Landkreise als „Doppelkreise" aus, sie sind im Fall von Chemnitz/Zwickau auch einheitlich vercodet worden, während im Fall von Guben und Cottbus unterschiedliche Vercodungen verwandt wurden.
8 Die Einschätzung der Interviewer, ob es sich um ein dörfliches Gebiet gehandelt hat, wo der Befragte wohnt, erscheint nicht minder problematisch, da der subjektive Einfluß des Interviewers eine große Rolle spielen kann.

Veränderungen von Lebenslagen in ländlichen Räumen

4. Ländliche Räume und Dörfer in der DDR – strukturbestimmende Aspekte und Prozesse

4.1 Vorbemerkung I: Zur Datenlage

Die offizielle Darstellung des Lebens in den Dörfern der DDR war von zwei politischen Zielvorstellungen geprägt.
1. *Die Annäherung von Stadt und Land* (Groschoff 1984; Holzweißig u.a. 1985; Weidig 1988)
Unter dieser Grundannahme und politischen Zielsetzung der Überwindung aller wesentlichen Unterschiede zwischen Stadt und Dorf schienen aus der damaligen Sicht eine regional differenzierte Betrachtung und tiefgehende Analysen von Unterschieden fast überflüssig zu sein. Hinweise auf regionale Unterschiede finden sich stellenweise. Sie werden aber kaum hinsichtlich ihrer Ursachen analysiert.
Das Verständnis dieser politischen Zielstellung wandelte sich im Verlauf der DDR-Entwicklung. Wollte man in den 50er und 60er Jahren das Dorf zur Stadt werden lassen (Goldzamt 1973), so wurden in den 70er und 80er Jahren wesentlich mehr die Eigenständigkeit und Besonderheiten des Dorfes betont (Groschoff 1984; Holzweißig u.a. 1985).
2. *Das Bündnis der Arbeiterklasse mit der Klasse der Genossenschaftsbauern* (Krambach 1980: 61; Weidig 1988)
Durch die Bedeutung, die der Landwirtschaft in der DDR zugekommen ist (u.a. Autarkiebestreben, Selbstversorgungsgrad von möglichst 10% an landwirtschaftlichen Produkten) und dem Selbstverständnis eines Arbeiter- und Bauern-Staates gemäß wurde die Klasse der Genossenschaftsbauern als die Hauptkraft im Dorf gesehen.

Andererseits wurde in Forschungskonzeptionen der regionalen Differenziertheit der DDR Rechnung getragen, und gibt es Forschungsberichte und Graue Literatur, in denen Differenzierungen und Probleme in den Dörfern, innerhalb und zwischen den Regionen angesprochen werden (Gericke 1987; Süße u.a. 1987; Neubert 1988; Süße u.a. 1989; Krambach/Lötsch 1989). Die Themen von Forschungsarbeiten der DDR-Wissenschaftler zu Fragestellungen ländlicher Räume der DDR waren stark vom jeweilig herrschenden politisch-ideologischen Verständnis über die beiden politischen Zielsetzungen und sehr handlungsorientiert bzw. praxisbezogen geprägt.

Ein facettenreiches Bild des Lebens der Menschen in den Dörfern der DDR findet man in der Belletristik, so u.a. in Erwin Strittmatters „Ole Bienkopp" und Matthias Körners „Die Totenkeule".

Im folgenden wird versucht, mit Hilfe der vorhandenen Materialien ein differenziertes Bild der Lebenslagen in den Dörfern der DDR zu zeichnen. Dabei wird insbesondere auf Aspekte und Prozesse eingegangen, deren Kenntnis für das Verständnis gegenwärtiger Problemlagen in den Dörfern notwendig erscheint.

4.2 Demographische Entwicklung

Voraussetzung für die Stabilität und Entwicklung ländlicher Räume sind die Menschen, die dort leben. Die Angst vor der Entleerung der ländlichen Räume findet sich in der Literatur und der Diskussion immer wieder.

Bei der Betrachtung quantitativer Veränderungen der Bevölkerung werden in der Literatur zwei Ursachenkomplexe unterschieden: zum einen sind es sozial bedingte natürliche Faktoren (Fertilität, Mortalität, generatives Verhalten – zusammengefaßt als natürliche Bevölkerungsbewegung), zum anderen sind es Zu- bzw. Abwanderungen (Migrationsprozesse, Entleerung, Wohnstandortwahl, usw.) (u.a. Bundesministerium für Raumordnung, Bauwesen und Städtebau 1991: 15-26; Geißler 1992: 284-304; Henkel 1993: 37-55). Insbesondere Migrationsprozesse sind ein Indikator für die Akzeptanz der Lebensbedingungen vor Ort.

Der Bevölkerungsrückgang in den Dörfern der DDR war hauptsächlich durch Abwanderung und deren Sekundäreffekte (zunehmende Überalterung in bestimmten Regionen, weniger Geburten etc.) bedingt. „Vor allem die Bevölkerung von Gemeinden mit weniger als 10.000 Einwohnern und hierbei wieder ganz besonders die Gemeinden bis 200 Einwohner, also der Dörfer, migrierte. Relativ hohe Einwohnerverluste waren die Folge (90% dieser Verluste kamen durch Abwanderung zustande)" (Holzweißig u.a. 1985: 63-65; auch Neumann 1983: 235; Krambach/Lötsch: 1989). Diese Wanderungsbewegungen waren Land-Stadt-Wanderungen.

Die Bewertung der Migrationsprozesse seitens der Machthaber und Wissenschaftler der DDR wandelte sich im Verlauf der Entwicklung. In den 50er und 60er Jahren war „die Migration aus den Dörfern in Richtung Stadt zweifellos als ein notwendiger und auch progressiver Prozeß" (Müller 1985: 36) betrachtet worden. Unter dem Zeichen der 'extensiv erweiterten Reproduktion der Volkswirtschaft'[9] wurde eine Industrialisierungspolitik betrieben, die einer aktiven Strukturpolitik gleichkam. „Die Entwicklung der Industrie in ehemals zurückgebliebenen Gebieten entsprach der Zielsetzung eines Abbaus sozialer Unterschiede zwischen Stadt und Land." (Grundmann/Schmidt

---

9   Extensiv erweiterte Reproduktion bedeutet eine Ausweitung des Produktionsfeldes durch den Einsatz von mehr Arbeitskräften und Produktionsmitteln.

Veränderungen von Lebenslagen in ländlichen Räumen

1985: 119). Im Zuge dieser Politik kam es vor allem im strukturschwachen Norden der DDR zum Aufbau industrieller Zentren. Exemplarisch seien hier genannt: der Ausbau von Neubrandenburg zur Bezirksstadt, der Stahlstandort Eisenhüttenstadt, das Petrochemische Kombinat Schwedt und das Kernkraftwerk Greifswald (vgl. Grimm 1992: 4). Aber auch in anderen wenig industrialisierten Regionen wurden Industrien aufgebaut, z.B. das Textilkombinat in Leinefelde. Diese sich entwickelnden Zentren zogen verstärkt Menschen an, die vielfach aus den Dörfern der Region kamen. Hier liegt ein wesentlicher Unterschied zu gegenwärtigen Migrationsprozessen, die Menschen verblieben zumindest teilweise in der Region.[10]

Nicht nur der Aufbau der Industriezentren verursachte Migrationsprozesse aus den Dörfern. Für die späten 40er, 50er und den Beginn der 60er Jahre bis zum Bau der Mauer 1961 waren auch vollkommen anders bedingte Migrationsprozesse, die zum Teil als regelrechte Fluchtbewegungen gewertet werden können, kennzeichnend. Für viele Dörfer und Regionen war typisch:

1. die Abwanderung vieler Kriegsflüchtlinge, die zum Ende des 2. Weltkrieges in die Dörfer gekommen waren, Ziel dieser Wanderungsprozesse waren vor allem die wiederaufgebauten Städte und Zentren sowohl im Osten aber auch im Westen;
2. Fluchtbewegungen der durch die Bodenreform 1945/46 enteigneten Gutsbesitzer, Großagrarier und Bauern sowie ihrer Familien hauptsächlich in den Westen;
3. Fluchtbewegungen von Bauern, die die Ablieferungspflichten nicht erfüllen konnten (Fluchtbewegungen bis 1953) oder sich dem wachsenden Kollektivierungsdruck entziehen wollten (Fluchtbewegung in der 2. Hälfte der 50er Jahre), sowohl in den westlichen Teil Deutschlands, aber auch in andere Gebiete der DDR[11];
4. Fluchtbewegungen nichtbäuerlicher Dorfbewohner in den westlichen Teil Deutschlands. Diese Fluchtbewegungen waren z.T. politisch motiviert, aber auch der Wunsch nach besseren Lebensbedingungen veranlaßte die Menschen zu fliehen.

---

10 Im Hinblick auf das Ziel des Ausgleichs regionaler Unterschiede wurden Erfolge erreicht, aber die betriebene Förderung von Schwerpunktindustrien verstärkte gleichfalls regionale Disparitäten und brachte gleichzeitig neue Differenzierungslinien hervor. Die Förderung der Schwerpunktindustrien erfolgte komplex, d.h. neben Geldern für den Auf- und Ausbau der Betriebe gab es auch vermehrt Mittel für den Wohnungsbau, für Infrastrukturmaßnahmen, die Versorgung und kulturelle Angebote in den Gemeinden bzw. Kreisen, in denen die Industrien ansässig waren (vgl. Staritz 1985: 201-202; Ostwald 1990: 14-17).

11 Teilweise sind Bauern bei Ablieferungsschulden auch zum Verlassen ihres Hofes (devastierte Betriebe) und des Dorfes gezwungen worden.

Nach 1989 ergaben sich aus den unterschiedlich motivierten Migrationsprozessen für die Dörfer und die dort lebenden Menschen teilweise sehr verschiedene Problemlagen und Konfliktlinien im Hinblick auf Alteigentümer und deren Anspruchsberechtigung auf die zurückgelassenen Besitztümer.

Mit dem Übergang zur 'intensiv erweiterten Reproduktion der Volkswirtschaft'[12] Anfang der 70er Jahre, deren Ziel es war, die natürlichen, ökonomischen und sozialen Potenzen jedes Territoriums[13] voll auszuschöpfen, und vor allem unter dem Eindruck eines ständigen Arbeitskräftemangels in der Landwirtschaft (vgl. Grundmann/Schmidt 1985: 120; Weiß 1995: 117) wandelte sich die Bewertung der Migrationsprozesse. „In den Jahren 1971 bis 1981 hatten die Landgemeinden Bevölkerungsverluste von 535.500 Einwohnern bzw. 12,0%" (Grundmann/Schmidt 1985: 119). Aus empirischen Befunden zur Migration[14] erwuchs die Befürchtung der Entleerung ländlicher Räume.[15] Diese Angst kam vor allem in der in den 80er Jahren verstärkten Diskussion um die Zukunftsperspektiven eines jeden Dorfes[16] und die „Stabilisierung der Wohnbevölkerung im Dorf" (Holzweißig u.a. 1985) zum Ausdruck.

Einmal lassen sich die Migrationsprozesse als Land-Stadt-Wanderungen kennzeichnen. Doch auch regional betrachtet gab es Unterschiede im Migrationsverhalten. Von den Abwanderungsprozessen waren nicht alle Gebiete gleich betroffen. „Quellgebiete der Binnenmigration in der DDR waren bis zum Sommer 1989 vor allem 1. die Dörfer der agrarisch strukturierten Gebiete im Nordosten der DDR (Vorpommern), 2. das Ballungsgebiet Halle-Leipzig-Dessau, 3. die Städte ohne Bezirks- und Kreisstadtfunktion im Süden der DDR" (Grundmann 1994: 85). Unter den ländlichen Räumen der DDR waren also z.T. gerade die Räume von starken Migrationsverlusten betroffen, die ohnehin sehr dünn besiedelt waren. Damit verstärkten sich die Probleme für diese Regionen. Süße u.a. (1987) kommen bei ihrer Untersuchung zu „Jugend in kleineren und mittleren Dörfern" zu der Aussage, daß

---

12 Intensiv erweiterte Reproduktion bedeutet die Erhöhung des Wirkungsgrades der eingesetzten Produktionsmittel und Arbeitskräfte.
13 Im DDR-Sprachgebrauch wurde nicht von ländlichen Räumen sondern von Territorien gesprochen (vgl. Grundmann 1981).
14 Die Migration gehört zu den empirisch gut erforschten Bereichen innerhalb der DDR-Soziologie und -Geographie. Auch innerhalb der DDR-Agrarsoziologie nahm die Migration in den 70er und vor allem 80er Jahren einen herausragenden Stellenplatz ein (vgl. Themen wie „Sozialstruktur, territoriale Mobilität und soziale Beziehungen in ländlichen Gemeinden" (Krambach 1980) und „Jugend und Seßhaftigkeit im Dorf" (Müller/Schneider 1986).
15 In internen Berichten finden sich auch Hinweise auf aufgegebene Siedlungsstellen (z.B. Johr 1986: 7).
16 So heißt es im Bericht des ZK der SED am XI. Parteitag der SED (1986): „Für jedes (Dorf-K.Z.) ist auf der Grundlage von Ortsgestaltungskonzeptionen eine konkrete Perspektive auszuarbeiten" (Honecker 1986: 41).

Veränderungen von Lebenslagen in ländlichen Räumen   515

„die Siedlungen bis 100 Einwohner in den Agrargebieten des Nordens der DDR die perspektivisch gefährdetste Siedlungskategorie darstellt" (Süße u.a. 1987: 58; vgl. auch Weiß 1995). Siedlungen mit einer Einwohnerzahl bis 100 Einwohner waren zumeist Nebenorte. Die überproportionale Abwanderung aus diesen Orten weist auf die vergleichsweise schlechten Lebensbedingungen hin. Und, gerade in den Agrargebieten des Nordens war der Anteil der Bevölkerung in Landgemeinden bis 500 Einwohner überdurchschnittlich hoch (vgl. Tab. 1), was auch auf die regionale Konzentration schlechter Lebensbedingungen schließen läßt.

Folgen der Migrationsprozesse waren u.a. die Überalterung der Bevölkerung und ein ständiger Arbeitskräftemangel in der Landwirtschaft. Der Wohnungsbau, der hauptsächlich in den Hauptorten diesem Prozeß der Abwanderung entgegensteuern sollte, bewirkte nur partielle Erfolge (vgl. Rodewald 1994a: 343-345).

4.3 Arbeit als ein zentraler Faktor dörflichen Lebens

Arbeit gehört für die meisten Dorfbewohner zum Lebensalltag. War im Dorf der Vergangenheit hauptsächlich Haus-, Hof- und Feldarbeit[17] üblich und damit eine direkte Verbindung zwischen Arbeit und Leben im Dorf gegeben, so änderte sich dies im Verlauf der Industrialisierung. Erwerbsarbeit wurde nach und nach auch für die Dorfbewohner eine bestimmende Größe. Damit verbunden waren Umwälzungen in den sozialen Strukturen der Dörfer. Die bis in die 50er Jahre das Dorfbild prägenden landwirtschaftlichen und außerlandwirtschaftlichen Familienbetriebe wurden marginale Größen. Hatte sich durch die Bodenreform 1945/46 vielerorts die Anzahl Familienbetriebe erhöht, so kam es dann durch zwei politische Kampagnen quasi zu ihrem abrupten Ende: zum einen war das der Prozeß der LPG-Bildung vor allem in den Jahren 1958 bis zur Vollkollektivierung 1960. Zum anderen war es die endgültige Verstaatlichung vieler klein- und mittelständischer Betriebe 1972.[18]

Die Bedeutung der Erwerbsarbeit in den Dörfern der DDR wurde dadurch verstärkt, daß diesem Lebensbereich allgemein eine immens hohe Wichtigkeit zugeschrieben wurde. Zur Normalbiographie gehörte es, einer Erwerbsarbeit nachzugehen (vgl. Habich u.a. 1991: 20; Kohli 1994: 38ff).

---

17   Dies betraf nicht allein die Bauernhöfe sondern auch die Handwerksbetriebe. Auch die kleingewerblich-häusliche Textilproduktion (Protoindustrialisierung besonders in ländlichen Regionen im 18. Jahrhundert) beruhte auf familiärer Heimarbeit (vgl. Kaschuba 1990: 61).
18   Es hat in der DDR trotzdem private Familienbetriebe gegeben, auch in den Dörfern (Bäcker, Fleischer, usw.), doch strukturbestimmend waren sie seit den 60er Jahren nicht mehr. Oft war die Übernahme im Generationswechsel nicht gewährleistet, so daß diese Läden etc. langsam aus dem Dorfbild verschwanden.

Im erwerbsfähigen Alter (Männer: 18 bis 65 Jahre und Frauen: 18 bis 60 Jahre) keiner geregelten Erwerbsarbeit nachzugehen, wurde nur bei Arbeitsunfähigkeit aus gesundheitlichen Gründen und teilweise bei Frauen toleriert. Wer ansonsten im erwerbsfähigen Alter keiner geregelten Arbeit nachging, wurde de facto als Asozialer und Alkoholiker stigmatisiert. In Dörfern, mit in vielen Fällen „gläsernen" Biographien, d.h. vielfach „kennt jeder jeden" und viele Details einzelner Biographien waren dorföffentlich, gerade bei denjenigen, die von der sozialen Norm abwichen, wog eine derartige Stigmatisierung besonders schwer. Hier verlief also eine deutliche Differenzierungslinie im Dorf. Die Erwerbsarbeit hatte maßgeblichen Einfluß auf die Lebenslage.

Bei der Bedeutung, die der Erwerbsarbeit zukam, war der Anteil der Erwerbstätigen in den Dörfern entsprechend hoch. In den Untersuchungsdörfern des Dorfprojektes waren jeweils ca. 75% der befragten Dorfbewohner im Alter zwischen 18 und 75 Jahren 1989 erwerbstätig gewesen (Zierold 1995: Anhang). Die Erwerbsbeteiligung war nicht nur bei Männern hoch, auch Frauen gingen in der Regel einer Erwerbstätigkeit nach.

Die Erwerbstätigenstruktur der Dörfer war nur zum Teil durch die Beschäftigten in der Landwirtschaft geprägt. Integraler Bestandteil der Struktur der Dörfer waren die im Dorf beschäftigten Mitarbeiter(innen) in den sozialen Infrastruktureinrichtungen, aber auch die Erwerbstätigen in sonstigen lokalen Betrieben, Betriebsteilen etc.. Besonders die Infrastruktureinrichtungen (Konsum, Post, Kindergarten, Dorfkneipe etc.) erfüllten wichtige kommunikative Funktionen und waren zentrale Punkte der Dörfer. Die Arbeitsplätze hier waren zumeist Frauenarbeitsplätze, da sie die Koordination von Familienarbeit und Erwerbsarbeit erlaubten.

Andererseits gab es in der Erwerbstätigenstruktur aber auch einen je nach Region und Ort differierenden Anteil an Arbeitspendlern. Dies betrifft neben dem nichtlandwirtschaftlichen Bereich auch die Arbeitskräfte in der Landwirtschaft. Sie mußten nicht unbedingt im eigenen Dorf arbeiten. Für die Arbeitskräfte in der Pflanzenproduktion waren oftmals wechselnde Arbeitsorte kennzeichnend. In den Dörfern lebten aber nicht nur Auspendler, die wirtschaftliche Struktur war gerade in größeren Orten auch von Einpendlern gekennzeichnet. Schon an dieser Vielfalt zeigt sich, daß Dörfer keinesfalls autarke soziale Gebilde waren. Die Verflechtungen über die Dorfgrenzen hinaus waren mannigfach.

Der prozentuale Anteil der in der Landwirtschaft Beschäftigten war regional sehr verschieden (vgl. Tab. 1). Die Typisierung in nördliche, mittlere, südliche und südwestliche Räume verdeutlicht, daß vor allem die ländlichen Räume im Norden agrarisch strukturiert waren, wobei auch hier ein Teil der Dorfbewohner ihren Arbeitsplatz außerhalb der Landwirtschaft hatte.

Veränderungen von Lebenslagen in ländlichen Räumen

In den empirischen Erhebungen von Jahns (1987) wurde in den untersuchten Dörfern des Kreises Strasburg (agrarisch strukturiertes Gebiet in Vorpommern) ein Anteil von nichtlandwirtschaftlich Erwerbstätigen von 45 und 60% ermittelt und in den Dörfern des Kreises Geithain (industriell strukturiertes Gebiet in Sachsen) von 55 bis 83%. Unter diesen nichtlandwirtschaftlich Erwerbstätigen nahmen die Auspendler einen herausragenden Platz ein, ihr Anteil schwankte in den untersuchten Dörfern des Kreises Geithain zwischen 65% und 86% und des Kreises Strasburg zwischen 29 und 100% (Jahns 1987: 28). Aus diesen Ergebnissen wird ersichtlich, daß die Dörfer bzw. Regionen im Süden der DDR vielfältiger strukturiert waren als die im Norden. 100% Auspendler im nichtlandwirtschaftlichen Bereich bedeutet, daß es in diesem Dorf /diesen Dörfern außer Landwirtschaft keine Arbeitsplätze gegeben hat. Hier gab es demzufolge auch keinen Konsum, keine Kneipe etc..

Aber nicht nur regional unterschied sich der Anteil in der Landwirtschaft Beschäftigter sehr stark, sondern auch innerhalb einer Region (z.B. eines Kreises) gab es von Dorf zu Dorf teilweise erhebliche Unterschiede im Anteil Arbeitskräfte in der Landwirtschaft, wie die zitierten Ergebnisse von Jahns (1987) belegen. Eine Differenzierungslinie gab es hier zwischen den Hauptorten und den Nebenorten. In der Untersuchung von Krambach/Lötsch u.a. (1989) wurde für die Hauptorte ein Anteil an Berufstätigen[19] in der Land- und Forstwirtschaft zwischen 37,2% im Bezirk Neubrandenburg, 40,2% im Bezirk Dresden und 41,6% im Bezirk Karl-Marx-Stadt ermittelt, für die Nebenorte ein Anteil von 51,1% im Bezirk Neubrandenburg, 47,4% im Bezirk Dresden und 61,8% im Bezirk Karl-Marx-Stadt (Krambach/Lötsch 1989: 27).

Wesentliche Unterschiede in den Lebenslagen zwischen den Dorfbewohnern bestanden nach der LPG-Bildung[20] zwischen denjenigen, die in der Landwirtschaft und denjenigen, die außerhalb der Landwirtschaft gearbeitet haben. Dafür lassen sich verschiedene Gründe anführen.

Die Arbeitsbedingungen in der Landwirtschaft der DDR waren verglichen mit denen anderer Branchen vielfach schlecht, hart und schwer (Neubert 1988; Jürgens/Braemer o.J.). Oft waren sie trotz aller Industrialisierungstendenzen und Verbesserungen im Verlauf der Entwicklung durch einen hohen Anteil an Handarbeit geprägt. In den Bereichen mit hohem Handarbeitsanteil waren zumeist Frauen zu finden, so daß hier auch eine geschlechtsspezifische Differenzierung festzustellen ist (Fink u.a 1994).

---

19 Bezogen auf den Anteil aller Berufstätiger je Siedlungstyp.
20 Möglicherweise bestanden auch davor lebenslagenrelevante Unterschiede zwischen der Arbeit in und außerhalb der Landwirtschaft, dies soll hier aber nicht Gegenstand der Betrachtung sein.

Diesen Bedingungen zu entkommen, wurde von einigen als sozialer Aufstieg empfunden. Gerade die Kinder von Bauern, die vor der Kollektivierung selbständig waren, erlernten, oft auch auf Anraten der Eltern, Berufe außerhalb der Landwirtschaft.[21]

Ein weiterer Faktor für eine Differenzierung zwischen den Beschäftigten inner- und außerhalb der Landwirtschaft liegt in den besonderen Produktionsbedingungen des Agrarsektors begründet. Die Arbeit in der Landwirtschaft hatte, trotz aller großräumlichen Strukturen der DDR-Landwirtschaft, oftmals Verbindungen zum Dorf und verlief unter weit weniger anonymen Bedingungen, als die Arbeit anderswo. Über die Arbeit in der Landwirtschaft war in der Dorföffentlichkeit im allgemeinen mehr bekannt, auch darüber, wer den Arbeitsansprüchen genügte und wer nicht, als über die Arbeit woanders.

Aber nicht nur für die Beschäftigten in der Landwirtschaft galt, daß über ihre Tätigkeit viel bekannt war. Dies war auch bei denjenigen der Fall, die im Dorf in anderen Branchen ihre Arbeitsstelle hatten.

4.4 Exkurs: Zur Bedeutung der Landwirtschaft für die Dörfer

Die Landwirtschaft hatte im gesellschaftlichen System der DDR einen wesentlich größeren Stellenwert als sie heute besitzt (Rempel u.a. 1989; Ostwald 1990: 76ff). Ihre Bedeutung in den Dörfern begründete sich nicht allein durch das regionale und lokale Arbeitsplatzangebot.

Die Landwirtschaft der DDR war nach Abschluß der Kollektivierung durch zwei Organisationsformen geprägt: durch Landwirtschaftliche Produktionsgenossenschaften (LPG) und durch Volkseigene Güter (VEG). Der wesentliche Unterschied zwischen den beiden Organisationsformen lag in der Eigentumsform. In den LPGen bestand genossenschaftliches, in den VEG staatliches Eigentum. Während der DDR-Zeit war dieser Unterschied für die Menschen kaum von Bedeutung. Doch nach 1989 wurde er plötzlich zu einem ganz bedeutenden Faktor für die Zukunftsperspektiven der Unternehmen und damit auch der dort arbeitenden Menschen. Neben den LPGen und VEG existierten auch einige Einzelbauern weiter. Diese waren strukturell nicht von Bedeutung (Paasche 1988: 21).

Die Volkseigenen Güter waren im Zuge der Bodenreform entstanden (Spengler 1994: 1). Sie wurden als „Stützpunkte der Arbeiterklasse auf dem Lande" verstanden und als solche zu Musterbetrieben entwickelt, die meist

---

21 Dafür gab es neben den Arbeitsbedingungen in der Landwirtschaft vielfältige andere Motivationen, die hauptsächlich in dem Prozeß der LPG-Bildung/Kollektivierung zu suchen sind (vgl. nächsten Abschnitt). Hier spielten auch Protesthaltungen gegen die DDR-Agrarpolitik eine Rolle.

Veränderungen von Lebenslagen in ländlichen Räumen 519

überregionale Bedeutung hatten (Saatzucht, Viehzucht). Auf eine weitere Betrachtung des historischen Entwicklungsprozesses der VEG muß im folgenden verzichtet werden. Da die LPGen für weitaus mehr Dörfer unmittelbare Bedeutung hatten und sich gerade mit dem Prozeß der LPG-Entwicklung viele Problemlagen nach 1989 verbinden, wird verstärkt auf diese Entwicklung eingegangen.[22]

Im Hinblick auf die Thematik „Lebenslagen in ländlichen Räumen, deren Wandel und gegenwärtige Problemlagen in den Dörfern" sollen die Bedeutung der Landwirtschaft und Aspekte der Entwicklung der landwirtschaftlichen Betriebe während der DDR-Zeit unter zwei Fragestellungen angerissen werden:

- Welche Bedeutung hatten die landwirtschaftlichen Betriebe insbesondere in den Jahren nach der Kollektivierung für das Leben in den Dörfern?
- Welche Bedeutung kommt der Entwicklung der landwirtschaftlichen Betriebe, insbesondere den LPGen, für gegenwärtige Differenzierungen und Konfliktlagen in den Dörfern zu?

Zur Beantwortung dieser Fragen werden folgende vier Themenbereiche diskutiert:

- die LPG-Entwicklung,
- die Differenzierungen innerhalb der Mitglieder und Arbeitskräfte der LPGen,
- die Bedeutung der landwirtschaftlichen Betriebe für die Dörfer,
- die Bedeutung der individuellen Hauswirtschaften und sonstiger landwirtschaftlicher Kleinproduktion.

Die Bodenreform von 1945/46 hat für gegenwärtige Konflikte in einigen Dörfern auch Bedeutung. Sie hatte zur ersten großen Umwälzung der sozialen Strukturen in den Dörfern der sowjetischen Besatzungszone geführt. Aus Platzgründen kann auf diesen Prozeß nicht konkreter eingegangen werden.

4.4.1 Die LPG-Entwicklung

Die Herausbildung von LPGen und deren Entwicklungsprozeß stellt sich im nachhinein als ein äußerst vielgestaltiger, heterogener Prozeß dar.[23] Es gibt

---

22 1989 existierten auf dem Gebiet der DDR: 464 VEG, 3.844 LPGen, 2 KAP (Kooperative Abteilung Pflanzenproduktion), 199 GPG (Gärtnerische Produktionsgenossenschaft) und 169 ZBE T (Zwischenbetriebliche Einrichtung Tierproduktion) (Statistisches Amt d. DDR 1990: 212).

23 In der Darstellung der Entwicklung wird keinesfalls der Anspruch auf Vollständigkeit und Beachtung jedes möglichen Details erhoben. Es soll keine politische Wertung der Prozesse vorgenommen werden, sondern in einem soziologischen Sinne herausgearbeitet wer-

keine einheitliche Geschichte dieses Prozesses auf Ortsebene (Becker 1995: 37; Rodewald 1994a u. 1994b; Zierold 1994a u. 1994b).

Für den Prozeß der Herausbildung von LPGen in den 50er Jahren lassen sich zwei Phasen charakterisieren. Mit dem Beschluß der 2. Parteikonferenz der SED 1952 wurden DDR-weit erste LPGen gegründet. Dies geschah durchaus von einigen freiwillig oder unter ökonomischen Zwang und sicher teilweise auch in der Überzeugung, mit diesem Prozeß den richtigen, den fortschrittlichen Weg zu beschreiten.[24] (Gründungs-)Mitglieder waren vielfach leistungsschwache Bauern. Insbesondere betraf dies Klein-und Neubauern[25], die mit ihrer Landwirtschaft überfordert waren. Die LPGen wurden staatlicherseits vielfach bevorzugt behandelt. Dies galt für das Ablieferungssoll[26], aber auch in der Zuteilung von Kapazitäten an Betriebsmitteln, Technik etc.. So hatten die Maschinen-Traktoren-Stationen (MTS) bevorzugt für die LPGen zu arbeiten. Die LPGen bekamen auch das Land der Betriebe, die verlassen wurden bzw. die als devastiert eingestuft wurden waren.[27]

Nach einer ersten Gründungswelle von LPGen 1952/53 stagnierte die LPG-Bildung bis in die 2. Hälfte der 50er Jahre. Die Mittel- und Großbau-

---

den, wo Ursachen heutiger Probleme im Zusammenhang mit der LPG-Entwicklung zu suchen sind (vgl. zur Thematik: Krebs 1989; Bauerkämper 1994).

24 Vgl. dazu die Darstellung in „Ole Bienkopp" von E. Strittmatter.
25 Kleinbauern hatten bis zu 5 ha Landwirtschaftliche Nutzfläche (LN). Neubauern waren all diejenigen, die im Zuge der Bodenreform 1945/46 Land erhalten hatten.
26 „Nach 1945 bestand für alle landwirtschaftlichen Produkte ein Ablieferungssoll, das jährlich per Verordnung neu geregelt wurde. Dieses Ablieferungssoll war je nach Betriebsgröße progressiv gesteigert, so daß größere Betriebe mehr je Hektar bzw. je Tier abzuliefern hatten, als kleinere Betriebe. Von der Regierung wurden Bezirksdurchschnittsnormen für die einzelnen Betriebsgrößenklassen erarbeitet, die wiederum durch die Räte der Kreise in Gemeindedurchschnittsnormen aufgeschlüsselt wurden. Die Festlegung der Höhe der Pflichtablieferung für den Einzelnen lag beim Rat der Gemeinde. Als beratendes Organ waren auf der jeweiligen administrativen Ebene Differenzierungskommissionen entstanden. Entscheidend war, daß im jeweiligen Durchschnitt (auf Bezirks-, Kreis- und Gemeindeebene) die entsprechende Norm erreicht wurde (Verordnung über die Pflichtablieferung und den Ankauf landwirtschaftlicher Erzeugnisse für das Jahr 1953 vom 22. Januar 1953; Klemm 1985: 171)" (Zierold 1994a: 391). Die LPGen bekamen meist geringere Auflagen als Einzelbauern gleicher Größe. bei verspäteter Ablieferung oder Nichtablieferung wurde weniger streng gegen sie vorgegangen.
27 Nach der „Verordnung zur Sicherung der landwirtschaftlichen Produktion und der Versorgung der Bevölkerung" vom 19.2.1953 konnte den Besitzern landwirtschaftlicher Betriebe, die Ablieferungsschulden hatten, die weitere Bewirtschaftung ihres Grundbesitzes untersagt werden. Die Betriebe wurden als devastiert erklärt. Ihr Grundbesitz kam in die Verwaltung des Rates des Kreises und wurde von diesem entweder der ortsansässigen LPG (wenn vorhanden) oder der Gemeinde (dann erfolgte die Gründung eines Örtlichen Landwirtschaftlichen Betriebes (ÖLB)) zur Bewirtschaftung überlassen. Entsprechend zweier Verordnungen vom 11. Juni 1953 konnten devastierte landwirtschaftliche Betriebe zurückerhalten werden.

Veränderungen von Lebenslagen in ländlichen Räumen 521

ern[28] warteten ab, die Erfolge der LPGen konnten oftmals nicht überzeugen. Erst unter massivstem politisch-agitatorischem Druck und Zwang bildeten sich in den Jahren 1958 bis 1960 neue LPGen bzw. traten die Bauern bereits bestehenden LPGen bei. Dieser Prozeß der Vollkollektivierung wurde im Frühjahr 1960 abgeschlossen.

Es gab insgesamt drei LPG-Typen, die sich im Grad der Vergenossenschaftlichung unterschieden. In der LPG Typ I wurde nur das Ackerland gemeinsam bewirtschaftet. Landwirtschaftliche Arbeitsmittel, Zugkräfte und Vieh blieben individuelles Eigentum. In der LPG Typ II wurden neben dem Ackerland auch die Zugkräfte und Maschinen in die Genossenschaft eingebracht. Dieser Typ hatte kaum Bedeutung (Klemm 1978: 194). In der LPG Typ III wurde der gesamte landwirtschaftlich genutzte Boden, Maschinen und Geräte sowie Produktionsanlagen und das gesamte Zucht- und Nutzvieh gemeinsam bewirtschaftet. Dieser Typ galt gemeinhin als der fortschrittlichste. Vor allem von den Mittel- und Großbauern wurde der LPG Typ I bevorzugt, in dem nur der Boden gemeinsam bewirtschaftet wurde, das Vieh aber in den heimischen Ställen blieb.

Nach dem sogenannten „sozialistischen Frühling in der Landwirtschaft der DDR 1960" gab es keineswegs Stillstand in der Entwicklung. Es kam zur Zusammenlegung von LPGen, vor allem in Dörfern, wo sich mehrere LPGen gegründet hatten (vor allem 60er Jahre), dann kam es zur Trennung von Pflanzenproduktion und Tierproduktion (vor allem 70er Jahre, Phase der Spezialisierung und Intensivierung), die dann auf „höherer Stufe" in Kooperationen[29] wieder zusammengeführt wurden (80er Jahre). In diesem Spezialisierungsprozeß wurde der Pflanzenproduktion das Primat eingeräumt.

Für die Menschen, die Genossenschaftsbauern und die Arbeiter in der Landwirtschaft war damit ein häufiger Wechsel des Arbeitsplatzes, der Arbeitsstelle und des Arbeitsortes verbunden. Die Frage, wer dabei aus welchen Gründen in welchen „Betrieb"[30] wechselte, läßt sich im nachhinein kaum noch beantworten. Eine Rolle haben u.a. die eigenen Interessen, der Arbeitsplatz, an dem der/diejenige eingesetzt war, die Ausbildung, aber auch persönliche Beziehungen und vor allem das Geschlecht gespielt. Frauen arbeiteten häufiger in der (handarbeitsintensiven) Tierproduktion während die Männer die Arbeit in der mechanisierten und vom Ansehen prestigeträchtigeren Pflanzenproduktion bevorzugten. Ein weiterer Grund für die geschlechtsspezifische Teilung war auch die geregeltere Arbeitszeit in der

---

28 Als Mittelbauern galten Höfe mit 5 bis 20 ha LN, als Großbauern Höfe über 20 ha LN.
29 Zu den Kooperationen vgl. die Ausführungen zum FAL-Haushaltsprojekt.
30 Unter „Betrieb" werden hier alle Varianten landwirtschaftlicher Betriebsorganisationen (LPGen, Zwischenbetriebliche Einrichtungen (ZBE), Kreisbetriebe für Landtechnik (KfL), VEG, Zwischenbetriebliche Bauorganisationen (ZBO), etc. verstanden, die es im Verlauf der Entwicklung gab.

Tierproduktion, die die Vereinbarkeit von Erwerbsarbeit und Familienarbeit gewährleistete.

Die häufigen Umwandlungen der Landwirtschaftsbetriebe und die damit verbundenen Arbeitsplatzwechsel wirkten sich im Prozeß der Umstrukturierung und Vermögensauseinandersetzung nach 1989 für einen Teil der Genossenschaftsbauern persönlich nachteilig aus. Dies soll an zwei Fakten verdeutlicht werden: Die Genossenschaftsmitglieder, die Boden und Inventarbeitrag eingebracht hatten, konnten nicht mehr verfolgen, in welchem Betrieb ihr Boden- und Inventarbeitrag in der Bilanz verzeichnet war. Unter DDR-Verhältnissen war dies auch bedeutungslos, doch in der Vermögensauseinandersetzung nach 1989 wurde es wesentlich. Nur wenn der entsprechende Betrieb vermögend war, konnten die berechtigten Forderungen der Boden- und Inventareinbringer erfüllt werden. Dies leitet zum zweiten Fakt über: Im Verlauf ihrer Entwicklung hatten die LPGen sehr unterschiedlichen wirtschaftlichen Erfolg. Es gab sehr erfolgreiche LPGen (vielfach als Musterbetriebe bezeichnet), die vermögend waren, es gab das Mittelmaß und es gab wirtschaftlich schwache LPGen. Diese unterschiedlichen Entwicklungen waren vielfältig bedingt. Völlig unterschiedlich wirtschaftende LPGen waren auch innerhalb einer Kooperation zu finden. (Zierold 1994a: 400; Zierold 1994b: 492).

4.4.2 Die Differenzierungen innerhalb der Mitglieder und Arbeitskräfte der LPGen

Staritz hat die im Zuge der gewaltigen Umwälzungen der Sozialstruktur der Dörfer entstandene Klasse der Genossenschaftsbauern treffend als soziales Amalgam bezeichnet (Staritz 1985: 126).

Im Prozeß der Kollektivierung war die Mitgliedschaft in der LPG an das Einbringen von Boden- und Inventarbeiträgen gebunden. Mit der Zeit wurden Mitglieder in die LPGen aufgenommen, die keinen Inventarbeitrag zu leisten brauchten, die keinen Boden mehr einbrachten, die teilweise nicht mehr aus den Dörfern des Kooperationsbereiches stammten. Auch Arbeitskräfte, die keine Mitglieder der Genossenschaft wurden, hat es gegeben. Hier wirkte sich der ständige Arbeitskräftemangel in der Landwirtschaft aus. Infolge dieses Mangels wurden verschiedene Maßnahmen initiiert, um vor allem junge Arbeitskräfte anzulocken. Zu diesen Maßnahmen gehörten der Wohnungsbau, die Berufslenkung, in der Jugendlichen eine Ausbildung in der Landwirtschaft angeraten wurde, die Absolventenlenkung, durch die Absolventen landwirtschaftlicher Bildungseinrichtungen in Gebiete mit Arbeitskräftemangel geschickt wurden, und die FDJ-Initiative Tierproduktion, durch die leistungsschwache LPGen der Tierproduktion personelle Unterstützung erhielten. Regional betrachtet litt der Norden stärker unter dem Arbeitskräftemangel.

Spätestens in den 80er Jahren dürften Mitglieder ohne Boden- und Kapitalanteile, zumindest unter den mitarbeitenden Mitgliedern[31] in vielen LPGen zahlenmäßig überwogen haben (Krambach u.a. 1995: 32). Damit differenzierte sich die heterogene „Klasse der Genossenschaftsbauern" weiter aus. Dies führte insbesondere nach 1989 zu erheblichen Interessenkonflikten in einzelnen LPGen.

In den LPGen waren nicht nur Arbeitskräfte in der Primärproduktion beschäftigt. Zunehmend gab es personell gut ausgebaute andere Bereiche wie Werkstätten, Aufbereitungs- und Verarbeitungsanlagen, soziale Einrichtungen und die Leitung und Verwaltung. In den Anforderungen und Arbeitsbedingungen gab es teilweise eine deutliche Differenzierung zwischen denjenigen, die in der Produktion arbeiteten und denjenigen, die in der Verwaltung arbeiteten (Zierold 1995: 98). Vor allem in den LPG P (Pflanzenproduktion), in denen meist ein weitaus größerer Verwaltungsaufwand betrieben wurde als in den LPG T (Tierproduktion), gab es nach den persönlichen Erfahrungen der Autorin oft Querelen zwischen denen, die im Büro gearbeitet haben und denen, die im Feldbau bzw. in der Verarbeitung tätig waren. Gegenseitig wurde sich unterstellt, nicht ordentlich zu arbeiten, diejenigen im Büro neideten denjenigen im Feldbau die bevorzugte Versorgung mit knappen Gütern während der Ernte, diejenigen im Feldbau neideten denjenigen im Büro die Möglichkeit, Besorgungen während der Arbeitszeit zu erledigen.

Auch eine deutliche geschlechtsspezifische Segregierung hat es in den LPGen gegeben. Frauen in der Pflanzenproduktion waren vorrangig in der Verwaltung, in den Nebenbereichen wie Küche, Kantine etc. und als Handarbeitskräfte im Feldbau beschäftigt. Die Handarbeitskräfte waren oftmals Saisonarbeitskräfte. Frauen in der Tierproduktion arbeiteten vorrangig im Stall. Die Frauen in der Produktion verrichteten häufiger Handarbeiten, die körperlich anstrengend waren, dafür aber schlechter bezahlt wurden, als die Tätigkeiten der Männer (Neubert 1988: 5-6; Fink u.a. 1994: 213; Zierold 1995: 98).

Der Bereich, in dem jemand in der LPG gearbeitet hatte, war bei der Umstrukturierung der Unternehmen nicht unwesentlich für den Erhalt des Arbeitsplatzes bzw. einen beruflichen Neuanfang in einem anderen Unternehmen. Er bestimmte maßgeblich die Startchancen (Zierold 1995: 98).

---

31 Das Erreichen des Rentenalters beendete die Mitgliedschaft in den LPGen nicht. Daher gab es fortschreitend immer mehr Mitglieder im Rentenalter in den LPGen.

4.4.3 Die Bedeutung der landwirtschaftlichen Betriebe für die Dörfer

Als in Dörfern angesiedelte Unternehmen hatten die LPGen bzw. VEG große Bedeutung für die Entwicklung der Dörfer und damit auch direkt für die Lebensbedingungen aller Dorfbewohner (Parade 1988; Feldmann u.a. 1993: 111). Über 88% der Befragten in der 1. Befragungsrunde des FAL-Haushaltsprojektes sagten aus, daß die LPGen vor der Wirtschafts- und Währungsunion eine wichtige Rolle für die Gestaltung der Lebensbedingungen am Wohnort spielten (Fink u.a. 1992: 30).

Die Beziehungen zwischen der Gemeinde und der LPG waren vielfältig. Oftmals war entweder der LPG-Vorsitzende oder ein anderes Mitglied der Leitung bzw. des Vorstandes Gemeindevertreter. Es gab Dörfer, in denen der LPG-Vorsitzende auf Grund seiner ökonomischen Stellung mehr Macht und Einfluß hatte, als der Bürgermeister.

Die Unterstützungsleistungen der landwirtschaftlichen Betriebe für die Gemeinden umfaßten viele Bereiche und reichten von finanziellen Mitteln sowohl für kulturelle und soziale Zwecke als auch für Bauvorhaben bis zur Bereitstellung von Sachmitteln (Material und Technik) und Arbeitskräften. Die Beziehungen waren in vielen Fällen vertraglich durch Kommunalverträge geregelt (Parade 1988: 55ff).

Mit der Vergrößerung der LPG-Einheiten (Phase der Spezialisierung) und der damit parallel laufenden Vergrößerung der Schlageinheiten (Feldbau) gingen vielfältige Maßnahmen des landwirtschaftlichen Straßen- und Wegebaues einher. Diese Straßen und Wege wurden und werden von allen Dorfbewohnern gern als Abkürzungsstrecken genutzt. Im Volksmund werden sie heute noch vielerorts KAP- oder LPG-Straßen genannt.

Doch auch andere LPG-Bauten hatten eine über die Belange des Betriebes hinausgehende Bedeutung, so wurden Kantinen auch für Dorfversammlungen und Dorffeste genutzt, „hüpfte" die Gymnastikgruppe nach Feierabend im Speisesaal etc. Mancherorts entstanden Kulturhäuser, in denen Veranstaltungen mit teilweise überregionaler Bedeutung stattfanden. Die LPG-Verwaltungsgebäude, die meist mit Lagerhallen und/oder Stallanlagen etc. verbunden waren, entwickelten sich zu neuen kommunikativen Zentren in den Dörfern. Die LPGen unterstützten nicht nur Dorffeste, sie organisierten auch selbst vielfältige Feste und Kulturveranstaltungen, die nicht nur den dort Beschäftigten offenstanden, sondern sich vielerorts zu Dorffesten mit teilweise überlokaler Bedeutung entwickelten.

Doch auch im Umfang der Unterstützung, den die LPGen für die Dörfer gaben, zeigen sich gerade innerhalb der Kooperationen erhebliche Differenzen. Von Bedeutung war vor allem, in welchem Ort die LPG P aber auch die

Veränderungen von Lebenslagen in ländlichen Räumen   525

LPG T ihren Standort hatten.[32] In diesen Orten geschah tendentiell mehr. Hier zeigt sich einmal mehr die Differenzierung zwischen Hauptorten und Nebenorten. Und: Trotz der dargestellten vielfältigen Beziehungen der LPGen mit den Dörfern sind sie keinesfalls mit den Dörfern gleichzusetzen.

4.4.4 Die Bedeutung der individuellen Hauswirtschaften und sonstiger landwirtschaftlicher Kleinproduktion

Genossenschaftsmitglieder, Beschäftigte in den LPGen und Beschäftigte in den VEG durften jeweils bis zu 0,25 ha pro Person und bis zu 0,5 ha pro Familie an landwirtschaftlicher Fläche selbst bewirtschaften, hinzu kamen teilweise recht große individuelle Viehhaltungen. Die individuellen Hauswirtschaften wurden durch die landwirtschaftlichen Betriebe materiell unterstützt (Deputat, Bereitstellung von Maschinen etc.). „1985 wurden in der DDR 629.920 ha landwirtschaftliche Nutzfläche (LN) durch Kleinstproduzenten genutzt, das entsprach 10,1% der LN der DDR" (Paasche 1988).

Die Bedeutung der individuellen Hauswirtschaften war – ähnlich der Bedeutung der Landwirtschaftsbetriebe – für die Dörfer vielschichtig. Im Erscheinungsbild bewahrten die Dörfer durch die individuellen Hauswirtschaften ihren ländlich-landwirtschaftlichen Charakter. Für die ehemaligen Bauern bestand durch die individuelle Hauswirtschaft weiterhin eine Beziehung zu ihrem Hof.

Doch die weitaus größte Bedeutung hatten die individuellen Hauswirtschaften für die Erwirtschaftung eines zusätzlichen Einkommens. Vor allem diese zusätzlichen Einkommen versetzten die Genossenschaftsbauern aber auch andere Dorfbewohner, die nebenbei eine landwirtschaftliche oder gärtnerische Kleinstproduktion betrieben, in die Lage, ihre Gehöfte zu erhalten bzw. sich Eigenheime zu bauen.

Eine weitere, nicht zu unterschätzende Bedeutung hatten die individuellen Hauswirtschaften für die Selbstversorgung aber auch für das staatliche Aufkommen einzelner Produkte (Kleintierhaltung, Obstproduktion etc.) (Lorenz 1993: 3).

4.5 Eigentum und Einkommen

War das Eigentum in seiner sozialen Bedeutung als Quelle von Besitzstandstiteln und Macht de facto in der DDR fast ausgeschaltet, so hatte es in den Dörfern trotzdem noch einen anderen Stellenwert als in den Städten. Die Wohnverhältnisse in den Dörfern waren vielerorts von einem hohen pro-

---

32 Auch die Standortentscheidungen sind vielerorts nicht nachzuzeichnen.

zentualen Anteil an Eigentum geprägt (Schäfer u.a. 1992: 119). Krambach/Lötsch u.a. ermittelten in der Untersuchung zur Sozialstruktur und Lebensweise in Städten und Dörfern für die Hauptorte einen Anteil 48,2% und für die Nebenorte einen Anteil von 51,5% an selbstgenutztem Hauseigentum (Krambach/Lötsch 1989: 85).[33] Hierzu zählen sowohl die alten Bauerngehöfte als auch neu entstandene Eigenheimsiedlungen. Gerade letztere wurden oft mit erheblicher finanzieller und materieller Unterstützung durch die LPGen und VEG errichtet. Der Eigenheimbau in den Dörfern gehörte zu den wenigen Möglichkeiten, sich in der DDR Wohneigentum zu schaffen. Bei der Ausweisung des Baulandes mußte die Zustimmung des/der jeweiligen Bodeneigentümer nicht eingeholt werden. Dies führte nach 1989 zu erheblichen Problemen.

Bodeneigentum war in der DDR nie abgeschafft worden, spielte aber im Alltagsleben kaum bzw. gar keine Rolle und wurde, wie das Beispiel der Eigenheimsiedlungen verdeutlicht, nicht beachtet. In einigen LPGen wurden jährlich Bodenanteile an die Eigentümer ausgezahlt, die eher symbolischen Charakter trugen.

Trotz einer allgemeinen relativ geringen Einkommensdifferenzierung in der DDR (Geißler 1992: 53-57) gab es deutliche Unterschiede in der Höhe der Haushaltsnettoeinkommen in Abhängigkeit vom Siedlungstyp. In der bereits zitierten Untersuchung von Krambach/Lötsch schneiden dabei die Dörfer und unter den Dörfern wiederum die Ortsteile am schlechtesten ab. „Der Anteil der Haushalte in den Einkommensgruppen von 1.500 bis 2.000 Mark und darüber beträgt in der Bezirksstadt 54,7%, in der Kreisstadt 38,7%, in der anderen Stadt 35,7%, im Industriedorf 40,7%, im Dorf/Hauptort 32,7% und im Dorf/Ortsteil 26,5%" (Krambach/Lötsch 1989: 113). In den Ortsteilen liegt der Anteil der Haushalte mit einem Nettohaushaltseinkommen unter 500 Mark bei 14,3% (ebd.: 112).[34]

Für eine Differenzierung im materiellen Lebensniveau sorgten ebenfalls die bereits beschriebenen Nebeneinkünfte aus der individuellen Hauswirtschaft. In den befragten Haushalten des FAL-Haushaltsprojektes (1. Befragungsrunde) kamen vor der Wirtschafts- und Währungsunion durchschnittlich 5,7% der Nettohaushaltseinkommen von Verkäufen aus der individuellen Hauswirtschaft (Fink u.a. 1992: 25).

Nicht faßbar sind hingegen Vorteile, die sich durch die Unterstützung seitens der LPGen bzw. VEG beim Hausbau oder bei Reparaturen in den Betriebswohnungen für einzelne bzw. größere Gruppen im Dorf ergeben

---

33 Zum Vergleich: in den Bezirksstädten betrug der Anteil selbstgenutzten Privateigentums 9,1%, in den Kreisstädten 11,3%, in den anderen Städten 27,2% und in den Industriedörfern 32,8% (ebd.: 85).
34 Zum Vergleich: in den Bezirksstädten lag dieser Anteil bei 4,6%, in den Kreisstädten bei 9,3%, in den anderen Städten bei 9,7% und in den Hauptorten bei 8,5% (ebd: 112).

Veränderungen von Lebenslagen in ländlichen Räumen 527

haben. Doch sollte bei der Einschätzung der materiellen Lebensbedingungen im Dorf der DDR dieser Aspekt nicht geringgeschätzt werden. In der 1. Befragungsrunde des FAL-Haushaltsprojektes gaben 58,3% der Befragten an, daß für sie vor der Wirtschafts- und Währungsunion die Möglichkeit bestand, Kredite für ein Eigenheim zu bekommen. Gemeint waren hier fast ausschließlich die Unterstützungen, die die landwirtschaftlichen Betriebe beim Hausbau gewährt haben (Fink u.a. 1992: 32).

4.6 Soziale und technische Infrastruktur

Das Vorhandensein bestimmter Infrastrukturausstattungen bzw. die Erreichbarkeit von Infrastruktureinrichtungen beeinflussen gerade in ländlichen Räumen die Lebensbedingungen und damit die Lebenslagen relativ stark. Gerade der Ausstattungsgrad an bestimmten Anlagen und Einrichtungen der technischen aber auch der sozialen Infrastruktur war in den Dörfern unzureichend (Telefon!).

Im Bereich der Infrastrukturausstattung hat es in den Dörfern der DDR einige Gemeinsamkeiten aber auch größere regionale Unterschiede gegeben. Krambach/Lötsch stellten als Ergebnis ihrer Untersuchungen fest, daß noch vorhandene unterschiedliche Ausstattungsgrade mit Einrichtungen der Infrastruktur zwischen den Siedlungstypen als soziale Unterschiede zwischen ihnen wirkten (Krambach/Lötsch 1989: 127). Dabei verstärkten sich die Probleme vor allem für die Ortsteile, da ein niedriger Ausstattungsgrad am Wohnort selbst zusammenfällt mit auf Grund einer ungenügenden Verkehrsanbindung schlechten Erreichbarkeit solcher Einrichtungen in vertretbarer Zeit. Mit ungenügender Verkehrsanbindung war sowohl der öffentliche Nahverkehr als auch der Straßenzustand gemeint. Dies traf wesentlich stärker für den dünnbesiedelten Norden zu.

Zum Bild der Hauptorte gehörte in den 80er Jahren im allgemeinen eine Kinderbetreuungseinrichtung (Kinderkrippe und Kindergarten, zumindest aber der Kindergarten), die Schule, zumindest für die Klassen 1 bis 4, der Konsum oder die HO-Verkaufsstelle zur Versorgung mit Waren des täglichen Bedarfs, eine Poststelle, z.T. eine Filiale der Bäuerlichen Handelsgenossenschaft, die Gemeindeschwesternstation, die Dorfgaststätte und die Bushaltestelle, die täglich mehrmals angefahren wurde. In den Nebenorten reduzierte sich das Angebot an Infrastruktureinrichtungen zumeist auf den Konsum und die Bushaltestelle, die meist seltener angefahren wurde, als in den Hauptorten.

Ein erheblicher Teil des Berufsverkehrs wurde in den Dörfern der DDR durch den Werksverkehr gewährleistet. LPGen und VEG hatten in den 80er Jahren meist ihren eigenen Fuhrpark, der die Menschen in ihren Heimatdörfern abholte und nach Feierabend zurückbrachte. Hier hatte sich neben dem Streckennetz des öffentlichen Nahverkehrs ein zweites Streckennetz entwikkelt. Durch den Schulverkehr kam noch ein drittes Netz hinzu. Beide „nichtöffentlichen" Verkehrsnetze konnten auch von anderen Dorfbewohnern für ihre privaten Belange genutzt werden.

Da nicht jedes Dorf über alle zum Leben notwendigen Infrastruktureinrichtungen verfügen kann, ist der öffentliche und individuelle Verkehr in ländlichen Räumen von besonderer Bedeutung. Jedoch war der Ausstattungsgrad an privaten Fahrzeugen in den Dörfern der DDR nach Krambach/Lötsch keineswegs höher als in den Städten. Der Besitz eines privaten PKWs lag in den Ortsteilen niedriger als in den Hauptorten. Des weiteren besaßen im Bezirk Neubrandenburg, dem Bezirk mit der geringeren Verkehrsnetzdichte weniger Haushalte in den Dörfern einen PKW als in den Bezirken Karl-Marx-Stadt und Dresden (Krambach/Lötsch 1989: 136).

Der erste Fakt läßt abermals auf die vergleichsweise schlechteren Lebensbedingungen in den Ortsteilen schließen, der zweite Fakt auf regionale Unterschiede zwischen Norden und Süden.

Im Bereich der technischen Infrastruktur war neben der extrem niedrigen Anzahl an Telefonen, vor allem die Abwasserbeseitigung ein ungelöstes Problem (Koziolek u.a. 1986: 101). Der Mangel an Telefonanschlüssen verschärfte sich durch das vielerorts fehlende öffentliche Telefon. Die Ergebnisse der KSPW-Regionalbefragung zeigen, daß auch hinsichtlich der Ausstattung mit Telefonanschlüssen deutliche Nord-Süd-Unterschiede bis 1989 bestanden

5. Ländliche Räume und Dörfer der neuen Bundesländer unter den Transformationsbedingungen seit 1989 – Wandel der Lebenslagen

5.1 Demographische Entwicklung

Der Bevölkerungszahl nahm auch nach 1989 in vielen Dörfern ab. Die Geburtenentwicklung ist im Gebiet der neuen Bundesländer generell von einem Bruch gekennzeichnet, der sich auch in vielen Dörfern nachzeichnen läßt. Parallel dazu sind, begründet auch durch die Altersstruktur, vielfach mehr Gestorbene als Geborene zu verzeichnen, so daß im Saldo ein Bevölkerungsrückgang allein durch diese Prozesse charakteristisch ist (vgl. Freitag u.a. 1994). Längerfristig den größeren Einfluß auf die Bevölkerungsentwicklung werden aber die Wanderungsprozesse haben (Münz/Ulrich 1994:

Veränderungen von Lebenslagen in ländlichen Räumen

137). Die laufende Migration aus den Dörfern setzte sich nach 1989 vielfach mit einem Schub fort (vgl. Gans/Kemper 1995). Dabei sind wiederum regionale Unterschiede zu beobachten. Besonders betroffen sind die Regionen, die bereits während der DDR-Zeit hohe Abwanderungszahlen zu verzeichnen hatten.

In den vier ostdeutschen Untersuchungsdörfern ist vor allem in dem ca. 7 km von der deutsch-polnischen Grenze entfernt in Vorpommern gelegenen Glasow (1994: 258 Ew.) ein drastischer Bevölkerungsrückgang nachzuzeichnen. Hier nahm die Bevölkerung zwischen 1989 und 1994 um über 40 Einwohner (15,4%) ab. Ursache des Bevölkerungsrückganges sind hauptsächlich Abwanderungen, die verstärkt in den ersten drei Jahren nach 1989 stattfanden (Rodewald/Siebert 1995: 24-25; Zierold 1995: 29). Diese Entwicklung im ländlichen Vorpommern analysieren auch Grundmann und Weiß (Grundmann 1994: 108-109; Weiß 1995: 115-133).

Es gibt inzwischen aber auch Regionen, in denen eine Bevölkerungszunahme zu verzeichnen ist. Hier könnte sich ein zukünftiges Entwicklungsmuster zeigen, das Muster von Suburbanisierungsprozessen bzw. Zuzug in die ländlichen Räume (vgl. Maretzke 1995: 70-71).[35] Viele Gemeinden im Umfeld der größeren Städte bzw. in den Ballungsgebieten haben in den letzten fünf Jahren im nicht unerheblichen Ausmaß Bebauungsgebiete ausgewiesen. Zuzug wird auf Grund der Siedlungsstruktur vor allem im südlichen Teil der neuen Bundesländer eine Rolle spielen.

Bei den Migrationsprozessen[36] seit 1989 lassen sich verschiedene Phasen kennzeichnen. Zunächst gab es die Ausreise- und Fluchtbewegung in die Bundesrepublik 1989 und 1990. Vielfältige Motive spielten eine Rolle, so der Wunsch nach Freiheit, die Unsicherheit über die weitere Entwicklung in der DDR, der Wunsch nach größerem materiellen Wohlstand etc. In dieser Zeit haben vorrangig Jugendliche die DDR verlassen (Wendt 1995: 10).

Bestimmend für die Fernwanderungen in den ersten Jahren nach 1990 waren dann berufsbedingte Gründe wirtschaftlich aktiver Bevölkerungsteile (Schäfer u.a. 1992: 45ff; Grundmann 1994: 109). Diese Abwanderungen sind ein Indikator für die Arbeitsmarktlage vor Ort. Auf der Suche nach einem Arbeitsplatz sind besonders jüngere Menschen mobil. Diese verfügen

---

35 Derartige Muster sind seit längerem in den ABL bekannt, in den westlichen Untersuchungsdörfern des Dorfprojektes sind zahlreiche derartige Prozesse nachweisbar (FAA 1994; Johaentges 1996).

36 Wenn im folgenden von Migration gesprochen wird, so ist damit die Migration über größere Entfernungen gemeint (Fortzüge aus der Region, Fernwanderung). Betrachtet man die Einwohnerstatistik der Gemeinden, so stellt man fest, daß in vielen Orten eine erhebliche Dynamik an Zu- und Fortzügen zu verzeichnen ist. Hier spielen auch vielfältige Prozesse der Nahwanderungen bedingt durch „Familien"gründungen, eigene Haushaltsgründung Jugendlicher, Wohnraumangebot und -nachfrage etc. eine Rolle.

meist über eine gute Ausbildung, mit der sie im Zielgebiet Arbeit finden.[37] Zurück bleiben häufiger die älteren, unqualifizierten bzw. zu spezialisiert qualifizierten Menschen.[38] Zu diesen Gruppen gehören z.b. Menschen, die viele Jahre körperlich anstrengende Arbeit in der Landwirtschaft verrichtet haben. Diese Menschen haben, auch wenn sie noch im erwerbsfähigen Alter sind, woanders kaum Chancen auf einen beruflichen Neuanfang. Vor Ort sind sie (zumindest partiell) in Netzwerke eingebunden, haben ihre Wohnung und wissen, wo sie hingehören.

Die derzeitige Migration hat sich vielfach von einer Abwanderung berufstätiger Bevölkerung zu einer ausbildungsbedingten Abwanderung der Schulabgänger verschoben.[39] Dagegen hängt die berufsbedingte Migration zunehmend stärker von den Bedingungen in den potentiellen Zielgebieten ab. Die Arbeits- und Wohnungsmärkte in diesen Gebieten sind kaum noch aufnahmefähig, so daß die Migration aus diesen Gründen erheblich zurückgegangen ist (Rodewald/Siebert 1995: 62). In dem Wechselspiel von Arbeits- und Wohnungsmarkt kommt letzterem eine große Bedeutung zu, haben doch die potentiellen Migranten in ihrem Dorf oftmals Hauseigentum. Dieses erweist sich als starker wohnortbindender Faktor, zumal woanders oft kein adäquater Ersatz gefunden wird. Der Schritt, ein Haus zu verkaufen, wird kaum vollzogen (Schäfer u.a. 1992: 56; Zierold 1995: 94).

Folge der Migration ist die weitere Überalterung der Gebiete mit hohen Abwanderungszahlen (Blumberg u.a. 1995: 231; Siebert/Zierold 1996). Damit korrespondieren spezifische Problemlagen in den Dörfern. Gerade ältere Menschen bilden oft ungewollt Einpersonenhaushalte, insbesondere sind hiervon Frauen betroffen. Meist wohnen die Kinder nicht in erreichbarer Entfernung. Bei abnehmender individueller Verkehrsmobilität im Alter sind hier Probleme vor allem in dünnbesiedelten Gebieten, wo größere Entfernungen zur Erreichung bestimmter Infrastruktureinrichtungen zurückgelegt werden müssen, vorprogrammiert.

---

37 Betreffs der Qualifikation der Migranten muß jedoch sehr differenziert werden. Besonders hoch qualifizierte Menschen (Hochschulabschluß) haben auch die sich bietenden neuartigen Chancen der Selbstverwirklichung in der Region genutzt (freiwerdende Leitungspositionen, Selbständigkeit).
38 Im Verlauf der Transformationsprozesse ist es auch zur Entwertung von Qualifikationen gekommen (vgl. Geißler 1992: 211; Zierold 1995: 46).
39 Dies trifft zumindest für die Untersuchungsdörfer des Dorfprojektes zu (Rodewald/Siebert 1995: 27).

5.2 Wirtschaftliche Entwicklungen und Erwerbssituation

Die wirtschaftliche Entwicklung und damit einhergehend die Situation am Arbeitsmarkt gehören zu den Bereichen, die die Lebenslagen in den letzten fünf Jahren am nachhaltigsten veränderten. Spielte Erwerbsarbeit im Dorfkontext schon vor 1989 eine große Rolle, so hat ihre Bedeutung seitdem angesichts massenhafter Ausgrenzungserfahrungen am Arbeitsmarkt stark zugenommen. Diese Erfahrungen liegen quer zum bisherigen Verständnis, das Nichtarbeit mit „Asozialität und Alkoholismus" gleichsetzte. Plötzlich konnte jeder von Arbeitslosigkeit betroffen werden. In vielfältiger Hinsicht verläuft die soziale Hauptdifferenzierungslinie in den Dörfern zwischen denen, die Arbeit haben und denen, die keine Arbeit haben (Zierold 1995: 17).

Im folgenden soll auf unterschiedliche strukturelle Momente, die Fragen von Erwerbsarbeit und Arbeitslosigkeit betreffen, eingegangen werden.

5.2.1 Erwerbsbeteiligung und Erwerbsverhalten

Die Erwerbsbeteiligung wird von zwei Komponenten beeinflußt: von demographischen Entwicklungen und vom Erwerbsverhalten (Lüken/Heidenreich 1991: 787). Welche Veränderungsprozesse sind in den Dörfern eingetreten? Zunächst zeigt sich, daß die Erwerbsbeteiligung[40], regional verschieden, zurückgegangen ist. In den vier Untersuchungsdörfern des Dorfprojektes schwankt der Anteil Erwerbspersonen an den Befragten zwischen den beiden extremen Gegenpolen Glasow (1994: 52,9%) und Ralbitz (1994: 75,9%). In Mildenberg liegt der Anteil bei 59,2% und in Kahlwinkel bei 64%. Damit hat es seit 1989 in drei Orten drastische Veränderungen gegeben. 1989 lagen die Anteile der Erwerbspersonen, die sich zu diesem Zeitpunkt fast ausschließlich aus Erwerbstätigen zusammensetzten, bei ca. 75% in Glasow, Mildenberg und Kahlwinkel bzw. bei ca. 77% in Ralbitz. Das sorbische Ralbitz stellt aufgrund demographischer Entwicklungsmuster (hohe Kinderzahl, junge Altersstruktur) einen Sonderfall für die neuen Bundesländer dar. Hier sind annähernd soviel Jugendliche ins Erwerbsleben eingetreten wie Ältere ausgeschieden sind (Zierold 1995: 55-57).

Auch andere Untersuchungen weisen einen Rückgang in der Erwerbsbeteiligung aus (Fink u.a. 1992; Ackermann u.a. 1993; Fink u.a. 1995).

---

40 Der Erwerbsbeteiligung liegt ein Erwerbspersonenkonzept zugrunde, das von folgenden Prämissen ausgeht: Zu den Erwerbspersonen gehören Erwerbstätige (Voll- und Teilzeitbeschäftigte, Kurzarbeiter, ABM-Kräfte zzgl. Mütter/Väter im Erziehungsurlaub und Wehrdienst- bzw. Zivildienstleistende) und die Erwerbslosen (Arbeitslose) (vgl. Europäische Kommission 1995: 2).

Die Ergebnisse des Dorfprojektes, aber auch die Ergebnisse anderer Untersuchungen belegen, daß sich die Erwerbsorientierung seit 1989 nicht geändert hat. Auch die Frauen wollen weiterhin einer Erwerbstätigkeit nachgehen (Panzig 1992; Schmidt 1992: 21ff; Fink u.a. 1994; Zierold 1995: 57). Frauen, die sich selbst als Hausfrauen verstehen, sind in den Dörfern keine sozial relevante Gruppe.

Die Veränderungen in der Erwerbsbeteiligung sind hauptsächlich dem vorzeitigen Ausscheiden vieler älterer Dorfbewohner aus dem Arbeitsmarkt durch die Vorruhestandsregelung zuzuschreiben.

5.2.2 Der Vorruhestand

Von Februar 1990 bis Dezember 1992 wurden viele ältere Arbeitnehmer über 55 Jahre durch die Vorruhestands-/Altersübergangsregelung[41] aus dem Arbeitsmarkt herausgekauft (vgl. Lehmann 1994: 286-287). Damit wurde einerseits jüngeren Arbeitnehmern der Arbeitsplatz erhalten, die Belegschaften verjüngten sich. Andererseits gab es zumeist für die potentiellen Vorruheständler keine andere Option, als dem Vorruhestand zuzustimmen. Der Übergang in den Vorruhestand kam, zumindest 1990, für viele unverhofft und unvorbereitet. Eine frühzeitige Pensionierung zählte genauso wenig zum Erfahrungskontext der Menschen wie Arbeitslosigkeit. Inzwischen hat sich die Einstellung zum Vorruhestand z.T. gewandelt (Zierold 1995: 56), nicht zuletzt deshalb, da die Vorruheständler mittlerweile das reguläre Rentenalter erreichen und die Menschen gewohnt waren, sich mit den gegebenen Rahmenbedingungen zu arrangieren. Da die Vorruhestandsregelungen nur verhältnismäßig kurze Zeit galten, ist diese Gruppe eine zeitlich begrenzte soziale Realität in den Dörfern. Sie wird zunehmend von einer Gruppe älterer Arbeitsloser, die zum Zeitpunkt des Bestehens der gesetzlichen Regelungen zum Vorruhestand noch zu jung dafür waren, abgelöst.

„Die altersbedingten Ausscheidungsprozesse aus der Erwerbstätigkeit durch Vorruhestand/Ruhestand sind je nach Untersuchungsdorf des Dorfprojektes unterschiedlich verlaufen. In Glasow sind ca. 34% derjenigen, die 1989 erwerbstätig waren, in den Vorruhestand oder Ruhestand gegangen, in Mildenberg sind es ca. 28%, in Kahlwinkel ca. 18% und in Ralbitz ca. 10%. In diesen unterschiedlichen prozentualen Anteilen verdeutlicht sich die jeweilige Altersstruktur in den Orten. Im Erwerbsleben verblieben ist jeweils nur eine Minderheit der vom Alter her für den Vorruhestand in Frage kommenden Einwohner" (Zierold 1995: 56-57).

---

41 Die Möglichkeit der Inanspruchnahme von Vorruhestandsgeld bestand seit Februar 1990. Nach dem 3.10.1990 wurde die Vorruhestandsregelung in das Altersübergangsgeld überführt. Im alltäglichen (ostdeutschen) Sprachgebrauch wird die frühzeitige Pensionierung weiter als Vorruhestand bezeichnet. Dieser Sprachgebrauch findet auch in der Arbeit Verwendung.

Veränderungen von Lebenslagen in ländlichen Räumen   533

Da es infolge der demographischen Entwicklungen Regionen mit einem höheren Anteil älterer Bewohner gibt, zeigen sich auch in den Zahlen zum vorzeitigen Ruhestand regionale Konzentrationen.

5.2.3 Regionale Wirtschafts- und Arbeitsmarktstruktur

Im ostdeutschen Transformationsprozeß kristallisieren sich einige regionale und sektorale Schwerpunkte des Arbeitsplatzabbaus heraus. Regionale und sektorale Komponenten korrespondieren dabei miteinander, da die Wirtschaftsstrukturen der DDR erheblich differierten. Koller/Jung-Hammon arbeiteten folgende sektorale und regionale Schwerpunkte des Arbeitsplatzabbaus heraus: Die Werftindustrie an der Ostseeküste, die Stahlstandorte, das Mittelsächsische und Niederlausitzer Kohle- und Energierevier, die Energie- und Brennstoffindustrie in Brandenburg, den Uranabbau in Westsachsen/Vogtland, die Kali-Industrie in Thüringen, die Chemiezentren im Raum Halle, Merseburg, Bitterfeld/Wolfen, die Textilindustrie und die Landwirtschaft (Koller/Jung-Hammon 1993: 18). Aber auch der sektorale Beschäftigungsabbau ist regional verschieden abgelaufen.

Bestimmte sektorale Schwerpunkte waren vorrangig in ländlichen Räumen angesiedelt. Dies gilt für die Textilindustrie (u.a. in der Oberlausitz, speziell im Zittauer Gebirge, im Vogtland[42]), die Kali-Industrie (bekannt gewordenes Beispiel dafür ist Bischofferode) und natürlich die Landwirtschaft. Doch auch in den anderen Bereichen haben viele Pendler aus Dörfern gearbeitet. Dies gilt insbesondere für die Dörfer im Kohle- und Energiebezirk Cottbus. Unternehmen von Sektoren, in denen eine Beschäftigungserweiterung stattgefunden hat (Dienstleistungssektor, insbesondere Banken und Versicherungen, Bauwirtschaft), sind hingegen meist in Städten angesiedelt.

Für die ländlichen Räume lassen sich folgende Entwicklungstendenzen der Wirtschaftsstrukturen und Arbeitsmärkte herausarbeiten:

– Die Landwirtschaft hat in ihrer Bedeutung als Arbeitgeber drastisch abgenommen. Trotzdem hat sie in Regionen, in denen wirtschaftliche Alternativen fehlen, immer noch einen erheblichen Arbeitsplatzeffekt (Region Neubrandenburg, Rostock).[43] Dies sind auch die Regionen, in denen die Landwirtschaft auch in der jüngeren Vergangenheit der bedeutendste Wirtschaftszweig war.

---

42 Ein Beispiel dafür geben Gebhardt/Kamphausen (1994) mit ihrem Untersuchungsdorf Werda.
43 In dem Untersuchungsdorf Glasow arbeiteten 1994 immerhin noch ca. 46% der Erwerbstätigen in der Landwirtschaft (Zierold 1995: 64).

- Es ist in allen Regionen zu Deindustrialisierungsprozessen gekommen. Durch den Bedeutungsrückgang der Landwirtschaft hat die Industrie trotzdem in einigen Regionen verhältnismäßig an Bedeutung in der regionalen Branchenstruktur zugenommen, d.h. aber nicht, daß hier absolut mehr Arbeitsplätze zu Verfügung stehen würden. Es unterstreicht nur einmal mehr, daß der Arbeitsplatzabbau in der Landwirtschaft besonders drastisch verlaufen ist.
- Als Arbeitgeber hat die Bauwirtschaft erheblich an Bedeutung gewonnen. Damit verbunden ist vielerorts eine „neue Monostrukturierung". Dies kann je nach Auftragslage in der Bauwirtschaft zukünftig zu erneuten großen Problemen am Arbeitsmarkt führen. Anzeichen dafür liefern die Diskussionen um Krisen im Baugewerbe und der zunehmende Einsatz billiger Arbeitskräfte aus anderen Staaten (Ost-, Süd- aber auch Westeuropa) gerade in dieser Branche.
- Der tertiäre Bereich hat an Bedeutung gewonnen. Doch auch hier hat sich die Anzahl der Arbeitsplätze absolut kaum erhöht. Aber bei dem allgemeinen Beschäftigungsabbau hat sich das Verhältnis der einzelnen Wirtschaftsbereiche zugunsten des tertiären Sektors verschoben. In Gebieten mit überproportionaler Unterbeschäftigung (z.B. Neubrandenburg) hat die öffentliche Verwaltung einen hohen Anteil an den Beschäftigten im tertiären Bereich. Angesichts zunehmend knapper werdender Haushaltsmittel ist es fraglich, inwiefern diese Arbeitsplätze, die im Westen als sicher gelten, unter den spezifischen Transformationsbedingungen der neuen Bundesländer zunehmend zur Disposition stehen.[44]

Zu besonderen wirtschaftlichen Problemgebieten werden die Regionen, die erst durch die Strukturpolitik der DDR entwickelt wurden. Die Landwirtschaft als historischer Arbeitgeber dieser Regionen setzt selbst Arbeitskräfte frei.

Verantwortliche Schlüsselpersonen in vielen Regionen und Dörfern erhoffen sich durch die Entwicklung von Tourismus und Fremdenverkehr Arbeitsplätze und Aufschwung. Derartige Wunschvorstellungen werden vermutlich nur für wenige Gebiete tatsächliche Entwicklungsmöglichkeiten bieten.

5.2.4 Gewerbeentwicklung und Selbständigkeit

Der Gewerbeentwicklung wird als Faktor der Dorfentwicklung immer wieder ein bedeutender Platz zugeschrieben (Feldmann u.a. 1992; Feldmann

---

[44] Diese Probleme deuten sich in den nördlichen Untersuchungsdörfern des Dorfprojektes an (Siebert/Zierold 1996).

Veränderungen von Lebenslagen in ländlichen Räumen   535

u.a. 1993; Becker 1993; Feldmann/Zimmermann 1994). Gewerbeentwicklung in den Dörfern setzt entweder die Bereitschaft einzelner Dorfbewohner, sich selbständig zu machen (endogene Kräfte) oder das Interesse auswärtiger Investoren, sich in dem Dorf bzw. in ländlichen Räumen anzusiedeln (exogene Kräfte), voraus. Beides ist regional und von Dorf zu Dorf sehr verschieden verteilt und hängt von einer Vielzahl Faktoren ab.

Das Interesse auswärtiger Investoren an einer Gewerbeansiedlung in ländlichen Räumen hält sich insbesondere in peripher gelegenen Regionen in Grenzen. Meist werden Standortentscheidungen nach dem Vorhandensein guter Verkehrsanbindungen, guter infrastruktureller Erschließungen und der Zentralität der Lage entschieden. Schwerpunkte dieser Gewerbeentwicklung sind, neben den Städten, Dörfer entlang der Autobahnen[45] und im Umkreis urbaner Zentren (Berlin, Leipzig, Dresden, Chemnitz etc.). Hier gibt es Orte, die fünf Jahre nach der Wiedervereinigung kaum wiederzuerkennen sind bzw. die inzwischen „Anhängsel" gigantisch dimensionierter Einkaufs- und Gewerbeparks sind.[46] Andere Dörfer, die z.T. auch überdimensionierte Gewerbegebiete ausgewiesen und (mit Fördermitteln) erschlossen haben, stehen heute mit „beleuchteten Äckern" da und haben zudem teilweise schon Auflagen zur Rückzahlung eines Teiles der Fördermittel erhalten.

Die Bereitschaft einzelner Dorfbewohner, sich selbständig zu machen, ist regional sehr verschieden verteilt (Zierold 1995: 68). Sie lag in den südlichen Dörfern des Dorfprojektes höher als in den nördlichen. In diesen regionalen Unterschieden kommen möglicherweise auch historische Momente zum Tragen. In Regionen, die schon in der Vergangenheit von einer relativen strukturellen Vielfalt gekennzeichnet waren, hat sich auch wieder eine Vielfalt entwickelt. Gerade für kleine und mittlere Handwerksbetriebe spielt natürlich auch das Vorhandensein von lokalen und regionalen Märkten für ihre Dienstleistungen und Produkte eine Rolle und dann sind die Möglichkeiten im dichtbesiedelten Süden größer als im dünnbesiedelten Norden.

5.2.5 Erwerbstätigkeit und Arbeitslosigkeit

Das Thema Erwerbstätigkeit und Arbeitslosigkeit bestimmt in vielen Fällen das Leben in den Dörfern. Nach den vorliegenden Ergebnissen der FAL-Haushaltserhebungen, des Dorfprojektes, aber auch anderer Untersuchungen lassen sich folgende Ausgrenzungsrisiken am Arbeitsmarkt herausarbeiten: a) das Geschlecht, b) das Alter und c) der Wirtschaftsbereich, in dem die Menschen beschäftigt waren. Damit unterscheiden sich die Determinanten in

---

45 Hier sind mittlerweile deutliche Entwicklungsachsen sichtbar.
46 Herausragendes Beispiel dürfte Günthersdorf an der Autobahn A9 zwischen Leipzig, Halle und Merseburg sein.

nichts von den allgemein bekannten Arbeitsmarktrisiken (vgl. Kronauer u.a. 1993), sieht man davon ab, daß die Erwerbstätigen bestimmter Wirtschaftsbereiche mit einem erhöhten Arbeitslosigkeitsrisiko vorrangig in Dörfern bzw. ländlichen Räumen leben.

Zu den einzelnen Determinanten:

- Frauen wurden oft eher als ihre männlichen Kollegen arbeitslos und sie verweilen länger in der Arbeitslosigkeit (LEB u.a. 1992; Fink u.a. 1994; Zierold 1995). Sie bilden inzwischen einen Grundsockel an Dauerarbeitslosen in vielen Dörfern. In diesem Befund spiegelt sich auch die geschlechtsspezifische Arbeitsteilung in der DDR wieder. Frauen haben häufiger als Männer in Bereichen gearbeitet, die überproportional von Arbeitslosigkeit betroffen sind. Und innerhalb der Hierarchie der Betriebe waren sie seltener an den Schalthebeln der Macht zu finden. Zudem sind sie gerade in Dörfern meist weniger mobil als die Männer. Zur DDR-Normalbiographie gehörte neben der Erwerbsarbeit eine Familie mit Kindern, bei der anhaltenden traditionellen Rollenverteilung waren und sind meist die Frauen mehr für die Kinderbetreuung zuständig als die Männer, sie können und wollen schon aus diesem Grund selten längere Pendelentfernungen in Kauf nehmen.
- Das Alter wirkt sich bei zwei Gruppen als Risiko aus. Menschen über 40/45 Jahre haben es bei Arbeitslosigkeit ungleich schwerer, einen neuen Arbeitsplatz zu finden. Hier baut sich von den Benachteiligungserfahrungen eine besondere Problemgruppe auf, sind doch oftmals die Menschen von Langzeitarbeitslosigkeit betroffen, die vom Alter her nur knapp an der Vorruhestandsregelung vorbeigegangen sind.
- Eine andere Problemgruppe sind Jugendliche ohne Berufserfahrung, die den Übergang von der Ausbildung in das Erwerbsleben vollziehen wollen. Haben sie noch einen Ausbildungsplatz gefunden, so ist ihre Übernahme nach der Lehre keinesfalls gesichert (Zierold 1995: 77ff). Diese Gruppe sind potentielle Migranten.
- Einen Schwerpunkt der Arbeitslosenklientel in ländlichen Räumen bilden ehemalige Arbeitskräfte der Landwirtschaft (LEB u.a. 1992; Ackermann u.a. 1993; Kronauer/Vogel 1994). Doch auch hier gibt es erhebliche Differenzierungen. Besonders betroffen sind die ehemaligen Handarbeitskräfte, Unqualifizierte und Arbeitskräfte, die schon während der DDR-Zeit soziale Problemfälle darstellten.[47] Hingegen fanden diejenigen, die über bestimmte (Zusatz-)Qualifikationen[48] und/oder bestimmte Fähigkeiten und Fertigkeiten verfügten, trotz teilweise hoch speziali-

---

47 Probleme eines verstärkten Alkoholkonsums, Probleme mit der persönlichen Arbeitseinstellung etc. (vgl. Neubert 1988).
48 z.B. Fahrerlaubnis für LKW.

sierter Ausbildungen während der DDR-Zeit, bei Arbeitslosigkeit oft eine neue Arbeitsstelle bzw. suchten schon bei drohender Arbeitslosigkeit selbst aktiv nach Arbeit. In diese Gruppe der aktiv Suchenden gehören auch die aus beruflichen Gründen Abgewanderten. Hilfreich bei der Arbeitssuche dürfte das erlernte Improvisationsvermögen und die Tatsache, in der Vergangenheit auch branchenfremde Arbeiten durchgeführt zu haben, gewesen sein.

Natürlich wirken die Arbeitsmarktrisiken nicht separat voneinander, vielmehr verstärken sich die Probleme beim kombinierten Auftreten einzelner Risikofaktoren. Dieses kombinierte Auftreten ist eher die Regel denn der Ausnahmefall.

Einer Erwerbstätigkeit nachzugehen ist für viele Einwohner von Dörfern mehr denn je mit Pendeln verbunden. Untersuchungen, so das Dorfprojekt und die KSPW-Regionalbefragung, belegen aber, daß die Entfernungen zwischen Wohn- und Arbeitsort unter 50 km einfache Wegstrecke bzw. unter 30 Minuten Wegzeit liegen. Pendeln ist seit 1990 immer mehr zum individuellen Faktor geworden. Der in der DDR übliche Werksverkehr ist mit dem Zusammenbruch bzw. der Verkleinerung der Betriebe meist eingestellt worden. Durch die Reduzierung der Fahrzeiten im öffentlichen Nahverkehr ist vielfach auch die Möglichkeit, den Arbeitsplatz mit öffentlichen Verkehrsmitteln zu erreichen, weggefallen.

5.2.6 Der 2. Arbeitsmarkt

In bestimmten Gebieten, besonders den peripher gelegenen ländlichen Räumen der Länder Mecklenburg-Vorpommern und Brandenburg, sind die Hoffnungsträger für Entwicklung in der Region (Groß-)Projekte des 2. Arbeitsmarktes. In diesen Projekten, die durch sehr hohes Engagement lokaler Schlüsselpersonen initiiert worden sind, fanden teilweise über 100 Menschen Beschäftigung. Hierzu sind aus der Literatur einige Beispiele bekannt (vgl. Ackermann u.a. 1993: 218-223; Putzing/Schiemann 1993: 71ff; Rodewald/Siebert 1995: 45ff; Zierold 1995: 62ff). Problematisch in diesem Zusammenhang ist, daß nur wenige Projekte Aussichten haben, sich später wirtschaftlich selbst zu tragen, so daß sie, zumindest auf lange Zeit, von Fördermitteln abhängig sind. Hier liegt ein großer Unsicherheitsfaktor angesichts von Haushaltslöchern und knapper werdenden öffentlichen Finanzen.

5.3 Der Umstrukturierungsprozeß in der Landwirtschaft

Durch die Vielschichtigkeit der „Klasse der Genossenschaftsbauern" gab es 1989/90 unterschiedlichste Interessengruppierungen hinsichtlich der Umstrukturierung der Landwirtschaftsbetriebe, die sich nur schwer nach klaren Abgrenzungskriterien definieren lassen. Im folgenden kann nur versucht werden, einen Überblick über einen Teil der mit den Umstrukturierungen im Zusammenhang stehenden komplexen Problemlagen zu geben, um damit auf mögliche Konfliktfelder in den betreffenden Dörfern hinzuweisen. Es kann nicht quantifiziert werden, inwieweit diese Problemlagen Einzelfälle sind oder bestimmte Regionen betreffen.[49] Es können auch keine exakten Aussagen getroffen werden, wie im einzelnen Ansätze zur Konfliktbewältigung aussehen bzw. aussahen. Hier hat es vielfach ganz spezifische, von den einzelnen Akteuren abhängende, „ortsspezifische" Lösungswege gegeben, in anderen Orten schwelen die Konflikte unter der Oberfläche weiter.

Die Ausführungen beziehen sich auf die Umstrukturierungen der LPGen, da hier die Entscheidungsfindung hauptsächlich bei den Akteuren selbst lag. Der Prozeß der Auflösung der VEG bzw. deren Überführung in Landesgüter etc. war fremdbestimmt, da sie der Treuhandanstalt unterstellt waren.

Die rechtlichen Rahmenbedingungen für die Umstrukturierungen der LPGen und die Vermögensauseinandersetzung gab das Landwirtschaftsanpassungsgesetz (LAG) vom Juni 1990 bzw. dessen novellierte Fassung vom Juli 1991 (vgl. dazu Schweizer 1994). Auf Grundlage dieses Gesetzes mußten sich die LPGen spätestens zum 31.12.1991 in eine andere Rechtsform umgewandelt haben, sonst wurden sie aufgelöst.[50]

Welche Problemlagen und Konfliktlinien konnten im Zusammenhang mit der Umstrukturierung auftreten?

---

49 Ergebnisse empirischer Arbeiten, die sich mit der schwierigen Sachlage der Auseinandersetzungen um den Boden, das weitere Eigentum, das Vermögen der LPG, der Entscheidungsfindung und Berücksichtigung einzelner Interessengruppen in dem Umgestaltungsprozeß der landwirtschaftlichen Betriebe und deren Folgewirkungen auf das Zusammenleben in den Dörfern, in den Familien etc. befassen, fehlen derzeit. Auch die jeweilige Darstellung in den Medien scheint stark von unterschiedlichen Interessengruppen und deren Zielen beeinflußt zu sein.

50 Dies erklärt den sprunghaften Anstieg der Arbeitslosen aus der Landwirtschaft zum Jahreswechsel 1991/92 (vgl. Bandelin u.a. 1994: 105-106).

5.3.1 Entscheidungsfindung über die Umstrukturierung – Unterschiedliche Interessengruppierungen standen sich gegenüber

Die Entscheidungen über die Umstrukturierung mußten in kurzer Zeit erfolgen. Dabei wurden die verschiedensten Konzepte diskutiert und verwirklicht. Zunächst mußten Grundsatzentscheidungen getroffen werden. An erster Stelle stand die Frage, ob die LPGen bzw. die Kooperation als Gemeinschaftsbetrieb erhalten bleiben soll oder ob sie aufgelöst werden. Weitere wichtige Fragen waren, ob und wie die spezialisierten Pflanzen- und Tierproduktionsbetriebe zusammengeführt werden, ob der umstrukturierte Betrieb auf Kooperationsgröße weitergeführt werden soll oder ob Lösungen mehrerer Gemeinschaftsbetriebe z.B. auf Ortsebene angestrebt werden.

Parallel zu dem Prozeß der Entscheidungsfindung über die Umstrukturierung mußte sich die Landwirtschaft mit völlig anderen Rahmenbedingungen auseinandersetzen (Wegfall vieler Absatzmärkte, Preiseinbrüche bei allen landwirtschaftlichen Produkten etc.).

Maßgeblichen Einfluß auf die Auseinandersetzungen hatte die Tatsache, ob sich Wieder- oder Neueinrichter landwirtschaftlicher Familienbetriebe fanden (vgl. zu den Motiven Czech u.a. 1994). Als Wiedereinrichter werden Betriebsgründer eines landwirtschaftlichen Familienbetriebes verstanden, die vor der Kollektivierung schon einen solchen hatten. Als Neueinrichter werden hingegen Betriebsgründer verstanden, die vor der Kollektivierung keinen landwirtschaftlichen Betrieb hatten. Diese müssen nicht aus der Region stammen, in der sie den Betrieb gründen. Auch Landwirte aus den alten Bundesländern nutzten die Chancen, die ihnen der Umbruch im Osten eröffneten und gründeten Betriebe. Mit dem Interesse, einen landwirtschaftlichen Familienbetrieb wieder- oder neuzugründen waren Notwendigkeiten verbunden, genügend Boden pachten zu können[51], in die LPG eingebrachtes Kapital (Inventarbeiträge) bzw. durch die Arbeitsleistung zustehendes Kapital schnellstmöglich ausgezahlt zu bekommen etc. Aber auch andere LPG-Mitglieder wollten schnellstmöglich das ihnen zustehende Kapital ausgezahlt bekommen. Dies war umso häufiger der Fall, wenn die LPG über Barvermögen verfügte.

Hier zeichnet sich demzufolge ein Interessengegensatz ab zwischen denjenigen, die die LPG umwandeln und denjenigen, die ihren eigenen Betrieb wieder- bzw. neueinrichten oder, die ihr Kapital so schnell wie möglich wiederhaben wollten. Dieser Gegensatz deckt sich teilweise mit einem zweiten Gegensatz, den Interessen der Bodeneigentümer und Inventarein-

---

51 Selbst, wenn Bodenbesitz vorhanden ist, reicht diese Fläche nicht aus, einen wettbewerbsfähigen Betrieb unter heutigen Bedingungen aufzubauen.

bringer auf der einen Seite und den Interessen der besitzlosen Mitglieder auf der anderen Seite. Das Interesse, einen landwirtschaftlichen Familienbetrieb zu gründen, war regional sehr unterschiedlich ausgeprägt. Tendentiell fanden sich in den Ackerbaugebieten mit besten Böden (z.B. Magdeburger Börde) mehr Interessenten als in Gebieten mit unzulänglichen natürlichen Standortbedingungen. Auch das Interesse auswärtiger Neueinrichter konzentrierte sich eher auf die erstgenannten Gebiete. Aber auch die historische Agrarstruktur vor der Kollektivierung spielte eine Rolle; auch wenn sich oft nur ein Bruchteil der ehemaligen Bauern bzw. deren Kinder zur erneuten Betriebsgründung entschlossen, so finden sich doch in ehemals bäuerlich geprägten Gegenden Sachsens und Thüringens wesentlich mehr Wiedereinrichter als in den gutswirtschaftlich geprägten Landstrichen in Mecklenburg-Vorpommern und Brandenburg. Tabelle 2 vermittelt ein Bild über die sich herausgebildete Flächengrößenstruktur nach Bundesländern. Auffällig ist, daß in Sachsen und Thüringen der Anteil gerade sehr kleiner Betriebe (1-10 ha) groß ist. Dies dürften vielfach Wiedereinrichter im Nebenerwerb[52] sein, die hier auch eine Beschäftigungsmöglichkeit bei frühzeitiger Rente sehen. Die Haupterwerbsbetriebe, die sich im Prozeß der Umgestaltung der DDR-Landwirtschaft herausgebildet haben, sind von der Flächenausstattung wesentlich größere Betriebe als landwirtschaftliche Familienbetriebe im Westen.

Tabelle 2: Landwirtschaftliche Betriebe 1994 nach Flächengrößenklassen und Bundesländern (Angaben in %)

Betriebsgröße (ha LN)	Mecklenburg-Vorpommern	Brandenburg	Sachsen-Anhalt	Sachsen	Thüringen
1 bis 5	21,8	30,8	22,1	41,2	39,1
5 bis 10	8,8	11,4	9,3	14,0	13,9
10 bis 20	8,6	11,6	8,9	13,3	11,5
20 bis 50	11,2	12,7	11,3	10,8	8,2
50 bis 100	8,1	7,2	9,4	6,4	5,9
100 bis 200	9,9	7,7	11,8	4,8	7,1
200 bis 500	13,5	6,9	13,4	3,7	5,3
500 bis 1.000	8,4	4,7	6,6	2,3	2,7
über 1.000	9,7	7,0	7,2	3,5	6,3

Quelle: Bundesministerium für Ernährung, Landwirtschaft und Forsten 1995: 16-17, eigene Berechnungen

In den Regionen, wo es Wiedereinrichter bzw. Neueinrichter und LPG-Nachfolgebetriebe gibt, findet Konkurrenz um den Boden statt, der einzelne

---

52 Landwirtschaftliche Familienbetriebe werden nach dem Anteil, den das Einkommen aus der Landwirtschaft zum Haushaltseinkommen beiträgt, nach Betrieben im Haupt-, Neben- und Zuerwerb unterschieden.

Veränderungen von Lebenslagen in ländlichen Räumen 541

Dorfbewohner (Bodeneigentümer) zwingt, in dieser Auseinandersetzung Stellung zu beziehen (Frage, wem der Boden verpachtet wird). Als Konkurrenten um den Boden treten nicht allein Landwirte auf. Durch Gewerbe- und Bebauungsgebiete, Infrastrukturmaßnahmen etc. wurden Flächen der landwirtschaftlichen Produktion entzogen.

Im Gegensatz dazu sind die Bodeneigentümer in Gebieten ohne Wieder- bzw. Neueinrichter und ohne Chancen auf andere Flächenverwertung oftmals froh, wenn es noch die LPG-Nachfolgeeinrichtung gibt, die den Boden pachtet.

Auch die Motive derjenigen, die Interesse an der Umwandlung der LPGen hatten, waren vielschichtig. Dazu zählen der Erhalt von Arbeitsplätzen und soziale Verantwortung gegenüber den Beschäftigten, Vermögenssicherung, aber auch der Machterhalt bzw. die Machtsicherung seitens der (ehemaligen) Leitung. Die Erwartungshaltung seitens der Politiker, daß sich viele ehemalige Bauern bzw. deren Erben bereitfinden würden, den Betrieb wiedereinzurichten, erfüllte sich somit nicht.

Von den Befragten der 1. Runde der FAL-Haushaltserhebung (Frühjahr 1991) standen 17,6% (=10%) einer beruflichen Selbständigkeit positiv gegenüber. Nur 14,7% davon konnten sich vorstellen, sich mit einem landwirtschaftlichen Familienbetrieb selbständig zu machen. Interessant ist hier, daß die Bereitschaft, einen landwirtschaftlichen Familienbetrieb zu gründen, mit zunehmenden Alter deutlich stieg. Neben den Erfahrungen mit dem landwirtschaftlichen Betrieb, über die die ältere Generation aus der Zeit vor der Kollektivierung (möglicherweise) verfügt, kann hier u.a. noch ein Motiv ausschlaggebend sein, nämlich, der Untätigkeit in Arbeitslosigkeit bzw. Vorruhestand auszuweichen (vgl. Fink u.a. 1992: 61; Fink/Zierold 1993).

30 bis 40 Jahre LPG-Entwicklung hatten bei vielen ehemaligen Einzelbauern eine Verbundenheit mit „ihrer" LPG hervorgebracht; inzwischen war man soziale Sicherheit gewohnt, die Grundlagen für einen landwirtschaftlichen Familienbetrieb waren vielfach nicht mehr gegeben, die Qualifikation zur Führung eines Betriebes fehlte, das Risiko wurde gescheut, der Blick wurde gen Westen gerichtet und festgestellt, daß dort viele Bauernhöfe nicht überlebensfähig sind oder bereits aufgegeben waren. Oftmals waren es auch die Frauen, die bewußt den Familienbetrieb ablehnten (Hubatsch u.a. 1991; Krambach u.a. 1992). Es hatten also durchaus nicht nur die „Besitzlosen" in den LPGen ein Interesse am Erhalt der Betriebe.

In den Auseinandersetzungen gab es oftmals Meinungsführer aus den Dörfern, aber auch (westliche) Berater etc. beeinflußten die Entwicklung nicht unwesentlich. Im Entscheidungsprozeß lag ein gewisses Informationsmonopol bei der Leitung. Einfluß auf die Entscheidungsfindung hatten auch persönliche Motive wie die individuelle Bewältigung der Kollektivierungsprozesse.

5.3.2 Die Vermögensauseinandersetzung

Die finanzielle Situation der Betriebe 1989 war sehr unterschiedlich. Dies traf auch für verschiedene LPGen einer Kooperation zu. Das führte dazu, daß in einzelnen Betrieben die Mitglieder teilweise nicht unerhebliche Beträge ausgezahlt bekamen, während in anderen Betrieben nichts ausgezahlt werden konnte. Die Ungleichheit in der Auszahlung war maßgebliche Ursache für Konflikte in den Dörfern, die teilweise in einzelne Familien hineinreichten, dann vor allem, wenn mehrere Familienmitglieder in unterschiedlichen LPGen gearbeitet hatten und nun der eine etwas ausgezahlt bekam und der andere leer ausging.

In der Praxis war die Frage der Vermögensbewertung oft ein komplizierter Prozeß. Wie sollten z.B. Gebäude, Anlagen etc. bewertet werden, die nur bei landwirtschaftlicher Nutzung einen Wert haben, z.B. Schweinemastanlagen, Rindermastanlagen etc. Auf einem Teil der Gebäude und Anlagen, die unter den veränderten Bedingungen nicht mehr nutzbar waren, lasteten Schulden, die nur zu einem geringen Teil erlassen wurden (zur Problematik der Altschulden vgl. Rawert 1994). Hinzu kamen Probleme, daß die Gebäude oftmals auf privaten Boden errichtet worden waren, hier also erst einmal Bodeneigentum und Gebäudeeigentum zusammengeführt werden mußte.[53]

Bei der Vermögensauseinandersetzung prallen wiederum verschiedene Interessen aufeinander. Die Nachfolgebetriebe der LPGen benötigen, um wirtschaften zu können, Boden und Kapital, die Wieder- und Neueinrichter ebenfalls. Andere LPG-Mitglieder wollten z.T. auch nicht jahrelang auf das ihnen zustehende Geld warten.

5.3.3 Die Herausbildung einer dualen Agrarstruktur

Die Umwandlungen der LPGen in andere Rechtsformen nach dem LAG stellt keinesfalls einen Endpunkt in der Entwicklung dar. Seitdem hat es weiter Ausgründungen aus den Betrieben gegeben, es wird z.T. über Rechtsformwechsel nachgedacht, andere haben ihn bereits vollzogen. Teilweise laufen Prozesse der Kapitalbündelung. Zunächst waren noch sehr viele ehemalige LPG-Mitglieder Anteilseigner am neuen Unternehmen geworden. Je nach Rechtsform erhielten sie über die Höhe des ihnen zustehenden Vermögens am Unternehmen Genossenschaftsanteile, Aktien, Kommanditanteile bzw. Stammeinlagen. Inzwischen werden ihnen diese von einigen wenigen, meist der Geschäftsführung bzw. dem Vorstand, abgekauft.

---

53 Zur Regelung dieser Probleme gibt es inzwischen das Sachenrechtsbereinigungsgesetz.

Auch der Arbeitsplatzabbau ist weitergegangen. Diese ganze Dynamik führt dazu, daß einmal akzeptierte Konfliktlösungen, z.B. auf einen Teil des zustehenden Vermögens zu verzichten, weil dafür Familienmitglieder die Arbeit behalten haben, bei Veränderung der zu Grunde gelegten Prämissen, also z.b. den Verlust des Arbeitsplatzes für diese Familienmitglieder, dann wieder für Zündstoff sorgen.

Im Ergebnis der Umstrukturierungen in der ostdeutschen Landwirtschaft hat sich eine duale Agrarstruktur herausgebildet, die offensichtlich länger nebeneinander bestehen wird. 1994 gab es nach der Rechtsform in den neuen Bundesländern insgesamt 20.499 natürliche Personen (Einzelunternehmen u. Personengesellschaften) und 3.470 juristische Personen (e.G., GmbH, GmbH & Co.KG, andere Körperschaft), die mit Anpassungshilfe (spezifisches landwirtschaftliches Förderprogramm) gefördert wurden. Die natürlichen Personen bewirtschafteten 1.976.300 ha der LN (36,4%) und die juristischen Personen 3.458.600 ha der LF (63,6%) (Kruse 1995: Übersicht 3).

Auf drei weitere Aspekte im Zusammenhang mit der Umstrukturierung der Landwirtschaft in den neuen Bundesländern soll abschließend noch hingewiesen werden:

– Auch wenn die Darstellung der Umstrukturierung der Landwirtschaft hier breiten Raum einnimmt, die Bedeutung der Landwirtschaft im Vergleich zur DDR-Zeit ist erheblich zurückgegangen. Regional und lokal gibt es teilweise noch starke Abhängigkeiten seitens der Dörfer von der Landwirtschaft, dort, wo außer der Landwirtschaft keine Arbeitsplatzalternativen existieren[54], doch zunehmend wird die Entwicklung der Dörfer immer weniger von der Entwicklung in der Landwirtschaft bestimmt.

– Für die Entwicklungsperspektiven der Dörfer ist trotzdem nicht unwesentlich, in welchem Dorf das Agrarunternehmen ansässig ist, insbesondere in den Gebieten, wo es außer dem Landwirtschaftsbetrieb keine anderen ortsansässigen Betriebe gibt. Hier wird die Differenzierung in Haupt- und Nebenorte weiter bestehen.

– Die individuellen Hauswirtschaften haben ihre Bedeutung als Möglichkeit einer zusätzlichen Einkommenserwirtschaftung mit den neuen gesellschaftlichen Rahmenbedingungen verloren, doch es klang schon mehrmals an, von einigen werden sie inzwischen wieder (verkleinert) als Beschäftigungsalternative im Vorruhestand und/oder zur Selbstversorgung betrieben.

---

54 In einigen Regionen wird die Landwirtschaft wohl auch dominierend bleiben (z.B. Vorpommern).

5.4 Eigentum und Einkommen

In der ostdeutschen Transformationsrealität hat das Eigentum nicht allein Auswirkungen auf die materiellen Lebensbedingungen. In den Umgestaltungsprozessen sowohl der Wirtschaft als auch des privaten Lebens spielten häufig Auseinandersetzungen um Eigentumsansprüche eine (dominierende) Rolle. Neben den dargestellten Auseinandersetzungen um das Eigentum in der Landwirtschaft gibt es weitere Momente, in denen Fragen des Eigentums maßgeblichen Einfluß auf die Lebenslagen der Menschen in den Dörfern haben.

5.4.1 Eigentümerbewußtsein, Alteigentümer und Neueigentümer

Durch die Übernahme des Staats- und Rechtssystems der Bundesrepublik Deutschland wurden Eigentumstitel wieder aufgewertet. Ein Eigentümerbewußtsein der Besitzenden, das bei den im Dorf gebliebenen Eigentümern wohl nie ganz verschüttet war, ließ nicht auf sich warten. Daß in der Folge dieser Aufwertung der Eigentumstitel die Konflikte nicht allein von außen in die Dörfer getragen wurden, zeigt das Beispiel von Berking (1995)

„..., während andere zugleich mit den wiedererworbenen Eigentumstiteln dem Faszinosum persönlicher Macht und einer offensiven, einzig dem eigenen Vorteil verpflichteten Politik verfallen. Eine Wiese, die jahrzehntelang die kürzeste Verbindung zwischen einer Eigenheimsiedlung und dem Dorfkern bildete, wird eingezäunt und den Betroffenen hartnäckig der Durchgang verweigert. Für Grundstücke, auf denen in DDR-Zeiten Freunde und Nachbarn ihre Häuser errichteten, werden Phantasiepreise verlangt, und die Gartenzaunpolitik ist längst durch den Rechtsstreit ersetzt" (Berking 1995: 350-351).

Im Zusammenhang mit der wechselvollen Geschichte der Dörfer der neuen Bundesländer stehen von außen in die Dörfer getragene Auseinandersetzungen um das Eigentum. Die verschiedenen Enteignungen und Fluchtbewegungen hatten die Besitzstrukturen, regional verschieden und individuell von Dorf zu Dorf, verändert. Nach 1989 wollten die ehemaligen Eigentümer, im heutigen Sprachgebrauch „Alteigentümer" genannt, vielfach ihren Besitz zurück. Auch wenn es de facto klare gesetzliche Regelungen gibt, sind die Auseinandersetzungen um das Eigentum und die Folgewirkungen für die betroffenen Menschen in den Dörfern in Einzelfällen erheblich.

In diesen Auseinandersetzungsprozessen muß zwischen verschiedenen Phasen der Enteignungen bzw. dem Verlassen des Eigentums unterschieden werden. Zum einen sind es die Enteignungen während der Bodenreform 1945/46. Die Bodenreform ist 1991 von der Bundesrepublik als geltendes Recht anerkannt worden, dennoch hatte es zahlreiche Versuche der Enteig-

Veränderungen von Lebenslagen in ländlichen Räumen 545

neten oder ihrer Erben gegeben, den Besitz zurückzuerhalten.[55] Auf Grund der historischen Agrarstruktur treten diese Problemfälle, die oftmals zu Verunsicherungen in den Dörfern geführt haben, vorrangig in Mecklenburg-Vorpommern und Brandenburg auf (vgl. Tab. 3).

Zum anderen sind es die enteigneten bzw. an den Staat gefallenen landwirtschaftlichen Betriebe derjenigen, deren Betriebe bis 1953 als devastiert erklärt wurden. In diesen Fällen handelt es sich nicht nur um Enteignungen, teilweise fielen die Höfe an den Staat, ohne das an den formalen Rechtstiteln (Eintragung im Grundbuch) etwas geändert wurde. Weiterhin ist es Eigentum von Menschen, die aus der DDR flüchteten. Zu den letzteren müssen nicht ausschließlich ehemalige Bauern gehören. In diesen Fällen bestehen (meist) Eigentumsansprüche, deren Klärung oft dauert. Ungeklärte Eigentumsverhältnisse konnten zu Verunsicherungen bei den derzeitigen, in manchen Fällen langjährigen, Nutzern der betreffenden Gebäude u.a. führen. Teilweise verläuft hier eine unterschwellige Konfliktlinie zwischen denjenigen, die hauptsächlich in den 50er Jahren die Dörfer Richtung Westen verlassen haben und denjenigen, die im Dorf geblieben sind bzw. ins Dorf ka-

Tabelle 3: Größe der landwirtschaftlichen Fläche (LF) (1994), Bodenreformland (1950) und prozentualer Anteil Bodenreformland an der landwirtschaftlichen Fläche nach Bundesländern[1]

Bundesland	LF in 1.000 ha[2] 1994	Bodenreformland[3] in 1.000 ha 1950	Bodenreformland in% der LF von 1994[4]
Mecklenburg-Vorpommern	1.313,2	1.070,0	81,5
Brandenburg	1.298,4	950,0	73,2
Sachsen-Anhalt	1.138,0	720,0	63,3
Sachsen	898,1	350,0	39,0
Thüringen	788,5	210,0	26,6

1 Die hier gewählte Darstellung kann die Verhältnisse nur annähernd wiedergeben, da sich durch verschiedene Prozesse die Größe der LF der einzelnen Bundesländer seit 1950 verändert hat (u.a. teilw. heute andere Grenzziehung, Umwandlung von LF – Ausweisung von Gewerbegebieten, Bebauungsgebieten etc.). Es wird ausdrücklich vor dem Glauben in die absolute Wahrheit der Zahlen gewarnt!
2 Quelle: Bundesministerium für Ernährung, Landwirtschaft und Forsten 1995, Materialband: 16/17
3 Quelle: Klemm 1978: 154
4 eigene Berechnung

---

55 Es gibt in der Bodenreform durchaus strittige Fälle: Enteignungen von Besitzern, die im Widerstand waren, etc. (Wachs 1994).

men und das fremde Eigentum wie ihr eigenes behandelten und für dessen Erhalt sorgten. In diesen Konflikten spielen gegenseitige Vorwürfe zur Biographie und zum Verhalten in der Vergangenheit eine Rolle.

Ungeklärte Eigentumsverhältnisse sind ein Entwicklungshemmnis, wenn sich Investoren für leerstehende Gebäude finden (vgl. Feldmann u.a. 1992: 41-42).

Regional verschieden ausgeprägt haben sich Kaufinteressenten für Grundstücke, leerstehende Gehöfte etc. gefunden. Hauptsächlich ist dies in Ortschaften in der Nähe von Zentren (z.b. um Berlin) oder in landschaftlich reizvollen Gegenden (z.b. Ostseeküste) der Fall. Boden ist auch wieder zum Spekulationsobjekt geworden, doch Streitfälle wie das durch die Medien bekannt gewordene mecklenburgische Passee sind in diesem Ausmaß wohl eher Ausnahmen.[56]

5.4.2 Wohneigentümer und Mieter

Daß der Anteil an Wohneigentum in ländlichen Räumen besonders hoch ist, wurde bereits gezeigt.

Unterschiede in der Lebenslage bestehen zwischen den Haus- bzw. Wohneigentümern und den Mietern. Hauseigentum bedeutet ein hohes Maß an Sicherheit, bietet vielfältige Möglichkeiten der Betätigung gerade für Menschen im Vorruhestand aber auch Arbeitslose und ist ein (starker) wohnortbindender Faktor, vor allem in Zeiten, in denen vieles den Menschen unsicher erscheint. In den Dörfern haben die Menschen wenigstens ihr Haus. Würden sie weggehen, verstärkt dies die Unsicherheit.[57] Hauseigentum kann aber auch ganz spezifische Probleme mit sich bringen, z.B. die Anliegerbeiträge für infrastrukturelle Maßnahmen. So ist um die Bildung der Abwasserzweckverbände und die angestrebten zentralen Lösungen zur Abwasserbeseitigung derzeit in allen neuen Bundesländern ein heftiger Streit entbrannt. Die nach Hofgröße, Dachfläche etc. zukünftig zu berechnenden Abwasserbeiträge lassen viele Hauseigentümer, insbesondere die Eigentümer großer landwirtschaftlicher Gehöfte, befürchten, diese nicht aufbringen zu können (Zierold 1995: 93). Ein anderes Problem tritt mit zunehmenden Alter auf. Älteren Menschen fällt es oft schwer, ihr Hauseigentum zu erhalten, aber gerade sie sind Besitzer alter Bauerngehöfte.

Probleme bei der Erhaltung sind einmal finanzieller, aber genauso physischer bzw. mentaler Art. Die älteren Menschen sind mit dieser Aufgabe

---

56 In diesem Dorf hat ein westdeutscher Immobilienmakler 1991 11 ha Land erworben, auf dem sich verschiedene kommunale Einrichtungen befinden. Um den Besitz und die Nutzung dieser Einrichtungen wird seitdem gestritten (Schmidt 1995).
57 Dies bezieht sich weniger auf die Jugendlichen, als auf Familien im mittleren Alter.

Veränderungen von Lebenslagen in ländlichen Räumen   547

überfordert. An dieser Stelle greifen meist auch die Förderprogramme, z.B. die Dorferneuerung, nicht. Langsam verfallende Bauerngehöfte gehören in einer Reihe von Dörfern zum Dorfbild.

Auf die Mieter entfallen dafür Belastungen in Form gestiegener Mieten und Wohnnebenkosten. Miete muß regelmäßig gezahlt werden, so daß die Möglichkeit, notfalls an den Wohnkosten zu sparen, wegfällt. In den Mietwohnungen vor allem der peripheren Lagen könnten sich zukünftig soziale Problemfälle häufen. Dafür gibt es einige Anzeichen: die Wohnblocks in peripheren Lagen wurden hauptsächlich zum Stop der Abwanderung von Arbeitskräften aus der Landwirtschaft gebaut. Die Landwirtschaft bindet heute weit weniger Arbeitskräfte, wer woanders Arbeit finden konnte und nicht durch Eigentum an den Ort gebunden war, ist abgewandert. Zurück in den Wohnblocks bleiben die sozial Schwachen, die woanders kaum Chancen für einen Neubeginn haben. Insofern ist auch in den Dörfern eine Segregierung möglich und wahrscheinlich. Wohnungen in den Wohnblocks sind aber auch bei Jugendlichen und jungen Paaren beliebt, um sich von den Eltern abnabeln zu können.

5.4.3 Einkommensunterschiede

Wesentliche Quelle von Einkommen der Menschen ist die Erwerbsarbeit bzw. sind Transferleistungen, die auf Grund der jeweiligen Stellungen im Erwerbssystem gezahlt werden (Renten, Altersübergangsgelder, Arbeitslosengelder, Arbeitslosenhilfe). In den neuen Bundesländern sind diese Einkommen oft die einzige, aber zumindest die wesentliche Einnahmequelle. Bei der Erhebung der Zusammensetzung der Haushaltseinkommen in der 1. Befragungsrunde des FAL-Haushaltsprojektes wird deutlich, daß über 99% dieses Einkommens aus Erwerbstätigkeit und sozialen Leistungen bezogen wird (Fink u.a. 1992: 25).

Deshalb verwundert es nicht, daß sich Einkommensdifferenzierungen hauptsächlich zwischen Arbeithabenden und Nicht-Arbeithabenden herausbilden. Auf Grund dieser Differenzierung lassen sich auch regionale Einkommensdisparitäten feststellen. Gebiete mit höheren Ausgrenzungsraten aus dem Arbeitsmarkt konnten mit der allgemeinen Einkommensentwicklung nicht mithalten. In den Ergebnissen des Dorfprojektes zeigen sich sehr deutliche Nord-Süd-Unterschiede in der Einkommenslage. In Glasow kann von Armutstendenzen gesprochen werden (Zierold 1995: 89; Siebert/Zierold 1996).

Die zunehmende Einkommensdifferenzierung ist um so schmerzlicher, da die Konsummöglichkeiten beträchtlich zugenommen haben und die Unterschiede konkret erfahrbar sind. Diese Erfahrbarkeit ist im Dorf auf engstem Raum täglich präsent. Besonders deutlich werden die Unterschiede in den Dörfern an den Häusern sichtbar. Hier zeigt sich, wer es sich schon leisten konnte, bauliche Veränderungen vorzunehmen.[58]

An der Schnittstelle zwischen Hauseigentum und Einkommen zeigt sich eine weitere Differenzierung in den Dörfern. Teilweise werden nicht unerhebliche staatliche Fördermittel über die Dorferneuerungsprogramme zur Verfügung gestellt, die auch im privaten Bereich greifen sollen. An eine Förderung ist aber stets ein finanzieller Eigenanteil gebunden, der von den Einkommensschwachen nur schwer aufgebracht werden kann. Hier erhalten also diejenigen mit höheren Einkommen bzw. relativer Einkommenssicherheit zusätzlich Gelder zur Sanierung ihrer Häuser und diejenigen, bei denen das Geld sowieso knapp ist, gehen leer aus (vgl. Feldmann u.a. 1993: 29). Dies zementiert die soziale Ungleichheit in den Dörfern. In Anlehnung an diese Betrachtungsweise innerhalb der Dörfer kann die Aussage auf einzelne Regionen übertragen werden. Auch für kommunale Maßnahmen, die gefördert werden, müssen Eigenbeiträge seitens der Gemeinden getragen werden. Haben schon Gemeinden in „reicheren" Regionen (Regionen mit geringerer Arbeitslosigkeit etc., pauschalisiert im Süden) Probleme, diese aufzubringen, so ist es für Gemeinden in „ärmeren" Gebieten (pauschalisiert im Norden) fast unmöglich, diese aufzubringen. An dieser Stelle werden also auch Unterschiede zwischen den Regionen verfestigt.

5.5 Soziale und technische Infrastruktur

Auch die Infrastrukturausstattung gehört zu den Dimensionen der Lebenslage, die sich in den Dörfern seit 1989 nachhaltig geändert haben. Hier sind zwei Tendenzen festzustellen, Verbesserungen einerseits stehen Verschlechterungen andererseits gegenüber. Die Versorgung mit bestimmten Einrichtungen der technischen Infrastruktur hat sich in einigen Regionen spürbar verbessert. Dazu zählt die Ausstattung mit Telefonanschlüssen und die Erschließung mit Abwassersystemen.

Andere Infrastruktureinrichtungen, die in der DDR zum Bild vieler Dörfer gehörten, waren unter den neuen Bedingungen nicht überlebensfähig und sind geschlossen (Konsum, Poststelle etc.) bzw. durch Konzentrationsprozesse zusammengelegt worden (Kindereinrichtungen, Schulen etc.) (Fink u.a. 1992: 30ff; Feldmann/Zimmermann 1994: 93ff). Damit sind wichtige öffentliche Räume und vor allem auch Frauenarbeitsplätze aus den Dörfern

---

58 Natürlich spielen bei Entscheidungen über bauliche Erneuerungen an den Häusern auch private Präferenzen eine Rolle, doch allgemein wird gerade diesem Bereich eine hohe Priorität eingeräumt. Dies kam z.B. in den von der Autorin geführten qualitativen Interviews in verschiedenen Dörfern klar zum Ausdruck (Zierold 1995: 86).

Veränderungen von Lebenslagen in ländlichen Räumen   549

verschwunden. Allerdings gibt es auch entgegenlaufende Entwicklungen, Orte, in denen es inzwischen private Läden gibt.

Die Ergebnisse der KSPW-Regionalbefragung zeigen deutliche regionale Unterschiede in der Infrastrukturausstattung. Die Versorgung mit bzw. die Erreichbarkeit von vielen Infrastruktureinrichtungen ist in den südlichen Untersuchungsgebieten größer bzw. höher als in den nördlichen.

Die Bedeutung des öffentlichen Nahverkehrs ist zurückgegangen (Fink u.a. 1995: 39; Feldmann/Zimmermann 1994: 87). Fahrerlaubnis, PKW und Individualverkehr gehören zu den Grundvoraussetzungen des Lebens im Dorf. Hier zeigen sich Problemlagen der nächsten Jahre, gehört die Fahrerlaubnis und der PKW in Haushalten jüngerer Menschen zur Normalität, so sind ältere Dorfbewohner häufiger immobil (Fink u.a. 1992: 51). Die älteren Menschen sind also auf den öffentlichen Nahverkehr und/oder Hilfe angewiesen.

Die Bedeutung der örtlichen Landwirtschaftsbetriebe für die Infrastrukturausstattung der Dörfer ist nach 1989 fast vollkommen zurückgegangen.

6. Wahrnehmung des Wandels – subjektive Befindlichkeit

6.1 Vorbemerkung II: Zur Datenlage

Die Analyse subjektiver Befindlichkeiten anhand von Veröffentlichungen und unterschiedlichen empirischen Befunden ist ein schwieriges Unterfangen, setzt doch jeder Wissenschaftler bzw. jede Wissenschaftlerin eigene Maßstäbe an die Erhebung und Auswertung des Materials. Unterschiedlich erhobenes empirisches Material zu diesem Themenkomplex erscheint aus diesem Grund weit weniger miteinander vergleichbar als es für die Analyse struktureller Veränderungen gilt.

Ergebnisse zu diesem Themenbereich sind stark von den angewandten Methoden abhängig. Bei Datenmaterial, daß durch standardisierte Fragebögen erhoben wurde, kann kaum erklärt werden, was das Antwortverhalten bestimmt hat oder welche Motive und Referenzsysteme hinter den Antworten verborgen sind. Hier können eigentlich nur durch qualitative Interviews gewonnene Aussagen Aufschluß geben bzw. sich der Situation nähern.

Schwierig ist die Analyse auch deshalb, da die Wahrnehmung und Bewertung von Wandlungsprozessen in Dörfern natürlich von sehr vielen individuellen Faktoren aber auch von sehr „dorfspezifischen" bzw. „regionsspezifischen" Einflußfaktoren abhängt. Und, der Wandlungsprozeß ist äußerst schnell verlaufen; die Bewertung von Veränderungen aus der Vergangenheit wird stark von unmittelbaren Erfahrungen überlagert.[59] Wahrnehmungen und Bewertungen sind also selbst einem starken Wandel unterworfen. Hier liegt ein weiterer Grund für die weitgehende Unvergleichbarkeit der verschiedenen empirischen Studien. Deren Ergebnisse werden auch stark vom jeweiligen Erhebungszeitpunkt abhängen.

Im folgenden soll zunächst herausgearbeitet werden, welche Bedingungen und Faktoren im Dorf bei der Wahrnehmung des Wandels durch seine Bewohner möglicherweise Einfluß haben.

Danach wird die Wahrnehmung und Bewertung der beruflichen sowie der wirtschaftlichen Veränderungen angerissen. Abschließend werden Veränderungen des Zusammenlebens in den Dörfern diskutiert.

6.2 Wahrnehmung des Wandels im dörflichen Kontext

Die Jahre 1989 und 1990 stellen für viele Menschen in den neuen Bundesländern in vielfacher Hinsicht einen Einschnitt oder gar einen Bruch in ihrem Leben dar.

Eine Reihe ungewohnter, nicht vorstellbarer Lebenssituationen, wie der Verlust des Arbeitsplatzes, Arbeitslosigkeit und Vorruhestand mußten individuell bewältigt werden. Auf Grund individueller Eigenschaften, Präferenzen, Motive, Zielvorstellungen und daraus resultierender Erwartungshaltungen und dem Grad der eigenen Betroffenheit von den Veränderungen werden die Wandlungen unterschiedlich wahrgenommen, bewertet und bewältigt. In diesem individuellen Wahrnehmungs- und Bewältigungsprozeß wirkt sich aus, daß sich nicht nur Veränderungen in einem Lebensbereich ergeben haben, sondern alle Lebensbereiche betroffen sind. Die Unsicherheiten und Risiken haben zugenommen, gleichwohl aber auch die Chancen.

Es treffen positive und negative Erfahrungen aufeinander, die sich gegenseitig überlagern können. Der Mensch ist kein Einzelwesen, sondern in vielfältige soziale Netze eingebunden. Auch hier haben sich Veränderungen ergeben. Aber gerade soziale Netze können stabilisierende Momente in der Veränderungsdynamik darstellen und Halt sowie neue Betätigungsmöglichkeiten erschließen helfen.

Die individuelle Wahrnehmung und Bewältigung der Wandlungen und daraus folgende Handlungen sind nicht unwesentlich für die zukünftige Entwicklung der Dörfer und damit auch der Regionen. Das Dorf als sozialer Zusammenhang entwickelt sich nicht allein an der Anzahl der Arbeitplätze,

---

59 Dies dürfte umso mehr für Ereignisse der jüngsten Vergangenheit gelten, fehlt doch der zeitliche Abstand zur Bewertung.

Veränderungen von Lebenslagen in ländlichen Räumen

der Ausstattung mit bestimmten Infrastruktureinrichtungen und anderen objektiven Strukturen sondern vor allem durch die Handlungen seiner Bewohner.

Was sind mögliche Bedingungen und Faktoren, die die Wahrnehmung des Wandels im Dorf beeinflussen können? Zum einen ist es die Kenntnis der persönlichen Situation untereinander. An anderer Stelle ist schon betont worden, daß die Biographien der Menschen im Dorf oft „gläsern" sind. Die Kenntnis übereinander ist allgemein hoch[60], besser: man glaubt, über den anderen Bescheid zu wissen. Man weiß also, „wer es wieder geschafft hat" und „wer der Betrogene ist", wer auf der Seite der Gewinner und wer auf der Seite der Verlierer steht.

Im Dorf vollzieht sich der Wandlungsprozeß auf engstem Raum. Die Menschen können sich nur begrenzt aus dem Weg gehen. Konkret heißt das z.B., daß derjenige, der seinen Arbeitsplatz verloren hat, möglicherweise täglich demjenigen begegnet, der die Arbeit im selben, ehemals gemeinsamen Betrieb, behalten hat. Dies gilt natürlich um so mehr, wenn der frühere Arbeitsplatz im Dorf bzw. in Dorfnähe war. Auch wenn für das Dorf der DDR charakteristisch war, daß sich öffentlicher und privater Bereich zunehmend trennten, so gab es doch ungleich mehr Berührungspunkte und Überschneidungen zwischen diesen beiden Lebenssphären als für viele Stadtbewohner. Hier entsteht in den Dörfern eine konfliktverschärfende Situation. Dieser kann wirklich nur durch Wegzug ausgewichen werden.

Bei der Bewertung der Veränderungen spielt stets das gewählte Referenzsystem eine Rolle. Auch im Dorf gilt als ein Maßstab die allgemeine Wohlfahrtsentwicklung in der Gesellschaft. Dörfer sind keine abgeschlossenen sozialen Systeme. Aber greifbarer für die Menschen ist der Vergleich mit den Nachbarn und anderen Dorfbewohnern. Auf dieser Ebene sind wachsende Differenzierungen bzw. alte und neue Ungleichheiten täglich konkret erlebbar und erhöhen soziale Spannungen. Folgen daraus sind u.a. Rückzugserscheinungen ins Private, ein Sich-selbst-Ausgrenzen aus der Gemeinschaft. Dies hat verschiedene Ursachen. Rückzug ist nicht allein bei vom Arbeitsmarkt ausgegrenzten Dorfbewohnern zu beobachten. Gerade in Dörfern mit vielen Arbeitslosen und Vorruheständlern ist es auch umgekehrt, hier werden die Arbeithabenden zu Ausgegrenzten aus der „Schick-

---

60 Das Statement „Jeder weiß über jeden Bescheid" wurde im Dorfprojekt folgendermaßen beantwortet:
Glasow: 58% trifft voll zu, 27,5% trifft teilweise zu (insg.: 85,5%);
Mildenberg: 51% trifft voll zu, 30% trifft teilweise zu (insg.: 81%);
Kahlwinkel: 54,5% trifft voll zu, 32% trifft teilweise zu (insg.: 86,5%);
Ralbitz: 51,5% trifft voll zu, 38% trifft teilweise zu (insg.: 89,5%).
(Ergebnisse der Einwohnerbefragung, Frühjahr 1994, gerundet) (Zierold 1995: 50)

salsgemeinschaft". Sozialer Neid ihnen gegenüber ist nicht selten, dem sie ebenfalls durch Rückzug ins Private ausweichen (Zierold 1995: 109). Geht man von spezifischen dörflichen Wahrnehmungsmustern aus, so lassen sich auch empirische Befunde wie von Brauer u.a. erklären, die eine „alltagsrelevante Stabilität traditioneller sozialer Differenzierungen" zwischen den „Bauern" und den „Anderen" in einem mecklenburgischen Bauerndorf feststellen (Brauer u.a. 1996: 738). Daß traditionelle soziale Differenzierungen im Dorf, vor allem in Dörfern mit einer ausgeprägten Ungleichheitsstruktur bis zur „sozialistischen Umgestaltung", eine Rolle spielen können, zeigen auch die mancherorts aufgebrochenen Konflikte im Zusammenhang mit der Umstrukturierung der Landwirtschaft und dem Auftauchen von Alteigentümern. Hier kommt noch eine Komponente hinzu, die die Wahrnehmung im Dorf beeinflußt. Trotz aller Abwanderungen hat es in vielen Dörfern einen „Kern" an stabiler Bevölkerung gegeben, der dort schon lange miteinander lebt, in einigen Fällen schon über Generationen. Hier haben sich die Geschichte, die erlebte Ungleichheitserfahrungen etc. in Form „erlebter und erzählter Geschichten" teilweise tief in das Bewußtsein eingegraben.

6.3 Veränderungen individueller Lebensbereiche

6.3.1 Wahrnehmung und Bewertung der beruflichen Veränderungen

Im folgenden soll der Fragestellung nachgegangen werden, ob die Menschen in verschiedenen Lebenslagen die Veränderungen auch verschieden wahrnehmen und bewerten. Die Ausführungen müssen sich auf die Herausarbeitung einiger Tendenzen beschränken. Dabei wird hauptsächlich auf die Erkenntnisse aus dem Dorfprojekt zurückgegriffen (vgl. Zierold 1995: 98-110).

– Bei der Wahrnehmung beruflicher Veränderungen werden in erster Linie die Veränderungen „harter" Faktoren reflektiert (Verlust des Arbeitsplatzes).
– Die Bewertung des Arbeitsplatzverlustes hängt in starkem Maß von der Stellung im Erwerbsleben zum Zeitpunkt der Befragung ab. Wenn nach dem Arbeitsplatzverlust eine neue Arbeit gefunden wurde, so werden die Veränderungen tendenziell (wesentlich) besser eingeschätzt; als bei Ausgrenzung aus dem Arbeitsmarkt.
Entsprechend ihrer stärkeren strukturellen Betroffenheit von Ausgrenzungen am Arbeitsmarkt bewerten die Frauen ihre beruflichen Verände-

rungen negativer (vgl. auch Panzig 1992; Fink u.a. 1994; Altmann/Teherani-Krönner 1995). Arbeitslosigkeit wird fast ausschließlich als Verschlechterung der beruflichen Situation empfunden. Allerdings sind, zumindest 1994 und in den vier Untersuchungsdörfern, nur ansatzweise resignative Tendenzen in Form der Abfindung mit der Situation („Ich suche nicht mehr nach Arbeit, die Suche bringt nichts") festzustellen. Resignation ist vor allem bei den älteren Arbeitslosen und eher bei Frauen als bei Männern anzutreffen. Bei der Einschätzung der Arbeitslosigkeit sind keine regionalen Muster festzustellen. Doch da die Arbeitslosigkeit regional verschieden hoch ist, ist auch das Ausmaß an „Frustpotential" unterschiedlich.

Anders sieht die Bewertung des Vorruhestandes aus. Bei der Beurteilung des Vorruhestandes waren deutliche regionale Unterschiede zwischen den nördlichen Dörfern und den südlichen Dörfern zu sehen. Den negativen Extremfall in der Bewertung der Situation als Vorruheständler stellt der Ort mit der verhältnismäßig höchsten Anzahl Vorruheständler dar (Glasow). Hingegen wird gerade in den südlichen Dörfern die Situation seltener als negativ empfunden. Bei den Vorruheständlern, die 1994 inzwischen das reguläre Rentenalter erreicht hatten, fällt die Bewertung auch positiver aus.

Gerade bei der regional differenzierten Bewertung des Vorruhestandes zeigt sich deutlich, daß das Lebensumfeld stark die Einschätzung beeinflußt. In Glasow, das eine niedrige Quote an selbstgenutztem Hauseigentum und eine insgesamt hohe Ausgrenzungsquote aus dem Arbeitsmarkt (Arbeitslosigkeit und Vorruhestand) aufweist, fehlen den Menschen offensichtlich Beschäftigungsalternativen außerhalb der Erwerbstätigkeit.

Kretzschmar und Wolf-Valerius (1995) kommen bei ihren Interviews mit Vorruheständlern u.a. zu dem Ergebnis, daß ehemalige Genossenschaftsbauern „ihre ehemalige Erwerbstätigkeit im Vorruhestand nahezu ungebrochen auf dem eigenen Grund und Boden weiterführen." Sie stellen eine höhere Zufriedenheit mit dem Leben heute gerade bei ehemaligen Genossenschaftsbauern fest, die sie u.a. mit den Beschäftigungsalternativen in Haus, Hof und Garten erklären (Kretzschmar/Wolf-Valerius 1995: 365ff; vgl. auch Blumberg u.a. 1995: 249).

- Die Nord-Süd-Unterschiede in der Bewertung der Ausgrenzungen vom Arbeitsmarkt in Verbindung mit der deutlich höheren Fallzahl von diesen Ausgrenzungen betroffener Menschen im Norden verdeutlicht die großen regionalen Disparitäten und die Anhäufung von sozialen Problempotential gerade in strukturschwachen Regionen.

6.3.2 Veränderungen der wirtschaftlichen Lage

Auch die Einschätzung der Veränderungen der eigenen bzw. der wirtschaftlichen Lage des Haushaltes sowie der Veränderungen der Einkommen wird von vielen Faktoren beeinflußt. Neben der Einkommenshöhe spielen auch die eigenen Ansprüche und Bedürfnisse und das gewählte Referenzsystem eine Rolle. In Anlehnung an des Vorgehen im vorhergehenden Abschnitt sollen wieder einige Grundtendenzen der Wahrnehmung vorrangig anhand der Erkenntnisse aus dem Dorfprojekt aufgezeigt werden (vgl. Zierold 1995: 111-113).

– Bei der Wahrnehmung der wirtschaftlichen Lage zeigt sich erneut, daß die Stellung im Erwerbsleben maßgeblichen Einfluß auf eine positive bzw. negative Bewertung und damit zumeist korrespondierend auf die Einschätzung von Verbesserungen bzw. Verschlechterungen im Vergleich zu 1989 hat. Auch hier setzt sich die Differenzierungslinie zwischen Arbeithabenden und Nicht-Arbeithabenden fort.
– Die strukturellen Disparitäten zwischen den nördlichen und südlichen Dörfern finden sich in der Bewertung wieder. Extremfall ist erneut Glasow, hier beurteilen neben den vom Arbeitsmarkt Ausgegrenzten (Arbeitslose und Vorruheständler) auch die Mehrheit der Vollzeiterwerbstätigen ihre wirtschaftliche Lage seit 1989 als verschlechtert.
– In der Einschätzung der wirtschaftlichen Lage durch die Vorruheständler zeigt sich wieder der Nord-Süd-Bruch. Vorruheständler in den beiden Dörfern im Norden sehen meistens eine Verschlechterung ihrer wirtschaftlichen Lage seit 1989, Vorruheständler in den beiden Dörfern im Süden schätzen ihre wirtschaftliche Lage eher als gleichgeblieben oder verbessert ein.
– Arbeitslosigkeit muß nicht mit einer als verschlechtert empfundenen wirtschaftlichen Lage zusammenfallen. Das persönliche Umfeld (Zusammenleben im Haushalt) und die spezifische Umbruchsituation der neuen Bundesländer (Erweiterung der Konsummöglichkeiten, Kaufkrafterhöhung des Haushaltes trotz Arbeitslosigkeit) wirkt sich auf die Einschätzung aus (vgl. Kronauer/Vogel 1995: 151).

6.4 Veränderungen des Zusammenlebens in den Dörfern

Nicht nur die individuellen Lebensbereiche haben sich seit 1989 gewandelt, vielfältig sind auch die Auswirkungen auf das Zusammenleben in den Dörfern. Hier können wiederum nur einige Problemfelder aufgezeigt werden.[61]

Durch die Veränderungen im Erwerbsleben, die sich für sehr viele ergeben haben, sind gewohnte Kontakte und Kommunikationsmöglichkeiten weggefallen, die nur teilweise anders kompensiert werden konnten. Die Betriebe, sofern sie umstrukturiert überlebt haben, können den kulturellen und sozialen Aufgaben, die sie bis 1989 übernommen hatten, so nicht mehr nachkommen. Andere kommunikative Zentren der Dörfer, wie der Konsum oder die Post, existieren ebenfalls vielerorts nicht mehr. Gewohnter öffentlicher Raum ist damit weggebrochen. Aber auch die entgegengesetzte Tendenz kann beobachtet werden. Es gibt Dörfer, in denen neue öffentliche Räume, wie eine wiedereröffnete Dorfkneipe oder ein privater Laden, entstanden sind. Das Bild der Dörfer ist diesbezüglich bunt.

Die Erkenntnisse des Dorfprojektes zeigen, daß auch in der Bewertung der Veränderungen des Zusammenlebens in den Dörfern Unterschiede bestehen, die sich in den konkreten Fallbeispielen wiederum als Nord-Süd-Unterschied darstellen (Zierold 1995: 116-119). In Glasow, dessen kulturelles und soziales Leben fast ausschließlich von der LPG und deren Aktivitäten abhing, wird wesentlich öfter eingeschätzt, daß früher der Zusammenhalt im Dorf größer war (Zierold 1995: 116-117). Hingegen zeigt sich, daß in den Dörfern, die ein ausgeprägtes kulturelles und soziales Leben relativ unabhängig von den örtlichen Betrieben hatten und/oder in denen die strukturellen Umbrüche weniger dramatisch verlaufen sind, die Einschätzung weitaus positiver ausfällt. Für den ersten Fall steht das Beispiel des sorbischen Ralbitz, das stark durch die eigene Kultur und die katholische Kirche geprägt ist (Zierold 1995: 117). Für den zweiten Fall steht Kahlwinkel, das über eine für ein Dorf dieser Größe vielfältige Wirtschaftsstruktur verfügt (Zierold 1995: 64).

Die Frage, inwiefern derartige Nord-Süd-Unterschiede die neuen Bundesländer generell kennzeichnen, kann nicht beantwortet werden. Zwei Abhängigkeiten können vermutet, mit dem vorliegenden Datenmaterial aber nicht bewiesen werden. Zum einen hängt die Einschätzung des veränderten Zusammenlebens stark von der wirtschaftlichen und damit der Erwerbssituation im Dorf und in der Region ab und damit vom Grad der strukturellen Betroffenheit der Menschen im Wandlungsprozeß. Zum anderen von dem

---

61 Bei diesem Aspekt der veränderten Lebenslagen spielen orts- und regionsspezifische Faktoren eine starke Rolle.

Grad kulturellen Eigenlebens in dem Dorf und in der Region, das unabhängig von der örtlichen Wirtschaft existiert.

7. Zusammenfassung

- Die Lebenslagen in den ländlichen Räumen der DDR waren einerseits durch Gemeinsamkeiten geprägt, andererseits gab es z.T. erhebliche regionale Differenzierungen, die vereinfacht als Nord-Süd-Unterschiede charakterisiert werden können. Diese wurden teilweise von Unterschieden zwischen den Haupt- und Nebenorten überlagert.
- Kleine Gemeinden waren besonders von Einwohnerverlusten infolge von Abwanderungen betroffen. Dabei stellten die Dörfer im Nordosten die gefährdetste Siedlungskategorie dar.
- Folgewirkungen der Abwanderungen waren die zunehmende Überalterung der Bevölkerung in der Quellregion und ein Arbeitskräftemangel in der Landwirtschaft.
- Die Erwerbstätigenstruktur in den Dörfern war nicht allein durch die Arbeitsplätze in der Landwirtschaft geprägt. Auch zahlreiche außerlandwirtschaftliche Beschäftigte lebten in den Dörfern, von denen viele Berufspendler waren. Aber unter denen in der Landwirtschaft Beschäftigten gab es dennoch Pendler. Frauenarbeitsplätze boten neben den Landwirtschaftsbetrieben vor allem die Infrastruktureinrichtungen in den Dörfern.
- Der Anteil der in der Landwirtschaft Beschäftigten schwankte regional, aber auch von Ort zu Ort. Regional betrachtet war der Anteil der Arbeitskräfte an der Wohnbevölkerung im nördlichen Raum größer als im südlichen Raum. Und, je kleiner die Dörfer von der Einwohnerzahl her waren, umso mehr Menschen arbeiteten i.d.R. in der Landwirtschaft. Es gab auch Dörfer, wo fast alle Erwerbstätigen in der Landwirtschaft beschäftigt waren. Aus diesen Strukturen resultierten nach 1989 unterschiedliche Startbedingungen für den Neubeginn.
- Die Bedeutung der landwirtschaftlichen Betriebe für die Lebensverhältnisse in den Dörfern begründete sich nicht allein durch das lokale Arbeitsplatzangebot. Beachtlich waren die Unterstützungen mit finanziellen Mitteln und Sach- sowie Arbeitsleistungen in den Gemeinden. Innerhalb der Unterstützungen gab es wiederum Unterschiede zwischen Haupt- und Nebenorten. Die Dörfer, in denen die LPGen ihren Hauptsitz hatten, wurden tendenziell mehr gefördert.

Veränderungen von Lebenslagen in ländlichen Räumen 557

- Die Entwicklung der Landwirtschaft der DDR, insbesondere die LPG-Entwicklung, ist ein vielgestaltiger Prozeß gewesen. Daraus resultieren besondere Problemlagen nach 1989.
- Eigentum, das in der DDR kaum Quelle sozialer Differenzierung war, hatte in den Dörfern trotzdem größere Bedeutung als in den Städten. Hier bestand im Vergleich mit allen anderen Siedlungskategorien ein sehr hoher Anteil an selbstgenutztem Wohneigentum.
- Die Einkommen waren in den Dörfern im allgemeinen niedriger als in den Städten. In den Dörfern spielten aber eine Reihe zusätzlicher Einnahmemöglichkeiten (individuelle Hauswirtschaft) sowie zahlreiche soziale Leistungen durch die Landwirtschaftsbetriebe eine nicht zu unterschätzende Rolle für die materiellen Lebensbedingungen.
- Die Infrastrukturausstattung in den Dörfern war, trotz aller Verbesserungen, weiterhin Quelle sozialer Unterschiede zwischen Stadt und Land einerseits, aber auch zwischen den Regionen. Insbesondere die Erreichbarkeit bestimmter Infrastruktureinrichtungen gestaltete sich im dünn besiedelten Norden schwieriger als im dichtbesiedelten Süden.
- Die Abwanderung aus den Dörfern setzte sich nach 1989 vielerorts mit einem Schub fort. Dabei sind weiterhin die Dörfer in den Regionen besonders betroffen, aus denen bereits bis 1989 überproportional viele Menschen abgewandert waren. Wanderten bis 1989 (zumindest im Norden) die Menschen häufig innerhalb der Region vom Dorf in die Stadt, so ist in den Prozessen nach 1989 eine Abwanderung aus der Region typisch.
- Die Migrationsprozesse verlaufen selektiv. Vor allem jüngere und qualifizierte Menschen wandern ab. In den Dörfern zurück bleiben die älteren Menschen, ungenügend oder zu spezialisiert qualifizierte Menschen. Wohnortbindend wirkt sich der hohe Anteil an selbstgenutztem Wohneigentum aus.
- In Folge der strukturellen Umbrüche verläuft die Hauptdifferenzierungslinie in den Dörfern zwischen denen, die Arbeit haben und denen, die keine Arbeit haben.
- Die Erwerbsbeteiligung ist durch die Ausgliederung vieler älterer Arbeitnehmer aus dem Arbeitsmarkt durch die Vorruhestandsregelung zurückgegangen. Vorruheständler prägen vor allem in den Gebieten, die überaltert waren (Norden), das Bild der Dörfer mit.
- Die Erwerbsneigung ist auch bei den Frauen nicht zurückgegangen. Eine sozial relevante Gruppe an Hausfrauen hat sich nicht herausgebildet.
- Die Ausgrenzungsrisiken am Arbeitsmarkt unterscheiden sich nicht von den allgemein bekannten Kriterien (Geschlecht, Alter, Qualifikation, Problembranchen). Vielfach stärker von Arbeitslosigkeit betroffen sind

die ländlichen Räume insbesondere in peripheren, strukturschwachen Gebieten durch die Anhäufung derartiger Problemgruppen in der Dorfbevölkerung. Hierzu gehören an erster Stelle die ehemals in der Landwirtschaft beschäftigten Menschen.
- Die Umstrukturierungen in der Landwirtschaft haben aber nicht nur durch den starken Arbeitsplatzabbau zu vielfältigen Konflikten in den Dörfern geführt. Bei der Entscheidungsfindung über die Umstrukturierung standen sich verschiedene Interessengruppen gegenüber.
- Sozial differenzierend wirkt seit 1989 wieder das Eigentum in den Dörfern. Auch Konflikte um das Eigentum sind vielfältig bestimmt.
- Einkommensunterschiede nehmen in den Dörfern zu. Die Hauptdifferenzierung verläuft auch hier zwischen denen, die Arbeit haben und denen, die keine Arbeit haben. Einzelne ländliche Räume, hauptsächlich wieder die peripher gelegenen, strukturschwachen Gebiete vor allem des Nordens werden von der Einkommensentwicklung abgehängt.
- Für die zukünftige Entwicklung der Dörfer und ländlichen Räume sind nicht allein strukturelle Momente entscheidend, wichtig ist auch, wie die Veränderungen individuell wahrgenommen und bewertet werden und welche Handlungen daraus folgen.
- Bei beruflichen Veränderungen werden hauptsächlich „harte" Faktoren wie der Verlust des Arbeitsplatzes reflektiert. Arbeitslosigkeit wird als Verschlechterung der eigenen Situation gewertet. Hier gibt es keine regionalen Unterschiede. Hingegen wird der Vorruhestand regional verschieden bewertet. In der Bewertung des Vorruhestandes zeigen sich Verbindungen zu alternativen Beschäftigungsmöglichkeiten: Sind diese durch Hauseigentum, familiäre Bindung etc. gegeben, wird der Vorruhestand positiver gewertet als in den Fällen, wo derartige Beschäftigungsmöglichkeiten fehlen. Einfluß auf die Bewertung des Vorruhestandes hat auch die wirtschaftliche Lage.
- Das Zusammenleben in den Dörfern hat sich unterschiedlich verändert. In Dörfern, in denen das Ausmaß an struktureller Betroffenheit hoch ist, hat sich auch das Zusammenleben stärker verändert.
- Abschließend kann gesagt werden: Im Verlauf, in der Geschwindigkeit und Intensität des Wandlungsprozesses zeigen sich große regionale Unterschiede zwischen einzelnen ländlichen Räumen. Regionale Disparitäten äußern sich vorrangig in einem ausgeprägten, historisch bereits dagewesenen und auch im Verlauf der DDR-Entwicklung nie völlig überwundenen Nord-Süd-Gefälle.

Literatur

Ackermann, E./Bandelin, J./Kohl, M./Schiemann, F./Schulz, W./Seifert, O./Slawinski, U. 1993: Umbrüche ländlicher Arbeitsmärkte, dargestellt an Problemregionen Mecklenburg-Vorpommerns und Brandenburgs. In: Boje, J./Brinkmann, C./Slawinski, U./Völkel, B. (Hrsg.): Zur Entwicklung ländlicher Räume in den neuen Bundesländern. Nürnberg: IAB, BeitrAB 175, S. 149-237

Bandelin, J./Koßmehl, K./Slawinski, U. 1994: Beschäftigung in Landwirtschaft und Tourismus in der Umlandregion Rostock beim Übergang zu marktwirtschaftlichen Strukturen. In: Nickel, H.-M./Kühl, J./Schenk, S. (Hrsg.): Erwerbsarbeit und Beschäftigung im Umbruch. (KSPW-Transformationsprozesse) Berlin: Akademie Verlag, S. 101-120

Bauerkämper, A. 1994: Von der Bodenreform zur Kollektivierung. Zum Wandel der ländlichen Gesellschaft in der Sowjetischen Besatzungszone Deutschlands und der DDR 1945 – 1952. In: Kaelble, H./Kocka, J./Zwahr, H. (Hrsg.): Sozialgeschichte der DDR. Stuttgart: Klett Cotta, S. 119-143

Becker, H. 1995: Ländliche Lebensverhältnisse im Wandel 1952, 1972, 1992. In: Forschungsgesellschaft für Agrarpolitik und Agrarsoziologie e.V. (Hrsg.): Tätigkeitsbericht 1994. Bonn, S. 9-39

Becker, H.J. 1993: Die Förderung der ländlichen Wirtschaft. In: Deutsche Landwirtschaftsgesellschaft (Hrsg.): Entwicklung ländlicher Räume. Vorträge der ASG-, BLG- und DLG-Fachtagung am 26./27.11.1992 in Klink, Kreis Waren, Mecklenburg-Vorpommern. Frankfurt/M.: DLG, S. 39 – 50

Bell, W. 1992: Enteignungen in der Landwirtschaft der DDR nach 1949 und deren politische Hintergründe. (Schriftenreihe des Bundesministers für Ernährung, Landwirtschaft und Forsten, Reihe A, Heft 413) Münster-Hiltrup: Landwirtschaftsverlag

Berking, H. (1995): Das Leben geht weiter. Politik und Alltag in einem ostdeutschen Dorf. In: Soziale Welt (46)3, S. 342-353

Blien, U./Hirschenauer, F. 1994: Die Entwicklung regionaler Disparitäten in Ostdeutschland. In: MittAB (27)4, S. 323 – 337

Blumberg, C./Fischer, L./Riesenkönig, M./Schmidt, S. 1995: Zur aktuellen Stimmungslage der Landbevölkerung in Mecklenburg-Vorpommern. In: Andreß, H.-J. (Hrsg.): Fünf Jahre danach. Zur Entwicklung von Arbeitsmarkt und Sozialstruktur im vereinten Deutschland. Berlin/New York: de Gruyter, S. 227 – 256

Boustedt, O. 1975: Grundriß der empirischen Regionalforschung. Teil I – IV. (Taschenbücher zur Raumplanung Band 4 – 7) Hannover: Herrmann Schroedel Verlag KG

Brauer, K./Willisch, A./Ernst, F. 1996: Intergenerationelle Beziehungen, Lebenslaufperspektiven und Familie im Spannungsfeld von Kollektivierung und Transformation. Empirische Befunde aus der Gemeindestudie „Tranlin". In: Clausen, L. (Hrsg.): Gesellschaften im Umbruch. Verhandlungen des 27. Kongresses der DGS in Halle an der Saale 1995. Frankfurt/New York: Campus, S. 736-749

Brinkmann, C./Hiller, K./Müller, K./Völkel, B. 1993: Einführung: Hintergründe und Aufbau des Bandes. In: Boje, J./Brinkmann, C./Slawinski, U./Völkel, B. (Hrsg.):

Zur Entwicklung ländlicher Räume in den neuen Bundesländern. Nürnberg: IAB, BeitrAB 175, S. 5 – 17

Bundesforschungsanstalt für Landeskunde und Raumordnung (Hrsg.) 1993: Regionalbarometer neue Länder. Erster zusammenfassender Bericht. (Materialien zur Raumentwicklung 50) Bonn-Bad Godesberg

Bundesministerium für Ernährung, Landwirtschaft und Forsten (Hrsg.) 1995: Agrarbericht 1995, Agrar- und ernährungspolitischer Bericht der Bundesregierung. Bonn

Bundesministerium für Raumordnung und Städtebau (Hrsg.) 1991: Raumordnungsbericht 1991. Bonn

Czech, D./Hildwein-Scheele, A./Nienhaus, M. 1994: Wiedereinrichtung landwirtschaftlicher Betriebe in den neuen Bundesländern. Situation und Motive der Betriebsinhaberfamilien. (ASG-Materialsammlung 190) Göttingen: ASG

Europäische Kommission (Hrsg.) 1995: Beschäftigungsobservatorium Ostdeutschland. Arbeitsmarktentwicklungen und Arbeitsmarktpolitik in den neuen Bundesländern. Nr. 15 – Juni 1995, Brüssel/Berlin

Feldmann, S. 1993: Beschäftigungs- und Lebensverhältnisse der derzeit oder ehemals landwirtschaftlich Beschäftigten. In: Thoroe, C./Frede, H.-G./Langholz, H.-J./Schumacher, W./Werner, W. (Hrsg.): Agrarwirtschaft und ländlicher Raum in den neuen Bundesländern im Übergang zur Marktwirtschaft (agrarspectrum, Band 20) Frankfurt/M.: DLG-Verlag, München: BLV Verlagsgesellschaft, Münster-Hiltrup: Landwirtschaftsverlag, Wien: Österreichischer Agrarverlag, Wabern-Bern: BUGRA Suisse, S. 108-121

Feldmann, S./Hunger, M./Zimmermann, S. 1992: Studie über Sozialprobleme kleiner Dörfer und deren Lösung im Prozeß der Dorferneuerung, dargestellt an ausgewählten Dörfern Sachsen-Anhalts. Bernburg

Feldmann, S./Hunger, M./Zimmermann, S. 1993: Bürgerbefragungen in fünf Landgemeinden Sachsen-Anhalts zur Kommunalsituation und daraus abzuleitende Anregungen für Leitbildvorstellungen der Entwicklung kleiner Dörfer in den neuen Bundesländern. Bernburg

Feldmann, S./Zimmermann, S. 1994: Leitbilder zur Entwicklung kleiner Dörfer im Prozeß der Dorferneuerung, dargestellt an ausgewählten Dörfern Sachsen-Anhalts. Bernburg

Fink, M./Feldmann, S./Siebert, R./Uphoff, P./Zehrt, G./Zierold, K. 1995: Auswirkungen der Wirtschafts- und Währungsunion auf die Beschäftigungssituation, Lebenshaltung und Versorgungslage ländlicher Haushalte in den neuen Bundesländern. Ergebnisse zweier Haushaltsbefragungen. (Institut für Strukturforschung, Bundesforschungsanstalt für Landwirtschaft Braunschweig-Völkenrode, Arbeitsbericht 3/1995) Braunschweig: FAL

Fink, M./Grajewski, R./Siebert/R./Zierold, K. 1994: Beschäftigungssituation von Frauen im ländlichen Raum der neuen Bundesländer – „Es müßte schon ein Wunder geschehen, wenn man nochmals Arbeit findet." –. In: Berichte über Landwirtschaft 72, S. 212-228

Fink, M./Langendorf, U./Feldmann, S./Herrmann, R./Ladwig, B./Müller, I./Puchert, K./Reichel, H./Richter, R./Schmidt, E./Uphoff, P./Zierold, K. 1992: Auswirkungen der Wirtschafts- und Währungsunion auf die Beschäftigungssituation, Le-

Veränderungen von Lebenslagen in ländlichen Räumen 561

benshaltung und Versorgungslage ländlicher Haushalte in den neuen Bundesländern. (Institut für Strukturforschung, Bundesforschungsanstalt für Landwirtschaft Braunschweig-Völkenrode, Arbeitsbericht 1/1992) Braunschweig: FAL

Fink, M./Zierold, K. 1993: Auswirkungen der Wirtschafts- und Währungsunion auf die Beschäftigungssituation, Lebenshaltung und Versorgungslage ländlicher Haushalte in den neuen Bundesländern. In: Alvensleben, R. von/Langbehn, C./ Schinke, E. (Hrsg.): Strukturanpassungen der Land- und Ernährungswirtschaft in Mittel- und Osteuropa. (Schriften der Gesellschaft für Wirtschafts- und Sozialwissenschaften des Landbaues e.V. 29) Münster-Hiltrup: Landwirtschaftsverlag, S. 299-309

Gans, P./Kemper, F.-J. (Hrsg.) 1995: Mobilität und Migration in Deutschland. Beiträge zur Tagung des Arbeitskreises „Bevölkerungsgeographie" des Verbandes der Geographen an Deutschen Hochschulen am 15. und 16. September 1994 in Erfurt. (Erfurter Geographische Studien, Heft 3) Erfurt: Selbstverlag des Institutes für Geographie der Pädagogischen Hochschule Erfurt/Mühlhausen, S. 79-88

Gebhardt, W./Kamphausen, W. 1994: Zwei Dörfer in Deutschland. Mentalitätsunterschiede nach der Wiedervereinigung. Opladen: Leske+Budrich

Geißler, R. 1992: Die Sozialstruktur Deutschlands. Ein Studienbuch zur Entwicklung im geteilten und vereinten Deutschland. Opladen: Westdeutscher Verlag

Gericke, T. 1987: Wissenschaftlich-technischer Fortschritt in der sozialistischen Landwirtschaft – Einstellungen und Erfahrungen Jugendlicher. Forschungsbericht (unveröff.) Leipzig

Goldzamt, E. 1973: Städtebau sozialistischer Länder. Soziale Probleme. Berlin (Ost): VEB Verlag für Bauwesen

Grimm, F.-D. 1992: Ländlicher Raum und ländliche Siedlungen in der Siedlungs- und Raumordnungspolitik der ehemaligen DDR. In: Henkel, G. (Hrsg.): Der ländliche Raum in den neuen Bundesländern – Vorträge und Ergebnisse des 8. Essener Dorfsymposiums in Wilhelmsthal, Gemeinde Eckardtshausen in Thüringen (bei Eisenach) vom 25. bis 26. Mai 1992. (Essener Geographische Arbeiten, Band 24) Paderborn, S. 1-6

Groschoff, K. (Leiter des Autorenkollektives) 1984: Stadt und Land in der DDR – Entwicklung, Bilanz, Perspektiven. Berlin (Ost): Dietz

Grundmann, S. 1981: Das Territorium – Gegenstand soziologischer Forschung. Berlin (Ost): Dietz

Grundmann, S. 1994: Wanderungen. In: Freitag, K./Grundmann, S./Nowossadeck, E./Menning, S./Münz, R./Schied, A./Ulrich, R.: Regionale Bevölkerungsentwicklung in den neuen Bundesländern. (KSPW, Graue Reihe 94 – 05) Berlin: GSFP, S. 81-122

Grundmann, S./Schmidt, I. 1985: Soziale und wirtschaftliche Aspekte der Migration und ihrer Steuerung. In: Deutsche Zeitschrift für Philosophie (33)2, S. 115-124

Habich, R./Landua, D./Seifert, W./Spellerberg, A. 1991: „Ein unbekanntes Land" – Objektive Lebensbedingungen und subjektives Wohlbefinden in Ostdeutschland. In: Aus Politik und Zeitgeschichte B32/91, S. 13-33

Häfner, T./Maier, J./Tröger-Weiß, G. 1993: Die Ausgangsdiskussion: ländliche Räume in den 90er Jahren -Rahmenbedingungen, Herausforderungen, Problem-

situationen. In: Akademie für Raumforschung und Landesplanung (Hrsg.): Entwicklungsperspektiven für ländliche Räume – Thesen und Strategien zu veränderten Rahmenbedingungen. (ARL-Arbeitsmaterial 197) Hannover: ARL
Henkel, G. 1993: Der Ländliche Raum. Gegenwart und Wandlungsprozesse in Deutschland seit dem 19. Jahrhundert. Stuttgart: Teubner
Hoffmeyer-Zlotnik, J. 1995: KSPW-Repräsentativumfrage 1993: Methodische Anlage und Durchführung. In: Bertram, H. (Hrsg.): Ostdeutschland im Wandel: Lebensverhältnisse – politische Einstellungen. (KSPW: Transformationsprozesse) Opladen: Leske+Budrich, S. 287-309
Holzweißig, W./Krambach, K./Müller, J./Müller, S./Süße, H. 1985: Wie lebt man auf dem Dorf? – Soziologische Aspekte der Entwicklung des Dorfes in der DDR. Berlin (Ost): Dietz
Honecker, E. 1986: Bericht des Zentralkomitees der Sozialistischen Einheitspartei Deutschlands an den XI. Parteitag der SED. Berlin (Ost): Dietz
Hubatsch, K./Krambach, K./Müller, J./Siebert, R./Vogel, O. 1991: Genossenschaftsbauern 1990/91: Existenzformen und Lebensweise im Umbruch. Berlin
Jahns, R. 1987: Zur Entwicklung und Rolle der nichtlandwirtschaftlich Berufstätigen in den Dörfern der DDR. Diss. A. Berlin (Ost): Akademie für Gesellschaftswissenschaften beim ZK der SED
Johaentges, A. 1996: Wohnen: der zentrale dörfliche Entwicklungsfaktor. In: Forschungsgesellschaft für Agrarpolitik und Agrarsoziologie e.V. (Hrsg.): Ländliche Lebensverhältnisse im Wandel 1952, 1972, 1993. (Schriftenreihe der FAA, H. 305) Bonn
Johr, R. 1986: Zur Entwicklung des sozialistischen Dorfes als politisch-soziale Gemeinschaft. Diss. A. Berlin (Ost): Akademie für Gesellschaftswissenschaften beim ZK der SED
Jürgens, W.W./Braemer, M. (o.J.): Zur Belastung und Beanspruchung von Werktätigengruppen in der Landwirtschaft unter besonderer Berücksichtigung der Arbeiten in der individuellen Wirtschaft. In: Projektrat „Intensivierung der Landwirtschaft und des Gartenbaus in der DDR und die Entwicklung der Arbeits- und Lebensbedingungen auf dem Lande" beim Ministerium für Hoch- und Fachschulwesen der DDR (Hrsg.): Informationen und Ergebnisberichte, Heft 37. Berlin (Ost)/Halle, S. 54-60
Kaschuba, W. 1990: Lebenswelt und Kultur der unterbürgerlichen Schichten im 19. und 20. Jahrhundert. (Enzyklopädie Deutscher Geschichte Band 5). München: Oldenbourg
Klemm, V. 1978: Von den bürgerlichen Agrarreformen zur sozialistischen Landwirtschaft in der DDR. Berlin (Ost): VEB Deutscher Landwirtschaftsverlag
Körner, M. 1988: Die Totenkeule. Roman. Halle/Leipzig: Mitteldeutscher Verlag
Kohli, M. 1994: Die DDR als Arbeitsgesellschaft? – Arbeit, Lebenslauf und soziale Differenzierung. In: Kaelble, H./Kocka, J./Zwahr, H. (Hrsg.): Sozialgeschichte der DDR. Stuttgart: Klett Cotta, S. 31-61
Koller, M./Jung-Hammon, T. 1993: Regionale und sektorale Schwerpunkte des Arbeitsplatzabbaus in Ostdeutschland. In: MittAB (26)1, S. 7-35
Koziolek, H./Ostwald, W./Stürz, H. 1986: Reproduktion und Infrastruktur. Berlin (Ost): Die Wirtschaft

Krambach, K. 1980: Ländliche Sozialstruktur in der entwickelten sozialistischen Gesellschaft. In: Deutsche Zeitschrift für Philosophie (28)1, S. 60-70

Krambach, K./Kirk, M./Müller, J./Richter, F./Seyfarth, B. 1995: Zum ländlichen Raum in der Bundesrepublik Deutschland: Ansätze zu einer politikrelevanten Dokumentation. (ISDA-Studie Nr. 8) Berlin: ISDA

Krambach, K./Müller, J./Seyfarth, B./Vogel, O./Duday, H. 1992: Ehemalige Genossenschaftsbauern 1992: Situation und Befindlichkeit in umstrukturierten Gemeinschaftsbetrieben, im Vorruhestand und als Arbeitslose. (ISDA-Studie Nr. 5) Berlin: ISDA

Krambach, K./Lötsch, M. (Leiter des Autorenkollektivs) 1989: Forschungsbericht zur Sozialstruktur und Lebensweise in Städten und Dörfern. Teil 1 bis 5. Berlin (Ost): Akademie für Gesellschaftswissenschaften beim ZK der SED

Krebs, C. 1989: Der Weg zur industriemäßigen Organisation der Agrarproduktion in der DDR – Die Agrarpolitik der SED 1945 – 1960. (Schriftenreihe der FAA, H. 284) Bonn

Kretzschmar, A./Wolf-Valerius, P. 1995: Vorruhestand – eine neue soziale Realität in Ostdeutschland. In: Bertram, H./Hradil, S./Kleinhenz, G. (Hrsg.): Sozialer und demographischer Wandel in den neuen Bundesländern. (KSPW: Transformationsprozesse) Berlin: Akademie Verlag, S. 361-379

Kronauer, M./Vogel, B./Gerlach, F. 1993: Im Schatten der Arbeitsgesellschaft – Arbeitslose und die Dynamik sozialer Ausgrenzung. Frankfurt/New York: Campus

Kronauer, M./Vogel, B. 1994: Regionale Arbeitsmarktentwicklung und Arbeitslosigkeit in Ostdeutschland. In: SOFI-Mitteilungen Nr. 21/März 1994, S. 77-97

Kronauer, M./Vogel, B. 1995: Arbeitslos im gesellschaftlichen Umbruch. Zu einigen grundlegenden Unterschieden in den Arbeitslosigkeitserfahrungen Ost und West. In: Andreß, H.-J. (Hrsg.): Fünf Jahre danach. Zur Entwicklung von Arbeitsmarkt und Sozialstruktur im vereinten Deutschland. Berlin/New York: de Gruyter, S. 139-162

Kroner, G. 1993: Konzeptionelle Ansätze zur Abgrenzung ländlicher Räume – ein Überblick. In: Akademie für Raumforschung und Landesplanung (Hrsg.): Entwicklungsperspektiven für ländliche Räume – Thesen und Strategien zu veränderten Rahmenbedingungen. (ARL-Arbeitsmaterial 197) Hannover: ARL, S. 18-31

Kruse, S. 1995: Entwicklung der Struktur landwirtschaftlicher Betriebe in den neuen Ländern. In: AID-Informationen für die Agrarberatung 5506. 3, S. 2-24

Ländliche Erwachsenenbildung in Niedersachsen e.V. (LEB)/Agrarsoziale Gesellschaft e.V./Deutsches Jugendinstitut 1992: Erwerbschancen für Frauen aus landwirtschaftlichen Berufen/ländlichen Regionen der neuen Bundesländer. (Materialien zur Frauenpolitik 19/1992) Hannover (Materialien zur Frauenpolitik 19/1992, BMFJ)

Lehmann, H. 1994: Muster biographischer Verarbeitung des Transformationsprozesses von Vorruheständlern. In: Nickel, H.-M./Kühl, J./Schenk, S. (Hrsg.): Erwerbsarbeit und Beschäftigung im Umbruch. (KSPW-Transformationsprozesse) Berlin: Akademie Verlag, S. 283-312

Lorenz, G. 1993: Individuelle landwirtschaftliche Kleinproduktion der Haushalte in der DDR und ihre Zukunft im vereinigten Deutschland. Ms. (unveröff.) Braunschweig

Lüken, S./Heidenreich, H.-J. 1991: Erwerbsquote und Erwerbsverhalten – Ergebnisse des Mikrozensus. In: Wirtschaft und Statistik 12/1991, S. 787-800

Maretzke, S. 1995: Ausgewählte Aspekte der Wanderungsentwicklung in den Regionen der neuen Länder nach der Vereinigung. In: Gans, P./Kemper, F.-J. (Hrsg.): Mobilität und Migration in Deutschland. Beiträge zur Tagung des Arbeitskreises „Bevölkerungsgeographie" des Verbandes der Geographen an Deutschen Hochschulen am 15. und 16. September 1994 in Erfurt. (Erfurter Geographische Studien, Heft 3) Erfurt: Selbstverlag des Institutes für Geographie der Pädagogischen Hochschule Erfurt/Mühlhausen, S. 63-78

Meimberg, R. 1995: Landwirtschaft und ländliche Räume – Chancen für eine eigenständige Gestaltung. In: ifo Schnelldienst Nr. 17 – 18. Fünf Jahre Reformprozeß in Ostdeutschland – Eine Zwischenbilanz. München, S. 64-71

Menning, S. 1994: Geburtenentwicklung und Fruchtbarkeitsniveau. In: Freitag, K./Grundmann, S./Nowossadeck, E./Menning, S./Münz, R./Schied, A./Ulrich, R.: Regionale Bevölkerungsentwicklung in den neuen Bundesländern. (KSPW, Graue Reihe 94 – 05) Berlin: GSFP, S. 39-62

Müller, S. 1985: Dynamik und Stabilität der sozialen Struktur der Dörfer der DDR. In: Müller, S. (Red.): Das sozialistische Dorf. Sozialstruktur und Lebensweise. (Thematische Information und Dokumentation, Reihe B, Heft 47) Berlin (Ost): Akademie für Gesellschaftswissenschaften beim ZK der SED, S. 31-42

Müller, S./Schneider, E. 1986: Jugend und Seßhaftigkeit im Dorf – Tagungsbericht. In: Informationen zur soziologischen Forschung in der DDR 2/1986, S. 67-79

Münz, R./Ulrich, R. 1994: Bevölkerungsvorausschätzungen. In: Freitag, K./Grundmann, S./Nowossadeck, E./Menning, S./Münz, R./Schied, A./Ulrich, R. (1994): Regionale Bevölkerungsentwicklung in den neuen Bundesländern. (KSPW, Graue Reihe 94 – 05) Berlin: GSFP, S. 123 – 149

Neubert, E. 1988: Eine Woche der Margot Triebler. Zur Soziologie des „schönen und produktiven Dorfes". (ausser der reihe 4 – nachträge; Theologische Studienabteilung beim Bund der Evangelischen Kirchen in der DDR) Berlin (Ost)

Neumann, H. 1983: Regelhafte Erscheinungsformen der Migration in der DDR. In: Mohs, G./Grimm, F. (Hrsg.): Geographie und Territorialstruktur in der DDR. Analysen, Trends, Orientierungen. (Beiträge zur Geographie, Band 31) Berlin (Ost): Akademie Verlag, S. 235-254

Ostwald, W. (Hrsg.) 1990: Raumordnungreport '90. Daten und Fakten zur Lage in den ostdeutschen Ländern. Berlin: Die Wirtschaft

Paasche, S. 1988: Rolle und Ausprägung der individuellen landwirtschaftlichen Kleinproduktion und ihre rationale Verbindung mit der gesellschaftlichen (volkseigenen und genossenschaftlichen) Produktion. Diss. A, 2 Bände, Halle/Saale: Martin-Luther-Universität, Sektion Pflanzenproduktion

Panzig, C. 1992: Zur Arbeits- und Lebenssituation von Frauen in ländlichen Regionen Brandenburgs. Vergangenheit – Gegenwart – Perspektiven. In: Friedrich-Ebert-Stiftung (Hrsg.): Frauen in der Landwirtschaft und im ländlichen Raum Brandenburg. (Reihe Frauenpolitik, Heft 7) Bonn: Friedrich-Ebert-Stiftung

Parade, L. 1988: Das sozialistische Dorf und der Reichtum unserer Nationalkultur – theoretische Probleme und empirische Befunde. In: Institut für Weiterbildung des Ministeriums für Kultur (der DDR) (Hrsg.): Sozialistische Kulturpolitik – Theorie und Praxis. Punkt 2.6. Eggersdorf

Putzing, M./Schiemann, F. 1993: Strukturwandel im ländlichen Raum der neuen Bundesländer – Stand – Probleme – Perspektiven. Dargestellt am Beispiel der Kreise Gransee und Neuruppin. (SÖSTRA Berichte und Informationen 5/1993) Berlin: SÖSTRA

Rawert, M. 1994: Die Verschuldung der landwirtschaftlichen Produktionsgenossenschaften in der ehemaligen DDR und die Entschuldung ihrer Rechtsnachfolger. Kiel: Wiss.-Verl. Vauk

Rempel, E./Boyde, W./Döring, H./Howitz, C./Hubatsch, K./Isbaner, W./Meuer, A./Schmidt, K./Winkler, G./Zierold, R. (Hrsg.) 1989: Ökonomie der Landwirtschaft der DDR. Berlin (Ost): VEB Deutscher Landwirtschaftsverlag

Rodewald, B. 1994a: Glasow – Ein Dorf im „Schatten der Grenze". In: Forschungsgesellschaft für Agrarpolitik und Agrarsoziologie e.V. (Hrsg.): Ländliche Lebensverhältnisse im Wandel 1952, 1972 und 1992. Zwischenbericht (unveröff.), Bonn, S. 329-360

Rodewald, B. 1994b: Mildenberg – Ein Ort wirtschaftlicher Prosperität in der Vergangenheit. In: Forschungsgesellschaft für Agrarpolitik und Agrarsoziologie e.V. (Hrsg.) (1994): Ländliche Lebensverhältnisse im Wandel 1952, 1972 und 1992. Zwischenbericht (unveröff.), Bonn, S. 443-468

Rodewald, B./Siebert, R. 1995: Arbeitsmarkt und Mobilität. Eine empirische Analyse von Dimensionen räumlicher Immobilität und Mobilität im Kontext regionaler Arbeitsmarktentwicklungen im ländlichen Raum Ostdeutschlands. (Teilprojekt des BML-Forschungsvorhabens „Ländliche Lebensverhältnisse im Wandel 1952, 1972 und 1992") Forschungsbericht (unveröff.) Müncheberg

Schäfer, R./Stricker, H.-J./Soest, D.v. 1992: Kleinstädte und Dörfer in den neuen Bundesländern – Aufgabenfeld für die städtebauliche Erneuerung. (Schriftenreihe des Deutschen Städte- und Gemeindebundes, Heft 48) Göttingen: Otto Schwartz & Co.

Schmidt, E. 1992: Landfrauen in Sachsen-Anhalt. Studie über die soziale Situation von Frauen in ländlichen Räumen. Bernburg

Schmidt, M. 1995: Der Krieg in Passee. Rostock: WeymannBauer

Schweizer, D. 1994: Das Recht der landwirtschaftlichen Betriebe nach dem Landwirtschaftsanpassungsgesetz: Eigentumsentflechtung, Umstrukturierung, Vermögensauseinandersetzung. Köln: Verlag Kommunikationsforum Recht, Wirtschaft, Steuern

Siebert, R./Zierold, K. 1996: Gewinnen und Verlieren: die Dörfer in den neuen Bundesländern. In: Forschungsgesellschaft für Agrarpolitik und Agrarsoziologie e.V. (Hrsg.) (1996): Ländliche Lebensverhältnisse im Wandel 1952, 1972, 1993. (Schriftenreihe der FAA, H. 305) Bonn

Spengler, A. 1994: Zur Entwicklung der Landwirtschaft in der DDR und zu ihrer Umwandlung nach der Wende im allgemeinen und zur speziellen Situation im Memlebener Gebiet (Arbeitsfassung). Ms. (unveröff.) Memleben

Strittmatter, E. 1963: Ole Bienkopp. Roman. Berlin (Ost): Aufbau

Süße, H./Gericke, T./Holzweißig, W./Winkler, K. 1987: Jugend in kleinen und mittleren Dörfern. Forschungsbericht (unveröff.) Leipzig
Süße, H./Gericke, T./Holzweißig, W./Winkler, K. 1989: Lehrlinge in der sozialistischen Landwirtschaft. Forschungs bericht (unveröff.) Leipzig
Staritz, D. 1985: Geschichte der DDR 1949 – 1985. Frankfurt/M.: Suhrkamp
Statistisches Amt der DDR (Hrsg.) 1990: Statistisches Jahrbuch der Deutschen Demokratischen Republik '90. Berlin: Rudolf Haufe
Tissen, G. 1994: Sozioökonomische Entwicklung in ländlichen Räumen. In: Klare, K. (Hrsg.): Entwicklung der ländlichen Räume und der Agrarwirtschaft in den Neuen Bundesländern. FAL-Symposium am 2. und 3. November 1994. Landbauforschung Völkenrode, Sonderheft 152, Braunschweig: FAL, S. 3-10
Verordnung über die Bewirtschaftung freier Betriebe und Flächen und die Schaffung von Betrieben der örtlichen Landwirtschaft vom 3.9.1953. In: Gesetzblatt 99, S. 983-985
Verordnung über die in das Gebiet der Deutschen Demokratischen Republik und den demokratischen Sektor von Groß-Berlin zurückkehrenden Personen vom 11. Juni 1953. In: Gesetzblatt 78, S. 805
Verordnung über die Pflichtablieferung und den Aufkauf landwirtschaftlicher Erzeugnisse für das Jahr 1953, vom 22. Januar 1953. In: Gesetzblatt S. 175
Verordnung zur Sicherung der landwirtschaftlichen Produktion und der Versorgung der Bevölkerung vom 19.2.1953. In: Gesetzblatt Nr. 25, S. 329-330
Wachs, P.-C. 1994: Die Bodenreform von 1945: Die zweite Enteignung der Familie Mendelssohn-Bartholdy. Baden-Baden: Löw & Vorderwülbecke
Weidig, R. (Leiter des Autorenkollektivs) 1988: Sozialstruktur der DDR. Berlin (Ost): Dietz
Weiß, W. 1995: Bevölkerungsentwicklung im ländlichen Raum Ostdeutschlands am Beispiel der Region Vorpommern – aktuelle Prozesse, Potentiale und Restriktionen für die Raumentwicklung. In: Gans, P./Kemper, F.-J. (Hrsg.): Mobilität und Migration in Deutschland. Beiträge zur Tagung des Arbeitskreises „Bevölkerungsgeographie" des Verbandes der Geographen an Deutschen Hochschulen am 15. und 16. September 1994 in Erfurt. (Erfurter Geographische Studien, Heft 3) Erfurt: Selbstverlag des Institutes für Geographie der Pädagogischen Hochschule Erfurt/Mühlhausen, S. 115-133
Wendt, H. 1995: Wanderungen in Deutschland zwischen Ost und West vor und nach der Vereinigung. In: Gans, P./Kemper, F.-J. (Hrsg.): Mobilität und Migration in Deutschland. Beiträge zur Tagung des Arbeitskreises „Bevölkerungsgeographie" des Verbandes der Geographen an Deutschen Hochschulen am 15. und 16. September 1994 in Erfurt. (Erfurter Geographische Studien, Heft 3) Erfurt: Selbstverlag des Institutes für Geographie der Pädagogischen Hochschule Erfurt/ Mühlhausen, S. 5-17
Wollkopf, H.-F./Wollkopf, M. 1992: Funktionswandel der Landwirtschaftsbetriebe in der ostdeutschen Wirtschafts-und Siedlungsstruktur. In: Henkel, G. (Hrsg.): Der ländliche Raum in den neuen Bundesländern – Vorträge und Ergebnisse des 8. Essener Dorfsymposiums in Wilhelmsthal, Gemeinde Eckardtshausen in Thüringen (bei Eisenach) vom 25. bis 26. Mai 1992. (Essener Geographische Arbeiten, Band 24) Paderborn, (1992), S. 7-19

Zierold, K. 1994a: Kahlwinkel – Dorf in einer Randlage? In: Forschungsgesellschaft für Agrarpolitik und Agrarsoziologie e.V. (Hrsg.): Ländliche Lebensverhältnisse im Wandel 1952, 1972 und 1992. Zwischenbericht (unveröff.), Bonn, S. 379-410

Zierold, K. 1994b: Ralbitz – Dorf im katholisch-sorbischen Kernsiedlungsgebiet. In: Forschungsgesellschaft für Agrarpolitik und Agrarsoziologie e.V. (Hrsg.) (1994): Ländliche Lebensverhältnisse im Wandel 1952, 1972 und 1992. Zwischenbericht (unveröff.), Bonn, S. 469-506

Zierold, K. 1995: Sozialstrukturelle Veränderungen und soziale Differenzierung in 4 ostdeutschen Dörfern. (Teilprojekt des BML-Forschungsvorhabens „Ländliche Lebensverhältnisse im Wandel 1952, 1972 und 1992") Forschungsbericht (unveröff.) Halle

Die Autorinnen und Autoren dieses Bandes

Volker Beckmann, geb. 1964, Diplom-Agraringenieur; Studium der Agrarwissenschaften an der Georg-August-Universität in Göttingen; 1992-1994 Wissenschaftlicher Mitarbeiter am Lehrstuhl Agrarpolitik, Institut für Agrarökonomie, Universität Göttingen; seit 1994 Wissenschaftlicher Mitarbeiter am Institut für Agrarpolitik, Marktlehre und Agrarentwicklung der Humboldt-Universität zu Berlin
Arbeitsgebiete: Neue Institutionenökonomik, ökonomische Theorie, Theorie der Genossenschaften, Umwelt- und Ressourcenökonomie
Veröffentlichungen: Zur ökonomischen Theorie der Transformation von Produktivgenossenschaften. Zeitschrift für das gesamte Genossenschaftswesen, 43 (1993) 3; Die Organisation landwirtschaftlicher Produktion – Entwicklung, Determinanten und Perspektiven. Eine regionale Fallstudie für den Landkreis Emsland, den Werra-Meißner Kreis und die niederländische Provinz Drenthe. In: Isermeyer F. und M. Scheele (Hrsg.) Ländliche Regionen im Kontext agrarstruktruellen Wandels- Entwicklungen und Potentiale

Siegfried Grundmann, geb. 1938. 1956-1960 Studium der Philosophie und Geschichte an der Karl-Marx-Universität Leipzig; 1962-1968 Assistent bzw. Oberassistent an der Technischen Universität Dresden; 1964 Promotion am Karl-Sudhoff-Institut für Geschichte der Medizin und der Naturwissenschaften an der Universität Leipzig; 1974 Promotion zum Dr.sc.phil. (Habilitation); 1968-1990 Dozent an der damaligen Akademie für Gesellschaftswissenschaften beim Zentralkomitee der SED in Berlin in den Lehrstühlen/ Instituten für Gesellschaftsprognostik (bis 1972) und Soziologie; 1980 Berufung zum ordentlichen Professor für Soziologie; 1990-1994 Wissenschaftlicher Mitarbeiter und Leiter der Projektgruppe „Migration" am Berliner Institut für Sozialwissenschaftliche Studien (BISS); Projektförderungen durch das Ministerium für Auswärtige Angelegenheiten der DDR, den Senat von Berlin, die Kommission zur Erforschung des sozialen und politischen Wan-

dels in den neuen Bundesländern und die Bundesforschungsanstalt für Landeskunde und Raumordnung Bonn
Arbeitsgebiete: Sozialstruktur, Regional- und Stadtsoziologie, Migration.

Konrad Hagedorn, geb. 1948. Prof. Dr.; Studium der Agrarwissenschaften (Wirtschafts- und Sozialwissenschaften des Landbaus) an der Georg-August Universität Göttingen; 1976-1979 Wissenschaftlicher Mitarbeiter im Institut für Agrarökonomie der Universität Göttingen; 1980 Visiting Scholar am Department of Agricultural and Resource Economics, University of California, Berkeley; 1981-1986 Wissenschaftlicher Angestellter, 1986-1992 Wissenschaftlicher Rat, 1992-1993 Wissenschaftlicher Oberrat und seit 1993 Wissenschaftlicher Direktor und Professor am Institut für Strukturforschung der Bundesforschungsanstalt für Landwirtschaft, Braunschweig-Völkenrode; seit 1994 Professor an der Landwirtschaftlichen Fakultät Universität Wageningen und an der Humboldt-Universität zu Berlin, Institut für Agrarpolitik, Marktlehre und Agrarentwicklung, Fachgebiet Ressourcenökonomie; seit 1994 Geschäftsführender Direktor des Instituts für Genossenschaftswesen der Humboldt-Universität zu Berlin
Arbeitsgebiete: Umwelt- und Ressourcenökonomie, Agrarumweltpolitik und Agrarsozialpolitik, Institutenökonomie und Analyse politischer Entscheidungen, Landwirtschaft im gesellschaftlichen Transformationsprozeß, Agrarpolitik in West- und Osteuropa, Rolle und Aufgaben der Genossenschaften in der Landwirtschaft
Neuere Veröffentlichungen: Politisch dirigierter Wandel: Das Institutionenproblem in der agrarökonomischen Politikforschung, Schriften zur angewandten Wirtschaftsforschung Bd. 72. Tübingen 1996; Institutioneller Wandel und politische Ökonomie von Landwirtschaft und Agrarpolitik. Frankfurt 1996; The Politics and Policies of Privatisation of Nationalised Land in Eastern Germany. In: J. Swinnen (ed.) Political Economy of Agrarian Reform in Central and Eastern Europe. Avebury 1996

Gerold Kind, geb. 1936. Seit 1992 Universitätsprofessor für Raumforschung, Raumplanung und Landesplanung an der heutigen Bauhaus-Universität Weimar. 1954-59 Studium der Geographie an der Universität Leipzig; danach langjährige Tätigkeit in Planungsbüros in Dresden und 5 Jahre Wissenschaftlicher Mitarbeiter in der Abteilung Territorialplanung des Ökonomischen Forschungsinstituts der Staatlichen Plankomission Berlin; 1975-84 Dozent für Ökonomische Geographie an der TU Dresden; 1984 Berufung zum ord. Professor für Gebietsplanung an die Hochschule für Architektur und Bauwesen Weimar; dort 1986-90 Direktor der Sektion Gebietsplanung und Städtebau und 1990-92 Dekan der Fakultät Raumplanung.

Arbeitsgebiete: Theorie und Methodik der Raumanalyse und Raumplanung, Integration funktioneller, ökonomischer, ökologischer und sozialer Aspekte in die räumliche Planung, Wirtschaftsgeographie Ostdeutschlands.

Bernd Klages, geb. 1964. Diplom-Agraringenieur; Studium der Agrarwissenschaften an der Georg-August-Universität Göttingen, seit 1994 Wissenschaftlicher Mitarbeiter am Institut für Agrarforschung der Bundesforschungsanstalt für Landwirtschaft in Braunschweig-Volkenröde; Doktorand an der Landwirtschaftlich-Gärtnerischen Fakultät der Humboldt-Universität zu Berlin
Arbeitsgebiete: Privatisierung in der Landwirtschaft, Vermögens- und Entschädigungsgesetzgebung in den neuen Ländern
Veröffentlichungen: Konzepte zur Privatisierung volkseigenen landwirtschaftlichen Bodens und Entwürfe zum Entschädigungs- und Ausgleichsleistungsgesetz: Analysen und Alternativen (mit K. Hagedorn) In: Landbauforschung Völkenrode 1/1994; Privatisierung der Treuhandflächen. In: K. Klare (Hrsg.): Entwicklung der ländlichen Räume und der Agrarwirtschaft in den neuen Bundesländern. Landbauforschung Völkenrode, Sonderheft 152, 1994

Antoni Kukliński, geb. 1927. Professor, 1947-1951 M.A. in Law; University of Poznan; 1947-1950 M.A. in Economics; University of Poznan, 1954-1958 PhD in Economic Geography, University of Warsaw; 1967-1971 Program Director, Regional Development, United Nations Research Institute for Social Development, Geneva; 1975-1983 Editor-in-Chief, Publications of the Committee for Space Economy and Regional Planning, Polish Academy of Sciences; 1975-1983 Deputy Chairman, Committee for Space Economy and Regional Planning, Polish Academy of Sciences; 1986- 1990 Program Director, Central Interdisciplinary Program of Fundamental Research – Regional Development, Local Development, Territorial Self-Government; since 1990 Director European Institute for Regional and Local Development EUROREG, Warsaw
Fields of research: space economy, regional studies, regional policy, science policy
Recent publications: The Visegrad Countries – The First Circle of Solidarity. In P. Treuner and M. Foucher (eds.): Towards a New European Space; Baltic Europa in the Perspective of Global Change, Warsaw 1995; Pan-Europäische Raumentwicklungspolitik PEREP in Raumordnungspolitik in Deutschland. ARL, Hannover 1994

Lubomír Kotačka, geb. 1925. Stadtsoziologe. Mitglied des Instituts für Soziologie der Tschechischen Akademie der Wissenschaften und Mitarbeiter an der Central European University, Prag
Arbeitsschwerpunkte: Migrationsstudien, Siedlungspräferenzen, Kulturaspekte von Städten. Identität
Neuere Veröffentlichungen: The German Identity Question. The post-1989 trends among German Intellectuals

Jiří Musil, geb. 1928. Professor für Bevölkerungswissenschaft und Stadtsoziologie an der Karls-Universität und an der Central European University, Prague; 1990-1992 Direktor des neuen Instituts für Soziologie der Tschechoslowakischen Akademie der Wissenschaften, 1992-1994 Akademischer Direktor der Central European University, Prag Campus.
Arbeitsschwerpunkte: Stadt- und Regionalsoziologie, Kultursoziologie
Neuere Veröffentlichungen: The End of Czechoslovakia. 1990; eine Reihe von Artikeln zum Regional-, Stadt,- und Wohnungssystem und zum Wandel in der Tschechischen Republik nach 1989 (Urban Studies, Czech Sociological Review)

Agnieszka Mync, geb. 1955; 1973-1978 Studium der Ökonomischen Kybernetik und Informatik an der Wirtschaftswissenschaftlichen Universität der Universität Warschau; 1979-1982 Ph.D.-Studium am Institut für Geographie und Raumordnung der Polnischen Akademie der Wissenschaften (Fachgebiet: Wirtschaftsgeographie); seit 1991 Wissenschaftliche Mitarbeiterin am European Institute for Regional and Local Development EUROREG, Warschau; seit 1995 Expertin am Büro für Regionale Planung des Zentralplanungsamts
Arbeitsgebiete: Raumwirtschaft und Raumplanung, Regionalstudien, Transformationsprozesse, Problematik des brain drain aus Wissenschaft und Hochschule.
Neuere Veröffentlichungen: The Brain Drain from Science and Universities in Poland 1992-1993, EUROREG Warschau 1994; Regionale Entwicklungspotentiale und aktuelle Strukturveränderungen in Polen. In: Raumordnung in Europa BfLR 1993; Die neue Rolle des Privatsektors in der Wirtschaft Polens unter besonderer Berücksichtigung der Warschauer Woiwodschaften (in polnisch) Biuletyn H. 168 Warschau 1994

Zdeněk Ryšavý, geb. 1943. Sozialgeograph, bis 1994 Mitarbeiter im Institut für Aufbau und Architektur in Prag, seit 1944 Analytiker in einer Industriebau-Aktiengesellschaft in Prag
Arbeitsschwerpunkte: Analysen der Entwicklung des Siedlungssystems in der Tschechischen Republik, Standortvorteile, Marketing

Die Autorinnen und Autoren dieses Bandes

Markus Rudolph, geb. 1963. Diplom-Volkswirt, Studium der Volkswirtschaftslehre an der Johann-Wolfgang-Goethe Universität in Frankfurt a.M.; 1993-1994 Wissenschaftlicher Mitarbeiter am Institut für Strukturforschung der Bundesforschungsanstalt für Landwirtschaft, Braunschweig Völkenrode; seit 1994 Wissenschaftlicher Mitarbeiter am Institut für Agrarpolitik, Marktlehre und Marktentwicklung der Humboldt-Uni zu Berlin
Arbeitsgebiete: Finanzwissenschaft, Ökonomische Theorie der Politik und des Föderalismus, Struktur- und Agrarpolitik
Veröffentlichungen: Agrarstrukturpolitik im vereinten Deutschland. Kooperativer Föderalismus und resultierende Politikergebnisse am Beispiel der Gemeinschaftsaufgabe „Verbesserung der Agrarstruktur und des Küstenschutzes" (mit P. Mehl). In Landbauforschung Völkenrode 44(1)1994

Roman Szul, born 1952; 1976 graduate form the Faculty of Economy, University of Warsaw; 1982 PhD in economics 1982; 1993 habilitation in economics (both at the Faculty of Economy of the University of Warsaw); Professor at the European Institute for Regional and Local Development EUROREG of the University of Warsaw and Senior Specialist in the Central Office of Planning, Warsaw
Fields of research: economy (macroeconomy, economic systems), regional development and policy as well as regionalism, ethno-political and ethnolinguistic problems
Recent publications deal with economic, social and political aspects of transformation in Poland and Central and Eastern Europe

Katja Zierold, geb. 1966. Dipl.Ing.agr.; 1986-1991 Studium der Pflanzenproduktion an der Martin-Luther-Universität Halle; seit 1991 wissenschaftliche Tätigkeit am Institut für Agrarökonomie und Agrarraumgestaltung in Halle; Mitarbeit in verschiedenen empirischen Forschungsprojekten zu Lebensverhältnissen in ländlichen Räumen.
Arbeitsschwerpunkte: Sozialstrukturanalyse und soziale Differenzierung ländlicher Räume, Agrar- und Landsoziologie, Dorfforschung, Gewinner-Verlierer im Transformationsprozeß
Neuere Veröffentlichungen: Rural Women in East Germany. In: Symes, D/ Jansen, A.J. (ed.): Agricultural Restructuring and Rural Change in Europe, (mit M. Fink, R. Grajewski; R. Siebert) Wageningen 1994; Gewinnen und Verlieren: die Dörfer in den neuen Bundesländern. In: Forschungsgesellschaft für Agrarpolitik und Agrarsoziologie e.V. (Hrsg.) Ländliche Lebensverhältnisse im Wandel 1952, 1972 und 1993; (mit R. Siebert) Bonn 1996